文化伟人代表作图释书系

An Illustrated Series of Masterpieces of the Great Minds

非凡的阅读

从影响每一代学人的知识名著开始

　　知识分子阅读，不仅是指其特有的阅读姿态和思考方式，更重要的还包括读物的选择。在众多当代出版物中，哪些读物的知识价值最具引领性，许多人都很难确切判定。

　　"文化伟人代表作图释书系"所选择的，正是对人类知识体系的构建有着重大影响的伟大人物的代表著作。这些著述不仅从各自不同的角度深刻影响着人类文明的发展进程，而且自面世之日起，便不断改变着我们对世界和自身的认知，不仅给了我们思考的勇气和力量，更让我们实现了对自身的一次次突破。

　　这些著述大都篇幅宏大，难以适应当代阅读的特有习惯。为此，对其中的一部分著述，我们在凝练编译的基础上，以插图的方式对书中的知识精要进行了必要补述，既突出了原著的伟大之处，又消除了更多人可能存在的阅读障碍。

　　我们相信，一切尖端的知识都能轻松理解，一切深奥的思想都可以真切领悟。

■ 文化伟人代表作图释书系

The Fable of
the Bees

耿 丽 / 译

蜜蜂的寓言（全译插图本）

〔荷〕伯纳德·曼德维尔 / 著

重庆出版集团 重庆出版社

图书在版编目（CIP）数据

蜜蜂的寓言 /（荷）伯纳德·曼德维尔著；耿丽译. — 重庆：重庆出版社，2023.3
ISBN 978-7-229-17515-3

Ⅰ.①蜜… Ⅱ.①伯…②耿… Ⅲ.①自由主义（经济学） Ⅳ.①F091.33

中国国家版本馆CIP数据核字（2023）第019994号

蜜蜂的寓言
MIFENG DE YUYAN

〔荷〕伯纳德·曼德维尔 著　耿 丽 译

策 划 人：刘太亨
责任编辑：张立武
特约编辑：张月瑶
责任校对：李小君
封面设计：日日新
版式设计：曲 丹

重庆出版集团
重庆出版社　出版

重庆市南岸区南滨路162号1幢　邮编：400061　http://www.cqph.com
重庆博优印务有限公司印刷
重庆出版集团图书发行有限公司发行
全国新华书店经销

开本：720mm×1000mm　1/16　印张：35　字数：530千
2023年3月第1版　2023年3月第1次印刷
ISBN 978-7-229-17515-3

定价：86.00元

如有印装质量问题，请向本集团图书发行有限公司调换：023-61520678

版权所有，侵权必究

TRANSLATOR'S PREFACE | 译者序

　　《蜜蜂的寓言》一书是出生于荷兰而后定居于英国的哲学家、政治经济学家和讽刺作家伯纳德·曼德维尔中年时期的著作，书中折射出了作者成熟、睿智的思想及对人性深刻的洞察。该书的雏形是作者于1705年发表的一部寓言长诗《嗡嗡作响的蜂巢，或无赖变为君子》，诗作意在表明："既享受一个勤劳、富庶和强大的国家所提供的最优雅安逸的生活，又拥有一个黄金时代所能祈求的一切美德与纯真，实属天方夜谭。"这部寓言诗作品最初并未引起多大关注，1714年，作者将该诗与《道德美德探源》一文结集出版，并更名为《蜜蜂的寓言：或私人的恶德，公众的利益》，亦未引起多大关注。直到1723年，作者加入《论慈善与慈善学校》和《社会本质之探究》两篇论文再版时，该书引起了强烈反响，遭到正统派的猛烈谴责与批判，甚至人身攻击。为进一步阐明自己的思想，也是为了自辩，1729年作者以六篇对话录的形式出版了该书第二卷，《蜜蜂的寓言》至此才有了今天我们所能见到的结构与规模，才完整呈现出了他的"曼德维尔悖论"，即该书副书名"或私人的恶德，公众的利益"。

　　"曼德维尔悖论"的基石或源头是"人性本私论"，这一论点古已有之。马基雅维利认为，"人类愚不可及，总有填不满的欲望、膨胀的野心；总是受利害关系的左右，趋利避害，自私自利"。霍布斯指出，人类在本质上是自私自利、富于侵略性的，个人之间的利益互不相容。我国古代哲学家韩非子也提出过一种自然主义的人性自私论，主张人的自利本性是先天的，不能改变，也无须变化。可见，人性自私论、性恶论一直存在，古今中外，概莫能外。而《蜜蜂的寓言》一书如此"臭名昭著"，正是因为曼德维尔对这一论点作了最为精妙的阐释，而且他笃信，"私利即是公利"，"人类所有值得颂扬的功绩和行动，其背后的动机都是虚荣和自利"。他的观点对休谟、亚当·斯密，乃至整个经济学门类都产生了极其深远的影响；他将自利观念、经验主义、劳动分工与人类的发展相结合，解释了商业社会的运行和物质文明的进步的动因，对成就西方主流经济学的辉煌做出了巨大贡献。

《蜜蜂的寓言》一书中所讨论的问题，都与我们的现实息息相关，诸如财富、名声、荣誉等。正如曼德维尔所说，他写作此书意在消遣，"是为有知识、有教养者创作的，旨在帮助他们打发无聊的闲暇时间……它包含了对美德的严格审视，包含了辨别美德真伪的可靠试金石，并表明了向世人宣扬的许多良好行为其实是有缺陷的。本书描述了人类最能生发的众多激情的本质及表现，剖析了它们的力量和伪装，并追踪了人们内心最深处的自爱……本书是一部狂想曲，虽然貌似缺乏那些同样宏大的著作应有的秩序与条理，但它的任何部分都找不出一丝迂腐和学究气……此书会给那些正直、高尚且明智的人带来愉悦"。在该书里，他尽量从世俗、实用的角度入手，以轻松的笔触阐述严肃的主题，以便于一切都能变得清晰简明、深刻透彻。

此书依据牛津大学1924年版译出。该版本内容翔实，既包括编辑评注，又附录了作者生平、创作背景、文本历史、版本考据等，篇幅较长，为了便于读者阅读，译者对原文的部分内容作了删减，为了读者更好地理解原著，译者增加了一些注释，前后耗费了近两年的时间才完成。若能让读者就此一睹曼德维尔的思想魅力与散文大师的寓言风格，也算不负译者的精力与心血。

耿　丽
2021年冬日作于徐州

PREFATORY NOTE ON THE METHOD OF 1924 OXFORD EDITION | 1924年牛津大学版编辑方法及序言

解释和历史注释

在曼德维尔这部作品的陪伴下的这最后几年里，我越发地深信他伟大的文学造诣。但读者会发现，目前的版本极少体现出这点。我想，一位编辑完全可以在自己书房的墙上张贴约翰逊博士对曼德维尔的忠告："先生，想想看，一年后这件事会显得多么微不足道"——将一年改为一百年会怎么样呢？从这样的角度来看，对曼德维尔是不是天才的争论和对他目前被忽视的抱怨都是徒劳的——因为再版和时间本身自会证明他的伟大，那么在编辑上的任何辩解也都将成为一个时代的错误。

我一直试图通过将曼德维尔的文本与他同时代人或前代人的作品进行比较，使曼德维尔置于他那个时代的思潮中来考察，因此，对他与时代思潮格格不入或联系紧密之处，我可能一直在衡量。如果某种思想被认为是普遍存在的，我便只引用一些足以证明它的普遍性的、有代表性的段落，或可能作为依据的这类假设；如果某种观点比较罕见，我通常会列出一切相似见解，不论它们能否作为依据。然而，一本学术著作不是一本教科书，在处理这些引文的问题上，我并未试图为有能力的读者做他自己能做的事。发现与曼德维尔的文本相似的文本时，在我觉得我对这个主题的研究使我有了特殊的洞察力，或确信我可以成功证明时，我才会指出它们之间的关系可能也是依据。在整个过程中，我更感兴趣的是背景而不是依据。任何版本中的注释都不可能完全适合所有读者，在目前情况下，使注释适合读者的难度尤其高。《蜜蜂的寓言》一书所涉及的思想广泛，不论是对文学爱好者，还是经济史专家或哲学史专家，也不论是对英国人及其他欧洲人，还是美国人，该书都会大有裨益。因此，对一个读者来说非常浅显的东西，对另一读者可能会显得极其深奥；对一个人来说非常必要的解释，在另一个人看来可能是对他智商的侮辱。我已经将"有疑问时注释"作为一条原则，我恳请那些因此被我激怒的人原谅，因为注释很容易跳过，却很难省略。

在确定哪些过时的词或专业词汇需要解释时，我尽量客观地选择，而不是简单地猜测哪些词语可能会让读者感到困惑。我选了两部范围适中的著名词典，一部是美国出版的《芬克-瓦格纳案头标准词典》，一部是英国出版的《简明牛津词典》。我认为，在这两部词典中都没有出现的词，一定足够深奥，不论美国读者还是英国读者，应该都不会介意我增加注释。

我没有使用"sic"来注明所引用的段落和标题中的排印错误。读者可能会认为我们总是试图逐字逐字地引用。（在我所列的参考资料中，标题后面的日期不是指第一期的年份，而是指所用的特定版本的出版年份。）为了引用我所能获得的最好版本，我参考了两位作者（蒙田和帕斯卡）的版本，他们的版本在文本上与曼德维尔的有不同之处。不过，在引用曼德维尔可能不知道的相同或相近的内容时，我是非常谨慎的。

F. B. 凯伊
西北大学　伊利诺伊州埃文斯顿市
1923年12月31日

文本历史 HISTORY OF THE TEXT

《蜜蜂的寓言》一书的完善与形成历时近二十四年之久。它产生的契机是一份六便士的26页四开本小册子，即诗歌《嗡嗡作响的蜂巢，或无赖变为君子》（简称为《嗡嗡作响的蜂巢》，后同），它于1705年4月2日匿名刊行。这个小册子很快便被盗版，被印在仅值半便士的四页纸上沿街叫卖。

沉寂将近十年后，也就是1714年，该诗又在一本名为《蜜蜂的寓言：或私人的恶德，公众的利益》的匿名书中出现，原诗之后加了一篇名为"道德美德探源"的散文评注和20篇评论，解释了诗中表达的各种观点。同年出版了第二版。1723年又出了第二版的同名版，以5先令的价格发行；书中附了更多评论，还增加了《论慈善与慈善学校》以及《社会本质之探究》两篇文章。

这本著作现在才真正引起广泛的关注，对它的攻击也开始越来越多。米德尔塞克斯郡的大陪审团判定此书是一种公害，1723年7月27日，《伦敦日报》刊登了被曼德维尔称为"一封致C爵士的辱骂信"的内容。因此，1723年8月10日，曼德维尔在《伦敦日报》上发表了一篇辩护文章，反对那封"辱骂信"和对他的控诉。他将这份辩护书重印，与1723年版装订在一起，并将这份辩护书连同"致C爵士的信"重印本和大陪审团的控诉一并收录在后来的所有版本中。

1724年，第三版问世，其中除了收录辩护书外，曼德维尔在文体上作了很多改动，前言部分还增加了两页。1725年，该书又出了一个版本，除了一些细微的文字改动外，基本与前一版相同，其中一些改动可能是曼德维尔本人所为。1728年和1729年的版本没有什么大的区别，仅有的一些小变动，可能是排版人员造成的。1732年版中出现了一些文字上的变化，可能也是曼德维尔自己的改动。

这些版本间的差异表明，曼德维尔对书稿作了精心打磨，堪称一位有意识的文体学家。

第一卷的大量版本涌现之际，曼德维尔正在写《蜜蜂的寓言》的第二卷，该卷包括序言和六则对话，是对自己观点的进一步阐述和辩护。1728年（扉页上为1729年），曼德维尔出版了该卷，名为"蜜蜂的寓言 第二卷——第一卷作者著"。事实上，该卷是独立于第一卷的，由另一个出版商出版。1730年，第二卷再版，1733年出现第三版，但扉页上称为"第二版"。

此后，两卷开始放在一起出版。1733年，该书首次出版了两卷本。1755年，另一个两卷本的版本在爱丁堡出版，这个版本后来出现了一个带有误导性的扉页，里面标注的是"1734年于伦敦"。1772年，爱丁堡又发行了另一版两卷本。1795年，这两卷合为一册出版，并于1806年再版。这是该书的最后一个完整版本。不过，1811年该书在某些地区又开始受到热捧，当时，《嗡嗡作响的蜂巢》一诗以一个"为人民印刷"的小册子的形式，在马萨诸塞州的波士顿发行。

与此同时，这部作品还被翻译成外文。1740年，四卷本法文版面世，译者被认为是J. 伯特兰——曼德维尔的拉伯雷式风格在译文中被弱化了。1750年，该四卷本出版了一个新版。1760年，该作品可能还出过另一个法文版。德文译本先后出现在1761年、1818年和1914年，1817年可能也出过一版。

总之，这就是《蜜蜂的寓言》的文本历史。

THE BACKGROUND OF THIS BOOK　｜　**创作背景**

一

如果一个人想完整而细致地描绘曼德维尔的思想渊源，除了需要了解这位作家为人熟知的一些事情，还有必要更多地了解其私生活。关于曼德维尔的思想轨迹、爱好、阅读经历，以及这些方面对他的现实影响，除了从他作品中了解到的那点信息，我们知之甚少。此外，这些作品出版时他已步入成熟的中年，第一部明确反映他人生观的作品《揭开童贞》（1709年）出版时，他已经39岁。然而，我们可以指出其同代人和前辈人思想中的某些相通之处，并确信，即使这种同源思想没有通过某部特定作品影响到他，也肯定至少是通过一些同类作品来影响他的。另外，我们可以从中窥见曼德维尔思想的一般面貌，这些方面是他思想体系的基础和框架。

《蜜蜂的寓言》的作者是一个见多识广的人。曼德维尔出生在荷兰，并在那里接受教育，他熟悉欧洲大陆，精通三个民族的文学，因此曼德维尔的思想有其国际视野，尤其是在心理学和经济学方面。

我们记得，曼德维尔在分析人类思维时的一个主要观点就是，人类思维本质上是非理性的；他认为，看似纯粹理性的表现，只不过是一种辩证法，思维通过这种辩证法来证明情感需求的正当性。在探究这一反理性主义概念的早期历史之前，我们有必要仔细区分当时存在的几种反理性主义。第一种是，对理性抱有一种绝对的怀疑主义，认为理性不是实现绝对真理的工具。纵观各国的历史，这只是一个时代司空见惯的问题，一个人认为神圣的东西，另一个人却认为是邪恶的，这与古代思想家塞克斯都·恩披里克哲学上的无政府主义很相似。第二种是，对理性持一种贵族式的信念，认为绝大多数人都不善于推理——这是柏拉图和乡村议员们的陈词滥调，不论哪个时代都存在。这两种对人类理性的怀疑在曼德维尔身上都可以找到踪迹，但都不应该与这里所说的各种反理性主义混淆。绝对怀疑主义是基于逻辑而非心理依据来宣称理性的弱点的；曼德维尔毕竟是心理学家，他对证明理性难以发现真理这点不太感兴趣，因为他认为，无论理性是否找到真理，它都是在某种不完全理性的欲望的驱使和支配下进行的。此外，贵族式态度只是对大众理性的怀疑，而曼德维尔却认为理性是所有人情感的工具。

一切人类都受自己情感的支配，无论我们用什么美好的想法来奉承自己；即使那些按照自己的学识采取适当行动的人，或那些严格按照理性行事的人，同那些蔑视理性，违背理性的人（我们称之为感情的奴隶）相比，并非更不易受情感或其他因素的驱使。（《荣誉之起源》）

我们这里所探讨的就是这种形式的反理性主义。

曼德维尔的反理性主义在文学创作中得到了发展，产生了极具独创性的效果。不过，这仅是对一种概念最聪明的处理方法，这一概念自蒙田时代在法国思想中就已司空见惯，而且斯宾诺莎还曾深刻阐述过。几位伟大的法国作家——拉罗什富科、帕斯卡、方特内尔——在曼德维尔之前都曾有所阐述；而且一些颇有名望的哲学家还曾为这一概念精心辩护："……决定一个人行为的，不是普遍观念或他个人的见解，而是目前他心中占支配地位的激情。"针对这一观点，贝勒就在其著作《彗星带来的众多思考》（Miscellaneous Reflections, Occasion'd by the Comet）中用几个章节进行了辩论。此外，雅克·阿巴迪对其反理性主义立场的阐述与曼德维尔不相上下：

在我的头脑中，确实有一些公平和正义的格言，我已经习惯了尊重这些格言，但我内心的堕落却总是被这些格言所吸引。如果它只存在于我喜欢的或适合我的事物中，那么我是否尊重正义的法则又有什么关系呢？

曼德维尔一定很熟悉这种反理性主义思想；因为他早年曾是法国诗歌翻译家，精通法国文学，而且他在创作中所引用的参考文献也大都来自法国学者，特别是贝勒和拉罗什富科两位作家，他们两人精心阐述了反理性主义的概念。

除了这类文学作品，其他一些完整论述反理性主义的著作，可能也为曼德维尔的信仰铺平了道路。我指的是那些反理性主义立场处于萌芽状态的作品。当然，反理性主义并非雨后春笋般迅速冒出来的，而是经历了一个漫长而曲折的过程。我们有必要研究一下它的这段初步历程，因为这里所提到的一切内容，没有一处不是曼德维尔在其他地方所提倡的，所以很难说对他的思想没有直接影响。

最初是逍遥学派和伊壁鸠鲁学派的感觉论心理学，霍布斯、洛克和其他人都详细阐述过这一学说。该学说在曼德维尔的思想中可以窥见一斑，作为反理性主义的基础，它的作用太过明显，无需阐明。后来，伊壁鸠鲁派和阿威罗伊派提出"灵魂会死亡"的观点，这成为非正统思想的核心学说。从相信灵魂（理性原则）依赖肉体而存在，到相信理性能力只能由它存在的机制所决定，人类前进的步伐并不迅速。

与我们所讨论的反理性主义相关的还有上面提到的另一种反理性主义，它否认理性到达最终真理的能力。这种哲学上的无政府主义，是文艺复兴思潮中司空见惯的东西；它与曼德维尔心理学上的反理性主义紧密交织在一起，并明显推动了后者的发展。

另一个可能的影响因素，是一种与17世纪的伊壁鸠鲁主义相似的观点，即认为人类总是为对自己有利的东西而生活。这一观点暗含的意思是，除了发现和促进有机体的欲望之外，理性没有任何作用，它的含义只需再明确些，就会变成反理性主义。曼德维尔则提出了这样一种观点，即人类的一切行为都是为了满足自己的利益。

18世纪关于动物无意识行为的讨论，可能是推动反理性主义发展的又一因素。此外，加森迪等人认为，动物是能感知自己信念的机器；加森迪还把人归入动物的范畴，说："人就是有感情的机器。"由此推导下去，一种决定论心理学便会应运而生。根据这一学说，理性只不过是生理反应的旁观者。曼德维尔接受了加森迪派的观点。

反理性主义的另一个先驱也推动了曼德维尔心理学的形成：即体液和性情的医学概念。自古希腊时代，内科医生就告诉我们，我们的精神和道德结构是由四种体液（即血液、黏液、胆汁、忧郁）或共同构成一个人性情的四种气质（热、冷、干、湿），按各自比例决定的。这并非医生特有的观点，有些著名文学家也极为推崇，包括拉罗什富科。然而，我们不需要从曼德维尔引用拉罗什富科的观点（"我们的美德来源于我们的气质"）来证明他受到这一流行医学观念的影响，只要知道他自己就是个医生就够了。现在，我们要想从这个关于心灵依赖于气质的学说中抽身，只能通过一个系统的反理性主义的推论，即理性同样依赖于气质。

曼德维尔心理学的另一个主要特征，与他的反理性主义同样重要，即他坚持认为人类是完全利己的，他们表面上的一切利他主义品质实际上只是一种间接的、伪装的利己主义。在这一点上，曼德维尔的思索也经历了一个漫长的过程。自基督教诞生伊始，神学家们就哀叹人的自利本性。然而，正是在17世纪，对人类本性的细致的心理学研究得到突破，这也使曼德维尔的人类自私理论有别于教义的一般神学形式。在英国，霍布斯在心理分析的基础上提出了人类自私的概念，法国的拉罗什富科、帕斯卡等人的观点也如出一辙。例如，雅克·埃斯普利特就宣称：

……自从自利成为人类的主人和暴君以来，他身上已没有任何美德或善行是无用的。……因此，他们通常只通过自利的行为来履行所有这些职责，以实现自己的目的。

我通常这么说，因为我不参与神学家的争论……［《人类美德的伪善》，（卷一，序言，巴黎，1678年），在埃斯普利特的作品中也有其他类似表达。］

就连尼科尔一类的作家都曾清晰而完整地表达过这一概念，这对其传播者大有助益：只需忽略他们的异议即可。事实上，这一学说的踪迹随处可见，甚至曼德维尔在分析同情本身时，也认为它表现出了自私的一面。

曼德维尔认为，正是以骄傲这类激情为手段，人类机器将其根深蒂固的利己主义隐藏在利他主义的外衣之下，从而欺骗那些不通世情者。为满足这种欲望，人类将遭受极大的损失。而且，既然一个明智的社会组织已规定，对他人有利的行为将收获荣耀，有害的行为则会招致耻辱，那么骄傲这类激情便成为道德的伟大堡垒，而鼓吹一切以他人利益为宗旨的人，其行为似乎与当事人的利益和本能背道而驰。当然，骄傲激励道德行为的价值，在古代思想中司空见惯，而且作为一个非常明显的事实，持续被人关注。然而，到了文艺复兴时期，骄傲被神学界视为第一致命罪恶，对其价值的详细阐述也受到遏制。但是，在16—17世纪神学一度失去控制时，人们又开始高度强调骄傲的价值，尤其是新斯多葛学派。然而，仅仅是承认骄傲的作用，还不足以真正让人对曼德维尔充满期待：他首先将有关骄傲价值的阐述系统化，然后发展为一种情绪心理学；该学说表明，骄傲不仅是一种碰巧具有社会效用的激情，通常还是道德行为的基础。曼德维尔真正的前辈是那些分析人士，他们论证了骄傲如何成为各种美德的形式。这样的先驱有很多。在分析骄傲的作用时，曼德维尔将谦虚降低为骄傲的一种形式，其实，他分析中最微妙的这一部分并不是他原创的。

显而易见，曼德维尔剖析人类本性得出的主要见解，在很多前辈的思想中已现端倪，如伊拉斯谟、霍布斯、斯宾诺莎、洛克，以及许多法国作家。然而，在法国以外的前辈中，只有伊拉斯谟，可能还有霍布斯，有很大的影响力（如我下文所言）。曼德维尔心理学的伟大源泉在法国，这表现在他的大量见解中，他的引文和生活环境也告诉我们，他对法国的一切都极为熟悉。

在经济学领域，曼德维尔倾注心血最多的便是为奢侈行为辩护。他针对当前的两种态度——奢侈是恶习，节俭是美德——从两个方面来进行辩护。首先，他说，节俭只是某些经济条件的必然结果。其次，曼德维尔抨击了"奢侈腐化人民、浪费资源，在经济上是危险的"观念。相反，他认为，奢侈不仅与伟大的国家密不可分，还必然成就国家的伟大。对奢侈行为的这种辩护，几乎找不到直接源头——只在圣·埃弗雷蒙的作品中可窥见一二。

然而，在某种程度上，通往曼德维尔思想的道路确实铺垫得很好，尽管这条路乍一看似乎是通往相反的方向。对奢侈行为的攻击反而为曼德维尔的辩护开辟了道路。古代有许多哲学家公开抨击追求财富和奢侈的行为；在整个基督教时代，这种抨击代表着正统的立场。那么，根据这种态度，奢侈行为按说是遭到谴责的；而且在17世纪，这类谴责主要是通过分析罗马和斯巴达等原始文明进一步展开的。分析表明：在这些国家，伟大就意味着不存在使人衰退的奢侈行为。然而，与此同时，商业和制造业迅猛发展，奢侈品的消费也随之增长。国家利益因此渗入到这种日益增长的贸易中，保护贸易活动自然成为政治理论的主要目的。然而，尽管世俗的利益必然促进了生产和商业的发展，奢侈行为从而也更为普遍，但面对这种现实行为，大众舆论仍然谴责奢侈本身是邪恶的，会导致腐败。获得财富的实际目的与对奢侈行为的道德谴责，这两种相互矛盾的态度，在费奈隆的著作中就很明显地结合在一起。比如，讨论完如何使一个国家富强后，他随即宣称："限奢令适用于一切方面。……这种奢侈正在腐蚀整个国家的道德。这种奢侈比利益带来的好处更有害。"（《政府计划》第7章）那个时代在一定程度上意识到了这种"二元论"，因为它努力调和自己的观点，试图证明无需制造和依赖奢侈也能获得财富。然而很明显，在实际生活中，财富和奢侈是相伴相生的；对这种财富的实际追求与对其所涉及的奢侈的道德谴责之间的矛盾依然存在。因此，通俗而论就是，一种由两类对立的智慧成分组成的混合物，只要其中一方适当冲击另一方就能引起"爆炸"。这种冲击是由曼德维尔发起的。

换句话说，在这一问题上，由于曼德维尔意识到当时舆论中的矛盾，而他的同时代人却未注意到，他才有了影响力。他利用这种矛盾，以他惯常的方式把理想与现实对立起来，他对同时代人的影响远超现代读者的想象。之前，对曼德维尔眼中的公众而言，奢侈在道德上是邪恶的，而曼德维尔证明了奢侈与繁荣的国家的辩证关系。他不仅是在挑战正统的经济理论，而且再次有力地论证了"消费中的奢侈行为有助于经济繁荣"的道德悖论。

曼德维尔在经济领域的另一个重要贡献是捍卫自由贸易，因此他也成为了自由放任学派中的一位重要先驱。曼德维尔认为，政府干预最少的时候，商业才会最繁荣，但这要从国内和国际两方面来考虑。曼德维尔强烈建议，国内贸易最好由他们自己处理（《蜜蜂的寓言》）；而且，尽管他提出要在某种程度上限制"贸易平衡"的通常方式，但出于国家之间相互依存的意识，他极力倡导与其他国家进行更自由的贸易（《蜜蜂的寓言》）。对于这种立场，有诸多踪迹可循。首先，某些一般历史因素自然会导致部分人反对贸易限制。一方面，贸易迅速增长，从而使一些有影响力的人脱颖而出，而这些人正是通过消除壁垒和垄断来获利的。另一方面，公众总体人生观的某些变化对经济领域产生了影响。因此，宗教宽容的概念不断发展，并为其他领域注入了自由的理念；而且，关于顺从自然的旧斯多葛主义（在16—17世纪的新斯多葛学派和格劳秀斯这样的法学家中复活）显然被带到了商业理论中，自然也影响着商业理论。此外，曼德维尔有机会广泛涉猎英国、荷兰和法国文学，而这些国家的文学鼓励国内和国际贸易自由。曼德维尔所探讨的每个实际方面都是预料之中的。曼德维尔生于荷兰，我们不应忽视他的成长环境可能对他产生的影响。荷兰人特别关注自由贸易。对欧洲其他国家而言，他们是输送者，因此对海洋自由感兴趣；这在格劳秀斯和格拉温克尔论述海洋自由的文章中都有所体现。当然，海洋自由是一个与贸易限制问题密切相关的问题。此外，荷兰人是国际银行家，因此不得不意识到国家利益的相互依存。另外，1689年，为了与汉堡市竞争交换港的地位，阿姆斯特丹市降低了关税，从而引起了关于自由贸易的激烈争论。曼德维尔当时正值心性较敏感的十九岁，仍生活在荷兰，他亲身经历了这一事件。

然而，倘若曼德维尔的论证细节甚至已有迹可循：如果像巴尔本和诺斯这样的前辈确实已走在了他前面——那么他倡导自由贸易又有什么新意呢？曼德维尔和他的前辈们之间有一个非常重要的区别：他们认为，国家作为一个整体，其福利与其国民个体的利益不一定一致；而曼德维尔认为，个人的私利通常就是国家的利益。因此，曼德维尔不仅有力地反驳了贸易限制的理由，而且为贸易中的个人主义提供了一种哲学思想。这是非常重要的一步。迄今为止，除了极少数尝试性和非系统性的前人论证外，捍卫自由放任主义一直是一种机会主义，而不是一个普遍的原则问题。曼德维尔将其系统化，正是通过他详尽的心理学和政治学分析，让个人主义成为一种经济哲学。

二

关于曼德维尔思想的发展历程，除了一般背景之外，要想阐明某些方面，确有困难；不过，有些前辈的确可以称得上是曼德维尔的导师。

其中最重要的就是皮埃尔·贝勒。在《蜜蜂的寓言》中，曼德维尔反复引用和借用贝勒的观点，尤其是从他的《彗星带来的众多思考》一书中；在《自由的思想》一书中，曼德维尔明确表示，该书深受贝勒《历史批判词典》的影响；《荣誉的起源》也可以溯源至《彗星带来的众多思考》一书中。曼德维尔的基础理论源自贝勒的思想：对于发现绝对真理的可能性的普遍怀疑；反理性主义认为，决定人类行为的不是理性原则或抽象道德，而是支配他们内心的欲望；基督教尽管教义上说得很好听，但在世界上却很少有人信奉；强调人与生俱来的利己主义，以及道德内涵的实现和骄傲的用处；没有宗教，人也能成为善良之人；基督教的定义如同禁欲主义，如此定义的基督教与国家的伟大不相容。事实上，当贝勒在教学中总结构思出他的《彗星带来的众多思考》一书时，可能已经在为这本《蜜蜂的寓言》的基本理论做准备了。

鉴于多特会议规定了原罪的教义，并提出恩典的必要性和不可抗拒性，每一个改过自新的新教徒都必须相信：除了那些被上帝改造并使之圣洁的人，所有人都不能出于对上帝的爱而行事，也不能出于自爱和人类动机之外的其他任何原则来抵制他们的堕落。因此，如果有些人比另一些人更善良，不是出于自然天性，就是出于教养；不是出于对某些赞扬的热爱，就是出于对责备的一种恐惧；等等。（见《彗星带来的众多思考》）

鉴于这种心理学和一些信条，只需要导出潜在的推论，就可以得出"私人的罪恶或许会是公众利益"的学说。由于严格的道德没有实用性，和曼德维尔一样，贝勒也不想攻击其有效性。曼德维尔曾称，"真相正如贝勒先生非凡的见解那样，恶德的效用与其邪恶的本质并不矛盾"。这其实可称为曼德维尔的一个指导原则。

同样值得注意的是，贝勒在鹿特丹教书时，而曼德维尔正就读于那里的埃拉斯米安学校，因此曼德维尔与贝勒可能有过私人接触。

曼德维尔还应感谢拉罗什富科，因为他曾多次提到拉罗什富科，他的思想与拉罗什富科的极为接近。比如，两人都坚持认为，人是激情的动物，而不是理性的动物，人类的动机本质上是利己主义。事实上，曼德维尔的许多哲学思想可以总结为对拉罗什富科一句箴言的阐述，即"我们的美德大多数时候是伪装的恶"，只不过他在阐述时将"大多数时候"改成了"总是"。然而，由于这类学说并不罕见，我们很难判断，曼德维尔从拉罗什富科那里汲取了多少养分，又有多少是从其他来源获得的（如贝勒或埃斯普利特）；事实上，曼德维尔从拉罗什富科身上所受的主要教益不是文学上的——借用最适合的已经形成的信念的短语。

加森迪对曼德维尔思想的形成可能也起到了一定作用。曼德维尔年轻时就读过加森迪的书，尽管那时他在自己的论文"Disputatio Philosophica de Brutorum Operationibus（个人原则的形而上学之争）"（1689年，莱顿）（这篇论文坚持笛卡尔主义的立场）中攻击过他。然而，曼德维尔那时对加森迪的攻击也许并非出自真心，因为该论文是在狂热的笛卡尔主义者伯切留斯·德·伏德的指导下写成的；一个学生在质疑自己导师的基本信仰时，很可能犹豫不决。尽管如此，在开始写《蜜蜂的寓言》时，曼德维尔抛弃了笛卡尔主义，对动物的无意识行为和人与兽之间的关系采取了加森迪派的态度。当然，曼德维尔的某些观点接近加森迪派，也可能并非受到加森迪的启发；但后者是一个不容忽略的大人物，尤其是考虑到曼德维尔在年轻时曾读过他的著作；而且很重要的一点是，曼德维尔在《蜜蜂的寓言》中称赞了他。

另一个值得注意的重要人物是伊拉斯谟。曼德维尔在埃拉斯米安学校（位于伊拉斯谟所在的鹿特丹市）读过书，而且其作品中处处都有以伊拉斯谟为师的踪迹。在《揭开童贞》（1724年）一书中，在1730年的《论文》以及《寓言》中，曼德维尔都引用过他的话。曼德维尔自己也表示，他经常引用伊拉斯谟的《箴言录》；他为"众多社会愚人"而作的《提丰》（1704年），公然模仿伊拉斯谟创造的人物形象。

的确，这两个人有着相近的观点。伊拉斯谟也是经验主义者，不相信没有例外的绝对法则；而且他同曼德维尔一样，认为真正的宗教很少会满足人性在物质上的要求；此外，他们也都相信战争和基督教是不可调和的。

不仅他们的态度相似，而且他们的才智也在伯仲之间，他们往往采取相近似的形式来表达自己的思想。《愚人颂》的构架与《蜜蜂的寓言》的构架基本相同：这两部作品都由一系列松散的文章构成，都通过假设邪恶在一种情况下是愚蠢，而在另一种情况下是恶德，来证明某些事物存在的必然性；曼德维尔对恶德的理解和伊拉斯谟对愚蠢的理解差不多。

不过，我并不是说，曼德维尔有意识地不断从伊拉斯谟那里获取灵感，就像他从贝勒那里汲取灵感一样。我相信，伊拉斯谟的影响是普遍的，而与伊拉斯谟的相似之处——它们是衍生出来的——很可能是早期吸收的结果，而不是刻意借用的结果。

这本《蜜蜂的寓言》与霍布斯的思想常常有相似之处，有时某些观点甚至来源于霍布斯；这从我对文本的注释中可以明显看出。事实上，在那个阶段，借鉴霍布斯是不可避免的。早在大学时代，曼德维尔就研究过霍布斯，因为他在1689年的论文"Disputatio Philosophica de Brutorum Operationibus（个人原则的形而上学之争）"中反对过霍布斯的观点。他们思想上的主要共同点是对人性的分析。对于霍布斯来说，社会行为的主要动力也是利己主义：人是一种自私的动物，因此，社会是虚伪的。

整个社会……不是为了利益，就是为了荣誉；也就是说，与其说是出于对同伴的爱，不如说是出于对自己的爱。（《英文作品集》，莫尔斯沃斯主编，或见《利维坦》第一篇第13章）

对于霍布斯来说，对美德的爱也是从"对赞美的爱"（《英文作品集》）衍生而来的。两人也都谴责了对普遍的至善（参见《英文作品集》）的追求，并否定美德的"神圣起源"，认为道德是人类的产物。"没有法律，就没有不公正"是霍布斯的格言。但在这些相似之处中有一个非常重要的区别。霍布斯认为：

人的欲望和其他欲望本身并不是罪恶。由那些欲望产生的行为也不是罪恶，除非他们知道有法律禁止这些行为……

然而，曼德维尔在区分当前的道德和习俗时，并没有说真正的美德和邪恶是这样依存的，而只是说人们对它们的看法是这样依存的。对于曼德维尔来说，处于"自然状态"的人实际上是"邪恶"的，因为他们无法从原始的堕落中得到救赎。

在第二卷关于社会起源的论述中，曼德维尔对这一问题的见解比其他任何前辈都更接近霍布斯，而霍布斯的观点主要见于《利维坦》。

然而，要想准确衡量曼德维尔从霍布斯身上所受的教益是不可能的，因为曼德维尔与霍布斯思想上的大部分共同点，在其他前辈（如贝勒和拉罗什富科）

17

身上也能找到。除此之外，霍布斯和曼德维尔都处于同一思潮中，因此，二者的相似之处，与其说是霍布斯的直接影响，不如说是由霍布斯所引导的一连串思想的影响。

对于洛克而言也是如此，尽管曼德维尔引用了他的观点并显示出与他的"亲缘"关系，但也无法确定有多少是直接受洛克影响，又有多少是间接的，总之是深受洛克影响的那个时代的产物。在本节第一部分所提到的其他先驱中，曼德维尔只特别援引过圣·埃弗雷蒙、费奈隆、斯宾诺莎和蒙田的观点。曼德维尔为奢侈行为辩护，很可能是受到了圣·埃弗雷蒙的启发。还有不少人可能也是曼德维尔的前辈，但因人数众多，所以我们无法确定究竟哪些人是其思想的源头。如果从我统计的相似文章的数量和紧密程度来判断，最有可能对其产生重要影响的是斯宾诺莎、埃斯普利特、阿巴迪、诺斯和达韦南特。

从这一章和文本的注释可以看出，曼德维尔的思想有很大一部分是引申而来的。他所做的就是将流行的概念拿出来，并赋予它们生动的化身。如果这些概念本身自相矛盾，或其本源是通常被隐藏的态度和事件，他就会特别突出这些矛盾和隐晦之处。因此，他只要把这些概念讲清楚，就会使人们顿悟或渐悟他们的理论。那么，他的独创性主要就在于他的阐述方式。

尽管如此，曼德维尔的思维本质上还是有独创性的——只要有这样的思维的话。有些读者认为，曼德维尔的作品中有诸多明显的借鉴之处，这意味着他只不过是一个"旧货贩子"；但客观来说，他们首先应该考虑到的是，具有独创思维的作者（如蒙田）的作品中往往比平庸的作家的作品中有更多明显的借鉴之处。有自我意识的、个性化的、独创性的思想家会立即发现他人思想中相似的东西；而且，在这个传统观点通常被敌对的世界中，他找到了一种共鸣，这使他感到满意。因此，他可能会把其他作家的观点特别地罗列出来，以表示赞同。还应该记住，充分的研究会使任何思想都看起来陈旧。如果创意在于没有先导，那么也就不会存在原型。我们自然而然地从最初滋养我们意识的旧思想中汲取灵感；但是，除非我们仅传播这些思想而不重新思考，否则我们就不会因此而失去独创性。曼德维尔确实对它们进行过反思：在其书中，它们带有思想者自己的独特印记。此外，在曼德维尔的诸多贡献中——如他对经济学的心理学分析和对社会起源的精心描述，以及他采取的方法，等等，都是从旧材料中提取了潜在的推论，以新颖的方式对旧知识进行重新编排，这一切应是值得肯定的。

目 录 CONTENTS

译者序 / 1

1924年牛津大学版编辑方法及序言 / 3

文本历史 / 5

创作背景 / 7

第一卷 《蜜蜂的寓言》（1724年版）

前言 ………………………………………………… 3

《嗡嗡作响的蜂巢，或无赖变为君子》（长诗）… 8

寓意 ………………………………………………… 26

导语 ………………………………………………… 28

道德美德探源 ……………………………………… 29

《嗡嗡作响的蜂巢，或无赖变为君子》评论 …… 39

论慈善与慈善学校 ………………………………… 168

社会本质之探究 …………………………………… 215

为本书辩护
　　——缘于米德尔塞克斯郡大陪审团控诉状中的诽谤
　　暨致C爵士的一封辱骂信 ················ 247

第二卷　对话录

前言 ·· 269

霍拉修、克列奥门尼斯与芙尔维娅的第一篇对话 ··· 285

霍拉修与克列奥门尼斯的第二篇对话 ············· 312

霍拉修与克列奥门尼斯的第三篇对话 ············· 342

霍拉修与克列奥门尼斯的第四篇对话 ············· 378

霍拉修与克列奥门尼斯的第五篇对话 ············· 414

霍拉修与克列奥门尼斯的第六篇对话 ············· 464

第一卷 《蜜蜂的寓言》（1724年版）

一首寓言长诗，与由之引发的"道德美德探源"，以及备受指责的"论慈善与慈善学校""社会本质之探究"，并为以上诸文辩护。

前言

　　法律和政府之于公民社会的政治团体，犹如生命及其精神之于生生不息的自然群体。有关尸体解剖的研究发现，在维持人体机器运转的重要器官和奇妙关节中，作用更为直接的并非坚硬的骨骼、强健的肌肉和神经，亦非完美地覆于其上、光滑白嫩的皮肤，而是那些微小的薄膜和纤细的导管，它们往往为一般人所忽略，或被视为无足轻重。抛开艺术和教育，单纯考察人的天性，你亦会发现：使人成为社会性动物的，并非其对协作、善良天性、怜悯、友善，及塑就美好形象的其他品质的渴望；人那些最卑劣、最可憎的品行反而是必不可缺的，能促使人融入最庞大（以世人的标准）、最繁荣的社会。

　　在以下寓言中，我已充分表达了这一观点。大约在八年以前，该寓言被印在价值6便士的小册子上发行，当时的标题为"嗡嗡作响的蜂巢，或无赖变为君子"，可其后不久便出现大量盗版，其实印刷的纸张仅值半个便士，那时很多商贩都在沿街叫卖。小册子的第一版面世后，有些人故意或出于无知曲解了该书的创作意图（倘若它有什么意图的话），认为整部书就是在讥讽美德与道德，鼓吹恶德。于是我便下定决心，只要该书再版，我就要千方百计使读者了解我写这首小诗的真正意图。我不以诗歌之名来美化这几行松散的句子，亦不会仅因其韵律而期望读者品味出什么诗意来，那么我究竟该给它取个什么名字呢？着实难办，因为它们既非英雄史诗，亦非田园牧歌；既非讽喻诗，亦非滑稽诗或英雄喜剧诗。若说是故事，它们可能缺少某些要素；若说是寓言，它们貌似又显得冗长了些。因此，我只能将其作为一个披着诗歌外衣的故事，这毫无炫耀才智的意思，而且我已尽力用浅显易懂的语言来讲述这个故事：不论读者叫它什么，我都乐于接受。有人说，蒙田[1]虽然特别擅长描述人类的缺点，但却鲜少发现人性的种种美好之处——只要人们对我的评价不比蒙田差，我便认为那是对我最好的接纳。

不论这里的蜂巢所代表的形象被看作世界上哪个国家，这则寓言对这个国家的法律和体制的描述，以及对其国民荣誉、财富、权力及职业的描述，都将告诉我们：这定是一个庞大、富庶而又好战的国家，且甘愿臣服于一种有限的君主政体的统治。这则寓言讽喻了以下诗句中所提到的几种行业和职业，而且几乎涵盖了不同等级和不同身份的人，但其目的并非伤害或针对某类人，而仅仅是为了表明：种种卑鄙龌龊的因素共同构成了一个秩序井然的健全社会。因此，为颂扬政治智慧的神奇力量，一部由最微不足道的零件构成的精妙机器便应需而生。这是因为，这则寓言的创作意图（正如"寓意"部分所作的简要解释）主要是为了表明：既享受一个勤劳、富庶和强大的国家所提供的最优雅安逸的生活，又拥有一个黄金时代所能祈求的一切美德与纯真，实属天方夜谭。同时，我将以此为契机揭露一些人的荒诞和愚蠢，他们渴望成为富贵之人，并且极其贪婪地追求他们所能获取的一切利益，却又总是私下抱怨或公开谴责那些劣行及不便。而自世界肇始以来，有着诸多劣行及不便的王国或国家，又无不同时以其强大、富庶和优雅而扬名四海。

为此，我首先简要介绍了一些专业和行业通常会导致的某些错漏及腐败现象，然后再阐述如下观点：通过巧妙的管理，每个人的恶行，都将在社会的伟大和世人的幸福中遁形。最后，通过阐述普遍的诚实、美德及国民的节制、纯洁和满足所带来的必然后果，我旨在证明：如果人类可以矫正其与生俱来的某些错误，他们就无法在如此庞大、优雅而强有力的社会中立足，因为他们早已处于某些联邦或君主政体的统治之下，而这种统治自创世以来就一直在蓬勃发展。

---

[1] 蒙田，即米歇尔·蒙田（Michael de Montaigne，1533—1592年），文艺复兴时期的法国作家、思想家，作品以《蒙田随笔集》最为有名。

你如果问我为何做这一切，Cui bono[1]？这些看法会带来什么好处？显然，除了给读者些许启发，我想它们别无他用。但倘若有人问我，读者从这些观念中会有什么感悟，我便会回答：首先，读过我的这些见解后，那些总是对他人吹毛求疵者，将学会反躬自省，叩问自己的良知，将会为总是抱怨他们自身的过错而羞愧。其次，那些喜欢安逸和舒适的人，攫取了一个伟大又繁荣的国家所创造出来的一切利益，他们将学会更有耐心地接受那些不便之处，因为世界上没有哪个政府能全知全能；这些人还应当明白，任何人都不可能只享受安逸和舒适，而逃避那些不便之处。

如果人们愿意接受对他们说的话，想让自己变得更好，我想，我在这本小册子里发表的见解，自然应当收到一定的效果。然而，若干世纪以来，尽管有许多精心创作、不无裨益的著作问世，并给人类带来诸多改善，但人类却依然如故。我不会奢望凭这样一本不足挂齿的小册子使人类有更大的进步。

既然我那点怪念头可能会带来些许好处，我想我必须得证明，这本小册子不会对任何人持有偏见。因为，一种出版物即使毫无裨益，也至少不应有丝毫坏处；所以，我在那些似乎最容易出现例外的段落中作了一些解释性的注释，读者自会有所发现。

从未读过《嗡嗡作响的蜂巢》的吹毛求疵者也许会对我说：对于这则寓言，不论我说些什么（其篇幅尚不及该书的十分之一），我的目的无非就是引入"评论"部分；我并未厘清那些存有疑点或晦涩模糊的地方，而是只谈了我想要详细阐述的一些东西；我不但没有花精力去弥补以前所犯的错误，反而使之变得更糟。他们说这番话是为了证明，在貌似离题的漫谈中，我时刻不忘弘扬恶行，这比我在那则寓言里做得更无耻。

我不会浪费时间来应对这些指责，若有人心存偏见，任何解释都无用。不论何种情况，"恶德"都有其存在的必然性，那些认为承认这点就是犯罪的

---

[1] Cui bono（拉丁语），意为"何益之有"。

人将永远不会参透其中的奥妙。不过，若是对这一点进行深入探究，那么会发现，它所能引起的一切冒犯，都必然是由于从中可能得出的歧义，而我不希望任何人得出歧义。我坚持认为，"恶行"与伟大而高效的社会密不可分，如果离开"恶行"，那些社会的财富和威严或许都将不复存在。我也并不是说，某些人如果犯了罪，就不应该不断谴责他们，或不应受到应有的惩罚。

在伦敦，我想没有多少人出门时只步行，而人们还是会希望伦敦的街道比平常更干净些；但现实是，除了自己的衣物和个人便利，他们对什么都漠不关心。不过，一旦他们开始意识到，使他们不快的一切都源自这个大城市的富足和繁华，开始关心幸福安宁，人们便不太会希望看到它的街道变得干净整洁了。这是因为，如果他们想到无数行业都需要各种各样的材料，想到这个城市每天消费掉的大量食物、饮料和日用品，想到由此产生的各种垃圾和废弃物，想到街上熙熙攘攘的马匹和其他牲畜；想到二轮运货马车、载客马车及更重的四轮马车日复一日地磨损着路面；尤其是想到摩肩接踵的人群不断涌入和践踏这些街道的每个角落等所有这些时，我们将会发现，这个城市无时无刻不在制造新的垃圾。想想那些繁华的街道离河岸有多遥远，想想那些垃圾一产生便要立即清除需要付出多少代价和心血，你就会明白，伦敦以前若是比现在更干净，就不会有它今天的繁荣。现在我想问问，一位好市民倘若考虑过以上所说的这些，会认识到肮脏的街道与伦敦的幸福是密不可分的，这会是一种不可避免的罪恶吗？这么说，擦鞋和清扫街道就不会受到丝毫妨碍，因而也不会有人对擦鞋匠和清洁工抱有偏见了。

然而，如果有人问我：若不考虑这个城市的利益或福祉，在什么地方散步最令人愉快？毋庸置疑，我肯定认为应当是一座芬芳的花园，或乡间一片浓荫蔽日的小树林，而非伦敦乌烟瘴气的街道。同样，如果有人问我：若抛开一切世俗的伟大或虚幻的荣耀，在什么地方才能获得真正的幸福？我便会说：那应当是一个和平安宁的小社会，那里的居民既不受邻人嫉妒，亦不为邻人敬畏，依靠他们的特产过着自足的生活，从而成为一个强大而富有的民族；他们时刻准备以武力征服其他民族，以尽情享受来自异域的奢华生活。

以上便是我在本书第一版中向读者传递的观点,而且在第二版的前言里,我也没有增添其他任何内容。但自那时起,对本书的一片讨伐声便不绝于耳,这恰恰暴露出那些"好心人"的真实面目,他们所谓的正义、智慧、仁慈和公正不过如此。这本书曾被大陪审团提起公诉[1],并且遭到成千上万人的谴责,尽管他们根本未曾读过本书。还有人将这本书拿到市长大人面前大批特批。一位神圣的牧师每天都对它进行彻头彻尾的驳斥,甚至还在广告上谩骂我,并威胁说,他会在两个月或最多五个月内推翻我这本书的观点。在本卷末尾的"为本书辩护"部分,读者会看到我不得已为自己所作的辩护,其中还附有大陪审团的裁定和一封致尊敬的C爵士[2]的信。这封信不仅逻辑清晰、语意贯通,还极富文采,批判者展示了他谩骂的天赋及独有的睿智,即能在别人一无所获的地方发现端倪。他强烈反对邪恶的书,剑锋直指《蜜蜂的寓言》,而且对其作者可谓是咬牙切齿。他给本书作者的"不端行径"安了四个有力的罪名,并多次优雅地暗示大众:这类作者相当危险,会招致上天对整个民族的报复。因此,他善意地提醒大众警惕这个作者。

考虑到这封信写得很长,而且并非完全针对我一人,我本打算只摘录信中与我有关的部分内容;但在更细致地研究了此信后,我却发现,信中与我有关的部分和与我无关的部分交织得很紧密,实在是难以分割。因此,我只得拿整封信来烦扰各位读者了。尽管该信冗长繁琐,我仍希望那些读过它所谴责的那篇文章的读者,阅读此信时能别有所获。

---

[1] 此事发生在1723年。1728年11月23日,米迪尔塞克斯的大陪审团再度裁定此书为"可耻的、不名誉的作品",并批准将原书及该陪审团1723年的裁定一同发表。

[2] 尊敬的C爵士(Right Honorable Lord C.),指汉诺威的卡特莱特男爵。

《嗡嗡作响的蜂巢，或无赖变为君子》（长诗）

宽大的蜂巢是群蜂的家园，
他们在巢中过得安逸又奢侈；
这个以法律和军队闻名的国度，
繁育了一代又一代勤劳的蜂民；
在科学与勤奋的伟大园圃里，
这蜂国定有自己的一席之地。
没有蜂民遇到过更好的政府，
或更浮躁易变，或还不满足；
他们既非独裁君主的奴隶，
亦未受过狂热民主的治理；
最清楚不过的是：他们有国王，
但其权力却屈于法律之下。

这些昆虫像人类一样生活，
将人类的一切行为微缩进巢中；
他们做市井中人做的各样事情，
也做执剑骑士和各路教士的事。
他们所完成的所有精细工作，全赖于
人眼难识、纤细敏捷的四肢；
虽然我们没看到工具和劳力，

没看到船舶、城堡、军队和工匠，
也没看到工艺、科学、店铺或仪器，
但他们却有与之相对应的一切：
蜜蜂的语言尽管我们不懂，
但各种名称在我们这定有对应物。
我们清楚地看到，除却其他东西，
他们也需要机会，但他们有国王；
他们还有卫队；由此我们完全
可以断定：他们也有消遣娱乐；
蜂国若无检阅观瞻的需求，
军队便也失却存在的理由。

蜜蜂纷纷涌入繁忙的蜂巢；
让他们的国度更繁荣昌盛；
不计其数的蜜蜂殚精竭虑
以满足彼此的欲望与虚荣；
而数以百万计的工蜂们，
眼瞧着他们的基业被摧残；
他们已占据蜂国的半壁江山，
但工作却比工蜂更为繁重。
有些资本雄厚，鲜受体肤之痛，
只需投身商海，便可利益滚滚；
有些生来却只有镰刀铁锹傍身，
从事着各类艰辛又繁重的工作；
那可怜的蜂儿宁愿日日汗湿脊背，
拖着筋疲力尽的四肢挣得口粮；

还有些蜜蜂精通某种神秘技艺，[A]^[1]
且只将这一神技传于少数几个弟子；
那不需要什么资本，只要脸皮够厚，
即便一穷二白，也能赚得盆满钵满；
他们是赌棍、寄生虫、皮条客和伶人，
是窃贼、骗子、庸医和占卜术士。
凭着八面玲珑的手段，这些心怀不轨者，
精心谋划，神不知鬼不觉地
将毫无防备、善良邻居的劳动
悉数变为己用。
称其无赖毫不为过，但他们拒绝承认，[B]
一本正经的辛勤者也都名实难副：
各行各业、每个角落都潜藏着欺骗，
没有哪个行业不充斥着圈套。

为律师者，必具备一项基本技能，
那便是挑起争端，分解案情，
对所有登记簿都了如指掌，如此
这些骗子方可对涉案财产做更多手脚；
他们行径不轨，虽未招致诉讼，
但对自己的罪责，理应心知肚明。
他们有意避开一切听证会，
算计着多赚取几笔劳务费；

---

〔1〕方括号中的英文字母为"评论"的地方，与后面的"《嗡嗡作响的蜂巢，或无赖变为君子》评论"部分相对应。

为了给一件恶行辩护，
他们查阅审读所有法律条文，
就像窃贼抢劫商店和寓所那样，
寻找着他们的最佳突破口。

医生们把自己的名誉和财富
看得比奄奄一息的病人还重，
比他们自己的医术还重；
他们不精心研究医术医德，
而醉心得体的外表和无趣的行为，
只为博得药剂师们的青睐，
只为获取助产士、神父和
所有新生命的迎接者或所有
离世者的送行人的赞美。
为融入那些喋喋不休的人群，
以聆听我夫人姑母的唠叨；
带着招牌式的微笑和亲切的问候，
去讨好家族中的每一个成员；
还有一桩令人痛苦的事，
就是要忍受护士们的无理取闹。

以服务主神为事业的众多神甫，
他们的职责是祈求上天赐福，
少数人学识渊博、能言善辩，
多数人则愚昧无知，徒有满腔热情；
但所有人都顺利过关，成功隐藏起
自己的懒惰、欲望、贪婪和傲慢；

这些癖好昭然若揭,就像人人皆知
裁缝渴求金币,水手独爱白兰地一样。
有些神甫面黄肌瘦,衣衫褴褛,
偷偷摸摸地为自己祈求面包,
盘算着获取一个充盈的粮仓,
可最终的所得却令其大失所望;
当这些神圣的苦役忍饥挨饿时,
他们所服侍的那群懒惰之徒却
正纵情享受着安逸舒适的生活,
脸上焕发着健康而富足的容光。

那些被征召去战斗的士兵们,[C]
若幸存下来,便能获得荣誉;
有些人虽然与死神擦肩而过,
却是拖着残肢逃离血腥的战场;
一些骁勇善战的将军拼死杀敌,
还有一些却收受贿赂放走敌人;
有些人总是勇于投身激烈的战斗,
这次失去一条腿,下次又丢掉一只胳膊;
直到完全残疾,被弃之不顾,
仅靠削减至一半的薪酬苟延残喘;
而有些人从未踏上过战场,
却在自己家中安享双份俸禄。

其国王们虽由众多人殷勤侍奉,
却被自己的亲信大臣蛊惑蒙骗;

许多朝臣为自身福利殚精竭虑，
挖空心思让积蓄生出更多的钱币；
养老金不多，生活品味却很高，
他们还整日吹嘘自己何等诚实。
每次滥用自身权力，他们都将
这种狡诈的诡计称作履行特权；
若有人看穿了他们的伪善面具，
他们便拿钱财封堵众人的悠悠之口；
在一切关乎自身利益的事情上，
他们不愿沉默，亦不知餍足；
我本不想说，这是因为没有一只 [D]
蜜蜂不想在应得之外获取更多；
但他生怕会有人知道，
他为此如何绞尽脑汁，付出多少心血，[E]
正如赌徒们所做的那样，即便
公平竞争，败者获得其赢得的
东西之前，胜者不可能是真正的赢家。

但谁能效仿他们所有的骗局？
他们将街道上的废弃物
卖作垃圾，而垃圾却可肥沃土壤，
买家常常发现：自己往往在
与大量石头和渣滓相混杂；
它们毫无养分，全无用处；
尽管这些投机者鲜少申辩理由，
但仍能兜售其他垃圾换取黄油。

正义女神^[1]向来以刚正不阿闻名，
虽紧闭双眼，却并非绝情；
她的左手本应稳稳端持着天平，
却总为攥满黄金而将天平抛掷；
尽管她看起来一贯公正又无私，
但所施惩罚往往出于一己私利，
她佯装搬出一套正常法律程序，
来审判谋杀和一切暴力罪行；
有些人行骗后起初虽仅受指责，
但最终还是被失败送上绞刑架；
有人认为，这位女神所佩利剑
只指向绝望之人和一贫如洗者；
可怜的受惩者本不应遭此厄运，
但为保全那些显赫的达官贵人，
他们往往只得被绑缚在那株罪恶之树之上。（译者注：此为作者观点，是对资本主义早期社会的描写。）

你瞧，每个角落都充满了恶德，
然而，整个蜂国却似天堂一般；
和平时受奉承，战争时丧人胆，
这蜂群深受异国蜂群的爱戴尊重，
他们挥霍着自己的财富和生命，
享受着与其他蜂巢间的和平生活。

---

〔1〕正义女神，即古罗马神话中的朱斯提亚，古希腊神话中的狄刻，被描绘为以布带蒙眼，一手持剑，一手持天平的女子。

这一切都成为这个国家的福气,
他们的罪恶使其更加强大。
而美德早已从众多政客身上 [F]
学来千百种狡诈的阴谋诡计,
在政客们种种微妙的影响下,
美德与恶德结为良友:自此以后,
这蜂群中最坏的那些卑劣分子,[G]
为公众利益贡献良多。

这完全是蜂国的阴谋,每一部分
都抱怨不迭,整个国家却得以运转:
这正如闻之无比和谐的音乐声,
总体和谐中亦有不和谐的音符;
那些针锋相对的政党表面水火不容,[H]
实则互相帮扶,以备不时之需;
而限制饮宴的种种约束只会使得
群蜂整日烂醉如泥,胡吃海塞。

贪婪,是一切罪恶的根源,[I]
这种与生俱来的人性之恶,
亦是挥霍浪费者们的奴仆;
挥霍乃高尚的罪恶[K],而奢侈[L]
亦在驱使着上百万穷苦之士,
而骄傲主宰着更多的人,[M]
这一切只因嫉妒与虚荣皆是 [N]
劝勉勤劳奋进的灵魂授业者;
他们的愚蠢和浮躁可爱又荒唐,

在其饮食、家具及服饰上皆有体现，
那恶德尽管荒诞无稽，却正
推动着贸易的车轮滚滚向前。
他们的法律规章和服装衣饰，
亦同样变幻莫测，行迹不定；
因为此时看来完全正当的行为，
时隔半年便成了不可恕的罪行；
而当他们依此修改其法律时，
却仍在找寻并纠正其中的细小瑕疵，
而他们屡犯的失误未得到纠正，
这是任何谨慎之士都无法预见的怪象。

恶德便由此孕育了智慧机敏，
它与时间和勤奋并肩而行，
给人类带来了生活的便利，
这是真正的快乐，舒适与安逸，[O]
它的强大使那些一贫如洗者 [P]
竟过得比昔日的权贵还要幸福，
他们从此不会再有更多的奢求。

只要凡人知道极乐世界的存在，
便会明白世间的幸福多么缥缈！
尘世众生拥有的那种完美生活
是天界神祇无法完全赐予的；
这些怨声载道的粗野蛮夫对
各色布道者和贪腐官吏早已心满意足。

但每当他们取得不光彩的成功时，
便像那班迷失的、无可救药的生灵，
诅咒谩骂布道者、军队和舰船；
每个人都在嘶喊：该死的骗子，
虽明知自己也是个欺世之徒，
却满心盼着别人都是正人君子。

有人靠欺骗主教、国王和穷人，
拥有了堪比权贵的庞大财富，
可他却还大声呐喊：这国家必
会于欺诈中陷落；你们认为谁
该受到这个说教的无赖的谴责？
正是那售羔羊以换孩童的商贩。

大大小小一切坏事均未错过，
桩桩件件亦全牵涉公众利益；
但所有无赖却都无耻地呼号：
仁慈的神，我等若诚实就好了！
有些人对待无耻宽容又和善，
另一些人视其为缺乏理智之举，
他们对所爱之德总是百般挑剔。
这使愠怒的主神信以为真，
他最终怒不可遏地立下誓言：
我定铲除这嗡嗡作响的蜂巢里的欺诈。
誓言实现了：欺诈离开的刹那，
诚实便瞬间涌入群蜂的心房。

影响人类文明进程的文化与科学巨著

就像智慧树[1]，它让蜜蜂们看清
他们无颜面对的那些罪行；
他们在为自己的罪责默默忏悔，
脸庞因其内心的丑陋羞得通红。
就像孩童常会隐藏自己的过错，
红彤彤的脸出卖了他们的心思。
他们想：若别人盯着自己的脸，
肯定会猜出他们所做的事情。

可众神啊！蜜蜂们却惊慌失措，
这一转变是何等巨大而突兀啊！
不多时，整个蜂国便天翻地覆，
一镑面值的钱币转眼间便仅值一个便士。
层层虚伪的面纱一一被揭开，
从伟大的政治家到跳梁小丑，
有些假面示人者似乎显达闻名，
可摘下面具自己却亦不相识。
从那天起律师行业便一片静寂，
因为如今欠债者都甘愿还清一切
债务，哪怕债主早已遗忘；
而债主一笔勾销，未计较利息的多少；
那些踏上过歧途者默然静立，
并撤回曾绞尽脑汁的无理诉讼。
在每个成员都诚实守信的蜜蜂王国，

---

[1]智慧树，《圣经》中上帝种在乐园中的树，吃了树上的果子可分辨善恶。

律师们找不到发财致富的机会，
他们中，只有那些整日奔波
劳累者，才能赚取足够的资本。

正义绞死一些人，释放另一些，
在完成自己的神圣使命之后，
她便沦落为可有可无的存在，
其追随者和荣耀亦烟消云散。
先是铁匠及其锻造的枷锁和
铁栏、脚镣和监狱的铁板门；
然后是看守、狱卒还有帮手，
站在正义女神面前不远处的
是她那忠实的首席大臣，律
法的伟大执行者——凯奇大人[1]，
他手中再不见那把无形的利剑，
只有自己的武器：斧子和绳索。
闭着眼的正义女神依旧立于空中，
其实却早已被众人弃之云端；
在她身后的车马边，聚集着
形形色色的警察和执行官员，
还有众多法警和各级官吏，
他们全靠别人的泪水艰难度日。

---

[1]凯奇大人，原文为"Squire CATCH"，在曼德维尔时代，"杰克·凯奇（Jack Ketch）"这个名字是刽子手的代名词。

尽管医所尚存，当蜂民患病时，
却唯有医术精湛的蜜蜂诊治，
他们在距离遥远的蜂巢间穿梭，
谁都不需要骗取患者的钱财；
他们远离无谓的纷争，只竭力
帮助患者摆脱疾病的折磨。
纵使行骗的国家生产所需药物，
蜂民亦只选择本国自产之药；
他们相信：众神将疾病播撒至
某个国度时，也定会带去良方。
牧师们一改昔日的懒惰之风，
不再寄食于蜂国虔诚的信徒；
而是自立谋生，并抛却恶德，
抽身蜂群所供奉的各路神祇；
所有那些不称职，或已明白
供奉他们似乎毫无意义的神，
都退居幕后；众多圣礼因此
被取消（若蜂民有敬神之需），
所余几项圣礼由大祭司主持，
其他众蜂悉听他的点拨教诲。
他身负普度众蜂的神圣使命，
对其他一切国事不闻不问。
他不会榨干大门前的乞食者，
也不会窃取贫穷者的救命钱。
饥者在他家中可享果腹之乐，
佣工在那能收获充足的面包，
困顿的旅人亦能饱食和安寝。

在国王的重臣和下级官吏中，
变化是天翻地覆，因为他们
如今都仅靠俸禄节俭地生活。[Q]
虽数目微小，贫穷的蜜蜂仍
不辞辛劳地讨取应得的薪资；
众教士不论现在有无薪金，
只要有谁向其奉上一枚金币，
就会被视为彻头彻尾的行骗，
而从前这美其名曰额外赏赐。
为监督彼此的一切欺诈行径，
所有事务均由三方共同决策。
从前他们如惺惺相惜的狐貉，
互相激励着各自的不轨之心；
而今他们被同一种情愫环抱，
这情愫使众多蜜蜂亦深怀不弃。

如今的任何荣誉都难令人满足，[R]
活着只是为了已付出的一切。
店铺里，掮客将制服高高挂起，
并唱着乐歌与马车一一作别；
为偿还债务，他们变卖整套
华丽的马具，还有座座乡间别墅。

蜂民避开欺诈以及无谓的代价，
他们在异国他乡没有任何驻军；
众蜂对他国蜜蜂的自尊嗤之以鼻，
取笑其由战争获得的虚假荣耀。

蜜蜂的寓言　The Fable of the Bees

但当权利和自由遭受严重威胁时，
为了祖国，他们亦会奋战到底。

现在请仔细看看这辉煌的蜂巢，
看看诚实与贸易如何相伴相生。
一切虚饰与浮华正消失殆尽，
整个蜂巢如今已是旧貌换新颜：
年年巨额购置虚饰的少数蜜蜂，
现在都紧紧攥住自己的钱袋；
而以服务他们为生的众多蜜蜂，
却依旧日日埋头于之前的活计。
在别的行业寻不到其立身之地，
因为他们此生独善这门手艺。

土地和房屋的价格骤然下跌；
瑰丽的宫殿和城墙成为摆设，
犹如屡遭战火的底比斯宫殿，
无人问津；而曾稳坐宝座的
快活神祇，如今却宁愿在烈火
中忏悔，亦不愿看到门上激进
的铭文嘲笑那令其烦扰的虚荣。
建筑业惨遭破坏，一蹶不振，
建筑工匠亦几乎无人雇用。
没有画匠因其艺术声名大振，[S]
石匠和雕刻匠也都默默无闻。
许多蜂民努力不懈，思忖的
不是如何花钱，而是如何生活。

他们虽曾在酒馆大肆挥霍，
现在却决计不再踏入半步。
备受冷落的酒商没有哪个能
穿得起锦衣华服或生意兴隆；
托凯酒[1]再也换不来巨额财富，
勃艮第[2]、奥特朗酒亦相差无几。
众臣纷纷退出朝堂，与夫人
居家共享圣诞节的美味豌豆。
他们还日日拿出两个钟头，
伺弄自己所养的一群马匹。

傲慢的克洛亚[3]为了过得豪华，
曾迫使她的丈夫劫掠国家。[T]
而现在她正售卖自己的所有家具，
这些家具都是从别处搜罗来的。
她正以辛勤劳作换取糊口的粗茶淡饭，
并终年身着素朴的荆钗布裙。
浮躁易变的时代已然过去，
而服饰与潮流却永不止息。
缀结华丽绸缎与金丝的织工，
及所有从属行业都销声匿迹。
整个蜂国都是一片安宁富足之象，

---

[1]产于匈牙利北部托凯镇的红葡萄酒。
[2]产于法国东南部勃艮第的红葡萄酒。
[3]古希腊田园传奇中的牧羊女，其恋人为牧羊少年达夫尼；她的名字后来被用来泛指淳朴的村妇。

众蜂所用器物亦皆朴拙价廉。
仁慈的大自然不受任何束缚，
任万物依自身规律生长代谢。
蜜蜂们不再奢求奇珍异宝，
因为所获乐趣不抵代价之苦痛。

骄傲与奢侈之风不再盛行，
蜂民便渐渐远离了海洋。
不只小商人，就连大公司
亦关闭苦心经营的全部工厂。
各行各业都将以谎言为耻；
而那扼杀了众蜂勤勉的满足，[V]
使他们甘于平凡简朴的生活，
不汲汲以求亦不垂涎更多东西。

庞大蜂国的幸存者少之又少，
数量只有敌国蜜蜂的百分之一；
虽无法抵御无数仇敌的攻击，
他们仍顽强抵抗、奋勇杀敌，
直到被迫全线退守后方城池，
或战死阵地，或拼力坚守。
他们的队伍里没有雇佣兵，
每一个都是为自己英勇而战。
他们的坚强意志和精诚团结
使其赢得了战争的最终胜利。
而这场胜利的代价却无比高昂，
因为它让无数蜜蜂献出了宝贵生命。

他们历尽磨难、饱经风霜，
早已将舒适安逸视为"恶行"。
这教会他们时刻节制自身欲望，
因此，为杜绝奢侈放纵的恶习，
他们争相涌入一个个空空的树洞，
以求永葆一颗诚实自足之心。

寓意

因此无须抱怨：绝对的赤诚者只是力图
创造一个伟大而诚实的蜂国， [X]
使众蜂安享世间便利[Y]，既拥有
战神的美誉，又过得舒适而安逸，
没有任何重大恶行；但这只存在于
他们的脑海中而已。
我们每一次获取利益或好处，
欺骗、奢侈和骄傲都如影随形；
饥饿确实是一种可怕的瘟疫，
但没有它，谁会饮食或成长？
难道我们不该将葡萄酒的盛产
归于盘根错节的丑陋枯藤吗？
葡萄藤虽无声无息地蔓延生长，
却最终遏制住其他植物成材；
而每到枝藤干枯易折的时节，
它便供给我们甘甜鲜美的果实。
可见，只需经过正义这位园丁的
修整，恶德亦可使人受益与获利；
拥有伟大人民的国家需要"恶德"，
犹如饥饿的蜜蜂必须填饱肚子。
纯粹的美德无法使各民族走上

康庄大道；他们若想复兴黄金
时代，不能仅采摘诚实之花，
亦须贮存类似橡树的坚硬苦涩之果。

导语

　　为什么很少有人了解自己？其中一个最大的原因就是：大多数作者总是教导读者应当做什么样的人，却很少花心思让读者去了解真正的自己。至于我——并非要恭维谦逊的读者或我自己，我相信，人（除了皮、肉、骨和其他肉眼所见之处）是各类激情的混合体，不管他是否愿意，所有这些激情一旦被唤起，就会轮流支配着他。前面这首诗的主题是：我们都假装厌弃的一些资质，却是一个繁荣社会的巨大支柱。但其中有些段落似乎自相矛盾，我在前言中承诺过要对此作些解释性的评论，这些评论有助于探究和厘清以下问题：虽不具备较佳的资质，人凭借自身缺陷亦能学会区分善与恶。在这里，我有必要提醒所有读者注意：我所说的人，不是犹太人，也不是基督徒，而是处于自然状态且未参悟真正神性的平凡人。

道德美德探源

一切未开化的动物都只会取悦自己，因而自然会按照自己的意愿行事，而不考虑取悦自己会给他人带来的利与害。因此，自然原始状态下的这些生物，最适合成群聚居，它们和平共处，不互相揣度，亦无多少欲望需要满足。所以，若无政府的约束，没有任何一种动物比人类更不善于长期的群体生活。这正是人的本性，无论这种本性是好是坏，我都不作评判。因为除了人类之外，任何生物都不具备社会性。然而，人是极度自私、顽固又狡诈的动物，无论他如何被更强大的力量压制，单靠武力是不可能使他变得驯服，并切实有所进化的。

因此，为建立社会而不懈奋斗的立法者和其他贤士最煞费苦心的一件事，就是让他们将要统治的人民相信：对每个人来说，克服私欲比放纵私欲更有益，照顾公众利益亦比关注私人利益强百倍。这一直是一项异常艰巨的任务，为顺利完成这项任务，一切智慧与才略均被施展出来，各个时代的道德家和哲学家皆倾尽全力，以证明这一如此有用的论断的真实性。但不论人类是否曾经相信过这一论断，若不同时给他们一个与之相当的说法，作为对违背其天性的补偿，那么任何人都不太可能说服他们对抗自己的天性，或为他人利益而牺牲自身利益；因为若是如此，人们定然会违背本性。那些致力于教化人类者并非不明白这一点，但他们却无法为各种个人行为提供切实的奖励，以满足所有人，因此，他们只得虚构出一种适用于任何场合的奖励，以弥补自我节制所造成的损失。这种想象的奖励不需要自己或他人付出任何代价，是最能被节制者所认可的一种补偿。

他们彻底考察了人类本性中的一切力量和弱点，并发现：再愚钝的人也

□ "南海泡沫"事件

"南海泡沫"事件指的是发生于17世纪末到18世纪初的一次经济事件。长期的经济繁荣使得英国大量的闲置资金迫切寻找投资地，在这种情形下，一家名为"南海"的股份有限公司于1711年宣告成立，投资者趋之若鹜，连国王也经不住诱惑，认购了价值10万镑的股票。由于购买踊跃，股票供不应求，公司股票价格狂飙，而实际资本却所剩无几，那些高价买进南海股票的投资者最终遭受巨大损失。图为一幅讽刺本事件的版画。

会被赞美所迷醉，再卑贱的人也不会容忍被蔑视。于是他们便得出结论：恭维定是适用于人类的最有力武器。利用这魔法般的武器，他们开始高唱人性赞歌，称颂它高于其他一切动物；他们还用种种溢美之词歌颂人类智慧和知识所创造的奇迹，并对我们灵魂的理性赞不绝口，说：因为有了它们的帮助，我们才取得了那些最崇高的成就。他们用这种巧妙的恭维，诱骗了人们的心，继而教导人们什么是光荣，什么是耻辱；他们称其中一个是万恶之首，而另一个则是人类所向往的至善。做完这一切，他们接着告诉人们：如此高尚的人，若只顾满足那些与野兽所共有的欲望，而忽视那些使其优越于其他一切生物的高贵品质，这与人类的地位多么不相称啊。当然，他们也承认，这种天性的冲动是十分迫切的，很难抵抗，亦很难完全征服。不过，他们只是用这个论据来证明，征服这些冲动何其光荣，而怯于尝试削弱冲动又是多么可耻。

除此之外，为给世人树立典范，他们将整个人类划分为截然不同的两类：一类是思想低俗的卑劣者。他们总是追求及时行乐，完全不会克己，亦不顾全他人利益，除追逐个人私利之外，没有其他更高的目标。这类人为肉体的享受所奴役，心甘情愿地屈从于各种粗鄙的欲望，完全不发挥其理性能力，只追求自己的感官享受。他们说：这些粗鄙卑贱的家伙是其同类中的渣滓，徒具人形，除却外表，与野兽毫无二致。而另一类则是精神高尚的圣洁者，他们抛却了利欲熏心，将心灵的升华视为自己最宝贵的财富。这类人找到了自身的真正价值，其最大的快乐就是磨砺那些使自己卓尔不群的优秀品质。他们还蔑视自己与非理性动物的一切共同之处，并借助理性对抗其最强烈的天性；为维护他人的安定，与自己进行不懈的斗争。这类人的目标除了为公众谋福祉以及征服自身激情，别无其他。

Fortior est qui se quàm qui fortissima Vincit
Mœnia...
（治服己心者，强如夺城……）[1]

他们将这类人视为人类这一最高物种的真正代表，称其价值远远超过前面提到的那类人，甚至远超那些人脱离野兽的程度。

我们发现：没有任何动物完美到不带丝毫骄傲之情，而其中最出色，也是最美丽、最有价值的动物，通常亦都最为骄傲。因此，作为最完美的动物，人的骄傲之情与其本性完全不可分割（无论人们如何狡猾地隐藏或伪装它），倘无骄傲这一最主要成分，人类便永远不可能完整。若略加思索，我们便会发现，这种成分无疑只是些教训和劝诫。它如此巧妙地契合了人们对自己的赞许（正如我之前所提到的那些好评），若将其广为传播，定会博得大多数人及善于思索者的赞同，亦会指引一些人，尤其是那些最狂热、最坚定且最优秀的人，去忍受诸多不便、克服万千困难，乃至使其乐于将自己视作第二类人，从而将那类人的一切优点都归诸己身。

据前所言，由于这些英雄忍受着巨大的痛苦，以控制自己的自然欲望，将他人的利益置于自己的一切利益之上，我们首先便应希望他们不会放弃其已接受的有关理性动物尊严的美好观念，希望政府的权威时刻庇护他们，竭尽全力

---

[1] 出自于《圣经》，见《旧约·箴言》第16章第32节。全句为"不轻易发怒者，胜过勇士；治服己心者，强如夺城。"

维护第二类人应得的尊崇，以及他们高于其他人的优越之处。而有些人缺乏足够的骄傲或果敢，无法克服其本能的欲望以提升自己，而只遵从自然的感官之需。对于这些人，我们应当希望他们羞于承认自己属于那个低等类别的卑劣之徒，羞于被人视为与野兽无异；希望他们在为自己辩护时，会像其他人那样，竭力掩饰自身缺陷，大力推崇自我牺牲和一心向公。因为他们中的一些人，很可能已经折服于自己所目睹的坚忍不拔和自我征服的真实事件，所以会羡慕别人身上那些自己不具备的品质。还有些人惧怕第二类人的坚定与勇气，希望他们亦会慑服于其统治者的权威。因此，我们有理由相信，他们中无人（不论他们如何看待自己）敢为被其他所有人视作犯罪的行为公开辩护。

野蛮人就是这样被打败的，或者说，至少可能是这样。由此可见，那些精明的政治家提出道德的雏形，虽旨在使人们互助互利，又易于管理，但其主要意图显然是为了使野心勃勃的人从中获取更多利益，并能更安全、更游刃有余地统治大多数人。这样的政治基础一旦筑牢，人类就不可能长期处于未开化状态。这是因为，即使常常受其他同道者阻碍，仍只追求满足自身欲望者，亦清楚地意识到：每当他们克制自己的天性，或更为谨慎地追随这些天性前行时，他们便能免除若干麻烦，而且往往也能避免由于过分追求享乐而引起的许多灾难。

首先，他们和其他人一样，从社会公益行为中得到了好处，因此，不由得对履行这类职责的"上层"人士产生美好的希冀。其次，他们愈不顾他人，一心追求自身利益，就愈坚信：阻碍他们前行的，不是别人，而是与他们最为相似的人。

因此，他们中最低层次的人对宣扬公众精神的兴趣，相比其他任何东西更能使他既收获他人的劳动与禁欲的果实，又减少纵欲时受到的干扰。他和其他人一样，将一切无视公众利益、只用以满足私人欲望的东西称为"恶德"。他的这一行为若是有利可图，便很可能损害任意一个社会成员的利益，甚或使其更少服务于他人。若将人们对抗自身欲望的种种行为都称作"美德"，那就应当努力为他人谋福利，或是为拥有一颗理性的善心而征服自己的激情。

有人也许会反驳道：在任何社会，只要大多数人尚未找到共同的信仰或一致臣服于某种统治力量，这个社会便不可能文明化；因此，善与恶的概念，以及美德与恶德的区别，绝不是政客们的计谋，而纯粹是宗教的影响。对此作出回答之前，我不得不重申：在这篇《道德美德探源》中，我所说的人，既非犹太人，亦非基督徒，而是处于自然状态且未参悟真正神性的平凡人。我还要说明的一点是：所有其他民族盲目崇拜偶像的行为，以及他们对至高存在的有限认知，都不能激发人的美德。除了震慑或逗弄一群粗鲁且没有思想的人，这些东西一无是处。（译者注：此为作者在当时的时代背景下的认识，有一定的历史局限性。）历史清楚地告诉我们：在所有值得重视的社会，无论人们所接受的观念有多愚蠢、多可笑（如他们对自己所崇拜的神灵的观念），人类本性永远会努力朝一切方向延伸；对于财富及权力而言，世间的智慧或道德美德并不值得称道，但在某一时期，在所有君主政体及联邦政体国家中，总有人为后者不遗余力。

□ 君士坦丁凯旋门

凯旋门是历代罗马皇帝凯旋而入的必经之路，是荣耀的象征。君士坦丁一世在312年的米尔维安桥战役中战胜了马克森提乌斯，为了纪念这一伟大胜利，罗马元老院建造了君士坦丁凯旋门。它于315年落成，位于斗牛场和帕拉廷山之间，是罗马最大的凯旋门。

有些古老民族的人不仅将他们所能想象出的一切丑陋怪物奉若神明，甚至还傻乎乎地崇拜他们自己种的洋葱。但同时，他们的国家却是世界上最著名的艺术与科学的摇篮，而他们自己，在探索大自然最神奇的奥秘方面，亦比其他任何民族的人都更有经验。

若论道德美德模式的繁多及伟大，世上没有任何国家堪与古希腊和古罗马帝国相媲美，尤其是后者。然而，古罗马人对神圣事物的感情却又多么随便，多么荒唐可笑！这是因为，若撇开古罗马人所创造出的神灵的夸张数目不谈，

□ 纳拉姆辛石碑

在人类历史上不乏歌功颂德的纪念碑，图片为阿卡德王朝时期的纳拉姆辛石碑。纳拉姆辛（公元前2261—公元前2224年）是阿卡德王朝创始人萨拉贡的孙子，浮雕中描绘了纳拉姆辛大败征服其他山地部落的场面，纳拉姆辛的身体是士兵两倍左右，他踏着敌人的尸身一步步走向最高处。

而仅考虑他们给这些神灵编造的臭名昭著的故事，我们就无法否认，他们的宗教非但没有教导人们如何征服个人激情、如何追求美德，反而还设法为个人欲望辩护，并助长他们的恶德。不过，若想知道是什么使古罗马人如此坚韧、勇敢和慷慨，我们就必须将目光投向他们欢庆胜利的壮观仪式，投向他们宏伟的纪念碑和拱门，投向他们的奖杯、雕像及碑文。我们还要看到他们各种各样的军衔，他们授予死者的荣誉、对生者的公开赞美，以及他们给予有功之人的其他奖励。我们将会发现，使众多古罗马人达到最大程度的自律的不是别的，而是他们的政策，即利用最有效的手段来迎合人类的骄傲之心。

由此可见，最先使人克制私欲、对抗自身可贵天性的，并不是什么异教或其他盲目崇拜偶像的迷信，而是精明的政客们的巧妙操纵。愈深入探究人类本性，我们就愈加深信：道德美德乃逢迎骄傲的政治产物。

任何人都无法完全抵御谄媚的巫术，无论他何等能干、何等敏锐，只要抓住其要害，巧妙施行这种巫术即可。孩子与不思考者往往会轻信他人的赞美，而对那些更为聪慧者，则必须格外谨慎对待。恭维话愈带概括性，被奉承者的疑心便愈少。你对整个城镇的褒奖，全体居民都会欣然接受；你对普遍意义上的文人的称颂，凡是有学问者都认为应对你心怀感激。你可以放心大胆地夸赞一个人的职业，或是他出生的国家，因为你给了他一个机会，让他把自己由此获得的快乐隐藏在他对别人假装的尊敬之下。

精明之人往往都清楚谄媚对骄傲的强大作用，担心自己亦会受到蒙蔽，对夸大荣誉和公平交易，以及过高地赞美家族、国家或其职业的诚实（尽管这样做会违背他们的良心），有时疑窦丛生；因为他们知道，人常常会动摇自己的决心，违背其天性行事。尽管他们可以不断享受某些观念所带来的乐趣，却也意识到这并非自己的初心。因此，睿智的道德家便将人描绘成天使，希望有些人的骄傲至少会促使其效仿他们理应代表的完美典范。

　　无可匹敌的理查德·斯蒂尔[1]爵士以其明白易懂的优雅文风，抒发了他对人这一最高物种的赞美之情，并用华丽的辞藻描绘了人性的伟大，使读者无不陶醉于他的美好思想及文雅之辞。虽然我常常被他的雄辩力量所打动，并时刻准备欣然接受他巧妙的诡辩，但我永远不可能真正付诸行动；因为一想到他那番溢美之词，我便会联想到女人们用来教导孩子举止文雅的那些花招。一个稚嫩的小女孩说话尚不流利，走路亦摇摇晃晃，在家人的一再请求下，她笨拙地行了人生第一个屈膝礼，保姆立即夸张地赞美道：这个屈膝礼真是太优雅啦！哦，优雅的小姐！简直就是淑女啊！夫人！小姐行的屈膝礼比她姐姐莫莉的还要好！女仆们也同样附和着，而那位妈妈则紧紧抱住小女孩，像要把她挤碎一般。只有莫莉小姐在一旁满脸困惑，她比妹妹大四岁，知道怎样行一个非常优雅的屈膝礼，可这些人竟作出如此不合情理的判断，她气得几乎要大哭出来，

□ 屈膝礼

它源于"etiquette（礼仪）"这个词，用来表示尊敬。在英国，屈膝礼是女性向比自己社会地位更高的人打招呼的传统姿势，最早可以追溯到中世纪，流行于维多利亚时代。标准的屈膝礼应双手拉起裙子往两侧张开，膝微屈，左脚向后交叉，含笑低头，快速行礼。图为一位正在行屈膝礼的年幼贵族小女孩。

---

[1] 理查德·斯蒂尔（Richard Steele，1672—1729年），英国散文家。

为自己讨回公道，直到有人俯身悄声对她说：这只不过是为了哄你妹妹高兴，你才是淑女。她为大人跟她分享这个秘密感到骄傲，也为自己超群的理解力而心花怒放，她添枝加叶，一遍遍重复着大人对她说的秘密，还当众羞辱妹妹的弱点。而此时，她的妹妹仍沉浸在被众人独宠的甜蜜中。不论是谁，只要其能力强于一个幼儿，都会将这种夸大其词的赞美视为过分的恭维——当然，你若愿意，也可以将其称为令人憎恶的谎言。然而经验告诉我们，正是借助这种虚情假意的赞美，年轻的小姐们才学会了优雅的屈膝礼，而且比起那些从未被恭维过的小姐，她们更快、也更容易养成淑女气质。男孩子在这方面也是如此。大人们努力让他们相信：所有高贵的绅士都是乖乖听话的，只有乞丐的孩子才衣衫不整，粗鲁无礼。不但如此，只要这个乳臭未干的蛮小子开始拉扯头上的帽子，为了让他能自己摘掉，他的妈妈便会告诉他，虽然还不到两岁，但他已经是个男子汉了。如果他在妈妈的渴望下重复这个动作，她便会说他现在是个船长，是个市长，是个国王，或者是她能想得出的某个更崇高的人物。在赞美之力的促动下，这个小顽童竭力模仿大人，想方设法使自己表现得像大人们所说的那些人物，而事实上他们此时的认知何等浅显。

最卑贱的无名小卒也会认为自己的价值不可估量，而野心勃勃之人的最高愿望，就是让所有人都悦纳自己的观点，一如前者。因此，英雄们对名誉的极度渴求，只不过是一种无法抑制的贪婪——既想博取同时代人的赞美，又想赢得后人的敬仰与钦慕。而且（无论这个真理对一位亚历山大或一位凯撒来说会是怎样的屈辱），即使是最高尚的心灵，也甘愿为之牺牲自己的一切。眼前这巨大的报偿从来不是别的什么东西，而是人类的气息——缥缈的赞美之币。所有大人物都曾相当严肃地看待那位马其顿狂人[1]的雄心，还有他那深邃的灵魂和

---

〔1〕指马其顿国王亚历山大大帝（Alexander the Great，公元前356—公元前323年），法国哲学家彼埃尔·贝勒称其为"狂人"。

强大的心脏；罗伦佐·格拉提安[1]甚至说，我们的世界仅处于那位伟人心脏的一角，而那颗心脏仍无比宽广，足以再容纳六个世界。想到这些，有谁不会发笑呢？我是说，想到那位作者将人们对亚历山大的赞美，与亚历山大为自己制订并亲口承认的远征目标相比时，有谁不会发笑呢？他历尽艰辛通过海达斯佩斯[2]时，曾忍不住大声呼喊：哦，雅典人啊，你们可曾想到，为了获得你们的赞美，我将自己暴露在何等危险中啊！[3]因此，若想最充分地定义作为奖赏的荣誉，就要抓住最能说明其实质的内容，即荣誉是一种至高无上的快乐。当一个人意识到自己做了一件高尚的事情，想到来自他人的赞赏，便会在自我满足中享受这种快乐。

但在这里，有人会告诉我：除了富有雄心者大张旗鼓的征战外，还有一些高尚慷慨之举是默默做出的；美德即报偿，仅仅意识到这一点，真正善良之人便已满足。这就是他们期望从其最有价值的表现中得到的全部回报。野蛮人中也有例外，他们善待别人，却从不奢求感激与掌声，而是在受惠者面前小心翼翼地隐藏起一切。因此，骄傲并不能促使人达到自我克制的最高境界。

针对这种言论，我只能说：若不完全了解一个人的行为准则及动机，我们便无法对其表现作出判断。怜悯是我们所有情感中最温和、最无害的，但它与愤怒、骄傲或恐惧一样，也是我们本性中的一种弱点。心智最弱者通常最具怜悯之心，因此，没有人比女人和儿童更富有同情心。必须承认，在我们的所有弱点中，怜悯是最可亲的，与美德也最为相似。不但如此，一个社会中若无相当数量的怜悯，这个社会便难以存续。然而，怜悯是一种自然的冲动，既

---

[1]作者引自彼埃尔·贝勒《词典》的"马其顿"词条下的文章。该文说一位西班牙作者罗伦佐·格拉提安在他1757年写的一本书中，将亚历山大的心脏称作"慈善的大殿"，这个世界居其一角，仍显宽敞，尚有再装六个世界的余地。

[2]海达斯佩斯是一条河，又名杰赫勒河，位于今天的巴基斯坦境内。公元前326年，亚历山大大帝率军在此与印度人激战，被历史学家认为是他经历的最惨烈战斗。

[3]引自古希腊传记作家普鲁塔克（Plutarch，46—120年）的《亚历山大传》。

不顾及公众利益，亦不考虑我们自身的理性，因此，它既能产生善，亦会导致恶。怜悯是毁坏处女名誉的帮凶，亦是败坏法官廉正的同谋；无论谁以它为原则行事，也无论他能据此给社会带来什么好处，都不值得夸耀，因为他只是沉溺于一种恰好对公众有益的激情。拯救一个将要掉入火中的无知婴儿，算不得什么壮举：这个行为没有好坏之分，无论那婴儿受到多大的恩惠，我们亦只是帮助了自己。这是因为，眼看着他掉落火中却不奋力阻止，会让我们感到非常痛苦，所以为保护自己，我们不得不避免这种痛苦。一个挥霍无度的富人若恰巧怀有怜悯之心，并乐于满足自己这种激情，用对他来说微不足道的东西去帮助一个同情对象，这同样也算不上值得夸耀的美德。

然而，那些不屈从自己弱点的人，会放弃对自我价值的衡量，仅出于他们真挚的善心，默默做着令人钦佩的事情。我承认，这类人比我之前提到的那些人更深谙美德的概念。但即便如此（这种情况并不多见），在这些人身上，我们仍会发现骄傲的蛛丝马迹。世上最谦卑的人也必须承认，对善举的报偿，即随之而来的满足感，是他思考自身价值时获得的某种快乐。这种快乐，连同产生这种快乐的情境，皆为骄傲的特定标记，也正如危险迫在眉睫时，脸色苍白、浑身颤抖就是恐惧的表现。

过于谨慎的读者若一开始就谴责这些有关美德起源的观点，认为它们可能冒犯了基督教，那么我希望他能稍加息怒，再仔细考虑一下他的这些责难，即在表现高深莫测的神圣智慧方面，没有什么比人类更卓越。上帝为社会所精心设计的人，不仅会被其自身的弱点及缺陷引向短暂的幸福之路，而且出于一种貌似自然原因的必然性，对其弱点及缺陷也同样会有所醒悟；而凭着这些认知，人终会为真正的宗教所完善，并获得永恒的幸福。

《嗡嗡作响的蜂巢，或无赖变为君子》评论

[A] 还有些蜜蜂精通某种神秘技艺，
　　且只将这一神技传于少数几个弟子；

在对青年的培养中，为了使他们成年后能自立谋生，大多数父母都会为其寻求那些有保障的行业，在每个庞大的人类社会，这些行业都有其完整的组织或链条。在这一链条中，一切艺术和科学以及各种贸易和手工业，只要它们被认为有用，皆能在社会共同体中永久存续。每天都有年轻人被带入这些行业，他们不断填补着其中逝去的人和年老的人留下的空缺。但由于为跻身不同行业所投入的资本大不相同，因而其中一些行业比其他行业更受青睐。因此，为孩子择业时，所有谨慎的父母均主要考虑自身财力及处境。若为了儿子付给一位大商人三四百镑，却省不出两三千镑为其日后谋生作准备，这样的父母实该受到责备，因为他们没有让自己的孩子从事那些投资较少的行业。

许多受过良好教育的人，其收入却少得可怜，只及普通人的一半，因而他们只得凭借其受人尊敬的职业，来抬高自己的地位。这类人若有孩子（往往如此），由于贫困，根本无法让孩子去从事有保障的行业，而他们又如此骄傲，更不愿让孩子去从事任何艰苦的行业。于是，他们寄希望于自身命运的转变、某些朋友的帮助，或好运气的降临。而这些却迟迟未现，直到他们渐渐老去，最终一无所获。我无法判断，这种懈怠是对孩子们更为残暴，还是对社会更为有害。在古代的雅典，若父母有需要，孩子就必须扶助他们。但梭伦[1]却制

---

[1] 梭伦（Solon，公元前638?—公元前558? 年），雅典政治家，立法者。

定了一条法律，即任何做儿子的都没有义务去救助未使他学会任何谋生技能的父亲。

　　有些父母为自己的儿子选择非常适合他们当时财力的好工作，然而，没等他们的孩子完成学徒生涯或适应他们将要从事的工作，他们便不幸离世或破产，那些主要依赖家庭生活和学习的年轻人便陷入穷困，且无法靠他们即将从事的工作过活。这些年轻人中，有的不够勤奋或对相关行业缺乏了解，有的耽于享乐，还有个别人是受命运捉弄。在人口稠密的地方，我所说的这些懒怠、处置不当以及不幸，定然时常发生，因此，在这个庞大的世界里，每天都有大量的人生活难以维系。无论一个国家多么富有和强大，无论一个政府会采取何种措施来阻止这些现象，情形都不会改变。那这些人该如何安置呢？我想，海洋和军队会接纳其中的一些人，而这个世界从不缺少水手与军队。那些生性诚实且勤劳的人，将成为他们那个行业的熟手巧匠，或者转入其他行业。其中那些受过教育并被送入大学的人，将成为校长、家庭教师，只有少数人会成为公司职员等；而那些不愿工作的懒惰者，以及憎恶一切束缚的浮躁者，最终会成为什么人呢？

　　那些向来以欣赏戏剧和爱情故事为乐，并有点文雅情趣的人，多半会把目光投向舞台，倘若他们口才不错，而且容貌尚可，就会去当演员。那些口腹之欲甚于一切的人，若是具有良好的味觉，且略通烹饪之术，便会竭力跻身老饕或美食家之列。还有一些人，生性放荡，所结交的友朋亦皆如此，他们便认为人人都是放浪者，遂纵情于声色，且以没有空闲或缺乏技艺为借口为自己开脱，想方设法靠做交易中介谋生。而那些最不受道德约束者，若奸猾机敏，则会成为骗子和窃贼；若是他们同时具备不俗的技艺和才智，或许会成为制造伪币者。还有一些人，他们发现头脑简单的女人和那些愚蠢之徒都易于轻信他人，若是他们脸皮够厚且有几分聪明，便会充当起医生或算命先生。人人都将他人的恶德和弱点转化为于己有利的东西，凭借自身的天资和才能，竭力寻求一种最轻松、最便捷的谋生方式。

　　这些人显然是文明社会的"另类"，也是些愚蠢之徒，因为他们完全不考虑我们说过的话，却对那些使他们蒙受生活之苦的法律漏洞愤愤不平。而明智者则竭力避免为其所害，不为人类如何审慎都无法防止的事情而抱怨，并以此自足。

[B] 称其无赖毫不为过，但他们拒绝承认，
　　一本正经的辛勤者也都名实难副：

我承认，这对所有从业者来说，算是一种中肯的恭维。但只要我们能完全理解无赖这个词的含义，并明白没有人是真正诚实的，"己所不欲，勿施于人"只是一种美好的愿望，那我便坦然接受这一指控，不再提出任何质疑。买卖双方无不通过各种伎俩互相欺骗，即使在最公平公正的交易者之间，每天也不乏这类事件上演。这让我看到，商人其实总能发现自己货物的缺陷，可对于这些会使货物贬值的瑕疵，有哪个商人会竭力展示给买主呢？将自己的货物吹得天花乱坠，让人高估其实际价值，以卖个好价钱，哪里有不会耍这种手段的商人呢？

德西奥是个非常富有的商人，他从海外好些地方大量订购白糖，而正与他洽谈白糖生意的阿尔桑德是西印度群岛一位著名的商人。尽管两人都摸清了市场，但始终谈不拢，因为德西奥资金雄厚，觉得自己的出价应当比其他买家都低；而阿尔桑德也家底殷实，所以咬住自己的价格不放。他们正在交易所附近的一家小酒馆里讨价还价，阿尔桑德的一个手下给他送来寄自西印度群岛的一封信，信中说，正有大量白糖运至英国，数量远超预计。阿尔桑德心中暗想：在这个消息散布开前，必须以德西奥的出价卖掉白糖。但他是只狡猾的狐狸，觉得自己要保持镇定，既不能表现得太迫切，又不能错失这个买家。于是他话锋一转，故作轻松地聊起舒适的天气，并自然而然地说到自家花园此时的意趣，顺便邀请德西奥到他的乡间别墅小坐，那里距伦敦不到40英里路。正值五月天，又恰逢星期六的下午，德西奥是个单身汉，下星期二之前在城里没什么事。他便接受了阿尔桑德的邀请，乘着对方的马车出发了。那天晚上和第二

天，德西奥受到了盛情款待。星期一早上，德西奥到阿尔桑德别墅外面悠闲地散步，享受着美好的天气。在散步回来途中，他碰巧遇到了一位熟人，这人告诉他：有消息说，巴巴多斯船队昨夜在一场暴风雨中沉没了。那位熟人还说，他出来之前，这个消息已经在劳埃德咖啡馆[1]得到证实，很多人都认为，到交易时白糖价格会上涨百分之二十五。回到别墅后，德西奥想立马跟阿尔桑德继续谈谈那笔白糖生意，而阿尔桑德对手下带回的消息深信不疑，因此并不急于谈判，一直拖延到晚餐时分，且心中窃喜。可实际上阿尔桑德急切地想卖掉自己的白糖，而德西奥更是急于拿下这批白糖。但两人又都彼此提防，因此很长一段时间里，他们都装出一副若无其事的样子。德西奥被那位熟人的消息弄得心急如焚，生怕再拖下去会有风险，便最终决定按照阿尔桑德的价格谈妥这笔交易。第二天，两人返回伦敦。那个消息果然是真的，德西奥购入这批白糖省了500镑。竭力想压制住对方的阿尔桑德，不但如意算盘落空，还损失了一笔钱。然而，这笔交易完全公平合理。不过我敢肯定，他俩谁也不希望别人用他们对付彼此的手段来对付自己。

[C] 那些被征召去战斗的士兵们，
若幸存下来，便能获得荣誉；

人类渴求他人赞美的欲望实在难以言明。因此，尽管有些人违背自己的意愿投入战争，或迫于自身罪责走上战场，且常常在各种威胁和鞭挞下进行战斗，他们仍会因为本可以避免的事情而受到人们的尊敬，只要一切在他们的掌握之中。然而，一个人若将理性与骄傲看得同等重要，便永远不会欣喜于他人的赞美，因为他知道自己不配拥有那赞美。

就其真正意义而言，荣誉只是他人对我们的好评而已，别无他意。荣誉被

---

〔1〕初建于1688年，后成为商人及水手聚会之地，到曼德维尔时代，几乎成了一个小型的股票交易所。

认为多少有其实质性，而展示荣誉时则总会有几分嘈杂或喧闹。我们说君主是荣誉的源泉，是指君主有权通过授予头衔或举行仪式（或两者同时）来为他器重的人"认证"，而这印记将像他发行的货币一样流通，并使其主人获得每个人的好评，不论他是否配得上。

与荣誉相对的是恶名，或称耻辱，其表现为他人的不良评价或蔑视。荣誉可谓对良好行为的奖赏，而耻辱则是对不良行为的惩罚。他人的这种蔑视表现得有多公开、多强烈，被蔑视者的名声便有多狼藉。由其所产生的效果来看，这种耻辱也可以被称为羞耻。这是因为，虽然荣誉和耻辱的善恶都是假想的，而羞耻却是一种真实的感受。羞耻代表着一种激情，这种激情有其特有的表现，它支配着我们的理性；若要抑制羞耻，需要像克制其他激情一样付出大量心血，严格自律。这种激情对我们的影响，往往支配着生活中那些最重要的行为，对它的透彻理解必定有助于阐明荣誉和耻辱的概念。因此，下面我将详细描述这种激情。

□ **君主政体**

君主政体的国家存在着一种不受任何限制的权力，并对一切反对意见享有检察权。这幅画描绘了掌权者代表无数的臣民，伟岸的身躯象征着他拥有至高无上的权力。

首先，我要对羞耻这一激情作出定义。我想，我们不妨将其称为对我们不配得到尊敬的一种悲哀的反思。这种反思源于一种忧虑，即担心他人若知道我们其实并不值得尊敬，肯定会瞧不起我们的。唯一能有力驳斥这个定义的观点是：即便没有做错任何事，天真的处女往往也会感到羞耻和脸红，而且根本无法合理解释这一点；男人也常会对别人感到羞耻，即使他们之间既无友朋之情，亦无亲缘关系；因此，羞耻的表现可谓千差万别，而上述定义并不能涵盖所有表现。对于这种反驳，我的回答是：我们首先要考虑到，女性的谦卑和羞怯是习俗及教育的结果。出于羞怯，她们对任何不合时宜的肉体裸露和污秽之词都会心生恐惧及憎恶。尽管如此，即便最贞洁的年轻女子亦常常充满幻想，会对自己想象中的事情产生一些想法和困惑，且不会将其吐露给任何人。所以说，若在一个不谙世事的处女面前说些淫秽话语，她便会担心：有人可能认为她明白那些话的意思，因而以为她懂得那类行为，以为她不希望别人认为她对那些行径懵然无知。想到这一点，想到人们那些不利于她的看法，她便产生了一种我们称之为羞耻的激情。不论是什么（尽管都与淫荡不相上下）使她产生了我所暗示的那套罪恶想法，只要她仍保有羞耻之心，就会产生同样的效果，尤其是在男人面前。

若想证明此言不虚，只需让几个男人在那位贞洁的年轻女人隔壁的房间里，大胆放肆地说些下流话。那女子确信没人发现自己，听到那些话时（倘若不是凝神倾听），她一点也不会脸红，因为此时她认为自己未受到任何人的关注。若是隔壁传来的那些话令这女子面红耳赤，那么，不论她那天真无邪的头脑怎么想，我们都可以断定：让她脸红的是一种比羞耻感更令人难受的激情。可是，如果在同一个地方，她听到有人在说她的某件肯定会使其丢脸的事情，或提到任何一件她暗自内疚的事情，即便没人看见她，她十之八九也会感到羞愧和脸红，因为她的恐惧不无道理，她害怕人们知道一切后会鄙视她。

驳斥上述定义所依据的第二点是：我们常会为他人感到羞耻或脸红。之所以如此，不过是因为有时我们把他人的境况几乎当成自己的了，因此，在看到别人陷入危险时，人们才会不自觉地发出尖叫。当我们过于认真地思考这种应受谴责的行为——假如是我们自己的——对我们的影响，我们的精神，继而是血液，都会不知不觉地以同样的方式运动着，仿佛那个行为就是我们自己的，于是必然会出现同样的症状。

在比自己优秀的人面前，那些稚嫩、无知以及没有教养的人会感到羞耻，虽然看似毫无缘由，这种羞耻却总是与一种意识相伴而来，即意识到自己的弱点和无能。即使是最谦逊的人，无论他有多高尚、多博学、多大成就，都因为某种内疚或缺乏自信而感到过羞耻。有些人由于朴拙无知和缺乏教育，毫无缘由地屈从于羞耻这种激情，且动辄被其征服，我们称之为腼腆。有些人由于不尊重他人，及未认清自己的能力，已经学会不受这种激情的影响——即使该受影响，我们称之为恬不知耻或不要脸。人类身上的矛盾是多么奇怪啊！羞耻的反面是骄傲（参见评论M），然而如果一个人从未感到过任何骄傲，就绝不可能产生羞耻之情。这是因为，我们都相当看重他人对我们的评价，凡事都出于我们对自己的极大尊重。

大多数美德的种子蕴藏于这两种激情之中，是我们身上真实的存在，而不是虚构的品质。这一点可以从种种显著且各不相同的影响中得到印证，尽管我们受到其中任何一种激情的影响便立即会产生理性。

一个人羞愧难当时，精神会变得异常颓废。他的心脏冰冷而僵硬，血液从心脏涌向身体的每个毛孔；他的脸通红且滚烫，脖颈和胸前也似有烈焰炙烤。他的整个身体如铅块般沉重。他垂下头，眼睛透过迷离的浓雾，紧盯着地面。此刻，没有什么能撼动他。因为他已经厌倦了自己的存在，打心底里希望自己能够销声匿迹。反之，当他的虚荣心得到满足，得意洋洋时，他便会出现许多截然相反的症状。他的情绪高涨，动脉的血液也活跃起来，一种超乎寻常的温暖使他的心脏更强健、更宽广，而他的四肢却凉爽。他感到身轻如燕，想象着自己可以在空中行走。他昂起头，眼睛轻快地转动着。他为自己的存在而欣喜，动辄想发发火，并为所有人都能注意到他而喜不自胜。

羞耻感对我们的社交何等重要，缺了它，人类之间的交往将难以想象。羞耻是我们天性中的弱点，每当受到它的影响，人们都会心怀懊悔地屈从于它，并尽力阻止它产生。然而，交谈的乐趣却有赖于此，若是全人类都不受其支配，那么任何一个社会都不可能得到改良。羞耻感会带来诸多烦恼，而所有人都竭力自我防卫，所以，努力避免这种不安的人，便很可能随着自身成长最大程度地克服其羞耻感。但这对社会却是不利的，因此，自一个人的幼年时代起，直至其整个受教育的过程中，我们努力增强，而不是削弱或摒除其羞耻感。对此，我们能采取的唯一补救措施，就是要求他严格遵守某些规则，以避免做那些可能给他带来麻烦及令他感到羞耻的事情。不过，对政治家而言，他们宁可失去生命，也不愿摆脱或丧失其羞耻感。

我所说的规则，在于巧妙地管理我们自己，抑制我们的欲望，并在他人面前隐藏我们内心的真实情感。有些人成年之前一直未学会恪守这些规则，日后所获突破也极为有限。要获得我所暗示的成就并使之臻于完美，唯骄傲之心和良好的判断力最为有效。我们渴望得到他人的尊重，我们想到自己为人喜爱、甚至被人仰慕而欣喜不已，这是对克服最强烈激情所付出的高昂代价的补偿，从而使我们远离所有会给我们带来耻辱的言行。为了社会的福祉与美好，我们主要应该隐藏起来的激情是贪欲、骄傲和自私。因此，"羞怯"这个词具有三层不同含义，随其所隐藏的激情而变化。

第一层含义其实是羞怯的分支，即通常以贞洁为目的的羞怯，它蕴含于一种真诚而痛苦的努力中，也就是在他人面前用尽全力扼杀和隐藏我们繁衍后代的天性，而这种性向是大自然赋予人类的。早在我们有机会学习或懂得其用处之前，我们已经被教授相关课程，就像语法课一样。因此，在我所说的那种自然冲动尚未给孩子留下任何印象之前，他们常常出于羞怯而感到羞耻和脸红。一个受过羞怯教育的女孩，她还不到两岁，可能就开始注意到与她交谈的那些女人在男人面前是如何小心翼翼地掩饰自己的。同时，父母也会通过告诫和实例反复向她灌输这类应谨小慎微的事项。到了六岁，这个女孩便很可能羞于暴露自己的腿，而她既不知道为何这种行为应受到责备，也不明白自己为何会因此感到羞怯。

要产生羞怯之情，我们首先应避免一切不合时宜的裸露。若是当地的风俗允许，一个女人袒露脖颈出门便不应受到指责。若是时尚流行女子胸衣领口开得很低，一位正值妙龄的处女便可以不惧理性的责难，向全世界炫耀：

她的双乳雪白而坚挺，

在那丰腴的胸脯上自然地生长着。

可她却又痛苦于脚踝为人所窥，因为女子双足外露有违时尚，是对羞怯的一种亵渎。在一个要求女子佩戴面纱的国家，若哪个女子露出半张脸，便会被看作厚颜无耻。羞怯的第二层含义，即我们语言的纯洁。它要求我们不能讲污言秽语，且要远离那些淫秽之辞。换而言之，涉及人类繁衍行为的一切都不可宣之于口；不论其相关性有多牵强，与这类行为有关的任何词句，都绝不该从我们嘴中道出。羞怯的第三层含义为：一切可能玷污想象的姿势和动作，即凡是会让我们联想到我所说的淫秽之事的姿势和动作，都必须非常谨慎地予以杜绝。

　　此外，一位年轻女子若想给人留下富有教养的印象，在男子面前，她的一切行为都应当谨慎稳重，既不能接受男子的恩惠，也不能施与对方恩惠。除非这男子年纪很大，或为血缘很近的亲属，或者双方都有极高的地位，她才能

□《良心觉醒》 威廉·霍尔曼·亨特 1853年
　　在19世纪的欧洲，贵族男子包养情人的事情屡见不鲜。这幅画描绘了少女意识到情妇身份正在毁灭自己的人生的"觉醒"瞬间。富有的中年男子一只手搂着他年轻的情妇，他们的爱巢中充满了这段关系的象征——一只玩弄着小鸟的猫咪和玻璃罩下暗示时间停止的钟表。

为自己的行为找到合理的借口。受过良好教育的年轻女子不但要时刻注意自己的举止，还要注意自己的外表。从她的眼睛里，我们可以看出，她是一个非常自重的人，这份自重虽不是出于惧怕堕落，但她决心无论如何也不放弃它。假装正经的女人会招致成千上万种嘲讽，而贞洁女子那淡然的神态和优雅的举止，则会为其赢得同样多的赞誉。然而，较为聪明的人则深信，与目光令人生畏、时刻保持警惕的美人相比，面带微笑的美人那悠闲率真的面容更能吸引人，更能令被诱惑者神思恍惚。

　　所有年轻女子，尤其是处女，只要她们看重优雅精明人士的尊重，都应该严格自持。男人可能会更自由，因为他们的欲望更强烈，更难以控制。如果对男女双方都施加同样严苛的戒律，那么他们两方便都不会率先有所行动，上流

社会人士间的繁衍定然会因此停滞，而这远不是政治家们希望看到的结果。因此，较明智的做法是，让最受严苛戒律折磨的性别得以放松，对其欲望稍加纵容，并在其激情最为强烈、严格约束的负担最难以忍受的地方，将戒律的严苛性减弱一些。

因此，男人被允许公开表达他们对女人的尊重和崇敬，而且在有女人陪伴时，他们表现出比以往更大的满足感、更多的愉悦。男人不仅可能会在任何场合都对女人彬彬有礼、谦恭顺从，而且自认有责任保护和守卫她们。男人可以赞美女人所具的优良品质，也可以夸大其辞地颂扬她们的优点，并使自己的这番举动合乎情理。男人可以谈论爱情，可以为美丽女子的严守戒律而叹息和抱怨。男人有权用眼睛道出他不能吐露的话语，并随意表达自己的心声。这样做时，他应当端庄得体，对女人的注视要短暂而迅速。追求一个女人时，倘若与她距离过近，或是眼睛紧盯不放，就显得粗俗无礼。其原因很简单：这会令对方惴惴不安，而且，倘若她不擅长伪装和掩饰，往往会手足无措。眼睛是心灵的窗户，因此，这种无礼的盯视会使一个尚未成熟、毫无经验的女人陷入恐慌，生怕被那个男人看穿，怕他会发现自己内心（或已经泄露）的想法。这种恐惧不停折磨着她，迫使她表露自己的隐秘欲望，而且似乎有意要从她口中逼问出重要实情，而这正是羞怯要求她竭力否认的。

人们几乎不相信教育的巨大力量，因而将男女之间在羞怯方面的差异归因于天性，其实这完全来自早期教育的结果：一位小姐还不到三岁，家人便每天都嘱咐她要把腿藏起来，若她不小心暴露出来，就会受到严厉的训斥；而一位同样年龄的小男孩则被要求将外套穿好，并要像男人那样小便。羞耻与教育蕴藏着一切礼貌的种子。而既无羞耻感又未受过教育的人，往往会直接道出内心的真实想法和感受，尽管他们没有别的过错，却成为世间最可鄙的人。如果一个男人告诉一个女人，他最喜欢她，她是为他繁衍后代的最佳人选，而且当时就强烈地想去做这件事，并因此而抓住了她。毋庸置疑，这个男人定会被人骂为畜生，那女人会羞愧而逃，而且那个男人永远不会被任何有教养的人所接纳。但凡有羞耻感的人，宁愿克制这种最强烈的激情，也不愿受到如此冷遇。

不过，男人不必扑灭他的激情，只需将其隐藏起来。美德要求我们抑制激情，而良好的教养却告诉我们只需隐藏欲望。跟那个粗野的男人一样，时髦的绅士对女人也会产生强烈的欲望，但这位绅士的做法却截然不同。他先找到那位女士的父亲，让他相信自己完全有能力供养他的女儿，被允许与其女儿交往后，他又是送礼物，又是献殷勤、拍马屁，竭尽所能地博取那位女士的好感。他若获得成功，那女士随即就会在众人面前庄重地向他"投降"。当晚，两人共度良宵时，那最保守的处女异常温顺，任凭这男人摆布，其结果就是：他未曾提出任何要求，便得到了他想要的东西。

　　第二天，朋友来拜访两人，但没人耻笑他们，也没人对他们的行为说三道四。而这对年轻夫妇，不像前一天那样关注对方了（我指的是有教养的人）。他们吃喝玩乐，一如往常，没有什么值得他人嘲笑的事情。他们被看作世界上最羞怯的人，他们可能确实如此。我这样说是想表明，只要具备了良好的教养，我们的感官享受便不会减少，而只会为彼此的幸福而努力，并互相扶持，一起享受所有奢华、舒适的世俗快乐。我所说的那位时髦绅士，并不比野蛮人更懂得自我克制，而后者的行为举止比前者更符合社会礼仪、更真诚。一个男人按照自己国家的习俗所允许的方式去满足自己的欲望，他就不必担心受到责难。如果他的欲望比公羊和公牛还强烈，婚礼一结束，他便可以一头扎进快乐与狂喜之中，尽情释放自己；只要他有足够的体力和勇气，便可以不断激起并放纵自己的欲望。他尽可以大胆嘲笑那些竟想训诫他的智者，因为所有女人和十分之九以上的男人都是他的支持者。不但如此，他还可以像疯狂放纵自己的激情那样，自由地评价自己，而且他愈沉溺于淫欲之中，愈竭力放纵情欲，他便愈容易得到他人的祝福以及女人的好感，这其中不仅有年轻、虚荣和淫荡的女子，亦有谨慎、庄重和最冷静的妇人。

　　厚颜无耻是一种恶德，但并不意味着羞怯是一种美德。羞怯建立在羞耻心之上，而羞耻心是我们天性中的一种激情，其是好是坏完全取决于它所驱动的行为。羞耻心可以阻止一个妓女在人前屈服于一个男人，也可以使一个羞怯善良却意志薄弱的女人夺去自己孩子的生命。激情偶尔也能带来益处，不过，只有在征服激情时才有益处可言。

如果羞怯中也包含着美德，那么不论是在黑暗中还是光明中，它应具有同样的力量，但事实并非如此。追求享乐的男人对此讳莫如深，他们从来不为女人的贞操伤脑筋，只为战胜她们的羞怯。因此，引诱者不会在光天化日之下攻击女人，而是在夜深人静时伸出魔爪。

IlIa verecundis lux est præbenda puellis,

Qua timidus latebras sperat habere pudor.

逡巡的白天过后是跃跃欲试的少男少女，订婚新郎为羞耻找到了何等怯懦的口实。[1]

有钱人为追求偷情的快乐而犯下罪孽，却不一定会昭然若揭；而女仆和更穷困的女人却几乎无法掩饰自己隆起的腹部，或者至少无法隐藏她们偷偷生下的婴孩。一个出身高贵的不幸女子可能会一贫如洗，只能去做保姆或打扫房间的女仆。她也许勤劳、忠诚、乐善好施，且极为羞怯；如果你愿意，也可以说她非常谨慎。她也许会经受住种种诱惑，长久保持贞洁。然而，不幸的是，她最终将自己的声誉交给了一个权势强大的骗子，且这人后来抛弃了她。若再不幸怀孕，她就更是苦不堪言了。羞耻感如此强烈地袭击着她，每一个念头都让她无比恐惧。她所服侍的这家人都称赞她富于美德，她的上一位女主人甚至将她看作圣女。那些嫉妒她美德的敌人该多么高兴啊！亲戚们又会多么鄙视她啊！此刻，她越是羞怯，越是害怕丢脸、手足无措，她想到的办法就会越邪恶、越残忍，不是伤害到自己，就是伤害到她腹中的胎儿。

人们往往认为，一个能毁掉自己的孩子、自己的骨肉的女人，一定是个异常残忍、野蛮的恶魔，与其他女人截然不同。这种看法其实不一定正确，因为我们并未完全了解人类激情的本性和力量，常会作出错误的判断。即使这

---

[1]参见古罗马诗人奥维德（Ovid，公元前43—公元17年）《爱经》（*Amores*）第1章第5节。

个女人以最可恨的方式杀死了自己的私生子，日后她若结婚，仍可以如最慈爱、最温柔的母亲一般，悉心照料和爱护自己的孩子。没有母亲不爱自己的孩子，但这种爱是一种激情，而所有激情又都以自爱为中心。因此，这种激情便可能被任何一种更高等的激情所征服，以满足这种自爱；若不受干预，这种自爱将会使她疼爱护慰自己的孩子。众所周知，普通妓女很少会杀死自己的孩子，而且就连抢劫犯和杀人犯也极少犯下这种罪行；不是因为他们没那么残忍或更善良，而是因为他们在很大程度上丧失了羞耻心，羞耻心所带来的恐惧对他们几乎已无任何影响。

□ 所罗门断案

《圣经》中记载了智慧的所罗门王判案的一则故事。两个妓女正在争抢一个孩子时，所罗门王便说："既然你们都说是自己的孩子，那就把孩子劈开，一人一半拿走吧。"这时候一个妇人忙说："求我主将孩子给那妇人吧！万不可杀他。"另一个妇人说："这孩子既不归我，也休想归你，把他劈了吧！"所罗门王因此而断定孩子真正的母亲就是不忍杀死孩子的人。

对感官所无法触及的东西，我们的爱是贫乏而微不足道的。因此，女人对自己腹中的胎儿并无天然之爱，其母性柔情乃始自婴儿坠地之后，而她们孕中所怀的那种感情，乃是理性、教育以及责任感使然。第一个孩子降生之初，母爱亦十分微弱，随着与孩子的"耳鬓厮磨"，母爱才愈来愈强，所达到的高度亦令人愕然。此时，孩子已开始通过肢体语言来表达自己的喜怒哀乐，让人明白自己的需求，对新鲜事物充满好奇，并表现出各种各样的欲望。为养育自己的孩子，女人们要承受多少艰辛和危险啊！为了孩子，她们所表现出的强大与坚忍远远超出女性的承受能力！纵使最卑贱的女人亦如此。所有人都顺着自然天性行事，而不考虑这于社会有利还是有害。我们只贪图一时的欢娱，绝无任何益处，享受欢娱而产生的子女往往被父母的溺爱所摧毁。对于两三岁的幼儿来说，母亲的溺爱可能更好，但若不加节制，日后可能会完全宠坏他们，以致很多孩子会被送上绞刑架。

若有读者认为我对羞怯这一分支（我们借此极力使自己显得贞洁）的叙述太过单调乏味，那么我打算将剩下的部分讲得简短些，以作为对他的补偿。通过该部分论述，我们会让其他人相信：我们对他们的尊重胜过我们对自身价值的评价，我们最为漠视的便是自身利益。这种值得称道的品质，通常被称为气度和良好教养，它蕴含在一种流行的习惯中。人们通过训诫和现实事例养成了这种习惯，即奉承他人的骄傲和自私，并机智地隐藏起自己的。只有当与我们同处于平等地位或地位高于我们的人和平相处时，我们才会这样做。因为，我们的顺从决不能违背荣誉规则，亦不能妨碍仆人及其他依赖者表达对我们应有的敬意。

我相信，通过以上论述，这个定义将适用于一切能被视为良好教养或粗鲁行为的实例。在任何时代、任何国家，若想从人类生活和人们谈话时所提及的事情中找出一件完全没有羞怯或无耻成分，完全无法从这两个角度予以解释的实例，是相当困难的。一个人若毫无顾忌地向一个陌生人索取大量好处，便会被视为厚颜无耻，因为他公然表现出他的自私，而未顾及另一个人的自私之心。我们由此便会明白，一个男人在他人面前为何尽量不提及自己的妻子、孩子以及他所珍爱的一切事物，更极少谈及自己，尤其是在受到赞扬时。有良好教养的人也会渴望、甚或贪求他人的赞美和尊重，但若被人当面赞美又有违其羞怯之心。这是因为，在还未接受教育时，人人听到对自己的赞美都会异常开心；我们都能意识到这一点，因此，在看到有人公然享受这种快乐，而我们无法分享时，我们内心的自私便会立即被激起，我们马上开始嫉妒甚至憎恨这个人。所以，有教养的人会隐藏他的快乐，并完全否认自己有任何快乐感，以此抚慰和平息我们的自私，从而避免我们的嫉妒和憎恨，否则，他定会对其心生恐惧。自孩提时代我们就发现，那些欣然接受别人赞美的人，往往都会遭人嘲讽，我们便很可能竭力避免那种快乐，日久天长，一旦有人要当面称赞我们，我们就会感到不安。然而，这并不意味着我们要顺从天性，而是要通过教育和习俗来扭转天性，因为若是人类普遍不以被人赞美为乐，那么拒绝聆听这种赞美便根本不是缘于羞怯。

若一盘菜肴摆在面前，有教养者不会从中挑取最好的，而是选择最坏的，即便迫于无奈，他也总是从所有东西中挑取最无关紧要的那份。出于这种教养，他将最好的东西留给他人，这是对所有在场者的一种恭维，每个人都会因此感到愉悦。这群人越是自爱，就越赞同他的这种行为，也越感激他，因而无论愿意与否，他们都会对其产生好感。有良好教养的人就是用这种方式巧妙地赢得了他所结识的每个人的尊重，这个自傲者尽管不能从中得到什么别的东西，但想到别人对他赞美时自己心中所获得的快乐，远胜他以前克己的快乐；这是对其自爱的超值回报，弥补了他因对别人彬彬有礼而蒙受的损失。

六位文雅的绅士面前，摆着七八个苹果或桃子，大小优劣相差无几，有资格最先挑选的人所挑的水果（如果这些水果有显著差别），连孩子都能看出是最差的。此人之所以如此，完全是出于一种谄媚的目的，即暗示在场者，他们都比自己优秀，希望他们拿到的水果都比他的好。这种习俗和惯常的举动，让我们深谙这种流行的欺骗，却未使我们意识到其荒谬性。因为，若是人们直到二十三四岁仍坦陈心声，并遵循内心的自然情感行事，那么人们在做出这种荒唐的行为时，定会失声大笑或义愤填膺。但毋庸置疑的是，这种行为会使我们彼此更加宽容。

能够明确地区分好品质和美德，对我们了解自己极为有利。社会这一纽带要求每个成员都要尊重他人，即使在一个帝国中，地位最高贵的人面对最卑贱的人，也不应免除这种尊重。而我们独处时，远离了同伴，甚至超出其感官所能触及的范围，"羞怯"和"无耻"这类词便完全失去其意义。一个人可能很邪恶，但他独处时不可能不产生羞耻心；而一种想法若未传达给他人，那它就绝不是厚颜无耻的。一个极度骄傲的人也许会竭力隐瞒其高傲，使任何人都无法发现其骄傲，然而，相比那些公然展示这种高傲的人，他会从中获得更大的满足。良好的举止与美德或宗教无关，它非但不会扑灭种种激情，反而会将其点燃。有理智、有教养的人，最得意的时刻莫过于巧妙地隐藏起自傲之时。他确信，凡是具有良好判断力者都会赞赏他的行为，他欣然享受着这种赞美。而那个目光短浅、性情乖戾的市政议员则无福享受这种快乐，他满脸傲慢，不向任何人脱帽致敬，亦不肯屈尊跟一个地位比自己低的人说话。

一个人可以小心翼翼地避开被世人看作出于骄傲的一切行为，这样做既无须禁欲，亦无须征服自己的激情。他所牺牲的，可能仅是骄傲在众人面前的呈现，而只有愚蠢无知者才会从那平淡无奇的展示中获得快乐。他所换取的，是内心所感受到的那份骄傲，而最高尚的人和最受推崇的天才，则默默享受着这种骄傲所带来的无限快乐。在有关礼仪和优先权的辩论中，高贵的上流人士最易表露出骄傲之情。在这些场合，他们可以给自己的恶德披上美德的外衣，使世人相信：他们的忧虑，他们对其职务尊严或其主人荣誉的关心，都缘于他们个人的骄傲和虚荣。在大使和全权代表的所有谈判中，这一点表现得极为明显，而且任何关注公共契约中交易的人，也能意识到这一点。对最有品味者而言，只要众人还能发现他们有几分高傲，他们便享受不到骄傲所带来的快乐，这一点永远不会错。

[D] 我本不想说，这是因为没有一只
　　蜜蜂不想在应得之外获取更多；
　　但他生怕会有人知道，

我们无比尊重自己，而极力贬低他人，因此在涉及自身的事情上，我们往往显得很不公平。很少有人会相信，无论其利润多高，他们都不会承认，与他们售出的相比，他们获得了太多收益。而且还会为了一点微不足道的收益而抱怨他们的买家。因此，卖家的微薄利润对买家而言是最具说服力的。为了自身利益，商人不得不说谎，他们宁可编造千万个海市蜃楼般的故事，也不愿透露自己从所售商品中究竟赚到了什么。一些老商贩在顾客面前极善于伪装，甚至装得比其邻居更诚实（或者说更高傲），他们很少跟顾客多说什么，且拒绝以低于他们最初要求的价格出售自己的商品。然而，这类商人都是最为狡猾的狐狸，他们知道，有钱人哪怕粗鲁无礼，所获取的好处也要比举止文雅者多。一般人都认为，比起一个顺从有礼、洋洋自得的年轻新手，一个表情严肃、愁眉苦脸的商场老手更为真诚。然而，这种想法大错特错。若他们都是绸缎商、布料商之类的商人，所经营的同类商品品种繁多，你可能很快就会感到满意；再仔细查看他们的商品，你会发现，每种商品上都有他们自己特定的标记，这恰恰表明，他们都同样小心地隐藏自己商品的真实价值。

[E] 他为此如何绞尽脑汁，付出多少心血，
　　正如赌徒们所做的那样，即便
　　公平竞争，败者获得其赢得的
　　东西之前，胜者不可能是真正的赢家。

　　这是一种惯例，但凡看过赌博游戏者，肯定都知晓这种做法。可见，这定是人类天性中的某种因素使然。但对许多人而言，探究这一因素似乎太过繁琐，因此，我情愿读者跳过该条评论，除非他极富耐心，而且闲而无事。

　　在赌博中，赢家往往在输家面前竭力隐瞒自己的盈利。我想，这应是出于一种感激、怜悯和自我保护混杂的心情。得到好处时，人人都会自然而然地心生感激，在这种感激之情的影响和温暖下，他们的言行定然都是真实的、发自内心的。然而，当这一切结束后，我们所做的反应往往都是出于美德、礼貌、理性以及责任感，而不是出于感激之情，因为感激乃源于天性的动机。我们对自己的爱毫无节制，这种爱蛮横地要求我们依对方的言行是否会对我们有利来判断每个人。对某些没有生命的事物，我们常付诸很多感情，因为我们觉得它们有助于我们改变目前的状况。我们若想到这些，就不难发现，我们之所以对输家感到满意，多半出于一种感激心理。第二个驱动因素则是怜悯，因为我们对失败给输家所带来的懊恼感同身受。我们渴望众人的尊重，害怕由于自己赢了输家的钱而失去其尊重。最后一个因素是，我们察觉到输家对我们的嫉妒，因此，在自我保护意识的驱动下，我们竭力弱化自己的负罪感以及心生怜悯的

理由，以期减少输家对我们的恶意和嫉妒。激情一旦迸发，便会人尽皆知。一个当权者授予某人极高的官爵，因为在其年轻时曾获得此人的帮助，这位当权者的行为乃是出于感激。一个女人因失去孩子而号啕大哭、捶胸顿足时，完全被悲痛这一激情所控制。我们一看到巨大的不幸（如一个人摔断腿或者脑浆迸裂）就感到不安，且这种不安常被称作怜悯。然而，激情也有许多温和而轻柔的表现，这些表现却往往被忽视或误解。

若要证实我的这一判断，我们只需观察一下赢家与输家的不同反应即可。赢家总是彬彬有礼，而只要输家不发脾气，他还会显得比平时更加殷勤。他随时准备迁就输家，并愿意谨慎而有礼地表现出自己的风度。输家则坐立不安、吹毛求疵、郁郁寡欢，也许还会诅咒和谩骂；但只要他的言行并非有意冒犯赢家，赢家便既不会冲撞输家，亦不会烦扰输家，更不会与其敌对。俗话说：必须任由输家抱怨。所有这些都表明，输家有抱怨的权利，且应因其失败而得到怜悯。我们害怕输家对我们心怀敌意，且这份忌惮异常明显，因为我们意识到自己使输家感到不快，一想到自己比他人更幸福，我们就害怕招致他人的嫉妒。由此看来，赢家竭力隐藏其盈利，目的便是为了避免他所担心的祸患，即自我保护。只要最初产生这些忧虑的动机还在，这些忧虑就会持续影响我们。

不过，一个月、一个星期，或更为短暂的时间之后，赢家对责任的思量及其感激之情便会渐次消退；而当输家情绪好转，对自己的损失一笑置之时，赢家的怜悯之情也就彻底消失了。当赢家不再担心自己会受到输家的恶意及嫉妒的伤害时，或者说，这些激情一旦消退，自我保护的意识一旦减弱，他不仅会毫无顾忌地占有他所赢得的财物，还可能在虚荣心的驱使下兴奋地吹嘘，甚或夸大他的收获。

众多相互敌对且蓄意挑起争端者一起赌博，或赌博者仅为满足炫耀赌技的虚荣心，那么他们的主要意图便是获得胜者的荣耀，因此，我所提到的那些情形可能根本就不会出现。不同的激情促使我们作出不同的反应。我所说的那些情形多发生在一般的金钱赌博中，在这类赌博中，参与者甘愿失去其珍视之物，也要竭力赢钱。尽管赢家隐瞒自己的盈利会有所愧疚，但他们却从未意识到，正是我所说的那些激情导致了这种愧疚。我知道，很多人对我的这一见解并不以为然。这并不奇怪，因为很少有人会闲下来自省，而采用正确方法自省的人则更少。人类的激情宛如布料的颜色：在许多块颜色单一的布料上，人们极易辨别出红、绿、蓝、黄、黑等颜色；然而，能从一块混染得色彩缤纷的布料上找出所有颜色及其比例的人，非艺术家莫属。同样，当种种激情都非常明显，且只有一种控制一个人的言行时，人人都可以发现它；不过，若某些行为受多种激情的共同驱使，要准确地追踪每一个动机会异常困难。

[F] 而美德早已从众多政客身上
　　学来千百种狡诈的阴谋诡计，
　　在政客们种种微妙的影响下，
　　美德与恶德结为良友：

　　勤劳善良者养活一家人，竭尽心力抚育自己的孩子、缴税纳赋，并以不同的方式成为社会的有用之人。他们依靠某种行业维持生计，这些行业则主要有赖于他人的恶德，或备受他人恶德的影响。他们自己不去犯罪，也不会参与任何罪行，只是干自己的营生，就像药剂师不一定会投毒，铸剑者不一定会杀人一样。由此来看，我们或许可以说，美德与恶德结为良友。

　　这在商人身上表现得尤为明显，他们将谷物或布料售至国外，购回葡萄酒和白兰地，促进了自己国家种植业或制造业的发展。他们繁荣了航运业，增加了关税收入，给公众带来了许多好处。但不可否认的是，他们所依赖的主要是奢侈和酗酒。因为，若是人们只在必要时才去喝酒，或出于健康才会喝点酒，那么大量酿酒商、贩酒商、酒桶制造工等，将会陷入悲惨的境地，而正是他们使这个繁华的城市更为兴盛。反之，不出半年，那些纸牌和骰子制造者（他们是恶德分子的直接服务者），还有那些布料商、室内装潢商、裁缝以及许多从事其他行业的人便会饿死在街头。

[G] 这蜂群中最坏的那些卑劣分子，

　　为公众利益贡献良多。

　　我知道，很多人可能会认为这种说法过于矛盾，他们或许会问我：强盗和破门入室的抢劫者于公众有何益处呢？我承认，这些犯罪分子对人类社会极为有害，所有政府都应当竭尽所能，彻底将其铲除。然而，若是所有人都非常诚实，人人都谨慎自守，而不贪慕或觊觎他人之物，那么这个国家的半数铁匠将难以维持生计。无论在城镇还是乡村，铁工艺品随处可见，它们既可用于装饰，又能用于防御。如果没有盗贼和抢劫者，我们便永远不会想到这些铁工艺品能使我们免受盗贼和抢劫者的侵害。

　　倘若你对我这番话持有异议，而且仍然认为我的论断荒诞不经，那么我希望你能认真思考一下物品的消费问题。你会发现，那些最懒惰、最散漫的人，甚至是那些恣意挥霍、无恶不作的人，都无意识地为公众利益做出了贡献。只要他们的胃口尚未满足，他们就会继续消耗甚至毁坏某些东西，而这些东西正是受雇佣者日日辛劳的硕果。因此，这类群体的需求有助于维持穷人的生计和公众的利益。倘若不像我在《寓言》中所说的那样：

　　……数以百万计的工蜂们，

　　眼瞧着他们的果实被摧毁；

　　那么，数百万劳动者便会食不果腹，无以为生。

　　然而，我们判断一个人不应看其行为可能产生的结果，而应看行为本身及引发这一行为的动机。一个邪恶自私的守财奴，坐拥数100000镑资产，尽管他没有财产继承人，每年仍仅花50镑。这个吝啬鬼若被抢去500或1000枚金币，那么这些钱肯定会进入市场流通，国家亦会因这次抢劫而受益，其所获的实际收益，不亚于一位大主教向公众布施同样一笔钱给国家带来的利益。然而，为了维护社会的正义和安宁，凡是抢劫守财奴的人，都应该被处以绞刑，尽管其中五六个人未直接参与抢劫。

小偷和盗贼之所以靠偷盗谋生，不是因为靠诚实劳动难以果腹，就是因为他们不愿一直劳动。他们想要满足自己的感官快乐，想要美食、烈酒、放浪的女人，想过游手好闲的日子。饭馆老板知晓其来路，但仍供他们吃喝，只为赚取他们口袋里的钱，因此，这老板与他所招待的客人一样，也是"大恶棍"。不过，若是他能很好地榨取盗贼的钱，照管好自己的生意，且精明谨慎，那他可能会赚到钱，并会一直与盗贼顾客打交道。信托公司的职员，其主要目标就是为客户赚取利润，保证客户能随心所欲地享用自己喜欢的啤酒，而且他还要当心失去客户。只要客户有钱，他才不管这钱是如何赚来的。与此同时，那富有的啤酒商将一切生意都交给仆人打理，虽然对啤酒酿造一无所知，却能坐着马车四处旅行，能盛情款待朋友，能轻松惬意、心安理得地享受快乐。他购买地皮，建造房舍，教育孩子享受富足的生活，却从不去想穷苦人的辛劳，从不去想那些"傻瓜"过得如何，也从未想到过骗子们为了兜售啤酒所耍的花招，而他的巨额财富正是通过销售大量啤酒聚积起来的。

一个拦路强盗抢得一笔可观的财物，给了一个可怜的普通妓女10镑，想让她从头到脚重新打扮一番；而哪位绸缎商知道她是妓女后，会出于良心拒绝卖给她任何布料绸缎呢？她得有鞋子、长袜、手套和裙撑，而做女装的裁缝、针线工、布料商等，都得从她那赚取点利润，而且在不到一个月的时间里，各行各业的商人会把这妓女的钱一点点赚走。与此同时，那位慷慨的强盗几乎已将手里的钱挥霍一空，他便决定再干一票。然而，第二天他和一个同伙在海格特附近抢劫时不幸被捕，两人都受到了法律制裁，被判处重刑。他们抢来的那笔钱落到了三个乡下人手中，而那三个人恰好都急需一笔钱。其中一个是诚实的农夫，他质朴勤勉，却遭受厄运：去年夏天，他养的十头牛死了六头，因欠地主30镑债，剩下的几头牛如今也被地主牵走了。另一个农夫是个日工，每日勤勤恳恳，但家中妻子卧病在床，还有几个年幼的孩子要养活。第三个农夫是一位绅士雇用的园丁，他的父亲因骗得邻居12镑而被捕入狱，已关押了一年半，期间全靠他供养。他的这种孝顺行为值得称道，他此前已经与一位年轻女子订婚，而且那女子的家境优渥，但其父母却硬要这位园丁拿出50枚金币才肯答应他们的婚事。这三个人每人都得到了80余镑，这笔钱疏解了他们窘迫的困境，他们顿时觉得自己成了世界上最幸福的人。（译者注：前述三段为作者当时的观点，他看重的是财富的再分配及参与流通对经济的积极作用，这也成为后世经济学家研究的重要课题，甚至是一些国家征收财产税以加大转移支付，来补贴与救济穷人的政策出发点。）

无论是对穷人的健康和警惕性，还是对穷人的勤勉，没有什么比臭名昭著的酒更具有破坏性了。酒这一名称源于荷兰语中的Juniper-Berries（杜松子果），现在，由于该名称的频繁使用和民族尚简之风气，它已从一个中等长度的词缩略为一个单音节词Gin（醉人的杜松子酒）。这酒深深吸引着那些消极、绝望且疯狂的饮食男女，使饥肠辘辘、衣衫褴褛的醉鬼傻乎乎地赤身露体，或麻木地大笑着，以索然无味的玩笑自我戏谑。这酒是炽热的湖水，它点燃了人的思绪，让人的五脏六腑受到熊熊烈火的炙烤，将体内的一切化为灰烬。这酒还是忘忧的河水，浸入其中，不幸者的一切烦恼、痛苦及理性都随波而逝，不会再想到哭喊着索要食物的孩子、严冬的酷寒和空荡荡的家所带来的焦虑。

这浓烈火辣的美酒令人亢奋，常使醉酒者与他人发生争执，使他们变成野兽和野蛮人，使他们无缘无故地打斗，并且常常造成他人的死亡。这酒有损最强壮之人的健康，使其染上了疾病，而且它还是中风、肌肉痉挛和猝死的直接诱因。但由于这些疾病和祸患极少出现，它们便很可能被忽视，没有人去预防。然而，这酒引起的许多其他疾病却每时每刻都在发生，例如食欲不振、发烧、黑疸症或黄疸症、抽搐、结石、水肿以及白液增多[1]等。

在这种"液体毒物"的极端崇拜者中，有很多都是最卑劣之徒，从纯粹的嗜酒者到酿酒商，无一例外。他们都成了酒的兜售者，并都乐于帮助他人得到他们的喜爱之物，就像妓女通常会为了从中获得某种利益而屈从于他人的欲

---

[1] 即多痰症，西方古代医学认为人有四种体液，即红色的血液、黄色的愤怒胆汁、黑色的忧郁体液以及白色的痰液。

求。然而，由于这些饥肠辘辘的人喝起酒来往往入不敷出，他们极少能通过销售去改善其境遇，因为他们此时只是可怜的买主。在市镇的贫民区或郊区，在所有最肮脏的地方，几乎每幢房子里都有售酒之处，只是大多在地窖里，而有的则在阁楼上。在这种幽暗的环境里卖酒的小商贩，都是由比他们更高档些的酒商供货。那些酒商多有自己开设的白兰地酒商店，他们和小商贩们其实没多少差别，都不值得羡慕。对普通人而言，我认为没有比他们的职业更悲惨的谋生方式了。谁若想在这行发迹，首先必须时刻小心、保持警惕，同时又要果敢坚决，以免被无赖欺骗，被车夫及兵士咒骂或欺侮。其次，他还应该是一个讲粗鄙的笑话和露着满口黄牙放声大笑的家伙，且怀揣吸引顾客、赚取其钱财的各种招数，精通人们用来戏谑节俭者的低级玩笑和俏皮话。对待比他们更卑鄙之徒，他也必须点头哈腰，曲意逢迎。他必须随时准备热心地帮搬运工卸下货物，随时准备与卖篮子的妇人握手致意，随时准备向卖牡蛎的乡下姑娘脱帽致礼，随时准备和乞丐称兄道弟。他必须有耐心，脾气好，这样才能忍受下流之人和无赖最卑劣的行径与最肮脏的语言，才能坦然面对一切恶臭、肮脏、嘈杂和粗鲁，而做出这类行径者，乃是那些极度贫穷、懒惰和放纵的无耻之徒。

我所指的遍布城市和郊区的酒铺数量之多，恰恰反映出，这一行业虽然合法，伴随而来的却是懒惰、酗酒、贫困和苦难的滋生，有些零售商销量极大，所获收益或许比销售同类酒的批发商还高。但更多的零售商（尽管已具备我所说的上述能力）却经营失败，最终破产，因为他们不可能不向他人奉上喀尔刻[1]酒杯。幸运点的话，他们须终生忍受非同寻常的痛苦和艰辛，须忍受我所说的一切冷酷和卑劣，为了每日果腹的面包而劳作。

在这环环相扣的链条上，目光短浅的俗人只能看到其中的一个环节；而那些有眼光的人，则乐于去观察一连串事件的走向。在某些地方，他们也许会

---

[1] 喀尔刻（Circe），古希腊神话中的女仙，精通巫术，能将受她蛊惑的旅人变成牲畜。

看到"善"从"恶"中涌现出来，如同雏鸡从蛋中自然孵出一样。麦芽酒税在国家财政收入中占相当大的一部分，如果不从麦芽酒中提炼烈酒，公共财富必然会因此蒙受巨大的损失。不过，若是我们认真思考一下我所说的"恶"所带来的种种好处和众多实实在在的便利，我们便会想到麦芽酒所创造的税收收入，种植麦子所需要的土地和农具，耕种和运输时所租用的马车，还有许许多多以此为生的贫民，他们耕种麦子、发制麦芽、运输麦芽、蒸馏麦芽酒，从事着与此相关的种种劳动。若没有他们的辛勤劳作，我们便不会有麦芽酒（也就是我们所说的低度酒），而各种烈酒也就无法酿制出来。

除此之外，一个目光敏锐而又善良的人，还可能会从被我当作垃圾扔掉的"恶"中捡拾出很多"善"来。他会告诉我，不论滥饮麦芽酒会使人变得多么懒散和迟钝，适度饮用麦芽酒却对穷人有不可估量的好处。穷人买不起更贵的美酒，因此，在他们感到寒冷和疲惫，或感到痛苦和无助时，价格低廉的麦芽酒便给他们带来了最大的慰藉和快乐。这种烈酒的最大需求者，多是那些缺衣少食、居无定所的穷苦人。那些遭遇不幸且处境悲惨者所表现出来的愚蠢的怠惰，对千千万万的人来说，是一种赐福——当然是对痛苦最少、最幸福的人的赐福。对于疾病，他会说：饮酒既能引起一些人的疾病，也能治愈另一些人的疾病。如果说过量饮酒导致了少数人的猝死，而日日饮酒的习惯则延长了许多人的寿命。酒在国内引起的小争论给我们造成了一些损失，但其在国外所发挥的作用却带给我们更多好处，因为酒能鼓舞士气，激励海军士兵英勇作战；若没有酒，最后的两场战争便不会取得重大胜利。

对酒类零售商及其迫不得已的恶德，我所作的描述和评论也许会令人懊恼，善良的人会回应道：没有多少人能凭这种生意成为中产阶级。而我所说的此种行业里那些令人厌恶和无法容忍的东西，对习惯了这一行业的人而言是微不足道的。有些人觉得不堪入目、充满危险的东西，另一些人却认为是赏心悦目、令人陶醉的，因为人们所处的环境及所受的教育各不相同。他会提醒我，一种行业的收益可以抵偿人们所付出的辛劳，因为"美妙香气终必怡人"；他还会告诉我，就连夜间劳作者亦会闻到收获的芬芳。

如果我对他说：某地有一个杰出的酿酒商，他为成千上万穷苦人提供的烈酒，并不能改善他们的困境，更不会使他们脱离苦海。他会说：我不能对此作出评判，因为我并不知道他们以后会给全体国民带来多大的好处。他还会说：从事这一行业的人将会在维护和平或其他职务上竭尽全力，并对那些放荡不羁和牢骚满腹者保持警惕，保持自己热情似火的性情；在这个人口众多的城市的每一个角落，这酿酒商都要像经营自己的酒那样，勤勉地传播忠诚、革新风俗，直至成为妓女、流浪汉及乞丐的谴责者，成为心怀不满的暴徒和反动人士的"敌人"，成为打破安息日的"屠夫"的鞭挞者。在此，我这位好脾气的反驳者一定会欢欣鼓舞，更为热烈地赞美那些酿酒商，特别是，若他能给我举一个如此光彩照人的例子的话就更是如此了。他会高声呼喊：此人对国家的贡献是多么伟大啊！他的美德是多么灿烂夺目啊！

　　为了证实他的感叹，他会向我表明：一个懂得感恩的人，其严格克己的最充分证据，莫过于看到他放弃自己安定的生活，牺牲自己的健康，甚至冒着生命危险，忍受痛苦折磨以及那群人（他们正是他的恩人）的不断骚扰，而所有这一切只源于他对懒惰的厌恶，对宗教和公众福利的极大关心。

□ 中产阶级的休闲时光

　　工业革命以来，中产阶级在英国登场，到了19世纪逐渐发展成英国社会的主力之一。与当代意义上的中产阶级相比，19世纪英国的中产阶级大多并不宽裕，但他们在生活中已经能够享受优雅与休闲。图为几位中产阶级的少女在玩牌，悠闲地消磨她们的闲暇时光。

[H] 那些针锋相对的政党表面水火不容，

　　实则互相帮扶，以备不时之需；

在推动宗教改革方面，没有什么比罗马神职人员的懒散和愚蠢更有助益的了。然而，这场改革亦使他们摆脱了当时的懒惰和无知。而且可以说，路德、加尔文等人的追随者不仅改造了那些被他们所吸引的人，而且改造了他们最大的反对者。英格兰的神职人员对教会分立派极为苛刻，指责他们没有学问，结果给自己招来了难以对付的劲敌。此外，反对国教者暗中窥探他们强大对手的一举一动，使得那些老牌教会的神职人员更加小心谨慎，以免被他们抓住把柄；而若没有那些恶毒的监视者，他们是不会担惊受怕的。与其他任何一个罗马天主教国家相比，法兰西王国的神职人员都不那么放荡，且更有学识，这在很大程度上是由于法国境内一直有大量的胡戈诺派信徒[1]。在意大利，罗马天主教神职人员拥有至高无上的地位，这是任何其他国家的神职人员都望尘莫及的，因而他们也就更为堕落。西班牙的神职人员则比其他国家的更为愚蠢，因为他们的教义鲜少被人质疑或反对。

谁会想到，贞洁高尚的女子无意中竟帮到了妓女呢？或者说（这似乎更显得自相矛盾），谁会想到放荡竟能有助于维护贞洁呢？但这却是无可辩驳的事实。一个堕落的年轻人，在教堂、舞场或其他人群聚集之处（这些地方有很多卖弄姿色的漂亮女人）晃悠了一两个钟头之后，其想象力会极为活跃，远远超过他在市政厅投票，或是在乡间羊群中漫步时的活跃程度。如此一来，他便会竭力去满足心中燃起的欲火。当他发现忠实可靠的女人蒙昧无知、不解风情时，很自然地就会想：他要赶快去找那些风情万种的女人。谁会因此说这是贞洁女子的过错呢？这些可怜的人呀，她们穿衣打扮时，并未把男人放在心上，而只是按照自己的品性，使自己显得端庄体面。

---

[1] 16—17世纪的法国新教。

我绝非鼓励恶德，而是认为，一个国家若能完全清除那些污秽之罪，那将是该国最大的福祉。不过，这恐怕是不可能的。有些人的激情过于强烈，任何法律或训诫都难以遏制，所有政府都应采取一种明智的对策，即容忍较小的不便，以避免更大的不便。若有六七千名船员同时抵达一个地方（这种情况在阿姆斯特丹极为常见），且在几个月内，这些人都见不到任何妓女的存在，我们该如何保证贞洁的女子走在街上不受骚扰或侵犯呢？因此，在那个秩序井然的欧洲城市里，明智的统治者总是容忍一定数量的妓院存在。在这种宽容中，可以看出众人的谨慎与节俭，因此，这番简要的论述并未离题太远。

首先，我所说的那些妓院只能设在城中最肮脏、最杂乱之处，那里主要是海员和臭名昭著的外乡人住宿或光顾的地方。他们大多数人所处的那条街道被贴上耻辱的标签，这恶名波及邻近的每一个角落。其次，这些妓院只不过是嫖客与妓女见面、讨价还价、约定时间的场所，主要是为了促成更为隐秘的会面，决不允许在那里干任何淫荡的勾当。这里的规矩相当严格，杜绝了经常出入者的无礼和喧哗。相比戏院，你在那儿决不会碰到更多下流行为和淫荡之举。最后，来这晚间交易所的女人，她们白天通常从事着其他工作。她们在晚间的种种表现，的确与她们平时的行为举止迥然相异。不过，她们通常都打扮得十分可笑，似乎更喜欢穿罗马街头卖艺女子的服装，而不是淑女的服装。这副装扮，加之蠢笨的举止、粗糙的双手，以及矫揉造作的少女风姿，我们便无须担心会有很多品行较佳者受其诱惑。

这些维纳斯神庙里的音乐是由风琴演奏的，但不是出于对其所崇拜的神的尊敬，而是出于神庙主人的节俭，他们的生意就是用尽可能少的钱制造出尽可能多的声音，而政府的政策则是尽量控制风笛手及琴手这类人员的增长。所有航海者，特别是荷兰人，都与自己所属的环境相契合，他们特别喜欢大声喧哗和吼叫。当他们自得其乐时，五六个人发出的叫声就足以盖过十几支长笛或十几把小提琴的声音，但只用两架风琴，整座庙宇便能乐声雷动，而且花费极少，只需雇用一个水平一般的乐师即可。然而，尽管已建立起严格完善的娱乐服务业规则，地方行政长官及其下属官员，却总是无故为难那些无甚怨言的可怜经营者，并威胁将其驱逐出该行业。这一手段有两大用处：首先，它给大批官员提供了机会。地方长官们常常利用这种机会，榨取这一低等行业所带来的丰厚利润，以补贴自己的生活；同时，他们也会处罚那些总是恣意妄为的鸨母和皮条客（业务中介）。他们尽管极度厌恶这些人，却又不愿彻底将其肃清。其次，那些妓院及其交易是地方长官所默许的，倘若这一秘密泄露，将十分危险；因此，通过这种貌似无可指责的方式，谨慎的地方官们便能获得愚蠢者的盛赞，这些人会认为政府一直在极力压制它实际上所默许的事情，只是难以做到。然而，若地方官真下定决心将其铲除，以他们手中强大而广泛的权力，他们完全有办法做到，只需一个星期，不，一夜之间，他们便能将其彻底清除。

在意大利，对妓女的容忍更为明显，这从她们被公开认可的程度就可以看出来。在威尼斯和那不勒斯，这一行业亦是一种合法的商业形式；罗马、西班牙的高级妓女，则是国家的一个重要的组成群体，她们依法缴纳税金。众所周知，（在欧洲）很多精明的政客之所以容忍妓院的存在，并非因其宗教信仰不够虔诚，而是因为他们要防止更大的罪恶，防止更可恨的不道德行为，并保障贞洁女子的安全。圣·迪迪埃[1]先生曾说："大约二百五十年前，威尼斯缺少高级妓女，因此，政府不得不从异国大量引进。"对威尼斯重大事件有着详细记录的道格·里昂尼[2]，曾高度赞扬威尼斯公国在这一问题上的智慧，称它保证了好女子的贞洁，她们每天都面临着公开的暴力，也保证了教堂和圣所不致成为威胁她们贞洁的所在。

我们英国的大学则较隐蔽，一些学院每月有宽容期，而在这样的宽容期里，德国的修士和牧师可以嫖妓，只要他们每年向上级神职人员缴纳一定的税

---

[1]圣·迪迪埃（Alexandre Toussaint de Limojon Saint Didier，1630？—1689年），意大利外交家、历史学家。此处引自他的《威尼斯城及威尼斯公国》（1680年阿姆斯特丹版）。

[2]16世纪初去世的意大利历史学家。

金即可。贝勒[1]先生（上一段即引自他的著作）说：人们普遍认为，这种可耻的放纵行为都源于贪婪；不过，对这些放纵行为的容忍，很可能旨在防止贞洁女子受到诱惑，缓解丈夫们的不安，而神职人员亦竭力消除他们的怨恨。从刚才所说的来看，为保护一部分女性，为避免出现更可憎的污秽之事，显然必须让另一部分自愿享受放荡之乐的女性作出牺牲。由此，我想我完全可以得出结论（我想证明的似乎自相矛盾的观点）：贞洁可以由放荡来保护，最高尚的美德亦需要最卑劣的恶德来襄助。（译者注：此为作者当时的观点，也是腐朽资本主义社会刺激人的种种欲望以谋利的现实存在。）

[I] 贪婪，是一切罪恶的根源，
　　这种与生俱来的人性之恶，
　　亦是挥霍浪费者们的奴仆；

为了迎合人类的风尚，我已给"贪婪"这个词加诸太多可憎的恶名。人类对贪婪的恶毒抨击，比对其他任何恶习的抨击都多，这实在并不过分。因为，不论何时，几乎没有一桩祸事不是贪婪所造成的。然而，人人都极力抨击它的真正原因是，几乎每个人都饱受它的折磨；因为某一些人囤积的钱财越多，其他人手中的钱财就越少，所以，人们对守财奴大发牢骚时，通常只是出于自身利益的考虑。

没有钱便无法生活，所以为了得到钱，那些没有钱又没有人给他们钱的人，便只得为社会提供各种各样的服务。不过，人人都像尊重自己的劳动一样尊重他们的劳动，但他们的劳动通常并不会低于其价值。而大多数缺钱者一挣到钱就会立马花掉，因为他们认为自己付出的劳动远超这笔钱的价值。不论劳

---

〔1〕贝勒（Pierre Bayle，1647—1706年），法国哲学家、评论家。此处的引文来自他1708年写的《彗星带来的众多思考》。

动与否，人们都不得不将生活必需品看作自己应得的，因为他们发现，天性本能并不考虑人们是否有食物，只叫他们饿了就吃东西。因此，每个人都努力尽可能轻松地得到他需要的东西。此外，当人们发现他们在挣钱时所遇困难的多少，取决于付钱者的吝啬程度时，他们自然会对贪婪者感到愤怒；因为贪婪者迫使他们要么放弃他们本应得到的东西，要么为其付出他们不愿承受的更高代价。

尽管贪婪是许多罪恶的根源，但它对社会还是十分必要的，因为它能把那些被相反的恶德所抛弃和散布的东西聚积起来。如果不是因为贪婪，挥霍无度者很快就会捉襟见肘；若是人人都不存钱，若是没有人赚钱比花钱快，那么花钱比赚钱快的人就会越来越少了。正如我所说的，贪婪是挥霍的奴隶，这在许多守财奴身上表现得最为明显。我们每天都能看到，为了使一个挥霍无度的继承人生活富足，他们整日辛苦劳作，省吃俭用。虽然这两种恶德看似截然相反，它们却常常彼此相助。弗罗里奥是一个年轻的纨绔子弟，脾气极为暴躁。他是一位富豪的独子，因此，他想过奢华的生活，想养马养狗，想挥霍钱财，就像他看到的那些伙伴一样。但他的父亲，这老家伙是个守财奴，就连维持基本生活的钱也不多给一文。因此，弗罗里奥早就开始经常以自己的名义去借钱了，不过，若是他比自己的父亲早亡，借给他的钱就会打水漂，因此，没有一个精明者愿意借给他钱。后来，弗罗里奥认识了贪婪的科纳罗，这人愿意借钱给他，但要收取百分之三十的利息。现在，弗罗里奥每年要花掉1000镑，他觉得自己无比幸福。如果没有弗罗里奥这样的傻瓜，为挥霍钱财而甘愿付出如此高昂的代价，科纳罗又怎能获得如此高的利息呢？如果弗罗里奥没有遇到科纳罗这样一个贪婪的放债人，他又哪来的钱去挥霍呢？不过，科纳罗的过分贪婪使他忽略了一个巨大的风险，即他是在一个放荡不羁的败家子身上作巨额投资。

倘若贪婪代表着对金钱卑鄙的爱恋，它便不再是挥霍的对立面；而心灵的狭隘会使守财奴紧紧捂住自己的口袋，使他们只是为了囤积而贪图钱财。然而，有些人的过度贪婪却是为了耗费钱财，他们往往会挥霍无度，这在大多数朝臣及文武高官身上尤为明显。在他们的住所、家具、出行方式及娱乐方面，他们的肆意妄为与挥霍无度表现得淋漓尽致；而他们为获取钱财而采取的种种卑劣手段，所犯的许多欺诈和强迫罪责，则完美阐释了他们的极度贪婪。这种自相矛盾的恶习的混合，正是喀提林[1]的性格写照，据说，此人的特点便是"appelens alieni & sui profusus"[2]，即对别人的东西贪得无厌，对自己的东西挥霍无度。

[K] 挥霍乃高尚的罪恶

我认为挥霍是一种"高尚的罪恶"，它并不与贪婪为伴，不会使人肆意糟蹋从别人那里索取的不义之财，而是一种令人愉快的善良的恶德，它能使烟囱冒烟，能使所有商人喜笑颜开。我指的是那些不顾一切、奢侈淫逸的人不加节制的挥霍，他们生活优越，厌恶计较钱财的卑鄙思想，只是将别人费尽心思积攒起来的钱财挥霍掉。这类人花钱随心所欲，不断用旧金钱换取新乐趣，从一个灵魂的过度膨胀中得到满足。他们最大的过错便是，过于轻视大多数人过分珍视的东西。

谈到挥霍这种恶德，我给予了如此的宽容和赞誉。而提起与之相对的贪婪，我便会恶语相加，这其实出于一种共同的驱动因素，即公众利益。因为贪得无厌者对自己毫无益处，而且除了其继承人之外，对整个世界有害无益；而挥霍无度者却是整个社会的福音，除了他自己之外，对任何人都没有害处。不错，前者大多是骗子，后者则都是傻瓜。然而，挥霍者却是公众维持生存的珍贵"口粮"，就像法国人将修道士称为"女人的鹧鸪"一样，挥霍者也可被

---

〔1〕喀提林（Lucius Sergius Catilina，公元前108—公元前62年），罗马共和国时期的一位贵族，曾密谋推翻罗马共和国。

〔2〕appelens alieni & sui profusus（拉丁语），意为"贪恋他人的，糟蹋自己的"。这一词组引自罗马共和国时期的一位历史学家萨鲁斯特（Caius S. Crispus Sallust，公元前87—公元前35年）所著的《喀提林传》卷四。

称为"社会的乌鹲"。如果不是因为挥霍无度,我们便无法将当权者的巧取豪夺和敲诈勒索转化为有利之事。一个贪婪的政客,穷其一生都在侵害民众的利益,并靠节俭和抢掠积累起巨额财富。他离世后,看到其子的挥霍无度,每一个善良的人都会露出舒心的笑容。这种挥霍,乃是将掠夺自公众的财富归还给公众。占有他人的财富是一种野蛮的剥夺,当一个人如此沉迷于挥霍自己的财富时,在他毁掉自己之前就将其财富毁灭,这是很不光彩的。他虽然从不狩猎,却养了无数只品种各异、大小不等的狗;他虽然从不骑马,养的马却比国内任何一位贵族养的都多;他虽然从不和一个妓女上床,但为她花的钱却不亚于花在一位公爵夫人身上的。难道不是这样吗?在他所使用的那些东西上,他不是更奢侈吗?因此,就随他挥霍好了,不然,我们就极力赞美他的挥霍,将他称为心系民众、慷慨大方、无比高尚的勋爵;几年之后,他便会将自己的财富挥霍一空。只要公众能收回自己被掠夺的财富,我们就不应该纠结于被掠夺财物的偿还方式。

我所认识的许多性情中庸者,都极为憎恶挥霍与贪婪这两种相对立的恶德,他们会对我说:完全可以用节俭来取代我所说的这两种恶德;若没有那么多挥霍财富的途径,人们便不会受到诱惑,不会做那么多种邪恶的事情来积聚财富;因此,若能避免这两种极端的恶德,人们便会生活得更幸福,亦不会那么邪恶。无论是谁如此反驳我,都表明他是一个比政客更善良的人。正如诚实一样,节俭亦是一种让人忍饥挨饿的美德,它只适合由善良温顺者组成的小社会。这些人安于贫穷,因为这样他们就可以过得轻松些;但在一个动荡不安的大国,你可能很快就会厌烦贫穷。轻松度日是懒散者所追求的一种美德,而在一个贸易繁荣的国度,这种美德却一无是处,因为那里的大多数人都必须从事某种工作。挥霍者有千万种方法避免人们游手好闲,而节俭者是万万想不到的。挥霍必然要耗费大量财富,贪婪者亦有无数种手段去敛财,而节俭者则不屑于使用这些花招。

作者们往往都可以将小事比作大事,尤其是当他们事先获得允许时。"Si licet exemplis",即"只要有先例可循即可"。然而,将伟大的事物比作微不足道的东西，却是令人难以容忍的，除非是在滑稽戏中；否则，我便会将整个国家比作一碗潘趣酒[1]（我承认这个比喻太粗俗），贪婪就是这碗酒里的酸味剂，挥霍就是甜蜜素，无知、愚蠢和轻信，则是漂浮其上的水，寡淡无味。人的智慧、尊严、坚韧和其他崇高品质，已被巧妙地从人性的渣滓中分离出来，成为光荣之火，并被淬炼为心灵之精华，当比作白兰地。我毫不怀疑，一个威斯特伐利亚[2]人、拉普兰[3]人，或任何其他迟钝的异邦人，若不熟悉这碗酒的整个配方，分别品尝其中的几种成分，就会认为"它们即便混合在一起"也令人难以接受。他会说，其中的柠檬太酸，糖太甜，而白兰地又过于浓烈，实在难以下咽；他还会说，里面的水淡而无味，只适合牛马饮用。然而，经验告诉我们，只要将我所说的这些成分合理勾兑，就能调配出一种醉人的美酒，并会深受品味高雅者的喜爱。

对于我们所谈论的这两种恶德，亦可如此比拟。贪婪往往带来众多危害，除了守财奴，人人都抨击它。我可以将贪婪比作一种酸，它使我们的牙齿酸痛难忍，除了吝啬鬼，每个人的味蕾都会感到不快；而一个挥霍无度的花花公子，其精美的服饰和豪华的座驾，则可以被喻为晶莹剔透的上等方糖。降低酸味剂的浓度，便能防止其造成的伤害；而后者作为一种令人愉悦的甜蜜素，恰好可以弥补和抚慰前者造成的痛苦，因为大多数人常常会因受到贪婪的折磨而痛苦。这两种物质全都溶解之后，便会以有益于该种混合物的方式消耗自己。我还可以从两种成分的比例方面继续引申这一比喻，这就需要仔细观察，以精确判断某种混合物中每一种成分的含量。但我不想过分引申这种荒唐可笑的比喻，使读者感到厌烦，因为我还有其他更重要的事情与其分享。回顾这番话和我之前的相关评论，我还想补充一点，即我们可以将社会上的贪婪与挥霍比作两种功效相克的毒药；可以肯定的是，如果两者的相克能削弱各自的毒性，

---

〔1〕一种由葡萄酒、烈酒、柠檬汁和水混合而成的饮料。
〔2〕旧时德国北部的一个公国。
〔3〕泛指挪威、瑞典、芬兰等拉普兰人居住的北欧地区。

它们便能彼此帮助，而且混合起来往往便能成为良药。

［L］……而奢侈
　　亦在驱使着上百万穷苦之士，

　　若将并不直接满足人类生存需要的一切称为奢侈，那么这个世界上便根本不存在奢侈，就算在那些赤身裸体的野蛮人中也不存在。野蛮人对之前生活方式的改进，便是奢侈。他们对食物的处理，对居所的布置，或是对已足够使用的物品的添置，亦全是奢侈。每个人都会觉得这个定义过于严格，我亦有同感。然而我们若想略微减轻这种严格程度，只怕也难以找到合适的度。若有人说他们只想使自己舒适和整洁，我们便根本不知道他们到底会做什么。如果他们指的就是这些词的字面意思，那么他们的要求很快就能得到满足，费不了多少钱，也没有什么困难。然而，若他们并非需要水，这两个简单的形容词的含义便显得复杂了，尤其是当一些女士使用这两个词时，谁都猜不出它们会被扩展出多少含义。生活舒适的含义也同样繁多和广泛，谁也不知道人们所说的"舒适"是什么意思，除非他知道这些人过着何种生活。我发现，"体面"和"方便"这两个词的含义也同样隐晦，若不了解使用者的品质，我便永远不可能理解它们。人们可以一起上教堂，只要高兴，他们便可以心怀同一个想法；但我往往更相信，人们为每天的面包祈祷时，主教的祷告词里肯定有司事不曾想到的一些内容。

　　通过以上论述，我只是想表明，一旦我们不再将并非人类生存所绝对必需的东西称为奢侈品，那么世间就根本没有奢侈可言。因为，倘若人们的需要是永无止境的，那么供给他们的东西也应当是无穷无尽的。某种东西被一些人视为多余之物，却被地位更高者奉为必需品；无论大自然还是人类的技能，都无法创造出如此奇特或奢侈的东西，但对一些最高贵的君主或其他权贵而言，只要这些东西能令其舒适、欢愉，就应归为"生活"必需品。这里所说的生活，并非寻常大众的生活，而仅是指神圣君王的个人生活。

奢侈能耗尽一个人的私有财产，亦能耗尽一个国家的全部财富；一个人的节俭可以增加家庭的私有财产，全体国民的节俭则会使一个国家富裕起来。这是一种公认的观点。我承认，有些人对这一观点的理解比我更深刻，但即便如此，我还是要保留自己的不同意见。他们是这样论证的：比如我们每年向土耳其出口价值100万镑的羊毛制品及其他产品，并购回价值120万镑的丝绸、马海毛、药物等产品，且这些物品都在我们国内被消耗掉。显然，我们从中未获取任何利润；但如果我们大多数人主要消费国内商品，只购买一半外国的那些商品，而土耳其人依然需要同等数量的我国产品，那么他们就只能以现钞来购买剩下的商品。如此一来，仅通过该项贸易的进出口差额，国家每年便会收入40万镑。

为检验此论证的合理性，我们可以假定：英国目前进口的丝绸等商品只有一半在国内被消费掉。同样，我们可以假定：尽管我们现在仅从土耳其购买往年一半的商品，土耳其人却不得不像往年一样如数购买我们的商品，因此，他们必须用现金支付余额。也就是说，他们应支付给我们与商品价值相应的黄金或白银，因为他们从我们这里所购商品的价值，超过了我们从他们那里所购商品的价值。我们所假定的情况也许会持续一年，但不可能一直持续下去：买卖是一种交换，对于不购买本国商品的任何其他国家，该国亦不会从其处购买商品。西班牙和葡萄牙每年都会从本国矿山中获得黄金和白银，只要他们的金银逐年增加，他们便不会为了获得现金而去购买外国商品；但如此一来，现金便成了该国的出产品和商品。我们知道，若其他国家不想与我们进行物物交换，我们便不可能一直购买它们的商品，而其他国家难道不会有同样的想法吗？若上天赐予土耳其人的金钱并不比我们多，那就让我们看看我们的假设是何结果吧。第一年，价值60万镑的丝绸、马海毛等商品滞留在手中，这些商品的价格必然会大幅下跌。而荷兰和法国将从这些商品中获得和我们一样多的好处。如果我们继续拒绝土耳其人用自己的商品换取我们的商品，他们便不再和我们做生意，而定会从其他愿意接受其商品的国家购买他们需要的东西，尽管他们那些商品的品质比我们的差很多。长此以往，我们与土耳其的贸易很快便会彻底

蜜蜂的寓言 The Fable of the Bees

□ 贸易运输

由于农村地区运输不便利且市场范围较窄，因此农村的贸易发展受到制约。而在城镇，由于商品充沛、运输便利、回收资金的速度也较快，其贸易发展顺畅并随着资本积累而日益扩大。图中是一名农场主正在敦促他的雇工将猪尽快运往市场。

中断。

但他们也许会认为，为了避免出现我所说的不良后果，我们应该还像以前一样购买土耳其的商品，而自己仅消费一半，将另一半转卖至其他国家。让我们看看这样做有何效果，看看是否能通过这40万镑的贸易差额使国家富裕起来。一方面，我同意他们所提议的，让国内民众更多地使用我们自己的产品，这样一来，丝绸及马海毛等行业的从业者，仍能继续以加工毛织品为生。但另一方面，我不同意将商品按照以前的方式销售，因为，倘若将本国民众消费的那一半商品以同样的价格销售，那么准备出口到国外的另一半商品必定会供应不足。总之，我们必须将那些商品投入已有供应的市场，除此之外，还得扣除运费、保险费、准备金及其他费用。这样一来，这一半出口商品给商人们造成的损失，肯定远远超过国内消费的那一半所产生的收益。因为尽管这些毛织品是我们自己的产品，但对出口商及国内的零售商而言，它们却是其养家糊口的重要途径。因此，若其在国外所得到的回报低于他在国内所付出的成本以及其他一切费用，不能收回出口商品的成本并获得良好的收益，这商人必定会赔得精光；最终，将商品出口至土耳其的商人们都发现自己损失巨大，遂停止出口，亦不再从土耳其购买丝绸、马海毛等商品。别的国家很快就会想方设法向其提供我们不再供应的商品，并在某些地方处置我们所要拒绝的商品。如此一来，这种节俭给我们带来的结果就是，土耳其人将只进口我们现在生产的一半商品，而我们却鼓励并消费他们的商品，否则他们就买不起我们的商品。

多年来，我总是苦于遇到许多反对这一观点的聪明人，他们总认为我计算错了，后来我欣喜万分地看到国内的智者都有同感：这从1721年的一项国会法案中就可以看出来。当时，立法机关否决了一家资金雄厚、实力强大的公司的贸易计划，不顾其在国内造成的严重不便，设法去提高与土耳其的贸易往来所产生的收益，这不仅鼓励了丝绸及马海毛的消费，还迫使受处罚者使用这些商品，不论他们愿意与否。

除此之外，人们对奢侈的指责还有：奢侈激发了贪婪和劫掠，而在这两种恶德横行之处，最值得信赖的官职亦可买卖；那些本应为公众服务的各级长官们腐败堕落，随时都有可能将国家出卖给出价最高的人；最后，奢侈使民众软弱无力，因而这些国家便极易成为入侵者的首选猎物。这些后果确实非常可怕，但奢侈的源头在于治理不善，应归咎于那些卑劣的政客。所有政府都应当充分了解并坚定维护国家的利益。卓越的政治家都有一套巧妙的治理方法，他们对某些商品课以重税，或完全禁止这些商品，并降低其他商品的税率，他们总能将贸易引向他们想要的方向。在收益同样可观的情况下，他们更愿与既能以货币又能以商品支付的国家进行贸易，而不愿与那些只能以其本国商品支付的国家进行贸易；他们总是谨慎地避免与那些拒绝他国商品的国家做生意，因为这类国家只想赚取他国的金钱。但最重要的是，他们会密切关注贸易收支的总体平衡，绝不会使一年内进口的所有外国商品的总价值，超过本国销往其他国家的商品总值。请注意，我现在所说的是那些自身不出产金银的国家的利益，否则，便不必完全遵守这一准则。

不过，若能认真遵守这一点，坚决禁止进口大于出口，任何国家都不会因外国的奢侈品而变得贫穷。而且，只要他们合理支配进口外国商品的资金，他们便能实现自己的贸易增长目标。

贸易是国家繁荣的首要条件，但不是唯一条件，除此之外，还有其他方面的注意事项。必须保证严守法纪、惩治犯罪，必须合理制定所有其他有关司法行政的法律，并严格执行。必须谨慎处理外交事务，每个国家的外交部门都应当全面了解他国国情，并熟悉与所有其他国家的外交往来；这些国家或与其毗邻、国力强盛，或与其有密切的利益关系，因而对该国利害攸关；他们需据此采取必要措施，以政策和力量平衡为准绳，制衡其中一些国家，并帮助另一些国家。必须尊重民众，不践踏任何人的良知，神职人员不允许干涉国家事务，而应恪守我们的救世主赋予他们的职责。这些都是铸就伟大国家的艺术。任何国家的执政者都要负着治理国家的重担，尽管世上还存在着其他一切力量，只要充分利用这些艺术，无论是君主政体、共和政体，还是两者兼而有之，都一定能使其蓬勃发展并屹立于世界之林；也不论奢侈还是任何其他恶德，都无法撼动其国体。但说到此处，我想肯定会有人高声反驳道：什么！难道神未曾惩罚和毁灭过那些罪孽深重的伟大国家吗？是的，但那惩罚自有其办法：通过冲昏其统治者的头脑，迫使他们完全或部分背离我刚才所说的那些普遍准则，而自食苦果。迄今为止，在所有著名的国家和帝国中，凡是灭亡的，无不归咎于统治者拙劣的施政措施、疏忽大意或治理不善。

毫无疑问，相比一个贪婪且醉生梦死的民族及其后代，一个节制而头脑清醒的民族及其后代更具健康与活力。但我承认，说到奢侈会使一个民族萎靡不振，我现在已经不像以前那样百感交集了。我们听到或读到一些自己完全不熟悉的事情时，眼前通常会浮现出对某种场景的想象，而且（根据我们的理解）是最接近那些不熟悉之物的想象。我记得在某些书中读到过，古波斯、古埃及和其他一些国家奢侈之风盛行，因而国力日趋衰落。有时，这会使我想到普通商人在都市宴会上大吃大喝的情景，仿佛看到他们狼吞虎咽的野蛮吃相。还有些时候，这会让我想起放荡的水手们的消遣，我曾看到他们和六七个淫荡的女人一起，在小提琴的伴奏下嬉笑哄闹。要是我被带到他们的任何一座大城市，我极可能会发现，三分之一的人因过量饮食而患病在床；另外三分之一的人因痛风而卧床不起，或因某种难以启齿的恶疾而残废；剩下的那三分之一，则穿着衬裙，娴熟地沿街卖笑。

只要我们的理性还没有强大到能控制我们的欲望，对于管理者的恐惧便是我们的幸事。我记得，我还是个小学生时就特别害怕"to enervate（使衰弱）"这个词，以及随之而来的对其词源的思考，这种恐惧当时给我带来了诸多神益。但随着阅历的增长，奢侈给一个国家造成的后果，在我看来倒没有以前那样可怕了。只要人的欲望未泯，相应的恶德就永远不会消失。在所有大型社会中，总是有些人喜欢放浪，有些人喜欢酗酒。好色之徒，不可能赢得端庄贞洁女子的青睐，只得在那类放浪的女人身上寻求满足。那些买不到正宗埃米塔日酒或蓬塔克酒的人，买些更普通的法国红葡萄酒亦能满足。买不到葡萄酒的，就喝一些更劣质的酒。步兵或乞丐喝啤酒或麦芽酒，也能醉得不省人事，与贵族喝勃艮第酒、香槟酒或托凯酒烂醉如泥别无二致。放纵激情会给人类的身体造成极大的危害，不论是以最廉价、最粗俗的方式，还是以最优雅、最昂贵的方式。

极度的奢侈多表现在住宅、家具、座驾及服装上。干净的亚麻布和法兰绒一样，都会使人衰颓；织锦挂毯、精美画作或奢华壁板，并不比光秃秃的四壁更有益身心；豪华卧具或镀金马车，与冰冷的地板或乡村马车一样，都会使人疲倦。有理智的人的享乐很少会损害其身体健康，许多美食家都拒绝接受超出其观念或胃脏承受能力的吃食。追求感官享受者亦会像其他人一样悉心照顾自己：最放纵的奢侈者的错误，不在于他频繁而反复的放荡行为，不在于其胡吃海塞（这最易伤身），而在于他们滥享精心雕琢的器具及热情周到的服务，在于他们为满足口腹之欲及淫乐而抛掷大量钱财。

我们不妨假设，每个伟大国度的显贵和富人习惯安逸与享乐后，已不能忍受艰难困苦、不能经受战争的劳役。我相信，城里的大多数议员只能成为无足轻重的步兵；更相信，骑兵队若由那些议员组成（大多数就是骑兵队成员），那么放一顿爆竹便足以将其击溃。然而，市议员、参事或者一切有产者，除了纳税之外，与战争有何关系呢？战争带来的苦难和疲乏，都落在了那些首当其冲承受一切的人身上，落在了一国最低贱者头上，落在了劳苦大众头上。因为，无论一个国家何等富裕、何其奢侈，总得有人劳作，房屋和船只必须建造、商品必须搬运、田地必须耕种。每一个大国，都需要大量民众来从事这种劳动，而这些人中总有一些放荡不羁、懒散怠惰及挥霍无度之徒，他们的开销足以组建一支军队。那些体魄强健者，能筑墙挖沟、犁地打谷，而那些体力稍弱者，

□ 富人的舞会

在经过了勤俭节约的阶段后，不断扩大的生产规模为资本家带来了源源不断的财富，奢侈的生活逐渐在资本主义的世界里流行起来，资本家们开始放纵自己的欲望，并嘲笑禁欲主义。图为奢侈的资本家在舞会上纵情声色的场面。

亦能从事铁匠、木匠、锯工、染布工、搬运工或者马车夫等工作。这些人的体格足够健壮，足以在一两场战役中脱颖而出，只要纪律严明，分发给他们的战利品及大量其他物品对他们没有多少坏处。

因此，人们对军人奢侈生活会造成危害的担忧，多限于军官之流。最伟大的军官要么出身高贵，接受过贵族教育；要么身世显赫，经验丰富。被明智的政府选来指挥军队的人，必须精通军事、勇猛善战，面对危险无所畏惧、从容不迫；还有其他许多必要条件，如敏锐的洞察力、卓越的领导能力以及大量荣誉，而这些必然是长时间磨砺的结果。对于军事家的才能和功绩而言，强健的体魄和灵活的关节只是些微不足道的优势，伟大的军事家进餐中就可以使一座城市，甚至一个国家灰飞烟灭。这些人一般都是上了年纪的人，指望他们身体强壮、四肢灵活就显得太可笑了。所以，他们只需头脑活跃、经验丰富，不必挂心身体其他部分的状况。若承受不了策马行进的辛劳，他们可以乘坐马车或轿辇。有些军事家虽身有残疾，其智慧和指挥才能却丝毫无损，法兰西国王现在最优秀的将军[1]，连匍匐前进几乎都难以做到。直接效命于总司令的军官，必须具备与其不相上下的能力，他们一般都是凭自己的功绩升至这些职位的。其他各级军

---

[1] 指维拉尔公爵（Duc de Villars，1653—1734年），法国将军，他身患重疾，一腿瘫痪，年过六旬，在西班牙王位继承战争中，率部击溃奥地利统帅欧仁亲王的军队。

官，则不得不将自己的大部分军饷花在购置华丽的服饰、装备，以及其他当时被认为是必要的奢侈物品上，所以他们没有多少钱来纵情享乐。他们的军阶提升后，军饷也会随之提高，但他们同时亦须增加开支、增添新装备，所有这些和其他东西，都必须与他们的军衔相匹配。这样一来，他们中的大部分人，便无法去尝试可能对其健康有害的放纵生活。同时，他们的奢侈转变成了另一种方式，加剧了其骄傲与虚荣，而这两种激情正是使他们按照别人的看法行事的最大动机（参见评论R）。

最易将人类引向高尚者，非爱情与荣誉莫属。这两种激情之功不亚于众多美德，因此，培育有良好教养及风度的最伟大学校便是求爱和从军。爱情能使女子趋于完美，军队则能使男子走向卓越。文明国度的大多数军官，都追求对世界的全面认识、对荣誉规则的深刻理解，这是身经百战的军人特有的坦率和人性之光，我们从中可以窥见他们的谦逊和英勇无畏。在尊崇理智、尊重文雅行为的地方，暴食和酗酒这类恶德绝无一席之地。战功赫赫的军官所追求的不是粗俗卑贱的生活，而是雅致高尚的生活。不论达到哪级军阶，他们所希冀的、与其身份相称的最奢侈生活便是：仪表堂堂，在服饰装备和宴饮礼仪方面都要比别人更胜一筹，且以对一切事物都抱有合理幻想而声名远扬。

然而，即便军官中放荡的恶棍比其他行业中的更多（其实并非如此），但其中最为放荡者，或许也可堪重用，只要他们还有荣誉感。正是这一点掩盖并弥补了他们的很多缺陷；也正因为如此，无论他们如何沉溺于享乐，也没有人敢无视荣誉。不过，既然事实最具说服力，那么就让我们回顾一下，我们与法国的最近两场战争[1]中发生了什么。在我们的军队里，有多少年轻优雅的士兵，他们受过良好的教育、穿着讲究、饮食挑剔，但不正是他们勇敢而谨慎地承担着各种职责吗？

---

[1] 指英国参加的"伟大同盟战争"（1689—1697年）和"西班牙王位继承战争"（1701—1713年）。

那些无比担忧奢侈会使人衰弱而丧失男子气概者，也许曾在弗兰德斯和西班牙看到过身着刺绣服饰的浪荡子弟，他们虽然穿着精致的蕾丝边衬衫，头戴扑着香粉的假发，却能奋勇投身沙场。他们蹲在一尊大炮的炮口旁，完全不顾自己的头发，哪怕他们的头发已经有一个月未梳理，犹如臭气熏天的懒汉。持此见解者或许还遇到过很多放浪形骸的花花公子，他们因酗酒和纵欲透支了自己的身体，损害了健康，但在面对敌人时，他们仍能机智而勇敢地作战。作为一个军官，最无所谓的就是强健的体魄，尽管身体的健硕有时不无用处，但在他们晋升、与人竞争及追求荣誉的关键时刻，其内心所激发出来的坚毅瞬间就会取代肉体的力量。

那些理解自己的责任、有足够荣誉感的人，一旦习惯了危险，都能成为骁勇善战的军官；只要他们花的是自己的钱，而不是别人的，其奢侈绝不会引起国人的偏见。

我想，以上所有论述，都已证明我在该条对奢侈的评论中所要表达的观点。首先，在某种意义上，一切事物都可以称为奢侈；而在另一种意义上，世间绝无奢侈之说。其次，在一个明智政府的治理下，所有民族都能尽情享用本国的产品所能买到的外国奢侈品，而不会变得贫穷。最后，倘若军事事务处理得当，士兵得到优厚的待遇且严守军纪，一个富裕的国家便能享有可以想象到的一切安逸、富裕的生活；在该国的许多地方，随处可见人类智慧所能创造出来的华丽和精致，同时，这一切都会使其邻国感到敬畏。这样的国家所呈现出来的，便是我在"寓言"中所描绘的蜂国所特有的景象，即：

和平时受奉承，战争时丧人胆，

这蜂群深受异国蜂民的爱戴尊重，

他们挥霍着自己的财富和生命，

享受着与其他蜂巢间的和平生活。

（对奢侈的进一步评论，请参见评论M及评论Q。）

[M]而骄傲主宰着更多的人。

骄傲是人类与生俱来的秉性之一，每个头脑正常者都会因之自命不凡，认为自己比对其作出的任何公正评价都更优秀，尽管这些评价是其品行和生活状况的真实写照。骄傲是人们最为厌恶的秉性，却也是对社会最为有益的品质，是使国家繁荣富强最不可或缺的品质，但同时亦是人们最为厌恶的品质。我们这种秉性的特别之处在于：最具骄傲之心者，最不愿容忍他人的骄傲；而那些自身品行恶劣者，却最易接受他人具有的恶德。贞洁者憎恶淫乱，戒酒者最恨酗酒；而最令人难以容忍的，莫过于邻人的傲慢；若有人能容忍，那真是最谦卑不过了。我想，由此我们完全可以推断：世人之所以憎恶骄傲，是因为人人都深受其扰。凡是有见识的人都乐于承认这一点，而且没有人否认自己常怀骄傲之心。然而，只要仔细观察，你会发现，很少有人承认自己的一切行为都出于这个原则。每个时代都不乏充满恶德的国度，很多人承认，在这些国度骄傲与奢侈是贸易的巨大推动力，但他们却拒绝承认其必要性，拒绝承认在一个美德备受尊崇的时代（人人都不应有骄傲之心的时代），贸易将会急剧衰退。

他们说，万能的上帝赋予我们统治权，使我们能够支配陆地和海洋所生产与储存的一切东西；除了为人类所用的东西之外，陆地与海洋中已无可被发现的东西了。人类的技能和勤勉远在其他动物之上，我们能使动物及自身才智所能触及的一切，全部为我们所用。考虑到这一点，他们便声称，认为谦卑、节制及其他美德会妨碍人们享受舒适生活（那些最邪恶的国家都不会拒绝那些享受）的想法是没有信仰的表现；并由此得出结论，即便没有骄傲或奢侈，人们的吃穿用度及其他一切消费都会依然如此，各行各业的手工艺人还是这样多，而且国家也能像那些充满恶德的国度一样兴旺发达。

尤其是在服饰方面，他们会告诉你：骄傲比衣服更贴近我们的身体，它长存于我们心中，而破衣烂衫往往比最华丽的服装更能遮掩它；不可否认，世界上总有一些贤良的君主，他们怀着谦卑的心，头戴璀璨的冠冕，挥动着他们令人嫉妒的权杖，毫无野心，只为他人的利益着想；因此，很多绫罗绸缎和华丽刺绣加身者，也许并非出于骄傲穿金戴银，而只是为了使自己的服饰与其地位和财富相称。他们还说，一个收入颇丰的善良之人，年年都要添置新衣，数量比他可能穿旧的衣服还要多，而他这样做并无其他目的，只是想为穷人提供谋生之计、鼓励贸易，并使国民都有工可做，以提高其国家福利；难道他不能怀有如此单纯的目的？而且，食物和衣服是生活必需品，我们所有世俗的烦扰都与这两类物品息息相关，因此，人类为何不能毫无骄傲之心地将自己的大量收入用于衣服呢？不仅如此，每个社会成员难道不都是在其能力范围内，为维持整个社会都如此依赖的这一贸易领域做出贡献吗？此外，衣着得体是一种礼貌，而且通常还是一种义务，这种义务与我们自身毫不相干，而是对我们交往者的一种义务。

傲慢的道德家们通常利用的就是这些反对意见，他们不能忍受有人指责其怀有的人类尊严；但只要我们仔细斟酌，很快便会找到答案。

若是我们自身没有任何恶德，我就难以理解，那些不关心国家福祉者为何总是添置大量超出自己需求的衣服。他们只穿做工精致的丝绸服装，不穿粗制滥造的麻布服装；只喜欢挑上等衣料，不喜欢劣等衣料。作出这些选择时，尽管他们没有别的想法，实际上却为更多人提供了工作，从而提高了公众的福利。但他们看待服装，可能犹如爱国人士看待纳税。他们也许会爽快地缴纳税金，但没有人会额外多交，尤其是在人们都根据各自不同的能力、公平地缴纳税金的地方。在美德备受尊崇的时代，这再正常不过了。而且，在这样的黄金时代，没有人会穿戴超出自己社会身份的服饰，没有人会使家人生活拮据，也没有人会因添置华服而欺骗邻居，或想借此超过邻居。这样一来，国民的消费额连现在的一半都难以达到，就业者的人数甚至远不及现在的三分之一。但为了更清楚地阐释这一点，并证明骄傲对贸易发展有不可替代的巨大作用，我还要检视人们对外在服饰的几种看法，并阐述日常经验对每个人在穿着方面的指导性要求。

最初，人们设计衣服是出于这样两个目的：一是为遮蔽我们赤裸的身体，二是为保护我们的身体免受天气及其他外部伤害。我们难以穷尽的骄傲，在两个目的上又增添了第三个目的，即装饰外表。这是因为，除了愚蠢的虚荣心之外，没有什么能压制我们的理性，使我们对这种装饰产生种种幻想，且强于其他一切由大自然来装扮的动物。而且，这些装饰品必然会不断使我们想到我们的需求和痛苦。像人类这样一种如此富于理性、自认拥有许多美好品质的生物，竟极度谦卑，执意按照弱小无助的动物所具有的某些特点来审视自己，如一只绵羊，甚或如一只被人视为最微不足道、垂死挣扎的蠕虫。这种行为实在值得钦佩。然而，当人们为这些不足挂齿的掠夺行为感到骄傲时，却又愚蠢地嘲笑居于非洲最遥远海角的霍屯督人，因为他们用死去的敌人的内脏来彰示自己的勇武。人们没有想到的是，那些内脏是野蛮人英勇的标志，是真正的战利品；如果说野蛮人的骄傲比我们的骄傲更残暴，那也并不比我们更荒唐，因为他们所穿戴的是来自更高贵的动物的战利品。

　　不过，在这个问题上无论如何反思，世人早已作出的决断是难以撼动的。漂亮的服饰最为重要，美丽的羽毛造就了漂亮的鸟儿，而那些不为人知者，往往会因为自己的服装和身上的其他配饰而受到相应的尊敬。根据人们衣饰的华丽程度，我们便能判断其财富的多寡；根据人们穿戴衣物的顺序，我们便能猜测其品位的高低。正是在这一激励下，每个意识到自己具备某种优点的人，如果他有能力的话，都会穿戴高于自己社会身份的服饰，尤其是在人口众多的大城市中。在那里，无名之辈每小时所遇到的路人中，可能会有五十个陌生人，却只有一个熟人。因此他可以享受到被大多数人尊重的快乐，但这并非因其身份地位，而是来自他的穿着打扮。对那些贪慕虚荣者而言，这无疑是一种更大的诱惑。

　　凡以观察各种下层生活景象为乐者，在复活节、圣灵降临节以及其他节日里，也许就会遇到很多几乎来自最低阶层、打扮时髦且讲究的人，尤其是女子。如果你走过去与她们交谈，她们定会受宠若惊，不敢相信会受到他人如此尊重、如此礼遇，且通常会为自己的身份感到羞耻。如果你稍加用心，还常常会发现，她们小心翼翼地掩饰着自己从事的行业和居所。其原因很简单：她们得到的这番礼待平时难得一遇；她们认为，自己之所以如此受人尊重，完全得益于身上这套精美的服装。她们心满意足地想象着她们的外表就是自己将来的模样。对于见识浅薄者而言，这种想象所带来的快乐，不亚于愿望实现所带来的真正快乐。她们不愿这金色的梦境被打扰，而且断定，你若知晓她们处境的恶劣，肯定会极其鄙视她们。她们自认为是身上的华服赢得了你的尊重，因此便紧缩在里面，以防露出任何破绽，而失去这份难得的尊重。

在穿着打扮和生活方式上，我们应当使自己的行为举止与我们的社会地位相协调，应当向那些社会地位及经济实力与我们相当，且最理智、最谨慎的人学习。尽管人人都同意这一看法，但有几人敢夸口称，既不贪恋他人之物，亦不炫耀自己所有呢？我们都仰慕那些地位高高在上者，且急不可耐地努力去模仿在某些方面优于我们的人。

教区里最贫穷工人的妻子，虽然嘲笑他人穿的衣服脏，却会为了买一件旧袍子和衬裙，而让丈夫和自己一起忍饥挨饿。那衣服对她毫无用处，只因它是上流社会人士的标志。织布工、鞋匠、裁缝、剃头匠，以及每个贫穷的苦力，尽管收入微薄，却都厚颜无耻地拿着挣到的第一笔钱，把自己打扮得像个事业有成的生意人。普通零售商给妻子置办服饰时，常会效仿做同类商品批发生意的邻居，他给出的理由是，十二年以前，那人的店铺并不比他的大。药商、绸缎商、布商以及其他信誉好的零售商，都弄不清自己与大商贾之间的区别在哪，因此便在穿着和生活方式上竭力模仿。大商贾的太太们无法忍受小商贩们的攀比之风，便逃到城镇的另一头避难，不再追随任何时尚，而只穿自己从前的衣服。这种高傲引起了宫廷的气愤，贵族妇人们看到大商贾的妻子和女儿们竟打扮得跟自己一样，惊恐万分地叫喊道：市民这种无耻的冒犯行为是不可容忍的。于是，她们请来了裁缝，并将精力全都倾注在设计各种新时装样式上，一旦那些时髦的市民开始模仿她们所穿的服装，她们就可以随时替换新式样。这类效仿愈演愈烈，从服装款式延伸到服装质地，直至令人难以置信的巨额支出。最后，王室最得宠的女人们以及那些最上等的女人，实在无法在服装上胜过地位比其低的女人，便只好拿华丽的马车、奢华的家具、气派的庄园及富丽堂皇的宫殿来炫耀她们让人望尘莫及的财富。

文化伟人代表作图释书系

由于这种效仿和不断超越他人的努力，在服装样式经历了那么多变换，在新旧款式交替占据上风之后，富于独创性的天才们仍能找到施展才能的极大空间。正是这一点，或至少是其造成的结果，促使穷人去劳作，唤醒人们的勤勉之心，并激励能工巧匠寻求进一步的改善。

□ 庄园生活
在欧洲领主农业经济的发展时期，许多贵族都以城堡或庄园的形式划定土地和势力范围。在和平年代里，人们生活在相对稳定和平静的环境中，常表现出快乐生活的气息。

有人也许会反驳道：许多上流社会人士，本就应当穿着考究，他们自然而然地就会选择精美的服饰；尽管他们也促进了贸易的发展，但不能归因于攀比或骄傲。对此我的回答是：若设计上等衣料和潮流服饰不是为了满足他人的虚荣心，不是为了满足从精美服饰上寻求比不在意自己服装的人更大的快乐的愿望，那么很少操心衣饰者就不会穿得这么华丽了。况且，人人都具有骄傲之心，只是表现不同而已；而这一恶德的种种表现轻易不会被人察觉，并因人们年龄、性格、境遇以及身体的差异而有所不同。

脾气暴躁的市长似乎迫不及待地要开始行动了，他以坚定的步伐展现着自己的战斗天赋；因为没有敌人，他只能紧握手杖，让它在他雄武有力的手臂中颤动。在城市中穿行时，他华美的军服让他精神振奋。他带着撒拉逊征服者那种凶狠的神气，抬头仰望露台，也竭力忘却他的店铺，也竭力忘掉他自己。而沉着冷静的市议员，现在因其年龄和权威而受人尊敬，便满足于被看作一个大人物。他不知道有什么更容易的方法来表现自己的自豪与荣耀，于是就神气十足地坐在马车里；因为他穿着漂亮的制服，行人轻易就能认出他，他面无表情地接受着那些卑贱者对他的敬意。

初出茅庐的年轻少尉摆出一副长者的庄重神情，可笑而傲慢地竭力模仿上校那种威严的表情，还一直得意洋洋地认为：凭他那夸张的神态，你就能看出他的英勇。年轻的美人则总是担心自己被人忽视，不停地变换身姿，流露出一种渴望被人注意的强烈愿望，她仿佛能从每个人的眼睛里捕捉到赞赏的目光。相反，高傲的花花公子则表现出一副自命不凡的神气，醉心于欣赏自视的完美无瑕，他在公众场合对别人流露出的漠视，定然会使无知者以为他将自己看成了世间唯一的活物。

以上种种及诸多类似的表现，均为骄傲的不同形式，任谁都能看穿，而人的虚荣心却往往没这么容易被发觉。我们有时会感受到这样一种人性气息：人们似乎既不具有孤芳自赏的本性，亦不全然不顾及他人。这时，我们就容易以为他们并无骄傲之心，也许他们只是厌倦了满足自己的虚荣心，只是因为纵情享乐而疲惫不堪罢了。一个了不起的大人物坐在他那辆朴素的马车里，悠闲自在地倚靠着，他脸上写满了平静和从容，漫不经心的举止中还透着几分慵懒，但这有时只是表象而已，并非真心流露，很可能是在表演。对骄傲者而言，没有什么比被别人认为自己很幸福更令人陶醉的了。

有教养的绅士最引以为荣的，莫过于他能巧妙地掩饰自己的骄傲之心。有些人在掩饰这一弱点上堪称专家，就算他们无比自傲，庸俗之人也认为他们最不受骄傲的控制。因此，精于伪装的朝臣步入公众场合时，就摆出一副谦谨和善的样子；他的虚荣心明明在不断膨胀，他却装作对自己的伟大全然无知。他很清楚，这些令人愉悦的品质定会提高他在人们心目中的地位，而他华丽的马车马具，以及他的其他装备，更是无声地暗示着他的尊贵。

在这些人身上，骄傲被竭力隐藏了起来。因此，当他们以最公开的方式（或至少是表面上）表现其骄傲时，别人仍然以为他们没有任何骄傲之心。富有的牧师以及其他神职人员，皆远离俗世的快乐，因此其最大的满足便是：找寻金钱所能买到的最好布料，缝制一袭精致的黑色长袍，然后披着这件华贵的外衣，静享其带来的愉悦。他的假发也很时髦，式样与其信徒们所夸赞的别无二致，但由于适合他的假发种类有限，因此他格外重视假发的质地和颜色。在这方面，即便贵族也要甘拜下风。他的身体永远干干净净，他的衣服也是如此；他润滑而富有光泽的脸总是刮得干干净净，漂亮的指甲也总是修剪得整整齐齐并打磨得光光亮亮；他光滑白皙的手和那颗上等的宝石戒指，互相映衬，彼此锦上添花。他认为，亚麻布根本上不了台面，而若被人看到他外出时穿的海狸皮外套远不如一个有钱的银行家在婚礼上炫耀的那件，简直就是奇耻大辱。除了这些华丽的服饰，他还有一种轩昂威严的气度，在自己的马车里更是表现出一副高人一等的派头。然而，尽管有这么多明显的证据，出于惯常的礼貌，我们还是宁愿相信他的一切行为并非骄傲使然。由于他这一职务的高贵，在别人身上被视为虚荣心作祟的行为，在他身上则成了体面的表现。我们应当相信，这位富有的先生具有良好风范，相信他不顾自己那令人起敬的人格，耗费如此多的精力和金钱，完全出于对自己从事圣职的尊敬，及维护其神圣职责免遭他人耻笑的宗教热情。我真诚地认为，所有这一切都不应被称为骄傲。我只能说，以我们人类的能力来看，那只不过看起来很像骄傲而已。

然而，倘若我最终承认，有些人喜欢一切华丽的服饰、高档家具和豪华车马，但毫无骄傲之心，结果会怎样呢？我敢肯定，如果一切都是这样的话，那么我前面所说的那种攀比就一定会停止，而仰赖攀比竞争以生存的各种贸易必然会难以维系。因为，若说所有人都品德高尚，说他们毫不利己，满腔热情地服务邻居、增进公众利益，就像他们出于骄傲而热衷于攀比一样，这其实是一种令人苦不堪言的转变，也是一种不合情理的假设而已。各个时代都有善良的人，因此，我们在这方面显然不乏实例；但我们不妨去问问那些假发制造商和裁缝：他们究竟能在哪些先生（包括最富有、最尊贵的绅士）身上发现如此献身公益的精神呢？去问问饰品商、绸缎商以及麻布商：最有钱的（如果你愿意，也可以说最贤良的）女士们是用现金购买，还是分期；是不是不像城里最穷困的女人那样，为了每一尺衣料能省下五六便士，一家家店铺去比价，或是竭力与他们讨价还价？在你的追问下，如果这些人回答说：虽然没碰到，但可能有这样的人。那么，我的回答是：猫有时非但不抓老鼠，还去喂它们，而且还会在屋子里到处寻找幼鼠，给其喂奶；一只雄鹰有时也可能像公鸡那样叫母鸡去吃它们的食物，并坐在那里孵育小鸡，而不是将它们吞食掉。但如果猫和雄鹰们都这样做，它们就不再是猫和雄鹰了，因为这不符合它们的本性。而我们现在若说猫和雄鹰本性如此，那我们所命名的这类物种便永远销声匿迹了。

[N]这一切只因嫉妒与虚荣皆是
    劝勉勤劳奋进的灵魂授业者；

嫉妒是我们天性中的一种卑劣之物，它使我们在看到别人身上我们认为是幸福的东西时感到痛苦和渴望。我相信，在理性或成熟者中，没有一个人不曾真正被这种激情冲昏过头脑。可是，我从未见过一个人敢说自己有嫉妒之心，除非是在开玩笑时。我们之所以普遍对这种恶德感到羞耻，完全是因为我们虚伪的习惯已根深蒂固。借助这种习惯，我们从孩提时期便学会了隐藏（甚至对我们自己）利己心及其各种不同表现。一个人不可能希望别人比自己更好，除非他认为自己不可能实现那些美好愿望。由此，我们可以很容易了解到这种激情是怎样在我们心中产生的。为了弄清楚这一点，我们首先要考虑到，我们在不公正地评价自己的同时，也往往不公正地看待周围的人。我们意识到别人正在做或享受我们认为他们不配做、不配享受的事情时，就会感到痛苦，就会对造成这种痛苦的原因感到愤怒。其次，我们总是按照自己的判断和意愿，对自己心怀美好的期望。看到自己喜欢的东西被别人占有，我们马上就会因无法得到这心爱之物而悲伤；只要我们一直对它念念不忘，这悲伤就难以治愈。不过，自卫之心是无时不在的，它绝不允许我们放弃任何能消除心中邪恶的机会。经验告诉我们，要减轻这种悲伤，最有效的方法就是，对那些拥有我们珍视之物的人心怀愤怒。因此，我们看重并酝酿愤怒这种激情，以将自己（至少部分地）从悲伤引起的不安中解救出来。

所以说，嫉妒是悲伤与愤怒的结合体，这种激情的强弱程度，主要取决于在某种情形下一个人与比较对象的距离。只能步行的人会嫉妒拥有一辆六匹马拉的车的大人物，一个只有能力使用四匹马拉的车的人也会嫉妒这位大人物，但其嫉妒、不安之心却远比前者强烈。嫉妒的表现多种多样，犹如瘟疫的种种表现，难以描述。它有时以某一种形式表现出来，有时又以另一种完全不同的形式表现出来。嫉妒病在女人身上尤为常见，当她们彼此评价、相互指责时，嫉妒之心表现得相当明显。在年轻貌美的女子身上，你常常会发现这种激情更为强烈。第一眼看到对方，她们就彼此痛恨，除了嫉妒，没有别的原因。倘若她们不具备良好的修养，且不善于掩饰，你一眼就能从她们脸上看出那种轻蔑和莫名的厌恶。

在粗鲁无礼者身上，这种激情毫无掩饰，尤其是当他们嫉妒别人的幸运时。这类人指责比自己好运的人，斥责他们的缺点，并煞费苦心地歪曲他们最值得赞扬的行为。这类人不是向上帝低声抱怨，就是向众人公开诉说：享受世间美好之物的人都是没有资格的人。这类人中那些更卑劣者往往会暴跳如雷，如果不是出于对法律的畏惧，他们就会直接去痛打那些让他们嫉妒的人。其实，使他们做出如此极端行为的，非嫉妒这一激情莫属。

在受嫉妒病折磨的文人身上，症状则极为不同。当他们嫉妒一个人的才能与学识时，会竭尽所能掩饰自己的弱点，而这往往是通过否定和贬低他们所嫉妒之人的优秀品质来实现的。他们耐心细致地审读所嫉妒之人的作品，其中的每一个精彩段落都令其不悦；他们一心找寻文中的错漏之处，若能发现一处严重错误，便是他们最大的享受。他们审读时既严厉又挑剔，常常小题大做，一点小小的过失都不肯放过，甚至还将最微不足道的疏忽夸大成不容宽恕的错误。

嫉妒在性烈的牲畜身上亦可见到。马在拼命超越彼此时，这种激情表现得尤为明显。嫉妒心最强的马宁可跑到倒地而亡，也不愿容忍别的马跑在它们前面。在狗的身上我们也能清楚地看到嫉妒这一激情：那些习惯了被人爱抚的狗，永远不会容忍别的狗享受到这种幸福。我曾见过一只哈巴狗，它宁愿被噎死，也不肯为觅食的同类留下半点食物。在我们每天看到的一些幼儿身上，我们也常会发现同样的行为：他们性格乖僻，家人的溺爱使他们爱发脾气；不知哪会，他们可能就不愿吃自己本来要吃的东西。我们只好骗他们说，如果不吃，别人（或者说一只猫或者狗）就会抢走他们的食物。他们便马上高高兴兴地吃完先前要吃的东西，就算没有胃口也丝毫不受影响。

嫉妒若非人类的天性，它在幼儿身上就不会如此常见，青年人也就不会如此普遍地热衷于竞争。有人将对社会有益的一切事物归于良好的原则，他们把学童身上表现出来的竞争效应归因于一种精神上的美德：由于竞争需要付出努力和代价，受这种心理驱使的人显然会自我克制。但只要仔细观察，我们就会发现：这种对安逸和快乐的牺牲，只不过是出于嫉妒以及对荣誉的热爱。倘若在这种伪装出来的美德中，没有混杂着嫉妒之情，或没有与之近似的某种激情，那么制造嫉妒的一切手段，都不可能培育和提升那种美德。一个男孩因表现优异而受到奖励，他会意识到，如果得不到这个奖励，他将非常懊恼。这点心思使他加倍努力，不让那些他现在认为不如他的孩子超过他。他越骄傲，就会越严格地自律，以保持他的优势。而另一个男孩，尽管也竭尽全力地好好表现，却没有得到奖励，他伤心难过，并因此对他认定是自己痛苦之源的那个男孩怒火中烧。不过，把这种愤怒表现出来太过可笑，对他也没有什么好处。因此，他要么屈居人下，要么重整旗鼓，继续努力，让自己变得更优秀。然而，坦然作出第一种选择，甘拜下风、懒散度日者极少，十个男孩中也就一个。而那些贪得无厌、暴躁易怒、争强好胜的无赖则会不辞劳苦，费尽心力使自己反败为胜。

嫉妒心在画家中也相当普遍，因此，它对提高画家们的创作能力大有裨益。我并不是说一般画家嫉妒绘画大师，而是说大多数普通画家都有这种恶习，常常嫉妒水平稍强于他们的画家。一位著名艺术家的学生若是个聪慧的天才，而且极为用功，他虽然最初很崇拜自己的老师，但随着他自身技艺的提高，他开始不知不觉地嫉妒自己以前所钦佩的人。要了解嫉妒这种激情的本质，我们只需注意：若一位画家通过努力，不仅与他所嫉妒的人平起平坐，而且超越了那个人，那么他的悲伤就会淡去，他所有的怒火也会烟消云散；即使他以前痛恨那个人，现在却乐于跟他做朋友，只要对方肯屈尊。

已婚女人大都染有这种恶德（很少有例外），她们总是竭力使她们的丈夫也产生这种激情。在嫉妒与竞争盛行之处，男人们便会受到约束，很多劣迹斑斑的丈夫会改邪归正，不再懒惰、酗酒及沾染其他恶习，这比使徒时代以来的任何布道说教都有效。

每个人都希望生活幸福，都愿意享受快乐，并尽量避免痛苦，因此，自恋便会驱使我们将每一个似乎无忧无虑的人看作竞争幸福的对手。看到他人的幸福被破坏，我们就会心满意足，而这种满足对我们没有任何好处，除了它所带来的一种"幸灾乐祸"的快感。而催生这种感觉的便是"怨恨"，它也源自嫉妒这一激情，因为没有嫉妒便没有怨恨。这种激情未被唤起时，我们完全不知道它的存在，人们常常认为自己的本性中没有嫉妒这类弱点，因为在当时他们尚未受到嫉妒的影响。

一位穿着考究的绅士碰巧被一辆马车或大车溅得浑身是泥，那些地位远在他之下的人看到后定会嘲笑他，且比那位绅士的同侪们嘲笑得更厉害，因为这些人更嫉妒他；他们知道他对此很恼火，看到平日里比自己过得幸福的人如此倒霉，他们心里便乐开了花。然而，一位端庄的年轻女子却不会嘲笑这位绅士，而是会怜悯他，因为在她心中绅士都应该干净整洁，她并没有什么可嫉妒的。对遭遇不幸者，我们是该嘲笑还是怜悯，取决于我们是心怀恶意还是同情。如果一个男人摔了一跤，或受到轻微伤害，不足以引起怜悯，我们就会不由得发笑。而这时我们的同情与恶意就会交替在耳边响起："先生，我真的很抱歉，请原谅我笑了，我是世上最傻的人"；接着又忍不住笑起来，笑一阵后，又来一句"我真的很抱歉"，如此不停反复。有些人恶意满怀，看到一个人摔断了腿就会大肆嘲笑；而另一些人则极富同情心，即使看到一个人衣服上有一丁点污渍，他们也会发自内心地同情对方。然而，没有人会野蛮到毫无同情心的地步，也没有人会善良到从不被任何恶意的快乐所影响的地步。激情何等巧妙地控制着我们！我们先是嫉妒一个人富有，然后又打心底痛恨他。可一旦我们变得和他一样富有，我们就会心平气和，只要他稍微有一点谦虚，我们便会和他成为朋友。不过，若我们变得明显比他富有，我们就会同情他的不幸。真正的智者之所以不像其他人那样善妒，是因为他们不像蠢人那样缺乏自信,还因为尽管他们从未在别人面前表现出这种自我欣赏,他们却坚信自己的真正价值。这是那些智弱者永远感受不到的东西,尽管他们常常假装自信满满。

古希腊人的贝壳放逐法[1],就是利用当时人们普遍的嫉妒心理,通过牺牲某些有地位者,来医治和防止公众的愤怒和怨恨所造成的危害,这是一种非常可靠的疗法。牺牲一个大人物,往往能够平息整个国家的怨愤,后人常常对这种性质的野蛮行为感到震惊;而在同样的情况下,他们其实也会作出这种选择。这其实是对心怀恶意者的逢迎,因为他们看到一个大人物被羞辱,就会深感欣慰。我们相信自己热爱正义,并希望看到美德受到褒奖。但是,如果有人长久地独享盛誉,我们中有一半的人就会对他们渐生厌恶,就会去寻找他们的缺点;若找不到缺点,我们便会以为他们将自己的缺点掩盖了起来,这足以说明大多数人并不希望他们丢掉缺点。即使最明智者,也应当从所有不是自己直接的朋友或熟人者身上领会这种不公;因为对我们而言,最令人厌烦的莫过于一直看到别人享受种种赞美。

一种激情中所掺杂的其他激情越多,它就越难以定义;一种激情越是使其怀有者苦不堪言,它就越能驱使这些人与他人作对。因此,混杂着爱、希望、恐惧和大量嫉妒的嫉妒心,是最反复无常且最为有害的东西。对于最后一种激情嫉妒,我已经作了充分的论述,而对恐惧的看法,读者可以参见后文的评论R。为了更好地解释和说明嫉妒这一奇特的混合物,在这里我将进一步论述其中的另两种成分,即希望与爱。

所谓希望,就是满怀信心地期待所盼望的事情实现。我们的希望是坚定还是愚蠢,完全取决于我们信心的多少。而一切希望中都含有怀疑的成分,因为我们的信心一旦达到排除一切怀疑的高度,就会变成一种确信,我们以前只

---

[1]贝壳放逐法(Ostracism),又称为陶片放逐法,是古代希腊城邦雅典的一项政治制度。雅典人民可以通过投票强制将某个人放逐,将意愿写在贝壳上,目的在于驱逐可能威胁雅典的民主制度的政治人物。

能充满渴望的东西就被视为理应享有之物了。说到一个"银色的墨水瓶",众人都能理解,因为每个人都知道它是什么意思;可说到某种"希望",则并非人人都会理解,因为使用这个词的人若破坏了该词的真正含义,这个词便毫无意义。我们愈清楚地理解这个词及其所指代的实体的本质,也就愈容易明白将它们混合起来使用是多么荒谬。因此,当一个人谈起某种"希望"时,我们并不像听他谈论"热冰"或"液体橡木"那样震惊;这并非因为"希望"一词中的荒谬成分比后两个词多,而是因为大多数人虽然都能充分理解"冰"和"橡木"的含义,却很难准确把握"希望"这个词的含义(就其本质而言)。

"爱"的第一层含义是喜爱,父母和保姆对孩子的爱,以及朋友间的爱,都属于喜爱;它包含着爱对所爱之人的喜欢和祝福。我们很容易理解所爱之人的言行,就算发现他犯了错,我们也倾向于为他找借口并原谅他。我们把他的利益当作自己的利益,甚至会为此作出不公正的判断,并且还会因为同情他的悲伤而获得内心的满足,犹如分享其幸福。这并非不可能,不论那是何种悲伤,因为我们若真诚地与他人分享其悲伤,自恋便会使我们相信:我们所感受到的痛苦定会减轻朋友的痛苦。这种深情的沉思抚慰着我们的痛苦时,一种隐秘的快乐便会从我们对所爱之人的悲悯中生出。

"爱"的另一层含义是强烈的欲望。就本质而言,这种欲望不同于友谊、感激以及亲情,它是相互喜欢的异性之间产生的强烈情感。正是在这个意义上,爱情才成为构成嫉妒心的一分子;嫉妒既是爱情的结果,又是爱情的甜蜜伪装,而爱情驱使我们为延续人类后代而努力。不论男人还是女人,只要身心没有缺陷,便都会渴望两性之爱;这是人与生俱来的天性,尽管他们在青春期以前很少受到这种天性的影响。我们若能剥去自然女神的外衣,窥探到她最深处的奥秘,就会发现这种激情尚未萌发的种子,就像我们能在胚胎形成之前清楚地看到牙龈中的牙齿一样。无论男女,几乎所有身心健全者在二十岁之前都能感受到这种激情。然而,为了文明社会的安定与幸福,这一点必须保密,男女绝不能公开谈论爱情。因此,在教养良好者看来,任何在公众面前直言与延续人类后代有关的事情的行为,皆是极大的罪恶。对人类繁衍而言,这种强烈的欲望虽然必不可少，但"欲望"这个词却令人可憎，而一旦提到"性欲"，人们往往就会用"龌龊"和"恶心"这类词来形容。

那些恪守道德和生性羞怯者，要经过很长一段时间才能理解或接受这种与生俱来的冲动，而在此之前，这种冲动会一直扰乱其身心。值得注意的是，对于这一问题，最有教养且最有学问的人，通常也是最无知的；因此，在这里我只能观察到自然野蛮状态下的人与文明社会中的人之间的差别。首先，男人和女人若是未受过道德和礼仪方面的任何教育，他们很快就会找出这种烦恼的原因，就会像其他动物那样，因找不到排除眼前烦恼的方法而不知所措。此外，他们可能也不想从阅历更多的人那里汲取经验或教训。其次，在一切要求遵守宗教、法律及礼仪规则，而无视自然天性之处，青年男女则被告诫应警惕和防止这种冲动，而且自幼年时代起，他们便被威胁远离这种冲动。这种欲望本身及其一切表现，虽然可以被清楚地感知和理解，却只能被小心翼翼地自行抑制。有些女人完全不承认这种欲望，即使她们明显受到了它的影响，她们也固执地予以否认。如果这种欲望使她们郁郁寡欢，就必须借助运动来缓解，否则就得耐心地默默忍受。维护体面和礼貌就是维护社会利益，因此女人应无视自己的欲望，任其消逝，而不应以有悖情理的方式去满足它。在上流社会中，那些出身高贵、家财万贯者，选择结婚对象时无不首先考虑门第、财产和名声，而天性的呼唤则最不被看重。

那些将爱情与欲望相提并论者，实则混淆了爱情的原因和结果。然而，教育以及我们被培养成的思维习惯，却使我们坚信：恋爱中的男女，有时并不会产生任何肉欲，或产生满足大自然繁衍人类意图的念头。若没有大自然的这种意图，他们便永远不会受到那种激情的影响。世间肯定存在这类人，但更多持此见解者，只不过是装腔作势、善于伪装罢了。那些真正的柏拉图式恋人，通常都是面色苍白、身体虚弱者，且都生性冷淡。而身强体壮、面色红润的热情之人，永远不会为了精神上的爱，将凡与肉体有关的想法和愿望统统排除。然而，倘若那些最纯洁的爱侣知道了自己强烈欲望的来源，但愿他们能设想，对方应当享受与所爱之人的肉体快乐；通过这种思想上的酷刑，他们很快就会发现自己激情的本质究竟是什么。相反，父母和朋友若想到自己衷心祝愿的佳偶享受着幸福婚姻带来的快乐和甜蜜，他们则会感到身心满足。

那些好奇心强、善于剖析人心者会发现：这种爱情越是崇高，越是不受一切与感官享乐有关的念头影响，它便越是虚伪，越会从它原来的纯真和原始的纯朴中退化。在推动社会走向文明的过程中，政治家所表现出来的权力和智慧，以及所付出的劳动和心血，无不用于操控我们的激情，以使我们互相对立。那些政治家通过迎合我们的骄傲之心，使我们不断高估自己。通过激发我们对羞耻的极度恐惧和厌恶，那些狡诈的道德家们，已经教会了我们如何怀着喜悦的心情面对自己，即使不能抑制我们心中的激情和欲望，至少也要让我们将其隐藏和伪装起来。这样一来，当内心再出现它们的身影时，我们才不至于完全陌生。哦！这便是我们渴望得到的、凡事克己的最大奖赏！我们把这么多欺骗和虚伪的行为加诸自己和别人身上，除了使我们这个物种显得比其他动物更高贵，比它们走得更远，以及除了这种虚无的满足之外，我们其实一无所获；我们心中难道真的不清楚这一点吗？若有人意识到了这一点，他还能一脸严肃与不失声发笑吗？然而，这却是事实。我们从中清楚地看到，为何我们必须把一切可能出卖自己内心欲望的言行变得面目可憎，而正是这种欲望使人类生生不息；我们还看到，我们若温顺地屈服于一种强烈的欲望（抵制这种欲望是痛苦的），天真地服从大自然最迫切的要求，而毫无矫饰或虚伪，像其他动物一样，为何就会背负"禽兽"这一可耻的骂名呢？

因此，我们所谓的"爱情"并不是一种真正的爱，而是一种掺入各种杂念的欲望，或者更确切地说，是一种由各类矛盾的激情构成的混合物。它是一种被习俗和教育所扭曲的天性。因此，正如我前面所暗示的，在有教养的人身上，这种激情的真正起源和最初动机已被扼杀，而且几乎让他们无法察觉。这恰恰说明，由于人在年龄、体力、意志、脾气、举止及境遇上各不相同，其影响亦千差万别，而且这种差异如此巨大、如此奇特，令人难以想象，无法解释。

正是这种激情，使嫉妒心造成了大量的麻烦，有些嫉妒往往是致命的。那些认为存在不包含爱情成分的嫉妒心的人，其实并不理解那种激情。有些男人可能对自己的妻子毫无感情，但却会对她们的行为感到愤怒，甚至不管有没有理由都会对她们产生怀疑。但在这种情况下，支配这些男人的是其骄傲之心，是对其名声的担忧。他们痛恨自己的妻子，且毫无悔意；他们满腔怒火时，会先殴打妻子一顿，然后若无其事地去睡觉。这样的丈夫不仅自己监视妻子，还会让别人去监视她们；但他们的警惕心并没有这么强烈。他们调查妻子时，不会追根究底或绞尽脑汁，也感受不到因害怕发现妻子的不忠而产生的焦虑，因为他们并未怀有掺杂着嫉妒的爱情。

使我确信这一观点的是，我们从未发现一个男人和他的情人之间发生这种行为。这是因为，当他的爱已消逝，他怀疑情人不忠时，他就会离开她，不再为她伤脑筋。然而，即使是一个有头脑的男人，只要他还爱着情人，不管她有什么过错，他都很难与其分手。如果他在愤怒中打了她，事后他便会心神不安；他的爱让他反思自己对情人的伤害，他想再次得到她的爱。他也许会说自己恨她，而且多次打心底里希望她被绞死；但是，如果他不能完全克服自己的弱点，他就永远无法从情人处解脱。尽管他将其视为最可怕的罪恶，且多次痛下决心，发誓永远不再接近她，他却无论如何也做不到。即使他完全确信情人的不忠，只要他的爱还存续，他的绝望便不会太持久。在这最黑暗的时刻，他的绝望会有所缓和，偶尔还会产生一丝希望。他为情人找寻借口，满心想原谅她，并且为了使她显得没犯多大过错，费尽心思地寻找一切可能开脱的理由。

[O] 这是真正的快乐，舒适与安逸，

"快乐中包含着至善"，这是伊壁鸠鲁[1]的信条，他的生活堪称自律、

---

〔1〕伊壁鸠鲁（Epicurus，公元前342?—公元前270年），古希腊哲学家，认为快乐是自然的目的和最高的善，人生的最高幸福是避免痛苦，身心安宁。他的学说后被误解为耽乐主义。

清醒和其他美德的典范，这使得后世的人们对快乐的意义争论不休。有些人以这位哲学家的节欲为论点，提出伊壁鸠鲁所指的"快乐"就是做有道德的人；因此伊拉斯谟[1]在其《谈话录》中说：最伟大的伊壁鸠鲁主义者非虔诚的基督徒莫属。还有一些人想到伊壁鸠鲁的大部分追随者放荡不羁的作风，便认为伊壁鸠鲁所说的快乐，只不过是感官享受和我们种种激情的满足。对于这两种观点，我不打算做出评判；但我认为，不管人们是好是坏，他们皆以自己的快乐为乐，而不是费尽心思从外界的语言中找寻快乐的根源。我相信，英国人将使自己愉悦的每一件事非常恰当地称为快乐。根据这个定义，我们不应该对人的种种快乐和口味继续争论下去——言及趣味无争辩。

一个世故、好色、野心勃勃的男人，尽管没有任何功德，却处处妄自尊大，奢望比那些居于他之上的人更高贵。他的梦想是拥有宽敞的宫殿和美丽的花园；他的最大乐趣是在威武的马匹、华丽的马车、众多的侍从以及昂贵的家具方面胜过别人。为了满足自己的欲望，他垂涎那些举止优雅、年轻貌美的女子，她们有着各异的魅力和姿色，都能衬托出他的伟大，并真心爱着他。他想在酒窖里存放每一个上等葡萄酒出产国的美酒。他渴望自己的餐桌上摆满美味珍馐，每道菜都有许多不易买到的上等食材，并能完美地呈现精心而睿智的厨艺。他希望自己进餐时耳边时刻萦绕着和谐的背景音乐和令人舒适的恭维话。即使在最微不足道的小事上，他也只雇用最能干、最聪慧的工人，以使他的判断力和想象力在最微小的东西上昭然若揭，正如他的财富和才能在更有价值的事物上明显地呈现出来一样。他希望能和一群机智、诙谐又彬彬有礼的人交谈，其中最好有几位因学识渊博而闻名。对于他的重大事务，他希望找到有才干、有经验的人来处理，并希望他们勤勉、忠诚。他要求侍奉他的仆从随叫随到，且举止文雅、言行谨慎、外表清秀，还要风度翩翩；除此之外，他还要求

---

[1] 伊拉斯谟（Desiderius Erasmus，1466？—1536年），荷兰人文主义学者，神学家。

□ 《雷奥尼达在温泉关》　大卫　1814年

雷奥尼达是公元前5世纪希腊城邦斯巴达的一位国王，在波斯战争期间，他带领一支小规模的希腊军队，包括300名斯巴达人、几百名戏剧演员和底比斯人，在塞莫皮莱山口勇敢地对抗薛西斯率领的规模大得多的波斯军队，最终因捍卫温泉关而英勇牺牲。

仆人们恭敬地爱护他的每一件东西，要求他们灵敏而不匆忙、迅速而不喧闹，对他的命令绝对服从。他认为，最令人心烦的就是吩咐仆人做事，因此，他只想让那些会察言观色、能从他最细微的举动看出他心思的仆人侍候。他喜欢看到自己周围的一切东西都优雅而精致；他希望自己使用的所有物品都干净整洁。他家中的总管必须出身高贵、有名望、有原则，还要恭顺、有谋略、会精打细算。尽管他渴望得到所有人的尊敬，乐于接受普通人的敬重，但让他最陶醉、最享受的乃是有教养者对他的敬意。

因此，沉溺在欲望和虚荣的海洋里的这个男人，一面要激起和放纵自己的强烈欲望，一面又希望世人都以为他毫不骄奢淫逸，并为自己的恶德找寻冠冕堂皇的借口。不仅如此，倘若他的权势够高，他还会渴望别人认为他聪明、勇敢、慷慨、善良，并拥有他认为值得拥有的一切美德。他会使我们相信，他所享受的荣华富贵，是令人厌烦的祸害；他所表现出来的一切庄重皆是一种不值得感激的负担。而令他悲哀的是，这种负担与他所处的崇高境界不可分离。他高尚的心灵远在粗鄙者之上，他的目标更为高远，不会去追求那些毫无价值的享受；他最大的抱负是促进公众福祉，他最大的快乐是看到自己的国家繁荣昌盛，看到每个人都生活美满。这些都被品行不端的俗世之人视为真正的快乐。不论何人，凡是能凭自己的技艺或运气，通过这种精致的生活方式，立刻享受人生并心生对世界的美好看法，定会被最时髦者视为极其幸福的人。

文化伟人代表作图释书系

但在另一方面,大多数古代哲学家和严肃的道德家,尤其是斯多葛派[1]则认为:任何有可能被别人夺走的东西都不能称作真正的善。他们洞察到了命运的无常及君王的善变,也看到了荣誉和众人赞赏的虚无,更看到了财富及世间一切财产的不可靠;因而他们认为,真正的幸福存在于平静安详的心灵中,真正幸福者既无罪恶感,亦无野心。这类人抑制了一切感官欲望,不论命运之神对他微笑还是皱眉,他都不屑一顾,只沉浸在冥想的乐趣中,除了人人都能自我赋予的那些东西,别无所求。这类人坚忍而果决,懂得如何坦然承受最大损失,如何淡定忍受痛苦,亦懂得如何毫无怨恨地面对所受伤害。这些品质在许多人身上已经达到了自我牺牲的高度,因此,我们若相信他们,他们便会超越凡夫俗子,他们的力量也大大超出了其天性范围。面对残酷暴君的愤怒和迫在眉睫的危险,他们可以毫不恐惧,且镇定自若;他们可以勇敢地面对死亡,离开人世时,同他们降生在这个世界上时一样淡然。

在古人中,这些人一直是饱经磨难的;然而,另一些人亦非傻瓜,他们抨击这些清规戒律,认为它们不切实际,并将这些人的观念称为空想。他们极力证明:这些斯多葛派自诩超越了一切人类力量与可能性,因此,他们所吹嘘的美德只不过是高傲的伪装而已,其中充满了狂妄与虚伪。然而,尽管存在这些责难,迄今为止,世界上那些严肃认真的人以及大多数智者,仍赞同斯多葛派那些最直接的观点,比如,依赖于易腐朽的东西不可能获得真正的幸福;内心的平静是最大的赐福,没有什么能像我们的激情那样被征服;知识、节制、坚忍、谦逊以及其他心灵润饰,才是最有价值的收获;唯有善良的人才能幸福;有德行的人才会享受真正的快乐。

有人也许会问我——我在《蜜蜂的寓言》中所说的那些"真正的快乐",与我所认为的古今智者皆赞为最有价值的快乐,为何完全相悖?我的回答是:

---

[1]斯多葛派(Stoic),古希腊的一个哲学学派,认为善的最高形式是美德,人不应为生活中的苦乐所动,又称为苦行主义学派。

因为，我所指的快乐并非人们嘴上说的最好的事物，而是心里想的令人愉悦的事物。如果我看到一个人日日忙于追求与身心修养相反的乐趣，我怎能相信他最大的快乐在于身心修养呢？约翰从不专切布丁来吃，但也不能说他压根就没吃过；这一点布丁经过反复咀嚼，就像被剁碎的干草一样被他吞下去；然后，他便狼吞虎咽地吃起牛肉来，将牛肉一直塞至喉咙。约翰天天大叫"布丁是我的全部快乐，我对牛肉根本不感兴趣"，听到这些，你难道不生气吗？

我可以像塞内加[1]那样自诩坚韧，自诩蔑视财富，并且愿意写出惰于他两倍的文章，来赞颂贫困（他将仅拥有其十分之一的财产的人视为贫困）。我可以准确无误地指给人们通向他所说的至善的道路，如同指着我自己回家的路。我可以告诉人们：要想从一切世俗事务中解脱出来，并净化心灵，就必须抛弃自己的激情，就像人们要彻底打扫房间，就必须把家具都搬出去一样。我也清楚地看到，对于一个已消除了一切恐惧、愿望及嗜好的人而言，恶意和命运最沉重的打击所造成的伤害，不会比一匹瞎马在一座空仓里所造成的伤害更大。对所有这些理论，我早已参悟透彻，但实践起来却异常困难。如果你来掏我的口袋，或在我饥肠辘辘时夺走我的食物，或者只是朝我脸上啐一口唾沫，那我可不敢保证自己还能遵循这套哲理。但你会说：我不得不屈从于我天性不羁的一切怪念头，这根本不足以证明别人也像我一样缺乏自控力。因此，无论我在哪里与美德相遇，我都情愿膜拜它，但条件是：在我看不到自我克制的需要时，我无须承认它；在我亲眼看到人们的生活状态时，我不必根据他们的言辞去判断他们的真情实感。

我见过形形色色的人，我承认，那些最严于律己、最蔑视世俗享乐者，非宗教机构的神职人员莫属。在这些地方，他们抛却尘世的烦恼，强抑自己的欲望，与自己作斗争，除此之外，不做别的。在其生命中欲望最为强烈的黄金时

---

[1] 塞内加（Lucius Annaeus Seneca，公元前4?—公元65年），罗马帝国时期的一位政治家、哲学家、悲剧作家，又译作"塞涅卡"。

代，这些男人和女人竟然真能自愿彼此隔绝，且严格克制自己，不但不去做任何污秽之事，甚至连最合法的拥抱也断然拒之。这难道不是对完美贞洁的最好证明与对男女之间纯洁关系的一种极致追求吗？有人可能认为，那些戒绝肉食且常拒绝任何食物的人，应该已经以正确的方式征服了一切肉欲。我几乎可以断定，这种人从不贪图安逸，日日都要把自己赤裸的脊背和双肩狠狠地抽上几下，半夜常从睡梦中醒来，起身去做虔诚的祷告。他不愿触碰金银，即使双脚碰到也绝不容许；谁能比他更鄙视财富，或比他表现得更无欲无求呢？这种人甘愿选择贫穷，满足于残羹剩饭，除了他人的施舍，拒绝吃任何东西；谁能比他更俭朴，或比他表现得更谦卑呢？

倘若不是那么多有识之士对我加以劝诫和警告，这类自我克制的美好例子肯定会使我向美德鞠躬致敬。他们一致认为我看错了，说我看到的一切只是闹剧和伪饰；不论他们假装怀有哪种撒拉弗[1]式的爱，除了与之相悖的东西，你在他们身上什么也找不到；不论那些修女和修士在修道院里怎样虔诚地忏悔，他们谁也不会牺牲自己心爱的情欲。在那些女人中，被视为处女者并非皆为处女，你若被允许走近她们，窥探她们不为人知的秘密，你很快就会惊愕地发现，她们中的一些人肯定早已做了母亲；在那些男人身上，你会发现最恶毒的诽谤、最强烈的嫉妒和恶意，或者发现贪食、酗酒以及比奸淫本身更可憎的恶劣行径。在行乞一事上，他们与真正乞丐之间的区别只是习惯不同而已，乞丐用可怜的话语和穷困潦倒的外表来打动他人，而一旦离开他人的视线，他们便立刻卸下伪装，放纵自己的欲望，彼此享用嗟来之物。

倘若那些宗教机构所遵守的严格戒律，以及众多神职人员无比虔诚的表现，尚经不住如此严厉的审视，那我们便不能幻想在任何其他地方发现美德。这是因为，若我们仔细观察这些神职人员的行为，便会发现，他们自身的克制

---

〔1〕撒拉弗，出自于《旧约·以赛亚书》第6章第1—3节，为9位唱诗天使中最高的一位。这里指纯洁的极乐境界。

能力其实并没有表现出来的那么强。所有教派的牧师，甚至各国最激进的教会，皆须首先满足库克罗普斯·伊万格利弗鲁斯[1]的需要：先是美味珍馐，然后是琼浆玉露。除此之外，他们还会要求你提供舒适的房屋、精美的家具、冬天温暖的炉火、夏天凉爽的花园、整洁如新的衣服、足够养育孩子的金钱。他们要超越众人，让所有人都对其顶礼膜拜，然后便随你给他加上多少宗教虔诚都行。我所说的这些是舒适生活必不可缺的东西，即便最谦逊的神职人员也不会以此为耻；因为没有这些，他们会感到极度不安。这些神职人员和其他人一样，都由同一个模子铸成，皆具有腐化的本性、同样的弱点。他们被同样的激情操控，也容易受到同样的诱惑。尽管如此，他们若能勤于神职，并戒除谋杀、奸淫、咒骂、酗酒等卑劣行径和其他恶德，其生活和名声便毫无瑕疵。他们的身份使他们散发出神圣的光芒，因此，虽然如此纵情声色、奢侈淫逸，他们仍旧可以赋予自己骄傲和才智所允许他们具备的价值。

对于这一切，我并不反对，但遗憾的是，我从中看不出任何自我克制，而没有自我克制，何谈美德？一个有理性的人若不渴望享受基本以外的更多世俗的幸福，难道就算禁欲了吗？不作恶、没有与良好教养相悖的不雅行为（任何谨慎者，即使没有宗教信仰，也不会犯这种过错），难道就是什么了不起的美德了吗？

我知道，有人会对我说：神职人员一旦受到冒犯，或权力遭到侵犯，就会暴跳如雷、焦躁不安，这是因为他们在小心翼翼地维护自己的使命，努力使

---

[1] 库克罗普斯·伊万格利弗鲁斯（Cyclops Evangeliophorus），在伊拉斯谟《谈话录》中有两个人物坎尼乌斯（Cannus）和波利腓姆斯（Polyphemus）。坎尼乌斯见到波利腓姆斯时，后者正手持一本福音书。坎尼乌斯知道后者的生活方式并不符合福音书的守则，便嘲讽他说："你不该再叫波利腓姆斯，而应叫伊万格利弗鲁斯（Evangeliophorus，传播福音书者）。"波利腓姆斯恰好又是一个独眼巨人（Cyclops）的名字。伊拉斯谟《谈话录》又名《独眼巨人，或传播福音书者》。曼德维尔将这两个名字合在一起，称他为库克罗普斯·伊万格利弗鲁斯（Cyclops Evangeliophorus，意为传播福音书的独眼巨人），但他漏掉了一个字母，将伊拉斯谟的Evangeliophorus写成了Evangeliphorus。这里用这个名字泛指"不守教规的神职人员"。

自己的职业免受指责；这不是为了他们自己，而是为给他人谋求更大的福祉。也正因如此，他们才渴求生活的舒适与便利。因为，如果他们甘愿遭受侮辱，吃穿用度比别人更粗鄙，那些以外表取人的大众就会认为，神职人员和其他人一样，都不是上天直接眷顾的人。因而那些大众不仅会蔑视神职人员本人，而且会轻视他们的一切责备与开导。这一辩解实在令人钦佩！既然时常有人提出来，我便想探究一下其中的逻辑是否真是如此。

学识渊博的埃查德博士[1]认为：贫困是使神职人员受到蔑视的原因之一，也是暴露其弱点的原因。我不赞同他的这一说法；因为，人总是在和自己的艰难处境作斗争的，而且不会甘心忍受贫困生活的重负。正是在那种情形下，他们才会表现出贫困所带来的种种不适，表现出环境改善所带来的快乐与狂喜，以及他们对世间美好事物赋予了真正的价值。一个身披破衣烂衫的人，高喊自己蔑视财富、蔑视世俗享乐的虚荣，这是因为他没有别的衣服穿。如果有人给他一顶更好的帽子，他就再也不戴自己那顶油腻腻的旧帽子了。他在家喝劣质啤酒时面色沉重，但若能在外面喝上一杯葡萄酒，他当即就会欣喜若狂。面对粗劣的食物，他缺乏胃口，而一旦受邀享用一顿丰盛的晚餐，他便会不知餍足，并表现出一种异乎寻常的喜悦。他被人鄙视，不是因为他贫穷，而是因为他不知道如何以他的安贫乐道之心来对待贫穷，因而暴露出与其鼓吹的信条相反的个人喜好。然而，若一个人出于其灵魂的伟大（或一种根深蒂固的虚荣心，效果与前者相同）而决心严格抑制自己的欲望，拒绝获赠一切安逸和奢侈，甘愿接受贫困生活，拒绝任何可能满足感官的东西，并切实牺牲他所有的激情，以获得力行俭朴生活的骄傲，那么凡夫俗子便绝不会蔑视他，而且会将其奉若神明，顶礼膜拜。犬儒学派哲学家之所以名声大振，不就是通过拒绝伪饰、拒绝享用奢侈品吗？世界上那位最野心勃勃的君主，屈尊拜访以一个木桶

---

[1]埃查德博士（Dr. John Eachard，1636？—1697年），英国牧师、讽刺作家，著有《蔑视神职人员与宗教之基础及原因》。

104 | 蜜蜂的寓言 The Fable of the Bees

□ 犬儒学派

犬儒学派是古希腊的一个哲学流派，第欧根尼是其代表人物。早期的犬儒主义者提倡回归自然，清心寡欲，鄙弃俗世的荣华富贵。后期的犬儒主义者依旧蔑视世俗的观念，但是却丧失赖以为准绳的道德原则，对世俗的全盘否定变成了对世俗的照单全收。图为油画《雅典学院》，画面打破了时空界限，古典时期哲学家济济一堂，左下角阶梯上半卧着的人便是第欧根尼。

为居所的第欧根尼[1]，且不在意这位博学野叟的无礼，这难道不是对一个骄傲的人所能给予的最高赞美？

看到某些情况证实了他人所言，人们便非常愿意相信彼此的话；但若我们说一套做一套，却渴望获得他人的信任，那便是恬不知耻了。在寒冷的天气里，一个开朗而健壮的人，刚做完剧烈运动，或是刚刚洗过冷水浴，面颊红润、双手温暖，这时他若告诉我们他不喜欢坐在炉火旁，我们很容易就会相信他。特别是在他真的不去烤火时，我们就更相信了。根据他当时的状况，我们知道他既不需要炉火，也不需要衣物。然而，若是一个双手肿胀、脸色铁青、衣衫褴褛的可怜人对我们说同样的话，我们便一个字都不会相信。特别是当我们看到这个饥寒潦倒者浑身颤抖、步履蹒跚地走向有阳光的地方时，我们心里清楚，不管他怎么说，他其实就盼着穿上暖和的衣服，坐到熊熊的炉火旁取暖。这样说来，谁都能明白其中的道理。因此，世间的神职人员若想将自己修炼成不贪恋世俗享乐、灵魂高于肉体者，只需多加克制自己的肉欲，更多追求心灵之乐。他们理应心满意足，因为无论他们的处境多么艰难，只要他们足够隐忍，任何贫困都

---

〔1〕第欧根尼（Diogenes，公元前412？—公元前323？年），古希腊犬儒派哲学家。传说亚历山大大帝去看他，他请这位君主不要挡住他晒太阳。

不会使他们遭受蔑视。

我们可以设想：一位牧师对自己教区的那一小群教民非常关心，他热情而谨慎地向他们布道、拜访、劝诫、责备他们，并为他们做一切力所能及的善事，使他们幸福。毋庸置疑，那些受他关怀的人一定非常感激他。现在我们再来设想一下：这个好人只要稍微克制一下自己，仅靠一半收入就能满足生活需要，每年只领 20 镑薪水，而不是原来的 40 镑；此外，他还非常热爱他的教民，决不会为了获得其他职位而离开教民，哪怕是主教职位。对一个自称禁欲、毫不贪恋世俗快乐的人来说，这也许是件容易的事。不过我敢保证，这样一位无私的"神"，尽管也有人类普遍具有的那些堕落恶习，也仍将受到众人的爱戴、敬重和称颂。不但如此，我还敢说：他若更严格地克制自己，将其微薄收入的一多半施舍给穷人，自己仅以燕麦、清水果腹，以稻草为席，只穿最粗糙的衣服，任何人都不会因他这种俭朴的生活方式而蔑视他本人或他信仰的教义。恰恰相反，只要人们没有忘记他，便只会提起他的荣光而非贫困。

然而（一位仁慈的年轻女士对我说），你即使忍心让你这位牧师忍饥挨饿，难道你对他的妻子和孩子就没有半点同情心吗？老天爷啊，一年 40 镑的薪水被他狠心地施舍出两次，还能剩下多少呢？你是不是想让那可怜的女人和无辜的孩子们，同样靠燕麦粥和水过活，同样睡在稻草堆里？你这没有良心的坏蛋，你这凭空设想、满嘴自我克制的卑鄙小人！还有，即便他们都按你设定的这种该死的标准生活，你想想，他一年剩的钱可能都不到 10 镑，能养活一大

□ 牧羊人

《新约》以牧人喻耶稣，以羊群喻教徒，所以新教用"牧师"称呼主持教务和管理教徒的教牧人员，意为"心灵导师"，由此可以看出牧羊在西方文化中的独特地位。

家人吗？——请不要动怒，善良的阿比盖尔太太[1]，我非常尊重你们女性，断然不会给已婚男士开出这样粗劣的食谱；但我承认，我忘了妻子和孩子们的存在，主要原因是，我认为贫困的牧师们没有机会寻觅伴侣、生儿育女。谁能想象，一个既要以身作则又要训诫他人的牧师，竟无法抵挡那些被这个邪恶世界视为毫不合理的欲望呢？一个学徒若手艺还未学成便中途结婚（除非他交了好运），他所有的亲人都会生他的气，甚至责备他。这是为何呢？没有别的原因，只因为他那时还没赚到钱，而且必须为师傅效劳，因而既无闲暇，也无多少能力去养家糊口。一个教区牧师每年薪俸20镑（你也可以说40镑），且被其全部职责严格约束着，因而几乎没有多少时间，通常也没有更多能力去赚钱。对这样一个牧师，我们又能说些什么呢？他要是结婚，不是很不明智吗？然而，为什么一个行为端正的年轻男子，就不能去享受那些合法的快乐呢？没错，结婚是合法的，传授技艺的师傅也是合法的，但这对那些没有足够的钱养家且投师学艺者又有什么意义呢？如果他一定要娶妻，那就让他找个有钱的妻子好了，或等待一份更大的施舍之类的东西从天而降，让他能维持妻子体面的生活，并能承担由此产生的一切花费。可是，但凡自己有点钱的女人都不会和他结婚，而他也会难以度日：他胃口极好，身体也非常健康；离开女人，不是每个男人都能正常生活的，结婚总比在孤独中忍受欲火煎熬要好一些的。这里存在什么自我克制吗？这个品行端正的年轻男子很愿意做个有道德的人，但你千万不能因此否定他的天性。他发誓永远不会偷鹿，条件是他要有自己的鹿肉；没有人会怀疑在紧要关头他完全可能会成为烈士，尽管他承认自己没有足够的力气，去耐心忍受一根手指的擦伤。

那么多神职人员放纵自己的情欲（这是一种野蛮的欲望），这不会使其贫困状态有任何改善。除非他们一改往日的表现，以更大的毅力来克制情欲，否则

---

[1] 当时一本书的主人公。阿比盖尔太太原为女仆，嫁给了一位教区牧师后，做出许多荒唐可笑之举，企图超过以前的女主人。该书作者通过这个人物形象嘲笑了"神职人员假装出来的尊贵"。

必然会使自己遭到世人的鄙视。他们也许会辩解道：他们之所以顺从于世俗，并非为了享受世俗生活的体面、便利和虚饰，而是为了使自己的职能不被人轻视，以便更好地服务于他人。鉴于他们的种种表现，我们能相信这番自白吗？这只会让我们觉得其中充满了伪善和谬误，他们想要满足的并不仅仅是淫欲；在他们大多数人身上，我们都可以看到盛气凌人的傲慢、对伤害的过激反应、对优雅服饰的追求，以及对美味珍馐的偏爱，这些全是其骄奢之心的表现；很多从事其他行业的人也是如此，神职人员并不比他们拥有更多的内在美德。

我对快乐本质的论述如此冗长，恐怕已经使许多读者感到厌烦了。不过，我脑海中突然闪过一件事，它可以验证我那些看法的正确性，因此我不得不在此提及。那就是：一般来说，世界上统治他人者，至少都像受其统治的人一样聪明。如果我们因此要效仿地位远在我们之上的那些人，我们只需将目光投向各国的法庭和政府，便立马能从那些大人物的言行中看出，他们支持哪种观点，居于最高位者可能最愿享受哪些乐趣。这是因为，如果可以根据人的生活方式来判断人的喜好，那么除了对那些最有条件做到随心所欲者的判断之外，对其他任何人的判断都不一定准确。

若是任何国家伟大的神职人员及世俗的大人物，皆对世俗享乐不屑一顾，也不曾竭力满足他们的欲望，那么嫉妒和报复行为何以在他们当中如此猖獗呢？君王宫廷中那些精心伪饰过的激情何以比其他任何地方都多呢？他们的宴饮、欢娱，以至整个生活方式何以总是被那个国家最追求感官愉悦的人所推崇、向往和追捧呢？他们若蔑视一切外在修饰，只热衷心灵的富足，又何以借用如此多的器物，何以使用那些最珍贵的奢华器具呢？一位财政大臣、一位主教，甚或是大贵族、罗马教皇，若是善良贤德，并努力征服自己的种种激情，何以会比普通人更需要大笔钱财、奢华的家具、众多侍从呢？什么美德会让所有掌权者都如此奢侈铺张？一个每顿饭只吃一道菜的人，与一个每顿饭都吃三大菜系、十几道菜的人，有同样多的机会自我节制。有人睡在没有帷幔华盖、只铺着几层旧棉布的床板上，有人睡在近五米高的天鹅绒榻上，但他们同样能够保持耐心、自我克制。心怀美德，既不会蒙受损失，亦不会增添重负——

一个人即使蜗居阁楼、身无分文，也能坚强地忍受不幸，并宽恕他人对自己的一再伤害。因此，我绝不会相信，一个从蓝贝思宫前往西敏寺[1]都需要乘坐一艘六桨驳船的好逸恶劳之徒，会拥有一个人所能具备的一切学识和宗教信仰；我也绝不会相信，谦卑竟是一种如此沉重的美德，需要六匹马才能拉动。[2]

有人认为，人们容易接受那些地位高于自己的治理者，却很难接受与自己地位相当的治理者，因此有必要让众人对治理者心生敬畏；治理我们的人应当表现出能力与素养在我们之上。因此，所有位高权重者都应该佩戴荣誉徽章、官阶标志，以区别于粗鄙的下等人。这一说法实在是肤浅至极。首先，这只能对那些无能的君主，以及软弱而不稳定的政府奏效，因为他们确实无力维护公共秩序，不得不以一种表象上的修饰来达到他们掌握实权的真正目的。因此，东印度群岛的巴达维亚[3]总督便不得不保持庄严的外表，过着徒有其表的奢华生活，以威慑爪哇岛的当地人；而后者若具备了一定谋略和能力，足以强大到毁灭十倍于现在数量的主人。而真正强大的君主和国家，拥有庞大的海上舰队以及大批陆上军队，没必要玩这种把戏，因为那些使他们威镇海外的东西，定然保障不了他们在国内的安全。其次，不论何种社会，能保护人民生命和财产不受坏人侵害的，唯有严格的法律和公正的司法。市参议员们穿的猩红长袍、司法长官戴的金链、他们马匹的华丽马饰，或者任何花哨的东西，都不能阻止盗窃、入室抢劫和谋杀。那些华美装饰在另一方面也有好处，它们是对未经世事者雄辩有力的说教，但使用它们是为了给人鼓舞而不是令人生畏；而不法之徒畏惧的却是严厉的官员、坚固的牢狱、警觉的狱卒、刽子手及绞刑架。假如伦敦一个星期没有巡警和守夜人在夜间守护房屋和庭院，半数银行家将会

---

[1] 在伦敦，为坎特伯雷红衣主教公邸，从那里到西敏寺很近。
[2] 嘲讽坎特伯雷红衣主教乘坐的马车。
[3] 印度尼西亚首都雅加达的旧称。

破产；假如我们的市长大人除了那把佩剑、那顶巨大的防护帽以及镀金权杖之外，没有任何其他东西可以自卫，在伦敦的街道上，他那辆豪华马车里的华美饰物，顷刻间便会被抢光。

但我们不能否认，华丽的外表的确会令平民百姓眼花缭乱。若说大人物们最大的快乐是追求美

□ 英格兰银行外景

17世纪末，英国成立了英格兰银行，这是世界上第一个资本主义银行，主要业务有经营货币资本、发行信用流通工具、充当资本家之间的信用和支付中介。

德，那么其铺张浪费为何会延伸到普通大众不懂的事情上，而且还要避开公众的视线呢？我指的是他们的私人消遣、豪华的餐厅和卧室，以及陈列于壁橱中的珍稀古玩。没有多少俗人知道世上有一个金币一瓶的红酒，比百灵鸟还小的鸟会卖到半个金币，也很少有人知道一幅油画可能卖到几千镑；此外，有些人不惜花费巨资来炫耀自己的政治地位，并渴望博得另一些人（他们对其一切都嗤之以鼻）的尊敬，其目的若非为满足私欲，还能是什么呢？我们若认为宫廷的华丽及一切优雅装饰都平淡无奇，只会令君王感到乏味，且其仅仅是用来维护王室的威严免遭蔑视，那么拿国库的钱去抚养、教育六个私生子（多为同一位君王通奸所生），将他们培养成王子和公主，也是出于同样的目的吗？因此，显而易见，这种奢华生活带给众人的敬畏感，只不过是一种伪装或幌子。大人物们以此掩饰其虚荣心、放纵自己的种种欲望，而不受任何指责。

阿姆斯特丹的市长穿着朴素的黑色西装，身后也就只跟着一个男仆，而伦敦市长却衣着华丽、有大批随从侍奉；尽管如此，前者同样受人尊重和敬畏。在权力得以公正行使的地方，若有人认为，掌权者（无论是皇帝还是教区执事）的节制或厉行节约会使其权力受到轻视，这是多么荒谬。在执掌西班牙政坛

时，加图[1]赢得了众多荣誉，但他只有三个仆人侍奉。我们可曾听说过，他的任何命令因此而被人轻视（尽管加图爱喝酒）？在利比亚灼热的沙漠上徒步行军时，这位伟人口渴如焚，却拒绝了士兵拿给他的水，等所有士兵都喝过后他才喝。他这种英勇无畏的克制削弱了他的权威，降低了他在军队中的威望，哪些书有过这样的记载吗？然而，我们没有必要扯这么远，其实若干世纪以来，没有哪位国王比当今的瑞典国王[2]更喜欢铺张与奢华了。他醉心于英雄这一头衔，为满足自己永不消泯的复仇之心，不仅牺牲了臣民的生命、国家的安宁，而且牺牲了自己的安逸和一切舒适生活（这在君主中更为罕见）。他穷兵黩武，不顾人民的死活，连年征战，几乎使其王国彻底毁灭。

至此，我已经充分证明：从人们的实际行为判断，所有人生性崇尚的真正快乐，便是那些世俗的、感官的快乐。我说所有人"生性崇尚的"快乐，是把虔诚的基督徒排除在外了，因为他们已得到神的恩典和超自然的垂爱，所以不能说他们生性如此。可令人不解的是，基督徒们竟空前一致地否认这一点。究竟何为真正的快乐？我们不仅要问问各国的神学家和道德家，也要问问那些富人及掌权者。他们会告诉你：斯多葛主义者认为，世俗及腐朽的事物中不可能存在真正的幸福。但回头看看他们的生活，你便会发现，除了俗世之乐，他们没有任何其他追求。

面对这种两难状况，我们该怎么办呢？我们是该根据人们的实际行为，毫不留情地说：世人都心口不一，那不是他们的真实想法，随他们说去吧？还是该愚蠢地相信他们的话，认为他们言辞恳切，而不相信我们自己的眼睛？或者说，我们是否应当努力相信我们自己，也相信他们，像蒙田那样说：他们想象

---

[1]加图（Marcus Porcius Cato，公元前234—公元前149年），罗马共和国时期的一位贵族、政治家，即"老加图"。

[2]查尔斯十二世（Charles XII），1697—1718年在位。为了向波兰国王奥古斯塔斯复仇，他发动战争，屡次拒绝很有利于他的和平条件，其军队在1709年被彼得大帝击溃。此后直到本书写作的1714年，查尔斯十二世一直在土耳其，而瑞典军队却在继续作战。

着并使他人完全相信，他们相信他们自己其实并不相信的东西？蒙田的原话是这样的："有些人欺骗世人，世人会以为他们相信自己并不真正相信的东西；但更多人却欺骗自己，根本不考虑，也完全不知道该相信什么。"不过，这种说法将人类要么看作傻瓜，要么看作骗子。要想避免这一点，我们唯有重申贝勒先生在其《彗星带来的众多思考》一书中极力想要证明的观点：人是如此不可理喻的一种动物，常常违背自身原则行事。这一说法远非中伤，反而是对人性的一种赞美，因为我们定然也会这样说，或是说些更难听的话。

人类自身的这种矛盾造成了一种后果：尽管人们对美德的理论如此了解，对美德的实践却难与理论相符。如果你问我：要去哪寻找那些献词、演说、墓志铭、葬礼布道和碑文中所精心描绘的首相大臣们的高尚品质，还有君王们最崇尚的美德？我的回答是：就在这些词文里，别处没有。除了这些东西里面，你还能在哪找到如此鬼斧神工的美德雕像呢？雕刻家只将精湛的技艺、辛勤的劳动倾注在雕像光彩照人的外表上，完全不关心人眼看不到的那些东西。倘若你敲碎雕像的脑袋、剖开雕像的胸膛，去寻找大脑和心脏，只会暴露出你的无知，只会毁坏这件艺术品。因此，我常将大人物的美德比作你那些大瓷瓶：它们外表精美，就连玻璃罩上都有很多装饰着花纹。有人会根据它们的体积和设定的标价作出判断，认为它们也许很有用；但你若仔细看看里面，就会发现，除了灰尘和蜘蛛网，别无他物。

[P] 它的强大使那些一贫如洗者
　　竟过得比昔日的权贵还要幸福，

若我们追溯那些文明古国的起源，将会发现：每个社会诞生之初，最富有、最有权势者都无福享受如今那些最卑贱者也能享受到的舒适生活。因此，许多曾经被视为奢侈发明的东西，现在就连靠社会救助生活的赤贫者都能得到，但这些东西绝算不上生活必需品，人人都不应该需要它们。

毫无疑问，创世之初，人类以地球上的野果充饥，并像其他动物一样，赤

蜜蜂的寓言　The Fable of the Bees

□ 约克郡的纺纱车间

约克郡的毛纺织业最早起源于12世纪，衰落于15世纪。约克郡纺织行会曾颁布了一系列法令，例如，染色行会规定，染工第一次违反规定将罚款40便士；第二次将罚款半马克；第三次则被驱出染色行会，并且从此再也不许从事染色工作。行会的规章制度严重地束缚了约克郡的毛纺织业发展，在商品经济竞争的情况下，约克郡的毛纺织业屡遭挫折，不断失去市场，纺织物生产急剧萎缩。

裸着身子席地而卧。凡是能使生活更舒适的东西，必定都是思考、经验和某些劳动的结果，因而多少可称为奢侈品，多少会带来些麻烦，并脱离了原始的简单性。我们的赞赏仅限于那些新鲜事物，而对业已熟悉的东西，我们却视若无睹，因为它们再也无法引起我们的好奇。一个衣着朴素的贫困者，若外面套一件厚厚的教区长袍，里面只穿一件普通衬衫，就会被人嘲笑；然而，即便制造最普通的约克郡亚麻布，亦需要多少人、多少种不同行业、多少不同技术及工具。人类学会种植、加工亚麻这样有用的产品之前，要具备多么深刻的思想和独创匠心，要付出多少辛劳与汗水、要花费多少时间？

亚麻布被织造出来后，若没有经过一遍遍、一道道工序的精心漂白，就连赤贫者都认为它不适合使用；一个社会若是如此看待这样一种值得赞美的商品，岂不是太过崇尚虚荣吗？而且，我们不仅要考虑这一奢侈发明的代价，还要考虑到其洁白之色（其部分美感就在于此）持续时间的短暂：每隔六七天，它就需要清洗一次，长久穿这种衣物者只得不断花钱。想想这一切，我们难道不该将其视为一种奢侈的绝美之物吗？我们难道不认为，教区那些靠施舍度日的人也应该不仅能穿一套这种耗时、耗力的布料做成的衣服吗？而且一旦衣服被弄脏了，为了立马将其清洗干净，他们应该使用一种最富于智慧且又最复杂的化学材料；而且他们借助火能将其溶于水中，用人类迄今为止最具清洁力而又无害的碱液去打理亚麻衫。

可以肯定的是，我所说的这些东西过去已经被冠以诸多崇高的赞语，每个人对此都会有同样的想法；然而，在我们所处的时代，若有人看见一个穷女人将粗亚麻罩衫穿了整整一周后才脱下来，并用一小块4便士一磅的臭肥皂去清洗它，便将这说成是奢侈、讲究，他就会被称为傻瓜。

随着时代不断进步，面包发酵及制作技艺到现在已臻完美；不过，若是没有任何积累，一下将这些技艺全发明出来，所需的发酵工艺知识及洞察力，却比迄今为止最伟大的哲学家们所拥有的还要多，还要深刻。然而，发酵及制作面包的成果如今早已为那些最穷困者享用着了；一个饥肠辘辘的可怜虫，虽然不会以更谦卑或更谦虚的方式诉苦，却知道怎样去蹭得一小块面包或一小杯啤酒。

经验告诉人们，没有什么比鸟类细小的羽绒更柔软的了；人们还发现，将羽绒填充在一起，它们会以其弹性轻柔地承受任何现有的重物，而重物一旦消除，它们立即就会恢复如初。毫无疑问，有人想出在这些羽绒上睡觉的点子，首先就是为了满足有钱有势者的虚荣心和奢侈生活。但羽绒床垫早已为人们司空见惯，几乎人人都可以睡在上面，而且若换作其他床垫，还会被视为陷入无力负担生活必需品的悲惨境地。奢侈生活要达到何种程度，睡在动物柔软的羽毛上才会被视为悲惨啊？

人类最初居住在洞穴、茅屋、帐篷和棚子里，后来住进了温暖而精致的房子；而城市中最简陋的居所，亦无不是精通建筑比例和技巧的匠人精心设计的。若古代的不列颠人和高卢人从坟墓里走出来，看到富丽堂皇的切尔西学院、格林威治医院，或是看到比它们更辉煌的巴黎荣军院，以及那些一无所有者在这些宏伟的宫殿里享受的关怀、富足、奢侈和浮华，他们会以何等惊诧的眼光注视着为穷人建造的种种高大建筑啊！故而这些昔日世界上最伟大和最富有的人完全有理由去嫉妒如今世上最卑微的人。

穷人所享受的另一种奢侈是食用动物肉，虽然人们并不以为然，但毫无疑问，在昔日的黄金时代最富有的人是不会这样做的。不论在哪个时代，在潮流风尚和生活方式方面，人们从不细究其真正价值或益处，而且通常不是根据理性判断事物，而是遵从习俗。曾几何时，人们也对死者实行火葬，即便那些最伟大君主的遗体也要被烧成灰烬。以往将尸体埋在地下是对死去奴隶的处理方式，或是对罪恶滔天的罪犯的一种惩罚。而现在，土葬与身份或名声毫无关系，只是掩埋尸体，而焚烧尸体倒是被视为重大惩罚。我们有时对鸡毛蒜皮的小事感到恐惧，有时却对骇人听闻的大事漠不关心。倘若看到一个人戴着帽子在教堂里走来走去，即使教堂做圣事的时间已经结束，我们亦会感到震惊；但是，在一个星期天的晚上，我们若在街上遇到五六个醉鬼，这情景却不会给我们留下太多印象，甚至根本不会给我们留下任何印象。在狂欢舞会上一个女子若身着男装，会被看作朋友间的嬉戏，对此说三道四的人会被视为吹毛求疵。在舞台上，女演员会将小腿和大腿全展示给观众看，但即使最贞洁的女士，也不会对女演员的这种行为感到厌恶。可是，若这个女子穿上衬裙后，向一个男人露出膝盖以下的小腿，那就是一种很轻佻的行为，人人都会指责她不知羞耻。

　　我时常在想，若不是传统习俗这个暴君对我们的约束，但凡有一点善心者，都决不会容忍宰杀这么多动物作为自己的日常食物。我知道，理性很难激发我们的怜悯之心，因此，我毫不奇怪人们为何一点也不同情那些极不完美的生物，如小龙虾、牡蛎、蛤蚌，乃至所有鱼类。它们不会说话，其内部构造和外部形态也与我们人类截然不同，我们很难理解它们的行为所要表达的意思，因此，它们的悲伤不会被我们感知也就不足为奇了。因为痛苦的种种表现唯有直接刺激于我们的感官，才更能激起我们的怜悯。我曾见过有人被一只活龙虾在鱼叉上发出的声音吓得动弹不得，却可以心情放松地杀死五六只家禽。然而，牛羊等动物的心脏、大脑及神经与我们的极为相似，在它们身上，精神与血液、感觉器官的区分，以及由此产生的感觉本身的区分，也与人类毫无差别。我无法想象，一个并不铁石心肠、没有屠杀过任何生灵的人，面对死亡的惨状及其所带来的痛苦，何以会无动于衷。

　　对于这个问题，大多数人认为这样回答就够了：万物皆是为人类服务的，让它们物尽其用，何来残忍之说。不过我却听到，人们这样回答时，他们的内心在控诉他们所撒的谎。若让所有人选择自己喜欢的行业，十个里面也就有一个（只要他不是在屠宰场里长大的）愿意成为屠夫。我也不相信，没有人第一次杀鸡时会毫无恐惧。有些人坚决不吃他们平常见到且熟悉的任何生物，另一些人则只顾惜自养的家禽，拒绝食用自己喂养和照料过的家禽肉；但所有这些人在吃从市场上买来的牛肉、羊肉和家禽肉时，却大快朵颐，毫无愧疚之心。我认为，他们对自己的这种行为好像怀有一种良心的自责，为了防止自己犯下某种罪行（他们知道其罪责根深蒂固），他们似乎在竭力远离罪责的起点。从他们的行为中，我们会发现残存的怜悯和无邪的天性，这是任何习俗的专横和奢侈的暴力都无法征服的。

有人会告诉我，我所说的这一切都显得愚蠢至极，任何聪慧之人都不会如此去做；对此，我完全赞同。不过，我这个说法来自我们天性中固有的一种真正的激情，因为它足以证明，我们生来就厌恶杀戮，所以亦厌恶以动物为食；同时也因为天生的欲望绝不可能驱使我们去做（或是希望别人去做）那些自己厌恶的事情，不管它是否愚蠢。

人们都知道，外科医生在治疗严重创伤、骨折，进行截肢以及其他可怕的手术时，往往不得不使病人蒙受极大的痛苦；他们遇到的绝望和不幸的情况越多，他们对病人的哭喊及肉体痛苦便越是麻木不仁。因此，我们英国的法律，出于对当事人生命的最深切关怀，不允许外科医生加入裁决案犯生死的陪审团，因为其职业本身足以使他们心中的温情冷却甚至泯灭。而没有这种温情，谁都不能对其同类的生命作出公正的评判。现在，如果我们真的从不反思我们对兽类所做的事情，而且也不认为宰杀它们有任何残忍之处，那么英国的法律除了禁止外科医生做陪审员，为何也要禁止屠夫做陪审员呢？

对于食肉这种野蛮行为，我不打算重申毕达哥拉斯[1]和许多其他智者的看法。我扯得实在有些远了，因此我应该请求读者（他们若想读到更多内容）看

---

[1] 毕达哥拉斯（Pythagoras，公元前582？—公元前507？年），古希腊哲学家，数学家。

完下面这则寓言。不过，读者若是已经累了，就大可不必理会，不论读不读这则寓言，我都同样感激我的读者们。这一点，是毋庸置疑的！

　　在迦太基人的一次战争中，一位罗马商人被困在了非洲海岸，他和他的奴隶费了好大劲才安全上岸。但在寻求救援时，他们却遇到了一头巨大的狮子。巧的是，那头狮子是伊索时代的那一类，不仅会说几种语言，而且似乎对人情世故也很精通。奴隶吓得爬上了一棵大树；但他的主人却认为树上也不安全，加之听说狮子宽宏大量，便在它面前跪下，显出一副恐惧和顺从的样子。那狮子刚刚填饱肚子，便命令商人站起来，暂时放下他的恐惧，并向他保证，如果他能合理解释为何他不该被吃掉，它就不会碰他。商人服从了。他看到了一线生机，便把自己遭遇海难的悲惨经历讲了一遍，想以此竭力唤起狮子的同情，并用许多优美的言辞为自己辩护。可是，从这头猛兽的表情来看，他的这番奉承和花言巧语似乎并没有什么效果；于是他又提出了更具说服力的观点，并从人的天性及能力的卓越出发进行申辩——神将其创造出来，是让他发挥更大的作用的，而不是让他被野兽吃掉的。听到这番话，狮子变得饶有兴致，还不时回应他的话。于是，狮子与商人开始了下面的对话：

　　狮子：哦，你们这些虚荣而贪婪的动物，你们的骄傲和贪婪使你们离开故土，可故土完全能满足你们的生存需求啊。你们到波涛汹涌的大海和危机四伏的群山中冒险，探寻那些无用之物。你们凭什么认为人比我们狮子更优越呢？

　　商人：我们的优势不在于身体的力量，而在于智慧的力量；众神赋予我们理性的灵魂，灵魂虽然无形，却是我们身上更为优秀的一部分。

　　狮子：除了你们身上能吃的部分，其他地方我都不想碰。但你为何如此看重你们身上那无形的部分呢？

　　商人：因为灵魂是不朽的，死后我们会因生前的行为得到报偿，而正义之人将在极乐世界与英雄及半人神们一起享受永恒的幸福和快乐。

　　狮子：你过着什么样的生活呢？

　　商人：我崇拜众神，为造福人类而不懈努力。

狮子：既然你认为自己和众神一样公正，为什么你还惧怕死亡呢？

商人：我有一个妻子和五个幼子要养活，若他们失去我便无法度日。

狮子：我有两个幼崽，它们还不能独自觅食，现在正饿着肚子；要是我不给它们东西吃，它们准会饿死。不管怎样，你的孩子们总会得到食物；无论你被我吃掉，还是淹死，结果都一样。

说到人和狮子这两种动物的优越之处，你们在衡量事物价值时总坚持物以稀为贵的原则，而即便世上有一百万人，怕是也难见到一头狮子；此外，人类假装对自己的同类怀有崇高的敬意，其实你们并无真诚可言，只在意自尊心和自豪感。你们夸耀自己对孩子的温柔和照顾，是很愚蠢的表现；你们以在教育孩子时自己能成功处理种种麻烦而自豪，也很愚蠢。人类生来就是最贪婪且最无助的动物，父母为满足后代的需求而绞尽脑汁，这只是一种自然本能，所有生物都有。然而，人类若真看重自己的同类，那么为何常会因两个人的突发奇想，在几个小时内就使一万人，有时甚至是十万人全部毁灭？拥有一定等级、地位的人都鄙视那些不如他们的人；若是你能走进君王们的内心，便会发现：他们对其统治的大多数民众的评价，远远低于他们对其所属的君王种姓的评价。为何那么多君王会佯称他们的种族来自不朽的神（尽管这很不合逻辑）？

他们为何要让别人跪在他们面前，并乐于享受被赐予的一切神圣荣誉，还暗示他们天生就比其臣民更高贵、更优越呢？

我虽然是野兽，但我坚持认为，只要没有恶意或麻木不仁到泯灭了天生的怜悯之心，任何动物都不能被说成残忍。狮子生来就没有同情心；我们听从自己的本能；众神已经指定我们以其他动物的残骸为食，只要能找到死去的动物，我们就不会猎杀活着的动物。只有人，只有心怀叵测的人，才会视死亡如儿戏。大自然本来让你们的胃只吃蔬菜，可你们对这单调而清淡的食物强烈不满，竭力追求新奇的口味；因而你们毫无道理、毫无必要地杀害动物，扭曲了你们的本性和欲望。而这些都是你们的骄傲和奢侈之心使然。狮子生来体内就有一种消化酶，既能消化所有动物的肉，也能消化它们最粗糙的皮和最坚硬的骨头。而你们人类的胃却太娇气，用于消化的热量又弱又少，若不事先将动物肉加入调料用火烧熟，恐怕你们的胃连最嫩的部分都消化不了。然而，你们人类为了满足自己反复无常而又虚弱的胃口，对哪些动物手下留情了呢？我说你们胃口虚弱，是因为和我们狮子的相比，人的饥饿又算得了什么呢？你们的饥饿最多会让你们晕倒，而我们却会因此而发狂：我常常试着用根茎和野草来缓解剧烈的饥饿感，但那根本没用；只有大块的肉才能让我不因饥饿而发狂。

尽管十分饥饿，我们仍然经常对得到的恩惠予以回报；但你们这些忘恩负义的人，却不仅要吃羊肉，还要穿羊皮，甚至连无辜的羔羊都不放过，将它们圈禁起来。你若告诉我，是众神让人类主宰其他一切生物，那么你们出于嬉戏而杀死它们，这是何等残暴啊！况且，众神创造出你们这种善变而懦弱的动物，是为了让你们过群居生活的，即你们这成千上万的人，只有团结在一起，才会具备强大的力量。一头狮子足以在这个世界上发挥影响，而一个人呢？他只不过是一头庞大野兽身上的一小部分，无足轻重。大自然的设计多么巧妙啊！因此，要判断她的目的是什么，只能看她所呈现出来的结果：倘若大自然的意图是使人类成为最优越的物种，统治所有其他动物，那么老虎、鲸鱼和雄鹰都应当听从人类的命令。

然而，若你们人类的智慧和思维胜过我们，难道狮子不应该承认你们的这种优越，并遵循人类的准则吗？对人类来说，最神圣的东西莫过于最强大的理性，它永远处于主宰地位。众神将一个人立为你们的领袖，你们接受这一安排，却又阴谋策划毁灭他；一个人也常常会摧残和毁灭众多人，而这些人正是他以众神之名发誓要保护和奉养的。人类总是认为，没有强权就没有优越地位，我为什么就不能这样认为呢？我所夸耀的这种优越地位是显而易见的，所有动物看到狮子都会浑身颤抖，但这并非出于恐惧。众神已经赋予我超越所有动物的迅猛，以及征服一切接近我的敌人的力量。哪种动物长有我这样的尖牙利爪？看看我这些粗大的下颌骨有多厚、有多宽，摸摸我这脖子有多结实。最敏捷的鹿、最凶猛的野猪、最健硕的马，以及最强壮的野牛，只要进入我的视线，统统都会沦为我的猎物。

狮子说完这番话，商人就昏过去了。

我认为这头狮子的话过于夸大。为了软化雄性动物的肉，我们会通过阉割来防止它们的肌腱和每一根纤维变硬。我承认，人们想到他们是多么残忍地宰杀了为食用而精心喂养的动物，应该会有所愧疚。一头温顺的大阉牛在经受了一连串猛击后（而宰杀者连这击打的十分之一的力量都承受不了），最终支撑不住、轰然倒地，因为它长有利角的头被用绳子紧紧绑在地上。阉牛身上被割了一道宽宽的口子，颈静脉被割断了，血流阻断了它的呼吸，它挣扎着发出低沉而痛苦的喘息声，那颗剧烈跳动的心脏似乎也在哀鸣；它四肢颤抖，剧烈抽搐，眼睛也越来越模糊灰暗；它挣扎，喘息，想竭力抓住生命最后一丝气息，它最终的命运正在迫近。看到、听到这一切，有谁不会生出怜悯之情呢？一个生命所遭受的恐惧和痛苦如此真实，如此明显，难道笛卡尔的追随者中还有谁如此麻木，以至于不会出于同情而去驳斥这位自负的哲学家的理论吗？[1]

［Q］ 因为他们
　　　　如今都仅靠俸禄节俭地生活。

当收入微薄，并且诚实无欺时，人们才开始节俭，而在此之前，这是不可能的。在伦理学中，节俭被称为美德，其依据的原则是：人们抛弃多余之物，并鄙视那些为了获得安逸或快乐而采取的手段，满足于事物的天然淳朴，享用它们时还要谨慎节制，不带任何贪婪的色彩。被如此限定的节俭，也许比很多人想象的还要难得，但人们通常所理解的节俭是一种更常见的品质，介于挥霍与贪财之间，且更接近贪财。对私人家庭来说，这种谨慎的节约也就是一些人眼中的"储蓄"，是财产增加最可靠的方法。因此有些人便认为，一个国家无论贫穷还是富有，只要全体国民都厉行节约，整个国家的财富也会随之增长。

---

〔1〕曼德维尔最初赞同笛卡尔的假说，即动物是没有感觉的自动体，但在本书中他却采用法国哲学家伽桑狄的观点，即动物是有感觉的。

蜜蜂的寓言 The Fable of the Bees

□ 英国自耕农

英国的自耕农一度被视为英国经济社会的重要支柱，他们都是英国富裕的农民阶层，伴随着"圈地运动"和土地市场的发育而崛起。自耕农随着"圈地运动"的愈演愈烈逐渐走向了衰落，而这又促进了英国资本主义的发展，为资本主义提供了劳动力和市场。

比如，他们说：倘若英国人能像一些邻国的国民那样节俭，他们可能会比现在更富有。我认为这是一种错误的看法。为了证明这一点，我想请读者先翻看一下我在"评论L"中所做的相关论述，然后再看以下内容。

首先，经验告诉我们：由于人们对事物的看法及认知不同，他们的习惯也会不同。有人惯于贪婪，有人惯于挥霍，还有人则只惯于俭省。其次，人们永远不会（或至少很少会）丢弃自己心爱的激情，不论出于理性还是道德规范。如果有什么事情使人们违背内心的喜好，那一定是他们所处环境或命运发生了变化。若仔细思考一下这些观点，我们就会发现：要使一个国家的大多数国民都变得挥霍，该国产品的数量就必须超过该国人口的实际所需，因而拥有大量的廉价产品；相反，要使一个国家的大多数国民都节俭，其生活必需品就必定稀少，因而价格非常昂贵；因此，即便最优秀的政治家竭尽所能，国民的挥霍或节俭，仍必定取决于该国产品的种类及数量之和、该国人口的数量，以及国民所承担税赋的多少（尽管政治家否认这一说法）。若有人要反驳我的这些观点，那就请他从历史的长河中找出证据来，以证明哪个国家国民的节俭不是由于国民生活必需品的匮乏。

那么，让我们仔细思考一下，使一国强大富庶的必要条件有哪些。对任何人类社会来说，最令人渴望的天赐，莫过于肥沃的土壤、宜人的气候、温和的政府以及超过国民所需的大量土地。这一切会使人变得从容而和善，真诚而坦率。在这种环境下，人们可能会尽其所能地行善，而不会对公众造成丝毫伤害，因而可以自得其乐。不过，这样的民族却创造不出任何艺术与科学，

第一卷 《蜜蜂的寓言》（1724年版）

其邻人也不会让他们一直如此安宁。他们一定是贫困又无知的，几乎完全享受不到我们所说的舒适生活，其全部美德所追求的，只不过是一件像样的大衣或一只饭锅。因为在这种慵懒、安逸、愚昧无知的状态下，你既不必害怕重大的恶德，也不必期望任何卓越的美德。人只有为欲望所驱使时，才会拼命奋斗；当人们处于迷茫状态时，没有任何东西可以激起他们的斗志，其卓越和才能将永远无法被发现。而失去了激情的驱动，人这台笨重的机器，完全可以被视为一台没有受到风力影响的巨型风车。

□ 圈地运动

随着15世纪英国毛纺织业的迅速发展，牧羊业兴起，贵族开始用壕沟、栅栏将公有土地和农民的耕地圈起来并雇用牧羊人放牧，从而侵占土地，农民因此就失去了土地。圈地运动又叫做"羊吃人的运动"，是残忍的资本原始积累过程的一个缩影。

要想使一个人类社会兴盛强大，就必须唤醒它所有的激情。尽管土地一直有限，划分土地必能激起人们的贪婪之心。用赞美唤醒懒惰之徒（即使只是在开玩笑），骄傲之心必会驱使他们认真工作。传授他们贸易与手工技能，你便会唤起他们的嫉妒心与竞争欲，进而增加物品的种类，兴办各种各样的工厂，充分利用每一块土地。保证人们的财产安全不受侵犯，让所有人享有同等的权利。人人都依法办事，都保持独立、自由的思想；人人都有工作，都能自食其力，且皆遵守其他准则；在这样的国度，到处都是民众的身影，永远不会出现人口不足的现象（只要世界上还有人）。要想使国民勇敢好战、遵守军纪，就必须充分利用他们的恐惧，并想方设法迎合他们的虚荣心。但若还想使他们的国家成为富裕、智慧和文明的国度，就必须使国民学会与他国进行贸易。如果可能的话，还要鼓励他们去航海，因为航海最能激发人的力量和斗志，并能教会人们如何克服一切艰难险阻。接下来，便要大力发展航海业，为商人提供便利，鼓励其开展多种贸易；这将带来无穷的财富，只要有了财富，艺术和

□ 荷兰海上贸易

17世纪，荷兰是世界上实力最强的海上霸主，在海上殖民、贸易方面都拥有霸权，被称为"海上马车夫"。随着世界市场的扩大，资本主义的时代开始了。图为当时的荷兰商船。

科学很快便会随之发展起来，加之我所说的治国良策，政治家便能使国家繁荣富强、声名远扬。

不过，倘若你面对的是一个节俭而诚实的社会，治理的良方便是保持人们天然的淳朴，不去设法增加他们的财产，让他们永远接触不到陌生人或奢侈品，还要将一切能激起他们欲望和增进其知识的东西全部去除或隐藏起来。

巨额财富和异域奇珍永远不能为其拥有者增色，除非你承认它们与贪婪和奢侈是不可分割的。哪里贸易发达，哪里就会有欺诈。既要发财致富，又要真诚，这简直是自相矛盾。因此，人的见识增长时，其礼节也会考究起来，我们同时也一定会看到：他的欲望不断膨胀，品味越来越高，恶德也随之增多。

只要乐意，荷兰人尽可将他们如今的繁盛归功于其祖先的美德和节俭；不过荷兰这个弹丸之地在欧洲主要大国中显得如此重要，其原因却是荷兰人的政治智慧（一切以商业与航海业为先）、追求知识的无限自由，以及他们对能鼓励和促进日常贸易的最有效手段的不断尝试。

西班牙国王菲利普二世[1]即位后，便对荷兰人施以闻所未闻的暴政，而在此之前，荷兰人从未以节俭著称。他们的法律遭到践踏，他们的权利及大部分豁免权被剥夺，他们的宪法被撕毁。荷兰的几大贵族未经法律程序审判就被

---

[1] 1556年继位，对荷兰施行残暴的政治及宗教统治，最终激起了荷兰人的激烈反抗，导致荷兰共和国的建立。

处死。投诉者和抗议者受到的惩罚，同造反分子的一样严厉，而那些未遭屠戮者却被贪婪的士兵洗劫一空。对于每一个一直习惯于温和的政府，并享有比任何邻国更大特权的荷兰人来说，这是无法忍受的；因此，他们宁可在武装反抗中死去，也不愿遭受残忍的刽子手的荼毒。只要想想西班牙当时的强大实力，想想那些不幸国家的处境，我们就会发现，这是一场前所未有的不平等较量。当时荷兰只有七个省联合起来对抗西班牙的统治，但他们的毅力和决心如此之大，竟抵御住了当时欧洲最强大、治理水平最高的国家，这是古今历史上最漫长、最惨烈的战争。

为了不屈服于西班牙人的暴政，荷兰人宁愿用三分之一的收入来维持生活，而将大部分收入用于抵抗残暴的敌人。战争的灾难和荷兰人内心深处的苦难，使他们变得非常节俭，这种节俭后来也帮助他们度过了八十多年同样艰难的日子，荷兰人便养成了节俭的生活习惯。不过，对于荷兰人来说，若没有大力发展渔业和航海业，以弥补其自然资源的匮乏及其他不利条件，那么无论如何俭省、如何精打细算，他们都不可能对付得了这样强大的敌人。

荷兰领土如此狭小，人口又如此众多，其土地连国民的十分之一都养活不了（尽管几乎没有一块土地被闲置）。荷兰境内大河密布，大部分土地都低于海平面，每次涨潮，海水都会漫过陆地。如果没有宽大的海堤和高墙加以阻挡，只需一个冬天，海水便会将土地冲得一干二净。为了维护这些海堤、高墙及其水闸、枢纽、磨房，以及为防止灭顶之灾而建造的其他必备设施，荷兰人每年要支出大笔费用，若按土地所有者每年的净收入推算，即便从每一镑土地税中扣除四个先令[1]也远远不够。

在这种情形下，荷兰人要比其他国家的国民承担的赋税更重，因此不得不节俭度日。这难道很难理解吗？可其他国家的人为何非要效仿荷兰人呢？他们的生存环境比荷兰人优越，也比荷兰人更富有，同样数量的人口所拥有的土地

---

[1]根据旧制，1镑等于20先令。

□ 中世纪的农民

在中世纪鼎盛时期，欧洲的人口大规模增长。这种增长很大程度上是由于中世纪农业技术的改进，比如8世纪和9世纪从东欧传播到欧洲的重型犁，这种犁又大又笨重，能把土挖得很深。在犁头后面，一块叫做犁板的木头可把挖出来的土铲起来，使它能适于当地排水。使用重型犁能有效地使土壤接触大量空气，提高了效率和产量，养活了比以往任何时候都多的人。图为一位犁地的中世纪农民。

面积是荷兰人的十倍以上。荷兰人和我们英国人经常在同一个市场上买卖物品，因此可以说我们的观念相同，否则，两国对个人节俭的益处及其政治因素的理解便会迥然相异。俭朴、少花钱符合荷兰人的利益，因为除了黄油、奶酪和鱼类，他们必须从国外进口一切物品，因此，荷兰人消费这三类东西的数量是英国同样人口消耗量的三倍，尤其是鱼类。食用大量的牛羊肉以养活农民，进一步改良其土地（已足够养活自己）并精心耕种以养活更多人，这符合我们的利益。荷兰人的船只和现金或许比我们多，但这些只不过是他们的劳动工具。因此，一个货物运送者所拥有的马匹，可能比一个财富是其十倍的人还多；一个银行家或许只有一千五六百镑资产，但他手头的现金可能比一个年收入2000镑的绅士还多。荷兰人就像为了生计而购置三四辆马车的运送工，英国人则像置办一辆马车以享受生活的绅士。除了鱼类，荷兰人几乎一无所有，因此在其他国家眼中，他们就是运输者和船主，而我们英国贸易的基础则建立在我国自己的产品上。

大部分人节俭度日，可能还出于另一种原因，即赋税沉重、土地稀少，以及由此（还有其他同类因素）导致的粮食短缺，这在荷兰人身上表现得尤为明显。霍兰[1]贸易发达，并积累了惊人的巨额财富；这里处处都是沃土，而

---

〔1〕霍兰（Holland），荷兰的一个省，分南霍兰省和北霍兰省。

且（正如我已经说过的）没有一寸土地被荒废。格尔德兰省和上埃塞尔省[1]却几乎未发展任何贸易，也没有多少钱；那里的土地非常贫瘠，大量的土地处于荒芜状态。这两个省的荷兰人远没有霍兰的富裕，可他们非但不像后者那么吝啬，反而比后者更热情好客，这究竟是何原因呢？很简单，只因他们缴纳的大部分赋税都没有后者的那么重，而且按人口比例来算，他们拥有的土地也更多。霍兰省人在饮食方面最为俭省，因为在他们的地区，食物、饮品及燃料被课以重税；但他们穿得比其他省的人好，使用的家具也更豪华。

□ 阿姆斯特丹

在17世纪，荷兰处于海洋霸权的巅峰，阿姆斯特丹在当时是欧洲最热闹的海运贸易站和最富裕的城市，俨然成为世界的中心。

那些厉行节俭者，本应在任何事情上皆俭省；但在荷兰，人们却仅对日常必需品及消耗较快的东西俭省，对于持久之物，其态度则截然不同。在购置画作和大理石时，他们出手阔绰；在修造建筑及园林时，他们的挥霍则近乎愚蠢。在其他国家你会看到，庄严宏伟、富丽堂皇的宫殿和府邸皆为王族所有，即便追求平等的国家的国民，都不曾想过会在其他地方见到这类恢弘的建筑；然而，在阿姆斯特丹及荷兰境内的其他一些大城市，许多商人及其他绅士的华丽房屋则堪比宫殿，遍寻整个欧洲的其他国家，你也找不出一座这样的私人建筑。那些商人及绅士，花在房屋建造上的钱比世界上其他任何地方的人都多。

我所说的这个国家，自实行共和制以来，从未经历过1671年和1672年初那样的困境，其商业亦从未陷入过当时那样惨淡的境地。我们之所以能确切了解

---

[1] 格尔德兰省（Gelderland）和上埃塞尔省（Overyssel）均为荷兰东部的省份。

这个国家的经济及国体，主要归功于威廉·坦普尔[1]爵士，从他回忆录的几段话中，我们可以清楚地看出，他对荷兰的风俗及政府治理的评论，都是关于那一时期的。荷兰人当时的确非常节俭，但在那个时期之后，他们的灾难便没有那么深重了（虽然普通人依旧承担着沉重的税赋），那些条件优渥者在出行、娱乐乃至整个生活方式上都发生了巨大的变化。

有些人认为，荷兰这个国家的节俭与其说是出于生活必需品的匮乏，不如说是由于国民对恶德与奢侈的普遍厌恶。这不由得让我们想起了荷兰人的公共管理和低廉工资，想起他们在讨价还价、购买商品及其他生活必需品时的谨慎，想起他们小心翼翼、竭力保护自己免受服务者的欺骗，也想起他们对违反合同者的严厉制裁。然而，被视为官员们的美德及诚实的这些行为，其实完全出于荷兰人关于公共财富管理的严格规章，而其令人称赞的政府形式亦离不开这些规章的约束。只要双方达成一致，一个好人的确可以相信另一个人的话；但一个国家却绝不该相信任何诚实，而应让信赖建立于必需之上的东西。因为民众若不幸福，其宪法便永远不稳定，他们的福祉则必然依赖于官员及政治家的美德与良知。

荷兰人往往极力在其国民中提倡节俭，这并非因为节俭是一种美德，而是出于他们的收入情况（正如我前面所阐明的）；因为收入一旦发生变化，其规定及准则便会随之改变。从以下实例中我们可以清楚地看出这一点。

东印度公司的船队返回英国后，公司便会立即给船员结算薪水，很多船员拿到的钱几乎是他们以前七八年才能有的收入，有的甚至是十五六年的收入。公司接着便会怂恿这些穷鬼大肆挥霍手里的钱；他们当中的大多数人刚上船时都是些堕落者，他们在船上受到严格管束，饮食恶劣，长时间从事没有报酬的苦役，而且时刻都有生命危险。因此，让他们一拿到大笔钱就去挥霍，并非什

---

[1] 威廉·坦普尔（William Temple，1628—1699年），英国散文作家、外交家，在《尼德兰观察》一书中，他以荷兰为例阐述了"财富来自节俭"的观点。

么难事。

他们将大把大把的钱挥霍在美酒、女人和音乐上面，这是其趣味及所受教育程度所能达到的最高追求；他们纵情狂欢、放荡不羁（这样他们才不会去作奸犯科），远远超出社会习俗对其他人的容许程度。在某些城市，你或许会看到这些人喝得酩酊大醉，左拥右抱三四个时髦女郎，甚至在大白天沿着街道呼喊狂奔，并且前面还有个小提琴手伴奏。他们若觉得这样花钱还不够痛快，就会不断寻找其他方式，有时甚至向着人群疯狂地撒钱。很多船员只要手里还剩一点钱，这种疯狂便不会停歇，但这种状况持续不了多久；因此，有人将他们戏称为"六周老爷"，而六周通常是东印度公司的船队休整好准备再次出航的时间。

□ **海上的劳动者**
15世纪后，受资本主义发展的影响，欧洲各国的经济在大航海时代中突飞猛进。作为航海活动的最主要参与者，水手的工资比陆地上的很多工人的工资都要高许多。然而，水手在船上的生活条件却异常艰苦。他们要忍受疾病、饥饿、恶劣的天气等各种折磨，还经常被拖欠工资；即便如此，仍然有大量工人为了高薪走上甲板。

怂恿船员大肆挥霍的计谋中其实含有双重考虑：首先，这些船员已经习惯了炎热的气候、恶劣的空气和饮食，他们若是学会节俭，并都留在各自国家勤俭度日，该公司还得不断雇用新船员。而这些新人（况且也不太适合他们的业务）中，曾在东印度群岛待过的连一半都不到。公司不但会对其非常失望，而且还要支付更多薪水。其次，肆意挥霍使那些船员挣到的大笔钱迅速在全国流通起来，而通过征收重税及其他强制款项，其中的大部分钱很快就会被重新归为公共财富。

若想说服那些主张国民节俭的人，使他们相信其倡议是不切实际的，那么我们可以先假定我在"评论L"中所表述的观点都是错的。我在该条评论中为奢侈辩护，将奢侈视为维持贸易的必要条件。那么，现在让我们分析一下：在

□ **五天工作制**

世界上第一个提出"五天工作制"概念的是美国福特汽车公司的老板亨利·福特。他认为如果人们能有更多的休息时间，就有更多的消费时间，这对刺激经济发展是有益的。这项措施在1926年9月25日开始实施。当时，福特在公司内的宣传口号是"每天八小时的工作制让我们走上了繁荣之路，而每周五天的工作制将让我们走上更加繁荣之路"。图片为当时的福特汽车厂，工人们正在进行汽车生产流水线作业。

我们这样的国家，若不考虑国情，而通过计谋和管理强迫国民厉行节俭，将会产生何种结果呢？我们不妨假设，所有英国人现在只拿出其收入的五分之四用于消费，而将剩余的五分之一存起来。我且不说这会给所有行业，以及农民、牧场主和地主带来什么影响，而只做个有利的（这是不可能的）假设：人们仍要完成原先的工作，手艺人也像现在这样活计不断。结果就是：除非货币突然大幅贬值，其他一切东西都不合常理地昂贵起来，否则五年之后，所有劳动人民，甚至是最贫穷的劳动者（暂且不管其他事情）所拥有的现金将相当于他们现在一整年的花费；顺便说一句，这样一来，国家手头的钱就比以往任何时候都多。

现在，让我们在为财富的增长而欣喜若狂时，再来看看劳动者的处境如何，并根据经验以及我们对他们的日常观察来判断，在这种处境下他们的表现又会怎样。众所周知，有大量零工在从事编织、裁剪、制衣等众多手工业劳动，若一周工作四天便能维持生计，谁会愿意工作五天呢？还有成千上万的各行各业的劳动者，即便他们几乎难以维持生活，为了度假，却甘愿忍受诸多不便，违逆主人的安排，勒紧裤腰带，到处借钱。当人们如此追求安逸与享乐时，除非迫不得已，他们才会去工作。除此之外，我们还能想出其他什么理由呢？若你看到一个手工劳动者星期二才去做工，那定是因为在星期一早上他发现上周的工钱还剩两个先令呢。如果他口袋里还有15镑或者20镑，我们又凭什么认为他会去工作呢？

照这样的工作进度，我们的制造业会变成什么样子呢？商人若想将布匹销往国外，他必须自己动手加工，因为这布料商在十二个曾经为他工作的人中挑不出一个合适的。就算我所说的情况只发生在那些熟练的鞋匠身上，不涉及其他行业的劳动者，那么不到一年，我们中有一半人将会赤脚走路。对一个国家而言，金钱最主要、最迫切的用途，便是支付穷人的劳动报酬；当金钱真正匮乏时，那些需要支付大量工人薪水的人总会最先察觉到。然而，尽管急需大笔钱，在财产安全得到保障的情况下，没有钱的生活比没有穷人的生活要容易得多。这是因为，没有穷人，谁去做工呢？因此，一个国家流通货币的数量应始终与该国劳动者的数量相适应，劳动者的工资也应与消费品的价格相适应。由此可以看出，无论如何，劳动者越多劳动力越低廉，对穷人的管理也更容易；只需让穷人填饱肚子，不必让他们得到值得积蓄的东西。倘若某个最低阶层的人，凭借异乎寻常的勤勉，加上勒紧裤腰带，使自己高出了原先生活环境的水平，谁也不该去阻拦他。除此之外，还有一点不可否认，即社会上每个成员、每个家庭最明智的做法便是节俭度日；然而，不让大部分穷人无所事事，并使他们不断花掉自己所挣的钱，这才是所有富裕国家所关心的。

正如威廉·坦普尔爵士清楚地指出的那样，要不是由于骄傲或贪婪驱使人们去劳作，谁都愿意过着不用劳动、尽情享受安逸与快乐的生活。而那些靠日常劳动谋生的人，则很少受到骄傲或贪婪的强烈影响。因此，能驱使他们去为

□ "剩余价值"

"剩余价值"的概念是马克思在《资本论》中提出的，指的是资本家收入与实际生产成本之差。资本家监督工人以超出自身生活需要的范围从事更多的劳动，而追求更多的"剩余价值"正是资本家从事商品生产的唯一目的和动机。图片描绘了在危险而简陋的环境中从事生产的矿工，他们一天之内要工作10个小时以上，而收入却十分微薄。

他人服务的，唯有他们自身的需求；缓解其需求是明智的，而完全满足其需求则近乎愚蠢。所以说，能使劳动者勤勉的唯一东西便是适量的金钱：因为金钱若太少，他会沮丧或绝望（这取决于他的性情）；而金钱若过多，他又会变得傲慢而怠惰。

一个人若认为"金钱过多会毁灭一个国家"，那他一定会遭到大多数人的耻笑。然而，这正是西班牙的命运；西班牙学者唐·迭戈·萨维德拉就将其国家的毁灭归咎于此。昔日富饶的土地曾使西班牙极为富裕，法国国王路易十一到访托莱多市时，亦惊讶于其宫廷的金碧辉煌，并称，无论在欧洲还是亚洲，他都从未见过能与之媲美的王宫。因此，在前往那块圣土的旅途中，他游遍了那里的每一个省（我们若相信一些作者的描述）。仅在卡斯提尔[1]王国，就有来自世界各地的十万步兵、一万匹马以及六万辆马车，他们皆为参加圣战而来，也全由阿隆索三世[2]亲自调度。他每天都按照他们各自的等级和军衔，向士兵、军官及王公们分发饷银。不仅如此，直到斐迪南和伊莎贝拉（他们为航海家哥伦布提供了装备）统治时期以及之后的一段时期，西班牙也一直是个富庶之国。它不但贸易和制造业繁荣发达，其国民也是出了名的聪慧和勤劳。然而，当财富的海洋（这一巨大宝藏是以空前危险而残酷的手段获得的；据西班牙人自己承认，为获得那些财富，曾屠杀了两千万印第安人）涌向他们，他们立刻失去了理智，昔日的勤劳也无影无踪。农民放下了耕犁，手工艺人丢弃了工具，商人远离了账房，人人都不屑劳作，沉迷于享乐，变成了绅士。他们自认为有理由凌驾于所有邻人之上，唯有征服世界才会让他们感到满足。

这样做的后果便是：其他民族用以满足自身怠惰和骄傲的东西，却不能

---

〔1〕卡斯提尔（Castille），旧日西班牙中部的一个王国，1469年因伊莎贝拉女王（Isabella，1451—1504年）与阿拉贡国王斐迪南五世（Ferdinand V，1452—1516年）结婚而并为西班牙王国。

〔2〕阿隆索三世（Alonso III，1158—1214年在位），通常称为"阿隆索八世"，曾组织反摩尔人同盟，教皇英诺森三世为此特许他组织"十字军"。

使西班牙人满足；尽管政府颁布了种种禁止金银出口的禁令，但当所有人都看到，西班牙人不惜冒着被绞死的危险，帮你将金银装上船时，便纷纷开始为西班牙卖命。如此一来，金银便年复一年地在西班牙的所有贸易国之间流通开来，并使一切物品都变得昂贵。大多数欧洲国家的人都在辛勤劳作，只有这些物品的所有者自从攫取了巨额财富后，便游手好闲，年年都焦躁地等待着国外收入的到来，以便为自己所消费的一切向其他国家付钱。于是，由于金钱过多、建立殖民地以及治理不善，西班牙便从一个繁荣昌盛、人口富足、闻名遐迩的国家，变成了一条空旷的大道；经由这条大道，金银从美洲运往世界各地；而西班牙人，则从一个富有、敏锐、勤勉、奋进的民族，变成了一个迟钝、懒散、傲慢而贫穷的民族。这就是西班牙的命运。金钱可被称为"产品"的另一个国家是葡萄牙，而这个王国以其全部黄金在欧洲塑造出来的形象，我想也没什么好羡慕的。

因此，使一个民族获得幸福及我们所说的"繁荣"的伟大艺术，便在于为每个人提供就业的机会。按照这一策略，政府的首要任务，便是促进人类智慧所能创造的各种制造业、艺术及手工艺行业的发展；其次是鼓励农业、渔业的全面发展，使每一寸土地都能像人类一样发挥出其最大的潜能。因为，前者是一个国家吸引大量人口的"黄金法则"，而后者则是供养这些人口的唯一方法。

我们所指望的各个民族的伟大与幸福，只能依靠这项政策，而不是那些关于奢侈与节俭的琐碎规定（根据民众的情况，那些规定自会发挥作用）。这是因为，不论金银的价值是涨是跌，所有社会的幸福都将永远取决于土地的物产和人们的劳动。两者结合在一起，必将创造出比巴西的黄金或波托西[1]的白银更为可靠、更取之不尽且更真实的财富。

---

〔1〕波托西（Potosi），南美玻利维亚共和国的一个城市。

□ 诺曼底公爵家族纹章

在古代的欧洲，纹章并非只是一种装饰品，更多地象征着身份和荣耀，代表了皇室或贵族的显赫地位。图为英国19世纪的一枚乔治亚风格的带有独角兽和狮子图案的铁制纹章，此章属于诺曼底公爵家族。

[R] 如今的任何荣誉都难令人满足。

在其比喻意义上，荣誉就是个虚构的怪物[1]，是道德家和政治家捏造出来的，它象征着某种与宗教无关的美德原则。在一些恪尽职守的人身上，我们可以发现它，无论那些职责是什么。例如，一个荣誉感极强的人卷入了他人谋杀国王的阴谋中，他不得不肝脑涂地参与这项行动。倘若他的悔恨或善意重新占据上风，他便会对那个图谋感到震惊，转而揭发这桩罪恶行动，从而成为指证其同党的证人，那么，他就丧失了他的荣誉，至少在他的同党中是这样。

荣誉这一原则的优点在于，庸俗之人不具备这种原则。我们只能在那些品德更高尚者身上看到，就像有些橘子虽然外表相同，但有的有核，有的却没有。在世家大族当中，荣誉就像痛风病一样，通常被认为是遗传的，因此大家族的孩子们生来就有这种病。有些人对自己的荣誉毫无感觉，其实已在交谈与阅读（尤其是冒险故事）中获得了它，而另一些人的荣誉则来自其特权。不过，最能激发荣誉感的，莫过于一把利剑。有些人第一次配上利剑，一天一夜都会沉浸在它的熠熠光辉中。

一个有荣誉感的人，最重要的职责便是恪守荣誉原则，而不是违背它；为维护这一原则，他宁愿失去自己的职业、财产，甚至生命。因此，无论他的教养如何良好，他的言行如何谦逊，人们也允许他自我重视，允许他将荣誉这一

---

[1] 原文为"Chimera"，指希腊神话中一种狮头、羊身、蛇尾的怪兽。

无形饰品视为自己的财产。维护荣誉原则的唯一方法，就是遵守荣誉规则，这些规则是他必须奉行的律条。他必须永远忠于自己的信条，视公众利益为最高利益，不撒谎，不欺骗或诽谤任何人，亦不受任何人的冒犯（意指任何故意蔑视他的行为）。

古代那些重视荣誉者（我认为有文字记载的人中堂·吉诃德是最后一位），不仅严格遵守所有这些信条，还恪守更多我没有列举出来的律条；但如今有荣誉感的人却似乎没有那样自律。他们对古代最后那位重视荣誉者深怀敬意，但却不像他那么恪守荣誉准则。不论是谁，只要严格遵守我所暗示的那些准则，其行为想必都会大大超出所有其他人所能容忍的程度，而定会冒犯所有其他人。

一个有荣誉感的人总是被看作公正而理智的人，因为没有人听说过哪个重视荣誉者愚昧无知。因此，法律对他毫无意义，人们总是容许他自行裁断自己的事。他自己，他的朋友、亲戚、仆人，他的狗或他乐于以自身荣誉保护的任何东西，只要稍微受到一点伤害，他就会立即要求赔偿。这伤害若被证明是故意冒犯，而冒犯者也同样是一个重视荣誉的人，一场恶斗便在所难免。由此看来，一个有荣誉感的人还必须具备勇气；若没有勇气，他的其余原则便只是一把没有开刃的剑。因此，我们有必要弄清楚什么是勇气，是否像大多数人所认为的那样，是真正存在于勇敢者天性中的东西，且有别于其他一切真真假假的品质。

一切生物都珍爱自己的生命，世上没有比这更真挚的情感了；保护自己所爱的事物，便是世间唯一的爱。因此，对所有生物而言，其保护自己的意志、愿望和努力最为诚挚。这是自然规律，如果按照这个规律，世上没有一种生物是靠某种欲望或激情生存下来的，它们靠的完全是其直接或间接具备的保存自身或其物种的天性。

大自然通过种种手段，迫使所有动物不断奋力保存自己，这些手段（也用在人类身上）使它们获得满足，被称为"欲望"；欲望会使动物渴望获得其认为能维持自己生命或使其愉悦的东西，还会使动物避开其认为会使自己不快、受伤或毁灭的事物。这些欲望或激情有其各自不同的特征，会自动在被其搅扰者身上表现出来。如果按照它们在我们心中造成的不同骚动，它们被赋予不同的名称，我们之前谈到的"骄傲"和"羞耻"便是其中之一。

当我们担心危险正在迫近时，内心燃起的那种激情叫做"恐惧"。它给我们内心带来不安的程度，并不总与危险本身的程度成正比，却与我们对危险的担心程度成正比，无论那危险是真实的还是想象出来的。因此，我们恐惧的程度在于我们对危险的理解，只要那种理解一直存在，一个人便无法摆脱恐惧，就像他无法丢弃自己的一条腿或一只胳膊一样。真正受到惊吓时，我们对危险的认识来得如此突然，受到的伤害如此强烈（有时会使我们失去理智和感觉），以致危险过后，我们往往根本不记得自己有过任何恐惧。我们往往以为恐惧来自事件本身，因为我们确实经历了那个事件。不过，我们若没有意识到某种灾祸正向我们迫近，又怎会受到惊吓呢？

大多数人认为理智可以战胜这种意识，但我不得不承认，我自己并非如此。受过惊吓者会告诉你，一旦他们回过神来，也就是能运用理智时，他们的恐惧便被理智战胜了。但这根本不是战胜，因为在极度的恐惧中，危险要么是完全想象出来的，要么就是等他们恢复理智时，危险已经过去了。因此，如果他们没有发现危险，显然就不会担心任何危险。但危险若持续存在，那就让他们去运用理智吧。他们会发现，这有助于他们审视危险的严重性和真实性；如果他们发现危险并没有想象的那么严重，他们对危险带来危害的忧虑就会相应减轻。但是，若证实这种危险的确存在，而且种种情况都像他们最初所认为的那样，那么他们的理智不但不会削减他们对危险的忧虑，反而会使之增强。这种恐惧若一直持续，便没有动物会主动挑起战争。然而，我们看到野兽们每天仍在顽强搏斗，而个个都对死亡充满恐惧，因此，一定有另一种激情能克服这种恐惧，而与恐惧最为对立的便是"愤怒"。为了对这种激情追根究底，请读者允许我再在下面插入这段题外话。

没有食物，任何动物都难以存活，任何物种（我指的是更完美的动物）也无法长生不老，除非年轻一代不断出生，其速度与上一代死亡的速度同样快。因此，大自然赋予动物的第一个、也是最强烈的欲望是饥饿，其次是性欲；性欲促使动物繁衍，而饥饿则迫使它们进食。我们看到，当我们的欲望受到阻碍或干扰时，我们心中升起的那种激情便是愤怒，而愤怒一旦积聚起动物身上的所有力量，便会使其在追求生存时竭力清除、克服或摧毁一切障碍。我们将会发现，除非它们自身或其所爱的东西，以及它们的自由受到威胁或攻击，否则，除了饥饿及性欲之外，没有任何东西值得它们注意，能激起它们的愤怒。正是这两种欲望使它们变得更凶猛；因为我们必须注意，若动物的需要（虽然可能没有那么强烈）得不到满足，若它们无法享受眼前的欢娱，其欲望便受到切实的妨碍。只要我们想到一个人尽皆知的事实，我所说的这些便更易理解，那就是：世间的一切生物要么靠地球上的果实或其产物为生，要么靠其他动物（甚至它们的同类）的肉为生。对于后者，我们称之为"食肉猛兽"，大自然已经将它们武装起来，赋予它们武器和力量，去战胜和撕碎大自然为它们规定的食物；同样，大自然赋予它们的欲望，亦比其他食草动物更为强烈。这是因为，首先，若一头母牛像爱吃青草（天性使然）一样爱吃羊肉，却没有爪子，只有一排原来那样的牙齿，那么即使它在羊群里也会活活饿死。其次，对于它们的贪食，即使我们没有任何经验，理性也会告诉我们：第一，饥饿很有可能使一种动物疲惫、烦躁，使它为了得到哪怕一丁点吃食而将自己置于危险中，这比只要求它吃面前的东西或弯下腰来才可能吃到东西，更让它难以忍受。相比之下，前者的饥饿感便比后者的更加剧烈。第二，还应当考虑到，食肉猛兽都有一种本能，它们能凭借这种本能学会寻觅、追踪和发现那些能作为美食的动物；因此，其他动物也同样具备另一种本能，这种本能教会它们躲避危险、隐藏自己，并逃离那些追捕者。由此推断，食肉猛兽尽管几乎总能捕到猎物，但它们饿肚子的时候还是比其他动物要多；因为后者的食物既不会逃离，也不会抵抗。这种情况只要不改变，必然会持续增强它们的饥饿感，而饥饿便成为其愤怒的动力之源。

如果你问我：公牛和公鸡既不是食肉猛兽，又不是贪食动物，却会殊死搏斗，是什么激起了它们的愤怒呢？我的回答是：性欲。愤怒来自饥饿的动物（不论雌雄），饥饿的动物通常会去攻击它们所能掌控的一切，并与之顽强搏斗。而愤怒来自性冲动的动物（一般是雄性），它们主要是向同种类的其他雄性发泄自己的怒火。它们可能偶尔也会伤害其他动物，但它们仇恨的主要对象是其情敌，因此只有在面对情敌时，它们的英勇和坚韧才会显露出来。我们同样可以看到，在那些一只雄性就能满足大量雌性的物种中，大自然都赋予雄性更大的优势，不论其体形、外貌，还是凶猛程度，都比其他种类的雄性动物更优越，而后者只需要一两只雌性交配就够了。狗，虽然已经成为人类驯化的动物，其贪食性却依然存在；那些会为食肉而战的狗，若没有得到我们的喂养，很快就会变成食肉猛兽。我们可以从它们身上观察到很多证据，这些证据足以充分证明我前面的观点。那些真正好斗的动物，无论雌雄，都是贪婪的动物，它们会死死抓住任何目标，经过一番拼死搏斗方才罢休。雌性动物比雄性更好色，因此，除了性别上的区别之外，两者的体格根本没有任何差异，有些雌性甚至比雄性更为凶猛。一头公牛被追赶时会变得非常可怕，但若有二十几头母牛将它团团围住，它很快就会变得温顺起来，像其中任何一头母牛一样。十几只母鸡便能打败英国最强的斗鸡。雄鹿和雌鹿被视为纯洁而胆小的动物，除了发情的时候，它们确实几乎一年四季都是如此；在发情期间，它们会突然变得相当大胆，甚至常常攻击它们的喂养者。

　　这两种主要欲望（饥饿与性欲）对动物性情的影响，并不像有些人想象的那样难以捉摸，它们的某些表现在我们自己身上也有所体现。虽然我们几乎没有狼和其他食肉动物那么强烈的饥饿感，但我们却会看到，若过了通常的进餐时间仍饿着肚子，身体健康及胃功能尚佳者就比平时更容易烦躁，更容易为一些小事发脾气。同样，虽然人的性欲不像公牛和其他好色的动物那样强烈，但当男女真心相爱时，阻碍两者爱情的任何事物都会迅速激起他们的极大愤怒；为了毁灭情敌，男女双方，不论是受过最严厉的教育，还是最人性的文化熏陶，都会不顾危险，抛开一切顾虑去抵抗。

　　至此，我已努力证明：只要恐惧还在，没有一种生物会去主动进攻；恐惧只能被另一种激情所征服；而与恐惧最为对立，亦能最有效地克服它的激情，便是愤怒；饥饿与性欲这两种主要欲望若得不到满足，便会激起愤怒的激情。

能否激怒野兽，或使其拼死力搏，通常取决于这两者之一或两者混合在一起的强烈程度。因此，我们所谓动物的"勇猛"或"天生的勇气"，只不过是愤怒使然；所有凶猛的动物要么性喜食肉，要么性欲极强，也有可能两者兼而有之。

现在让我们来思考一下，根据这条规则，我们应对自己这个物种作出何种判断。人类皮肤柔嫩，要将其抚养成人需要多年的悉心照料才行；人类下巴的构造、牙齿的均匀、指甲的扁平，以及它们的脆弱，也都告诉我们，大自然最初不太可能将人类设计为掠夺者；因此，人的饥饿感不像掠食动物的那样剧烈，人的性欲也不像其他某些动物的那样强烈。人只是勤勉地满足自己的种种需求，没有任何支配性的欲望会使其愤怒经久不衰，因此，人必定是一种胆怯的动物。

我刚才所说的最后一句话，只是针对野蛮状态下的人。因为，若将人当作一个社会的成员和一种受过教育的动物来考察，我们便会发现，人完全是另一种生物。一旦人的骄傲有了施展的余地，嫉妒、贪婪和野心开始抓住了他，他便会从天生的纯真和愚蠢中觉醒。随着知识的增长，人的欲望不断膨胀，人的需求和欲念也随之增强；因此，在满足这些需求和欲念的过程中，人必然会经常遇到挫折。在这种情况下，他便会产生更多激起其愤怒的失望感。只要他能战胜他的对手，只要他不惧怕激怒他的那个人造成的伤害，过不了多久，他就会成为世界上最残忍、危害性最大的动物。

因此，所有政府首先要考虑到的就是：当愤怒确实伤害到他人时，要用严厉的惩罚去抑制人的愤怒，通过增加人的恐惧来防止愤怒可能带来的灾难。严格实施限制人使用暴力的法律法规，这样一来，人自我保护的本能必然会告诉他要保持冷静。人人都期望尽量少受干扰，因此，随着其经验、知识和远见的增长，他的恐惧会不断被增强和扩大。随之而来的结果必然是：在文明国度里，激起人愤怒的因素将源源不断，人摒除这些因素的恐惧也将源源不断；因此，在无穷无尽的恐惧中，通过与愤怒相对应的另一种方式（这也是一种自我保护，是大自然连同愤怒及其他激情一并赋予的），他很快便学会如何压制自己的愤怒。

　　人的种种激情中，于社会和平安宁有益的，唯有恐惧；你所唤起的这种激情越多，他便越遵规守纪，越容易管理。因为，作为一个单独的个体时，无论愤怒对人如何有用，社会也绝不会纵容他发泄愤怒。然而，大自然在创造所有生灵时都遵守同一条法则：使它们皆与其生长环境相适应，而外界的种种影响亦会带给生灵们不同的需求；因此，每个人都容易为愤怒操控（不论他们生于宫廷还是森林）。这种激情一旦压倒人类所有的恐惧（不论这人属于哪个等级），真正的勇气便会被唤起，他随即就会像勇猛的狮子或老虎一样战斗，而且在其他任何时候都是如此。此外，我将努力证明：人在不发怒时的勇气，都是虚假的、做作的。

　　善政的政府有可能使一个社会始终保持安宁，但没有人能保证社会外部的永久和平。社会可能有必要进一步扩大其范围，拓宽其版图，否则他人便会入侵他们的社会，发生一些使人们不得不去战斗的事情；因为无论人类文明达到何种程度，他们都不会忘记武力强于理性这一点。政治家现在必须改变措施，消除人们的一些恐惧。他必须努力使大众相信：只要这些人成为公敌，那么曾向他们宣称的关于杀人是野蛮行为的一切言论便立即失效；他们的敌人既没有他们自己善良，也没有他们自己强壮。这些事情若处理得当，政治家通常都能将那些最坚强、最好斗、最顽劣的人拉到一起去战斗。不过，这些人必须具备更优良的品质，否则，他们在战场上的表现便难以保证。你一旦使他们蔑视敌人，你也许很快就会激起他们的愤怒；只要这愤怒持续下去，他们战斗起来会比任何纪律严明的军队都顽强。然而，若发生了什么意料之外的事情，如突然遭遇一声巨响、一场暴风雨，或任何似乎能威胁、妨碍他们的奇怪的不寻常的事情，恐惧便会立刻主宰他们，压倒他们心中的愤怒，使他们像常人一样掉头逃跑。

　　因此，人的理智一旦开始增长，这种天生的勇气便必定无所遁形。首先，那些遭受过敌人打击者，不再总是相信对敌人的贬斥之辞，因此往往不会轻易燃起怒火。其次，愤怒是一种瞬间迸发的激情，不会长久持续，因此敌人若能承受住这些愤怒者的第一次打击，在之后的战斗中往往会更从容。再次，只要人们处于怒火中烧的状态，一切忠告和纪律对于他们都毫无效用，他们也绝不会在战斗中运筹帷幄或听从指挥。所以说，尽管没有愤怒，任何生物都不会有天生的勇气；但在战争中，愤怒既不能用于谋略，也不能成为正规战术。因此，政府必须找到一种与勇气相当的东西，驱使人们去战斗。

无论谁想教化人类，想将其组成一个政治实体，都必须彻底了解人类自身的各种激情与欲望、种种优势与弱点，都必须懂得如何将他们最大的弱点转化为服务于众人的优势。在对道德美德起源的探究中，我已经表明：凡是用赞美之辞说出的事情，人们都极易相信。因此，一个受人尊敬的立法者或政治家应当告诉人们：大多数人都具有一种英勇无畏的精神；这种精神既不同于愤怒，也不同于其他任何能使人藐视危险、勇敢面对死亡的激情；而最具备这种精神者，则是最有价值的人。考虑到我已证明过的那句话，你很容易便会想到：他们当中的大多数人尽管从未感受到那种精神，却很可能将这番话当作真理而轻易接受。即使是最骄傲的人，也会被这番恭维话所打动，加之不善于区分激情，他们便会将骄傲误认为勇气，以为那种精神正在自己胸中燃起。十个人中，只要有一人被说服公开宣称他具备那种精神并能凭它打败所有敌人，那么很快就会有五六个人也这样说。一旦具备了那种精神，无论是谁，表现都会如出一辙。政客们从此便无事可做，唯有千方百计地恭维那些以此种精神为傲、并甘愿坚守这种精神的人。最初吸引他的这种骄傲之情，日后同样地将使他不得不捍卫自己这一说法，终有一天，他会发现自己对真实内心被揭穿的恐惧与日俱增，甚至超过他对死亡本身的恐惧。只要不断激发人的骄傲之心，人对羞耻的恐惧也会随之增强；因为一个人赋予自己的价值越大，为避免羞耻，他所承受的痛苦、所忍受的磨难就越多。

因此，使人变得勇敢的良策便是：首先使他内心满怀这种英勇精神，然后尽力激发他对羞耻的恐惧，就像大自然使他天生惧怕死亡那样。从人们对自杀的态度中可以明显地看出，人类对某些事物怀有（或可能怀有）比对死亡更强烈的厌恶感。一个选择死亡的人，必定认为他通过死亡来逃避的事情远比死亡可怕。这是因为，无论可怕的恶魔业已存在还是即将到来，无论恶魔是真实的还是想象的，没有人会愿意自杀，除非是为了逃避什么事情。鲁克丽提娅勇敢地反抗强奸者的种种攻击，即便强奸者威胁要杀死她，她也毫不退缩，这表明她视美德重于死亡。但当强奸者以永远的耻辱威胁到她的名誉时，她只好投降，随后自杀身亡。再清楚不过，她认为自身的名誉重于美德，而自己的生命远不及这两样东西。对死亡的恐惧并没有使她屈服，因为她已决心为了名誉而放弃生命，我们只能将她的顺从看作对塔昆的哄骗，其目的是防止他玷污自己的名声。可见，在鲁克丽提娅心目中，生命既不是第一位的，也不是第二位的。因此，勇气只对政客们有用，所谓"真正的英勇"往往都是刻意编造出来的，是对傲慢者的曲意逢迎，只为使他们对羞耻感产生一种被夸大的恐惧。

一个社会一旦接受了荣辱的观念，就不难让人们去战斗。首先，要想方设法让人们相信自己所做的事是正义的；因为若一个人认为自己是错的，那他就不会全身心地投入战斗。其次，要告诉人们，他们的神坛、财产、妻子、孩子，以及他们珍视的一切，都与目前这场争端有关，或者至少以后可能会受其影响。最后，要赞美人们，夸赞他们与众不同、怀有为公众献身的精神，夸赞他们热爱自己的国家、面对敌人毫不畏惧，夸赞他们蔑视死亡、看重荣誉等等，诸如此类的溢美之词。这样一来，一旦战争来临，每个骄傲者都会拿起武器作战，宁死也不当逃兵。在军队中，人们之间会相互监督、制衡；若让一百个人独处，又无人监管，那么他们将会表现得像个懦夫，但他们会团结一致、奋勇作战，则仅仅出于害怕被别人蔑视。为继续发扬和增强这种人为的勇气，就应当用耻辱去惩罚所有逃兵。凡是英勇作战者，无论输赢，我们都应当给予赞扬，并致以崇高的敬意。对那些在战斗中失去四肢的人，要予以奖励；对战死沙场者，首先应该予以表彰并巧妙地哀悼，不吝赞美之词，因为向死者致敬，永远是激励生者的一种妙招。

我说激发人战斗的勇气是人为的，并非想用同样的手段使所有人都变得同样勇敢。人的骄傲程度各不相同，身体和潜质也各有差异，因此每个人所发挥的作用并不相同。有些人永远驾驭不了音乐，却能成为优秀的数学家；有些人的小提琴拉得很好，但若让他们与其想要取悦的人交流，他们便成了语无伦次的傻子。但为了表明我并没有刻意回避什么，我将证明：撇开我所说的有关人为勇气的话不谈，最伟大的英雄与最卑贱的懦夫的区别，完全是肉体上的，取决于人的内部构造——我这里指的是体魄。对体质的考察，有助于我们理解人体体液有序或无序的混合。激发勇气的体魄在于天生的力量、弹性，以及更高尚精神的适当混合，而我们所谓的坚定、决心和韧性都完全取决于此。

□ 受辱的鲁克丽提娅

鲁克丽提娅（Lucretia）是古罗马传说中的人物，她在被罗马王政时代末代国王塔昆之子赛克斯特斯·塔昆强奸后以匕首自杀，其丈夫以及父亲愤而兵变，导致了塔昆王朝的覆灭。莎士比亚的长诗《贞女劫》即以此为创作背景。

体魄亦是自然的勇敢和人为的勇敢所共有的唯一要素，它使人作为整体，并持久运行。有些人对怪异的事情和突如其来的事情感到非常害怕，而有些人却毫不在意，这也完全取决于精神状态的强弱。人受到惊吓时，骄傲一无是处，因为处于惊吓状态时我们无法思考。在我们眼中，恐惧就是一种耻辱，因此一旦惊吓消失，人们便往往会对那些令其恐惧的事物感到恼火。当战场局势扭转后，若胜利者毫不留情，且异常残忍，这就表明他们的敌人曾经顽强地作战，战争伊始曾使他们陷入了极大的恐惧之中。

人的果敢建立于这种精神状态的基础上，同样受到强有力的体液的影响，就像某种烈性微粒涌入大脑，强化了精神；这与我此前对愤怒运作的描述相似，都是一种激情的短暂迸发。正因为如此，大多数人在喝酒时才会比平常更敏感、更易怒，有些人甚至会无缘无故地胡言乱语。还有一种现象：相比葡萄酒醉酒者，白兰地酒醉酒者更容易吵架，因为烧酒中含有大量的烈性物质，而葡萄酒中则没有。有些人的精神组织非常脆弱，因此，即便他们足够骄傲，也无法激励他们去战斗、去克服自身的恐惧；不过，这只是液体原理的一个缺陷，正如固体亦有其他缺陷一样[1]。在遇到危险时，这些胆怯者从来不会被彻底激怒。尽管喝酒会使他们变得更大胆，但他们却极少果敢去攻击任何人，除非对方是女人、孩童或他们知道不敢反抗的人。这种体魄的人经常受到健康和疾病的影响，身体机能还会因大量失血而受损；有时可以通过饮食来调整这种体质。德·拉罗什富科公爵[2]曾说：虚荣，羞耻，而尤其是体魄，往往造就了男人的勇气和女人的贞德。他的言下之意，正是如此。

在对有助于作战的勇气的讨论中，我已证明它是一种人为的勇气，而要增强这种勇气，最行之有效的办法就是实际操练。因为，踏入战场后，人就会慢慢了解所有能消灭敌人、摧毁阵地的武器，会慢慢熟悉纷乱呐喊、战火硝烟、伤员的呻吟、垂死者的狰狞面目，以及尸横遍野、血肉模糊的战场，他们的恐惧很快就会减弱。这不是因为他们现在不像以前那样害怕死亡，而是因为他们已经习惯了与那些危险相伴，并认识到以前对其理解不够准确。倘若他们在每一次进攻、每一次战斗中都理所当然地获得了重视，那么只有让他们再参加几次战斗，才能不断提升他们的自豪感，从而也持续增强其对羞耻的恐惧。正如我此前所言，对羞耻的恐惧总是与他们的骄傲成正比，它会随着对危险的恐惧的减少而增加。因此，他们大多数人极少或完全不暴露自己的恐惧，在战场的喧嚣、恐惧和混乱中，装作波澜不惊、平静似水，就很容易理解了。

人其实是一种非常愚蠢的生物，因为他会陶醉在虚荣的幻境中，会尽情享受用以纪念他的赞美之词，在未来的岁月里，那些赞美将被忘情地存入他的记忆。而且只要想到死亡会增添他以前所获得的荣耀，他便会为自己的衰老而感到欣慰，也就不再珍视现在的生命，甚至祈求死亡。一个骄傲且体魄强健的

---

[1] 这是当时生理学的一种见解，它将神经人、生命的力量称作"液体"，认为它们在大脑和身体各部分之间循环，并由此将生命力的强弱归因于"精神"活力的多寡。1730年，曼德维尔在一篇论文中承认，他所说的"固体"只是由这个理论生发出来的一种方便的假设。

[2] 德·拉罗什富科公爵（Duc de La Rochefoucault, 1613—1680年），法国道德哲学家、作家，著有700条格言。这句话出自他的《格言集》第220条。

人，为了更高的追求，能作出最大的自我否定，能克服一切强烈的激情。为了信仰而受难，圣徒们会表现得视死如归。一些善良者听说后，便认为若非得到上天某种神奇的嘉许，这种不屈不挠的精神一定超越了一切人类的力量。我不得不佩服这些善良者的单纯，因为大多数人都不愿彻底地承认人类的弱点，所以，他们也不了解人类天性的力量，不知道一些体魄健壮者，即使没有任何外界帮助，仅凭其强烈的激情，就能热血沸腾。但毋庸置疑的是，有些人确实仅靠骄傲之心和强健的体魄，挨过了最艰难的岁月，并且在面对死亡和遭受折磨时，也会像那些伟人一样，怀着虔诚和献身的热情，为真正的信仰而牺牲自己。

我可以举出若干人物来证明上述观点，但这里只需一两个就够了，比如，诺拉的乔尔丹诺·布鲁诺——他写了一篇愚蠢的渎神论文，名为《驱逐骄傲自大的野兽》[1]，以及那个臭名昭著的瓦尼尼[2]。这两人都因公开承认和宣扬无神论而被处死。行刑前，瓦尼尼若放弃自己的学说，是可以得到赦免的，但他宁可被烧成灰烬，也不愿放弃。走向火刑柱时，他毫不畏惧，甚至还将一只手伸向他认识的一位医生，想让后者根据他有规律的脉搏跳动，来判断他心中是否平静如水。他还借机作了一个亵渎神灵的比较，说了一句令人难以启齿的话。此外，穆罕默德·埃芬迪[3]也是一个例子，据保罗·里科爵士考证，此人因宣扬质疑上帝存在的观点，被处决于君士坦丁堡。穆罕默德若承认自己的错误，并答应永远放弃自己的渎神论，同样可以免于一死；但他坚决不从，他说，虽然他没有什么奖赏可期待，对真理的热爱却驱使他为捍卫真理而殉难。

---

[1] 意大利科学家布鲁诺所著的一本书，包括三篇反基督教的对话体论文，发表于1584年。

[2] 鲁西里奥·瓦尼尼（Lucilio Vanini，1585—1619年），意大利自由思想家，因长期宣传反基督教思想、批判中世纪经院哲学，于1618年11月被捕，被判死刑，并被割去舌头，最终被绞死在火刑柱上。

[3] 穆罕默德·埃芬迪（Mahomet Effendi），17世纪奥斯曼土耳其帝国时期著名的无神论者，于1665年被公审并处决。

我说这些题外话，主要是为了表明人类天性的力量何其强大，表明人仅凭骄傲之心和强健的体魄可以取得何种成就。当然，人也会因为虚荣心而暴怒，就像狮子受到某种刺激而发怒一样；不仅如此，贪婪、报复、野心，或者说几乎所有激情（怜悯之心也不例外）达到巅峰时，都会压倒恐惧，这便会使人误将其视为勇敢。日常经验必定已经告诉每一个人：要去追查某些人行为的动机。不过，我们还可以清楚地认识到这一虚伪信念的真正基础。只要认真审视军队事务的管理，我们会发现，没有任何地方像军队那样公开鼓励骄傲。就拿服装来说，最低级军官的军服甚至比收入是其四五倍的人的服装还多，或者至少比后者的服装更华丽。这些军官中的大多数人，尤其是那些有家室者，几乎难以维持生计，军服要是能便宜一点，他们（或者说整个欧洲的军人）都会欣喜若狂。但他们未曾想到，军服是一种能提升军人荣誉感的力量。

然而，最能激发人的骄傲之心，并使其控制人的方法和手段，莫过于普通士兵所受到的待遇。而要激发士兵的荣誉感（因为他们肯定有各种虚荣心），则有众多你几乎想象不到的、最廉价的办法。对那些习以为常的事情，我们往往并不在意，否则，从未见过士兵的人，若看到一个士兵穿着如此繁琐、花哨、矫饰的服装，会不发笑吗？为模仿猩红色或深红色的军服，最粗糙的羊毛制品被染成红砖粉色，披挂在士兵身上；这是为了让士兵以为自己不需要花多少钱，甚至不用花钱，就能在形象上和他们的长官相仿。但士兵军帽上没有银色或金色的流苏，而是镶着白色或黄色的毛线，若换作他人戴上这样的帽子，肯定会被看成傻子。然而，这些美妙的诱惑，以及水牛皮蒙的鼓发出的声响，其实已经吸引并毁灭了许多男人，其效力比女人献媚时魅惑的眼神和迷人的声音更可怕。今天，那个猪倌穿上了红大衣，深信每一个人都会称他为绅士；而两天后，凯特中士[1]却用藤条抽打了他一顿，因为他举步枪时比规定标准高了1

---

〔1〕为爱尔兰戏剧家乔治·法库哈尔（George Farquhar，1677—1707年）的喜剧《新军官》（*The Recruiting Officer*，1706年）中军官普吕姆（Plume）的侍卫。此处泛指军队中的侍卫。

英寸。我们再来看看军人们享有怎样的尊严吧。在过去的两次战争中，一旦缺少新兵，军官们便可以在犯有盗窃罪及其他重罪的犯人中招募。这说明，此些罪犯若不想被绞死，就要去当兵。骑兵比步兵的待遇还差，因为没有战事时，他们还要充当马夫，而花在马身上的钱比他的俸禄还多，他们也只能忍受这份屈辱。一个士兵想到这一切，想到自己总是被长官呼来喝去，想到自己的待遇，想到不需要他们时长官们的冷漠，他肯定会觉得自己太愚蠢：怎么会为有人称他绅士而骄傲呢？然而，倘若士兵没有这份骄傲之心，那么任何办法、纪律或金钱都无法造就英勇顽强的军队。

若没有任何其他条件使人变得温和一些，人的勇气在军队之外会产生什么影响？我们会发现，这种影响对文明社会极为有害。因为，人类若能战胜自己所有的恐惧，你便只会听到强奸、谋杀以及各种暴行；勇敢者就会像传奇故事中的巨人一样。因此，政客们便在人们身上发现了一种混合着勇气的精神准则，它是正义、诚实和一切道德品质与勇气的结合，凡是符合这个准则的人无疑都成了游侠骑士。游侠在世界各地行侠仗义，他们驯服妖魔，解救苦难者，斩杀压迫者。然而，等所有恶龙的翅膀都被绑缚住、巨兽都被消灭、各地的少女们都获得了自由（除了西班牙和意大利的部分少女，她们仍未从其怪物手中解脱），作为古代荣誉标准的骑士教义便被暂时遗忘了。那教义就像骑士们的盾牌一样，又厚又重。那教义的诸多相关的美德使它变得非常麻烦；随着时代的发展，到16世纪初，荣誉准则再次被撼动，并

□ 骑士

骑士文化是欧洲政治社会的特有产物。骑士与国家之间有着特殊的契约关系，他们既是封建领主又是战士。在平日里他们可以游手好闲不学无术，但是一旦战争来临，他们将毫不犹豫地走上战场，以使命般的姿态去战斗。图中是塞万提斯小说中的人物堂·吉诃德和他的"随从"。当时，骑士早已绝迹一个多世纪，但主角却因为沉迷于骑士小说，时常幻想自己是个中世纪骑士。

□《荷马礼赞》 安格尔 1827年

《荷马史诗》是古希腊最伟大的作品，也是西方文学史上最伟大的作品。它由《伊利亚特》和《奥德赛》两部长篇史诗组成，史诗以希腊及四周的大海为故事的主要背景，展现了古代希腊社会图景，为日后希腊人的道德观奠定了基础。图为法国画家安格尔的油画《荷马礼赞》，画面中央是盲诗人荷马，站在他一侧的胜利女神，正为他戴上桂冠；他的脚下分别是《伊利亚特》和《奥德赛》中的人物；诗人、哲学家、画家、雕塑家、建筑家、音乐家、军人等分列两旁，与荷马一同被画家以崇敬的心情视为伟大人物的代表，画家借助油画作品向他们礼赞。

形成了一个新标准。人们认为，荣誉是由与其等量的勇气、一半的诚实及少量正义构成的，除此之外，别无其他美德要素。尽管如此，没有这种荣誉，一个大国也无法长久存在。它是社会的纽带，虽然我们看到其中多是人类的弱点，但在人类走向文明的进程中，它所发挥的作用远远超过其他任何美德（至少对我所了解的美德而言）。在伟大的社会中，倘若摒除每个人的荣誉观念，人们很快便会堕落成残忍的恶魔和背信弃义的奴隶。

说到属于荣誉的决斗，我同情那些参与决斗者，尽管如此，若说他们奉行的是错误的准则，或曲解了荣誉的概念，却是荒谬的；因为，有些决斗与荣誉根本毫不相干，而有些决斗却教会人们对伤害感到愤怒并接受挑战。你尽可以否认你看到的每个人的穿着打扮都是时尚的，也可以说要求和给予满足违背了真正的荣誉法则。那些抱怨决斗者并未考虑到社会从这种方式中得到的好处：倘若每个缺乏教养的人都可以随便说他想说的话，而不需要作任何解释，那么所有的谈话都将被破坏。一些处事严谨者告诉我们，古希腊人和古罗马人皆如此勇猛，他们对决斗一无所知，却常为国事争吵。此言不虚，但正因为如此，《荷马史诗》里的国王和诸侯们才会互相攻讦，其言词比我们的搬运工和车夫所能容忍的脏话还要难听。

倘若你想遏制决斗现象，那就不要宽恕任何以这种方式参与决斗之人，要尽可能地制定惩罚决斗者的严苛法律，但不要取缔决斗这种习俗。这不仅可以防止决斗频繁发生，还可以使那些最坚毅、最强壮的人在行为上变得谨慎小心，从而使整个社会更加文明、和谐。最能教化人的莫过于其自身的恐惧，面对挑战，即使不是所有的人（正如罗切斯特[1]阁下所言），至少绝大多数人都是懦夫。惩戒使人心怀敬畏。在欧洲，有成千上万的有胆识且教养良好的绅士，倘若他们心中没有这种恐惧，他们就会成为傲慢无礼、令人难以忍受的花花公子。况且，倘若对法律未能涉及的伤害付出代价已不合时宜，那么社会上的伤害事件将会是现在的二十倍，或者说用以维持治安的警察和其他官员的数量必须是现在的二十倍，才能维持社会安定。我承认：虽然决斗很少发生，可一旦降临到哪个家族头上，往往就是一场灾难。但这个世界上不可能有完满的幸福，一切幸福皆与缺憾相伴。决斗行为本身是残酷的，而一个国家一年内只有三十多人死于决斗，还不到沙场战死者的一半，我不能说人们爱同胞胜过爱敌人。奇怪的是，一个国家竟不愿看到一年之内牺牲大约五六个人以获取更有价值的赐福，如礼貌的举止、交谈的乐趣以及伙伴带来的幸福等。人们往往更愿意为这些赐福去搏命，有时几小时内就会牺牲数千人，却不知道这样做有益还是有害。

　　我不希望任何人一想到荣誉卑鄙的出身，就抱怨自己受了它的欺骗，也不希望任何人抱怨说狡猾的政客利用荣誉中饱私囊；而是希望每个人都能满意地看到，社会的统治者和那些身居高位者比其他任何人都看重骄傲。若不是一些大人物极度骄傲，若不是普通人都懂得享受生活，谁愿意做英国的大法官，谁愿意当法国的总理，或其他更辛苦劳累的职位？荷兰一个大议长[2]的收入还不及前两者的六分之一，若不是出于骄傲，谁会去担任？人与人之间互惠互利的服务是社会的基础。人们不会无缘无故地吹捧大人物的高贵出身，这完全

---

　　[1] 即罗切斯特二世伯爵约翰·威尔莫特（John Wilmot, 2nd Earl of Rochester, 1647—1680年），英国诗人，朝臣。
　　[2] 荷兰共和国时代，荷兰的大议长还要承担其他公务，包括荷兰地产总监会主席、首相以及共和国外交部长。

是为激发他们的骄傲，驱使他们去做荣耀之事。因此，不论值不值得，我们都赞美他们的出身。有些人因自己家族的伟大和祖先的美德而受人尊敬，在整整一代人中，你找不到一个惧内的傻瓜、愚蠢的狂妄之徒、声名狼藉的胆小鬼或放荡的妓院老板。拥有高贵头衔的人们，自然有其骄傲之心；这种骄傲往往会促使他们努力奋斗，使自己实至名归，就像那些尚未享有头衔的人，为了配得上这种贵族头衔，便勤勤恳恳、不知疲倦地工作。若一位绅士被封为男爵或伯爵，他在许多方面便都会受到限制，就像一个新入教的年轻学生穿上了长袍和法衣一样。

唯一有分量反对现代荣誉的观点是：荣誉和宗教直接对立。一个要求你忍耐伤害；另一个则告诉你：你若不去怨恨那些伤害你的人，你就活不下去。宗教命令你将一切报复都交给上帝，而荣誉却一再告诫你：不要依靠任何人替你复仇，即使法律会为你讨回公道，你仍要依靠自己。宗教明确禁止杀人，而荣誉则公开支持杀人；宗教要求你无论如何都不要血腥报复，而荣誉却要求你为最微不足道的东西也要抛头颅洒热血。宗教以谦逊为基础，而荣誉则以骄傲为基础。至于该怎样调和两者，只得留给比我聪明的人去思索。

真正具备美德者如此之少，而真正拥有荣誉者却如此之多，其原因在于：一个人做善事所得到的全部回报，就是做善事时的快乐，而大多数人都认为这种快乐的回报微不足道。然而，看重荣誉者在欲望上的自我克制却服从于一种愿望，即他从别人的赞许中会得到满足感；他克制自己的贪婪或其他激情所付出的代价，必定会加倍回报他的骄傲。此外，荣誉能给人很多特权，而美德却并非如此。重视荣誉者绝不可以欺骗他人或说谎。他如果借了别人的东西，即使对方没有表示让其归还，他也必须按时归还；但他可以喝酒，可以诅咒漫骂，可以拖欠镇上所有商人的钱，而不去理会他们的催讨。一个看重荣誉者为自己的君主和国家服务时，必须忠诚；不过，他若认为自己没有得到重用，便会辞职，并尽其所能地给君主和国家制造麻烦。一个看重荣誉者绝不能为了利益而改变自己的宗教信仰，但他可以任意放纵，而不践行任何教义。他绝不能对朋友的妻子、姐妹或女儿图谋不轨，绝不能伤害由他照料的任何人，但他可以对世人撒谎。

［S］没有画匠因其艺术声名大振，
　　　石匠和雕刻匠也都默默无闻。

毫无疑问，一个国家若大力倡导诚实和节俭，那么只要有足够的旧房子使用，就没有人会去建造新房子，或使用新材料。如此一来，从事建筑行业的石匠、木匠和泥瓦匠便会失业。而建筑业一旦衰颓，绘画、雕刻及其他艺术又会如何呢？立法者为建立一个善良诚实、伟大富裕的社会，为使其臣民变得高尚而非富有，亦会严加禁止那些服务于奢侈的其他行当。根据莱克尔加斯[1]所起草的一项法律规定，斯巴达式房屋的天花板只能用斧子来凿开，大门和房门只能用锯子锯平。这项规定并非人人都能接受；因为邀请朋友到自己家中赴宴时，很可能会优雅地说：来吧，先生们，请放心，吃这样一顿寒碜的晚餐是不会有叛国之罪的。这位伟大的立法者怎会未曾想到如此简陋的房屋根本配不上一切奢华之物呢？

普鲁塔克[2]还告诉我们：据说，列奥提契达斯[3]一世国王极少看到雕饰性物品，一次在科林斯的一个富丽堂皇的房间里接受款待时，当看到做工精美绝伦的梁柱和天花板时，他感到十分惊奇，便问主人，国内什么样的地方生长有这种树木？

其他众多行业也同样人手短缺，（正如本书《蜜蜂的寓言》中所写）其中包括：

　　缀结华丽绸缎与金丝的织工，

---

〔1〕莱克尔加斯（Lycurgus，公元前820？—公元前730？年），古斯巴达政治家，斯巴达的立法者。
〔2〕普鲁塔克（Plutarch，约公元46—公元120年），希腊历史学家，作家。
〔3〕列奥提契达斯（Leotichidas，公元前545？—公元前469年），古斯巴达国王。

及所有从属行业都销声匿迹。

这些人最有理由发出抱怨，因为大量蜜蜂离开蜂国后，土地和房屋的价格急剧下跌；此外，所有人都憎恶其他一切赚钱方式，因为他们不想自己的绝对诚实受到质疑。因此，那些并无骄傲之心或勤俭节约者，亦不可能身穿金银丝线或华丽锦缎缝制的衣物。这样一来，不仅仅织布工，而且包括纺纱工、熨烫工、拉丝工、线轴工和漂染工都将很快受到这种节俭之风的影响。

[T] 傲慢的克洛亚为了过得豪华，
　　曾迫使她的丈夫劫掠国家。

我们社会上那些一般的无赖在将要被绞死时，最大的遗憾就是自己昔日未曾重视安息日，未曾拥有过更多情人。对此，我毫不怀疑，不过那些罪过较轻的恶棍，也曾冒着生命危险去纵情享乐，去满足自己的低级情欲。然而，他们说的那些话也许是在暗示我们：在那些大人物中，很多男人常常被自己的妻子置于这样危险的计划中，被迫采取如此恶劣的手段，这是最狡猾的情妇也无法说服他们采取的手段。我已经说过，最坏、最奢侈的女人的确助长了奢侈品及生活必需品的消费，这给那些努力工作、靠诚实劳动养家糊口的人带来了极大的好处。但有位善人却说：尽管如此，还是应当取缔所有妓女，让世间再无淫乱，全能的上帝亦会因此慷慨赐福。这赐福将大大超过妓女们目前所带来的利益。这番话也许不无道理；但我可以确定，那些享受婚姻幸福的女性，若都按一个清醒且精明的男人所希望的那样行事，不论有没有妓女，那么商业所蒙受的损失都无法得到补偿。

为了满足女人的心血来潮和奢侈，各种相关行业相继滋生，这些行业的从业者更是数量惊人。已婚女人若能多点理性，听别人规劝，想想自己的首次遭拒便是最明确的答复，就不会再次提出同样的要求；换句话说，已婚女人若愿意这样做，而且只在丈夫知晓并允许的情况下才花钱，那么她们现在使用的大量物品的消费量至少会减少四分之一。我们只消挨家挨户到这些人家去看看，就会发现：那些中等收入者和信誉良好的店主，每年的开销是两三百镑。那些已经有了十几件外套的女人，只要觉得其中两三件已不适合再穿，便会认为自己有足够的理由添置新衣。她们会说自己从来没有过长袍或衬裙，常穿的衣服只有人们常见她们穿的那几件，人们一看衣服就能认出自己，尤其是没有去教堂参加活动时可穿的衣服。我这里说的不是那些挥霍无度的女人，而是那些被认为没有强烈欲望，生活节制的女人。

按这样的逻辑，我们应当对最上等的人们作出相应的判断。在那些人那儿，与其他开销相比，他们在最华丽的服装上的花费简直微不足道。别忘了，他们还有各式各样的家具、座驾、珠宝以及独享的豪华别墅，这些都属于我此前所说的第四种商业；对我们这样的国家而言，这部分商业所蒙受的损失，比我们所能想象的任何其他灾难（如一场肆虐的瘟疫）造成的损失都大，并会引起万分严重的骚乱。这是因为，五十万人死去给英国带来的动荡，远不及五十万穷人失业所造成的动荡更危险。这些人一旦加入失业者的行列，势必成为社会的极大负担。

有些男人深爱自己的妻子，并且非常宠溺她们；有些男人并不在意女人，也很少有机会与女人接触，但他们表面上却表现得很殷勤，对女人的爱完全出于虚荣心。漂亮的妻子令他们心花怒放，就像一匹骏马让一个纨绔子弟洋洋自得，这不是因为骏马的本领，而是因为那匹马属于他。他快乐的源泉其实是一种无法抑制的占有欲，这种感觉还会使他认为别人都垂涎他的幸福。这两种男人对他们的妻子都很慷慨，往往不等妻子提出要求，就给她们添置新衣服和其他华丽的东西。不过，绝大多数男人还是明智的，不会纵容妻子肆意挥霍，不会立马给予妻子想要的任何东西。

女人喜欢购买并穿戴各种饰品和服装，其数量之多简直令人难以置信。除了向家人索取、到市场上购买，以及想方设法从丈夫那里蒙骗和偷窃，她们不可能通过其他任何手段弄到这些东西。另一些女人则不断向丈夫乞求，直到对方因厌烦而顺从她；她们这股坚持不懈的劲头，甚至能让那些固执的粗人妥协。还有一些女人一旦遭到拒绝便怒火中烧，扯着嗓门谩骂、斥责她们温顺的傻瓜丈夫，最终使其满足自己的要求。此外，还有许多女人凭着自己的甜言蜜语，亦能推翻拒绝者那些言之凿凿的理由，得到自己想要的东西。年轻貌美的女人尤其蔑视劝说和拒绝，她们中很少有人会因利用婚姻生活中那些最甜美的时刻谋取卑鄙实利而不安。在这里，我还要严厉斥责那些卑鄙、邪恶的女人，她们不动声色地玩弄诡计，装作妩媚动人的样子，与我们的力量和谨慎相抗衡，以妓女的手段对待自己的丈夫！不，这种女人比妓女还坏，出于某种卑鄙可耻的目的，她亵渎和破坏了爱情的神圣仪式；她先是撩起男人的激情，再以如火的热情引诱他们纵情享乐，并频频以温情满足他们，她的唯一目的便是索取礼物。假装激情洋溢的同时，她能准确捕捉到男人最无法拒绝的那个时刻。

请原谅我的离题，并希望有经验的读者适当权衡我讲这番话的主要目的，并记住，人们每天听到的那些稍纵即逝的祝福，尽管让他们感到受用，而且是他们所希望听到的，但那些祝福只不过是众人挂在嘴上的客套话而已。然而，在教堂里以及其他宗教集会上，各类神职人员都庄严地祈求那些祝福。只要把这些事情放在一起，并根据日常生活中观察到的情况，公正地予以分析，读者必然会得出一个结论：伦敦的繁荣、贸易的发展，以及由此而来的国家荣誉、实力、安全和一切世俗利益，有相当一部分是靠女人的欺骗和卑鄙的计谋才得以实现的；而对通情达理的丈夫们的谦卑、满足、温顺和服从，以及节俭和其他一切美德（若她们拥有这些最优秀的品质），这对王国的富庶、强大和我们所谓的繁荣的贡献，可能连那些"最可憎"品质的千分之一都不及。

考虑到我这一观点可能引出的结论，许多读者定会惊骇不已。他们也许会质问我：一个人口众多、幅员辽阔的富庶王国，其人民难道还没有一个人烟稀少的贫穷小国或公国的人民品德高尚？若真如此，是不是所有君主都有责任尽可能减少国民的数量，使之与国家的财富及商品相适应？倘若我同意他们这一说法，就要承认自己的观点是错的；倘若我持否定意见，我的见解将会被视为大不敬，或者至少对所有大型社会具有威胁性。不仅在此处，也在其他许多地方，即便是善意的读者也可能提出这样的疑问。因此，我将对自己的这一观点作出解释，并努力解决某些内容可能给读者带来的误解，以证明我的观点既合理，亦符合最严格的道德标准。

我要申明我所遵循的首要原则是：在所有社会（无论大小）中，为善是每个成员的责任，美德当被鼓励，恶德应遭抵制，法律当被遵守，违法者应受惩罚。另外，我还要强调一点：纵观古今历史，考察人类的过往，我们会发现，自亚当堕落以来，人的本性从未改变，不论在何处，也不论时代、气候或宗教信仰有何不同，其优势和弱点都显而易见。我从未说过，也从未想象过，一个富强国度的人民不及贫穷国度的人民品德高尚。但我也承认：我认为若没有人的"恶德"，任何社会都不可能成为富强的国度，或者说即便富强起来，也不可能长久维持下去。

我想，这一点在整本书中都得到了充分证明。由于人类的本性依然如故，由于人性几千年来一贯如此，只要世界存续，我们便没有充分的理由去怀疑人性在未来会发生变化。因此我看不出，向一个人表明那些激情（这些激情甚至常常在自己未曾察觉的情况下迫使人远离理性）的起源和力量，有何不道德之处。至于使人提防自己，警惕利己的阴谋诡计，并教他分辨出于战胜激情的行为，与只是出于一种激情战胜另一种激情的行为之间的区别，即真正的美德与虚假的美德之间的区别，我也看不出，这其中有何不敬之处。一位可敬的大人物曾说过一句令人钦佩的话：在自恋的世界中尽管已有许多发现，但仍留有大量的未知领域。[1]我让一个人比以前更了解他自己，这对他有何伤害呢？然而，我们都如此渴求奉承，乃至永远无法接受一个令人羞赧的真相。早在基督教诞生以前，灵魂不朽说就已存在，倘若它不是一种令人愉悦的赞美，不是对整个人类（最卑贱、最悲惨的人也不例外）的恭维，我不相信它会受到人类的普遍接受。

人人都爱听别人赞美与自己相关的事物，就连法警、看守和刽子手都想

---

[1]见法国拉·罗什福科《格言集》第3条。

让你对其职业产生好感；就连小偷和强盗对其同行们的尊重，亦远远超过对诚实者的尊重。我确信，正是人的自恋为这篇小论文（此前的版本）招来了如此多的批评者。每个人都认为这是对自己的侮辱，因为它有损人的尊严，贬低了他对人类的美好想象，而人类是他所属的、最值得尊重的伙伴。我认为，没有"恶德"，社会就不可能富强，也不可能拥有无上的荣耀，而我这样说并非要引诱人们变得堕落、恶毒。我还认为，拥有财富和荣耀后，若没有足够的过于自私者和争讼者，法律这一行业便无法维持下去。同样，我这样说也并非要人们争强好胜或贪得无厌。

然而，若大多数人都赞同我的观点，将会更清楚地证明我这些观点是错的；因此，我并不指望获得大多数人的认可。我不为多数人写作，也不奢求任何人的祝福；我只为能理性思考问题的少数人写作，以求其思想超脱于常人之上。若有通往现世伟大之路摆在面前，我定会毫不犹豫地选择通向美德之路。

如果你想消除欺诈和奢侈，想防止渎神和反宗教，想使众人仁慈、善良、品质高尚，就应捣毁印刷机，熔掉铅字，焚毁英国的所有书籍（除了大学里的书，那些书是不受侵扰的），还要禁止私人拥有书籍（《圣经》除外）。你还应当取缔对外贸易，禁止与任何外国人通商；除渔船外不准任何船只出航。你应当恢复神职人员、君主和贵族们古老的特权、优待及财产。你应当建造新教堂，并将你能获得的所有钱币都变成教堂里的圣器；你应当建立大量修道院和救济院，让每个教区都有一所慈善学校。你应当制定禁奢法，让你的年轻人适应艰苦的生活；用一切有关荣誉、耻辱、友谊和英雄主义的最动听、最巧妙的观念去激励他们，给他们种种虚幻的奖励。你应当让神职人员向别人宣讲禁欲和自我克制，而允许他们自己肆意妄为；你还应当让他们在国家事务中发挥最大的影响力，除了主教，谁都不能担任财政大臣。

通过这种虔诚的努力与良好的管理，局面很快就会改变。大部分贪婪者、心怀不满者，以及不安分的、野心勃勃的坏蛋将离开这片土地；成群的骗子将离开城市，躲起来；手艺人将学会犁地耕田，商人将变成农夫；而耶路撒冷，由于不再有饥荒、战争、瘟疫或强迫，将以最轻松的方式变成一座空城，从此

文化伟人代表作图释书系

再也不会让其君主感到头疼。通过这种幸福的改革，每个王国都不会有任何拥挤之处，人们赖以生存的一切必需品都将廉价而丰富。相反，作为无数罪恶根源的金钱将非常稀少，且极少有人需要。每个人都将享用自己劳动的果实，贵族和平民都将随意穿上我们批量生产的服装。环境的这种变化定会影响一个国家的风俗，使所有国民都变得节制、可靠和真诚，我们有理由期待下一代会比这一代更健康、更强大。一个没有恶意、无邪且善良的民族，对被动服从的信条和任何正统的原则都不会有异议，而只是服从君主，并怀有同样的宗教信仰。

此刻，一位饮食从不考虑健康、日日离不开奥特朗酒的伊壁鸠鲁主义者可能会打断我的话，并告诉我：无须毁掉一个民族、毁掉生活的一切舒适，亦能得到善良和正直；没有邪恶与欺诈，自由与财产亦能得以维持；不做奴隶，众人亦能成为良民；不做牧师，人们亦能怀有虔诚的信仰；节俭和储蓄只是那些有需要的人的责任，而一个拥有大量财产的人只要不挥霍浪费，就是为国服务做贡献。至于这位伊壁鸠鲁主义者，他能很好地控制自己的欲望，有时甚至可以舍弃任何东西。喝不到真正的埃米塔日红酒，清淡的波尔多酒亦会令他满足；很多个早晨，他都不喝圣劳伦斯酒，而是换作弗朗特纳酒；晚饭后，若有一大群客人在，他不会请他们喝塞浦路斯红酒，也不会拿出玛德拉酒，甚至认为用托凯葡萄酒招待客人都过于奢侈。然而，所有出于自愿的禁欲其实都是由迷信引起的，只有盲目的狂热者和热衷者才会真正践行。他会引用沙夫茨伯里[1]伯爵的话来反驳我，并告诉我：人们不自我克制也能成为有道德的人，也能和蔼友善；使美德变得遥不可及，是对美德的一种侮辱，我将美德说成了怪物，使人们以为永远无法践行，从而对其敬而远之。至于他，他可以边赞美

---

[1] 沙夫茨伯里（Anthony Ashley Cooper, 3rd Eal of Shaftesbury, 1671—1713年），英国哲学家。他认为美德在于顺从自然，在于领悟到公共利益与个人力量是一致的和密不可分的。这里"自然"是指宇宙格局赋予每个人的位置。他虽然认为有时不必抑制个人欲望也能得到美德，但并不赞成纵欲，而认为最符合美德的行为来自最大自我克制。

上帝，边问心无愧地享受上帝的创造物；他亦不会忘记我在"评论"部分M条第二段及第三段所说的一切。最后，他会问我：国家的立法者与智囊团竭尽全力遏制渎神与不道德行为、宣扬上帝的荣光时，是否公开承认自己从未在意国民的安乐、财富、权力、荣誉，以及其他被称作国家真正利益的东西？此外，我们最虔诚、最有学识的神职人员最关心的，是否是我们信仰的皈依？他们祈求神灵将他们自己的心和我们的心从一切现世欲望中抽离出来时，是否也祈求神将一切现世祝福与尘世幸福倾洒在他们的王国？

不仅是臭名昭著的无赖，大多数人其实都会拿出这类借口、托辞，作出这种辩解；你若了解人的天性，并审视他们对宗教真正价值的看法，你就会看清他们究竟专注于何物。因羞于面对自己内心的脆弱，所有人都竭力互相隐藏他们自己，隐藏他们丑陋的内心，他们还假装关心公众利益，将他们内心的真正动机包裹在貌似友善的外衣里，以隐藏他们肮脏而畸形的欲望。但他们也清楚地意识到，自己更热衷那些为他们所珍视的欲望，他们不可能公开踏上艰难崎岖的美德之路。

至于最后两个问题，我承认它们非常令人费解：对伊壁鸠鲁主义者提出的问题，我不得不作出肯定的回答；除非我想质疑国王、主教及所有立法者的真心（上帝禁止如此！），否则，他们的反驳将对我的观点极为不利。我只能为自己辩护说：在这些事实之间存在着一种人类无法理解的神秘特质；为使读者相信这不是我在逃避问题，我将通过下面的寓言阐明这种神秘特质为何不可理解。

据说，在古老的异教时代有个古怪的国度，那里的人们整日宗教不离口，最主要的是表面上都显得非常虔诚。他们在道德上最大的罪恶便是对酒的渴求——这被视为一种该扑灭的罪恶之火——但人们却认为这是人类的天然习性，只不过每个人渴求的程度不同而已。所有人都可以适量饮用淡啤酒，谁若假装没有啤酒也能活得很好，便会被看作伪君子、愤世嫉俗者或疯子。然而，那些公开承认爱喝啤酒且毫无节制者，却被视为邪恶之徒。尽管如此，啤酒本身却被看作上天的恩赐，饮用啤酒并没有什么害处；有害的是过量饮用，是驱使人们饮酒的动机。有些人为了解渴，哪怕只喝几口啤酒，也会被视为犯了滔天大罪；而另一些人饮用再多也不算犯罪，因为他们饮酒时心无旁骛，只是为了改善面色。

他们不仅为自己的国家酿造淡啤酒，还为其他国家酿造。他们将少量啤酒运往国外，能换回大量威斯特伐利亚火腿、牛舌、腊肉，还有波洛尼亚香肠、红鲱鱼、腌鲟鱼、鲟鱼子酱、腌鲫鱼，以及其他一切能佐酒的东西。那些储藏大量啤酒而不饮用的人，通常会遭人嫉妒，也会令人生厌；若没有足够的啤酒，人人都会不安。人们认为，最大的灾难就是囤积啤酒花和大麦，而每年消耗得越多，国家就越兴旺发达。

对出口啤酒换回的货物，政府制定了许多非常明智的规定：鼓励大量进口盐和胡椒粉；凡是不适宜种植的、妨碍本国啤酒花和大麦出口的东西，都要课以重税。掌权者们在公众面前表现得对啤酒毫无兴趣，他们制定了一系列法律以遏制酗酒，并对那些敢于公开饮酒的恶棍予以惩罚。然而，如果你仔细观察他们每一个人，私下窥探他们的生活与谈话，你会发现，他们似乎比其他人更爱喝啤酒，或至少比别人喝得更多。可他们却总是假惺惺地说：他们改善面色所需要的啤酒要比所管辖的那些人多；他们丝毫未考虑过自身利益，所关心的只是如何让全体国民都能喝到大量淡啤酒，如何消耗他们囤积的大量啤酒花和大麦。

由于人人都可以饮用淡啤酒，神职人员便能像普通人一样地喝酒，而且有些人喝得还很多。然而，所有神职人员都希望人们认为：由于职业限制，他们并不像别人那样热衷于饮酒。他们总是强调，若不是为了改善面色，他们绝不会饮酒。在宗教集会中，人们会更加真诚；一旦来到会场，无论神职人员还是俗人，无论身份贵贱，都会公开承认自己好酒，而改善面色是他们最不屑一顾的事情；无论他们如何伪饰，他们的心思其实都在淡啤酒上，他们唯一考虑的就是怎样满足自己的饮酒欲。值得注意的是，将这一真相透露给心怀偏见者，且日后在神庙之外散播这番自白，会被视为非常无礼；因为人人都认为，说一位神职人员好酒是对他的极大侮辱，尽管你曾看到他一桶接一桶地豪饮淡啤酒。他们布道时最主要的话题便是好酒的罪恶，以及放纵酒欲的愚蠢。他们告诫听众要抵制酒欲的诱惑，痛斥淡啤酒，并常常告诉听众：若不是为了改善面色，而是为了高兴或其他目的而喝，那么淡啤酒就是"毒药"。

向众神祈祷时，这些神职人员常会答谢神灵所赐予的大量美味的淡啤酒，尽管他们仍声称自己并不好酒，且时刻控制自己的饮酒欲。而同时，他们却又如此心满意足地纵情饮酒，将众神赐酒的真正意图抛之于脑后。他们祈求上帝宽恕他们的罪过，并希望众神能减弱他们的饮酒欲，赐予他们抵御强烈酒欲的力量。然而，在痛悔万分时，在向众神作出最谦卑的恳求时，他们却从未忘记过淡啤酒，仍默默祈祷自己能永远畅饮。他们郑重承诺：无论到目前为止他们在这一点上表现得有多糟糕，今后除了为改善面色，他们绝对会滴酒不沾。

这就是延续至今的全部托辞，但几百年来，神职人员一成不变地延用着。有些人认为，能预知未来的神知道他们在六月听到的承诺，在来年的一月还会听到，因此他们并不怎么相信这些誓言。这正如我们不相信那些可笑的交付保证书，它们今天承诺付钱给我们提供的货物，明天不用付钱也能提供。他们常常神秘兮兮地开始祷告，并从精神层面道出许多事情。但不论他们如何表达对精神世界的崇高追求，却从未忘记祈求众神的保佑，使酿酒业及其各个相关产业持续繁荣，且为了全体国民的利益，使啤酒花和大麦的消耗量不断增长。

[V] 而那扼杀了众蜂勤勉的满足，

许多人告诉我，勤勉的祸根是懒惰，而不是满足；因此，为了证明我这个论断（有些人认为这似乎自相矛盾），我将先分别论述懒惰和满足，然后再论述勤勉，然后让读者判断，勤勉最大的敌人究竟是懒惰还是满足。

懒惰是对忙碌的一种厌恶，伴随而来的通常是一种渴望无所事事的不合理欲求。若没有任何正式雇佣条款的约束，人人都是懒惰的，都会拒绝或拖延为自己或他人所做的任何事情。除了那些我们认为不如我们的人、我们希望他们为我们服务的人，我们很少说任何人懒惰。儿女不认为父母懒惰，仆人不认为主人懒惰；就算一位年轻矫健的绅士沉迷于闲逸的生活，连鞋子都不想自己穿，也不会有人说他懒惰，只要他还雇得起一个男仆，或能找到一个替他做这件事的人。

德莱顿先生曾为我们描述过一位奢华的埃及国王懒惰到极点的情景[1]。那位国王陛下将一些贵重的礼物赐给了他的几位宠臣，在场的几位首席大臣准备了一张羊皮纸，让国王在上面签字确认这些赠与。他先是面色沉重、心神不安地来回走了几圈，然后像个疲乏的人那样坐下来，最后才极不情愿地拿起笔来，抱怨托勒密这个名字太长，并对此人表示了极大的关切；因为这人找不到一个单音节字来代替他的名字，他认为使用这种名字可以给国王省去很多麻烦。

我们常常因为自己的懒惰而责备别人的懒惰。几天前，两个年轻女子坐在一起编织物品，其中一个对另一个说："从那扇门吹进来一股寒风，妹妹，你离那扇门近，请把门关上。"那位较年轻的女子确实费力朝那扇门瞅了一眼，但却纹丝未动，不置可否。年长的女子又说了两三遍，可对方还是一语不发，也一动没动，最后她气呼呼地站起来，自己把门关上。她又回来坐下，狠狠地瞪了另一人一眼，说道："天啊，贝蒂妹妹，我无论如何也不会像你这么懒。"她说得那么认真，脸都涨得通红。我承认，妹妹应该起身去关门；可姐姐若不过分看重自己的劳动，冷风一使她感到寒冷难受，她就应该直接起身去把门关上。她离那扇门不过一步之遥，只比妹妹远半步，而且论年龄，她们相差不到十一个月，也都还不到二十岁。我认为很难断定这两个人中哪一个更懒惰。

有成千上万的可怜虫总是为了几乎没有报酬的事情而拼命，因为他们没有意识到或忽视了自己所付出的劳动的价值；而有些人很聪明，懂得自己劳动的真正价值，拒绝接受低于价值标准的工作。这并非是由于他们个性懒散，而是由于他们不愿降低自己劳动的价格。一位乡绅在交易所后面看到一个杂役双手插在口袋里走来走去，便上前对他说："朋友，我给你一个便士，请你替我

---

[1] 见德莱顿著《克莱奥门涅斯》（*Cleomenes*）第二部第二章。

将这封信送到教堂去好吗？"那杂役说："老爷，我真的很想去，但必须得两个便士。"乡绅不愿意给，杂役便转过身去告诉他：他宁愿闲逛，也不愿白干活；宁愿无所事事地来回闲逛，也不愿不费气力地挣一个便士。乡绅便认为那杂役的懒惰简直不可理喻。几个小时后，乡绅碰巧在施瑞德大街的一家酒馆里遇到了几位朋友，其中一位突然想起自己当晚要去邮局取一张汇票；他焦急万分，想立刻找个人替他快速去一趟邮局。正值隆冬时节，当时已经十点多钟，还下着瓢泼大雨，附近所有的杂役都上床睡觉了。那位先生非常不安，说不管花多少钱也必须派个人去取汇票。最后，酒馆的一个伙计看他如此着急，就告诉他说自己认识一个杂役，若这趟差使的工钱合适，那人肯定愿意起床去跑一趟。那位先生非常急切地说：工钱不是问题，好伙计，你若认识他就让他尽快动身吧；他若能在十二点前赶回来，我就给他一枚金币。听完这番话，那伙计就立马去办了，不到一刻钟，他便回来了。他告诉那位先生，这差使会以最快的速度完成。有了这个好消息，这群人像之前一样找乐子继续消遣。但快到十二点时，他们纷纷掏出怀表，开始讨论那杂役何时能回来。有些人认为，午夜的钟声还未敲响，他可能就回来；另一些人则认为根本不可能。就在还差三分钟就十二点时，一个敏捷的身影冲进了屋子，他浑身冒着热气，衣服全都湿漉漉的，满头大汗。除了皮夹里面，他身上没有一样东西是干的。他从皮夹里掏出去取的那张汇票，按照酒馆伙计的示意，将它递给了那位先生。那位先生对他的这趟差事十分满意，便给了他事先承诺过的一个金币。另一位先生给他倒了满满一大杯酒，所有人都称赞他勤勉能干。当那家伙走近灯光，拿起酒杯时，我前面所说的那位乡绅惊得目瞪口呆；他认出此人原来就是那个拒绝挣一个便士的杂役，当时他还认为这人是世界上最懒惰的人。

这个故事告诉我们，有些人之所以不工作，有两种原因：一是因为没有发挥其最大能力以挣得最大收益的机会；二是因为缺乏干劲，懒散成性，宁愿挨饿也不愿工作。这两种人万万不可混淆。如果忽视这一点，我们必然会根据人们对自己劳动所获报酬的估价，推断世人或多或少都有些懒惰，因而最勤劳的人也会被称为懒惰者。

在我看来，满足就是心灵的平静与安宁；人们自以为很幸福，对自己目前的状态很满意时，便会产生这种满足感。这意味着我们目前的状况良好，意味着一种安宁平静，而只要人们渴望改善自己的处境，便不太可能拥有这种安宁平静。满足是一种美德，但并不存在人们能据以赞誉的明确依据。因为人的处境各不相同，具备这种美德者，不是受到赞扬，就是遭到责备。

一个单身男人本来辛辛苦苦地干着一项艰苦的工作，突然得到一位亲戚留给他的每年100镑的遗产。命运的这种转变很快使他对工作感到厌倦，他找不到足够的理由让自己继续勤勉工作，于是他决定什么也不做，就靠那笔遗产生活。只要他量入为出，不占便宜，不得罪任何人，人们就会认为他是一个诚实安分的人。客栈老板、女房东、裁缝及其他一些人都来分享他的财产，他每年所缴纳的税金也会使社会越来越好。然而，他若继续从事之前的行业或其他任何行业，就必然会妨碍别人，这个男人得到的越多，有一些人就会得到越少。因此，即使他是世界上最懒惰的人，每天二十四小时，他要在床上躺十五个小时，其余时间什么也不做，只是踱来踱去，也不会有人指责他，他这种消极精神甚至被冠以"知足"的美名。

然而，若这个人结了婚，有了三四个孩子，仍然保持以往的安逸心态，满足于他所拥有的一切，不去努力挣一分钱，沉醉于从前的懒散状态，会怎么样呢？先是他的亲戚们，接着是他所有的熟人，都会对他这种毫无责任心的表现感到震惊；他们知道，他的收入不足以养育好这些孩子，并担心其中几个孩子日后即使不是一种负担，也会成为他们的一种耻辱。这些担忧一时间散播开来，这人的叔叔格莱普想劝他去工作，便想出以下这番话来劝导他：咋回事，侄儿，你还没找个事儿做？真让我失望！我真想不出你是怎么打发时间的。你要是不想从事以前的行业，其他挣钱的法子多着呢。你每年是有100镑收入，可你的花费每年都在增加呀，等你的孩子们长大了，你该怎么办呢？我的财产比你还多，可你看见我闲下来了吗？我敢说，就算我拥有整个世界，也不会像你这样生活。我承认，这事儿跟我没有一丝一毫的关系，可人人都在议论：像你这样一个年轻人，四肢健全，身体健康，却整日游手好闲，真是丢人。倘若这些规劝在短时间内还不能使他改过自新，他继续游逛了半年，整个社区的居民都会对他进行指责。原先使他获得"诚实、安分"美誉的那些品质，现在却使他被称为世上"最坏的丈夫"和"最懒惰的家伙"。由此可见，我们判断某些行为的善恶时，只是考虑这些行为对社会的损益，而并不考虑实施这些行为的人。

勤劳与勤勉常被混淆，用来表示同一件事，但两者其实截然不同。一个一贫如洗的可怜虫也许既不勤劳，亦不聪慧，虽能省吃俭用，却不愿努力去改善自己的处境，而满足于现状。而除了其他美德之外，勤勉还意味着对收获的渴望，以及对改善自身状况的不懈追求。人们在想到自己所从事的行业所带来的收益太少，或想到自己经营的生意获利太少时，只有作出两种改变才可以称得上勤勉：他们或者必须有足够的独创性，找出不常见而又可靠的办法来扩大生意，提升利润；或者必须付出更多汗水，以增加收益。一个小商人若悉心经营他的店铺，又恰当地款待前来的顾客，那他在生意上就是勤劳的。但除此之外，他若还费尽心力使自己经营的、与其他商家价格相仿的商品更优质，或者依靠热情的态度或其他优良品格结交众多朋友，以竭力开拓客源，那么他就可以被称为勤勉者。一个工匠，尽管他一多半时间都无活可干，但他若不忽视自己的业务，一有活便去干，他就是一个勤劳的人。但在无活可干时，他若也去做别的事情，或者只做鞋钉，甚至晚上去做守夜人，那他就是名副其实的勤勉者。

若能正确理解该篇评论，我们就会发现，懒惰和满足其实是非常接近的；如果说两者之间确实存在极大的差别，那就是后者比前者更有悖于勤勉。

[X] 创造一个伟大而诚实的蜂国，

在人们满足于贫穷，又能吃苦耐劳的地方，这也许会实现。然而，如果他们既想享受世间的安逸和舒适，同时又想像那些好战的国家一样富裕、强大和繁荣，那是根本不可能的。我曾听人谈论，斯巴达人的军力相当强大，凌驾于所有的希腊城邦之上,非凡的节俭和其他美德亦堪称楷模。但可以肯定的是,没有一个民族的伟大比斯巴达人的更空洞:他们所居地的富丽堂皇还不如一个戏院的辉煌;他们唯一值得骄傲的是,他们什么也不去享受。他们在外邦确实既受人敬畏又受人尊重:斯巴达人以骁勇善战而闻名于世,他们的邻国不仅在战争时寻求他们的友谊和援助,而且只要让一位斯巴达将领去指挥他们的军队,他们就会心满意足,并抱定必胜的信心。然而,斯巴达人的纪律相当严格,其生活方式也异常简朴,毫无舒适可言,就算我们当中最有自律性的人也不会屈从于那些如此严苛、如此折磨人的律令。金币和银币均被斯巴达人弃之不用,他们使用的货币是铁制的,体积大而价值低。要积攒二三十镑的财物,就得有一间相当大的房间;而要把那些钱币搬出来,至少得有两头公牛的力气。斯巴达人反对奢侈的另一个办法是,他们必须在一起吃同样的食物,几乎不允许任何人在家中独自吃喝;他们的一位国王阿吉斯战胜雅典人凯旋后,想将部下打发走单独与王后进餐,却遭到了军事首领们的拒绝。

□ 斯巴达铁币

斯巴达是古希腊最重要的城市之一,以其军国主义的社会结构而闻名。尽管斯巴达人在许多方面都取得了成就,但他们在货币方面保持低调,因为他们认为货币是一种既柔弱又缺乏吸引力的交换媒介。雅典在近800年的时间里铸造了数百万枚硬币,相比之下,斯巴达发行的硬币少之又少。

普鲁塔克说,在培养年轻人方面,斯巴达人的主要任务是使他们成为优秀的臣民,使他们能够忍受漫长而乏味的行军之苦,并具备不胜不归的坚定决心。他们在一到十二岁,便三五成群地住到一起,睡在用灯芯草铺成的床上;生长在欧罗塔斯河畔的灯芯草叶尖锋利,但他们不用刀,徒手就能将其扯下来。寒冬时节,他们会在灯芯草中掺入一些蓟草绒毛,用以保暖(见普鲁塔克著《吕库古斯传》)。很显然,如果从小生长在这样的环境中,那么世界上没有哪个民族会缺乏刚强气概。然而,由于斯巴达人拒绝享受舒适的生活,他们唯有以自己吃苦耐劳、骁勇善战的荣耀来慰藉痛苦;而世界上极少有哪个民族将

164 | 蜜蜂的寓言 The Fable of the Bees

□ 电子货币

随着人类科技的不断发展，货币的形式不断更新，电子货币逐渐取代传统的实物货币，同时也改变了人类的支付方式。图中是英格兰银行正向消费者展示新一代信用卡。

这种荣耀视为幸福。尽管斯巴达人曾一度成为世界的主宰，可只要他们衰颓，英国人就不会羡慕他们的那种荣耀。人们现在所需要的，我已经在讨论什么是真正的快乐时（见评论O）阐明了。

[Y]安享世间便利，

"体面"与"便利"这两个词的含义非常模糊，倘若不了解这两个词的使用者的身份及处境，我们便很难准确地理解它们，这一点我在"评论L"中已有所暗示。不管是金匠、绸缎商，还是其他最值得信赖的店主，只要有三四千镑的财产，每天都得有两盘肉吃，礼拜天还要吃些更特别的东西。他的妻子肯定会在自己床上铺一条锦缎被，并在两三个房间里摆放名贵的家具。第二年夏天，她必须在乡间盖一幢房子，或至少在乡间有一处很好的住所。在城外有房子的人，必须要有一匹马；他的男仆也必须有一匹。倘若生意还不错，他还会期望在八到十年的时间里添置一辆马车。尽管如此，他还是希望在做了二三十年的"奴隶"之后（用他自己的话说），每年至少能有1000镑财产留给长子继承，还能有两三千镑留给其他子女，作为他们成家立业的资本。当这种生活条件的人为每日的面包而祈祷，且没有表达更多奢求时，人们便会认为他们非常谦逊。不论你将这称为骄傲、奢侈、浮华，还是随便什么，在一个繁荣国家的首都，这不过是应有的生活。那些条件较差者定会满足于成本更低的便利，而条件优渥者肯定会使其便利更为昂贵。有些人认为用盘子上菜才显得"体面"，马车亦是舒适生活的必需品。若一位贵族每年没有至少三四千镑的开销，就会被视为贫穷。

本书第一版问世后，有几个人曾反驳我，其理由是过度奢侈必然会给所有

□ **重商主义**

　　重商主义认为贵金属是衡量财富的唯一标准，一切经济活动的目的就是为了获取金银。除了开采金银矿以外，对外贸易是货币财富的真正来源。要使国家变得富强，就应是出口大于进口，因为贸易盈余才会导致贵金属的净流入。一国拥有的贵金属越多，就会越富有。所以政府应当鼓励出口，限制商品进口。

国家带来灭顶之灾；我随即向他们说明了我们讨论这一问题所应限定的范围。因此，为避免未来的读者在这个问题上误解我，我还要指出我在本版及前一版中的提示与前提条件。这些前提条件若未被忽视，便能抵挡一切合理的责难，也可以避免一些可能针对我的反驳意见。我已提出过一条适应阶级社会的永恒原则：必须严格约束穷人工作，尽量减少他们的需求，而非满足其需求；应当大力发展农业和渔业，以便使粮食和劳动力更为廉价。因此，我认为无知是构成社会的一个必要因素。从以上这一切看来，我显然不会认为一个国家应当提倡奢侈。我还要求财产应得到充分保障，要求司法公正，要求一切事务都应从国家利益出发。不过，我最为坚持并一再强调的是，要格外重视贸易平衡，立法机关也应保证每年的进口不超过出口。即使注意到这一点，且没有忽视我所说的其他事情，我仍坚持认为：任何外来的奢侈品都不能摧毁一个国家。只有在人口众多的国家，且只有在其上层社会才能看到极度的奢侈。一个国家的人

蜜蜂的寓言 The Fable of the Bees

□ 缴纳税赋
以实物充当农业税赋在人类历史上经历了相当长的时期。在很多古老的国家,农业赋税都是统治者最重视的问题。图为中世纪的农民正向当地的领主交税场景,他们通常需要上交一定数量的牲畜、作物或金钱。

口越多,其最底层的贫穷劳动者的数量也越多,而他们却是支撑整个国家的基础。

那些因效仿条件优渥者而破产的人,都是咎由自取。这并不是反对奢侈,因为任何在生活上捉襟见肘的人都是傻瓜。有些富人置办了三四辆甚至六辆马车,同时还为子女积攒了大量财富;而一个年轻店主却因置办了一辆旧马车而破产。一个富裕的国家不可能没有挥金如土的人,然而,我从没见过哪个城市里都是挥金如土者,只不过有大量艳羡挥霍者的人罢了。一位经验丰富的老商人会因挥霍浪费或粗心大意而破产,一位初出茅庐的新手在四十岁之前凭着节俭或勤勉有加也会发财致富。再说,人类的弱点往往会产生相反的作用:有些人小心谨慎,却一直未曾致富,因为他们太过小气;而有些人大手大脚地花钱,对钱财似乎不屑一顾,却积聚了大量财富。但命运必是变幻莫测的,那些最可怜者的死亡对社会的危害不亚于社会任何个体成员的死亡。因此,洗礼是葬礼的适当平衡。那些因他人的不幸而遭受直接损失者会感到非常倒霉,不是抱怨连连,就是吵闹不休;而那些因他人的不幸而获利的人(总是有这样的人)却暗自窃喜,因为他们生怕别人认为他们从邻人的损失和灾难中获得了好处。命运的浮沉构成了一个不停转动的轮子,推动着整个社会机器的运转。哲学家们敢于将自己的思想延伸到眼前的狭隘范围之外,将文明社会的兴衰交替看作人类气息的起伏变换;而气息的起伏皆为最完美动物呼吸的组成部分。因此,变化莫测的命运气息之于政治实体,犹如漂浮不定的空气之于生物。

所以说,贪婪与挥霍对社会而言同样不可或缺。有些国家的人普遍比另一些国家的人更浪费，这是由于导致两种"恶德"的环境不同，各自的天性及社会整体条件亦不相同。请细心的读者原谅，由于担心你们会忘记在"评论Q"中所看到的某些内容，我有必要再强调一次：金钱多于土地，赋税沉重，生活必需品短缺，勤勉、辛劳、积极进取的精神，坏脾气和阴郁的性格；年迈、智慧、贸易、通过自身劳动所获得的财富，以及有保障的自由和财产，所有这一切都会使人变得贪婪。与此相反，懒惰、满足、好脾气、豁达、青春、愚蠢、专制、容易得到的金钱、充足的生活必需品，以及财产的变动不定，则都容易使人变得挥霍浪费。在贪婪大行其道的地方，挥霍便相对较少。不过，世上既从未有过一国的全民节俭，而且只要没有全国性的需要，也不会有全民的节俭。

□ 税吏

16世纪宗教改革之后，教会的权力从此处于王权之下，教职的税收成为政府的重要财政来源。图中是一名正在登记神职人员纳税的税吏，他一副公事公办的样子；而神职人员则露出狡黠的表情，似乎对此感到不悦。

禁奢法对一个贫穷的国家可能有用，特别是那个国家可能刚经历了战争、瘟疫或饥荒等大灾难，遍地可见失业的穷人，处于百废待兴的状况。但若为照顾穷人的利益而在一个富裕的王国施行这一法令，却大错特错。我将用以下的话来结束对《嗡嗡作响的蜂巢》的评论：我可以向主张全民节俭的人保证，如果让我们英国的女人减少对亚洲丝绸制品的消费，波斯人和其他东方国家就不可能购买和使用大量英国的优质棉布了。

论慈善与慈善学校

慈善（Charity）是一种美德，通过它，我们把自己某部分的真心转化成了纯洁的、不掺杂质的对他人的爱。那种爱并非以友谊或血缘关系为纽带，那些人对我们而言甚至谈不上是陌生人。我们对他们没有任何义务，更没有任何期待。这一定义的严谨性一旦被弱化，美德必然会失去其部分意义。我们为朋友和亲人所做的事情，部分也是为了我们自己。一个人为其侄子或侄女办事，并说"他们是我兄弟的孩子，我这么做是出于慈善"，他显然是在说谎：因为他若有能力这样做，人们就会期望他如此，而他这样做的原因有部分是为了他自己。如果他看重世人的尊敬，且珍视荣誉和名声，那他就不会再去过多地关注陌生人，否则他必定会感到痛苦。

这种美德的实行，或与观念有关，或与行为有关，表现在我们怎样看待他人，或我们为他人做的事情上。因此，欲行慈善，我们首先应该尽可能善意地看待他人的言行举止。倘若一个人建造了一座华丽的房子，却没有任何谦虚低调的表现，而是把它装饰得富丽堂皇，并摆满了精美餐具和名画；我们不应该认为他这样做是出于虚荣，而应看作是为鼓励艺术家及手工艺人创作，并使穷人为国家做贡献。如果一个人睡在教堂里，且没打鼾，我们便应该认为他闭上眼睛是为集中注意力。因为，我们也希望自己的过分贪婪被人看作节俭，正如宗教被看作伪善。其次，我们若无偿地奉献我们的时间和劳动，或为那些有需要的人作出信誉担保，而又不指望从亲朋那里获得同样的帮助，我们身上便闪耀着美德之光。慈善的最后一个分支，就是（在我们有生之年）舍弃我之前提到的、我们所珍视的那些东西。我们的目标应该是：知足常乐，减少个人享乐，多救济那些需要帮助的人。

这种美德常会为"怜悯"或"同情"这类激情所假冒，它表现为对他人的不幸和灾难的感同身受。每个人身上多多少少都有这种激情，但性格最为软弱者所表现出来的通常最为强烈。其他生灵的痛苦和不幸若强烈刺激到我们，我们心中便会产生怜悯之情，使我们感到不安。怜悯或来自目睹，或来自耳闻，还有时来自两者。怜悯的对象越接近，对我们感官的冲击便越猛烈，对我们的干扰也就越大，常常令我们无比痛苦、万分焦虑。

试想我们某个人被锁在某座院子的一个房间里，一个身体健康、两三岁模样的孩子在院中快乐地玩耍。他离我们很近，透过窗户的铁栅栏，我们几乎可以用手摸到他。我们正听着这个孩童叽里呱啦地说个不停，沉浸在他天真无邪的快乐中，这时一头肮脏、块头极大的野猪突然跑到那个孩子面前，他吓得一声尖叫，仿佛魂飞魄散。这番情景自然会令我们不安，我们应当大声吼叫，或通过其他骇人的响声，竭力赶走那头野猪。那头野猪若正饥肠辘辘，四处寻找食物，便很可能会伤害或吃掉那个弱小的孩童。尽管我们的吼声和各种威吓的举动都毫无作用，我们仍应当紧紧盯住那头疯狂的畜生。它张开血盆大口，急不可耐地猛然将那个可怜的孩子击倒在地；孩童柔弱的四肢先是被踩踏，然后被撕碎……让我来看看道德家们所夸耀的怜悯吧，他们将其奉为最光辉的美德，无论是拥有这种美德者，还是目睹了这一场景者，都把它看得一清二楚；再让我来看看勇气或爱国这一美德，它是如此鲜明，毫无杂质，清晰无比。前者出于骄傲和愤怒，后者源于对荣耀的爱以及程度不同的私利，由此怜悯便与其他激情泾渭分明。目睹这种场景，无须美德或自我克制，人人都会被打动；不仅富于道德及同情心的善良之人会感到愤慨，就连拦路抢劫的强盗、破门而入的盗贼，甚或杀人犯也会如此。无论一个人的处境多么悲惨，他都会暂时忘掉自己的不幸，而最令人痛苦的激情亦会向怜悯让步。面对这类情景，没有谁会冷酷到无动于衷，因为根本不存在那样的冷酷。

我说怜悯来自耳闻目睹，很多人会表示怀疑；但只要想到一个事实，我们便会发现这话确实不假，那就是：被怜悯者离我们越近，我们就越痛苦；离我们越远，我们就越不会受其影响。在处决罪犯的行刑现场，我们离绞刑台很远，因此不会受到太大触动。相反，我们若离得很近，能从罪犯眼中看出他们的恐惧和痛苦，能看到每个观刑者痛苦的表情，我们的反应定会截然不同。若被怜悯者只是灾难故事中的人物，我们看不到、摸不着，那么我们这种被称为"怜悯"的激情便不会被唤起。听到某些坏消息，听说朋友与合伙人遭受的损失与不幸，我们也会有所触动，但这种感情不是怜悯，而是悲痛或哀伤；面对所爱之人的逝去，或珍爱之物的毁灭，我们内心亦会泛起同样的波澜。

若听说有三四千人（我们都不认识）被刀剑砍死，或被驱赶入河里淹死，我们会说自己同情他们，也许还会相信自己确实如此。正是人性驱使我们同情他人的痛苦；而理性也告诉我们，不论一件事近在眼前、还是远在天边，我们对其产生的情感都理应相同。若某件事情值得同情，而我们却无动于衷，我们会为此感到羞愧。因为你会听到一个声音：他没有同情心，他是一个残忍的人。所有这些都是理性与人性使然——天性不会允许我们如此麻木不仁。若非受到某种刺激，我们的身体根本不会感觉到它。人们谈论对他人的怜悯时，其实是怀着一颗怜悯之心将他们看作我们谦卑的仆人。并非日日见面的人，相见不到两分钟，悲喜交加之情便不断翻涌；分手时，双方的悲喜之情亦未有丝毫减弱。如同恐惧和愤怒，怜悯也是人的一种情感反应。那些想象力丰富而活跃的人，能够在头脑中描绘事物，就像事物真的在他们面前一样，他们由此就会产生类似"同情"的情感。但这是靠技巧完成的，而且往往借助于几分激情；这只是一种模仿"怜悯"的行为，心灵几乎不会被打动，就像我们在表演悲剧时所感受的痛苦一样微弱。当我们的判断力使我们的部分心智处于无知状态，使心灵沉溺于会让我们犯错的懒散、放纵时，必然会激发某种激情。而在懒散的心灵状态下，这种激情的轻微一击并不会令人不快。

我们常常将自己的怜悯误认为是慈善，因此，怜悯便披上了慈善的外衣，并冒用了慈善之名。一个乞丐要你看在耶稣基督的分上施行那种美德，可他真正的意图却是设法唤起你对他的怜悯。你可能会认为，他的身体无比虚弱，精神更是不堪一击。他字斟句酌地向你描述自己遭受的种种灾难（有真实的，也有虚构的）。他装作向上帝祈祷，其实意在打动你，有意说给你听。最无耻的乞丐甚至公然求助于宗教，用悲伤的语调和一本正经的凄惨姿态来伪装自己，但他不只依靠一种激情，他还用头衔、荣誉、地位来奉承你，满足你的骄傲之心。他往往反复强调：他所要求的东西微不足道，将来有条件一定予以偿还，且其利息将远高于《高利贷法》所规定的数额，以此迎合你的贪婪之心。面对这种全方位的攻击，不习惯大城市生活的人通常都被迫投降，不得不施舍一些东西，尽管他们自己也没有富余的那些东西了。自恋何等巧妙地支配着我们！它一直监视着我们的防卫之心。然而，为平息支配着我们的激情，它仍会迫使我们损害自己的利益。这是因为，怜悯一旦支配着我们，使我们把自己当成怜悯对象的解救者或当成减轻其痛苦的工具，那么被怜悯的人们往往会得到施舍，而他们其实并未有此指望。

当一块块冻疮暴露在外，或显得异常折磨人，而乞丐又忍受着痛苦将其暴露在寒冷的空气中时，有些人就会惊呼：太残忍了，这简直就是奇耻大辱！其主要原因是，这番景象触动了他们的怜悯之心，他们却又不打算施舍任何东西；这使他们更加不安，这或者是因为他们贪心，或者是因为他们认为这是一种浪费。他们转过头来，不论乞丐的喊声多么凄惨，只要他们未感到羞愧，便宁愿充耳不闻。他们只能加快脚步，怒火中烧，因为竟有乞丐流落街头。但怜悯和恐惧在这方面是一样的，我们越接近能唤起这两种激情的对象，我们就越受它们的干扰。对这种场景非常熟悉的人，更是难以被触动。要想征服那些铁石心肠的人，有心的乞丐（只要能走路，即便借助拐杖）唯一的办法就是紧紧跟着他们，不停地乞求、索要施舍，竭力迫使他们花钱买片刻心灵的安宁。因此，为安心地脱身，成千上万的人把钱给了乞丐，其动机与他们付钱给谷物收割工如出一辙；还有许多半便士的钱币被施舍给了故意捣乱的无耻流氓。而此事若做得体面，人们便能获得大大的满足感。然而，国民尊称给予恩惠的这一举动为"慈善"。

怜悯的对立面是恶意（malice），我在讨论嫉妒（envy）时提到过它。那些懂得自我反省者很快就会承认：要找到此种激情的根源和起因异常困难。这是让我们最感羞愧的激情之一，因此，通过明智的教育，它的有害部分很容易得到抑制和纠正。在我们身边有人要跌倒，或只是绊了一下时，我们会不假思索地伸手扶他一把。这表明，我们的内心在平静时往往趋于怜悯。不过，虽然恶意本身并不可怕，但在骄傲的辅助下，它却极为有害，尤其为愤怒所煽动和裹挟，就会变成最可怕的激情。这种混合的激情，能更容易、更有效地泯灭怜悯，这就是所谓的残忍（cruelty）。由此可知，要做出令人赞许的举动，仅仅征服一种激情是不够的，除非这种行为同时建立在某种值得赞许的原则上；因此，在美德的定义中该原则必不可少，即我们的努力是从行善的合理意愿出发的。

正如我在其他文章中说过的，怜悯之心在我们所有激情中最为可亲，我们应该征服或抑制它的场合并不算多。外科医生可以随时唤起自己的同情心，且不会因此疏忽工作或逃避应尽的职责。同样，法官和陪审团也可能受到怜悯之情的影响，只是他们要注意提防怜悯破坏和损害明确的法律和正义。在这个世界上，父母的溺爱所激起的怜悯最为有害，它会妨碍他们以理性之爱以及自己的期望来管教孩子。这种激情对女人情感的影响，也远超通常的想象。她们每天都会犯一些错误，这些错误常被归咎于性欲，但其实在很大程度上是怜悯使然。

上述最后一种激情，即怜悯，并不是唯一模仿和冒充慈善的激情。出于骄傲和虚荣所建立的慈善组织，比出于所有其他美德所建立的加起来的还多。人们对自己的财物如此执着，而自私又深深扎根于我们的天性之中；因此，凡是能克服自私天性者，都将获得众人的赞许，以及一切可想而知的鼓励，从而掩盖自身的弱点，平息他想要放纵的其他欲望。某人捐出自己的私有财产，为世人提供了社会本该提供的东西，使每个社会成员都受到恩惠；世人便都对他心存感激，并认为自己有责任宣讲这些高尚的行为，而不检视或探求此人行善的动机。对美德或宗教最具破坏性的行为，就是让人们相信把钱施与穷人（虽然穷人直到死后才能脱贫）可以使他们今世所犯的罪孽在来世得以抵消。一个犯了谋杀罪的残暴恶棍，可能借助检举与作伪证逃脱应受的惩罚。后来，他发了财，积累了大量财富，并听从其神父的劝诫，将所有财产捐给了一个修道院，而他的孩子们却成了乞丐。这位优良的基督徒为赎罪付出了多么惨重的代价！那位指引他良心的神父又是多么正直啊！一个人献出了他一生中所有的财产，不论他出于何种动机作出这一决定，他都舍弃了自己拥有的一切。一个富有的守财奴在世时不肯帮助他的至亲（尽管他们从来没有存心不报答他的恩惠），而是死后将其钱财用于我们所说的慈善事业；他尽可以将自己的做法视为善行，但其实是在抢劫他的子孙后代。[1]我要讲一讲最近发生的一个慈善实例，一件在世界上引起巨大轰动的善事。我想从自己的角度对其作出恰当评价，并请允许我在这里用考究的辞句来叙述这一事件，姑且迎合那群学究。

一个毫无学问、对医术几乎一窍不通的家伙，竟凭借卑鄙的手段去行医，并积累起大量财富，这不是什么了不起的事。但他若仅靠深谙人性、利用人性，使自己获得世人好评，从而赢得全体国民的尊敬，并建立起超越所有同代人的声誉，这才算得上非凡。即便他拥有如此高的荣耀，亦会为骄傲之心所扰。有时他会无偿为一个仆人或任何低贱者看病，同时不把一位付给他巨额酬金的贵族放在眼里。有时他只顾饮酒作乐，将医生的职责抛在脑后，完全不顾召他医治之人的身份何等高贵，也不顾他们病情何等危急。他乖戾孤僻，又装出一副幽默家的样子，像对待狗那样对待自己的病人，毫不顾及那些人的身份。除了将其奉若神明者，他不把任何人放在眼里，且从不质疑其神谕的真实性。他侮辱过世间的很多人，冒犯高高在上的贵族，甚至傲慢得不把皇室放在眼里。为了维护并提高他本人的声誉，无论情况如何紧急，他都不屑于向医术更高明者求教，还蔑视其行业中最值得尊敬的人；对于其他医生，他只接受其中一类人。这类人敬仰他的卓越天才，顺从他的性情，对他阿谀奉承，在他面前犹如谄媚君主的朝臣。一个人在世时，一方面表现得极度骄傲，且对财富贪

---

[1] 此段及其后几段所批评的，是英国医生约翰·拉德克里夫。他于1684年到伦敦，成为名医和巨富，行医第一年的每天收入就至少在20几尼之上，并担任了宫廷医师。他得罪了安妮女王，并引起了很多人的反感，树敌很多。他死于中风。曼德维尔说他未给家庭成员留下任何财产，虽有几分夸张，但也有一定的事实依据。

得无厌；另一方面，他又不尊重宗教，不关心亲友，不怜悯穷人，对他的同胞几乎毫无仁慈之心。他没有任何证据证明他热爱自己的国家，证明自己具有公益精神，或是热爱艺术、书籍和文学。此人死后，我们若发现他只给那些生活窘迫的亲人留下少量财产，而将大量钱财捐给了一所并不需要的大学，我们又该如何评价他的动机和行为准则呢？

且让一个人在不丧失理性或常识的情况下尽情地"慈悲为怀"吧！这位名医在立遗嘱时，就像做其他事情一样，纵容他心爱的激情燃烧，以遗嘱所能带来的荣耀满足自己的虚荣心。除此之外，他还能想出别的点子吗？他想到了纪念碑和刻石，上面镌刻着人们对他的各种赞美之词，而最重要的是人们每年都要隆重地纪念他，以示对他的颂扬与崇敬。他想到在所有这些表演中，人们倾尽自己的智慧与想象力，搜肠刮肚，以最美好、最巧妙的辞句赞美这位施主的慷慨无私和高风亮节。他还想到了受其恩惠者流露出的感激之情。我敢肯定，当他想到这些事情，特别是想到他无上的荣耀，以及这一切将会永远为后世所铭记时，他那充满雄心壮志的灵魂定会沉浸在极度的欢乐之中。慈善之心往往并不可信，行善之举更显愚蠢；人死以后，我们评价他们的行为时，应当像评价书籍一样，既不可曲解他们的思想，也不可曲解我们自己的思想。这位"不列颠医神"的确很有头脑——若受到慈善事业、公益精神的影响，或热爱知识，并以全人类的福祉为目标，或以自己行业的福祉为目标，且时刻遵循这些原则，他就不可能立下这样的遗嘱，因为他应该会有更好的办法处置他的巨额财富。其实，在很多方面都不如他的人，也能作出合理的处置。不过，我们若细想一下，他显然既是一个有头脑的人，也是一个极为骄傲的人，我们便不由得猜测这种非凡的才能很可能来自"骄傲"这一动机。我们一眼便看出，他才能卓越、洞察世事。因为，一个人若想使自己流芳百世，死后永远受到世人的尊重和爱戴，永远被赞美和神化（这也许就是虚荣女神所渴望的），我认为仅凭人类的能力，谁也无法发明出一种比这更有效的方法。他若成为一名军人，具备亚历山大大帝那样英勇的气概，投身于二十五次围攻和二十五场战斗中，使自己的身心经受战争的各种艰难与凶险；或者，他献身于缪斯女神，为了文学而牺牲自己的快乐、睡眠和健康，整日埋头苦读；或者，他放弃一切世俗的乐趣，以诚实、节制和简朴的生活为终极追求，坚定地走在最严格的美德之路上，他便不会对英名永存如此渴望了。这是因为，在享受了安逸奢侈的生活，以及对各种激情的放纵后，他现在已没有任何烦忧，全无自我克制的必要，他只需在不得不离开这个世界时，处置好自己的财产。

一个富有的吝啬鬼非常自私，甚至盘算着其钱财在他死后仍能给自己带来名利。于是，他便欺瞒亲属，将所有财产都捐给了某所著名大学[1]，因为大学是以极少的付出实现英名长存的绝佳市场。在大学里，知识、才智和悟性都是产品，可以说，大学相当于制造社会地位的工厂。大学里的人深谙人性之道，知道他们的捐助者需要什么；超凡的施舍总是会得到超凡的回报，而赞美的标准永远都是对恩赐的衡量；无论赠与者是医生还是修补匠，只要那些可能会嘲笑他们的见证者全都离世，标准便可通行。每年的感恩节，我都从未想起去纪念一位伟人，但我会想到，一百年后人们仍会谈论他那些神奇的治疗方法，说起他的其他一些奇闻轶事；我敢预言，用不了一百年，坊间便会流传着关于他的各种传说（因为能言善辩的作家从不骂人），这些故事至少会和圣徒传说一样令人难以置信。

对于这一切，我们这位精明的施主并非一无所知，他了解大学，了解大学的精英，了解大学的行事原则，并由此预见到：不论世间更迭几代人，人们对他的颂扬都不会停止，那赞美不会仅持续短短三四百年，而会永远存续下去；也无论政府和宗教经历多少变革，只要这个国家还存在，只要英国这个岛国不消失。

可悲的是，极度骄傲者因为受到这样的诱惑，便不公正地对待他们的合法继承人。这是因为，当一个人生活富足而安逸，虚荣心膨胀，一个文明国家的

---

[1] 拉德克里夫去世时将8万多镑捐给了牛津大学，并用遗产建立了医院、天文台、图书馆，援建了伦敦医学院、韦克菲尔德市的圣·约翰教堂，以及牛津的精神病院。

大多数国民又迎合了他的骄傲之心时，他便笃信，人们对他怀有一种永恒的敬意和崇拜，而这正是他所获得的非凡回报。因此，他就像战场上的英雄那样，在自己想象的盛宴中享受狂热精神所带来的快乐。这能使他从疾病中振作起来，能减轻他的痛苦，或保护他免受死亡恐惧的威胁、免于忧虑最可怕的未来。

有人也许会挑剔道：以这样严谨的态度去审视善举与良心，定会动摇人们以此种方式处置自己财富的决心；无论施惠者的钱财从何而来，无论他怀有何种动机，受益者毕竟都是接受其钱财的人。我并不否认这种指控，但我的观点是：阻止人们囤积大量财富，以防它们变成砖头一样的存货，这丝毫不会损害公众的利益。社会上的主动者和被动者之间维持一种比例悬殊的状态，公众才会幸福；若不考虑这一点，众多才能卓越、禀赋优良者可能很快就会过剩，于国不利。若过度施惠，必定会助长懒散、怠惰之风，只能使少数国人受益，却造就了大量懒汉，摧毁了勤勉。大学和济贫院建得越多，此风愈盛。最初的创建者和捐助者，可能都怀有正当、良好的意图，也许会为了自己的名誉及某些最值得称赞的目标而努力。但那些遗嘱的执行人，以及后来的执行人，却与他们的初衷背道而驰，因此，我们很少看到有慈善事业长久地按照最初的意图去执行。我不想说这是残忍的，也不想说其中含有任何不人道的意味。无论在战争还是和平时期，为伤病者建立足够多的医院，都是社会义不容辞的责任。失去父母的幼儿，无人赡养的老人，以及所有因工作而致残的人，都应该得到及时、周到的照顾。我虽然不希望那些无助的、真正需要帮助的人被忽视，但也不鼓励穷人乞讨和懒惰。所有人都应该竭尽所能地工作，即使对体弱多病者也应该仔细审查。只要健康和体力允许，大多数残疾人和许多不适合干重活的人，还有盲人，大多都能找到工作。我现在所考虑的事情，很自然地把我引向了另一个长期困扰国家的问题，那就是对各种慈善学校的狂热激情。

所有人都被慈善学校的益处与优点所迷惑，谁敢公然反对，就有被乌合之众用石头砸死的危险。接受宗教教育原则，并能读懂上帝之言的孩子，更有机会增进其优点和良好的道德，自然一定会比那些放任自流、无人照料的孩子更文明。有些孩子衣着体面，几乎每周都会穿着整洁的衣服跟随老师去一次教堂；有些孩子则不穿衬衫或是衣不蔽体，他们对自己的不幸无动于衷，且其不幸将随着他们放肆地在每一个公共场所诅咒、谩骂而加重。那些只看到后者，对前者视而不见的人能作出公正的评判吗？有人会怀疑这就是滋生小偷和盗贼的温床吗？法庭每一次审判，有多少罪犯被判重刑或其他刑罚！慈善学校能遏制这种现象，穷人的孩子若能接受更好的教育，社会就能从中受益，充斥于英国各个城市和乡野的恶棍，就会销声匿迹。

这是普遍的呼声，哪怕有人说一句反对的话，这人即使不被看作亵渎神明、主张无神论的邪恶之徒，也会被视为无情无义、铁石心肠、不讲人道的人。慈善学校是悦人耳目的，没有人会提出异议；但我不愿看到一个国家为这短暂的快乐付出太大代价。我们若不理会慈善学校那辞藻华丽的通俗演说，那么这篇通俗的演说词中的一切重要问题，很快就可以找到答案。

至于宗教，一个国家有知识、有教养的民众对它都有起码的了解。相比愚蠢，技艺更容易造就大量无赖；而总的来说，艺术和科学蓬勃发展之处，恶德最为盛行。俗话说，无知乃虔诚之母；可以肯定，在最没有文化、愚蠢无知的乡下人中，我们更容易发现纯真和诚实。其次要考虑的是，慈善学校应培养穷人的礼貌与修养。我承认，在我看来，具备我所说的这些品质，即便没有任何害处，也并非缺其不可，至少对于辛劳的穷人来说，这完全没有必要。我们需要的不是他们的礼貌，而是他们的劳作与勤勉。但我诚心地放弃了这个观点，我们应该说，良好的礼貌对所有人都是必要的，但慈善学校是以何种方式传授学生礼貌的？男生学会的一种礼貌是：除了乞丐，要对遇到的所有人脱帽致礼。但我想不出，除此之外他们还能学会什么礼貌。

从教师们的薪水便可看出，他们不大合格[1]；即便他能教导学生礼貌待人，学生也无暇实践。在学校，学生不是听课，就是向老师复述所学内容，或

---

[1] 当时慈善学校教师的年薪为20镑，一些教师甚至只有5镑。

是写作文、做算术；而一放学，他们便像其他穷人家的孩子一样无拘无束。教诲孩子和作为榜样的父母，以及与孩子同饮同食、经常交谈的一些人，都会对孩子的心灵产生影响。品质不好的父母若不重视子女、教导无方，即使让子女结婚前前往慈善学校接受教育，也不可能培养出文明礼貌的后代。那些诚实而勤恳的人，即使他们从未如此贫穷，但只要有一点善良和体面的观念，就会使其子女保持敬畏之心，决不允许他们在街上游手好闲，或在外面过夜。那些自食其力地工作，对子女有所约束的人，只要子女有能力，就会让他们做些有所受益的工作，不论这益处多么微不足道。但也有很多孩子难以管教，言语和暴力皆毫无作用，任何慈善学校都改造不了他们。除此之外，经验也告诉我们：慈善学校中有大量坏男孩，他们诅咒、辱骂别人，穿着随意，就像伦敦塔丘[1]或圣詹姆斯区[2]无处不在的流氓无赖。

现在我来谈谈由于缺乏这种优良的教育而导致的重大罪行，以及造就的大量犯罪分子。不可否认，伦敦城内外每天都发生大量盗窃和抢劫事件，每年都有很多人因此类罪行而被绞死。但由于人们在质疑慈善学校的益处时，总会说到这一点，似乎人人都确信慈善学校是一剂良药，能及时防止这些混乱。我便想考察一下那些危害（人们理应抱怨）的真正原因。我并不想质疑什么，只为证明一点：慈善学校，及助长懒惰、阻碍穷人务工的其他一切事物，都助长了恶行，其危害性甚至远远超过不会阅读和写作，超过最粗鄙的无知和愚蠢。

我必须先打断一下，以免一些耐心不足者抱怨。读到我最后所说的那句话，他们会大声疾呼：慈善学校绝不是在鼓励懒惰，而是在培养学生，把他们培养成从事手工业、商业等各种行业的诚实劳动者。我向他们保证，我以后会注意这一点，在谈到慈善学校时，绝不扼杀他们与其相关的为慈善学校辩护的言论。

---

〔1〕伦敦西北方的一片高地，自14世纪以来成为了处决要犯的场所。
〔2〕伦敦威斯敏斯特城的中心区，为传统的贵族居住地。

在人口稠密的城市里，一个小流氓挤进人群，仅凭一只小手和灵巧的手指，就能迅速拿走一个人身上的手帕或鼻烟壶，那人当时正满脑子想着眼前的生意，丝毫没有察觉。一旦在小罪行上得逞，犯罪者便很可能去犯下更大的罪行。一个少年十二岁时偷钱包若未受到惩罚，十六岁时便可能入室盗窃，不到二十岁便可能恶行昭彰。那些既谨慎又大胆，且从不醉酒者，也许在干出很多坏事后才会被人发现。窝藏着流氓和恶棍，就像粮仓里藏着害虫，这是伦敦、巴黎这类快速发展的大城市最大的麻烦之一。这些大城市是最卑劣之徒永久的避风港，是成千上万罪犯的安全之乡。他们天天行窃、入室偷盗，但由于经常变换住所，可能潜伏多年，而且也许会总是逃脱法律的制裁，除非他们犯罪时碰巧被逮住。在取证时，他们的罪证可能不够清晰或不够充分，证词也不够有力，陪审团和法官常会对其心生怜悯；告发者虽然一开始很强硬，却往往不到审判就心软了。不顾个人安宁，只关心公众安危者，为数甚少。一个心地善良的人，不会轻易作出剥夺他人生命的决定，尽管那人罪有应得。虽然司法明确规定了判处死刑的条件，大多数人却还是难以接受，那些善良正直的人在进行审判或需要作出判决时，更是如此。因此，成千上万本应处以极刑的罪犯逃脱了惩罚，也正因为如此，社会上才有那么多罪犯；他们以身涉险时，幻想着被捕后自己也会有同样的好运气，可以免于受罚。

但是，人们若真的设想并完全确信，只要犯下应被绞死的罪行，就一定会

□ 英国的慈善学校

18至19世纪，随着工业革命的推进，更多的人获得了就业机会，许多贫困家庭的经济状况得到了改善。在此背景下，英国民间兴起了许多慈善性质的学校，比如主日学校、贫民免费学校、工读学校、导生制学校等。这些学校为当时英国贫困儿童提供了许多受教育的机会，在英国教育史上发挥了一定的作用。

被绞死，死刑便会十分罕见；而最无所顾忌的重刑犯一想到这里，与其真的去入室抢劫，不如直接就上吊自杀算了。几乎没有窃贼是愚蠢和无知的。实施拦路抢劫和其他重大犯罪者，通常都是那些"有勇有谋"的流氓。凡是名声不好的人，往往都是一些狡猾之徒，他们精通审判程序，熟悉法律中对其有用的一切用语，不放过起诉书中每一处小瑕疵，并且知道如何利用证据中最微小的疏漏和其他一切，以成功脱罪。

"让五百个有罪者逃脱，总比让一个无辜者受苦好。"这句格言对人们的影响力极大。但它只属于未来，是另一个世界的行事准则；就如今的社会福祉而言，这是非常错误的。一个人因自己没有犯过的罪而被判处死刑，是一件可怕的事情。然而，各种意外事件也会导致许多意想不到的情况，因此，法官们虽然也许既有良知，又有智慧，但仍会令罪犯逃脱。要想让人类高度谨慎和警惕，努力避免此种情况，使这种不幸十年中只发生一两次，便要始终司法严明，不使一个罪犯逃脱法律的制裁。这对国家将大有裨益，不仅能确保每个公民的财产安全和整个社会的安宁有序，还可以拯救成百上千的穷苦人的命——他们每天都因一些小罪被处以绞刑。只要有希望脱罪不是他们决定犯罪的动机之一，他们便绝不会企图触犯法律，或至少不会冒险去犯死罪。因此，对一个人口众多的国家或王国来说，若法律严明，那么在执行法律时，一切疏忽、陪审团的仁慈以及频繁的赦免，便比任何拷问和酷刑更残忍。

造成那些罪行的另一个主要原因是，失窃者疏于防范，且提供了众多诱惑。许多家庭对房屋安全都不甚关心，有些失窃是由于仆人的粗心大意，有些则是因为主人不舍得花钱安装栅栏、加固门窗。铜器和锡器很容易被偷，主人却随意摆放在屋内；金银餐具和金钱虽被保护得较好，但盗贼一旦闯入，轻而易举就能打开一把普通的锁。

很明显，方方面面的不同原因，以及一些几乎难以避免的恶德，共同酿成了这一不幸：小偷、窃贼和劫匪不断出没。这是各国都曾出现的状况，将来还会出现，尤其是在人口众多或快速发展的大城市及其周边地区。机会成就了小偷：人们的粗心大意、疏于加固门窗，陪审团和告发者过分心软，轻而易举获得受刑，频繁的赦免。而最重要的是大量先例：那些已知有罪的人，既没有朋友，又没有钱，却通过欺骗陪审团、迷惑证人，或使用其他诡计和手段，找到了逃脱绞刑的办法。这些都是对贫困者强烈的诱惑，他们从未受过教育，更不懂任何法律。

　　除此之外，懒散之习形成的惰性，以及对劳动和勤勉的强烈厌恶，也是造成那些祸害的辅助因素。年轻人若从不认真工作，或未将一周和一天的大部分时间都用于工作，便都会成为好吃懒做、游手好闲的社会蛀虫。儿童无不懒惰（即便是其中最优秀的），无论何时相遇，他们都是彼此的坏榜样。

　　因此，在强大富裕的国家，不断孕育恣意放纵者的，并非缺乏文化知识，而是种种恶德的存在和共同作用。那些将无知、愚蠢和卑鄙看作造就罪犯首因的人，最好多观察生活，仔细考察一下普通恶棍和常见重犯的言行举止，他会发现事实正好相反：那些罪责应归咎于颇具学识，且太过狡猾和精明的人，他们是这个国家最卑劣的恶棍和渣滓。

　　人之本性处处相同：天赋、智慧和天生的某些能力都是在运用中得到锤炼的，不论实施最卑鄙的恶行，还是践行勤勉或英勇等美德均可得到提高。骄傲、争强好胜和对荣誉的热爱，充斥于人们的日常生活中。一个年轻的窃贼嘲弄愤怒的起诉人，用甜言蜜语哄骗老法官，使他相信自己是无辜的；这窃贼的同辈人和同行便无不羡慕、钦佩他。跟其他人一样，流氓也有各种需要满足的激情，他们珍视彼此的尊重和忠诚，珍视他们的勇气、无畏和其他富有男子气概的优点，正如从事更好职业者一样。大胆冒险时，一个强盗和一个为国而战的忠诚士兵一样，都受到骄傲之心的驱使。

　　因此，我们所批评的恶德是出于其他原因，而非我们指出的那些。人的情感即便不是自相矛盾的，也必然摇摆不定，乃至他们今天将知识和学问看作弘扬宗教的法宝，明天却认为无知是虔诚之母。

　　然而，既然支持这种普及教育的一切理由都毫无根据，为何大小国家都如此热衷于这种教育呢？人类并未发生奇迹般的转变，也并非人人崇尚善良与美德，而此种教育却突然间在英伦群岛蔓延开来。邪恶和以往一样多，慈善与冷漠亦相当，真正的美德依旧稀缺。1720年也是罪恶深重的一年，自私自利导致的罪行和有预谋的危害比比皆是，这是以往任何一个世纪都有的现象。犯下各种罪行的并非大字不识、可怜无知的流氓，而是那些拥有更多财富、更高教养的人；通常他们大都精于算计，尽管过着富庶殷实的生活。某种事物一旦流行起来，大众就会蜂拥而上，紧跟这种时尚，就像带箍衬裙的风靡一样，人们的怪念头使慈善学校也毫无来由地成为时尚。恐怕我这一论调无法满足那些吹毛求疵者，同时，我也不确定我的众多读者是否会特别重视我的其他观点。

当今这种愚蠢现象的真正根源肯定很难探寻，远远超过我们的能力范围；不过，有人若为晦涩难懂的问题提供一丝线索，就是对研究者最大的帮助。我愿意承认，设立这些学校的初衷是美好的、善意的；但要弄清是什么使它们如此急剧地增加，现在又是哪些人在推动它们，我们必须从另一个方面去探查，多关注那些强硬的党徒，因为他们都是主教制度和长老会的狂热拥护者。但由于后者不过是对前者的拙劣模仿（尽管同样有害），我们的考察将仅限于英国国教，并将范围转至一个尚未设立慈善学校的教区。但是在这里，我想我有义务真诚地请求读者原谅，因为我将带他跳一场令人乏味的舞蹈（他若愿意跟随我）。我希望他要么扔掉这本书，径直离开我；要么用约伯那样的忍耐力[1]武装自己，忍受底层社会的种种无礼、伪善和闲言碎语，因为不等他走完半条街，他便会碰上这些。

我们首先要考察的是那些年轻店主，他们的生意并不景气，因此无暇关心慈善。这样一位初出茅庐者若比一般人稍微骄傲一点，且喜欢交际，那他很快就会在教区委员会上感到屈辱；与会者不是那些资产雄厚、地位稳固者，就是那些喜欢高声争论、固执己见的家伙们，他们获得了"名人"头衔，通常都极具影响力。他的出身和声望虽然不值一提，但他发现自己内心有一种强烈的支

---

[1] 典出《旧约·约伯记》，讲魔鬼撒旦挑衅上帝，以种种苦难考验约伯；约伯忍受了磨难，终于蒙恩获救，重获成倍财富。

配欲。这样的人会认为：教区里没有一所慈善学校真是万分遗憾。他首先会把这一想法告诉两三个熟人，这几个熟人也口耳相传，不出一个月，教区里就再也没有人谈论别的事了。为了那个目标，每个人都尽其所能，四处发表演说并进行论证。一个人说：看到这么多穷人无力让他们的孩子接受教育，而我们这的富人如此众多，却没有提供任何供穷人使用的必需品，真是令人感到耻辱。另一个人答道：不管怎么说，富人都最坏，他们必须得有一大群仆人，马车和马匹缺一不可；他们可以拿出几百镑，有些人甚至能拿几千镑来购买珠宝和家具，却不会给生活困顿的穷人一先令；谈论潮流和时尚时，他们可以全神贯注地倾听，但对穷人的哀叹，他们却充耳不闻。第一个人又说：朋友，你所言极是，我相信在英国，就慈善事业而言，没有比我们这个教区更差的了；在力所能及的范围内，只有你我这样的人才愿意做些善事；但很多有能力且愿意行善者却极少。

另一些人则更猛烈地攻击具体的某一个人，诽谤他们所厌恶的每一个富人；他们编造了上千个倡导慈善事业的无聊故事，到处诋毁富人。整个街区的居民都在这样做时，率先提出这一"可敬"想法的人，对此感到欣喜若狂，而且认为，自己引起如此多的讨论和广泛的社会参与，是一项不小的功绩。不过，他本人及其密友们，都没有足够的能力去实施这件事，因此必须找一个对此事更感兴趣的人，向他证明这样一个计划的必要性、良善性，以及所具有的实用性和基督教精神，然后再奉承他几句：实话实说，先生，只要您赞成此事，那就没有人比您更能影响教区了；我确信，您的一句话就是此事最大的保证；只要您把此事放在心上，先生，我认为此事也就成了。他们若能凭这种夸夸其谈的本事，让某个腰缠万贯的老傻瓜，或某个自负且爱管闲事的富翁上当，此事就有眉目了，并会成为富人们争相讨论的话题。教区的牧师，或其副牧师和教员，到处颂扬这个伪善的计划。第一批倡导者都乐此不疲；他们若有任何昭彰的恶德，要么为换取良好声誉牺牲这个计划，要么至少会更加谨慎，学会扮演伪君子，并时刻谨记：卑鄙无耻或罪大恶极带来的坏名声，与他们对职责以外的事情装出的热情和过度虔诚，是自相矛盾的。

□ 主日学校

主日学校（Sunday school）也叫教会学校，兴起于18世纪末，盛行于19世纪上半叶，因为在星期日举行而得名。起初是英美诸国为在工厂做工的青少年进行宗教教育和识字教育的免费学校，通常是教堂或教区的一部分。主日学校教导或宣讲宗教、道德、精神的纯洁、忠诚和对基督教上帝的服从，是教导基督教和圣经原则的最重要的工具。

随着这一小群爱国者人数的增加，他们自动形成了一个团体，设立了专门的集会；与会者无不隐藏起自己的恶德，自由地展示自己的才能。每次集会的主题不是宗教，就是无神论和渎神行为当前所造成的不幸。有名望者、生活奢华安逸者以及事业兴旺发达者，几乎都不参与这类集会。那些有理性、有学识者无事可做时，也往往会去寻求更好的消遣。凡是有崇高目标的人，应该都可以轻易找到不参与集会的借口，而去做他们该做的事，否则在教区里就会感受到无聊乏味。自愿参会的有两类人：一类是虔诚的教徒，他们有充分的理由前来；另一类是那些狡猾的罪人，他们认为这样做功德无量，希望以此弥补他们的罪过；而撒旦般的恶人，若只付出很小的代价，则也是没有资格参会的。一些人参会是为了挽救自身声誉，另一些人是为了恢复声誉，取决于他们是丧失声誉还是担心如此。还有一些人则谋划着凭此扩大生意，结交各界人士。许多与会者即便敢于坦诚相待，敢说真话，那些话也对他们的利益无关痛痒，只是为了提高他们在教区的知名度而已。有智者看到了这个计划的愚蠢，且无所畏惧，有人就会劝说他们不要独立思考，不要与世人背道而驰；即使那些最初对该计划坚决予以否定的人，最后也很可能受到诱惑，被迫服从。"该计划将大多数居民都计算在内，那些善款并不算多"——这是支持该计划的另一个普遍论点，许多人因此都前来捐献，若非如此，他们本来是会站出来坚决反对整个计划的。

地方长官多由中产阶级担任，但那些地位不及中产阶级者，只要有努力改善其窘迫的处境的热情，便会为中等阶级所用。你若问这些可敬的长官（不论一位还是所有官员），他们为何给自己招来这么多麻烦，既损害自己的利益，又浪费时间，他们会出奇一致地回答：那是因为他们看重宗教和教会，看重行善所带来的快乐。在这个藐视宗教和鼓吹自由思想的邪恶时代，大量贫穷无辜者的长久幸福随时可能被毁于一旦。他们绝没有考虑任何私利，即使与慈善学校的孩子有交往并为他们提供生活必需品，也绝不可能从那些物品中获利。尽管在其他一切事情上，他们对财富的垂涎和贪婪众目昭彰，可在这件事情上，他们完全摆脱了私心，没有丝毫世俗目的。其中要小心地隐藏起来的最重要的一个动机（他们大多数人都有）是：指挥和命令众人能给他们带来满足感。一声"长官"，悦耳动听，对出身卑微者极具诱惑性：每个人都渴望统治权和高高在上的优越感，就算统治野兽也自有其乐；统治任何事物都是一种乐趣，而正是这种乐趣使校长们在管理儿童这一乏味苦差中坚持下来。不过，若说管理孩子们会有一种满足感，那么管理校长本人便定会令人陶醉了。在推选校长时，其管理者会听到多少甜言蜜语，读到多少颂扬之词啊！这赞美令人如此陶醉，话语中没有曲意逢迎，没有生硬的表达，亦没有迂腐卖弄之气，怎能不教人身心愉悦！

那些洞悉人性者总是会发现，这些人假装最支持的，其实是他们最不屑的；他们完全否认的，其实是他们最大的动机。最容易养成的习惯或人品，莫过于虚伪；最容易学会的事情，莫过于否认自己内心的情感，以及自己遵循的原则。但每一种激情的种子都是与生俱来的，生于这个世界的任何人，都不可能缺失。只要注意观察儿童的娱乐活动，我们就会发现一种最普遍的现象，那就是他们都喜欢和小猫、小狗一起玩。他们总是拽着这些可怜的小动物，在屋里走来走去，不是因为别的，而是因为他们可以随意摆弄这些动物；他们从中得到的快乐，源于人类与生俱来的控制权、占有欲。

这项伟业付诸实施并圆满完成后，每位居民脸上都洋溢着喜悦和宁静。说到这，我也必须插几句话。到处都是邋遢可怜的家伙，他们衣衫褴褛、肮脏不堪。这些人在我们眼里往往都是些可怜虫，除非他们有什么特别之处，否则我们几乎不会注意到他们。然而，就像在上等人里一样，这些人中也有相貌英俊、身材匀称者。但是，若其中有人成为了士兵，他身上将发生极其巨大的变化：他身穿红色制服，头戴掷弹兵帽，腰系长长的弹药袋；凡是以前认识他的人，都对他另眼相看，认为他现在具备众多优秀品质；无论男女，心中对他所作的判断也跟过去大相径庭。看到慈善学校的孩子，人们亦会作出类似的反应；统一中有一种自然美，大多数人都为之欣然。男孩和女孩们分为两排，整齐划一，按顺序两两前行；而他们若都穿上同样的服装，佩戴同样的饰物，看上去将更加赏心悦目。使这一景象更为有趣的是，众人都觉得自己为此做出了贡献，就连教区里的仆人和最卑微者也不例外，而且对他们来说，这不用花一分钱。"教区教堂属于我们，慈善学校的孩子也属于我们。"在这一切之中，有一种所有权的影子，使每个有权说这句话的人内心骚动不已，尤其是那些真正为这项壮举做出贡献的人。

难以想象，人们竟如此不了解自己的内心，不清楚自己的内在状况，以致将脆弱、热情和激情误认为善良、美德和慈善。然而，更为真实的情况却是，这些愚蠢的评判者（不了解自己内心的人）认为，人们在上述事情中所感受到的满足、快乐和喜悦，都出于虔诚与宗教原则。只要读读我在前面两三页中所说的话，并发挥想象将自己关于这个主题的一些见闻思考得更深入一点，任何人都会找到充分的理由（源自上帝的爱和真正的基督教精神），来证明慈善学校为何如此盛行，为何受到形形色色人群的一致拥护和赞赏。这是每个人都能谈论和透彻理解的话题，是人们闲聊的最佳谈资，也是大平底船和公共马车上的乘客最津津乐道的话题。如果一个地方官支持慈善学校，或在布道时比一般人更加努力，碰巧他在人群中时，在场的女士们便会对他啧啧称赞，他的热情和慈善精神也会被捧上天。一位老太太说："说实话，先生，我们大家都非常感激您，我想其他长官都不可能像您这样为我们物色主教；听说，那位主教大人就是您指派的，虽然他身体不太好。"那位官员于是一本正经地回答说，那是他的责任，他是个不怕麻烦，不辞辛劳的人，最适合为孩子们，为那些可怜的

"羔羊"服务。那位主教说，确实如此，他想缝一副麻布袖子[1]，因此整晚都在做这件事，很高兴最后没让自己失望。

有时也会具体谈到：学校——整个教区的居民都希望那位主教建一所学校——现在那所学校的屋舍快要倒塌了；有这样一个人，他的叔父留给他一笔巨额财产，而且他自己还有一大笔钱；1000镑在他口袋里不算什么。

在另外一些场合，人们会谈论他们在一些教堂看到的盛大集会，还有募集到的大量善款。他们的话题很容易地由此转到神职人员的能力、不同的天赋和正统信仰上：

□ 英国公学

公学（Public School）产生于14世纪末的英国。最早的公学是为贫穷人家或平民子弟提供教育的场所，在贵族人士、国务活动家、宗教团体和慈善团体的倡议和资助下创办。一部分办得较好的文法公学，由于得到上流社会的支持和捐款的增多，到了18世纪，逐渐成为纯贵族化的膳宿学校，入读这种学校的基本条件并不是学费，而是家庭背景。公学毕业生大多进入牛津，剑桥大学深造，之后获得了社会地位较高的宗教职务，使得公学的地位不断攀升。图中表现了两个在哈罗公学读书的西装革履的富孩子，他们的衣着和神气与一边的穷孩子形成了鲜明的对比。

"X主教是个很有学问的人，我相信他对教会一腔热忱，但我不喜欢他做慈善讲道。世上没有比Y先生更厉害的人了……他迫使人们掏出口袋里的钱。他上次为我们的孩子布道时，很多人当场就捐出了善款。"我打赌，这些人刚走进教堂时肯定没打算捐那么多。我可以从他们脸上看出这一点，并为此衷心地感到高兴。

慈善学校如此迷惑大众的另一个原因是，人们形成的一种普遍认识，即慈善学校不仅对社会有益，对现世幸福有益，而且符合基督教义和我们自身的要求——为了将来的福祉，我们应该多建慈善学校。所有神职人员都热切地赞美

---

[1] 英国主教长袍的一部分，指主教的职位。

慈善学校，为其宣讲、为其辩护，其热情超过了履行其他任何宗教义务。支持慈善学校的人，不是年轻的郊区牧师，或名不见经传的穷学者，而是我们的高级教士中最有学识的，以及正统派中最有名望的，甚至还有那些在任何其他场所都不会让自己受累的人。说到宗教，他们显然知道我们的首要要求是什么，因此也知道欲得救赎最需要什么；而谈及国家，谁能比英国的智者们更了解王国的真正利益呢？而其中的智者之一无疑就是英国上议院的主教们。这种认可所带来的结果，首先是一些能以其财力和权势增加或维持这些慈善学校的人，自然就会把自己所做之事看得比想象中的更有价值。其次，不能或不愿以任何方式对其做出贡献的人，却仍能言之凿凿地赞美慈善学校。这是因为，在干扰我们激情的事情上，尽管我们很难做出合理的行动，但对其充满良好的愿景总是我们力所能及的——这几乎不需要付出任何代价。那些迷信的俗人当中，几乎没有人邪恶到讨厌慈善学校的地步；相反，他们认为自己看到了一丝希望，希望通过慈善学校弥补自己的罪过。他们正是遵循了最邪恶者以其对教会的爱和尊敬来安慰自己的原则，而且最恣意放纵的人都能从对慈善学校的支持中找到机会，无需任何代价即能表明其人品的正直。

但是，如果所有这些都不足以促使人们站出来为我说的那个偶像[1]辩护，那么还有一种东西，必定能屡试不爽地使大多数人对慈善学校挺身拥护。我们都天生热爱成功，凡是致力于慈善事业者，十个中至少有九个会取得成功。就任他去和谁争论吧，慈善事业闪耀着灿烂的光芒，又有众多支持者，就像一座城堡，是他坚不可摧的要塞。倘若哪个最清醒、最善良的人拿出所有论据，以证明慈善学校（至少是大多数）对社会的危害（我将在下文予以说明），那么某个能力更强者就会开始反对这个世上最大的恶棍，而且他只凭慈善和宗教这两方面的伪善言词，就能有力攻击前者，使世俗大众群起反对前者的看法。

因此，拥护慈善学校之风遍及英国的每一个角落，这无不是基于人类的弱

---

[1] 指慈善学校。

点和激情使然；至少，一个国家也会和我们一样，对慈善学校充满了喜爱与热情，但又未受任何美德或宗教原则的驱使。受这一想法的鼓舞，我将更大胆自由地批评这个庸俗的错误，并努力证明：这种强制教育远谈不上有益，反而有害于公众，因为这种福利要求我们给予它一种高于其他一切法律和情理的尊重。因此，这将是我打算做出的唯一道歉：我的看法不同于博学可敬的神甫们目前的观点。我大胆否认的，正是我们的大多数主教和低级神职人员所公开宣扬的观点。正如我们的教会所声称的，即使在神圣的宗教事务（教会的真正职责）上，他们也不可能完全不犯错，因此，认为教会在世俗事物上（教会关心极少）犯了错，并不算对它的冒犯。所以，我的言论也不算冒犯。

整个大地都受到了诅咒，没有面包可吃，除非我们辛勤劳作，挥洒额头的汗水，才能为自己换得必需的食物，勉强养活这作为生物个体的腐朽、有缺陷的身体[1]。但在文明社会，人类生活得越安逸，所需之物越多，因为他已经成了受过教育的动物；他们中的许多人通过缔结共同契约，组成了一个政治实体。在这样的文明国家，人们的知识积累得越多，获取安逸所需要的劳动就越多样。让大量社会成员都懒散地生活，享受着他们所能创造的一切安逸和快乐；同时，若没有大批懒汉情愿屈尊约束自己的性子，即凭自身的能力和耐心，使其躯体习惯于为他人和自己工作，这样的社会是不可能长久存在的。

生活必需品是否充足廉价，在很大程度上取决于创造那些物品的劳动的价格和价值。因此，所有社会的福利，即使在它们沾染异样的奢侈色彩之前，也都要求从事这种劳动的社会成员首先要身体健壮，从不贪图安逸闲散；其次，他们对生活必需品极易满足，所穿的每一件衣服都是自己简单缝制的。当他们的胃提醒他们吃饭时，除了填饱自己的身体，他们没有其他目的，很少考虑食物的味道或风味，从不拒绝饥饿时能吞下的任何有益健康的食物；而口渴时，

---

[1] 见《旧约·创世记》第4章第17—19节。亚当和夏娃偷吃了禁果，耶和华对亚当说："你既听从妻子的话，吃了我吩咐你不可吃的那树上的果子，地必为你的缘故受诅咒，你必终身劳苦，才能从地里得吃的……你必汗流满面才得糊口。"

蜜蜂的寓言 The Fable of the Bees

□ 马克思和《资本论》

曼德维尔在政治经济学方面的理论影响了马克思，他的著作《资本论》大胆地揭示了资本主义社会里资本与劳动的关系本质。

他们则努力克制，不要求任何东西。

因为大部分的苦差事都是在白天完成的，所以他们也只是按白天的时间来计算劳动，而不考虑自己的工时长短或疲惫与否；乡下的雇工清晨必须起床，不是因为他休息够了，而是因为太阳即将升起。对于三十岁以下的成年人来说，光是最后一条就难以忍受，因为从幼年起，他们就习惯了躺在床上，能睡多久就睡多久。但是，只要受过一定教育的人，就不太可能选择这三者（不计时间、不怕疲劳、每日早起）共同造成的一种生活状态，即便这可以帮他实现某个目标或从某个泼妇那里解脱出来。

倘若真需要这样的人——因为没有大批这样的人，多么伟大的国家都不会幸福——一个明智的立法机关难道不应尽其所能地悉心培养这种人，并像防范社会供应品的短缺那样，防范他们的短缺吗？除非迫不得已，不然没人会为了生计而疲于奔命：一贫如洗时，最必不可缺的东西是食物和水；在寒冷刺骨的天气，最渴望拥有的是衣服和住所。这些刚性的需求使人们屈服于任何可以忍受的事情。如果没有需求，就没人愿意工作；但只要能避免人们挨饿受冻，一切艰难困苦都会被看作实实在在的快乐。

从上述情况可以清楚地看出，在一个不允许存在奴隶的自由国家，最可靠的财富蕴藏在大量勤劳的穷人之中。因为，穷人既是劳动力，又一向是海军和陆军的摇篮；没有他们，就没有他人的享乐活动，任何国家的产品便都会失去价值。在最简陋的条件下，若想使社会幸福，使国民生活得舒适而安逸，就必须保证他们中有很多人既贫穷又无知。知识会放大和激发我们的欲望；一个人渴望得到的东西越少，他的生活就越容易满足。

文化伟人代表作图释书系

□ 《轧铁厂》 门采尔

尽管经历了经济崩溃以及随后的几个经济萧条时期，德国经济还仍处于迅速增长中。到1880年，德国的煤炭产量约为英国的三分之一，而到1913年，又在此基础上增长了六倍，几乎与英国当年的产量相当。这期间德国钢铁产量增长了十倍以上，远远超过了英国。门采尔的这幅《轧铁厂》正是创作于这个时期。画面生动地描绘了工厂中恶劣的环境和工人们艰苦的作业，揭示了德国重工业飞速发展的真相。

因此，若要保证所有国家或王国的幸福与安宁，便要将穷苦劳动者的知识限制在其职业范围内，而绝不可超出其职业要求。一个放牧者、一个庄稼汉或其他任何乡下人，对这个世界了解得越多，对其所从事的工作或职业之外的事情知道得越多，就越不可能心甘情愿地忍受世间的劳苦。

阅读、写作和算术能力，对于其职业需要这些资质的人来说非常必要；但人们谋求生计若完全无须依赖这些技能，它们对这类穷人便有害无益，因为他们只能通过每日的劳作挣得面包。精于学业的孩子极少，但他们却已有能力从事某种工作，因此，穷人花在读书上的每一个小时都将是社会的"损失"。跟工作相比，上学就是一种"懒惰"；男孩在这种安逸的环境中生活的时间越长，长大后就越不适于从事纯粹的体力劳动，无论体力还是心性，都不适合。那些注定在艰难、劳累和痛苦中度过一生的人，越早开始经历这种生活，日后对其忍耐力就越强。苦役和粗劣的饮食，对某些犯罪分子来说是适当的惩罚；但对于你不能指控其有罪的人，若将这些强加给他们，就是最大的残忍，因为他们生来就未曾吃过粗劣食物，也不曾从事过艰辛的劳动，也会极不适应。

不经过脑力劳动和勤学苦练，便难以获得阅读和写作能力；粗通了这两种能力的人，就认为自己比那些完全无知者更高明，认为他们根本不懂得正义感和分寸感，仿佛是另一物种。人人都天生厌恶麻烦和艰苦，因此，我们都热衷且往往高估某些能力，而这些能力是我们以多年的闲适和安宁为代价换取的。青年时期，将大部分时间花在学习读写和算术上的人，完全有理由期待凭这些能力获得一份合适的工作。其中大多数人都极其看不起纯粹的体力劳动，我指的是为他人服务、最令人鄙视的、最底层的劳动。一个受过些许教育的人，为了养活自己，会选择务农，勤恳地从事最肮脏、最辛苦的劳动；而贪婪、对家庭的关心或其他某种迫切的动机，也必然会驱使他作出这一选择。但他不会成为一个好雇工，不会为了少得可怜的报酬去服务其他农夫；至少他不适于做临时工，临时工总是被雇来犁地和运送粪肥，甚至不记得自己曾经有过不一样的生活。

当需要阿谀逢迎、卑躬屈膝地服务时，我们总是会看到，这种服务最淋漓尽致的表现，莫过于下等人对上等人细致而热忱的效劳；我所指的下等，不仅是财富和人品上的，还有知识与智慧上的。一个仆人一旦发现自己在为一个傻瓜服务，就不会对他的主人产生真诚的尊敬之心了。我们学习知识或服从命令时，最有感触的是，我们对教导或命令我们的人的智慧与能力越是钦佩，便越是尊重他们的法则和指令。没有一种动物甘愿服从其同类，若一匹马跟人一样有学识，我就不配做它的骑手。

在这里，我不得不再说些题外话，不过我要声明，我从来没有像现在这样重视这件事。但我却看到了即将到来的责骂，还有那群小学究对我的攻击，因为我冒犯了启蒙识字板，违背了文学的基本要素。

这不是莫名的恐惧，读者若想到我要对付的是一支由"小暴君组成的军队"，便不会认为我的担心毫无根据；这群人不是自己动手用桦树条鞭打我，就是撺掇别人去做。因为，即便说我的敌人只有大不列颠王国那些饥肠辘辘的可怜虫——不论男女，都生性厌恶劳动，对自己目前的工作极度不满，他们内心有一种比以往任何时候都更强烈的指挥别人的倾向；他们认为自己有资格，并满心期望当上慈善学校的校长——最保守估计，我的敌人也不会少于十万之众。

我似乎听见他们大声疾呼：从未有人提出过这么危险的学说，它是对天主教会赤裸裸的侮辱。他们还问道：究竟是哪个撒拉逊[1]畜生拿着如此丑陋的武器毁灭教育。他们极有可能控告我，说我试图煽动魔鬼撒旦，将更大的无知和野蛮引入英国——自福音之光首次现世后，在这方面，还无人超过哥特人和汪达尔人[2]。凡是在公众的憎恶中做事的人，即便他从未干过坏事，也总会被指控犯罪。人们会怀疑我与《圣经》的毁灭有瓜葛，也许还坚称，那部小开本《圣经》是在我的要求下，于1721年专门出版的，并主要用于慈善学校；由于印刷和纸张不良，字迹难以辨认。但我敢说，我像未出世的婴儿一样无辜。话虽如此，我仍恐惧不已，越想到自己的处境，就越心神不宁。但最大的安慰是，我确信几乎没有人会在意我说的话。我不怀疑我的文章对社会上大部分人所产生的影响，否则我就不会有勇气去考虑我将直言不讳地指责的所有行业，哪怕他们对我的各种惩罚都象征着我有罪；那么当我想到他们为我备好的种种责难时，我只能一笑置之了。因为，即便我没有被若干把无用的折刀突然戳死，文具商们也肯定会把我抓起来，或者将我活埋在他们的商场里，埋在一大堆他们卖不出去的识字课本和拼写课本下面；或者我被送进一家造纸厂，全身浇透水后，用机器捣得粉身碎骨，那个厂子情愿付出因此停工一周的代价；同时，油墨商们也会以维护公众利益为由，要求用收敛剂呛死我，或用他们手里

---

[1] 阿拉伯人的古称。
[2] 哥特人，古代日耳曼人的一支，在公元初的几个世纪里曾侵入罗马；汪达尔人，日耳曼人的一支，于公元4世纪和5世纪曾进入高卢、西班牙和北非，并于455年占领了罗马。此处都泛指破坏文化艺术的野蛮人。

的黑墨水淹死我。这些人只要联合起来，估计不到一个月便可做到。就算我能逃脱这伙人的迫害，一个私人垄断者[1]的怨恨也会给我致命一击。我很快就会发现，自己的脑袋已被那些厚重的小开本《圣经》猛击，这些小书被铜丝绑在一起，随时都可伤人。停办慈善学校，只会埋下斗争的祸根，引发无穷无尽的论争。

我刚才这番题外话并非愚蠢的呓语，也不会止于上面最后一段；认为一切欢乐皆不合时宜的严肃批评家，会觉得这非常无礼。但我要诚挚地表达歉意，以申明我没有任何反对艺术和科学的企图；因为一些大学校长和小心翼翼地保护人类知识的其他人，若看到无知被推崇为文明社会必不可少的要素，亦会产生同样的担忧。

首先，我认为每一所大学的教授人数应至少增加一倍。大学通常都极为重视神学教育，而另外两门学科却备受冷落，特别是医学。医学的每一个分支都应该有两三位教授，他们应不遗余力地向学生传授自己的技能和知识。在公开授课时，虚荣者有很多机会展示其才能，但对学生更有益的却是私下指导。而且，药剂学和药物常识，同解剖学和病史学一样重要。这个专业的学生拿到学位，并被授予了行医权，其职业使患者把性命托付给他们，而他们却不得不去伦敦研究药物学和药物成分的著作，撰写医学论文，接受那些从未上过大学的人的指导，这简直就是一种耻辱。可以肯定的是，在我所说的那座城市，一个人在解剖学、植物学、药剂学和临床医学方面提高的机会，要比那两所大学[2]加在一起的机会多十倍。粮油店和丝绸有什么关系？或者，谁会去绸布店买火腿和咸菜？在一切事务都安排得合理妥当之处，医院对提高学生医术的作用，绝不亚于对恢复病人健康的作用。

经商需具备良好的判断力，学习亦应如此：没有人会把自己的儿子托付给

---

[1] 指拥有小开本《圣经》专卖权的书商。
[2] 指牛津大学和剑桥大学。曼德维尔在其专著《论忧郁症和歇斯底里症》中说："在伦敦，一个人提高自己的机会是在牛津大学或剑桥大学的三倍。"

一个金匠做徒弟，以期待他成为一个布料商；同样，想成为律师或医生的人，为什么要请牧师来教授呢？语言学、逻辑学和哲学固然应放在一切学科的首位，但那些富裕的大学对医学的投入也实在太少了；大学里有众多闲人，他们报酬丰厚、吃喝无忧，住所宽敞豪华，但家里却没有一本书，没有与那三门学科相关的任何常见读物。在牛津大学或剑桥大学接受教育，一个人既可以成为火鸡销售商，也可以成为医生。依我个人浅见，大学拥有的巨大财富，有一部分显然没有得到合理使用。

除了公众同意付给他们的薪水，教授还会从他们所教的每个学生那里得到满足，且私利、竞争和对荣誉的热爱，也会激励他们勤奋工作。一个人在某一门学问上或某一方面才能卓越，并获得教导他人的资格后，便理应接受他人用金钱来交换其能力，而不必考虑对方属于哪个党派，甚至不必考虑对方来自哪个国家、哪个民族，是黑人还是白人。大学应是各种学问的集聚之地，就像年度博览会（德国莱比锡、法兰克福等地都有，这里有各色商品，且无国产与进口之别，从世界各地会聚于此的人们，可以自由、平等地交易）。

说完支付教授酬金的事，我还要为有志做神职人员的学生辩解几句。对于一国政府而言，最迫切需要开设的学科就是神学；既然我们应当有大量神职人员为国家服务，我不想阻止出身卑贱者让他们的孩子从事神职。因为富人若有许多儿子，有时也会让其中一个去做神职人员。正如我们所见，上流人士也会从事圣职，而头脑理智者，尤其是教士们，只要确信自己的孩子有了足够的朋友或兴趣，并能在大学里通过拿巨额奖学金，通过受俸牧师的推荐，或其他途径维持生计，也会放心培养孩子从事圣职。不过，每年被任命的大量神职人员，并非来源于此；而我们所欠缺的教士，也大多培养自其他渠道。

在各行各业的中产者中，都有一些偏执狂，他们对牧师的长袍和法衣有着迷信的敬畏；其中许多人都热切希望自己的儿子从事圣职，而不考虑他们以后会怎样。在英国，许多善良的母亲，既不考虑自己的处境，亦不考虑孩子的能力，怀着这一值得赞美的愿望，每天都陶醉在这种令人愉快的畅享之中；在儿子还不到十二岁时，她们往往就怀着母爱与虔诚交织的心情，想象日后看到儿子站在讲坛上，听到他给信徒布道，这种快乐甚至让她们流下了喜悦和满意的泪水。正是由于这种宗教热情，或至少是被误作这种宗教热情的人类弱点，我们才有了大量为国家服务的穷学者。因为鉴于家境的不同以及全国上下牧师俸禄的微薄，穷困潦倒的父母若没有这种乐天性格，我们从其他任何地方都找不到合适的人来做牧师，让他们靠如此可怜的薪俸，去救治众生的灵魂。凡是受过足够教育的人，是不可能以此过活的，除非他具有真正的美德，而这种美德是愚蠢的、有害的。而我们应当期望：在神职人员身上的真正美德通常比俗家人身上的更多。

我虽然致力于推动更能使社会直接受益的那些学问，却并未因此忽视更深奥文雅的学问。只要我的愿望能够实现，全国各地的所有文科和文学分支都应该得到大力发展。每个郡都应建立一所或多所大型公立学校，教授拉丁语和希腊语。而各校至少应该开设六个班级，并给每个班都配备专门的教师。这些学校均应由一些权威文人监管，他们不只是名义上的监管者，而是每年至少拿出两次时间，亲自到学校监督每个班级由校长主持的考试，而不只是停留于评判学生们在论文或其他实践中取得的进步（他们平时根本看不到）。

与此同时，我也不支持开设大量小学校，此类学校的老师若不是极度贫困，这些学校根本就不可能存在。人们普遍错误地认为，若不懂一点拉丁语，就无法拼好或写好英语。为了自身利益，学究们坚持这种观点，而各方面都很拙劣的学生，则是最顽固的支持者。同时，这也是一个令人憎恶的谎言。我过去和现在都在不断认识一些女性，她们从来没有学过拉丁语，却依然能严格遵守拼写规则，写出令人赞赏的流畅英文。反之，每个人都可能看到过所谓学者们的大作，他们至少在文法学校[1]上过几年学，但其文章中却满是语法和拼写错误。精通拉丁语对任何专业都极为必要，没有学识便没有绅士。即使那

---

[1]昔日英语国家教授拉丁语的小学，后来也教授古希腊语、英语、欧洲其他语言、自然科学、数学、历史和地理。在16世纪和17世纪，建立文法学校是贵族、富商和行业协会做慈善事业的常见做法。

些打算做律师、外科医生和药剂师的人，对这种语言的精通也应该高于普遍水平。有些青年将来的职业不需要天天使用拉丁语，因此拉丁语对他们来说毫无用处，学习拉丁语显然是在浪费精力和财力。从事某种职业后，人们在小学校学到的东西不是很快被遗忘，就是只会让他们变得不合时宜，在工作中招致麻烦。能不根据曾经获得的知识（即使早已丢掉）评价自己者，少之又少，除非这些人十分谦虚谨慎，否则，提起他们记忆中那些一知半解的拉丁文，只会招来精通者的嘲讽。

我要像对待音乐和舞蹈一样对待读书和写字：我不会强迫社会接受它们，也不会迫使社会拒绝它们。只要有人能从中受益，便不断会有老师来教授。但除了在教堂，一切教学都不是免费的。说到这，我要将那些有志于圣职的人排除在外，因为其父母若穷得连孩子接受初级教育的费用都负担不起，那么任何想进一步学习的渴望都是不切实际的。

同样，出身卑贱者若发现自己的孩子比那些无所事事的酒鬼或可怜的浪子更喜欢学习，且除了乞讨外，他们没有其他办法给孩子添置一件破衣服，我们便应鼓励他们让孩子接受这样的教育。但是，如果现在需要雇用一个男孩或女孩做点事，我们便有责任首先雇用慈善学校的孩子。那些孩子所接受的教育，似乎是对其昔日不良品行和懒散的奖励，但往往也是对其父母的施惠；他们如此忽视自己的家庭，本应受到惩罚。在某个地方，你可能会听到一个半醉的流氓边咒骂自己，边叫酒保再拿一瓶酒——他有充分的理由，因为他的孩子有免费的衣服穿，还能免费上学。在另一个地方，你或许又会见到一个穷困潦倒的糟糕女人，她将自己的孩子托付给别人照料；因为她是一个懒惰的荡妇，从未真正做过任何改善现状的事，而是常在小酒馆里哭穷。

若人人都能让子女接受良好的教育，这些孩子在大学里都能勤奋学习，那么英国便会有大量博学多才者，而需要阅读、写作或算术能力的行业，也不会缺少这类人才；但前提是，父母们负担得起教育费用，有能力去培养孩子。学识不像圣灵的恩赐，无法用金钱购买；但如果我们相信那则谚语，用金钱购得的智慧也绝非最差的。

我认为有必要如此详尽地谈论学问，以消除那些反对真理和公平交易的敌人的叫嚣（我不想向他们做过多解释），因为他们可能会指责我是所有学问和有用知识的死敌，是个邪恶的倡导大众愚昧无知的家伙。我现在要履行我的承诺，回答那帮支持慈善学校的好心人对我的反驳——慈善学校精心培养学生，以保证他们日后能从事有保障的工作，而不是成为我所暗示的那种无所事事者。

我已充分说明，比起工作，上学为何就是"懒惰"，也严斥了对穷人子女的此类教育，因为这使他们以后永远无法胜任体力劳动，而那是他们本应承担的责任。在一切文明社会，若以审慎和人道的方式向他们提出要求，他们不应该抱怨或表示不满。剩下的篇幅，我要来谈谈避免穷人子女从事艰辛劳动的问题，我将尽力证明，这是对国家和谐的破坏，是对许多地方长官都不明白的某些事务的粗暴干涉。

为此，我们有必要研究一下社会的本质，并思考一下：以我们现有的条件，若想使一个社会更强大、更完善、更美好，社会应由哪些成分构成？在英国这样的国家，为满足人类奢侈和放荡的欲望，以及真正的生活需要，各种行业及其附属行业应运而生，数量惊人。但可以肯定的是，那些行业的数量虽多，但并不会无限增加；若增加一个不太需要的行业，定然多余。一个腰缠万贯的人，如果在齐普赛街[1]开了一家最好的商店，售卖穆斯林头巾，那他早就赔得破产了。狄米特律斯或任何其他银匠若只做阿尔忒弥斯神龛[2]，便难以维持生计，因为对那位女神的崇拜如今已经过时了。创立不需要的行业是愚蠢之举，因此，大量增加任何一个行业的从业者，以致远超实际需要也是愚蠢的。一切都由我们自己安排，若让酿酒商和面包师一样多，或让毛料商和鞋

---

〔1〕伦敦市街区，为中世纪伦敦的贸易中心。
〔2〕出自于《新约·使徒行传》第19章第23—41节。狄米特律斯是制造亚底米银龛的银匠。亚底米是古希腊神话中的月神与狩猎女神阿尔忒弥斯，即古罗马神话中的戴安娜。

匠一样多，都无比荒谬。所有行业都会自行配置其数量比例，无人干预或干涉时，是最佳的平衡状态。

为了让孩子学点本事日后能自谋生计，父母们总是先考虑和商议培养子女从事哪种行业或职业，然后再作出选择。成千上万的人除了这一点，几乎不去考虑其他任何事情。限于自身处境，只能给儿子10镑的人，肯定不会选择要先交100镑学徒费的行业；接下来他们还要考虑哪一行收益最高。当时，若某个行业比其他行业需要更多的从业者，立马就会有十几位父亲准备让儿子学习那一行。因此，许多公司最操心的事，便是如何控制学徒人数。所有行业如今都在抱怨人力过剩（也许确实如此），你给某个行业增加了一个人，超过了该行实际需要的人数，显然损害了这一行业。此外，慈善学校的管理者们考虑最多的不是哪一行最好，而是能找到哪些商人愿出一笔钱雇用那些男孩。富有而老练的商人很少雇用这类穷人家的孩子，他们害怕其父母所带来的种种麻烦。因此，至少在大多数情况下，他们不是被酒鬼父母和粗心大意的老师约束着，就是被一贫如洗，只要拿到钱就全然不顾徒弟将来如何的师傅束缚着。这样看来，我们研究的无非是为慈善学校打造一个永久的温床。

若所有行业的从业者，以及各类手工艺人都过剩，就说明整个社会的管理出了问题；因为若国家能养活人民，便不会有太多剩余劳动力。生活必需品很贵吗？你有劳动能力、有一双手，却没有工作，那是谁的错呢？但有人会回应道：要想增加国家财富，必须最终解散农民或减少纯利。对此，我的回答是：农民抱怨最多的正是我要纠正的——农民、园丁和其他从事繁重劳动的人最大的不满是，用和过去一样的工资，他们根本雇不到帮工。零工抱怨其苦差事只能挣到16便士，而在三十年前，他的祖父只挣一半的钱便很满足了。至于纯利，增加人数后纯利也不可能减少，但生活必需品和一切劳动的价格只要有所变化，就必然是下降的。一个人的年收入从150镑减少到了100镑，但只要他能用这些钱买到以前用2镑所能买到的东西，他就没有理由抱怨收入的减少。

金钱本身没有价值，无论是1几尼到底值20镑还是1先令，都取决于时代的不同。正如我前面所言，决定金银价值的是穷人的劳动，而不是人为制订的

□ 熨衣裳的女仆

在英国的贵族家庭里，仆人有严格的等级划分。最上层的是管家，他们掌管整个宅邸所有起居和进出，握有最高的权力。第二层是贴身仆人，他们通常是主人的心腹，只负责男女主人的起居与服装配饰，地位与薪酬要比普通的仆人高很多；第三层是男侍从与女仆，男侍从作为主人的门面，其服装以燕尾服为主，主要负责给客人开门、提行李、出门发电报等工作，也负责端茶送水、伺候晚宴，而女仆的地位则略低于男侍从，她们主要负责宅邸内其他主人的衣食起居以及打扫整理等工作；最下层则是厨娘与女工等低级仆人，一般情况下她们是不允许直接接触主人的。图为一位女仆正在为主人熨烫衣裳。

或高或低的价格；因此穷人的劳动是生活的舒适之源。只要农业和渔业得到应有的发展，我们就有能力获得更多社会财富；但是，我们却几乎没有任何能力增加劳动力，以致找不到足够的穷人来做维持我们生存的那些事情。社会的人口比例被破坏了，这个国家的大部分人口，本应都是辛勤劳作的穷人，除了自己的工作，他们对其他方面一无所知。不需要体力劳动或过度透支体力的行业，都有大量的求职者。你想雇一个人做店主，却来了十个记账人，或者至少是十个假冒的记账人；英国乡村到处都缺帮工。你本想雇一个在绅士府邸当过差的男仆，却来了十二个人，个个都想当大管家。你可以轻易雇到二十个女仆，但不出高薪就雇不到一个厨师。

若非生活所迫，没有人愿意去干肮脏的、奴役般的工作。我并非歧视那类工作，但所有这些都表明，最卑贱、最穷困的人懂得太多，对我们没有好处。仆人们要求的东西其主人负担不起——靠我们的捐助，穷人学到大量知识，却又确信这些知识能让我们再次为他们付出，鼓舞他们这样做的激情是多么疯狂啊！让我们破费更多的，不仅有花我们的钱受教育的人，还有那些愚昧无知的乡下姑娘和蠢货；他们没有任何本事，一无所长，却也要来诓骗我们。我们捐助的钱培养出来的人造成了仆人的短缺，而这又给了仆人们要求提薪的口实；他们理直气壮地要求得到的薪水，原本只有那些精通本行业务、具备该行所需要的大部分优秀品质的仆人才应得到。

世界上再也没有比我们的仆人更聪明的家伙了，他们如此对待差事，能给我们带来什么好处呢？他们大多都是流氓，不值得信任；即便他们是诚实的，其中一半也是酒鬼，每周都会喝醉三四次。这些脾气乖戾的家伙往往喜欢吵架，把自己的男子气概看得高于一切。当他们的勇力受到质疑时，他们根本不在乎自己撕破的是什么衣服，或者会令人多么失望。那些性情温和者通常都是令人憎恶的皮条客，他们总是追在姑娘们身后，每个接近他的女仆都会被他玷污。他们中很多人都会嫖妓、酗酒、吵架，但主人们却对其犯下的这些过错视若无睹，甘愿放任，因为他们举止优雅、谦恭，懂得如何服侍绅士。但这种忽视是主人们不可原谅的愚蠢行为，最终只会惯坏仆人。

未沾染任何这类缺点，而且深知自身责任的仆人，少之又少；这类仆人都是稀世珍宝，五十个中甚至都找不出一个；他要求的薪水肯定高得出奇，你永远也无法满足；宅子里的一切都是他的额外收入，除非你给他的钱足以维持一个中等家庭，否则他绝不愿留下来伺候你。尽管你把他从教堂里、收容所或监狱中救了出来，但只要他的要求得不到满足，你就永远不要指望他会长久地留下来，他因自视甚高而认为自己理应得到那样的礼遇。而且，最优秀、最有教养，从未有过粗鲁无礼言行的仆人，也会离开对他最宽容的主人；为了理直气壮地离开，他会编出五十个借口，说出彻头彻尾的谎言。一个供应半克朗[1]或12便士一份的普通套餐的饭馆老板，从顾客那里挣到的钱，同一个仆人在与其主人共进晚餐的每位客人那里得到的小费一样多。我想知道，那餐馆老板是否像那仆人一样，常常认为顾客给的一先令或半克朗是应得的。

无力款待太多客人，也不常请别人吃饭的人，雇不起一个体面的男仆，只好找一个乡巴佬或其他笨拙的家伙；而一旦他认为自己适合干别的工作，并且被他的流氓伙伴濡染得更聪明，他马上也会离开。绅士们为了消遣或谈生意，常去那些著名餐厅和场所，尤其是西敏寺区附近的。这些餐馆都是仆人最好的

---

[1] 旧时英国的5先令银币，等于60便士。

学校，就连最迟钝的傻瓜在那也能提升智力，立马摆脱愚蠢和天真。这些地方是男仆的学院，经验丰富的"教授"每天都会举办公开讲座，讲述各种低级放荡之事，传授给"学生"的粗鄙之术多达七百种，诸如如何欺骗主人、给主人施压、如何找出主人的弱点，等等。"学生们"刻苦地学习、实践，短短几年，便会成为邪恶的"毕业生"。年轻的绅士们并不深谙世事，一旦雇用怀揣这类知识的人做自己的仆人，便往往会沾染以上恶习。他们担心别人发现自己的无知，因此不敢反驳或拒绝仆人的任何事情。这往往就是他们给予仆人不合理的特权的原因。而他们在竭力掩饰自己的无知时，反而暴露了自己的无知。

也许有人会把我批评的这些事情归咎于奢侈，而我说过，只要进口永远不超过出口，奢侈对一个富裕的国家绝无坏处。但我认为这种归咎并不公正，任何事物都不应以奢侈为衡量标准，否则便是愚蠢之举。一个人只要能负担得起，他便可以纵情沉溺于安逸，享受世间的快乐，同时又能对身边的每一件事都表现出极佳的判断力。但他若尽力不让仆人提供他所期望的服务，便不能如此评价他。在英国，纵容仆人的正是太多的金钱、过高的薪水和过多的打赏。一个人可以在他的马厩里养25匹马，只要这与他对待其他事情的尺度一致，他便算不上愚蠢；但他若只能养一匹马，却为了炫耀自己的财富而过度喂养，他就是自找苦吃的傻瓜。一个讲究生活品质的时髦绅士，经常从钟表商和其他零售商处购买各种小玩意或稀奇古怪的东西，他派仆人去付钱时，仆人总会从中扣下5%至7%，并告诉主人这是他们的钱。主人连这种行为都可以容忍，岂非愚蠢？别人送给仆人礼物，仆人收下了，我们可以默许；但仆人若声称礼物是自己应得的，不给便强行索要，那就是厚颜无耻的卑鄙行径。那些衣食无忧的人，没有理由为了金钱像仆人那样受苦，除非他们是为养老、防病而存钱，这在我们那些跳出贫民区的仆人中并不常见；而他们即便是为此存下了钱，他们也会因此变得粗鲁无礼，让人难以忍受。

我得到可靠的消息，有一群仆人竟傲慢到结成了团体，并规定不得提供少于某一数额佣金的服务，不得搬运任何超过一定重量（不超过2磅或3磅）的物品、包裹和箱体；还有其他一些与其服务对象的利益背道而驰的规定，都完全有悖于仆人们应尽的职责。他们中的任何一个人若因严格遵守这个团体的规定而被解雇，他将得到照顾，直到为他找到新的服务工作。主人若不顺着这"团体章程"，他们随时都可以拿出钱来对其提出诉讼，伪称主人殴打或给他绅士般的仆人造成了某种伤害。倘若这消息真实可靠（我有理由相信），为了自己生活的长久安逸和便利，他们还会继续这样对待自己的主人，那么我们可能很快就会看到大多数家庭都在上演精彩的法国喜剧《主子男仆》[1]。如果不尽快对这种状况加以纠正，一旦这些仆人团体壮大到一定程度，他们便会随心所欲地制造一幕幕悲剧，而且不会受到任何惩罚。

不过，即便这些担忧毫无根据、无须多虑，不可否认的是，仆人们几乎每天都在冒犯其主人，试图与他们平起平坐。他们不仅千方百计地想要废除卑贱的社会地位，而且已经大大改善了人们对其低下职位的普遍评价，而公众福祉所需要的正是他们始终待在原来的位置。我并不是说这些事情都是慈善学校造成的，可能也要归因于另一些恶德。对于英国来说，伦敦太大了，而且在许多方面我们都还存在不足。但倘若上千个错误同时出现后，我们才真正意识到它们所带来的麻烦，那么还会有人怀疑我所说的话吗？慈善学校是仆人的"同谋"，至少它们更可能会引起和增加仆人的抱怨，而不是减少这些抱怨。

唯一能为慈善学校开脱的理由是，它们使成千上万名儿童接受了基督教信仰和英国国教原则。为了证明这一理由并不充分，我有必要请读者回忆一下我之前说过的话，因为我不喜欢重复。除此之外，我还要补充一点：为使贫穷的劳苦大众了解宗教（孩子们在学校学习的），必须为他们提供合理救助和足够的必需品，就像提供教堂布道或传授教义一样；即便教区最贫穷的居民，只要能走进那些地方，我希望他们不要错过每一个主日礼拜。安息日[2]（一周中最有益的一天）是为礼拜和宗教活动而设立的，也是体力劳动者们的休息日，所有

---

[1]法国诗人、戏剧家、小说家保罗·斯卡隆（Paul Scarron，1610—1660年）的五幕诗剧，全名《裘德莱（或主子男仆）》。该剧主角是法国喜剧中第一个反仆为主的仆人。

[2]基督教大多将一周第一天（星期日）作为休息和做礼拜的日子，即安息日。

伦敦贫民

18世纪中期以来，欧洲工业革命的同时伴随着城市化的推进，大量乡村人口涌入工业城市，其中许多人缺乏技术和教育，并处于贫困状态，使城市中出现了大量贫民区。图中为伦敦温特沃斯街贫民区的景象，这在高速发展的城市化进程中并不罕见。

官员都有责任特别对待这一天。穷人及其孩子们更应在那天中午前后去教堂，因为他们没有其他时间。应通过训诫来警示他们，用榜样来鼓励他们，并从其幼年时期就培养这种习惯，让他们知道，故意忽视此事是可耻的。若完全强迫他们如此，可能显得过于苛刻，甚至不切实际，但也至少应严格禁止一切消遣娱乐——穷人也不能参加任何可能诱使他们离开教堂的娱乐活动。

若地方长官以其职权解决了这一问题，那么牧师们就可以向地位最卑微者灌输更多虔诚和奉献精神，传授更多美德和宗教原则，这些做法比慈善学校在任何时候起到的作用都大。若有人抱怨，没有阅读和写作的帮助，就无法让教民充分了解他们作为基督徒所需要的知识；那么，这些教民不是太懒惰，就是太无知，他们不配得到这些知识。

最博学者并非最虔诚之人，我们只需对不同能力者作一番调查便可发现此言不虚，因为即便此刻，穷人和文盲也不是被迫去教堂的（尽管有这种可能）。我们先选出100个穷人，这是我们所能找到的第一批穷人，他们年龄都在40岁以上，自幼从事艰苦的劳动，所以从来没有上过学，一直住在远离知识和大城市的地方。我们将这些穷人与同等数量的优秀学者作个比较，这些学者都读过大学，其中一半都是神学家，精通语言学和辩论术（若你愿意这样想）。公正地考察这两类人的生活和言谈后，我敢肯定：那群穷人虽然大字不识，但却更团结友爱，更少邪恶之心及对尘世的依恋；他们心灵更为富足，更诚挚、天真，具备更多有益于社会安宁和公众福祉的好品质。相反，在后者身上我们看到更多的是极度自负与傲慢，是永无休止的争吵和纷争、不可调和的仇恨、冲突、嫉妒、诽谤，以及其他一些破坏社会和谐的恶习；而在不识字的穷苦劳动者身上，你几乎看不到那些恶德的影子。

我确信，对我的大多数读者而言，我在上段话中所说的情况并不稀奇。但情况若真如此，为何要竭力否认呢？我们为何要用重视宗教的面纱，来掩盖我们的真正目的和世俗意图呢？若两党[1]都同意摘掉面纱，我们很快便会发现，无论它们如何伪装，其目的无非是为巩固自己的政党，而不是提倡慈善学校。教会的忠实支持者们，通过教授孩子宗教原则，鼓励他们以最高的崇敬之心来看待英国教会的神职人员，并对所有不赞成英国国教的人报以强烈的憎恨和永恒的敌意。要确定这一点，我们只需考虑两个问题：首先，教士们向学生布道时最推崇哪些神祇，最喜欢宣讲什么；其次，近年来我们是否发生过暴乱或群殴事件，在这些事件中，最激进的首领是否总来自伦敦某个著名的收容所。

坚定拥护自由者一直在保卫自己，对抗独裁势力，他们在未受到独裁的威胁时，往往并不都特别迷信，似乎也不都十分看重任何现代改革者的身份。然而，其中一些人同样为慈善学校大声疾呼，但他们期望从中得到的东西却与宗教和道德无关；他们只将自己看作适当的工具，用来摧毁和挫败神职人员对不信教者的权力。阅读和写作可以增加知识，人们知道得越多，就越能作出独立的判断。神职人员会想象：知识一旦普及，民众便很可能摆脱他们的统治，而这正是他们最害怕的事情。

我承认，前者[2]很可能会达到他们的目的。不过，可以肯定的是，明智者既不会狂热支持某个政党，也不会盲目崇拜神职人员；他们认为，忍受那么多不便（如慈善学校可能招致的麻烦）只为满足神职人员的野心和权力欲，很不

---

[1] 指18世纪英国的托利党（Tory）和辉格党（Whig）。
[2] 指前段开头所说的极力主张自由的人。

值得。对后者[1]，我要说的是：那些在父母或亲戚的资助下接受教育的人，若都能独立思考，拒绝接受牧师们灌输的道理，我们就不必担心牧师会对那些从未受过教育的无知之人产生影响。让他们最大限度地利用慈善学校吧，考虑到我们为那些付得起学费的人设立的学校，有人认为废除慈善学校就是向愚昧无知（愚昧会损害国家）迈出了一步。这种想法是何等荒谬呢？

我不愿被人视为残忍之徒；也十分清楚，若我对自己还有起码的了解的话，我可以确信，我最憎恶的就是残忍。但是，在理性禁止的情况下滥施同情，过分推崇社会总体利益所需的稳健思想和坚定决心，却是个不可原谅的弱点。我知道，同情心会不断与我作对：既然上帝赋予穷人子女同富人子女一样的天赋和才能，就不应剥夺他们发挥才能的任何机会，否则就是残忍。但相比另一种情况，我认为这并不算残忍，那就是：穷人子女虽然同其他人一样能力出众，却一文不名。我不否认，收容所里也出过许多有用的大人物，但可能还有一种情况：那些人刚被雇用时，许多和他们一样有能力、不是在收容所长大的人被忽视了；后者若也有那样得到工作的好运气，必定做得和前者一样好。

许多事例都告诉我们，女子在学习上甚至在战争中都能取得极大的成就，但这并不意味着我们要让她们去学习拉丁语、希腊语或军事纪律，而不去学针线活和其他家务。我们并不缺少天赋异禀者，世间也没有哪种土壤和气候比英国的更优良，能造就身心更完美的人。我们缺少的不是智慧、天才或温顺，而是勤奋、专注和刻苦。

大量艰苦而又肮脏的劳动必须有人从事，各种低劣的生活也要有人去过。除了穷人的子女，我们还能去哪找如此适合的对象呢？肯定没有人比穷人更接近、更适于那种生活。除此之外，我所说的"苦难"，对那些从小就在苦难中长大的人来说，似乎算不上苦难，甚至是他们认为最美好的东西。看看那些最辛苦地劳作、从未享受过世间的浮华与美味的人，你会发现，我们当中没有人

---

[1] 指前段所说的赞成慈善学校的人。

比他们更容易满足。

这些都是无可争辩的事实，但我知道，很少有人愿意暴露这些实情。让这些事实变得可厌的，是一种不可理喻的情绪，即对穷人过分的尊重；这种情绪在英国尤甚，它源于怜悯、愚蠢及迷信的混杂。正是这几种情感的共同作用，使人们不忍听到或看到任何针对穷人的言行，而全然不顾其中哪些公正合理，哪些傲慢无礼。所以，即便一个乞丐先打了你，你也绝不能还手。学徒裁缝控诉他们的店主，态度顽固，蛮不讲理。但我们必须对其心怀怜悯之情，必须安抚纺织工的不满情绪，甚至做50件蠢事来逗乐他们；尽管他们因自身穷困而侮辱了生活比其优越者，而且无论在什么场合，似乎都更乐于嚼舌根和闹事，而不是工作或安稳度日。

□ 乡间运输

商品运输条件的改变，可以改变商品的运输时间，减少商品的流通成本，从而更快地实现商品的使用价值。图中为一群农民正将他们的产品运往城镇，这种原始的运输方式效率较低，随着工业革命的到来受到了很大的冲击。

这使我想起了我们的羊毛，因为考虑到我们所面临的情势和穷人的行为，我打心底里认为，不论何故，我们都不应将羊毛出口。但若深入探究出口羊毛如此有害的原因，我们就会发现，人们抱怨或反对出口羊毛有其合理之处。羊毛在离开港口，并安全运抵对方海岸之前，必然会遭遇大量的、各种各样的危险。显然，外国人要想使用我们的羊毛，必须支付比我们国内高得多的价格。然而，尽管成本差异如此巨大，在国外市场上，他们仍能以远低于我们的价格出售羊毛制品。这就是我们所遭受的损失，是令人无法忍受的灾难；但若没有出口羊毛，只要我们能雇到充足的工人，只要我们还有剩余的羊毛，其出口对我们的危害就不会比出口锡或铅的危害更大。

在毛纺织业上，没有哪个国家能与英国相媲美，不论是货物运输，还是产品质量，至少在最为关键的生产部门，的确如此；所以，我们所能抱怨的，完全在于我国与其他国家在管理穷人方面的差异。倘若A国的劳工每天工作12小时，每周工作6天，而B国的劳工每天只工作8小时，每周最多工作4天，那么，B国必须雇9个人才能完成A国4个人完成的工作。但是，若勤劳的A国工人在衣食住行上所消耗的金钱，仅仅是B国同等数量的工人所消耗的一半，其结果必然是：在薪水相同的情况下，A国能雇到18名工人，而B国只能雇到4名工人。我不是在暗示，也并非认为在勤劳或生活必需品消耗方面，我国与某个邻国之间的差异真就像我说的那么大。但我仍要提醒人们注意，上述差异的一半甚至更少的差异，足以抵消他们在羊毛价格上的劣势。

一个最明显的事实就是：任何国家都不可能向邻国抛售本国商品，除非他们有储备，并能降低生产成本；或是工人们更加勤劳、愿意延长工作时间，或满足于比邻国工人更低劣的生活。因为两国在技术、运输及劳动的便捷性方面都不相上下，尤其是当制造的产品的成本对其中一国不利时。可以肯定的是，若两国工人人数相同，工人越勤劳，完成同等数量工作所需的人手便越少；一个国家的生活必需品越丰富，出口的商品就会越多，价格也就越便宜。

因此不可否认，我们有大量工作尚待完成；同样不可否认的是，人们工作时心情越愉悦，工作效率便越高，这既有益于那些工作的人，也有益于社会其他成员。快乐就是知足，一方面，一个人对更优越的生活方式了解得越少，就会对自己现有的生活方式越满意；另一方面，一个人的知识和经验越丰富，其品位就越高雅精致，对事物的判断往往就越全面，因而也就更难满足。我并不提倡任何粗野庸俗之事，但当一个人自得其乐、边笑边唱时，我从他的表情和举止中看到了心满意足的全部征象，因此，我就断定他是快乐的，这与他的才智或能力无关。我从未认真思索他的快乐是否合理，至少我不应以自己的标准来评价，也不应根据使他快乐之事对我的影响来判断他是否该笑。这么说来，因为我喜欢蓝奶酪，一个讨厌乳酪的人肯定会叫我傻瓜。De gustibus non est disputandum（言及趣味无争辩），这句格言无论在字面意思还是喻意上，都是正确的。人们在生活条件、身份地位、生活方式上的差距越大，他们的悲欢就越不相通。

　　一个最卑贱、最粗鲁的农民，若拿出两周时间，隐姓埋名离家去观察尊贵的国王的生活，他会发现自己满意的一些事情，但也会发现更多不如他意之事；他若是国王，便会立即予以改变或纠正，而他发现国王竟然忍而不发，好不惊讶。同样，国王若到乡间微服私访，会发现农民的劳动令人难以忍受；他们的肮脏和卑劣，他们的嗜好和情爱，还有他们的消遣和娱乐，都会令国王厌恶。但另一方面，从农民内心的平静安宁，从其神情的泰然自若中，国王又会发现什么吸引人之处呢？他们不必在家人面前装腔作势，不必对其死敌虚情假意，不必担心妻子贞洁，不必忧虑子女安危，不必因揭露阴谋而紧张，不必因毒药威胁而恐惧，国内没有蛊惑民心的政客，国外也没有要对付的狡猾朝廷，没有需要收买的冒牌爱国者，不必满足贪得无厌的宠臣，不必顺从唯利是图的教士，不必取悦四分五裂的民族，也不必迎合喜怒无常的暴民而影响或妨碍他享乐。

□ 农业工人

　　早在中世纪，欧洲就开始出现了从事农业生产的雇工，15至18世纪的英国"圈地运动"使大量的农民失去了土地，只能依靠出售劳动力为生。他们开始受雇于资本家的农场，"农业工人"成了当时的新兴群体。图为一位受雇的农妇正在资本家的农场中劳作。

　　若公正判断真正的善恶，并据此列出一些快乐与烦恼（国王与农民的大相径庭），我不知道国王的境况是否都是农民所期望的，尽管我认为农民本应是无知和辛劳的。很多人之所以愿意成为国王而不愿成为农民，首先是因为骄傲和野心深深扎根于人性之中，而我们每天看到人们因其骄傲而努力，从而陷入危险的境地时，又会鄙薄他们，以此来满足自己。其次是因为使我们的情感产生力量的对象，不论是物质的还是精神的，其影响力有大有小。那些能直接触动我们外在感官的事物对我们情感的影响，要比思考的结果、最令人信服的理性的指示更强烈,而且前者比后者更容易引起我们的好恶。

鉴于以上证明,我所主张的做法不会损害穷人的幸福,至少是损害极小。我请明智的读者思考一个问题:我们能否以我所说的方式来增加我们的出口,而不是坐着不动,谴责和谩骂邻国,用我们自己的武器攻击我们。有些国家以高昂的价格购买我们的产品,制造出比我们的更畅销的产品;另一些国家则不计路途遥远、困难重重,靠出口变得越来越富,而我们却忽视了这条"鱼",尽管它随时都可能跳进我们嘴里。

正如你可以凭借技巧和努力去阻止懒惰,你也可以不靠强力而迫使穷人去劳动;因此,使穷人自小在无知中长大,你便能使他们习惯于真正的艰辛,而从不会意识到自己的处境。我之前已经说过,使穷人在无知中长大,意思不过是指:穷人对世事的了解应仅限于他们自己的职业范围,至少我们不应将其认识扩展到那个范围之外。若能利用好这两个引擎[1],我们就可以有充足的生活必需品,劳动力成本就会相应降低,我们便能成功地在邻国倾销产品,同时我们的产量也会增加。这种对付贸易对手的方式高尚而果敢,我们凭此便能在国外市场上战胜一切对手。

为了吸引穷人去工作,我们在某些情况下善用了政策。穷人说自己不愿像其他国家的穷人那样生活,既然如此,我们为何不满足他们这一重要意愿呢?我们既然不能改变穷人的决心,为何要将穷人违背公众利益的想法视为正当情绪?以前我常常想不通,一个自称心系国家荣耀和福祉的英国人,为何晚上听一个懒惰的租客(已拖欠一年多房租)嘲笑法国人穿木鞋会兴致勃勃,而早上听人将伟大的威廉国王[2]誉为野心勃勃的君主、才能卓越的政治家时会悲伤而愤怒,并公开向世人抱怨法国的王权过于强大?尽管如此,我对木鞋仍不感兴

---

〔1〕指"阻止懒惰"和"使穷人在无知中长大"。
〔2〕指英国国王威廉一世(1027—1087年),即"征服者威廉"(William the Conqueror),诺曼底大公(1035—1087年)。

趣，也不赞同一个人拥有独裁权力。我希望自由和财产能受到保护，穷人也能得到更好的工作；尽管他们子女的衣服应在辛勤的劳动中磨破，应被乡野间的尘土玷污，而不是在玩耍时被撕破，被无缘无故泼上墨水。

即便那里的穷人比这个岛国的穷人多10万人，英国至少也有三四百年的工作可提供。要想使英国的一切都各尽其用，使每个地区都有人居住，大量河流就都要改道通航，几百处地方须开凿运河。一些土地需要排水和防洪，并确保日后不被淹没；要将大量贫瘠的土地变成沃土，成千上万亩土地被人们改造为良田。Dii Laboribus omnia vendunt（神永远眷顾勤勉者）。世间没有困难是勤劳与忍耐所不能克服的。最高的山峦可以被投入随时向其敞开怀抱的山谷；在我们过去想都不敢想的地方，现在亦能架起桥梁。让我们回顾一下罗马人留下的伟大作品，尤其是他们的公路和水渠[1]。让我们先从一方面来想想，他们的公路修建得那么坚固、那么宽广，使用的时间已那么长；再从另一方面想想，一个穷困的旅人，每走10英里就被叫停下来，缴纳一便士作为夏天修路之资，而众所周知，那些道路常年泥泞不堪，至冬始干。

公众生活的便利，永远都是公众最关心的问题；任何城镇或整个县郡的私利，都不应妨碍一项明显有利于改善国情的工程或计划的实施。立法机关的每一个成员，只要明白自己的职责，宁可做个聪明人，也不愿讨好他的邻人；宁愿为整个国家带来最少的利益，也不为他所服务之地带来最明显的利益。

我们有自己的物料，实施任何工程既不缺石头，也不缺木材。人们每年都自愿将大量钱财施与那些一无是处的乞丐，每个主妇年年都须付给教区失业或没有工作能力的穷人一笔钱。若每年都将这些钱凑在一起，足以雇用成千上万人去工作。我这样说，并非认为它可行，而只是想表明，我们有足够的钱来雇用大量劳工；我们也不应该像我们可能想象的那样如此缺少此类资金。如果确

---

[1] 罗马人于公元43年侵占了不列颠，统治英格兰长达400年，其间修建了许多城镇以及公路、水渠、澡堂、庙宇等设施，并将基督教带到了不列颠。

信一个士兵（其体力和活力至少维持得和任何人一样）每天能靠6便士过活，我便认为：一年中大多数时候付给日工16或18便士便毫无必要。

那些整日担惊受怕、谨小慎微的人一向看重其自由，我知道，他们会大喊道：你所说的民众若没有固定收入，没有任何财产和权利，便只能任人摆布。但我的回答是：可以找到可靠的办法，并制定规章制度，管理和约束劳工管理者；而国王或其他任何人都不可能虐待臣民。

我能想见，我在以上四五段所说的话，一定会遭到许多读者的耻笑，至少会被说成空中楼阁；但这到底是我的错还是他们的错，则是另一个问题。一个国家若缺少公益精神，那它不但失去了与公益精神相伴的耐心，也失去了所有坚忍的思想；而国民也会变得心胸狭隘，一想到特殊的事业或需要很长时间才能完成的事就觉得痛苦，因而会将高尚或崇高的事情看作空想。当人们彻底击溃或去除了愚昧，所有人都多少有些学识后，自利就会把知识变成狡诈。而一个国家越是盛行这种现象，其国民就越会将所有忧虑、关注和行动都集中在当下，而不考虑日后如何，或几乎不考虑下一代人如何。

正如维鲁勒姆爵士[1]所说，狡猾是一种扭曲的智慧，因此，一旦出现这些迹象，谨慎的立法机关便应立即采取措施去消除社会混乱。其最明显的表现是：人们普遍轻视精神上的奖励；人人都为钱财驱使、做快速盈利的生意；对一切都充满怀疑，除非亲眼所见，什么都不相信，这种人被视为最谨慎的人。在与人交往中，人们的行为往往出于一种原则，即落后者遭殃的原则。没人愿意种植橡树，因为橡树要生长150年才宜砍伐；人们更愿意建造房屋，且设计的房子最多只能维持14年。人人都慨叹世事无常、盛衰难测。数学成了唯一有价值学习的东西，人们凡事都利用数学，即便在那些荒谬的事情上。人们似乎在一件事情上最相信天意，那就是商人终将破产。

---

[1] 指英国哲学家弗朗西斯·培根（Francis Bacon，1561—1626年），他在1621年受封为维鲁勒姆男爵。

公众有责任弥补社会的种种缺陷，而首先便是弥补最易被个人忽略的缺陷。矛盾更宜用矛盾来化解，因此在弥补国家缺陷方面，榜样的力量比训诫更有效。立法机关应当开创一些伟大的事业，这些事业必须应时之需，也必须付出巨大劳动；还要让世人相信，他们做任何事都是出于对下一代人的关心。这将安抚或有助于稳定那些反复无常的天才和性情易变者，并提醒我们记住：我们生来不是只为自己，我们能成为一种工具，用以减少人际间的不信任，以家国之情来激励人

□ 木匠

16世纪到18世纪，英国为崛起而蓄势，所以掌握着各项技艺的工匠也迎来了"黄金时代"。这与政府对工匠的政策密不可分：其一，出台《工匠法令》，确定工匠的薪资标准，保障了工匠权益；其二，出台专利保护制度，激发创新的思维；其三，吸引海外工匠移民，大幅提升了英国工匠的整体技艺水平。在生产力低下的时代，工匠群体价值的极致发挥，是推动欧洲经济发展的有效手段。图为当时的一个木匠铺忙碌工作的场面。

们，要想壮大国家，这是最为重要的精神。政府的形式可能会改变，宗教甚至语言可能也会改变，但大不列颠或至少（若它的名称也会改变）这个岛屿本身将会继续存在下去，而且很可能和地球上其他地方一样长久。世世代代的人们都曾向其祖先致以诚挚的感谢，因为他们从祖先那里受益良多。一个基督徒，在圣彼得教堂之城[1]享用着众多喷泉和大量水源，若他从未对异教的古罗马人心存感激，那他便是一个忘恩负义的卑鄙小人，因为古罗马人当年曾为此付出了巨大心血。

当整个岛国都被开垦出来，每一英寸土地都适宜居住、于人有益，英国成为地球上最便利、最宜居的地方。我们所付出的一切代价和劳动，都将惠及我

---

[1] 指古代的罗马城。圣彼得大教堂位于罗马的梵蒂冈城内，1626年完工。

们的后世子孙。那些怀着不朽的崇高热情和愿望的人，那些致力于改善自己国家的人可以安心了，一两千年后，他们仍将活在受益于其贡献的后世人的记忆中，活在永恒的赞美中。

  我本应在这里结束这首思想狂想曲，但我脑海中又浮现出一些有关本文的范围与主旨的问题，它将证明：在一个秩序良好的社会中，有必要存在一定程度的无知。我不能忽略这一点，因为我可以将其作为一个有利的论据；而我若不予解释，它很可能会被认为是对我的有力驳斥。大多数人（包括我在内）都认为，俄国现任沙皇[1]最值得称道的品质，就是孜孜不倦地努力使其臣民摆脱固有的愚昧，并使其民族文明化。不过，我们必须考虑到俄国人最需要什么，因为不久前的俄国还很原始，很落后。这位沙皇管辖的领土广阔、人口众多，但他却没有足够数量与种类的商人和工匠来改善这个国家，因此他只能千方百计地培养出这类人来。然而，这对我们这些深受相反"疾病"（英国各行各业的工匠过多）折磨的人有何益处呢？合理的政策之于社会，犹如精湛的医术之于人类。没有一个医生会将嗜睡者当作失眠者来治疗，也没有任何医生会给一个水肿病人开治疗糖尿病的药方。简而言之，俄国各行各业的人才太少，而英国的则太多了。

---

  [1]指俄国的彼得大帝，即彼得一世（PeterⅠ，1672—1725年；1682—1725年在位）。

社会本质之探究

迄今为止,道德家和哲学家们普遍认为:没有自我克制便没有美德。但一位已故作家[1](现在很多有学识者都读过他的著作)的观点却与此相反,他认为:不自寻烦恼、顺应自己天性者,生来便具备美德。他似乎在要求和期待人类的完美,就像我们品尝葡萄或中国橘子甜味时的态度一样,若其中有一个酸的,我们便会大胆断言,它们并未达到其天性所能达到的那种完美。这位高尚的(我指的是沙夫茨伯里阁下的人格)作家认为:人是为社会而生的,因此,人天生就应对整个人类怀有一种美好的感情,并有一种为所有人谋福利的热切渴望。基于此种想法,他将一切符合公共利益的行为都称作美德,而将一切自私自利、毫无公德之心的行为称作恶德。他将美德与恶德看作人类世界永恒的存在,一切国家、一切时代都必然如此。他还认为,一个理解力强的人,若遵循良好理性的规则,不仅会在道德、艺术作品和大自然中发现美丽与美德,而且会更从容、更及时地用他的理性来驾驭自己,就像一个出色的骑手用缰绳驾驭一匹训练有素的马。

读过本书前面的内容后,细心的读者很快就会发现,没有哪种观点比沙夫茨伯里阁下和我的观点更对立的了。我承认,沙夫茨伯里阁下的想法慷慨而精妙:它们是对人类的高度赞扬,只需借助一点热情,就能唤起我们对高尚天性尊严最崇高的情操。可惜这些都不是真的。在本书的每一页,我几乎都表明,那些概念的实质与我们的日常经验格格不入,否则我就不会如此评价那些概念

---

[1]指沙夫茨伯里三世,英国哲学家。(见本书第155页注释)

了。但为了不给任何反驳意见留下口实，使我的评价留有悬念，我打算把到目前为止我只略加提及的一些事情加以详述，以便使读者相信：人类凭借那些美好善良的品质，并不能在社会性上超越其他动物；而且更重要的是，若没有我们所说的源自天性与道德的"恶德"相助，绝不可能将任何群体培养成一个人口众多、富裕繁荣的民族，就算实现了，也不可能维持下去。

为了更好地完成我给自己规定的这项任务，我首先要对"美丽"和"道德美"的实质作一番考察。对于这两个词古人已经作过很多论述，其意义是：探讨事物是否真正具有价值和卓越之处，是否优于另一事物。对此，每个人往往都赞同那些最通晓该事物者的见解，或者说很少有事物会受到人们的一致推崇，并在所有国家、所有时代受到同样的评判。当我们开始探寻其内在价值时，若发现一种事物比另一种好，而第三种事物又更优于前者，以此类推，那么我们就会对成功抱有极大的期望。但是，若我们遇到几种要么全都很好，要么全都很坏的事物，我们就会感到困惑，并不总能认同自己，更不用说认同他人了。美丽多种多样，缺陷也不一而足。世道与潮流在变，人们的品味与性情也各不相同，因此事物受到的褒贬也各异。

将一幅名画与一位新手的处女作进行比较时，评论家们的意见永远不会有分歧，但在鉴赏大师们的作品时，他们的意见又何其不同。鉴赏家有不同的派别，在鉴定画作的年代和国别时，能有相同看法的人极少，最好的画作并非总能卖出最好的价钱。一幅著名画作的真迹永远比一个无名之辈的仿作更值钱，尽管那仿作可能更出色。绘画作品的价值，不仅取决于画家的名号和作画的时代，在很大程度上，还取决于作品的稀有性、画作拥有者的身份，以及被大家族收藏时间的长短。这其中的缘由，很难解释清楚。汉普顿宫[1]的那些壁廊油画若非出自拉斐尔之手，而是一位名不见经传的画家所作，或者由私人收

---

[1] 英国伦敦的皇宫，由英国建筑家沃斯莱建于1515年，1525年献给英王亨利八世，宫中有大量的绘画和装饰，还有花园和当时著名弄臣们的私人卧房。

藏，而此人又必须将其卖掉，那么就算现价只是原来的十分之一（人们居然认为它值那么多钱），人们也不会购买它。

虽然如此，我仍愿意承认，对绘画作品所作的评价可能会得到普遍认可，或者至少不会像对其他任何事物的评价那样变化无常和不确定。其原因很简单，即评价画作，总有一个始终不变的标准可循。绘画是对自然的临摹，是对人类目之所及的一切事物的复制。若说我对绘画这一辉煌发明的思考有点不合时宜，我希望善良的读者能予以谅解，因为这对阐明我的主旨很有帮助。尽管我所说的事物作为艺术很有价值，但我们从这种快乐的欺骗中获得的所有快乐、愉悦和满足，都要归功于我们主要感官的缺陷。我将予以解释。空气和空间是我们看不到的东西，但只要稍加注意，我们便会发现：我们所看到的大部分事物，离我们越远，就会显得越小。只有从这些观察中获得的经验，才能教会我们如何对事物的距离作出准确的判断。一个人生来就是盲人，二十岁时，他若突然有了视觉，便会对距离的差异感到困惑不解，单凭眼睛，他几乎不能立即断定哪个东西离他最近：是他的手杖可以触碰到的一根柱子，还是一座应该在半英里之外的尖塔。我们不妨来仔细观察下墙上的一个洞：除了空气，墙后面什么也没有。而在其他情况下，我们可能不会看到天空填满了那个洞，且离我们仿佛环绕着墙后的石头背面那么近。根据我们对视觉的理解，这种容易使我们上当的情况不能被称为缺陷；除了运动，艺术能将一切事物呈现于我们眼前，其状态与我们在生活和自然中所看到它们的状态毫无差异。一个人若从未见过这种艺术如何付诸实践，那么一面镜子可能很快就会令他信服。我不禁想到，光滑物体表面的种种反射对我们视觉的作用，肯定是发明素描和油画的最初驱动因素。

在大自然的作品当中，价值与卓越同样具有不确定性；甚至在人类世界，被一国视为美的事物，在另一国或许会显得平淡无奇。花店老板的选择何其古怪！他有时喜欢郁金香，有时喜欢报春花，有时又会被康乃馨深深吸引。在他心目中，每年都有一种新花胜过其他所有旧花，尽管新花在颜色和花形上都远不如旧花。300年前，男人的胡子刮得和现在一样短，但后来他们留起了各式各样的胡子。在当时,这些胡子都很时髦,而如今却显得很可笑。在流行戴宽檐帽的时代,一个穿着体面的人却戴着一顶窄檐帽,样子看上去该有多滑稽啊!同样,窄檐帽正盛行时,宽檐帽又显得多么怪异!经验告诉我们,这些时尚很少能持续10年以上,一个六十岁的人一生中至少应该经历过五六次时尚变革。然而,这些变革的开始阶段(虽然我们已经历过几次)似乎总是不合时宜,而且每当它们以新面貌回潮时,都会令人不快。何方神圣能断定时下最美的风尚是什么?在衣服上缝制大纽扣还是小纽扣?合理布置花园的方式几乎数不胜数,而哪种花园最美,则因不同国家和时代的不同品味而异。草坪、树木和花坛的造型多种多样,通常都能令人身心愉悦,圆形可能和方形一样让人赏心悦目。某个地方最适合椭圆形,而另一个地方则最适合三角形;在某些情形下,虽然阿拉伯数字"8"比数字"6"更好看,但八边形并不比六边形更美。

自从基督徒开始建造教堂,教堂的外观便一直像一个十字架的形状,其顶端朝向东方。若一位建筑师忽略了教堂中空间很大也容易建造房间的地方,便会被视为犯了不可原谅的错误;但若期望土耳其清真寺或异教徒神庙也如此建造,那就太愚蠢了。在数百年来制定的众多有益的法律中,很难找到一条比"死者礼服法"更实用、同时又不会带来任何不便的法律。那些在该法案制定时已经记事,且至今仍健在的老人一定还记得:当时反对该法案的呼声有多强烈[1]。最初,成千上万的人听说自己死后会被穿上毛料衣服下葬时,都震惊不已。而使该条法令得以通过的唯一原因就是:它给有些时髦的人留有余地,使他们可以放纵自己的弱点而又毫不铺张浪费。在葬礼上,哀痛是做给少数人看的,而排场则是给大多数人看的。该法案给国家带来的好处如此明显,因此没有任何理由去谴责它,过了没几年,人们便渐渐不再出于恐惧而反对它。我注意到,当时最先接受那条新法令的,是极少考虑自己未来葬礼的年轻人;

---

[1]英王查尔斯二世(Charles Ⅱ,1630—1685年)颁布的《普通法》第18条规定葬礼上"只能使用羊毛尸衣"。

而在制定该法令时,那些已埋葬过许多亲友的人反对的呼声最为持久。我还记得,有许多人直到临死那天也没有接受那条法令。如今,人们几乎已经完全忘了给死者穿亚麻尸衣的风俗,大家普遍认为毛料衣物最体面,死者的着装就应如此。这表明,我们对事物的喜厌主要取决于时尚和风俗,取决于我们的前辈,以及那些我们认为在某种程度上优于我们者的言行。

评价道德的标准更是反复无常。基督徒憎恶多妻制,为多妻制辩护的伟大天才和智者全都遭到过蔑视和驳斥[1]。自小学到的东西奴役着人类,习俗的力量扭曲了天性,同时又以某种方式酷似天性,因此我们往往很难判断自己受到的影响究竟来源于习俗还是天性。但可以肯定的是,无论我们对它们的思想感到何其惊恐,除了建立在时尚与风俗之上的情感外,天性中没有任何东西与之相抵触。

显然,探究美德和善良天性徒劳无益,因为有力的依据十分有限。但这还不是我发现的最不合常理之处。人不自我克制也能具备美德,这种想当然的念头正是通向伪善的大门。虚伪一旦成为习惯,我们不仅会欺骗别人,还会完全迷失自己。在下面的这个例子中,我们会看到:由于缺乏适当的自我审视,一个身份尊贵、博学多才者是怎样沦为在各个方面都与本书作者酷似的人的。

一个在富足安逸的环境中长大的人,若天性好静且懒散,就会学会躲避一切麻烦,并且选择压抑自己的激情;这并非因为他憎恶感官享受,而是害怕因过度追求快乐、屈服于自身欲望而招致种种不便。一个人曾受教于一位伟大的哲学家[2],这位导师温和、善良、才能卓越。在这样幸福的环境中,这位学生对自己内心状态的评价很可能优于实际状况,并相信自己道德高尚,这是因为他的激情尚处于蛰伏状态。关于社会美德及蔑视死亡的观念,他会在自己的书房里洋洋洒洒地书写,会在聚会上滔滔不绝地谈论;但你永远不会看到他

---

[1] 包括柏拉图、托马斯·摩尔和伊拉斯谟等名人。
[2] 此处旨在嘲讽沙夫茨伯里伯爵,而他的导师则是哲学家约翰·洛克。

□ 神职人员和女仆

中世纪的西欧，天主教会是最有势力的封建主集团，也是封建主阶级进行精神统治的有力工具。教会的政治权力统治着人们的精神，而教会的特权阶层内部，贪污、腐化之风盛行。图为两名贪婪而虚伪的神职人员正在大快朵颐。

为国家而战斗，永远不会看到他为挽回国家的任何损失而努力。一个研究形而上学哲学的人，极易使自己踌躇满志，并且真心相信，只要死神还在视线之外，他就不惧怕它。但若有人问他：既然你有这种天生的或来自哲学的勇气，你的国家陷入战争时，为何你没有拿起武器？或者问他：看着国家日日被掌权者掠夺，国库也陷入困境，你为何不去宫廷任职，利用所有朋友和势力去当个财政大臣，凭借自己公正、智慧的管理，恢复民众对国家的信心？他很可能会回答说：我喜欢退隐生活，除了做一个好人，没有其他任何抱负，而且从来没想过要在政府任职。或许他会回答说：我憎恶一切阿谀奉承和奴性的侍奉，憎恶宫廷的虚伪和俗世的忙乱。我愿意相信他，但一个生性懒散、精神怠惰的人，非常真挚地说出这番话时，难道不会同时放纵自己的种种欲望吗？美德在于行动，不论是谁，只要对社会充满热爱，只要对自己的同胞怀有仁慈之情，只要能凭其地位或品质在公众管理中担当某一职位，在他有能力提供服务时，便不应无动于衷地坐着，而应为其同胞的利益奋斗不息。这位人格高尚者若是个好战的天才，或是个爱发脾气的狂暴之徒，他一定会在人生的戏剧中选择另一个角色，并且宣扬一种迥然不同的学说。因为我们总是在激情的驱使下运用理性，自恋能为人类一切不同的观点分别辩护，并为每个人提供依据来证明其欲望的合理性。

这种自诩的中庸之道，以及个人品质中备受推崇的平静美德，除了培养懒汉之外，没有别的用处。这或许能使人有资格享受农夫式生活的愚蠢乐趣，或至多能使人担任一个国家的治安法官，但永远不会使人具备劳动与勤勉的能力，也不会激励人去取得伟大的成就，去完成艰难的使命。人天生安于逸乐和懒散，喜欢沉溺于感官享受，这是无法用戒律来约束的。人类某种强烈的习性和好恶，只能为更强烈的激情所抑制。反复向一个懦夫说明他的恐惧毫无道理，并不能使他变得勇敢，就像你命令他长到十英尺高并不会使他真的变得更高一样。而真正能激发勇气的秘诀，我已经在本书的评论R中透露给读者了。

□ "七艺"

"七艺"又称"自由七艺"，是古希腊学校中的主要教学科目，包括"三科"[辩证法（逻辑）、文法、修辞]、"四学"（算术、几何、天文、音乐）。"四学"主要由柏拉图提出，他认为君主必须具备哲学才能，而哲学才能的培养离不开上述这些技能。到了古罗马时期，"三科"和"四学"逐渐合并，并作为学科一直沿用到了文艺复兴运动以前。

我们精力最旺盛、欲望最强烈之时，对死亡的恐惧最为强烈。这时，我们目光敏锐、听觉灵敏，身体的每个部分都在各司其职。其原因很简单，此时的生命最美妙，我们也最有能力享受它。既然这样，一个有荣誉感的人（尽管他才三十岁且身体相当健康）怎会如此轻易地接受挑战呢？正是他的骄傲之心战胜了他的恐惧，若非如此，恐惧便会表现得最为明显。假如他不习惯于大海，那就让他置身于风暴之中；假如他以前从未生过病，那就让他喉咙疼痛或轻微发烧；如此一来，他就会万分焦虑，表现出对生命的无限珍视。如果人天生谦逊，不受阿谀奉承的影响，政治家就不可能达到自己的目的，也不知道如何自处。若没有恶德，人类的美德便永远不会被发现；而每一个蜚声世界的伟大人物的存在，都是反对这种友好制度的有力证据。

面对一大群敌人，那位伟大的马其顿人[1]曾孤军奋战；倘若当时他的勇

---

[1] 指亚历山大大帝。

气达到了发狂的程度，那么当他幻想自己是神，或者至少当他怀疑自己是不是神的时候，他的疯狂也不会减少。我们一想到这一点就会发现，正是那种激情和放纵使他在最危险的情况下精神抖擞，使他克服了一切困难和疲乏。

世界上再也没有比西塞罗[1]更有才干、更完美的裁判官了。想到他的谨慎与警惕、他所藐视的真正危险，想到他为了罗马的安全所付出的代价；想到他在发现和挫败那些最大胆、最狡猾的阴谋者的诡计时的足智多谋；同时，想到他对文学、艺术和科学的热爱，想到他在形而上学研究方面的成就，想到他推理的缜密、辩论的力量、文风的优雅，以及全部著作所展现的高雅精神，等等，这一切的一切，我感慨万分。至少我要说，他是一个了不起的人。然而，当我淋漓尽致地描述他这么多优秀品质时，也非常清晰地看到了另外一面，即倘若他的虚荣心不及他最卓越的品质，他对这个世界精准的判断和认识，便不可能使他成为一个自我吹嘘、令人讨厌的聒噪号手，也绝不会使他因宣扬自己的优点而受伤，以至于写出一句连小学生都会嘲笑的诗：O! Fortunatam…[2]

刚正的加图[3]的道德观是多么周密而严苛！这位古罗马自由的伟大拥护者，其美德是多么坚定，多么自然！然而，尽管这位斯多葛派教徒的自律和苦行，长久以来不为人知，他特有的谦逊也不为世人所知，甚至在他自己面前也隐藏了起来。尽管他内心的弱点迫使他满怀英雄气概，但在生命的最后一刻，他却通过自杀告诉人们：他显然被一种凌驾于爱国情怀之上的专横力量主宰着，他对凯撒真正的伟大和个人功绩怀有不可消除的仇恨和异常强烈的嫉妒。这曾长期影响着他在最高尚的伪装下的一切行动。如果不是这种强烈的动机战

---

[1] 西塞罗（Cicero，公元前106—公元前43年），罗马共和国末期的一位政治家、雄辩家，曾担任共和国执政官，揭露并镇压了喀提林的武装政变阴谋，凯撒死后担任元老院首领，后被流放，在战争中被杀。

[2] 指全句为："O fortunatam natam me consule romam"（啊，我生为罗马执政官是何等快乐）。

[3] 加图（Cato，公元前234—公元前149年），罗马共和国时期的一位贵族政治家，曾任共和国检察官，因反对凯撒的阴谋败露而自杀，史称"老加图"，死于战争中。

胜了他那完美的审慎，他不仅可以保住自身的性命，而且可以保全因失去他而遭受迫害的朋友们。如果他肯屈尊，他很可能会成为罗马的第二人。但他深知，那位胜利者有着宽广的胸怀和无限的慷慨，他害怕的正是凯撒的仁慈，因此他选择了死亡。对骄傲的加图来说，最可怕的不是自杀，而是他若不死，将给他的劲敌如此诱人的机会去显示其宽宏大量。因为凯撒早已看到了这一点，肯定会宽恕加图这样一个顽固不化的敌人，并善待他。明智者认为，倘若加图敢活下去，那位深谋远虑、野心勃勃的征服者后来便不会铸成大错。

另一个可以证明我们天生对同类怀有善意和真情的论据是：人类比任何动物都喜欢结伴，在感官上比其他生物更厌恶孤独。在《性格论》[1]中，这一观点得到了完美的注解，并由无比华美的语言被阐释得淋漓尽致。读过那篇文章后的第二天，我就听到一大群人叫卖鲜鲱鱼，那叫卖声，还有脑海中浮现的那些捕获鲱鱼的宽广浅滩、被一同捕获的其他鲜鱼，都让我感到非常愉快，尽管当时我一人独处。可是，正当我沉浸在这美好的遐想中时，突然来了一个无礼的懒汉，而我不幸又碰巧认识他。虽然我敢说当时自己看上去跟以前一样健康，状态良好，他还是问了我很多有关身体方面的问题。我已忘记当时是如何回答他的了，只记得花了很长的时间才摆脱他，而且真切感受到了我的朋友贺拉斯曾抱怨过的那种不自在[2]，给他带来不自在的人与这人性情极为相似。

我不希望睿智的批评家据此断定我厌恶人类。而且，不论是谁做出这种论断，都是大大的误会。我很喜欢与人为伴，倘若读者对我的书以及我刚才所说的话还不太厌烦，那么，在描述我愿与之交谈者的特点之前，我先要表明一点，即对我们人类的那番奉承是毫无根据且可笑至极的。我还要向读者保证，不等读完那些看似与我的主旨无关的题外话，你便会发现那些话的用处。

通过早期的良好教育，他应当完全具备正确的荣辱观念，并对一切与无

---

[1] 沙夫茨伯里伯爵所著，其中心思想就是人是群居动物，并对此作了大量论述。
[2] 见罗马共和国末期罗马帝国初期诗人贺拉斯（Horace，公元前65—公元前8年）的《讽刺诗集》第一卷第9首。

礼、粗鲁或野蛮沾边的事情形成一种习惯性的厌恶。他应当精通拉丁语，熟悉希腊语，反正除了他的母语之外，还应懂得一两种现代语言。他应当了解古代的风尚与习俗，而对自己国家的历史，以及他所生活的时代的风俗了如指掌。除了文学之外，他还应当学习一些有用的科学或其他方面的知识，应当游历过外国的宫廷和大学，使旅行的真正作用得以发挥。他有时应当以跳舞、击剑和骑马为乐，且对狩猎和其他乡间运动有所了解，但又不沉溺于其中的任何一种。他应当把这些运动看作有益于健康的锻炼，或是休闲娱乐，且不能让它们妨碍事业，或花费更多的精力。他应当懂一点几何学、天文学、解剖学以及人体构造学。为了表演而通晓音乐是一种成就，但也不尽然，我更愿让他精通绘画，能具备绘制风景画的技能，或者无须动画笔就能解释我们想要描述的任何形体与模型。他应当早早习惯与端庄的女子为伴，并且每两个星期就要与女士们交谈一次。

像无宗教信仰、嫖妓、赌博、酗酒及吵架这类粗鄙恶习，我就不提了，即使最粗浅的教育也能提醒我们警惕这些恶习。我会一直鼓励他践行美德，但绝不赞成一个绅士对在宫廷或城里所做的事情故作无知。人无完人，因此，他身上某些缺点，我若无法回避，便情愿接受。倘若他在十九岁到二十三岁之间，青春的激情有时会战胜他的操守，那么就得小心行事。在某些特殊场合，他可能会迫于寻欢作乐的朋友们的压力而过量饮酒（但这种情况很少发生，对他的健康和脾性并无多大影响）。倘若某项正义事业受到极大挑衅，他英勇予以捍卫时被卷入一场争斗；而若具备真正的智慧，或不那么恪守荣誉规则，那么争斗本可以缓解或避免，因此他日后也绝不会再卷入争斗。我说这番话的意思是，他若碰巧有过以上过失，又从不谈论或吹嘘这些事情，那么只要他此后谨言慎行，在我所说的那个年龄段所犯的这类过失便可以被宽恕，至少可以忽略不计。青年时期的那些灾祸有时也会使绅士们感到后怕，变得更加稳健与谨慎；若非如此，他们恐怕永远也无法学会如何保证自己的安全。为了不让他堕落、避免去做容易招致流言蜚语的事，最好的办法就是使他能自由地出入一两个贵族家庭，要将频繁出入视为他的一种责任。借助这些方法，你便能使他保持傲气，对耻辱永怀惧怕之情。

倘若一个人生活富足，性情与举止接近我所要求的那种完美，到三十岁还能不断完善自己，不断认识世界，那么与他交谈是不会令人生厌的，至少在他身体健康、事业顺遂、没有什么事破坏他的好脾气时是这样。不管是机缘巧合，还是专门邀约，这样一个人若遇到了三四个与他志同道合的人，且都同意一起消磨几个小时，那么这些人便是我所说的良师益友。他们谈论的一切，对有理性者来说都大有裨益。他们的见解有时并不一致，但只要有谁首先向意见相左者让步，他们之间便不会发生争执。他们依次发表意见，但不高谈阔论，只让声音清晰传到离自己最远的那人耳中。他们所追求的最大乐趣，就是在取悦别人的过程中获得满足感；他们都知道，全神贯注地倾听，面带赞许的表情，就像我们自己在讲述美好的事情一样，便能令他人愉悦。

无论追求何种趣味，大多数人都喜欢这样的谈话，特别是不知如何打发时间时，他们更倾向于此，而非独处。但是，他们若能通过其他事情获得更实在或更持久的满足，他们就会放弃交谈的快乐，而去做他们认为更重要的事情。可是，一个人尽管两星期都没有见过其他人，是否就宁愿继续一个人待下去，也不愿和一群喜欢制造矛盾、以激起争吵为荣的喧闹者为伍呢？一个以书为伴的人，不愿潜心阅读或致力于某一主题的写作，难道还愿每天晚上和那些党团人士待在一起，听他们抱怨这个岛国一无是处与哀叹生活不幸吗？一个人会不会宁愿独自待上一个月，每晚七点钟前就上床睡觉，也不愿和一群猎狐人为伴？这群人一整天都在徒劳空忙，还冒着摔断脖子的危险，晚上他们又一起狂饮，以酒精来消磨时光；为了表达自己的快乐，他们在屋内疯狂喊叫，那声音比他们在门外吠叫的伙伴还大，而后者却不像他们那样爱惹麻烦。对一个不愿受累走路的人，我不会给出过高的评价；或者，他宁愿独守空屋，以丢、拾别针为乐，也不愿和十个刚拿到薪水的普通水手待上六个小时，我对他也不会有多少好感。

尽管如此，我还是要承认，绝大多数人宁可随和地与我前文所说的那些人同乐，也不愿长时间独处。但我不明白，这种对结伴的热爱，这种渴望社交的强烈愿望，为何会被说成是我们最大的乐趣，并被视为人类某种本能的标志呢？而这种本能是其他动物所没有的。若要想证明，人是一种社会性动物，所以我们本性善良，慷慨地热爱人类——不但热爱自己，也将爱扩及同类，那么这种渴望结伴、厌恶独处的心态在同类中就应该是最明显、最强烈的。那些最伟大的天才、大人物、成就卓著者，以及那些最不受恶德影响者，皆应如此。然而事实却恰恰相反。那些心灵最脆弱、最不能控制自己激情的人，那些最厌恶自我反省的人，那些一无是处、创造不出任何对自己有用之物的人通常最憎恶孤独，宁愿与任何同类为伴。而那些有理性、有学识的人，能深入思考和判断事物，所以极少受到自己激情的干扰，能心甘情愿地长久独处。为了避开喧闹、愚蠢和粗鲁，他们会对众多同伴敬而远之；他们宁愿与书房或花园为伴，也不愿去做任何有违自己志趣的事；他们宁愿置身荒野或沙漠，也不愿接近某些喧嚣的社会圈子。

　　不过，倘若我们假定对结伴的热爱与人类密不可分，没有人能忍受片刻的孤独，那么我们会从中得出什么结论呢？人类喜欢结伴，难道不是像做其他事情一样，都是为了自己吗？友谊和礼节若想持久，都必须是双向的。在你们每周或每日的消闲聚会中，在你们的年度盛会和最隆重的狂欢宴会上，每位参与者都有自己的目的。有些人经常光顾俱乐部，若在某个俱乐部中自己不是万众瞩目的焦点，他们便绝不会踏入。我认识一个人，他是一个团体中神一般的人物，几乎从不缺席任何团体活动，只要有什么事情妨碍他准时出席，他就会感到不自在。一旦有比他更优秀的人加入他们的团体，他就会彻底退出。有些人不具备与他人辩驳的能力，却喜欢听别人争吵，因为这能使他阴暗的内心获得某种快乐。虽然他从不参与辩论，却认为一个没有这种消遣的团体是乏味的。气派的房子、豪华的家具、漂亮的花园、骏马、名犬、先祖、地位、美丽、力量，一切出类拔萃之物，美德也好，恶德也罢，总之这一切都可能是使人渴望社交的附属品，因为人们都希望自己所看重的东西日后会成为众人谈论的焦点，从而获得一种内在的满足感。即便世上最有教养的人（就像我愿与之交谈的那类人），其自恋若得不到回报，自己若不能成为某个团体的中心人物，

□ 凡尔赛宫

1660年，法王路易十四参观财政大臣富凯的沃子爵府邸，为其房屋与花园的宏伟壮丽而深深折服，就连王族的行宫也无一可以与其相比。路易十四愤而将富凯以"贪污"罪名投入巴士底狱，并命令沃子爵府邸的设计师勒诺特为自己设计新的行宫凡尔赛宫。这项浩大的工程持续了50年，到1710年才全部竣工，凡尔赛宫成为欧洲最大、最雄伟、最豪华的宫殿建筑。

他也绝不会给别人带来快乐。然而，最能说明人人都只关心自己的现象便是：在一群健谈者组成的俱乐部及社团中，那些宁可多出钱也不与人争吵的作壁上观者，即使受到冒犯也不轻易发火的老好人，以及讨厌争辩、不喜逗嘴上一时之快的宽容随和者，都备受欢迎。然而，那些不会受人摆布的有理性、有学识者，话语尖锐机智、尺度得当的有才能、有志者，以及既不冒犯他人亦不受人侮辱的有名望者，也许会受人尊敬，却很少像软弱无能者那样受人喜爱。

在以上这些例证中，喜欢交友的特质，皆源于人类对自我满足的不懈追求。在其他场合，这类特质则源于人类与生俱来的胆怯，以及对切身利益的关切。两个伦敦人，由于从事不同的生意，几乎没有任何交集，他们也许每天都有机会在交易所相识、相遇或擦肩而过，但他们之间并不比证券商的礼数更多。但他们若在美国布利斯托尔相遇，却会相互脱帽致敬，而且很可能会攀谈起来，并乐于结伴而行。法国人、英国人及荷兰人若在中国或其他信仰不一致的国家相遇，由于都是欧洲人，他们便会视彼此为同乡。而且，倘若没有什么冲突从中作梗，他们还会产生一种自然的彼此亲厚的倾向。不仅如此，一对仇家若被迫一起旅行，也往往会暂时放下仇恨，和睦相处、友好交谈，尤其是路途险恶，或二人对前往之地都很陌生时，更会如此。从表面上来看，这些情形都缘于人类的社会性，缘于人性喜交友和结伴的天性；然而，只要深入考察事物、仔细观察人类言行，无论谁都会发现：在以上所有情形中，我们只是在努力维护自身利益，被我之前所说的那些因素推动向前。

到目前为止，我一直在努力证明，"美丽"或"道德美"、事物的品质和真正价值往往是不确定的，是随着潮流与习俗的变化而变化的，因此以其确定性为前提得出的推论没有任何意义。认为人本性善良，这种抽象的观念是有害的，因为这不过是些空想，极易误导他人。对于这一道理，我已经援引历史上最有代表性的事例予以说明。人类对结伴的热爱，以及对独处的厌恶，我都已作了描述，而且还仔细考察了它们的各种动机，证明它们似乎都是以自恋为中心的。现在我打算探究一下社会的本质，追溯社会的起源，以厘清两个问题：一是，在失去乐园后，人随即变得比其他动物更具社会性，其首要原因不是人类的善良和仁慈，而是人各种可恶的坏品性以及缺乏其他动物所具有的优良品质；二是，人类若一直保持着原始的天真无邪，并继续享受随之而来的种种幸福，那么人类也根本不可能变成现在这种社会性显著的生灵。

本书已充分证明，各行各业的发展繁荣离不开人的种种欲望与激情，而且谁也不会否认，那些欲望和激情正是我们的恶德，或者说至少是其产物。因此，我必须阐明，人们所面临的各种障碍和困扰，正是它们妨碍了人们的日常劳作，妨碍了人们去获取自己所追求的东西，换而言之，妨碍了人们自我保护的事业。同时，我还要阐明，人的社会性只缘于两件事：一是人的欲望多种多样；二是在努力满足这些欲望时，人会不断受到阻碍。

我所说的障碍，不是与人类自身的结构有关，就是与人类居住的地球（即生活环境）有关，因为它也曾受到人们的诅咒。我经常努力分别思考我提到的这两种情形，却从来没有将其全然分开过；它们总是相互干扰、相互混杂，最终共同形成一种极为混乱的恶德。地球上的所有元素都与我们作对：水与火都有可能吞噬那些笨拙地接近它们的人；每一寸土壤都可能长出对人类有害的植物和其他菜蔬，又哺育着危害人类的物种，并且蕴藏着大量毒素。但其中对人类最无情的元素，我们却每一刻都离不开；我们不可能逐一道出风吹雨打对人类造成的所有伤害。尽管绝大多数人都曾致力于抵挡险恶天气的侵袭，保护人类的生命安全，但迄今为止，还没有任何技术或劳动能找到一种安全的方法来抵御这类天气。

□ 百老汇大街

百老汇大街位于美国纽约曼哈顿区，一直是美国商业性娱乐和戏剧产业的中心。这条大街早在1811年纽约进行城市规划之前就已经存在，其中心地带是在第42街"时报广场"附近，周围云集了几十家剧院。19世纪20年代，百老汇进入鼎盛时期，但这种好景被1929年美国经济危机打破。

飓风固然很少发生，被地震或雄狮所吞噬的生命也不算多，但我们即便躲过这些大灾大难，却逃不过较小灾祸的困扰。有多少昆虫在折磨着我们！又有多少昆虫欺辱、捉弄了我们却全身而退！最可鄙的是，虫子不像草原上的牲畜那样践踏和撕咬我们，而是利用其优势不停地骚扰我们，令人不胜烦扰。不过，我们的仁慈在这里再次变成了"恶德"，那些虫子完全不顾我们的怜悯，肆无忌惮且残忍地侵犯我们，将我们的脑袋当成垃圾堆那样驻足；而我们若不时刻保持警惕，不停追踪和消灭它们，它们甚至会吞噬幼儿的生命。

即便最精于算计的人，倘若由于一点错误或疏忽而没有施展出自己的心计，那么，世间便不会有令他开怀的事了。没有任何纯真或正直的品质能保护一个人免受周围无数祸患的伤害。相反，一切事物都是邪恶的，而技巧与经验并未教会我们如何将其变成好事。因此，在丰收时节，农夫必须马不停蹄地收割庄稼，并仔细遮盖好，以防雨淋，否则，他们就很可能享用不到这些粮食。由于季节随气候而变化，因此经验教会我们因地制宜。在地球上的某个地方，我们会看到农夫在播种；而在另一个地方，我们却会看到农夫在收割。由此我们可以了解到：自从我们的"第一对父母"[1]堕落以来，地球发生了多么巨大的变化。因为，若从人类美好而神圣的起源开始追溯，我们便会发现：那时的人，并不以从傲慢的训诫或单调的经验中获得智慧为傲，而是仅仅具备他出生那一刻就被赋予的完美知识。换而言之，那时人类处于一种天真无邪的状态，地上没有任何动植物，地下也没有任何对他有害的矿藏。人既不会受到空气的伤害，也不会遭受其他任何侵害，无须动手，便能从地球提供给他的那些生活必需品中获得满足。那时，人类并不知道什么是罪恶，他发现自己处处都是万物的主宰。他完全沉浸在对造物主无限而崇高的沉思中，自身的伟大也在此得到升华，而他的造物主每天都屈尊赐恩于他，却并不表现出对他的任何不满。

在这样一个黄金时代，我们找不出任何理由或可能性作为借口，用来说明人类为什么要将自己发展成世界上存在的庞大社会；只要我们还打算给出一些合理的理由。在那个时代，一个人若拥有了他想要的一切，任何事物都不会使他烦恼或不安，他的幸福已经无以复加了。在如此幸福的国度，任何一种贸易、艺术、科学、地位或职业都是多余的。如果循着这一思路推理下去，我们就会很容易发现：没有一个社会能从人友善可亲的美德，及其仁爱品质中孕育出来；相反，所有社会都必然起源于人的需求、人的缺陷以及种种欲望。同样，我们也会发现：人的骄傲和虚荣心表露得越多，人的所有欲望越是强烈，他们就越有可能组成一个个庞大的社会。

若不是空气总是不愿托起我们赤裸的身体，使我们不能像（想象中的）空

---

[1]指《圣经》中的亚当和夏娃。

中飞翔的鸟儿那样快乐；若是人类没有骄傲、奢侈、虚伪，也没有淫欲；那么，我实在想不出到底是什么驱使人类发明了衣服与房屋，更不用说珠宝、金银餐具、绘画、雕塑、精美家具，以及被刻板的道德家们称为"无用之物"和"多余之物"的所有东西了。然而，我们若不是很快就会走累，而是像某些动物那样步履轻快；倘若人类天生勤劳，并且不过度追求安逸的生活；倘若人类也没有其他恶德，地面又坚实、干净、一马平川，那么谁会想到乘坐马车，或冒骑上马背之危险呢？海豚在什么情况下会需要船只呢？雄鹰若要去旅行，该乘什么样的马车呢？

我希望读者明白，我所理解的社会是一种政治团体，在这种团体中，人不是被位高权重者的力量所制服，就是被针对其野蛮状态的劝诫所制服，从而成为一种受约束的动物。在为他人劳作中达到自己的目的，不论是在独裁政府还是其他形式政府的治理下，每个社会成员都要服从全体，故而只有通过巧妙的管理，全体成员才能统一行事。这是因为，如果我们所说的社会单纯指许多个体，没有规则或政府，只是出于对族群的自然感情或天生喜欢结伴而聚居在一起，就像一群牛羊那样，那么世界上便没有比人类更不适合结成社会的动物了。有一百个人彼此平等，他们不受任何压迫，也不惧怕世界上任何位高权重者，若让他们不争不吵，和平相处两个小时，简直会像做梦一样荒诞；他们当中有学识、有力量、有智慧、有勇气、有决心的人越多，情况便越糟。

在自然的野生状态下，父母很可能总会保持一种高于孩子的地位，至少在父母力量尚强时是如此。即使后来父母不再有力量，子女回想起别人的经历，他们心中也会产生一种介于爱与恐惧之间的感情，我们称其为"敬畏"。同样，下一代人很可能以上一代人为榜样；一个人只要还算精明，只要还身体健康、头脑清晰，便总有能力对其子孙后代保持一种强大的威严，不论其子女会繁衍多少后代。然而，父辈一旦离世，儿子们便会开始争吵，家中自此喧嚣不断，直至战争最终爆发。在兄弟们看来，长子身份根本没有什么威力，而赋予长子的特权，也不过是为维系家族和睦而作出的一种选择。人类虽是一种怯懦的动物，生性却并不贪婪，人热爱和平与安宁；若没有人冒犯他，他永远不会去战斗，而且不用战斗，他也能得到自己想夺得的东西。人天性胆怯，以及受到冒犯会产生反感，这都是由各种各样的政府结构和形式造成的。显然，首当其冲的便是君主制政府。贵族制和民主制是在前者不足之外的两种不同的备选方案，将这三种方式结合起来，便能改进其他一切政治体制。

不过，无论我们是野蛮人还是政客，人（从乐园堕落人间的人）在使用自己的器官时，除了取悦自己，别无目的。无论轰轰烈烈的爱情，还是不可自拔的绝望，亦无其他目的。在某种意义上，意愿与快乐并无区别，不顾自己的意愿和快乐而做出的行为，必定都极不自然、极为勉强。自此对行为有了清晰的界定，我们便总是情不自禁地去做喜欢的事情，而同时我们的思想却是自由的、不受控制的；因此，我们不可能成为不虚伪的社会性动物。这一点的证据非常明显：由于我们无法阻止内心不断涌现的欲念，因此我们若不凭借巧妙谨慎的伪装来隐藏和扼杀它们，那么所有文明交往便将不复存在。如果我们将内心的所有想法都袒露给别人，像袒露给自己一样，那么，即使我们被赋予了说话的权利，也无法相互容忍。我相信，每一位读者都不会怀疑我这番话的真实性。我告诉我的对手：他的良知只是表现在脸上，而他的舌头正准备反驳我。在所有文明社会中，人们从出生起就不知不觉地被教导成为伪君子，没有人敢于承认自己从公众的灾难中获利，甚至不敢承认自己从某个人的损失中获利。虽然大家都清楚，教堂司事以为教民办葬礼为生，但他若公开表示希望更多的教民死去，人们就会用石头砸死他。

看到人们种种不同的日常表现，看到不同职业和地位的人因对利益和财富不同的希冀，而产生的多种多样且往往截然相反的态度，我觉得乃是一种极大的乐趣。在井然有序的舞会上，每一张面孔都显得那么轻松快乐；而在葬礼的化装舞会上，人们的表情又显得多么忧伤而肃穆！不过，葬礼主持人也像舞会主持人一样，对自己的收益万分满意。二者都已厌倦了自己的职业，舞会主持人的快乐跟葬礼主持人的肃穆一样，都是伪装出来的而已。许多人从未留意过一位衣衫整洁的绸缎商与一位年轻女顾客之间的谈话，忽视这样一幅有趣的生活场景，实在可惜。我请求严肃的读者暂时放松一下自己紧绷的精神，与我一起分别考察一下这两个人，看看他们的内心以及各自行为的不同动机。

那位绸缎商的目的是根据该行业的惯常利润，以他认为有利可图的合理价格，尽可能多地出售丝绸。至于那位年轻女士，她关心的是如何满足自己的遐想，以每码便宜四到六便士的价钱买到比往常更多的丝绸。根据我们男性平时的殷勤给她的印象，她便会以为（她若不算太丑）自己举止优雅、仪态大方、嗓音特别甜美，会认为自己很漂亮，即使不漂亮，至少也比她认识的大多数年轻女子更讨人喜欢。她想用比别人更少的钱买到同样的东西，但除了自己有良好的品质，她找不出其他理由，所以，她开始发挥自己最大的智慧和最强的判断力。与爱情有关的各种思想在这毫无作用，因此，一方面她不能摆出暴君的架势，装腔作势；另一方面，她却可以尽可能和善地说话，做出一副比在任何场合都和气友善的样子。她知道有许多有教养的人经常光顾这个店铺，于是努力使自己表现得和蔼可亲，言行举止皆合乎美德和礼仪准则。她心意已决，因此，没有什么事情会让她动怒。

她的马车还没停稳，一位绅士模样的男子就朝她走了过来，他打扮得时髦整洁，对她毕恭毕敬。一看出她有兴趣进店，他便立即将她引入店内，然后闪身穿过一个过道，敏捷优雅地走到柜台后面。他恭敬有礼地看着那位女士，用时髦的话语询问她有何需要。她爱说什么就说什么，她爱讨厌什么就讨厌什么，她绝不会受到任何直接的反驳：她与之打交道的这人，从事该行业的一大诀窍就是拥有无比的耐心。无论她制造何种麻烦，也一定只会听到最亲切的话语。她面前始终是一副愉快的面容，那上面似乎写着快乐、尊敬和友善，他刻意呈现出来的这种诚挚，比出自本性的真情流露更令人受用。

两个人如此相遇时，必定都彬彬有礼，谈话也极为愉快，尽管他们谈的都是些琐事。虽然那位女士似乎一直犹豫不决，不知该买什么，男士还是耐心地给她提建议，并且非常注意自己建议的方式。但她一旦决定要买什么，那男士便立马变得非常主动，说她选的料子是各种料子里最好的，还夸她有品味，说越看那料子，便越纳闷自己之前为何没发现铺子里有如此好的东西。通过学习、对同行的观察，以及积累的大量经验，他早已学会了不露声色地潜入顾客灵魂的最深处，试探他们的能力，发现他们自己都不知道的弱点。凭借他学会的种种招术，他使那位女士不但高估了她自己的判断力，而且高估了她所选的那块料子的价值。绸缎商最大的优势就在于他深谙实际销售之道，他对价格了如指掌，而那女子却一无所知。因此，他可以肆无忌惮地左右那女士的判断力，随意给出一个"成本价"和折扣；除了这些谎言，他还攻击那女士的虚荣心，诉说自己的大量弱点，夸赞她不凡的能力，使她深信世上最不可思议的事情。他说，他曾下定决心，绝不以这样的低价出售那块料子，但她却有能力说服他改变初衷。他抱怨这样一来自己会损失不少，但看她确实喜欢，便决定宁可少赚些钱，也要满足他如此看重的女士的心愿，只求下次她不要再对他这么苛刻。与此同时，买主知道自己不是傻瓜，而且能言善辩，就很容易相信自己的话压倒了店主的气势，并认为出于良好的教养，她只要否认自己的优点就够了；而店主则一直用巧妙的应答来反驳她的恭维，使她对自己说的一切都信以为真。最后，那女子为每码省下了9便士而心满意足，其实，她买那块料子花的钱跟其他顾客一样多，就算平常有人每码再少给6便士，店主也肯卖。

这位女士也可能没进那家店铺，而是光顾了其他绸缎铺；这或许是因为店主对她的奉承不够，或是她从此人的言行中看到了什么漏洞，也或许是因为她不喜欢此人打的领结样式，或是此人有其他特别讨厌之处。不过，在店铺林立的地方，往往不容易决定去哪家店铺买东西。而有些女士选择某个地方的理由通常难以捉摸，就像一个天大的秘密。我们若说不清某种偏好的缘由，就无法更加自由地理解它们，别人对这些偏好的怀疑也毫无意义。在众多店铺中，一位贞洁的女子只喜欢光顾一家店铺，因为她曾在那里看到一个英俊的学徒。另一位品行不错的女子并未打算买东西，只是在去保罗教堂的路上经过一家店铺门口，却受到了在其他任何地方都不曾有过的礼遇：在那些时髦的绸缎铺中，店主一般都会站在门外招揽顾客，但他只是借助恭维、谄媚之术，并不会对别人强拉硬扯或纠缠不清；他会摆出谦恭顺从的姿态，也许还会向每一位穿着考究、朝他店铺望去的女士鞠上一躬。

我刚才说的最后这句话，让我想到了另一种招揽顾客的方式，这种方式与我前面所说的那些截然不同。那就是送水工的做法，尤其是那些从举止和装束上一看就是农夫的送水工。下面的场景不一定令人不愉快：五六个人围着一个素昧平生的人，其中离他最近的两个人都用胳膊搂着他的脖子，亲切地拥抱他，就像他是刚从东印度群岛航行归来的一个兄弟；第三个人抓着他的手，第四个人拽着他的袖子、他的外套、外套上的纽扣，或任何他能抓住的东西；而第五或第六个人已经围着那人跑了两圈，仍没能碰到他，便只好站在那人对面（离他的鼻子还不到3英寸），张大嘴巴，向对手们发出不满的叫声，露出的一排可怕的大牙齿上还粘着碎面包和奶酪，因为那乡下人到来时，这些食物才刚塞进嘴里。

这一切并不是冒犯，那农夫理所当然地认为他们都很器重他，因此，他并没有挣脱，而是任由他们推来拉去。他可不会矫情地对一个刚抽完烟斗的男人的口气吹毛求疵，或对那个正蹭着他的肋骨、头发油腻的脑袋挑三拣四。他自打出生就已经习惯了尘土和汗液，就算有五六个男人（有几个就在他耳边，离他最远的不到五英尺）冲他大声喊叫，好像他在一百码开外的地方，对他来说也算不上干扰。他意识到，自己非常快乐时发出的声音也是如此响亮，并且对他们的喧闹暗自感到高兴。他明白了这些推搡和拉扯的意图，这是一种他能感觉到并理解的奉承。他情不自禁地祝愿他们一切顺利，因为他们似乎对自己很敬重。他喜欢别人重视他的感觉，也很佩服伦敦人为了三便士或更少的钱，便那么急迫地要为他效劳。而在乡下的店铺里，他若不先告诉店主他要买什么，便什么也得不到；尽管他每次都要花三四个先令，店主却几乎从不主动跟他搭话，除非是为了回答他不得不提出的问题。因此，这些人对他如此迅速的反应触动了他的感激之情，他不愿辜负任何一个人，不知道究竟该选择谁。我看到其中一个送水工已经想到了这一切（或者类似的事情），就像我能清楚地看到他脸上的鼻子一样；与此同时，这人信心满满地向前迈步，微笑着挑起比他还重一百磅的水，朝码头走去。

我在描述这两幅下层生活的图景时流露出了一丝快乐，若说这与我的身份不相称，那我很遗憾，但我保证此后不会再犯此类错误。现在我要抓住时机，

□ "赎罪券"

16世纪初，为了筹集资金翻修罗马圣彼得大教堂，教会对民间发行"赎罪券"，无论是什么人，只要肯花钱购买"赎罪券"都可以在上帝面前得到救赎。马丁·路德抨击了教会利用人们向往天堂的愿望中饱私囊的行为，此举最终引发了宗教改革。

以朴实、平淡、简洁的语言继续我的论点，并证明某些观点的严重错误。许多人认为，我们身上值得称赞的社会美德及仁慈友善的品质，既有益于个人，亦有益于公众；凡是有助于家庭个体的福祉与真正幸福的手段，对整个社会也必然会产生同样的效果。我承认，我一直在做这方面的努力，而且自认为是成功的；但我不希望任何人，因为看到一件事情可以通过多种方式表现其合理性，便避难就易。

可以肯定的是，一个人的欲望越少，贪求越少，就越容易保持自我。他越主动地满足自己的需求，需要等待别人为自己提供的服务就越少，在家中就会越发受到尊敬，麻烦也就越少。他越是热爱和平与和睦，对邻人便越有仁爱之心，他的真正美德便越熠熠生辉。毫无疑问，他不但会受到上帝的嘉许，也会受到人类的爱戴。不过，我们也要说句公道话：这些品德对增进国家的财富与荣耀、铸就其伟大形象有何助益？又能带来什么切实利益呢？纵情声色的朝臣奢侈无度；薄情的女子每周都发明款式新颖的时装；傲慢的公爵夫人，在排场、消遣及一切行为上都模仿公主；慷慨大方的浪子和肆意挥霍的继承人，不假思索地抛掷钱财，看到什么就买什么，第二天不是将其毁掉，就是送人；贪婪而虚伪的恶棍，从寡妇孤儿的泪水中攫取了大量财富，留给浪子们去挥霍。这些正是一个发育强大的国家的猎物和美食。换句话说，这正是人类的灾难生活，而要战胜这种灾难，我们必须让我所说的那些"瘟疫"和"怪物"来完成各种各样的劳动，人类技能所发明的这些劳动，正是为了让贫苦大众过上诚实的生活；这是造就一个大型社会所"必需"的。谁若认为强大、富庶的国家没有威信和礼数也能存在下去，是一种愚蠢的想法。

我像路德和加尔文，或伊丽莎白女王[1]一样反对教皇制，但我发自内心地相信：那些接受了宗教改革的王国和国家，并没有比其他国家更繁荣，宗教改革的作用并不比带箍和绗缝的衬裙（被视为愚蠢且反复无常的发明）更大。然而，这若成为我反对教皇权威的证据，我至少还能确定一点，即除了那些为这种对俗众的赐福而战的伟人，教廷建立至今，为诚实、勤勉的劳动者提供的生计，还没有我说的这种女性奢侈品在几年内可恶的发展提供的多。宗教是一回事，贸易是另一回事。给成千上万的邻居带来最多麻烦、发明了最繁琐产品的人，不论对错，都是社会最伟大的朋友。

在世界上的某些地方，得有多少工种、多少工匠，忙碌多长时间，才能制造出一匹上等的猩红或深红色的布料！在整个制造过程中，梳毛工、纺纱工、织布工、裁剪工、浆洗工、染布工、安装工、整理工和包装工的劳动最显而易见。此外，还有一些我们不太熟悉且可能看起来并不相干的劳动，如设计师、锡器工和化学家的劳动；他们与许多其他手工艺人都是不可或缺的，因为他们要为纺织业制造工具、器皿和其他用品。不过，这些工作都是在家里完成的，而且不会让人感到特别疲劳或危险。但我们不要忘记那些最可怕的场景，因为我想到了我们将在海外经历的困苦与艰险，想到了我们将要跨过的辽阔海洋，想到了我们将要忍受的各种气候，想到了我们将不得不寻求一些国家的援助。固然，仅西班牙一国就能供应我们制造上好布料所需的羊毛；但要给它染上各种美丽的颜色，得需要多少技巧和劳动，需要多少经验和熟练的技术，需要将多少种分散于世界各地的药物及其他原料汇集在一个染缸中！当然，明矾我国就有；粗酒石可以从莱茵[2]进口，硫酸盐可以从匈牙利进口；这一切欧洲都有矿藏。但若需要大量的硝石，我们便只能远渡东印度群岛购买。胭脂虫红这

---

[1] 伊丽莎白女王（Queen Elizabeth，1535—1603年），英国女王，英王亨利八世之女。
[2] 指当时普鲁士的莱茵省。

种染料是古人所不知道的，产地同样离英国非常遥远。我们可以从西班牙人那里买到这种染料，但西班牙本国并不出产，他们是从西印度群岛的新大陆最遥远的角落，费尽心力为我们弄来的。在我们的东部和西部，当那么多水手在烈日下炙烤，酷热难耐时，另一群水手却为了从俄罗斯运回草碱而在北方的冰天雪地里受冻。

我们现在应该知道，要做出上好的衣料，必须付出大量心血和汗水，必须经历种种艰辛与苦难。在那些风险极大的航行中，几乎每个水手都付出过代价，他们不仅牺牲了自己的健康和幸福，有时甚至会牺牲自己的生命。我认为，若我们了解并深思熟虑过这一切，我们便很难想象世上有哪个暴君会如此残忍、如此不知廉耻，竟会以同样的眼光看待事物，竟会要求他那些无辜的奴隶提供这样可怕的服务，并且还敢大言不惭地说，他这样做没有别的原因，只是为了获得一件猩红或大红布料衣服所带来的满足感。然而，一个国家必须达到怎样的奢侈程度，才会连国王的军官、近卫军，甚至贴身护卫都产生如此无耻的欲望啊！

但我们若换个视角，把所有这些劳动都看作自愿行为，看成人们谋生的各种行业所必需的劳动，每个人都是为了自己劳作，不管他看上去多么像在为他人服务；我们若想到，即使那些经历过无数艰难困苦的水手，一旦结束上一个航程，甚至只要一从失事船只上获救，也会马上去寻求另一份类似的工作；若从这个角度来考虑和看待这些事情，我们就会发现，穷人的劳动绝非他们的重负，绝非对他们的压榨。或许，有工可做是他们的福气，是他们向上天祷告时所祈求的，而且为穷苦大众提供工作，也是每个立法者最关心的事。

正如儿童乃至婴儿都喜欢模仿别人一样，所有年轻人都热切地渴望做成年男女，并且急于表现出与目前年龄不相称的样子，因而往往看上去非常可笑。所有大型社会一旦建立起自己的商业，若想保证其永久或至少长时间地存在下去，在很大程度上要借助于年轻人这种愚蠢的行为。由于缺乏判断力和经验，为了获得他们所钦佩的人（比其年长者）具有的那些资格，年轻人要付出多大的代价，要给自己施加多大的压力啊！更何况，那些资格没有什么意义，

□ **1666年伦敦大火**

　　大火的前一年伦敦正闹鼠疫,大量市民由于对疫情的恐慌逃往乡下,这也是大火蔓延的一个原因。结果大火烧死了城里大部分老鼠,民居住宅也因此由木制改为石制,大大改善了伦敦的卫生条件。此外,城市的重建工作大大拉动了内需,小说家丹尼尔·笛福甚至指出,恰好是火灾加速了伦敦乃至整个英国的经济发展。

且常会受到指责。对模仿的这种热爱,使年轻人逐渐习惯于利用那些令人讨厌的事物。那些东西最初也许没让年轻人感到难以忍受,日后却又苦于无法摆脱它们,为自己盲目增加毫无必要的生活必需品而懊悔。茶叶和咖啡带来了多少财富!为维持成千上万个家庭吸鼻烟和抽烟这两种习惯(即使不可憎,也很愚蠢),世界上要进行多么庞大的交易,人们要付出的劳动得有多少!对于上瘾者,这两种习惯无疑弊大于利。我将进一步阐明,个人的损失与不幸对公众是有好处的,我们假装很聪明、很严肃时许下的愚蠢愿望,对公众也是有益的。伦敦大火[1]是一场巨大的灾难,但倘若让木匠、砖瓦匠、铁匠、建筑工人、制造和经营在大火中焚毁的物品的人,以及因为这场大火而有工可做的其他劳

---

〔1〕这场大火发生于1666年9月2日凌晨,烧毁了圣保罗大教堂和其他89座教堂及13200间房屋,并借助狂风而蔓延,在5天内烧掉了伦敦市内外387英亩宽的区域。

动者，与那些在大火中遭受损失的人一起投票，那么为火灾而高兴者即便不比抱怨者多，人数也至少相当。火灾、风暴、海战、围困以及战斗结束后，被毁坏的一切东西都需要重新制造，因此大部分行业才得以存在。这一点的正确性，以及我对社会本质的看法，都将在以下内容中得到印证。

要想列举出海运和航海给一个国家带来的所有好处和利益并不容易，但只要想想船只本身，想想用于水运的大大小小的船只，从最普通的平底货船到一流战舰，又想想建造这些船只所耗费的木材和人工，又想想所使用的沥青、柏油、松香和润滑油，再想想桅杆、帆桁、帆布和索具，以及船上的各种铁器、锚索、船桨和其他一切东西，我们便会发现：只为我们这样一个国家提供所有这些必需品，就构成了欧洲贸易的相当大一部分；这还不包括船上所消耗的各种物资和弹药，更别说以此维持生计的水手、船员、其他人员及其家庭了。

不过，我们若换个角度，考察一下航海业的发展以及与外国人的贸易所带来的种种灾难和祸害，无论是人为的，还是自然的，那情景便会让我们胆战心惊。在一个人口众多的岛国，即便人们对船舶和航运一无所知，仍不失为一个聪慧而秩序良好的民族。也许某位天使或他们的天才会在众人面前摆出一幅船只设计图或框架，向人们描述一千年后航海所带来的大量财富和一切好处，以及所伴随的财产、生命损失或其他一切灾难。我相信，岛民们必定会怀着恐惧和厌恶的心情去看待船只，他们谨慎的统治者亦会严禁设计和发明各种用于航海的建筑物或机器，无论其形状、名称如何；并且会对所有这些可恶装置的发明者进行严惩，即便不处以死刑，也会处以重刑。

然而，就算不说对外贸易所造成的必然结果，也不说世风的颓败，更不说航运给我们带来的瘟疫、天花和其他疾病，难道我们看不到狂风暴雨、变幻莫测的大海、北方的寒冰、南方的害虫、夜晚的黑暗和恶劣的气候所造成的后果吗？看不到因物资供应不足、水手的过失、一些船员技术的生疏，以及一些船员的玩忽职守和酗酒所造成的后果吗？难道也看不到航海带来的人力损失、深海吞没的财富、寡妇孤儿的眼泪和困境、商人的破产和毁灭、父母对子女和妻子对丈夫安全的日夜牵挂吗？在一个贸易繁荣的国度，海上的每一阵狂风，都牵动着船主和保险业主的心，难道我们不该牢记这一点吗？也就是说，我们难道不该留心这些事，并给予应有的重视吗？一个有思想的民族，怎么会把船只和航海业说成是上天对他们的特殊恩赐，怎么会因拥有散布于世界各地的无数船只、总有本国船只开往世界各个角落、总有他国船只驶抵本国而感到其乐无比呢？

不过，我们还是仅考虑一下船舶所遭受的损失（船只本身及其索具和附属物），暂时不管船上装载的货物，或所需的人手吧。我们会发现，仅船只本身造成的损失便相当巨大，且损失数额逐年增加：船只沉没、触礁、被流沙吞噬，有时是因为遭遇猛烈的暴风雨，有时则是由于缺少有经验的船员及对沿岸情况的不了解；被狂风刮落或不得不砍断抛入海里的桅杆，被风暴摧毁的大大小小的帆桁、船帆和绳索，以及因此而丢失的锚；此外，还必须修理狂风巨浪给船体造成的断裂及其他破损；许多船只因水手的粗心大意和酗酒恶习（没有人比水手更沉迷于烈酒）而葬身火海；恶劣的气候或物资短缺导致的致命瘟热病，夺走了大量水手的性命，而不少船也因水手不足而毁坏。

这些都是航海业不可避免的灾难，而且似乎是阻碍对外贸易车轮运转的巨大障碍。一个商人的船出海时若总能遇上好天气，海风总是朝他希望的方向吹；他雇用的每一个水手，不论哪个级别，都经验丰富、认真细致、头脑清醒、心地善良，这样的话他该多高兴啊！这难道不是祈祷者希望获得的赐福吗？在欧洲乃至全世界，有哪个船主、哪个商人不为了得到这样一种赐福整日祈祷，而不顾这会对别人造成什么伤害呢？这样的祈求肯定非常不切实际，可谁不认为自己有权如此祷告呢？因此，既然每个人都自称有权祈求那些赐福，我们便先不去考虑其真实与否，而假定他们的所有祈祷都奏效了，他们的愿望都得到了满足，然后再去考察这种幸福的结果。

只要木材完好无损，船只便永远不会腐坏，因为它们建造得非常坚固；木材容易遭受狂风和其他风暴的侵袭，但根据我们的设想，船只是不会坏的。因此，不等真正需要建造新船，现在的造船大师及在他们手下工作的人，若没有饿死或意外而亡，也都将寿终正寝。这是因为，首先，所有船只都能遇上合适的风向，完全不必等待顺风，所以他们出海和返航都极为迅速；其次，货物不会被海水损坏，也不会因恶劣天气而被抛入海中，所有货物总会安全靠港；因此，在目前看来，已经造出的商船有四分之三是多余的，而世界上现有的船只还可以使用许多年。桅杆和帆桁的寿命与船只一样经久不坏，我们在相当长的一段时间内还不必为此去麻烦挪威人。经常出航的少量船只的帆和索具确实有所磨损，但磨损速度还不及现在的四分之一，因为它们在一个小时的风暴中所受的磨损，往往比在十天的晴朗天气里所受的磨损还大。

锚和锚链不易损坏，它们可以在一条船上使用很长时间。光是这两样，就足以使制造锚链的铁匠铺和绳索铺度过许多乏味的假期。锚链的这种低消耗，对木材商，以及进口铁器、帆布、大麻、沥青、焦油等货物的商人都会产生影响。如此一来，我开始论述航海业时所提到的、在欧洲贸易中占很大份额的五种行业都岌岌可危，其中的四种将完全消失。

到目前为止，我只谈到了这种赐福给航运业带来的后果；但除此之外，它对所有其他贸易部门都会造成损害，而且会给出口物产或制造商品的国家的穷人带来毁灭性打击。每年运往海外的货物和商品，在海上因海水、高温、虫害、火灾或其他事故给船主造成的损失，都是由风暴、过长的航线或水手们的疏忽和贪婪所致；而这类货物中的很大一部分，必定是雇用大量穷人生产出来后，才得以装上货船的。若一百包布料在地中海沉没或被烧毁，对英国的穷人将是一件有益的事，同那些布料安全抵达士麦那[1]或阿勒颇公国[2]，并被售卖一空一样。

运输商可能会破产，织布商、染布商、包装商和其他中间商可能会遭殃，而这些商人所雇用的穷人却完全不会受损。零工通常每周领一次薪水，在货物装船之前，在所有相关行业做工的工人，或至少大部分工人都能领到薪水，就

---

[1] 土耳其西部港市伊兹密尔的旧称。
[2] 一座位于叙利亚西北部的城市。

连将货物搬入船舱的工人也不例外。若哪位读者由我这些观点得出一条不加任何限定的结论，即货物沉没或被火烧毁，与货物售罄且物尽其用，对穷人同样有益，我便会认为他故意抬杠，不必要回答。如果总是下雨，永远没有阳光，大地上的果实很快就会腐烂，尽管如此，要想青草或谷物丰收，雨水就像阳光一样不可或缺。这并不是悖论。

这种风向、天气皆佳的赐福会对水手本人及水手职业产生何种影响，从以上内容中很容易推断出来。四艘船中难得有一艘被使用，因此那些船舶根本不会遭遇风暴，船上便不需要多少人手，这样一来，六个海员中便有五个可能会失业。在大部分穷人都无工可做的英国，失业的海员便成为社会的不稳定因素。那些赋闲的海员一旦全都离世，我们便不可能再建立起现在这样庞大的舰队。但我不认为这是一种损失，或是一种不便，因为各国海员的数量都在减少，唯一的后果便是：倘若战争爆发，海上大国只能以少量舰队作战，这是一种幸福，而非罪恶。如果你愿使这种幸福达到最完美的境界，只须再增加一种令人向往的赐福，就没有一个国家能再打仗了。我说的这种赐福，也是所有善良的基督徒强烈祈求的：所有君主和政客，都忠于他们对彼此以及自己的臣民的誓言和承诺；他们都更看重良心与宗教的指令，而非受制于国家政治与世俗的常识；他们更关心他人的心灵幸福，而不是自己的感官享乐；他们更重视各自国家的诚信、安全、和平与宁静，而不是个人荣耀、仇恨、贪欲和野心。

许多读者可能认为最后一段离题万里，但我这段话其实意在证明：君主和政客善良、正直及爱好和平的品质，并不足以成就其伟大、增加其财富。正如一个人即使不断取得成功，也不可能使自己伟大、富有一样。我已经表明，一个庞大的国家若将举世闻名、被邻国羡慕看作幸福，若以拥有的名声和军力来评价自己，将会带来毁灭性的后果。

没有人会时刻提防赐福，而灾难却要求人们尽量去避免。人友善敦厚的品质不可能令人奋进：人的诚实、对结伴的热爱，人的善良、知足和节俭，对一个怠惰的社会来说是极大的慰藉；它们越真实、越自然，就越能使一切都保持平静、停滞不前，也就越能避免种种麻烦和骚动。上天的恩赐与慷慨，以及大自然的一切丰富物产与有益馈赠，也几乎如出一辙。毋庸置疑，我们拥有的这些馈赠范围越广，数量越多，我们所能节省的劳动也就越多。但是，人类的需求、恶德和缺陷，以及空气和其他元素的恶劣，却正孕育着一切艺术、工业及劳动的种子。严寒酷暑，令人难耐的极端天气，反复无常的恶劣气候，狂怒、方向不定的风，力量巨大而可怕的水，狂暴而桀骜不驯的火，以及冥顽不灵的贫瘠土地，正是这一切驱使我们去发明创造，让我们学会如何避免它们可能造成的灾害，或引导它们的有害力量，并以各种不同的方式，使其中几种力量为我们所用。我们劳作都是为了满足自身的种种需求，而随着我们知识和欲望的增长，这些需求也会不断增长。饥饿、干渴和衣不蔽体是迫使我们奋起的第一个"暴君"；而后是我们的骄傲、懒惰、感官享受及反复无常。它们是驱动一切艺术、科学、贸易、手工业和其他行业发展的最大推手。而需求、贪婪、嫉妒、野心等激情，则无不充满神力，它们能使社会成员各司其职，并屈从于各自的苦差事，甚至使其中大多数人乐此不疲；君主和王公贵族也不例外。

贸易和制造业的种类越多，工人越勤勉，这些行业的分支越多，一个社会就能容纳更多从事不同职业的人，他们也就越容易成为一个富庶、强大和兴旺的民族。拥有美德者不多，也很少雇用他人，因此，他们虽然可以使一个小国繁盛，却永远不能造就一个伟大的国家。在困难的环境中，坚强、勤劳、忍耐，对待一切事务勤恳、认真，皆是值得称赞的品质。但是，由于他们只是在做自己的工作，那些褒奖本身便是对他们的回报，任何艺术和行业都从未赞美过他们。然而，人类思想和发明的卓越之处，过去和现在都表现在工人及手工艺者所使用的各种工具、器械和机器上。这些发明都是为了帮助人类克服弱点、完善不足，满足人的懒惰，或消除人的急躁。

在人类社会中，就像在自然界中一样，没有任何一种造物会完美到不对社会中的任何人造成伤害，也不存在任何完全邪恶的东西；而事实也一度证明，恶德对造物的某些部分也是有益的。所以说，只有同其他事物互为参照，从其所处的环境和角度出发，我们才能辨别出事物的善恶。据此判断，那些能使我们愉快的事物便是善的。根据这一原则，每个人都极力希望自己万事顺遂，而几乎不顾及邻人。在异常干旱的季节，尽管人们不停祈求降雨，却迟迟没有下雨，而一些想要出国的人则只希望出发那天是好天气。春天谷物茂盛时，大多数农夫都会为此欢欣鼓舞；而为了卖个好价钱还囤着去年谷物的富有农夫，看到这景象，一脸绝望，为遇上这样的年景而痛苦不已。除此之外，我们还经常听到你们怠惰的国民公开表示希望得到别人的财产，还要加上一个明智的前提，即该行为既不使自己受损，也不使财产所有者受损。但恐怕他们这样做时，内心完全没有这种约束。

大多数人的祈祷和愿望都显得微不足道、徒劳无益，这反倒是一种幸福。否则，唯一能使人类适于社会、使世界避免陷入混乱的，便只有一种情况了，那就是：人们向上天提出的一切祈求都不会得到满足。一位有责任心的、英俊的年轻绅士，刚刚旅行归来，正躺在布里尔[1]不耐烦地等着东风将他吹到英国；他身后垂死的父亲在呻吟，声音中充满悲伤和柔情，因为他想在咽气之前拥抱、祝福自己的儿子。与此同时，一位负责维护德国新教利益的英国牧师，正驾车快速前往哈维奇，急着赶在国会休会前到达拉蒂斯本[2]。此时，一支满载货物的船队正准备驶向地中海，还有一支物资充足的分遣舰队正开往波罗的海。所有这些事情都可能同时发生，至少不难设想它们会同时发生。只要这些人不是无神论者或渎神者，他们就寝前便都会怀有一些美好的愿望，因而必定会在入睡前以不同的方式祈祷顺风顺水、航行顺利。我不是说祷告是他们的义务，也不是说他们的祷告都能被上天听到，但我确信，他们不可能同时得到赐福。

至此，我自认为已经充分阐明了一点，即无论是人天生的友好品质和善良情感，还是人通过理性与自我克制获得的真正美德，都不是社会的基础；而我们所称的那些邪恶之物，无论是道德上的还是大自然中的，才是使人类具备社

---

[1] 布里尔，位于荷兰鹿特丹附近的一个海港。
[2] 德国巴伐利亚州城市雷根斯堡的旧称，在1663—1806年间一直是"神圣罗马帝国"国会的召开地。

会性的重要根源，才是所有行业和职业的坚实基础与维系力量；一切艺术与科学的真正起源都必须从中寻找，恶德只要销声匿迹，社会即便不会立即解体，也必定会一团糟。

我还可以兴致满怀地补充上千件事例，以强调和进一步说明这一真理，但为了避免读者因此生厌，我还是到此为止；不过，我得承认，我并非急切地渴望得到他人的赞许，因为我已经学会了在这种消遣中愉悦自己。然而，若听说哪位独具慧眼的读者在这篇消遣文章中有所收获，我的满足感必然大大增加。为避免读者抱怨我这篇文章过于空洞，我最后再重复一遍那个看似矛盾的命题（其实质标题页中已提及）：在精明政治家的巧妙管理下，私人恶德可以转化为公众利益。

为本书辩护
——缘于米德尔塞克斯郡大陪审团控诉状中的诽谤 暨致C爵士的一封辱骂信

若要充分了解我和我的对手之间的论争,读者阅读我的辩护之前,必须了解事情的整个过程,以及针对我的全部指控。

大陪审团的控诉状是这样写的:

我们米德尔塞克斯郡大陪审团深怀遗憾与忧虑,因为我们发现几乎每周都有许多反对我们神圣的宗教信条、教会律条和规则的书籍和小册子出版。我们认为,这类行径明显带有宣扬不信教思想的倾向,从而导致了道德的整体崩塌。

我们深知,正是全能上帝的仁慈,保佑我们免遭已经降临至邻国的那场瘟疫[1]的侵袭。为了这伟大的仁慈,国王陛下已经颁布谕令,令国民以感恩之心回报上帝。然而,上帝对我们这个国家的怜悯和庇佑,以及我们受命为此举办的感恩活动,竟被以如此不敬的态度来对待,这该是多么令人无法忍受啊!

除了清除和镇压威胁国王陛下政府根基的亵渎言论与渎神行为,我们不知道还能通过什么方式更好地效劳于国王陛下及新教继承人(幸运的是,为捍卫基督教已经将他们确立)。

这些不信教的狂热分子,像魔鬼一样无休止地反对宗教,其表现如下:

第一,公开辱骂并否定永享祝福的"三位一体"论,试图凭一些似是而非

---

[1] 1720年,一艘法国商船将淋巴结鼠疫(黑死病)从中东带到了法国港口城市马赛,在其后两年内,致使该城及周边一些城市的十万人死亡。

的借口复兴阿里乌斯教异端[1]，该邪说从未传入任何国家，而是不断遭到上天的惩罚。

第二，他们确信存在绝对命运，否认全能的上帝对这个世界的主宰。

第三，他们试图颠覆教会的一切规则和律条，并卑鄙地、不公正地指责神职人员，以煽动国民蔑视一切宗教；他们以其自由主义思想，鼓励并诱惑他人参与其不道德行径。

第四，为更切实地确立一种普遍的自由主义，他们谴责大学，用最恶毒、最虚伪的语言抨击基于基督教原则对青年进行的一切教育。

第五，为更有效地进行这些隐秘的工作，他们研究、发明出种种技巧和手段，以削弱宗教与美德对社会和国家的作用；他们提倡奢侈、贪婪、骄傲及各种恶德，认为它们是公众福利所必需的，不会破坏宪法。不仅如此，这群乌合之众为了自身利益，还发表了一些牵强附会的致歉词和赞美歌。但我们认为，这些行径都意在让英国堕落。

这些表现都具有一种鲜明倾向，即颠覆一切宗教和政府，颠覆我们对上帝的义务、对国家的爱以及对誓言的尊重。因此，我们必须控告《蜜蜂的寓言：或私人恶德，公众利益》（1723年第二版）一书的出版者[2]。

同时，还要控告《不列颠杂志》周报第26、第35、第36和第39期[3]的出版者。

以下便是我的辩护信：

---

[1] 阿里乌斯教派（Arianism）赞成埃及基督教长老阿里乌斯（Arius，250—336年）的教义，否认"三位一体"论，即否认神性，认为耶稣不是神，但比凡人高超。阿里乌斯曾于325年被罗马皇帝君士坦丁流放到南欧。

[2] 原报告书中，此处写有伦敦两位出版商的名字：爱德蒙·帕克（Edmund Parker）和T. 沃纳（T.Warner）。

[3] 这几期刊登了署名"加图"的一组信件，讨论信仰的性质，谴责迷信式的宗教信仰，尤其是对"三位一体"和"一神论"的信仰。第35、第36期嘲笑了宗教冲突和劝人皈依宗教，并强烈谴责了神职人员。第39期谴责了慈善学校，将它斥为滋生教皇制度、反叛者、扰乱经济秩序者的温床。

大人，

国王陛下之辉煌政府，似乎正受到以"加图"之名为掩护的喀提林的威胁，受到《蜜蜂的寓言》一书的作者及其同伙的威胁，他们显然都是那个觊觎王位者[1]的益友，为了他，他们打着保卫我国宪法的冠冕堂皇的幌子，致力于推翻和毁灭宪法。欣闻阁下正设法使我们脱离此险，对国王的忠实臣民和政府的真正朋友，对辉煌的汉诺威王朝的延续，这都是天大的好消息。阁下已命令彻查这些亵渎上帝的书报文章，并指示大陪审团立即将其呈交法庭。这些英明的决定都将切实使国民相信，我国绝不容忍反对基督教的一切企图。有了这种措施，人们立刻就会摆脱那些可恶的作者在他们心中引起的不安，此举将成为新教的坚固堡垒，将有效挫败那个觊觎王位者的阴谋和企图，确保我们不受政府任何变动的影响。倘若人们认为一位神职人员渎职，或他开始产生嫉妒心，所作所为并非为了保卫其宗教，使其免遭任何危险，那么每个信教的英国人都不会无动于衷。而且大人，若不采取措施阻止和镇压这些公开提倡反宗教者，这种嫉妒之心便很可能被燃起。嫉妒一旦深入人心，将它驱除可不是件容易的事。嫉妒，我的大人！它像所有恶魔那样狂暴。我曾见过一个羸弱的女人，妒火中烧，五个掷弹兵都制服不了她。大人，请继续实施您的正当措施，让人们远离这种该死的嫉妒吧！因为在与宗教有关的各种行为和场合中，嫉妒最凶暴、最明目张胆，因此才给以前的统治带来各种祸患；而大人出于对皇室的忠诚，已下定决心阻止那些危害，并遵从国王陛下的旨意（您完全了解，大人），誓死维护教会的团结统一，维护基督教信仰的纯洁。期望英国人民放弃他们的宗教，或拥护一个不支持宗教的政府是徒劳的，因为现政府已英明地决定反击那些末流作者对宗教的大胆攻击。大人知道，将一些作者称为末流毫不为过，

---

[1] 指英王詹姆斯二世（James Ⅱ，1633—1701年）之子詹姆斯·斯图亚特（James Francis Edward Stuart，1688—1766年），人称"老僭王"。詹姆斯二世去世后，他自称英格兰和爱尔兰的詹姆斯三世和苏格兰的詹姆斯八世，一生觊觎英格兰、苏格兰、爱尔兰王位。他出生后即有流言说他是用长柄暖床偷带进宫的冒名者，真婴为死胎。

他们编造种种貌似真实的理由，试图通过巧妙、狡猾而荒谬的论点来攻击宗教，从而抹黑其同胞们的满足与安宁、和平与幸福。愿上帝阻止罗马教会带给我们的那些难以忍受的苦难吧！暴政是人类社会之公敌，而最大的暴政当属罗马教皇的三重冠[1]。因此，这个自由、幸福的民族，有理由对一切可能助益或倾向于教皇制的事物憎恶和恐惧。但国民也痛恨和惧怕我们英国的喀提林之流对基督教本身的猛烈攻击，这些人以对我们神圣的新教的关心和维护为幌子，掩饰他们反对基督教的阴谋；同时他们又非常直白地表明，"新教徒"这个头衔不属于他们，除非它能冠与那些真正反对一切宗教者。

的确，人们不能因为不愿放弃其宗教而受到太多指责，因为他们告诉你，上帝是存在的，上帝统治着世界，上帝会赐福还是毁灭一个王国，在于该国盛行的宗教或反宗教势力的消长。大人藏书丰富，更令人赞叹的是，您博闻强记，眨眼之间就能将任何重大事件都描述出来。因此我很想知道，大人能找出任何一位作者，让他像那些末流作者所期望的那样亵渎神灵，并向他证明：任何一个帝国、王国、国家或大教区，无论大小，尽管没有虔诚地为宗教服务，却并未衰落、毁灭吗？

末流作者们的高谈阔论不仅包括罗马人的政府，还涉及自由及古罗马精神等。但不可否认的是，他们对这些事物看似最可信的言论，其实处处充斥着曲解和诡计，是为了达到其反宗教的目的，进而给国民带来不安，给王国带来毁灭。因为他们若确实尊重并真心向其同胞推荐智慧、繁荣的罗马人的情操与信念，推荐其远大抱负和现实策略，他们首先便会提醒我们一点：古罗马人在尊崇和倡导自然宗教[2]方面，同新罗马人在揭露和摧毁自然宗教方面做得一样出色[3]。正是通过对宗教的虔诚，古罗马人将自己的一切托付于上天的赐福，因此他们也深信，并乐于承认：他们对宗教的重视是上帝保护罗马帝国的伟大手

---

[1] 8至20世纪罗马天主教教皇的皇冠，为罗马教廷权力的象征。
[2] 指不依靠神启而能为一切公正的、正常的思维所理解的宗教。
[3] 指当时的罗马天主教会将古罗马宗教视为异教。

段，使帝国能征服异邦，获得成功、繁荣和荣誉。因此，他们的演说家尽其所能打动和说服人们，无论在什么场合——只要辩论中的观点对人们有所影响，便总是在提醒人们谨记宗教。只要他们能够证明，宗教的安全取决于他们事业的成功，毫无疑问，人们便会支持他们的做法。的确，无论是罗马，还是地球上其他国家，其国教都曾受到公开的嘲讽、批判或反对。我深信，大人无论如何都不会允许这样的事发生在我们国家，因为世界上从未容忍过这种事。自《福音书》的神圣启示问世以来，可曾有人像最近某些男人以及少数女人那样放肆地对待基督教吗？这个魔鬼会迅速猖獗起来，以至于我们无法对他提出抗诉吗？他为何不满足于用通常的方式来对付人们，就像从前那样，做出诅咒、谩骂、亵渎安息日、欺骗、贿赂、伪善、酗酒、嫖娼等恶行？千万不能让他像现在这样，用大量虚伪、污秽和亵渎之词（足以吓得国王的臣民们魂不附体）高声压制人们的言论和文章。现在我们要提出一个简短的问题：上帝还是魔鬼？就是这个问题。时间将会告诉你，我们和谁是同一阵营。此刻我们可以这样说：那些直截了当地表明了其反对神圣事物精神的人，不仅猛烈抨击国教和宗教活动，而且想方设法以最刻毒而巧妙的手段，使宗教变得可憎、可鄙；但他们也竭力阻挠在广大国民心中有效地播下宗教的种子。

有些人极力反对慈善学校对贫困孩子的教育，却拿不出一个正当理由反对为慈善学校提供资助。他们所说的反面事例实际上都是假的；倘若某件事是假的，严肃、理智的人绝不该将其视为有分量或公正的论据。喀提林说，"这种虚伪的慈善其实已经摧毁了其他一切慈善事业，而那些慈善事业之前都是针对老年人、病人和残疾人的。"[1]他耗尽了大多数人的信心，说出这番话后，还能有什么信心去面对别人呢？

有一点似乎相当清楚：那些从未给慈善学校捐款的人，若对其他慈善对象比以前更无情，那么他们对慈善学校缺乏慈善，便不是因为他们给其他对象做

---

[1] 见《不列颠杂志》1723年6月15日，第2页，"加图"论慈善学校的信件。

了贡献。那些对慈善学校做出贡献的人，在救济其他对象时，丝毫没有比以前更节省。贫穷的寡妇、老年人和残疾人，分明从他们那里得到了比以前更多的救助，也比从同样人数的其他有钱者那里得到的多，而后者对慈善学校的一切都不关心，而只是去谴责和诽谤它们。我想在本周的某一天到希腊咖啡馆[1]见见喀提林，通过列举个别人士的事例——具体的参与人数由他指定——来证明我所言不虚。不过，我并不太指望他会来见我，因为他向来不鼓励揭露真相，而是要把真相伪装起来。否则，在说过"慈善学校的目的是培养孩子阅读和写作的能力，养成平和的心性，使他们具备成为仆人的资格"后，他绝不会允许自己又补充说"这种懒惰、暴戾的寄生虫几乎吞噬了整个王国，成了各地的公害"之类的话。[2]仆人们变得如此懒惰，如此贪得无厌，如此惹人讨厌，难道都是由于慈善学校的缘故？女佣变成了妓女，男仆变成了劫匪、强盗和赌棍（正如他所说的那样），难道也要归咎于慈善学校？若非如此，他为何信口开河，将这些学校说成是助长这类危害（公众确实在承受）的工具？深入人心的美德原则，通常不被认为是陷入恶德的主要原因。若说对真理的早期认识以及我们对真理的责任，这些就是脱离真理最可靠的手段，那么就没有人会怀疑，喀提林很早就被精心灌输了关于真理的知识。他善于传播消息，于他是件好事，他像往常一样再三强调："为使这些贫穷的男孩、女孩戴上仆人的便帽，穿上仆人的大衣，教堂门口每天募集到的善款比全年为所有穷人募集到的还多。"[3]噢，举世罕见的喀提林！这一点你会很顺利地做到，因为除了那些穷人的招募者和监工，除了英国有慈善学校的大多数教区里的所有其他主要居民，没有证人对你不利，也没有人反驳你。

大人，最可笑的是，这些末流作者仍被看作道德君子。但是，倘若人们以误导、欺骗邻人为己任，特别是在紧要关头，通过歪曲事实、掩盖真相，或者

---

[1] 当时的一些王族经常在该咖啡馆聚会，因此它被称为"博学者俱乐部"。
[2][3] 见《不列颠杂志》1723年6月15日，第2页，"加图"论慈善学校的信件。

曲解和影射过活；倘若这种人伪装成道德君子都不算有罪，那么只要法律不能因此制裁他，任何虚伪和欺骗便都不是失德，而道德也与真实和公平毫不相干了。然而，我骑马去豪恩斯洛荒原[1]时，若碰巧没带手枪，我是不太愿意在那里遇到这些道德君子的。因为我相信，在某一方面没有道德的人，在其他方面也没有多少道德。大人，您对人的判断同对书的判断一样准确。若是您不了解慈善学校，我可以告诉您：慈善学校一定具有某些卓越之处，因此那类人才会如此激烈地反对它们。

他们会说这些学校是农业和制造业的障碍。在农业方面，其实孩子们到了能从事大部分农活的年龄、具备了足够体力，或能承受持续的劳动，就可以结束在慈善学校的学习了；请相信我，大人，即使在他们受教育期间，学校也绝不会阻止他们从事农活，不会阻止他们在一年中的任何时候被雇用从事他们能承受的工作，以便养活他们的父母和自己。在这种情况下，一些郡的父母们会合理衡量他们的家境，同时他们不太喜欢孩子学点知识，而是希望孩子能挣点钱。只要他们这样做可以为自己挣得一便士，他们就会为孩子再找工作，而不是让他们去上学。制造业也是如此——只要那些反对慈善学校的先生们肯捐赠资金，将制造业雇佣和在慈善学校学习读写结合起来，以此消除障碍。慈善学校的校董们以及在校生的父母们，便都会感激他们。这将是一份具有崇高意义的工作。一些慈善学校的支持者已开始实施这项工作了，其他所有支持者也都在为之努力。但罗马不是一天建成的。为了实现这一伟业，请英国一些地方的工厂的厂主和管理者们行善，每天雇用一些穷孩子到他们各自的工厂里工作几小时，而校董们则负责让孩子们在一天的其他时间，完成慈善学校的日常学习。对党人及诡计多端的邪恶之徒来说，编造似是而非、漏洞百出的论点，并打着论证的幌子，指责世上这件最好的事显得易如反掌。但毋庸置疑，凡是

---

[1] 伦敦豪恩斯洛镇的一片公共空地，位于伦敦以西12英里处，占地约200英亩，1647年曾被克伦威尔和詹姆斯二世用作军营，在17和18世纪也曾是拦路强盗出没之地。

怀有诚挚的善良之心、真正热爱自己国家的公正之士，都不会认为对慈善学校的这种恰当、公正的看法会遭到各种正义、严肃的反驳，都不会拒绝贡献自己的力量，以改进慈善学校，使其趋于完美。同时，希望没有人会意志薄弱或邪恶到否认一个事实，即穷孩子们若不能以其他任何诚实的方式就业，便只能在闲散中，或在学习撒谎、诅咒和盗窃之术中度过其年少时光；而在他们到了一定年龄且有能力做仆人、农夫、手工艺人、技工，或有能力从事艰苦的工作之前，让他们学习宗教和美德的原则，这才是对他们真正的慈善，才是对我们国家良好的服务。因为慈善学校的学生一旦具备相应的能力，即便不天天去做这些辛苦的工作，也会常常如此。所以，喀提林可能会请求收回其对店主或零售商的反驳，当时他曾断言"他们的工作是慈善学校的管理者最为期盼、最为关注的"，另外他还说，"这些工作应当由具备相关能力的孩子承担"[1]。他一定会因为我向大人反映了情况而为自己辩解，但他的这一断言实际上是完全错误的，极易和他以前的一些断言相冲突，是一个麻烦。在此，我要特别提一下他的一个断言。他曾毫无廉耻地说："普通民众的信念在我们的慈善学校中崩塌了，儿童刚学会谈论'高教会派'[2]和'奥蒙德'[3]，就被培养成了叛国者，而他们还不知道叛国意味着什么。[4]"尊敬的大人，以及其他正直之士，你们的话语都是内心的真实表达，而我若没有事先为你们剖析喀提林的言词，你们现在便会认为，他深信慈善学校的孩子都将被培养成叛国者。

大人阁下，倘若慈善学校的校董们要求任何一位校长停办学校，并拿出证据，证明他对政府不满，或在问答教学中未像履行其他职责那样尽心教导孩子们服从和效忠国王，我便会满足喀提林，授予他一张许可证，让他按照自己的意愿拆除那些学校，绞死那些校长。

---

[1] 见《不列颠杂志》1723年6月15日，第2页，"加图"论慈善学校的信件。
[2] 英国国教及英国新教中强调尊重天主教传统（圣餐、洗礼等宗教仪式和严格遵从圣命等）的教派。
[3] 爱尔兰政治家、军人，于1715年被控阴谋叛乱，逃到法国。
[4] 见《不列颠杂志》1723年6月15日，第2页，"加图"论慈善学校的信件。

上面提到的那本书，也就是《蜜蜂的寓言：或私人恶德，公众利益》（第二版），对这些及诸如此类事情的叙述，同样充满嘲讽且不真实。喀提林抨击宗教信仰的基本信条，亵渎神圣的"三位一体"教义，将其比作孩子惧怕的怪兽（Fee-fa-fum）[1]。

□ 铁匠

在中世纪，手工劳作受到社会的高度重视，尤其是在技术上有创造发明的人更加受到尊敬。这种尊敬是向社会提供诚实的劳动得来的，因为一旦出现技术上的缺陷和掺假行为，就会破坏公众的信誉，损害手工行会的利益。

《蜜蜂的寓言》的这个作者肆意妄为，他不仅是喀提林反对宗教信仰的帮凶，而且还利用他摧毁了道德美德的根基，并以此树立起恶德的地位。世界上最好的医生，总是致力于清除人体的毛病，而绝不会像这只大黄蜂那样，去清除政治肌体的"良好品质"。他本人即可为这一指控的真实性作证，因为在该书结尾部分，他对自己和自己的表现作了如下总结：

至此，我自认为已经充分阐明了一点，即无论是人天生的友好品质和善良情感，还是人通过理性与自我克制获得的真正美德，都不是社会的基础；而我们所称的那些邪恶之物，无论是道德上的还是大自然中的，才是使人类具备社会性的重要根源，才是所有行业和职业的坚实基础与维系力量；一切艺术与科学的真正起源都必须从中寻找，恶德只要销声匿迹，社会即便不会立即解体，也必定会一团糟。

---

[1] 童话中的巨人发出的呼呼声，表示要吃人。

大人，现在您已经看到了这个惊天阴谋，知道了喀提林及其同党的主要企图。现在序幕拉开了，秘密之泉喷涌而出了，这群放肆的家伙开始大放厥词了，而以前从未有人敢这样做。现在您已清楚他们对可怜的慈善学校充满敌意的真正原因。其目标是宗教。宗教，尊敬的大人，那些学校设立的目的正是为提倡宗教，而这群私党却决意要摧毁宗教。因为学校无疑是宣扬宗教和美德的最伟大工具之一，也是反对教皇制的最坚固堡垒之一，更是让全体国民蒙受神恩的最好建议之一，所以它也是自宗教改革[1]、摆脱罗马的盲目崇拜和暴政以来，我们国家受到的最大祝福之一。如此卓越的工作即便确实带来了些许麻烦（就像人类的一切制度和事务都会带来一些小麻烦），这项工作的卓越之处仍使它成为一桩乐事。所有明智、善良的人都从中受到鼓舞，他们蔑视这种无关紧要的反对意见，并像其他人一样勇于捍卫这项事业，丝毫不会感到羞耻。

大人，现在您也清楚了喀提林及其同盟一直嘲讽神职人员的真正原因。对因反对宗教而获罪的霍尔先生[2]的判决，为何重于犯背叛律师道德罪的雷耶尔[3]？无须说，这是因为法律职业与宗教并无直接关系。因此，喀提林应该承认，即使从事法律职业的某个人是叛国者或其他恶人，该行业的其他人员，也依然像国王治下的其他臣民一样忠诚和善良。但由于宗教事务是神职人员理应关注之事，也是他们的工作，那么喀提林的逻辑便会清楚地表明：他们中任何人若对政府不满，其他所有人也一定如此；他们中任何人若被指控为邪恶，其结论也显然是：其他所有人或大多数人都是邪恶的，而且要多邪恶有多邪恶。我不想用具体某一份神职人员的辩护书叨扰大人，也没有任何理由这样做，因为他们的辩护书已呈给了大人。他们能在任何需要为自己辩护的地方作

---

[1] 指16世纪英国都铎王朝时期由亨利八世发动的宗教改革运动。

[2] 当时并无一个叫霍尔的神父被绞死。1716年，一个名叫约翰·霍尔的人和一个名叫威廉·保罗的神父一同被处以绞刑。此事在当时很轰动，此信作者也许是将霍尔错记为神父。

[3] 英国律师，詹姆斯二世党成员，阴谋制订计划招募伤兵、占领伦敦塔和英格兰银行、逮捕王室成员、谋杀政府官员。由于他的两个情妇泄露了该计划，他在伦敦行刑场被以叛国罪斩首。

出辩护，因为他们也是忠实、高尚、博学的欧洲人。然而，他们一直未发表为自己庄严辩护的观点，因为他们既不期望，也不渴求亵渎神灵的、为上帝所抛弃者的赞许和尊重。同时，他们也不会怀疑：不仅见地深刻者，而且具备普通常识者，现在都清楚地看到，射向神职人员的箭，其实意在破坏和摧毁宗教事业的神圣机构，并消灭神职人员所致力维护和促进的宗教。每个诚实、公正的人对这个问题都一直存有疑虑。但现在，正是那些带来这种疑虑者说明了这个问题，因为他们现在公开宣称：遵从宗教信仰的基本信条，不仅毫无必要，而且荒唐可笑；鼓励美德，人类社会的福祉必定会消弥和毁灭，反而恶德才是人类幸福得以建立和维持的坚实基础。公然提出要铲除基督教信仰和一切美德，将恶德作为政府的基础，公开发表这类观点，真是一桩骇人听闻、明目张胆的暴行。而这若成为我们对全民所犯下的罪行，那么神圣的复仇定会不可避免地降临到我们身上。倘若这种"恶行"被忽视而免遭惩罚，那么，一个不如阁下您那么精明和敏锐的诡辩家也会很容易猜到它将成为全体国民的何等大罪。对如此清晰、如此重大的案件，大人自有明确的判断。毫无疑问，这已使您像一位睿智、忠诚的爱国者那样，决心在您的高位之上，竭尽全力地保护宗教免受粗暴的攻击。

只要《保护大不列颠宗教安全，以更好保护国王陛下及其辉煌政府之安全法案》颁布[1]，大人，您正义的政治计划，您对国家的热爱，以及您对国家的伟大贡献，将再次家喻户晓。

大人，

我是您最忠实、最谦卑的仆人
菲勒-布利塔努斯[2]

对这本书的猛烈指控和强烈呼声，大都来自慈善学校的校董、校长及其他

---

[1] 没有英国国会通过这项法案的记录，此信所说的法案或许只是C爵士的打算。
[2] 这是个笔名，大概来自当时《伦敦周刊》上几篇主要文章的署名，即布利塔努斯。

拥护者，我的朋友们也不断给我忠告——我应对自己所做的一切反思——使我给出了以下答复。在阅读的过程中，希望公正的读者不会因为某些段落的重复而不快，其中一段他可能已经读过两次；而他仍会认为，为了用这一段向公众自辩，我有必要把信中所引用的话重述一遍，因为那张报纸必然会落到许多既没读过《蜜蜂的寓言》，也没看过这封辱骂信的人手里。我的答复是在1723年8月10日的《伦敦杂志》上发表的，内容如下：

在7月11日周四的《晚邮报》上，一份陈述被附在米德尔塞克斯郡大陪审团的控诉书后面刊出，用以批判一本名为《蜜蜂的寓言：或私人恶德，公众利益》（第2版）的书的作者。此后，7月27日周六的《伦敦日报》上又刊登了一封言辞激烈的辱骂信，抨击该书及其作者。我认为自己有责任为上述那本书辩护，驳斥那些本不应施于本书的恶意诽谤，因为坦诚地说，我在创作该书时丝毫没有不良企图。对该书的控诉公开发表在了一些大众报纸上，而我为其所作的辩护若不为人所知，显然有失公允。我要向所有理智、诚实者公布我为自己的辩护，但请他们对此多点耐心和关注。撇开那封信中与他人有关的内容，以及一切毫不相干、莫须有的说辞，而从引自该书的一段话开始：

至此，我自认为已经充分阐明了一点，即无论是人天生的友好品质和善良情感，还是人通过理性与自我克制获得的真正美德，都不是社会的基础；而我们所称的那些邪恶之物，无论是道德上的还是大自然中的，才是使人类具备社会性的重要根源，才是所有行业和职业的坚实基础与维系力量；一切艺术与科学的真正起源都必须从中寻找，恶德只要销声匿迹，社会即便不会立即解体，也必定会一团糟。

我承认，这段话确实出自《蜜蜂的寓言》一书，它朴实无华，在以后的版本中很可能继续出现。但我坦诚地说，若我创作此书的目的是让理解力最差的人也能接受，就不会选择书中所讨论的这一论题；或者，即使我选择了这一论题，我也会详细说明和解释每一句话，并且像老师那样手持教鞭，用严肃的口吻讲解、分析每一个问题。例如，为使这段话更容易理解，我会用一两页的篇幅来说明"恶德"一词的含义，再告诉读者：每一种缺陷、每一种欲求都是一种恶德；社会各个成员间的所有相互服务，都缘于那些多样的欲求；欲求的种类越多，个人在为他人服务的劳动中找到的私益就越多，遂由此结合在一起，组成一个整体。除了能为我们提供所需物品的行业或手艺，我们还需要其他行业吗？这种欲求得到满足之前，当然就是一种恶德，需要行业或手艺来补救。若没有这些行业，我们就永远不会想到那种恶德。有哪种技艺或科学不是为了弥补某些缺陷而发明的呢？若不存在缺陷，那么技艺和科学便根本无缘由来补足它。我在该书后文中说：

  人类思想和发明的卓越之处，过去和现在都表现在工人及手工艺者所使用的各种工具、器械和机器上。这些发明都是为了帮助人类克服弱点，完善不足，满足人的懒惰，或消除人的急躁。

  前面几页的内容也表达了相同的思想，但这与宗教或我宗教信仰有何关系，正如它与航海或北部和平[1]有何关系？

  有许多人手受雇在我们饥饿、口渴和赤身露体时满足我们的天然需求，但这些人手对纯粹满足我们腐败天性之堕落的大量人而言，简直微不足道。我指的是那些勤勉者，他们靠诚实的劳动谋生，而那些虚荣和耽于享乐者必须感谢他们为其提供的、用于满足其舒适和奢侈的器具与服务。"在这环环相扣的链条上，目光短浅的俗人只能看到其中的一个环节；而那些视野稍宽广的人，则乐于去观察一连串事件的走向。在某些地方，他们也许会看到'善'从'恶'中涌现出来，如同雏鸡从蛋中自然孵出。"该句见于本书对长诗《嗡嗡作响的蜂巢，或无赖变为君子》的评论[G]，这是对蜂巢中一种看似矛盾状况的评论：

  这蜂群中"最坏"的那些卑劣分子

---

  [1] 指1719—1721年间瑞典、英国、丹麦、挪威、普鲁士、汉诺威、波兰、萨克森和俄国之间的和平。

为公众利益贡献良多。

我们可以在许多事例中发现，神秘的上帝每天都在暗中命令让劳动者获得舒适，甚至使那些被压迫者获得解救；这些舒适和解救悄然来临，不仅来自奢侈者的恶德，也来自恶名昭彰者及恣意放荡者的罪行。

正直且有才干者一眼就会看出，这段受到谴责的文字，隐藏或没有完全表达出来的意思都包含在下面这句话中了：出于众多原因，人是有欲求的动物，而所有行业和职业都是因那些欲求产生的，而非其他。但人们乱翻超出自己理解能力的书，着实可笑。

《蜜蜂的寓言》是为有知识、有教养者创作的，旨在帮助他们打发无聊的闲暇时间。这是一本严肃而崇高的道德之书，它包含了对美德的严格审视，包含了辨别美德真伪的屡试不爽的标准，并表明了世人宣扬的许多良好行为其实是有缺陷的。本书描述了人类众多激情的本质及表现，剖析了它们的力量和伪装，并追踪了人们内心最深处的自恋。若忽略其他一切道德体系，我可以很有把握地补充一句：本书就像一首狂想曲，虽缺乏逻辑与条理，但任何部分都找不出一丝迂腐味或学究气。我承认，本书风格很不统一，有的地方高雅华丽，有的地方低俗琐屑；尽管如此，我仍对它十分满意，因为此书会给那些正直、高尚且明智的人带来愉悦。这些人只要读一读，定然不会失望。所有看到对此书作过猛烈抨击的人，请原谅我对它多说了几句赞美的话，因为在任何其他场合，一个有此遭遇者都会这样做。

本书绝无控诉书中所说的对妓院的赞美。陪审团作出这一指控，很可能是由于其中一段政治言论，谈的是如何保护贞洁女子不受放荡男人（往往无法控制情欲）的侮辱。我还谈到在两种恶德[1]之间作出选择的两难境地，要同时规避它们是不现实的。因此，我以最谨慎的态度开始了论述："我绝非鼓励

---

[1] 即本卷对长诗《嗡嗡作响的蜂巢，或无赖变为君子》的评论［H］第三段。

恶德，我认为，一个国家若能完全清除那些污秽之罪，那将是该国最大的福祉。不过，这恐怕是不可能的。"[1]我给出了我这一观点的理由，并偶然谈到阿姆斯特丹的音乐厅[2]，我就简短地说了几句，那段论述应该是最无害的内容。我恳请所有公正的法官作个评判：我那番叙述，到底是会引起人们的强烈反感和憎恶，还是会激起人们的任何犯罪欲望呢？很遗憾，大陪审团居然认为，我发表这篇文章是为了鼓动国民堕落，而未留意：首先，文中没有一个句子、一个音节会冒犯最纯洁的耳朵，或玷污最恶毒的人的想象；其次，我发出的一些怨言，显然是面向地方官和政客的，或至少是面向国民中更严肃、更有思想者的。然而，由倾向淫荡的普遍堕落，人们通过阅读该文就可能堕入淫荡，而这只能归咎于淫秽之物的容易获得，归咎于无知的大众、缺乏经验的青年男女那与其趣味和能力相应的生活方式；但是，这种遭到强烈反对的行为，并非起因于这两类人中的任何一类，这是不言而喻的。本书的起始部分完全是哲学式的，对那些不习惯思辨的人来说，这是很难理解的；这本书的书名既非华而不实，也非引人入胜，若没读过这本书，谁也不知道它是怎么回事，也不知道它的价格是5先令。从这一切来看，即使该书含有什么危险的信条，我也并未打算在人们中间散布。我从未说过任何取悦或引诱他们的话，我对人们最大的恭维就是：Apage vulgus[3]。我在本书（见原著第257页）说过："若大多数人都赞同我的观点，将会更清楚地证明我这些观点是错的，因此，我并不指望获得大多数人的认可。我不为多数人写作，也不奢求任何人的祝福，我只为能理性思考问题的少数人写作，以求其思想超脱于俗人之上。"我从未滥用这一方式，而是一直对公众保持关怀之心，提出任何不同寻常的观点时都谨慎万

---

〔1〕即本卷对长诗《嗡嗡作响的蜂巢，或无赖变为君子》的评论 [H] 第三段。

〔2〕即本卷对长诗《嗡嗡作响的蜂巢，或无赖变为君子》的评论 [H] 第四段所说的"晚间交易所"。

〔3〕Apage vulgus（拉丁语），意为"俗众滚开"。作者套用了谚语Apage Satanas（意为"魔鬼滚开"）。此句意为曼德维尔绝未指望大众能理解他的观点。

分，以免它们可能伤害到随便翻阅这本书的心智脆弱者。当我提出（见原著第255页）："我认为若没有人的恶德，任何社会都不可能成为富强的国度，或者说即便富强起来，也不可能长久维持下去。"我其实是有前提的，"我从未说过，也从未想象过，一个富强国度的人民不及贫穷国度的人民品质高尚。"比我更粗心的人都会认为这一提醒显得有些多余，因为我已在同一段话的开头说明了自己的立场："我要申明我所遵循的首要原则是：在所有社会（无论大小）中，为善是每个成员的责任，美德当被鼓励，恶德应遭反对，法律当被遵守，违法者应受惩罚。"本书中没有一行文字与这一立场相悖，我反对我的敌人驳斥本书（见原著第258页）的一句话："若有通往现世伟大之路摆在面前，我定会毫不犹豫地选择通向美德之路。"没有人比我更苦心避免被人误解。我在原著中曾说："没有恶德的社会就不可能富强，也不可能拥有无上的荣耀，我这样说并非要人们变得堕落、恶毒。我还认为，拥有财富和荣耀后，若没有足够的过于自私者和争讼者，法律这一行业便无法维持下去。同样，我这样说也并非要人们争强好胜或贪得无厌。"在本书序言结尾处，我也作了同样的提醒，而那是由于一桩与伦敦的幸福息息相关的昭彰恶行[1]。探究事物的真相，既不应怀有任何邪恶的企图，也不应有任何伤害他人的动机。一个人可以写关于毒药的文章，但仍是一名优秀的医生。我在文中还说："没有人会时刻提防赐福，而灾难却要求人们尽量去避免……冷、热难耐的极端天气，反复无常的恶劣气候，强度、方向不定的风，力量巨大而可怕的水，狂暴而桀骜不驯的火，以及冥顽不灵的贫瘠土地，正是这一切驱使我们去发明创造，让我们学会如何避免它们可能造成的灾害，或矫正它们的有害力量，并以各种不同的方式，使其中几种力量为我们所用。"一个人在研究国民所从事的职业时，也会说出这类话以及更多话，我不明白他为何不会被斥为贬低、轻视上天的恩赐和

---

[1] 指本卷序言提到的《伦敦晚邮报》等报纸刊登的假消息，即说曼德维尔在伦敦圣·詹姆斯教堂大门前焚毁《蜜蜂的寓言》。

慷慨。同时他也证明：如果没有雨水和阳光，这个地球便不适于我们这样的生物居住。这个话题非同一般，若有人劝我别提它，我绝不会同他争辩；但我总觉得，这个话题会让那些品位尚可、不容易迷失的人感到欣慰。

我永远无法如己所愿地征服自己的虚荣心。我的骄傲之心太强，不会去犯罪。至于本书的主旨，即本书的意图，也就是它要阐明的观点，我已在本书序言中怀着极大的诚意宣布过，在其末尾，你可以找到这些话："你如果问我为何做这一切？这些看法会带来什么好处？显然，除了给读者些许启发，我想它们别无他用。但倘若有人问我，读者从这些观念中会直接感悟出什么，我便会回答：首先，读过我的这些见解后，那些总是对他人吹毛求疵者，将学会反躬自省，叩问自己的良知，将会为总是抱怨他们自身或多或少也有的过错而羞愧。其次，那些喜欢安逸和舒适的人，攫取了一个伟大又繁荣的国家所创造出来的一切利益，他们将学会更有耐心地容忍那些不便之处，因为世界上没有哪个政府能消除它们；这些人还应当明白，任何人都不可能只享受安逸和舒适，而逃避那些不便之处。"

1714年出版的《蜜蜂的寓言》，既没有受到任何指责，也没有引起公众的注意。而第二版之所以遭到如此猛烈的抨击，我能想到唯一原因就是：它在第一版的基础上加了一篇《论慈善与慈善学校》的文章，虽然它其中也有许多第一版所要求的注意事项。我承认，我的观点是：在一个被治理得很好的国家，从事一切艰苦、肮脏的工作应为穷人的宿命，直到孩子十四五岁，他们才让其从事有用的劳动，孩子成年后便很难具备那些劳动所要求的素质。在那篇文章中，我为自己的观点给出了几个理由，我将其呈给所有公正的有识之士，保证他们不会看到那篇控诉里说的可怕的渎神论。从以上我关于教育的深思中，读者也许会发现我如何鼓吹放荡和不道德行为、如何敌视对青年的信仰教育；之后，我又谈到了穷人子女可以在教堂接受教导：即便教区最贫穷的居民，只要能走进那些地方，我希望他们不要错过每一个主日礼拜。安息日（一周中最有益的一天）是为礼拜和宗教活动而设立的，也是体力劳动者们的休息日，所有官员都有责任特别对待这一天。穷人及其孩子们更应在那天中午前后去教堂，因为他们没有其他时间。应通过训诫来警示他们，用榜样来鼓励他们，并从其幼年时期就培养这种习惯，让他们知道，故意忽视此事是可耻的。若完全强迫他们如此，可能显得过于苛刻，甚至不切实际，但也至少应严格禁止一切消遣娱乐，穷人也不能参加任何可能诱使他们离开教堂的娱乐活动。

我使用的那些论据若不能令读者信服，我希望他们能够予以反驳——不论是谁，只要不是恶意中伤，而是指出我的错误之处，使我相信我确实错了，我都将其视为一种鞭策。但人们的私心若被这些言辞所冒犯，诽谤似乎是驳倒对手的最直接办法。人们已为这些慈善学校募集了大量善款，我太了解人的本性了，简直无法想象那些善款的收受者会耐心听取反对慈善学校的言论。因此，我已想到自己会受到何种对待，并重复了慈善学校常见的伪善言辞。在书中（见原著第304页）我告诉读者：这是普遍的呼声，哪怕有人说一句反对的话，这人即使不被看作亵渎神明、主张无神论的邪恶之徒，也会被视为无情无义、铁石心肠、不讲人道的人。因此，在写给C爵士的那封非同寻常的信件中，我看到自己被称作"放肆作者"，看到"公然提出要铲除基督教信仰和一切美德，将恶德作为政府的基础，公开发表这类信条，真是一桩骇人听闻、明目张胆的暴行。而这若成为我们对全民所犯下的罪行，那么神圣的复仇定会不可避免地降临到我们身上"这类言论，并未感到特别意外。这正是我一直预料之中的敌人对我诚实公正的态度，尽管这封信的作者怒火中烧，并竭力揭露我所暴露的以激起公众的愤怒，但我不会反驳他。我同情他，并足够善良地认为他受了蒙蔽，因为他对别人散布的传闻和谣言深信不疑。任何像他那么聪慧的人，都能想到应该先读了我那本书至少四分之一的篇幅，再写这样的信。

"私人的恶德，公众的利益"这句话若是冒犯了哪位善良之士，我深表歉意。一旦人们正确地理解这句话时，它的寓意很快就会显示出来。但凡是读过此书最后一段的诚挚之人，都不会质疑此说法的清白；我在那段话中向读者告别，并以那个看似悖论的命题作结（其实质在本书标题页已提及）：在精明政治家的巧妙管理下，私人恶德可以转化为公众利益。这是该书最后一句话，其字体与其他部分没有任何不同。然而，我却舍弃了一切《为本书辩护》中的话。

在被称为《蜜蜂的寓言》的这整本书中，在米德尔塞克斯郡大陪审团呈给国王的控诉书中，若是找出任何不敬或渎神的言论，或找出任何可能导致不道德或堕落行为的内容，我希望将它公之于众。只要不因我拒绝回答某些问题而破口大骂，不进行人身攻击，不煽动暴民做恶，我不仅会放弃争论，而且还会极诚恳地请求被我所冒犯的公众宽恕，并且（若法官认为绞死我还不够）在我的论敌指定的任何合理的时间和地点，亲自烧毁这本书。

《蜜蜂的寓言》的作者

第二卷 对话录

以对话录的形式，为进一步自辩，再度阐明自己的思想和观点，并因此完整呈现今之所谓的"曼德维尔悖论"。

前言

对《蜜蜂的寓言》的批判甚嚣尘上，即使我已为该书发表了一篇辩护文章，情况也未改善。我的很多读者会纳闷，为何我未对此书第一卷的批判进一步理会，而是随之发表了此书的第二卷？我认为，无论发表的内容是什么，都理应把评判权交给读者；但作者也没有理由认为该卷不会遭到批评者们同样的指责。我受到的对待，以及一些绅士对我的冒犯，是有目共睹的，公众在此之前定然深信，就礼貌而言，我并不欠我的对手什么。有人拿着书到学校谴责我，若说这是他们理所当然的权利，事先无须征得我的同意，可以任意贬斥我，那么，我同样也有权审视他们的指责，且无须征询他们便作出自己的判断，无论他们是否值得反驳。公众必然是我们双方的裁判。从此书第一卷第三版的附录可以看出，我并未试图扼杀那些反对我的论点或谩骂，也从未向读者隐瞒它们。我曾想借本书出版第二卷之机列份名单以写上那些撰文反对我的人。但由于他们人数众多，所以我担心，若我一一回答的话，就会显得像是在卖弄，而我从未打算如此。我之所以一直保持沉默，是因为到目前为止还没有人控告我有罪或不道德。对于那些强加的指控，无论是从辩词还是此书本身，任何能力中等者都无法给出一个圆满的解答。

然而，我还是在近两年的时间里为《蜜蜂的寓言》写了一篇辩护文章，在其中列出了所有可能合理的异议，并尽量予以回答，包括此书提出的学说，以及它可能对别人造成的伤害。因为，这是我唯一关心的事情。我清楚自己写此书并无恶意，因此对其遭受的责难感到难过。至于此书写得是好是坏，根本不值得我去关心，因此我才会说：欢迎批评者各抒己见——他们可以说我论证拙劣，说此书写得不好、内容陈腐、前后矛盾，语言粗野、幽默低俗、文风极为恶劣。我认为他们大体上是对的，即使错了，我也绝不会自找麻烦去反驳他们，因为我认为，作者为了自己的才能辩护，是最愚蠢的行为。我写此书完全是为了消遣，我的目的已经达到了。读者若未从中得到消遣，我深表遗憾，尽管我认为自己根本无须对读者的失望负责。此书并非他人邀约之作，我也从未在任何地方担保过此书有什么用途或益处。恰恰相反，在此书序言中，我视它为无足轻重之物，此后也曾公开承认它是一首狂想曲。人们买书却不翻阅书的内容，或不知道某本书讲什么，若该书与期望不一致，除了他们自己，我不知还该怪谁。况且，人们买了书后却不喜欢，也并非什么新鲜事——即使有大人物事先向读者保证某书会令其愉悦——这种情况也不可避免。

我的几位朋友看过了我提到的那篇辩护文章的大部分内容，一直期待我将其公之于众。但我迟迟未出版，既非因为印刷技术问题，亦非因为纸张成本问题，而是有其他原因。那些原因未触及任何人的钱财，也绝不会与钱财有关，所以请允许我不予说明。无论那篇辩护文章何时发表，我的大多数对手都会认为已足够快，而且除了我自己，没有人会因出版的延宕而受损。

自从本书第一次受到批评以来，我一直百思不得其解：人们为何会认为我写此书意在使英国堕落，意在提倡一切恶德？过了很长时间，我才明白，那完全是莫须有的罪名和蓄意谋害。从《乞丐的歌剧》[1]的频繁演出中，人们会意识到流氓和盗贼增多的问题日益严重。自从发现了这一点，我便相信：世上果真有这种固执己见的人，一看到揭露恶德，便觉得是为其推波助澜。对此书的批判，也缘于另一种误解，即我的一些敌人对我怒不可遏，因为我在辩护中承认，到目前为止我还没有像我所希望的那样克服自己的虚荣心。他们的责难表明，他们一定认为抱怨某种人性弱点就等于宣扬它。但是，若这些愤怒的绅士们不是被激情蒙蔽了双眼，而是将眼睛擦得亮一些，便很容易看出（除非他

---

〔1〕《乞丐的歌剧》（*Beggar's Opera*），英国的三幕通俗歌剧。此剧讽刺了政治、贫困、法律不公、社会各阶层的腐败；其音乐十分通俗，却深受欢迎，曾经一连演了62场。

们沾沾自喜于自己的傲慢）：他们只要真诚，便会承认自己同样也有虚荣心。以自己的虚荣心为荣且傲慢自大者都不可原谅。但是，当我们听到一个人抱怨某种缺点，并抱怨自己无力克服它，而在他身上却又找不出那种缺点（我们本可以为此责备他），我们非但不会认为自己受到了冒犯，反而会对他的睿智感到欣喜，对他的坦率表示赞赏。除了惯常的写作方式，这样一位作者对读者没有其他任何冒犯。并且他承认其作品是受虚荣心的驱使（而其他人拼命掩盖），那么他的自白便值得称赞，因为他的坦诚只应被看作对公众的一种尊重，其实他并没有义务这样屈尊俯就。恶德并不在于产生激情，不在于人天生具有弱点，而在于纵容并听从那些激情和弱点的召唤，与理性的指示相对抗。对其读者给予极大尊重的人，都谦恭地把自己交给读者来判断，同时告诉他们自己没有任何骄傲之心。但我要说的是，凡是这样做的人，在恭维他人时就是在糟蹋自己的谦恭；这比自我吹嘘好不到哪去，且不会付出任何代价。那些趣味高雅、心思敏捷者，是不会因为一个人的恭谦而受影响的，因为他们坚信此人完全没有骄傲之心。一种美德的缺失会导致另一种美德的缺失；谦逊这种美德，至少不会比宦官的纯洁或乞丐的谦卑更伟大。老加图拒绝喝拿给他的水，若不是人们认为他当时已口干舌燥，这会给他带来任何荣耀吗？

读者会发现，在本书第二卷中，我尽力说明和解释了第一卷中一些含糊不清或只作了暗示的言辞。

在构思此卷时我发现，对我来说，最简单的表达方式就是对话，但我也知道，讨论观点和设置争论被认为是最不公平的写作方式。心怀偏见者若想不用付出任何代价，就能推翻、战胜对手，最常用的方法就是通过对话来打击对手。在这种对话中，双方交战伊始，主角（必败无疑）就似乎是受害者，成为牺牲品，就像圣灰节[1]上的公鸡，屡受鞭打，却无力还击，而且显然是为了被击倒而故意设置的。这种反对以对话方式写作的说法，当然没错，但同样

---

[1] 圣灰节（Ash Wednesday），基督教四旬斋（Lent）开始的前一日，人们准备烤薄饼和丰富的食物，以准备度过其后的40个斋戒日，直到复活节（Easter）。

正确的是，没有其他写作方式能使作者获得更高的声誉。在对话写作方面，最出色的是两位古代的著名作家：柏拉图和西塞罗。前者几乎把他所有的哲学著作都写成了《对话录》，而后者则除了对话什么也没给我们留下。很明显，那些写不好对话的人，错误在于对话使用不当，而不是写作方式，而且，对话使用不当最能败坏其名声。柏拉图曾说，他之所以喜欢对话录而不喜欢其他写作方式，是因为在对话中事件犹如正在进行中，而非正被讲述。其后的西塞罗也用自己的话，表达了相同的意思。其实，反对使用对话方式最具说服力的观点是：写好对话十分困难。柏拉图《对话录》的主要谈话对象始终是其导师苏格拉底，苏格拉底在一切方面都保持着崇高的品格；但柏拉图若不是像苏格拉底那样伟大的人物，就不可能让一位如此卓越的大师像他本人那样，就许多重大问题发表看法。

西塞罗只不过是模仿柏拉图，他将当时罗马一些最伟大的人物引入其对话，让他们发表各自不同的看法，并竭力用生动的语言为之辩护，犹如他们本人在面对面争论。阅读他的对话时，读者很容易想象自己正跻身众多学识渊博、品味各异的学者之列。但若要做到这一点，就必须具备西塞罗的才能。同样，琉善[1]和其他几位古代作家，也为其对话挑选了一些为人熟知的人物。毋庸置疑，这比那些陌生名字更能吸引读者。但若找不到合适的人物充当对话者，显然作者便要亲自承担他难以完成的任务。为避免这种麻烦，当今的对话写作者大多使用化名，这些名字要么是他们虚构的，要么是借自别处。一般说来，这些人物都是组合巧妙的复合体，取自希腊，用以弥补作者所设定的人物的短缺，他们或代表作者所支持的一方，或代表作者喜爱或憎恶的一方。但是，所有这些美妙的复合体中，没有一个能像斐拉列[2]那样，吸引众多不同

---

[1] 琉善（Lucian of Samosata，约125—192年），希腊讽刺作家。其《众神的对话》（*Dialogi Deorum*）和《死者的对话》（*Dialogi Mortuorum*）对希腊的哲学和神话进行了大胆的讽刺。

[2] 斐拉列（Philalethes），意为"平静地热爱真理的人"，17世纪英国炼金术士，著有多种有影响的著作，其读者包括牛顿、洛克和莱布尼茨。

见解、不同才华的作家。这充分证明，人类通常都高度重视真理。两百年来，在所有著名的纸上论战中，作战双方没有一次不派出这位"常胜将军"。迄今为止，无论他为哪一方作战，都像德莱顿[1]戏剧中的阿尔曼佐一样，始终是所向无敌、战无不胜的胜利者。但按照这种方法，战斗前必须先公布作战者的名字。由于并非每个人的心态都一样平和，许多读者便抱怨说：他们花了钱却玩得不够痛快，因为事先知道得太多，冲淡了他们的乐趣。这种情绪流行了一段时间后，作者们为其对话中人物取名就没那么认真了。在我看来，这种漫不经心的做法，和我采取过的其他方法一样合理。我给我的对话者所取的名字，除了区分他们之外，没有别的意思，既未考虑那些名字的来龙去脉，也未考虑其词源。对那些名字，我唯一的要求就是，它们的发音不应刺耳，听上去不应令人不快。

尽管我给对话者取的名字是虚构的，他们的处境也是虚构的，但人物原型却是真实的，而且是我对现实人物最忠实的还原。一些评论家对剧作家吹毛求疵，说剧作家在给戏剧人物起名时附上了简短的性格提示，这妨碍了他们的快乐。他们还抱怨，无论演员扮演什么角色，他们都不需要提示者，他们有足够的智慧自己去解读它。但我绝不赞成这种指责；因为我认为，清楚自己与何种人为伍是一件乐事，我与人交谈相当长一段时间后，便希望很好地了解他们，而且越快越好。正因如此，我认为有必要向读者介绍几位我的"对话录"中能使其愉悦的人物。他们都被设定为上流社会的人士。在具体讲述之前，请允许我先谈谈上流社会的一些基本情况——也许大多数人都有所了解，但并非每个人都会关注。在所有基督教国家，上流社会中都有这样一些人：虽然他们对无神论深恶痛绝，对无信仰者极为憎恶，但其宗教信仰却很少，若进一步审视其生活和情感世界，便会发现他们其实都是罕见的半信仰者。一种优良的教育，其主要目的是尽可能多地使受教育者获得世间的安逸和快乐。因此，人们首先

---

[1] 德莱顿（John Dryden, 1631—1700年），英国作家，桂冠诗人。

要学习各种技巧，努力使自己的行为既被他人悦纳，而又不给自己带来任何不便。其次，人们不断积累创造优雅而舒适生活的知识，吸取人类避免痛苦和麻烦而产生的教训，以便尽可能地减少人间的阻力，更自由地享受世界。这种人也研究各自感兴趣的事物，以互相提升或增添日常生活的乐趣，因为经验告诉他们：要想达到这些目的，谈话中应避免一切可能使他人感到不安的话题（哪怕稍有此种倾向）。任何人都不该责备他人的过错、缺点或疏漏，或提醒他人谨记自己的责任，除非是父母、导师或家庭教师。责骂他人、自称教育他人，都是失礼的行为，因为我们根本没有这种权力，即便一个走下讲道坛的牧师也无权如此。他若想被看作有教养的传道人，布道时便不应颐指气使，不应提及任何使人悲伤或忧郁之事。不过，对在教堂里听到的一切言论——无论是未来状态的必然性，还是悔改的必要性，或是任何与基督教本质相关的事情。当我们走出教堂，步入上流社会后，不论出于何种原因，均不可提及，这并非转移话题，而且，人人都应当知道这些事情并予以关注，否则便会被视为粗野。上流社会流行的"体面"，即使不是所有时髦人士所遵守的唯一规则，起码也是首要规则。为了这种"体面"，许多上流社会人士都去教堂领受圣餐，并不得不彼此见面，时常组织娱乐。不过，上流社会最重视的是要受人欢迎并显得很有教养，因此，他们大多数人都特别看重一件事，即在主流的宗教信仰之外不可表现出其他信仰，因为他们害怕被看作伪君子或偏执狂。

而"美德"一词却非常时尚，一些最奢侈的人格外喜欢它亲切的声音，尽管他们所谓的"美德"毫无意义，只是表示对一切优雅或崇高之物的极大尊重，对一切粗俗或不雅事物的极度憎恶。他们似乎认为，美德首先在于恪守一切礼仪规则和荣誉法则，只让其牵涉理应得到的尊重。人们用大量冠冕堂皇的辞令所宣扬的正是要维护的美德，而许多勇士为使其永垂不朽，也随时准备拿起武器。美德的虔诚信仰者，并不拒绝享受任何快乐，不论是公开的还是秘密的。他们不能把心灵奉献给真正的美德，便只能屈尊放弃外在畸形的恶德，从表现的教养良好中获得满足。他们虐待自己，或坚称美德需要克己，都是荒谬的。宫廷哲学家一致认为，凡是让人禁欲苦修或令人不自在的事都不可爱，都不是人们向往的。在公众场合举止优雅，以及言行上不冒犯他人，就是上流社会对人的要求。无论一个人私下如何纵容自己，其名誉绝不会受损，他隐瞒自己对某些事物的热爱，并时刻保持警惕，不让自己沾染任何昭彰的恶行。"Si non castè saltem cautè[1]"，这条戒律足以表明每个人的愿望。虽然无节制被视为一种罪过，却从未有人因此受到惩罚，三十岁以下的单身人士大都不喜节制，即使端庄的女士也不例外。

人人都渴望被赞为具备真正美德者，因此，赤裸裸的恶行，以及一切能被人看见的罪过，都是可憎的、不可饶恕的。白天在大街上或任何严肃集会上见到酩酊大醉者，会令人惊骇不已，因为这是违反礼仪法的，显然是缺乏尊重和不负责任的表现；而人人都应该尊重公众、对公众负责。同样，穷人也会受到指责，因为他们在饮酒上花费的时间和金钱远远超出自己的承受能力。但即使不考虑这些责难和一切世俗禁忌，作为一种罪过、一种对上天的冒犯，酗酒也很少受到谴责。有钱人都会大方地承认，某天他与朋友们痛饮了一番。只要酒后不犯任何罪过（既无污言秽行，亦不挥霍无度），聚在一起喝酒、寻欢作乐的人，便认为这是他们消磨时光的最纯粹方式，尽管在一年中的大多数日子里，他们要将二十四小时中的五六个小时用于这种消遣。从不过量饮酒

□ 饮酒的修道士

2000多年前的欧洲人相信，神存在于他们收获的葡萄和他们喝的葡萄酒中，饮酒能够让他们与这些神交流。然而，随着基督教影响的扩大，基督教会开始限制圣酒的使用，并明确区分圣酒和世俗酒。现在，圣酒不再被用来与神交流，而是被用来赎罪，带来宽恕而不是超越。而且，在宗教仪式上享用圣酒的往往是作为基督在人间的代表的教会牧师，而不是普通会众。

---

[1] Si non castè saltem cautè（拉丁语），意为"谨慎无大错"。

者，都没有获得"良伴"的好名声。倘若一个人身体非常强壮，或他自己非常谨慎，尽管通宵达旦饮酒，翌日却状态良好，那么人们顶多会说他嗜酒而有度；虽然他夜夜以喝酒为消遣，而且几乎从来没有清醒着上床睡觉。

诚然，贪婪往往令人憎恶，但人们的贪婪多表现为搜刮、囤积钱财，因此，获取财富的一切卑鄙、肮脏和不合理的手段以及积聚财富的各种邪恶、可怜和吝啬的方式都应被谴责、被取缔。但人们对贪婪颇为宽容。一个贪婪者在上流社会如鱼得水，过着无比奢华的生活，尽管他总是提高其房产的租金，使房客几乎住不起他的房子；尽管他通过放高利贷，通过野蛮地掠夺他人来聚敛财富；尽管他自己也不如实兑现薪水，也是那些不幸之人的无情债主，他也绝不会因此受到责罚。一个人若能盛情款待客人，并愿意让家人在他能负担的条件下都享受入时的生活，他也绝不会被视为贪婪。家财万贯者，仍渴望更多的财富，这种现象何其普遍！在正常报酬之外，一些人还要求额外的津贴，这是何等贪婪！为了钱财而屈尊逢迎，是多么可耻！指望养老金生活的人，为获得这笔钱是多么奴颜婢膝，多么顺从懦弱！不过，除了其敌人、嫉妒者，或是那些心怀不满者和穷人，任何人都不会因此谴责这些现象。相反，大多数教养良好、生活富足的人，会称赞他们勤奋进取、善于抓住良机；会称赞他们是心系家人幸福的勤勉者，懂得如何在世上找到适宜的生活。

但是，这些观念对践行基督教教义的危害之大，并不亚于人类的盲目自大（巧妙的教育使人们学会高度评价自己）对基督教信仰的危害。众所周知，人类比其他动物优越之处在于其理性能力，这完全正确；但同样正确的是，我们越被教导要赞美自己，我们便越是骄傲，也就越看重我们的理性能力。因为经验告诉我们，人类对其自身价值的尊重越多、越超常，他们受伤害时往往就越容易心生怨恨。同样，我们也可以看到，人类凭借自己的长处，即理性能力，将自身观点看得越崇高，就越不愿接受任何似乎是侮辱或反驳其观点的东西。若让一个高傲的理性者承认他无法理解某些事情，他便会将这视为对人类理解力的侮辱。安逸和享乐是上流社会的重要目标，修养与他们的行为密不可分；因此，无论他们信教与否，都不会反对宗教，因为他们就浸润在宗教中。他们将欣然参加每一个神圣的敬拜仪式，他们已经习惯如此。他们永远不会和你争论《旧约》或《新约》，若轮到你发言，你也不会过分强调信仰和神秘，而允许他们给创世史和一切无法理解，或无法自然解释的事物，赋予一种寓意或其他比喻义。

在所有基督教国家的上流社会人士中，我绝不相信没有比我这里描述的更恪守美德、更虔诚信教的人存在了，但我恳请每一位见多识广、正直的读者相信：人类中的大多数都与我描绘的那幅画卷极为相似。在本卷"对话录"中，我所设置的人物分别名为霍拉修、克列奥门尼斯和芙尔维娅。霍拉修代表我一直谈论的上流人士，确切地说，代表其中那些道德品质良好者。尽管相比其他一切从业者，他似乎最不信任神职人员的诚实，并且赞成那一陈腐而含糊、虚假而有害的说法——所有宗教的牧师都是一样的。至于他的学问，我让他对古典文学还算精通，读的书也比那些出身名门望族的上流人士多。他恪守荣誉、正义和人道，慷慨而不贪婪，一切行事原则都大公无私。他出过国，见过世面，还多才多艺，这通常能使一个人赢得绅士的美名。

克列奥门尼斯也是这样一个人，但更有修养。出于消遣，他曾涉猎过解剖学和部分自然哲学[1]。因此，他游历归来时已潜心研究过人性，并对自身有了深刻的认识。根据我的设定，他利用大部分空闲时间做研究时，认识了《蜜蜂的寓言》的作者，并正确运用读到的东西，将自己内心的感受和世间见闻，与那本书所阐明的观点相对比，最终发现：正如书中所描述的，人类之伪善的确普遍存在。对那些通常用来掩饰人们内心真实愿望的托辞和借口，他根本不会相信。对人的真诚，他也始终保持怀疑，并认为，人们都钟爱俗世生活，狂热地追逐财富与权力，却虚伪地宣称，其劳动的伟大目的是创造机会为世人造福，并使自己对上天更加感恩；尤其是，他们追随上流社会的脚步时，似乎

---

〔1〕自然哲学（natural philosopy），旧时指自然科学，尤指物理学。

更乐于享受上流社会时尚的生活方式。他还怀疑一切有理性者，因为他们阅读并思考过《圣经》后，往往会认为：人们竭尽全力追求世俗的荣耀的同时，也可以成为虔诚的基督徒。克列奥门尼斯本人无条件地相信，《圣经》是上帝之言，并深信其中包含的神秘现象和历史事实。他也完全相信，基督教是正确的，其戒律是严格的，因此便竭力克制自己的激情；但又毫不犹豫地承认，自己无力抑制激情，也未感受到内心对激情的强烈反对。他常常抱怨说，他所遇到的来自血肉之躯的障碍是无法克服的。他深知《圣经》所要求完成的任务之艰巨，所以总是反对那些不费力的诡辩家：为了达到自己的目的，他们竭力减轻和掩饰那种困难；他们一面高声宣布，人对上帝的感恩之情是一种人们无法接受的奉献，一面继续过着奢华安逸的生活，且明显渴望分享俗世的荣华富贵。克列奥门尼斯认为，上流社会人士常用这种自鸣得意的态度来抚慰彼此的弱点。一位绅士行为的每个方面，几乎都存在着外在表现和内心感受之间的矛盾。这种矛盾是与正直和真诚相冲突的。他还认为，在一切宗教美德中，最稀缺或最难获得的便是基督徒的谦卑；而要摧毁获得这种美德的机会，最有效的手段便是所谓的"绅士教育"，通过这种教育，人们越善于掩饰骄傲的外在表现和种种特征，其内心就越容易被骄傲彻底奴役。他仔细考察从他人赞美中获得的幸福，以及有见识、有理性的人们从其劳动中获得的无形报酬；考察那些虚幻的奖赏为何如此吸引凡人。他还经常细心观察人们受到各种赞美时的表情与举止，那些赞美之事包括他们的家具考究、娱乐高雅、车马精良、服饰优雅或住宅有格调等。

克列奥门尼斯似乎是个仁慈之人，他有严格的道德标准，却常常抱怨自己不具备基督徒的某种美德，还对自己几乎全是为善的行为感到不满。因为他觉得，那些行为都是依据错误的原则。他所受的教育，以及他对恶名的憎恶，足以使他免于堕落；但他将这归因于自己的虚荣心，他抱怨这种虚荣心占据了他整个心灵，以至于他无法排除任何一种令他感到满足的欲望。他的行为一直无可指摘，因此，他的真诚信念并未使其行为有明显的改变，但私下里，他从未停止自我审视。没有人像他那样远离宗教狂热，所以他的生活始终如一；他从不自命虔诚，所以也从未犯过滔天大罪。对于一切严格主义者[1]，他都十分反感；当看到有人为信条的形式而争吵，为经文解释的含糊而争吵，并且在有争议的问题上，要求他人严格遵从自己的意见，他便会非常愤怒，因为他发现那些人都普遍缺乏仁慈之心，其中许多人在最平常、最必要的职责上过分怠惰。他煞费苦心地探究人性，千方百计地揭示人类的骄傲和虚伪，他揭露一个密友的阴谋，揭露另一个密友过度的权力欲。他确信，从俗世享乐中得到的满足感不同于感恩之情，更与宗教无关；他清楚地感到，那种满足是发自内心的，也是以他为中心的。他说，生活的真正乐趣伴随着心灵的升华，而这与他的存在似乎无法分割。不论他的这一想法基于何种原则，他都深信，《圣经》所要求的牺牲心灵，就是彻底消除那个原则。他还承认，他在自己身上得到的这种满足，这种心灵的升华，让他无比快乐，也是他在生活的一切舒适中，得到的最大享受。

克列奥门尼斯常常悲伤地承认，他担心自己活着的时候放不下对尘世的依恋。他给出的理由是：其一，他对世俗之人的观点仍怀有极大的敬意。其二，他那颗难以驯服的心非常倔强，不能期待它改变其引以为傲的对象；他拒绝以自幼就被教导的荣耀意识为耻；他还发现自己不可能甘心被别人轻蔑，不可能容忍别人出于任何原因、任何理由的嘲笑和蔑视。他说，这些就是阻碍他断绝与上流社会的一切交往，并彻底改变其生活方式的障碍。他认为，不消除这些障碍，而空谈弃绝尘世，告别俗世一切浮华与虚荣，简直荒谬绝伦。

我设置的第三个人物芙尔维娅，是个微不足道的角色，她只出现在第一篇对话中，因此，用这个人物来烦扰读者有失妥当。我想对绘画和歌剧发表一些看法，若引入这样一个人物，谈论起来会更自然、更省事。我希望，女士们不会从她那只言片语中找到理由，来怀疑她缺乏美德或判断力。

---

[1] 严格主义者（Rigorist），源于拉丁语rigere（僵化），泛指在生活方式、道德标准、艺术风格上恪守严肃的要求，即"伦理严格主义"（拉丁语rigorismus）。这个词在此处亦指恪守宗教信条者。

至于那篇《蜜蜂的寓言》，或者说霍拉修与克列奥门尼斯第一次对话的起因，情况如下：沙夫茨伯里大人高雅的写作风格，他的妙语连篇，以及对美德与良好教养的恰当融合，都令霍拉修钦佩不已。在社会制度方面，霍拉修一向固执己见，他不明白克列奥门尼斯为何会拥护《蜜蜂的寓言》那样一本书，因为他听到过不少对那本书的强烈谴责。克列奥门尼斯喜欢霍拉修，并与他有着深厚的友谊，便想让他明白。但讨厌讽刺的霍拉修先入为主地怀有偏见，加之听说那本书嘲讽了作战的勇气，嘲讽了荣誉本身，便对其作者及其整个阴谋非常恼怒。他曾听克列奥门尼斯和别人讨论过几次这个话题，但他自己从未参与讨论；他还发现克列奥门尼斯常常迫使他加入讨论，于是便开始冷淡了自己这位密友，决定避开与他独处的一切机会。但有一天，霍拉修拜访过克列奥门尼斯，正要告辞离开时，被克列奥门尼斯用一个计策拉进了讨论（读者将会看到是何计策）。

　　我选择以此种方式向世人公布我这些思想，若有哪些正直且明智之士对其吹毛求疵，我并不感到意外。老实说，那本书中的某些观点，我的确不知道怎样证明其有理，才能让自己满意。克列奥门尼斯这样的人，读到了一本与自己观点相契合的书，便只想结识其作者，这未有任何不当之处；但有人会反驳说，不管对话者是谁，"对话录"毕竟是我本人写的，一个人宣扬自己的作品，是不太得体的；他的一位朋友或许会说：此言不虚。而我认为最好的回答是：克列奥门尼斯所代表的这样一位公正之士，这样一位热爱真理之人，谈论朋友的优点时，会像谈论自己的优点那样谨慎。同时，一个人若承认自己是某位作者的朋友，与其兴味相投，那么他自然会在所有读者面前捍卫那位作者，而对这类人产生怀疑和不信任，如同对作者本人产生怀疑和不信任一样。但无论采用这种写作方式的理由多么恰当，我若未在著名的伽桑狄[1]的作品中见

---

〔1〕伽桑狄（Pierre Gassendi），法国哲学家、科学家，其著作具有文艺复兴时期人文主义者的对话体风格，通过与古代思想家对话建立起了自己的哲学思想体系。

过它们，便绝不会冒险尝试。在几篇对话和一位朋友（对话的主要人物）的帮助下，伽桑狄不仅解释和阐明了自己的思想体系，还反驳了其对手的观点。我即是遵循他的先例，希望读者会发现，无论我借对话形式如何间接地夸赞了自己，我并无这一意图，也绝不会滥用这种形式。

有人认为，克列奥门尼斯是我的朋友，完全站在我的立场上，因此，他提出的一切观点自然都应当看作是我的；但没有一个理智者会认为，我也该对其论敌霍拉修所说的一切负责。霍拉修若发表了任何带有自由思想的言论，或其他应予以反驳的见解，而克列奥门尼斯却并未以最巧妙、最严肃的方式谴责他，或并未作出最令人满意和信服的回答，我便应对此负责；否则，我便无须担责。不过，鉴于本书第一卷的命运，我期望不久就能看到有人抄录和引用本卷的一些见解。他们只引用见解，省却对它们的评论，而这些评论正是我向世人表明的观点。在这本书中，这样做的机会将比在前一本书中更大。我若一直与他人公平辩论，且从未受到攻击，而我那些对手若能如实引用我的话，以寻常的诚实态度对待我，那将大大有助于驳倒我；我也会开始怀疑自己的某些观点是否正确，而到目前为止，我尚未发现其中的任何错误之处。

在本卷的对话中，读者有时会遇到破折号，这是一种标记，要么表示中断，说明对话者不能继续他要说的话；要么表示停顿，其间插入一些与对话无关的话或事情。

在本卷中，我并未改变第一卷（书名为《蜜蜂的寓言》1724年版）的主题，也并未改变第一卷用以探索真理、探究人性和社会本质的公正方法；我认为没有必要为本卷另起书名。我是一个热爱简朴之人，我的作品也并不丰富，因此，我希望读者能接受本书单调、朴拙的样式，不反感扉页上异乎寻常的空白。

我本想在这里结束这篇前言，因为我知道它已显得过于冗长。但是，几个月前的一篇虚假报道在许多报纸上登载了很长时间，世人全被这条报道愚弄了。我想，若我真正跟公众说话时，还容忍他们被误导，不给他们知道真相的机会，那将是我不可原谅的错误。1727年3月9日，星期六，《伦敦晚邮报》国内新闻版的末尾，以小号斜体字刊载了以下这段文字：

周五晚头条：一位衣着考究的绅士，出现在圣·詹姆斯教堂门前的圣火[1]旁，自称《蜜蜂的寓言》一书的作者；他回想起自己以前的承诺，为写作该书深感后悔，他说："我要将此书付之一炬，彻底抛弃它。"

其后的周一，同一则报道又刊登在了《日报》（*Daily Journal*）上，此后很长一段时间（正如我所说的），很多报纸都刊登了这则消息。但自从那个周六报道后（唯有此次单独刊登），那条消息总会被添加上一句话，并附在以下广告后面：

APETH-ΛOΓIA（或《道德美德探源》）
在本书中，作者剖析并驳斥了《蜜蜂的寓言》一书的作者所引用并阐释的一些错误观点，这些观点主要来自马基雅维利、霍布斯、斯宾诺莎和贝勒先生。作者还阐述和证明了永恒不变的自然法则，以及道德美德的责任。本书序言部分有一封致《蜜蜂的寓言》作者的信。本书作者是威斯敏斯特区圣·玛格丽特教堂副牧师亚历山大·英尼斯。

我所指的那句话，先是附在那则引人注目的报道之后，后来又附在了这则广告后面。它只有五个字，"upon reading the above book（读罢这本书）"，位于"sorry for writing the same（为写作该书深感后悔）"那句话之后[2]。这个故事在报纸上频繁出现，且从未遭到公开反驳，因此许多人似乎很容易相信，尽管那是一条虚假的报道。但只要看到那条消息再次发表时附加的这句话，即使最粗

---

〔1〕指为庆祝英国卡罗琳王后（Queen Caroline or Caroline of Ansbach，1683—1737年）生日点燃的圣火。
〔2〕全句意为："抱歉照录，写于读罢此书后。"

心的人也会对其产生怀疑，因为若要根据它附在那则广告后的意图来理解，我们就不能谎称那位悔过的先生说了那句话。他若说过那句话，便一定会提到那本书的书名，并说明自己的懊悔正是缘于阅读了 *APETH - ΛOΓIA*，即英尼斯牧师的新作。那则报道似乎精确细致地描述了那位"衣着考究的绅士"的言行，可首次刊登时，为何遗漏了如此重要的一句话呢？再说，谁不知道我们的新闻记者都兢兢业业，见多识广。若是雇一个人来宣读刚才提到的那句话，并将一本书扔进火里。若真上演了这样一出闹剧，我也认为这不太可能。这件事如此不同寻常，又公然发生在众目睽睽之下，在3月9日之前，竟未引起任何一家报刊的注意，且此后再未刊登，而只是在英尼斯博士新作的广告中有所提及。这可信吗？

然而，这个故事却被人津津乐道，也令我的朋友们十分开心，有几位朋友甚至多次恳切地劝我澄清它的虚假性。我绝不会这么做，因为我怕被人嘲笑，就像多年前那个可怜的帕特里奇一本正经地声明自己没有死那样[1]。但我们现在还一头雾水，谁也搞不清那则报道是如何捏造出来的，或是对哪件事的借题发挥。一天晚上，我的一位朋友借来了英尼斯博士的那本书（我一直没看过），给我看了以下几行内容：

先生，顺便提一句，我清楚地记得睿智的劳先生[2]评论您的《蜜蜂的寓

---

[1] 约翰·帕特里奇（John Partridge，1644—1714? 年），英国星象术士、《历书》编写者，被英国朝野很多人看作江湖骗子。1708年1月，斯威夫特化名埃萨克·贝克斯塔夫（Isaac Bickerstaff），发表了一封愚弄帕特里奇的信，仿照其《历书》预言名人死期的做法，预言帕特里奇将死于1708年3月9日。那天，斯威夫特以"一位神职人员"为名发表了另一封信，其中有一首《帕特里奇先生挽歌》（*Elegy on Mr, Patrie*）。帕特里奇发表公开信，声明自己未死，斯威夫特则在一封公开信中说："人们确信，任何一个活人都不会写出这种该死的东西。"（They were sure no man alive ever to write such damnedstuff as this.）此事影响了帕特里奇的余生。

[2] 指威廉·劳（William Law，1686—1761年），英国国教牧师，因不肯宣誓效忠英王乔治一世而失去教职，转而从事私人教学和著述，其著作影响了福音教派运动和约翰逊、吉本等启蒙思想作家。

言》时提醒过您，让您不要忘记自己的承诺。您曾承诺，若在该书中发现任何不道德或败坏礼仪的倾向，您定会在对手指定的任何时间和地点烧毁该书。我非常尊敬那位先生，尽管我并不认识他，但我不得不抱怨他过于轻信他人和善良的天性，因为他居然会相信您这种人会信守承诺。而我太了解您了，是不会这么容易上当的。您若真能坚持自己当初的决定，将该书投入火中，我指定您于3月1日，在圣·詹姆斯教堂大门前履行，因为那天是世间最优秀、最荣耀的女王的生日。烧掉您那本书，是您所能作出的最起码的悔过，因为您试图破坏众多原则，使陛下的臣民们腐化和堕落。先生，您现在若是同意，希望您会找到某位仁慈的邻居或其他人（但愿您并不缺少朋友），向您伸出援助之手，焚烧该书时顺便将其作者投入火中，我想，这会使那个日子更庄严圆满。

我不是您的病人，而是您最卑微的仆人

英尼斯博士ΑΡΕΤΗ - ΛΟΓΙΑ一书的序言，即给《蜜蜂的寓言》作者的一封信，以此作结。该信的落款是"A. 1.，1727—1728年1月20日，威斯敏斯特区，陶特希尔郊野[1]"。

现在，我们心中的一切疑问都有了答案。读了这么多，我不必再往下读了，有见识的读者肯定都会表示赞同。因此，我对此书便无可奉告了。至于这本书可敬的作者，他似乎自认为非常熟悉我的原则。我没有那份荣幸去认识他或他的品行，只能从我引用的这段文字中了解他："Ex pede Herculem"[2]。

记于伦敦，1728年10月20日

---

[1] 陶特希尔郊野（Tothill fields），位于伦敦威斯敏斯特区圣·玛格丽特教堂（St.Margaret's）附近，英尼斯为该教堂的副牧师。

[2] 拉丁语：从局部可推知整体，其直译为"看赫拉克勒斯之足，可知其全身"。赫拉克勒斯是古希腊、罗马神话中的大力神。这里的意思是：闻其言，便可知其人。

霍拉修、克列奥门尼斯与芙尔维娅的第一篇对话

克列奥门尼斯：霍拉修，你总要这么来去匆匆吗？

霍拉修：我只能恳求你的原谅，我非走不可了。

克列奥门尼斯：我不知道是你的社交生活有所增加，还是你的性情发生了改变。究竟是什么让你改变了，这让我也充满困惑。在这个世界上，没有谁的友谊比你的更让我值得珍惜，或者说在所有的朋友当中，我更愿意和你促膝长谈，但我却从未如愿以偿。我不妨坦诚地告诉你，有时我甚至觉得你这么做是为了避开我。

霍拉修：我很抱歉，克列奥门尼斯，我本无意对你失礼。我每周都会前来向你致意，即使偶尔分身乏术，也会托人向你转达我的问候。

克列奥门尼斯：没人敢说霍拉修礼节不周。不过我总觉得我们相识已久，情感深厚，除了奉承和客套之外，还应该有更多的东西。我从未感到你在礼节上有所怠慢，可是你不是出国，就是看起来忙得很。而且每当我有幸在这里见到你时，你也只是稍作停留。请再次原谅我的直率，到底是什么让我们不能畅谈一两个小时呢？我的表妹说她要外出，而我只能形单影只地待着。

霍拉修：我怎么能剥夺你静心思考的大好时间呢？

克列奥门尼斯：思考？思考什么？你倒是说说看。

霍拉修：用你近来沉湎其中的新思维考虑一下人类的卑劣呀！我则称之为"畸形思维"，它的拥趸者总是想尽可能地让人类的自然品性显得丑陋而卑劣，还要不遗余力地告诉我们，"人类都是魔鬼"。

克列奥门尼斯：如果你想说的就是这些，我很快就会让你心服口服。

霍拉修：我求求你，别说服我。我已经坚信并且服从这样一种理论了，它

说这个世界有善就有恶；正直、仁爱、人道以及慈善等词语，并不像《蜜蜂的寓言》里宣扬的那样，只是虚伪的说辞。我还坚信，尽管人类仍然在堕落，黑暗仍然笼罩着这个时代，但是仍然有很多的确拥有这些美德的大活人。

克列奥门尼斯：但是你并不知道我要说的是什么，我想说的是……

霍拉修：我也许是不知道吧！可是你将要说的话，我一个词都不会信的，你所说的一切也将对我毫无影响。还有，如果你不让我畅所欲言，我马上就走。那本该死的书已经让你走火入魔，让你拒绝承认，正是这些美德让你赢得了朋友们的尊敬。你知道，我平日里不这样说话的，我讨厌出口伤人。但是有这样一个作家，他总是认为人类傲慢自大，还总拿美德和荣誉插科打诨，一直宣称亚历山大大帝是个疯子；他对国王和王子，就像对任何最低贱的平民一样毫不留情。对于这样一个作者，我们怎么能做到尊敬他呢？他的人生信条完全与纹章局[1]的指引背道而驰，总是为了让低贱的无名小卒与高贵、显赫的血统产生联系而绞尽脑汁算计。你这位作家，总是在不断地投机取巧，想给那些可敬而高贵的行为创造出卑鄙无耻的理由。现在让我来听听你对此有何高见。

克列奥门尼斯：我同意你的见解。我原本就是想告诉你，我已经从你公正而又彻底地揭露出来的那种愚蠢中悔悟了。我已经完全摆脱了那种错误。

霍拉修：你是认真的吗？

克列奥门尼斯：没有谁比我更认真了。我比任何人更相信各种社会美德。而且我还想知道，是否有人比我更加深刻地理解沙夫茨伯里勋爵[2]的理论。

霍拉修：我很高兴你已经弄明白了我刚才说的话，而且只要你愿意，你还会明白得更多。克列奥门尼斯，你毫无原则的坚持给你带来多少敌人，你根本无法想象我为此有多么难过。如果你是认真的，那你何不说说这种变化从何而来？

---

[1] 纹章局（Herald's Office），英国专门负责追溯并认证家族历史和徽章的机构。
[2] 沙夫茨伯里勋爵（Lord Shaftesbury，1671—1713年），即沙夫茨伯里三世，英国政治家、哲学家和作家，著有《人、风俗、意见与时代之特征》。

克列奥门尼斯：首先，我越来越不喜欢让每个人都反对我；其次，在另一个理论系统里也有更多的让我发挥才能的空间。诗人和演讲家们可以在这个社会问题上获得尽情展示自己的机会！

霍拉修：我非常怀疑你所自称的悔悟是不是真的。难道你坚信另一个理论是错的，你大概很容易知道它是错的，因为你看到人人都在反对你。

克列奥门尼斯：确实是错了。但是你提到的那些也并没有证据——因为，如果绝大多数的人类并不反对那种"畸形思维"（你就是这样称呼它的），伪善就不会显得那么普遍了。那个思维本身就认为大多数人是伪善的。但是自从我睁眼看世界后，我就发现真实和可能性是这个世界上最愚蠢的东西，它们毫无用处，对有品位的人更是如此。

霍拉修：我还以为你发生了多大的转变呢！现在又是在为什么新想法发疯呢？

克列奥门尼斯：我根本就没疯。我现在对这个世界宣扬的，以及我未来也必将坚持的观点是，最纯粹的真实往往是非常不切实际的。而且在适合高雅人士深入探究的艺术和科学领域，大师所犯的最不可饶恕的错误莫过于拘泥于真实，或者为真实所束缚。此时所谓的"真实"，不过是人们习以为常的东西而已。

霍拉修：这倒是实话……

克列奥门尼斯：看看荷兰人画的那幅《基督降生》[1]吧！它的色彩是多么迷人，铅笔画出的线条是多么优美，那些令人称奇的轮廓线画得无比准确！但愚蠢的是，他把草垛、稻草和牛，马槽以及与马槽一样漂亮的支架也都画了上去，却奇怪地没有把婴儿画进马槽里。

芙尔维娅：婴儿？我想你说的是圣婴吧，他是应该在马槽里。他不应该

---

[1] 基督降生，指的是《圣经·旧约》记载的圣母玛利亚在伯利恒的马厩里生下耶稣的场景。

| 288 | 蜜蜂的寓言　The Fable of the Bees

□ 《神秘的降生》　波提切利　1501年

天使告诉牧羊人："今天在大卫的城里，为你们生了救主，就是主基督。你们要看见一个婴孩，包着布，卧在马槽里，那就是记号了。"这奇怪的标记告诉我们基督是受膏者，具有君王、先知与祭司之三重职份。他生来接触到人生的最底层，显示着他的慈爱和恩典将泽被所有信徒。

在马槽里吗？历史不是已经告诉我们圣婴被放在了马槽里吗？我对绘画一窍不通，但我能看出事物被画得是否真实。我敢肯定，如果在那里再画一头牛就再好不过了。如果一件艺术品能够骗过我的眼睛，让我看到画家竭力描述的最真实的事物，我就能感受到最大的愉悦。我一直认为它是一件值得被赞美的作品。我确信，在这个世界上，没有什么作品比它更加接近自然了。

克列奥门尼斯：更加接近？那就加倍糟糕了。事实上，表妹，你确实对绘画一窍不通。绘画所要表现的，并不是真实的自然，而是令人愉悦的自然，是有魅力的自然。所有凄惨的、低贱的、可怜的和平庸的东西，画家都应该小心翼翼地避开，不让它们出现在画面里。因为对有品位的人而言，那些让人非常震惊和讨厌的东西，会让人感到极度不适。

芙尔维娅：如果真要照此评判，那么圣母玛利亚的境况和人类救世主的诞生，就永远不应该被画出来。

克列奥门尼斯：你错了。这个主题本身是非常高尚的。让我们到隔壁房间去吧，我将给你们说明这两者之间有何区别。来看看这幅画，它前一幅有着相同的历史背景。那里有一个非常漂亮的建筑，还有一个石廊柱，你能想到比它更宏伟的建筑吗？那头被画在远处的驴子，处理得多巧妙！还有那头牛，你看它被画得多小呀！请注意，它们两个都被放置在隐约可见的位置。多亏这幅画被挂在一道强光下面，否则的话，即使看上十遍，人们也很难注意到它们。请注意那些科林斯梁柱[1]，它们是如此高大呀，因此给人留下强烈的印象！画的布局如此庄重，场景如此开阔，各种高贵华丽的事物互相衬托，最终表现出了威严壮观的主题，让人观之顿生赞美和畏惧之情。

芙尔维娅：那么请你告诉我，表兄，你所说的高雅人士品评绘画时，是否也要表现出一定的判断力？

霍拉修：小姐！

芙尔维娅：先生，如果我的话过于唐突，还请你原谅。不过听到对画家的这种赞扬，我确实感到很奇怪。因为他把一家乡村旅馆，画成了富丽堂皇的宫殿。这比斯威夫特[2]对菲利蒙和鲍西斯的变形还要糟糕，毕竟后者还在变化当中保留了一些相似之处。

霍拉修：在一个乡村的马厩里，小姐，所有的东西都污浊不堪，甚至让人恶心。到处都是毫无价值的污秽东西，它们不适合被看到，至少它们没法让高雅之士感到享受的愉悦。

芙尔维娅：在隔壁房间，荷兰人的绘画并没有让人感觉不适的东西。但是即便是赫拉克勒斯[3]打扫之前的奥吉斯国王的牛舍，也没有那些带凹槽的柱子带给我的震惊更大。一旦与我的价值观相悖，就没有任何人的作品可以取悦我的眼睛。如果我想让一个人画一幅众所周知的历史故事，故事的发生地就在每个人都去过的乡村小旅馆，他却因为自己熟知建筑结构，给我画了一个有着高高的大厅的房间，或者画出了一位罗马皇帝的房子，那么他强加给我的东西不是很奇怪吗？另外，我们的救世主来到这个世界时，挑选这个贫困凄苦的地

---

[1]科林斯梁柱，诞生于古希腊的一种柱式风格，装饰性很强。公元前5世纪有建筑师发明于科林斯，柱身比较纤细，柱头则用莨苕做装饰，形似盛满花草的花篮。

[2]斯威夫特，即乔纳森·斯威夫特，英国18世纪的著名文学家和政治家，著有《格列佛游记》《一只桶的故事》《书的战争》。菲利蒙和鲍西斯是古神话中的农民夫妇，因为款待过宙斯而被赐福，农舍变成了宫殿。斯威夫特在一首诗中却将小屋变作教堂，将木床架变作教堂左翼。

[3]赫拉克勒斯，古希腊神话里的英雄，他曾经被奥吉斯国王要求打扫牛圈，那里养着3000多头牛，而且已经30年未曾打扫。

方作为出生地，也是历史上最真实的状况。它包含着对抗虚荣的绝佳寓意，带着最强大的关于谦逊的教诲，要知道意大利人早已经失去了这种品质。

霍拉修：实际上，小姐，这说明你的经历有待丰富。你要记住这一点，即使是给粗俗不堪的人描述庸俗和污秽的事物，即使他们非常熟悉所描述的这些情况，结果也将毫无作用——不是造成藐视，就是影响甚微。与此相反，宏伟的廊柱，庄严的建筑，比寻常房子高出很多的屋顶，超越现实的华丽装饰，以及志趣高雅的各类建筑，却可以升华众人的灵魂，不断激励人们产生敬畏，产生对拥有这样的殿堂的虔敬。在这些方面，有没有哪个会议室或者谷仓可以和一座漂亮的大教堂相比？

芙尔维娅：我认为，对于那么愚蠢而又迷信的人来说，我们确实可以通过人为的方式来提升他们的奉献精神。不过，通过对上帝的工作的专注思考，我敢肯定……

克列奥门尼斯：表妹，我求你不要再为你的低级趣味辩解了。那个画家与历史的真实性毫无关系。他画这幅作品只是为了表达这个高尚的主题，取悦作品的观赏者，让人们铭记人类的美德。为了把这些目的推向极致，他所有的艺术修养和理智思维都必须被充分调动。伟大的画家不为寻常百姓作画，而是为能完美地解读自己作品的人们服务。你抱怨的，正好完美地表现了画家技艺的娴熟和对观众的取悦。他画圣婴和玛利亚的时候，肯定以为，只要稍微描绘一下牛和驴子，就足以让你想起这幅画的历史背景。至于那些还需要得到更多指导和解释才能领会的人，画家认为根本没必要把画作给他们看。对于其他人，他能给他们的也只有高贵和威严。你看，他是一位建筑师，对透视技巧得心应手；他向你展示了环绕廊柱一周的不同部位的极其微妙的变化，以及在同一个平面内能够展现出来的包括高度和深度的空间感。此外，神奇的地方还包括高超的光影技巧演绎出的不可思议的神秘气息。

芙尔维娅：既然如此，为什么人们要撒谎说绘画是对自然的描摹呢？

克列奥门尼斯：初学绘画的人总是力求精确描摹自己看到的东西。大师则不然，他需要放弃照搬自然，进入自己的创意阶段。人们希望他能够把握自然的完美之处，但不需要把它们复制下来，而是按照人们的期望去画。当初宙克西斯[1]想画一位女神，就找来了五位美丽的女子，把她们各自身上最优美的部分拼合起来，塑造了自己的女神形象。

芙尔维娅：他画出来的每个优美的部分，仍然属于真实的自然。

克列奥门尼斯：你说得不错。但是他舍弃了自然的糟粕，描摹的只是它的精华部分。用这种方式创造出来的女神，比自然存在的任何一部分都更优秀。德米特里斯[2]就是因为太忠于自然而被批评，狄奥尼修斯也因为画出的人物太像普通人而被责难。说到近代的艺术家，米开朗基罗[3]就过于尊崇自然，还有利西波斯[4]，他也因为雕刻出的人像太像真实的人，被照例归入平庸的雕塑家之列。

芙尔维娅：你说的是真的吗？

克列奥门尼斯：你可以在格雷厄姆写的《绘画艺术》一书的序言[5]里读到这些内容。这本书就在楼上的书房里。

霍拉修：小姐，这些事对你来说也许有些陌生，但是对大众来说却很有用处。我们把人类的美德塑造得越高尚，这些美丽的形象就越能激励有高贵精神之人陶冶自己的美德。他们一定会因此受到鞭策，从而做出慈善和英勇的壮举。这些事物中包含的值得表达的壮美，远远超过了单纯的自然之美。你能够

---

[1] 宙克西斯（Zeuxis，公元前420—公元前380年），活动于公元前5世纪前后的著名画家，因为在日常绘画中善于利用光影技巧而闻名，据说他绘制的葡萄逼真到鸟儿前来啄食。可是他并不满意，认为画作中的男孩不够逼真，因为没有能吓跑鸟儿。其作品包括《特洛伊的海伦》《妇人与其幼崽》等。

[2] 德米特里斯：古希腊古典时代后期的雕塑家。

[3] 米开朗基罗（Michelangelo Buonarroti，1475—1564年），意大利文艺复兴时期著名的雕塑家、画家、建筑家和诗人，作品包括《大卫》《创世记》等。

[4] 利西波斯（Lysippus，约公元前390—公元前300年），古希腊雕塑家，据传说一生创作了1500座铜像，但已经全部失传，只有一些复制品能够让人一窥其作品风貌，有名的包括《系鞋带的运动员》等。

[5] 这里指的是《诗歌和绘画的相似之处》，这篇文章是《绘画艺术》一书的序言，但却不是格雷厄姆所写的。可能是因为格雷厄姆写了这本书的《后记》，导致作者写错了作者名字。

欣赏歌剧的美，小姐，对此我毫不怀疑。你也一定注意到了其中包含的超越自然的高尚和庄严，其中的一切莫不如此。即使是表达最喧闹的场面、最热烈的情感，其动作也都轻柔而庄重。因为这个主题总是高尚的，所以只能选择庄重的、含义深刻的、美丽的和令人愉悦的动作。如果这些动作和平常的生活一模一样，崇高的主题立即就会荡然无存，你所有的愉悦也会立刻被一扫而空。

芙尔维娅：我从未想过自己会在歌剧院里看自然的事物。不过有地位的人都去看歌剧，而且个个都身着盛装，看歌剧对于他们来说是一项职责。我也从未错过一个晚上，因为看歌剧是一种风尚。王室成员，甚至是国王本人也经常出现在歌剧院，并因此提升了那里的声誉。对他们来说，看歌剧几乎等同于完成一种义务，就和去皇宫差不多。吸引我注意的则是同伴、灯光、音乐、场景和其他的装饰品。但是我几乎听不懂意大利语，所以最值得欣赏的宣叙调[1]对我毫无用处。因此在我看来，那些表演就显得相当荒谬可笑……

霍拉修：荒谬可笑？小姐，看在上帝的分上……

芙尔维娅：请你原谅我的这种看法，先生。我向来不嘲笑任何一部歌剧[2]。但是说句实话，就娱乐活动本身来说，一部好看的歌剧更能给我带来无穷的有趣。而且我更喜欢的是那些能让我理解的东西，而不是任何只诉诸耳朵和眼睛的盛宴。

霍拉修：像你这样富有判别能力的女士竟然作出这种选择，我感到非常遗憾。小姐，你不喜欢音乐吗？

芙尔维娅：我只把它视为我的一种消遣。

克列奥门尼斯：我的表妹对大键琴的演奏非常在行。

---

[1] 宣叙调，即歌剧、清唱剧和康塔塔等大型声乐题材中的类似于朗诵的曲调，主要用来展开故事、推动情节。

[2] 歌剧，这里指的是源自古希腊的戏剧，有悲剧、喜剧和正剧的区别，剧场一般非常简陋，在夯实的硬土地上修建台阶即可，后来发展成为没有屋顶的圆形剧场。表演时，观众离演员很远，因此需要频繁更换服装和面具来吸引观众，戴上艳丽的手套以便观众能够看清手势。它的表演形式和后来的歌剧有着极大的区别。

芙尔维娅：我喜欢听一些好听的音乐，但绝不会听得如痴如醉——这种状态我只是听别人说过。

霍拉修：没有什么比康索尔特歌[1]更能提升人的思想境界的了。它似乎能让灵魂脱离肉体，并把灵魂一直送入天堂。就是在这种情况下，我们才能在心里留下最非凡的印象。这时候乐器停止演奏，我们的情绪恢复了平静，在华丽璀璨的灯光中，柔美的动作伴随着婉转动听的歌声，呈现出我们所欣赏的英雄伟业——这也是"歌剧"这个词的意义所在。迷人的声音和表演者的身姿高度和谐，浸透着我们的心灵，鼓动着我们高贵的情操，这是最有表现力的语言也做不到的事情。很少有喜剧可以让人忍受，而且就算是其中最好的那些，即使肤浅的语言没有造成什么破坏，卑贱的主题也会败坏社会的风气——至少对高尚的人来说是这样的。相比之下，悲剧的格调更崇高，主题也很宏大。但是一切强烈的情感表达，甚至是对这些情感的陈述，也会扰乱人的头脑，让人不安。另外，演员试图尽情表达某些事情的时候，他们的表演就非常接近于真实生活。这样的形象往往会产生危害，因为他们太感人了，而且会因为过于接近真实而导致动作的失败。经验教导我们，在毫无戒备的大脑里，这种充满情绪化的表演往往会燃起火焰，损害美德。剧院本身就非常简陋，更不用说那些去看演出的同伴了——至少那些经常同去看戏的人都是这样——有一些人几乎就是下等人中的下等人。即使最不优雅的人也会对这些人产生浓浓的嫌恶感。除了臭味和不体面的外表，人们还会碰到漫不经心的浪子和行为粗鲁的女人。他们买了票，就会觉得自己的水平高过了剧场里的其他人了。赌咒、辱骂和粗俗的笑话，是人们常常不得不听的，而且对之你还不能动怒。上等人和下等人奇怪地聚在一起，享受着同样的消遣，丝毫不在意衣着和地位之悬殊。这一切都让人感到非常不适，而且让有修养的人和形形色色的人混在同一个人群里，

---

[1] 康索尔特歌，16世纪诞生于英国的一种音乐体裁，是指在室内乐伴奏下演唱的独唱和合唱歌曲。

这些人中的一些人，比平庸的普通人还要低贱，并对其他人毫无尊重。这不得不说是一件非常令人不快的事情。然而在歌剧院里，每一件事情都充满魅力与和谐感，能给观众带来完全的快乐。首先美妙的歌声和庄重冷静的动作，可以减轻和平复各种激情。正是这种温和以及让心灵平静的效果让我们与人和善，并把我们带到最接近完美的天使般的境界。与此相反，由激情引发的暴力行为却会让我们的心灵腐败，最终让我们丧失理智，成为地地道道的野蛮人。让人难以置信的是，我们是多么善于模仿！这是多么奇怪的事情呀！在不知不觉中，我们就被按照常见的样本或者模型加以改造和塑造。在歌剧院里，你看不到使表情扭曲的愤怒和嫉妒，也没激情的火焰，更没有能引起愤怒和嫉妒的爱情——在这里所表现的爱，都纯洁得宛如站在上帝面前的六翼天使；而且根本就不可能发生从人们的记忆里带走什么，或者玷污人们的想象的事。其次，欣赏歌剧的人群属于另一种类型。在这里，剧院本身就是和平和每个观众荣誉的庇护所，你不可能管这样的剧场叫其他名字。在这里，率性而为的天真和颠倒众生的美丽根本无须护卫。我们可以肯定，这里既没有任性妄为或粗鲁无礼之人，也没有露骨的挑逗、自作聪明的幽默及令人作呕的色情狂。相反，如果你稍加注意就会看到，服饰的丰富与华丽，人们的良好修养，色彩的纷繁多样，灯光的耀眼夺目，将整个剧场装扮得金碧辉煌。与此同时，观众们举止庄严，每张脸上都洋溢着对彼此的尊重，你不由得就会觉得，歌剧真是世界上最令人愉快的消遣方式。相信我，小姐，世界上再也没有一个地方比得上歌剧院了，可以让男女两性都找到提升自己情操的时机，并最终脱离庸俗。世界上也没有其他任何一种消遣和聚会，可以给品德高尚的年轻人创造机会，让他们得以关注自己的行为举止，使美德成为持久而固有的习惯。

芙尔维娅：霍拉修，你说了歌剧这么多的好话，甚至比我过去所有听到和想到的都多。我认为每个喜欢这种消遣的人都应该对你感激不尽。我相信，这番宏论对这种高雅趣味特别有用处，尤其是它已经对不文明的内容作了严格筛查，而你也对事实作了过于深入的研究。

克列奥门尼斯：芙尔维娅，现在你对自然与理性还有什么要说的？它们还没有完全被你抛弃吗？

芙尔维娅：我还没有听到什么能让我很理性地放弃我原先看法的事。你对自然的暗示——似乎是说在绘画中它不能被模仿——是一种专业的看法。我必须承认，我对此非常钦佩，但是却不敢苟同。

霍拉修：小姐，我从未推崇过任何与理性矛盾的东西。克列奥门尼斯假装自己已经作出选择时表现得过分积极，这肯定有他的用意。不管他是在开玩笑，还是想博得掌声，他关于绘画的说法都是非常正确的。不过，他现在说的却与他最近到处宣扬的观点截然相反，因此我也不知道该怎么评价他的话了。

芙尔维娅：我已经确信，我的理解很狭隘。我这就去拜访一些人，我与他们的思想水平要接近些。

霍拉修：小姐，请你允许我送你上马车吧。……请问，克列奥门尼斯，你的脑子里正在琢磨什么呢？

克列奥门尼斯：什么也没琢磨。我之前告诉过你，我已经完全放弃了我的愚蠢想法，而且很少有人能像我改变得如此彻底。我不知道你对我有多嫉妒，但我发觉自己在这个社会中进步良多。原先我还以为，首席大臣以及国家事务的掌舵者们总是在贪婪和野心的驱使下做事；他们殚精竭虑，甚至为了公共利益不得不把自己裹在制服之中，一定有他们自己的小算计；他们那不为人知的欢愉弥补了他们的辛苦，即便他们不愿意承认这一点。就在之前不到一个月时，我还在想，大人物的内心都有着对自己的关切和热忱，为了让自己变得富有，为了获取荣誉头衔，为了在提升家族地位的同时，又能在舒适优雅的生活方式中得到表现自己卓越见识的机会，完全不用自我反省，就可以建立睿智、慈善和慷慨的好名声。所有这一切，就是除了工作职责所带来的优越感和满足之外，而为高官和重臣们所拼命追求的东西。当时我的心胸如此狭窄，所以完全无法理解一个人怎么会不为自己着想，而甘愿成为奴隶。好在我现在已经放弃了自己原本狭隘的思维方式，我已经清楚地意识到，政客们在设计每个行动策略时，都把公众利益放在首位，也让社会美德得到了弘扬。而且我还发现，国家利益是所有政治家前进的指南针。

霍拉修：我无法完全赞同你的话。但是确实有一些这样的人，他们是真正的爱国者，他们从不为自己着想，却甘愿为国家的利益付出不可思议的牺牲。现在仍然有人愿意做同样的事情，只是他们还没有这样的机会。而且，我们国家已经有很多贵族，忽略了自己的舒适与快乐，牺牲了自己平静的生活，去促进社会经济的繁荣与发展，或者去增加王国的财富和荣誉。在他们的心里，除了公众的利益，他们什么也不考虑。

克列奥门尼斯：你就别不满意了。我想你也许比我更清楚过去与现在的区别，以及在朝与在野的不同。你应该记得，在很多年以前你我已经有过约定，永不参与党派纷争。我希望你注意到我的反思和它带给我的巨变，但是你似乎仍怀疑我的这种改变。对于大多数国王和其他君主的宗教信仰，我先前对他们的评价不高，但现在我已经开始用他们自己对民众说的话来衡量他们的虔诚。

霍拉修：你能这样做就非常好！

克列奥门尼斯：我曾经总是把事情往坏处想，对国家的对外战争形成了一个奇怪而肤浅的看法。我当时认为很多战争的起因都是微不足道的事情，就是因为政治家出于某种目的将其故意地夸大，才导致了最后的结果。绝大多数国家之间灾难性的误解，很可能都来自某一个人心底的恶意、愚蠢和任性。许多战争的责任都应该归咎于各个国家的首席大臣们的私愤、荣辱、恩怨和傲慢，都以为自己是受害者。国君们之间所谓的个人仇恨，起初无非就是在各自宫廷里备受喜爱的两个人因为互相攻击所导致的或明或暗的敌意。但现在我已经学会从更高的层次上来探究这个问题了。我和别人一样，与奢华和放荡和解了——过去我总觉得这是对我的冒犯。现在我坚信，绝大多数富人的钱财都被花在了促进艺术和科学发展的社会规划上了；而且在奢侈品行业，绝大多数时候都是为了给穷人提供就业机会。

霍拉修：你的思想高度确实无人能及。

克列奥门尼斯：我非常厌恶好色之徒，而且我的厌恶程度一点儿也不比你少。对于理解世界、洞察人心最有帮助的作品，我认为非演讲、悼词和献词莫属。比这些内容更好的，则是专利证书的序言——我正在大量收集这类物品。

霍拉修：真是一个高尚的事业！

克列奥门尼斯：但是为了祛除你对我悔悟的疑虑，我想给你看看我给年轻的初学者制订的简易规则。

霍拉修：那是干什么用的？

克列奥门尼斯：用沙夫茨伯里勋爵的精妙理论评判人类的行为——这种方式与《蜜蜂的寓言》里提出的内容正好截然相反。

霍拉修：我不明白你在说什么。

克列奥门尼斯：你马上就会明白的。我称它们为"规则"，但是实际上它们更像是一些可以提炼规则的样本。比如，我们看到了一个勤劳而贫困的妇女，她一直以来忍饥挨饿，衣衫褴褛，为的就是省出40先令，好将她年满6岁的儿子送去清扫烟囱。根据社会美德理论，要给她一个非常宽容的评判时，我们就一定会这样想：尽管她一生中都绝不会付钱请别人来清扫烟囱，但是她根据经验也会知道，如果缺乏必要的清洁，肉汤就会经常被煮坏，许多烟囱就可能会被点燃。为了造福同代人，她竭尽所能，还放弃了自己的一切——这其中就包括后代和财产——去帮助别人预防因大量的烟尘堆积在烟囱里而导致的一些惨剧；她是为了大众的利益，完全无私地献出了自己的儿子，让他去做这个世界上最糟糕的工作。

霍拉修：你的话并没有让我看到你对沙夫茨伯里勋爵关于社会美德理论的支持。

克列奥门尼斯：在一个星光灿烂的夜晚，我们注视着苍穹上的光芒。没有什么比夜空更能完美地说明一切：整个大千世界一定是出自一个力量巨大、智慧惊人的伟大的设计师之手。而且很明显，这个宇宙的任何一样东西都是一个整体的构成部分。

霍拉修：你也准备拿这个来开玩笑吗？

克列奥门尼斯：一点儿也不是玩笑。它们都是无可争辩的事实，我相信它们，就像我相信自己还活着一样。不过我仍然需要列举一些重要的结论——它们都是沙夫茨伯里勋爵从那些事实中提炼出来的——以便向你证明，我确实是勋爵大人教诲的皈依者和坚定的践行者；而且我对那个贫穷妇女的看法，没有任何一点不是完全遵照《性格论》所提出并推崇的宽宏的思维方式而提出来的。

霍拉修：一个人读了这样一本书，却没把它派上更好的用场，这能想象吗？我很想听听你刚才要列举的那些结论。

克列奥门尼斯：天上难以计数的星体，无论其大小、转速和运行的轨道有多么地不同，但都是整个宇宙不可分割的一份子。所以，我们所居住的小小球体，也同样是由空气、水、火、矿物、植物和活着的动物构成的混合体，尽管它们在本质上有巨大的差异，但却一起组成了这个水陆交融的星球主体。

霍拉修：你说的非常对。同样，我们整个人类也是由许多拥有不同宗教、政府形式、利益和风俗的国家构成的，它们之间差异明显，却共享同一个星球；每个国家的公民，都是由众多的男女两性构成，他们虽然在年龄、体质、力量、性情、学识和财富等方面差异很大，但是聚合在一起，就产生了一个政治社会。

克列奥门尼斯：这正是我想说的。请注意，先生，人们组成这种政治社会的最终目的，难道不是为了他们自己的共同福祉吗？我想问的是，难道组成这些政治社会的个人不都是想让自己的生活条件比其他人类更舒适愉悦吗？如果他们就像其他野生动物一样生活，彼此之间没有约束和依赖，他们是不是还享受着自由而野蛮的生活？

霍拉修：当然了，这不但是每个人的目的，而且在某种程度上，也是政府和社会要达成的目的。

克列奥门尼斯：所以我们就一定能得出下面的结论，人们通过损害社会利益来追求财富和快乐，永远都是错误的行为。凡是这么做的人，一定都是思想狭隘、目光短浅、自私自利的人。换个角度来说，聪明人如果从不考虑整个社会，就没有办法把自己看作单独的个人。在整个社会当中，个人只是微不足道的构成部分，不能为了个人的利益去破坏社会大众的福祉。那么毫无疑问，所有的私人利益不是应该让位于公共利益吗？每个个人的努力，不都是为了增加普通大众的福祉吗？个人所能做的事情，不就是让自己成为所在社会有用和有益的一员吗？

霍拉修：这一切都是什么意思？

克列奥门尼斯：我提到的那位可怜的妇女，在这个问题上，难道不是很符合这种社会规则吗？

霍拉修：哪个有理智的人会想到呢？一个贫穷、愚昧的可怜人，一个没有理性、没有受过教育的人，还能一直按照这样的慷慨原则行事？

克列奥门尼斯：我告诉过你，她很贫穷，我也不认为她受过教育。但若说她没有思想，缺乏理性，那么你得允许我这样说——这就是诽谤，你的说法毫无根据；而且从我对她的描述中，我们只知道她是一位体贴、善良、聪明的穷妇人。

霍拉修：我猜，你一定是想让我觉得你是认真的。

克列奥门尼斯：我比你以为的要认真得多。而且我再说一次，在我讲的这个例子当中，我是紧随沙夫茨伯里勋爵的脚步前进的，是谨遵他的社会规则行事的。如果我犯了任何错误，请你指出来。

霍拉修：那位作家提到过这么卑贱和可鄙的事情吗？

克列奥门尼斯：不管高尚是谁所为，其行为中都不会有任何卑贱之处。但是，如果把平庸者排除在社会美德之外，那么在《性格论》嘲讽所有的宗教启示时，辛勤劳作的穷人，尤其是基督徒，该用什么作为自己的准则和指引呢？将他们置之不理吗？他们可是占了我们国民的绝大部分。如果你轻视穷人和文盲，我就可以用同样的方式评判整个人类。反对这种理论的人，请看看那尊敬的评议员吧，他已经因为富有出了名，现在仍然不顾年迈，继续疲倦不堪地在律师席上为那些似是而非的说辞辩护。为了竭尽全力让他人的财产不受损失，他只能任由毫无节制的食物缩短他的寿命。那位医生对自己同类的爱心是多么明显呀！他夜以继日地照顾病人，准备了几套马车，就为了随时准备诊治更多的病人。即便是这样，他仍然对日常生活中必须花费时间感到不满。那个疲倦不堪的牧师也是如此，他和他管理的牧师已经掌管着一个巨大的教区，但仍然

蜜蜂的寓言 The Fable of the Bees

□ 三个交谈的律师

19世纪的法国，商品经济飞速发展，新旧势力交接，政权更迭，资产阶级革命和王朝复辟轮番上演，导致社会动荡，阶级矛盾加剧，人与人之间的不信任感加强，人际关系只剩下了金钱。图为三个作为"公证人"准备开庭的律师。他们衣冠楚楚，各自却有着狡黠的神情，透露着他们不可告人的内心活动，凶相毕露。在画家看来，那些典型的专业人士，比如医生、教授，尤其是律师和法官，都是些贪污受贿、无视宪法、践踏人权的伪君子。

希望自己的热忱能对另一个教区有益。尽管他有五十位同行未被雇用，但仍然愿意为同样的目标而努力。

霍拉修：我听出了你的意思。你不辞辛苦，编出了一个荒谬的论点。这个玩笑确实足够聪明，时机适当的时候，确实可能带来一些笑声。但是接下来你自己也必须承认，那些勉强拼凑的颂词是经不起认真推敲的。穷人最重要最永久的关切就是填补他们即时的需求，随便填饱自己的肚子；对他们来说，孩子也是一个沉重的负担，他们抱怨着，希望用所有可能的手段摆脱这一负担——这与他们被自然赋予的对后代微弱、下意识的关爱并不冲突。当我们意识到这种境况的时候，我认为，你所谓的那个勤劳妇女的美德就不再是一个伟大的举动。同理，所谓的公众精神和慷慨原则，也就是你方才列举的三个行业里发现的东西——实际上是人们用来谋生的手段——就变得遥不可及了。众所周知的是，名声、财富和崇高是律师和医生追寻的目标，且对他们来说也是非常重要的。他们中的许多人以惊人的毅力和勤勉，全副身心地投入到这种实践中。但是无论他们付出了多少辛劳，承受了多少压力，他们的动机都和他们的职业一样显而易见。

克列奥门尼斯：他们对人类没有好处吗？对公众也没有什么帮助吗？

霍拉修：我不否认这一点。我们经常从他们那里得到不可估量的帮助。这两种职业里的佼佼者不但有用，而且对社会来说必不可少。但是，尽管有那么一些人为了自己的职业，牺牲了个人生活和一切舒适；但是如果不做任何事情，他们就可以得到同样的钱、荣誉和从他们所服务的人那里得到的感恩或尊敬等回报，他们中的任何一个人都不愿意承受现在所承受的四分之一的痛苦。而且我相信，如果向他们提出这个问题，那么他们中没有任何一个杰出人士不会如此回答。因此，当野心和对金钱的热爱成为人类公开的准则时，说人类具有美德是相当荒诞的事情，而他们也会假装说自己没有美德。不过，你对牧师的赞颂才是最可笑的。我听说过许多为贪婪的神父开脱而编造出来的借口，其中有些显得非常轻浮。但是你从对他们的赞美中选出来的内容，却比我曾经听到的任何事情都更加新奇。而且即使从最偏爱、最崇拜教士圣职的人那里，在那些反复追求更多信众的教士身上，你也永远看不到美德——就在他们中的一些人被伺候得无微不至的时候，另一些未被雇用的人眼看就要饿死了。

克列奥门尼斯：但是如果说这种社会规则里还有一些真实的内容，那就应该是，如果所有的行业都按照那些慷慨的原则行事，对公众来说就会有益得多。如果这三种行业的大多数人为他人着想得多，而为自己着想得少，你就会看到，那种社会规则会取得胜利。

霍拉修：我对此知之甚少。而且考虑到一些律师和医生承担的重担，如果大量钱财的诱惑和激励不能持续地对人性有益，我非常怀疑他们是否会用同样的方式努力，即使他们会这样做，是否真能这样全身心地投入呢！

克列奥门尼斯：事实上，霍拉修，要反对这种社会制度，这是一个更有力的证据，它的攻击性远比那个你正猛烈抨击的作家所说的话更有力量。

霍拉修：这话我可不敢苟同。我无法根据某些人的自私，就断定其他人也没有美德。

克列奥门尼斯：那位作者也没有错。如果你断定他也这样看，那你就是大大地误解了他。

霍拉修：我不会推崇不值得赞扬的事情。不过，虽然人类很坏，但是美德也确实存在，就像罪恶总是存在一样——虽然相对来说，它要少得多。

克列奥门尼斯：你最后这句话谁都没法反驳，但是我并不知道你究竟意欲何为。沙夫茨伯里勋爵不是一心向善并在宣扬社会美德吗？难道我做的事情和他不一样？即便我对于善意的诠释是错的，但它至少提出了一种愿景，希望人们多关注社会福利制度，少沉溺于个人的斤斤计较；对待邻居也要更加友善，而不是像对待其他人一样漠然。

霍拉修：它只是一种愿景，可是实现它的可能性到底有多大呢？

克列奥门尼斯：如果它不能实现，我们讨论它就显得毫无意义，论述美德的优点也是如此。如果人们不会热爱它，赞颂美德也没有任何意义。

霍拉修：如果美德从未被推崇，那么人类的境况就会比现在还糟糕。

克列奥门尼斯：那么同理，如果美德被推崇得更多，那么今天人类的境况就要好得多。不过我已经完全明白你为什么要利用转移和逃避的方法反对自己的观点了：你发现自己必须承认我的颂词——你称呼它们为"颂词"——以示公正；或者你在沙夫茨伯里勋爵的主要理论里也发现了同样的错误，但凡你还有其他办法，你就既不愿意赞成我，也不愿意去挑沙夫茨伯里勋爵的错。这位大人用人类喜欢共处、不喜孤独的天性来证明人类对自己种群的爱和自然情感。假如你严格审查这种理论，就像你审查我提出的三个代表性行业的理论一样，我相信，你会得到同样可靠的结论。不过我仍然坚信我写下的文字，并且支持社会美德理论。提出那个理论的高贵的作家对人类有一个最宽容的看法，并且用一种异乎寻常的方式讴歌人的尊严。为什么我做了与他同样的事情，却被认为是个笑话？我想不明白。他确实写得很好，不但用新鲜的概念激发了读者的灵感，而且从宗教观念中提炼出了一种公众精神。世人虽然享受了他的劳动成果，但是在他推崇的公众精神被卑鄙的商人接受之前，他的著作应当给公众带来的好处，将永远不会被普遍接受。你会发现，尽管在很多方面，有慷慨的感情和崇高原则的人随处可见，但是商人则不在此列。我正好想到了两种人，他们彼此非常需要，但却未曾谋面。这种不幸势必会给这个社会造成裂痕，如果对社会利益有最大关切和对慈善有高度热情的人不能影响并施恩惠于另一类人，反而对那类人不理不睬（这些人通常没有受过多少教育），既不改善他们的工作条件，也没有防止裂痕扩大，那么任何深邃的思想和发明带来的快乐都无法弥合那道裂痕。很多天才工匠的手艺精湛，却只能待在昏暗的屋子里忍饥挨饿，因为他们不知道，在没人消费时，该把他们的产品卖给谁。与此同时，那些富有而奢侈的人们总是用种类繁多、毫无用处的小玩意和精心定制的小摆件装饰自己，挖空心思来满足自己不必要的好奇心，或者其他白日梦和愚蠢的想法。他们永远也想不到的是，如果他们从来没有见过，或者不知道从哪里买到这些东西，他们远不需要这么多。因此对公众来说，社会上的玩具商是多么重要呀！他创造的大产业满足了两个不同阶层民众的需求。他为需要帮助的穷人提供了食物和衣服，还费尽心力地去搜罗技艺最高超的工匠——只有他们才能制作出最好的产品。他文质彬彬、稳重妥帖地款待各种陌生人，他总是先和他们聊天，然后才和善地问他们问题，以便弄清楚客人的需求。他不只在规定的几个小时里工作，还在休息日一整天都待在店铺里。无论是炎炎烈日，还是数九寒天，他都一如既往。这番景象是多么美好呀！我们的天性多么相亲相爱呀！因为，如果玩具商的行为是来自另一种规则，且他只为我们提供生活的必需品，那么毫无疑问，他已经展示了对人类最高级别的爱与宽容。没有人会幻想这种爱与宽容，哪怕是一个小时的胡思乱想；他们宁愿去想他们毫无意义的东西，甚至是完全没有必要的东西。

□ 《纺织女》　委拉斯凯兹

这是第一幅直接描绘劳动生活场景的油画，近前部分是西班牙马德里皇家织造厂的纺织工正在劳动，更远处则是宫廷贵妇们正在欣赏由皇家织造厂制造出来的地毯。作者用强烈的形象对比描绘了底层劳动者勤劳的美德和贵族们虚荣的恶德。

霍拉修：事实上，你已经想得太多了。难道你还没有厌倦你的这些愚蠢行为吗？

克列奥门尼斯：你从我这些充满善意的理论里发现了什么错误吗？它们是

□ 弥撒圣祭

"弥撒"是拉丁语missa的音译，意思是"解散，离开"。弥撒圣祭是天主教最崇高的宗教仪式，用来纪念耶稣的牺牲。耶稣在最后的晚餐时，拿起麦面饼和葡萄酒，把饼、酒变成自己的圣体圣血交给门徒们吃喝。晚餐后，耶稣即被钉死在十字架上。弥撒中，教徒通过聆听圣道并参加圣祭，参与耶稣自我奉献与天主圣父的大礼。

不是贬低了我们人类的尊严？

霍拉修：我钦佩你的创见，而且我承认，你那些过分的溢美之词，让你所说的那种社会理论比之于我以前能想到的更不真实。你也知道，即使最好的事情，也有可能被嘲讽。

克列奥门尼斯：无论我是否能想到这一点，沙夫茨伯里勋爵都已经断然地否定了它。他还认为，玩笑和嘲讽是证明一件事情是否有价值的最好和最可靠的试金石。他认为，没有人能够嘲讽真正伟大和美好的东西。他已经用它检验了圣经和基督，似乎还因为它们经不起玩笑和嘲讽，暴露了它们的虚假和愚蠢。

霍拉修：他暴露的是下等人被灌输的对上帝的迷信和少得可怜的概念。但是对于至高无上的存在和宇宙，他那崇高的信念无人能及。

克列奥门尼斯：你已经同意，我对他的指控是对的。

霍拉修：我不会假装要保卫尊贵的勋爵所写的每一个音节。他的文风很吸引人，语言很优雅，论证也很有力，很多想法的表述也很完美，而且他的比喻——这部书里最精彩的部分——也很有趣。我可能会喜欢某个作家，但是也没有必要强迫自己去回应反对他的每一个人。至于你自称的对他的模仿，我对这种滑稽表演没有兴趣。不过你所引起的笑声，可能会让你以后不会惹出比现在更多的麻烦。请问，当你想到那些为了给乌合之众提供他们想要的大量烈性啤酒而进行的艰苦肮脏的劳动时，你难道没有发现在运货马车夫的身上也具有社会美德吗？

克列奥门尼斯：当然发现了。我还在一匹运货的马身上发现了这种美德，至少和我在伟大人物身上发现的没有区别。大人物最自私的行为就是，一旦社会从他们身上获得了一丁点的好处，他们都会将其归功于自己对美德的遵从和对公众的关爱。如果我们不相信这一点，大人物会非常生气。在选择教皇[1]的时候，红衣主教[2]们最信任和最依赖的是圣灵的影响，你相信吗？

霍拉修：跟我相信圣餐变体论[3]的程度一样多。

克列奥门尼斯：但是如果你从小就被当作罗马天主教徒来培养，那么你就对两个都相信。

霍拉修：我不敢肯定。

克列奥门尼斯：你会的。如果你在宗教活动中非常真诚，就像成千上万的人们那样，那么你就会明白，他们并不比我们有更多的常识和理智。

霍拉修：对此我无话可说。世上有很多事情不可思议，但都是真实存在的，而它们也恰恰是人们信仰的对象。一件事若超过了我的理解能力，我就会保持沉默，并且用谦逊的态度对待。但是我不会忍受与我的常识存在明显冲突的事情，还有和我的直觉存在尖锐冲突的事情。

克列奥门尼斯：如果你相信上帝，那么在基督世界比在其他任何世界都更重要的某件事情上，上帝为何并没有给你指引呢？

霍拉修：你的提问是个陷阱，是一个毫无公正性可言的问题。上帝监督和支配着所有的事情，从无例外。为了捍卫我否定的正确性，并给出我不相信变体论的理由，我只需要一件事就足够了：他们在选举中所使用的工具和手段，毫无疑问都是人性的和世俗的，其中有很多都是非法的和邪恶的。

---

[1] 教皇，原指罗马帝国皇帝兼任的多神教最高祭司。在中世纪，教皇是世俗国家的领袖，现在指的是梵蒂冈城国元首的政治和外交称号，一般由天主教会的教宗兼任。

[2] 红衣主教，即枢机主教，是天主教教宗治理普世教会的得力助手和顾问。

[3] 根据罗马天主教教义，做弥撒时，圣餐中的饼和红酒转变为耶稣的肉和血，原来的饼和红酒只剩下感官所能感受到的外形。

克列奥门尼斯：并非所有的手段都是如此。因为每天他们都要祈祷，并且庄严地请求了神的引导。

霍拉修：但是你很容易就能从其他行为上判断出他们祈祷的重点。毫无疑问，罗马教廷是一个伟大的政客进修学府，也是一个研究阴谋艺术的最好学校。那些浅陋的诈术和明显的诡计都显得太过粗俗，而精妙的计谋都像在穿越人性微妙的迷宫。在那里，高智商的天才都必须为有手段的人让路，就像在摔跤比赛中，力量大的蛮人遇到了摔跤大师。那里还有这样一种技巧，就是向其他人隐瞒自己的实力；对于他们来说，这比真正的知识和最全面的领悟力都要有用得多。在这个神圣的课堂里，所有的东西只要花钱就可以买到。真理和正义越来越不值钱了。红衣主教帕拉维奇尼和其他的耶稣会会士一直是教皇权威的坚定拥护者——现在已经炫耀似的公开了自己的政治主张——也从未向我们隐瞒过那些只有在普尔普拉提派中才有价值的美德和成就。在他的眼里，无论怎么做，只要能突破教皇权力极限就是最高荣誉；而被别人战胜，哪怕被使用最卑劣的手段战胜，也都是莫大的耻辱。尤其是在红衣主教的秘密会议中，如果不玩手段和心机，任何人几乎都会一事无成。在他们中间，人心就像幽黑的无底洞，最好的掩饰都会不时被拆穿。大家经常弄虚作假，以欺骗对方。一个充满密谋、诡计、偷盗和对社会的损害的团体里，每个成员计较的除了私欲的满足，就是自己派系的利益，无论对错，都是为了排挤每个反对他们的派系。在这样一个团体里，你会相信神圣、虔诚或者哪怕是半点对圣灵的敬畏吗？

克列奥门尼斯：你的这一席话让我更加坚信我经常听到的一个说法：叛徒才是最残忍的敌人。

霍拉修：我难道曾经是罗马天主教徒吗？

克列奥门尼斯：我指的是你叛离了那个社会的美德理论，你曾一直是它最坚定的拥护者。现在也只有你才会严厉而缺乏仁慈地完全按照人们的行为来判断他们的立场，尤其是在面对那位可怜的红衣主教时。我从未想过，一旦我放弃了"畸形思维"，就会在你的身上找到敌人。不过看起来，我们两方似乎都改变了立场。

霍拉修：我想，你我的立场正趋向一致。

克列奥门尼斯：不仅如此。而且谁会想到呢？现在阐释每件事的时候，我总是尽量充满善意，你却变得正好相反。

霍拉修：那些无知的人怎么想，我并不知道，他们也完全不了解你我。但是我们通过辩论已经清楚地表明，你坚持了你的观点，并竭力让我明白你的对手是多么荒唐；我也捍卫了我的观点，并且让你明白我们并没有你描绘的那么愚蠢。我曾经下决心不再就这个问题和你辩论了，但是你也看到，我已经违背了那个决定。我担心别人认为我不懂礼节，因此才有了这次辩论。不过，我对我们之间如此多的辩论并不感到后悔，因为我发现你的观点并没我想的那么危险——你承认世界上有美德，而且有以美德为行动指南的人，我原本以为你会否认这两点。但是我也不会让你以为你的障眼法对我生效而洋洋自得。

克列奥门尼斯：我并没有伪装得那么严实，以至于让你无法看穿，我也不会和任何毫无辨识能力的人讨论这个问题。我知道你是一个头脑清晰、很有判断力的人。正因如此，我才真心希望你用心听听我对自己观点的解释，并让你明白，我们之间的差距并不是你想象的那样大，而是微乎其微。与世上的任何一个人相比，我更害怕你把我误解为疯子。但我也生怕冒犯了你，所以在得到你的许可之前，我绝不敢和你讨论任何问题。看在我们朋友一场的分上，请你屈尊读读《蜜蜂的寓言》。那是一本好书，因为你本来也很喜欢书。我这里就有一本，包装得非常精美，请允许我把它作为礼物送给你。

霍拉修：克列奥门尼斯，我并不偏执，但是我也有自己的荣誉感，而且是那种你理解的严格意义上的荣誉。我无法忍受有人再提起这本书，即使稍加提及也会让我火冒三丈。迄今为止，荣誉仍然是最坚固最高尚的社会要素，请相信我。正因为如此，你绝对不可以玩弄它的纯洁。荣誉是实实在在的，是让人敬畏的，也是非常严肃的，无论什么时候，这一点都不可改变或偏移。不管你的玩笑有多么巧妙，你的笑话有多么幽默，都不可能让我容忍这种事情。在这一点上，也许我太特立独行；如果你愿意，你就当是我错了。即便如此，我能说的也只有一句话：我不想听关于它的玩笑。所以，如果你还把我当朋友的话，请别给我送《蜜蜂的寓言》。关于这本书，我已经听得够多了。

克列奥门尼斯：请问，霍拉修，世界上有缺乏正义的荣誉吗？

霍拉修：谁敢这样说呢？

克列奥门尼斯：你不是承认过吗？你曾经不是以为我比你现在了解的要坏得多吗？在未经深入调查的情况下，任何人和他们的作品都不能依据传闻和猜测出来的内容而被批判，也不能依据对手的谴责被批判。

霍拉修：你说的很对。我恳求你的原谅，而且为了弥补我对你的误解，请你把你想说的都说出来吧，我会洗耳恭听的，不管它是不是那么耸人听闻。不过，我希望你拿出严肃的态度来。

克列奥门尼斯：对你，我没有不中听的事情要说，也没有耸人听闻的事情要讲。我所有的表述只是为了让你相信，我对人类的看法就像你看到的那样，既不怀有恶意，也不严酷无情。而且只要我们两人仔细研究一下，就会发现我和你之间，对于事物价值的看法没有那么大的区别。想一想我一直在做的事吧，我一直在用我能想到的方式，意图看清楚每一件事。你说我这么做是为了嘲笑那种社会理论。我承认你说得有道理。再来回顾一下你的行为吧，你一直在揭露我拼命维护的"颂词"的愚蠢行为，并把问题还原到正常的角度。这一切都是正确的，因为你知道人们通常会以什么方式来看待这些事物。这一切都做得很好，只是它与你自称要维护的理论背道而驰。如果你用同样的方式去判断所有行为，那么你的这种社会理论就已经走到了穷途末路。至少有一点很明显，它只是一种未实施的理论。你认为，人类基本上都具有这种美德，可是当我们分析到具体个人的时候，你发现过一个这样的人没有？我到处去验证你说的话，可无论是在身处权力顶端的人还是社会最底层的人中，都一无所获；至于中间阶层，你也觉得把他们想得好一些会非常荒谬。你难道不是在支持一种美好蓝图的同时，又承认它并不美或者永远无法实施吗？到底哪种人才能按照美德的准则行事？我们在什么地方能找到他们？

霍拉修：任何一个国家都有一些出身高贵、家境富裕的人，他们不愿意接受提供给他们的职位；而且除了伟大和高尚的事业，他们什么都不考虑。难道他们还不够慷慨和仁慈吗？

克列奥门尼斯：不错，但仔细审视过他们的行为，像对待红衣主教或者律师和医生那样毫不纵容地仔细研究他们的表现，深入分析他们的生活，逐个审视他们的行动，然后再来看看他们的美德比那位贫困勤劳的妇女高多少。一般来说，赞扬里的真相总是比嘲讽里的少。当我们所有的感官都觉得舒服，没有身体上的疾病和精神上的困扰，并且没有遇上什么令人不高兴的事情时，我们对自己的状态就会很满意。在这种情况下，我们最容易把表象当作真实，对事件作出比实际上更宽容的判断。请回忆一下，霍拉修，半个小时前你赞扬歌剧院的时候说得多么感人呀！当你思索着你在其中发现的诸多魅力时，你的灵魂似乎都被升华了。我并不准备反对你对这种优雅消遣及对剧院常客高雅行为的赞美，不过却很担心你会迷失在自己这种喜爱里。当你宣称它们是最适合养成牢固而持久的美德的地方时，你是否想过同样数量的人们，在歌剧院里就一定比在动物园里具有更多真实的美德？

霍拉修：好一个比较呀！

克列奥门尼斯：我是非常认真的。

霍拉修：狗、牛和熊的叫声交织在一起会非常动听。

克列奥门尼斯：你不可能误解我的意思。而且你非常清楚，我把两个地方放在一起，并不是想比较这两个地方带来的快乐有什么不同。你提到的事情是最不该抱怨的。对精致的耳朵而言，那些持续不断的誓言和诅咒、频繁重复的虚假词汇以及其他更肮脏的表达、紧张刺耳的低音、跑调的人声，实在是一场完美的折磨。这种地方令人头疼的喧闹声和各种人的身体气味，对人也是一种可能持续很久的伤害。可是在所有下等人的聚会上……

霍拉修："嗅觉得到了极大的满足"。

克列奥门尼斯：大众化的娱乐活动都是令人不快的，而且要忍受各种各样的感官刺激。我同意这一切。那些油腻的脑袋（其中一些看起来一片血红），不和谐的外表，还有可怕的、野蛮的和令人头皮发麻的表情，在这些永无休止的聚会中会遇到这种情况，你一定会非常震惊。实际上，这些事情在粗鲁、衣

□ 剧院

在英国，戏剧文学可以说是整个英国文学重要而辉煌的组成部分，而剧院文化也是几个世纪以来，英国历史和文化中的重要组成部分。英国人十分热衷于戏剧，每当有名剧上演时，剧院里总是座无虚席。

衫褴褛和满身尘土的人群中也能够同样看到，他们的消遣方式无一不是有害的。所以，粗暴无礼地犯罪和违法并不让人感到意外，只不过礼貌和风度更应该与美德或虔诚相关。为了恶作剧而去揭露一个有预谋的谎言，和对一个不诚实的人撒谎，前者就显得更加有罪。很有可能，来自一个隐秘敌人低声耳语的诽谤，要比一个最火爆的敌人的所有难听的咒骂和诅咒，对一个人造成的损失和伤害更大且更深。对于荒淫和通奸，来自基督世界的高级人员和那些野蛮人并无二致。但是如果在一些恶习上，庸俗的人比高雅的人更容易堕落，那么在其他事情上，就会有与此相反的结论。嫉妒、诽谤和复仇的精神，在宫廷里就会比在农家小屋里显得更加残暴，也更有危害性。毫无节制的虚荣心和不正当的野心很少发生在穷人当中，他们很少被贪婪所玷污，也不会反对宗教信仰。他们抢占公共福利的机会要比富有的人少得多。你熟悉的无不是杰出人士，我想，你应该认真地想想你能想到的尽可能多的生活方式，然后再去想歌剧院里汇聚的美德。

霍拉修：你的话让我觉得好笑。你说的话已经说服了我：闪闪发光的并不都是金子。你还有要补充的吗？

克列奥门尼斯：因为你允许我畅所欲言，而且你也是一个很有耐心的听众，我就不失时机地对你提起了一些重要的事情。或许你从来没有从这个角度考虑过，但是你也会认为它们需要从这个角度予以关注。

霍拉修：我很抱歉，我要走了。我有一件事情必须今晚去办，那是关于我自己的一场官司。而且我已经在这里待得够久了，这也完全超过了我的预料。但是如果你明天愿意来和我一起吃一点儿羊肉的话，我明天就只约你一位客人，那样一来，你想谈多久我们就谈多久。

克列奥门尼斯：这真是太好了。我会非常感谢你的盛情。

霍拉修与克列奥门尼斯的第二篇对话

霍拉修：咱们昨天的对话给我留下了深刻的印象，你谈到的几件事都非常有趣，其中有些事尤其让我难忘。因此昨天和你分别后，我立即对自己作了从未有过的深刻反思。

克列奥门尼斯：真正地反思自己，比我们通常能想象到的更难也更艰巨。昨天我问你，我们能在哪里和哪些人中找到你所谓的能按照美德原则行事的人。你指出了一类人，我在他们身上发现了非常讨喜的品行，但是也发现了几乎所有人类的缺点。倘若这些缺点可以忽略，再把从很多人身上看到的不同的好品质挑出来，最终就能形成一个非常完美的形象了。

霍拉修：如果这件事做得很完美，一定会是一个伟大的杰作。

克列奥门尼斯：我不会做这种事的。不过，我觉得给它作一个简单的速写并不太难。它应该超越自然，比任何一个现实存在的人都好，可以成为效仿的样本。我有一个想法可以一试，这个想法让我兴奋。一个完美绅士的形象是多么迷人！一个出身高贵的有钱人，自然创造他的时候绝不吝啬，他明白这个世界如何运行，他也非常有教养。

霍拉修：我赞赏你的说法，我也是这么想的，不论你是在开玩笑，还是说正经的。

克列奥门尼斯：他最大的缺陷被隐藏得多好呀！尽管他是金钱的奴隶，内心充满了贪婪，但是却只能让位于外在的慷慨，他的所有行为都处于慷慨的光环中。

霍拉修：这就是你犯错的地方，正因为如此，我才没法忍受你。

克列奥门尼斯：有什么问题吗？

霍拉修：我知道你想干什么，你假装要画一幅绅士肖像，实际上是想画一幅漫画像。

克列奥门尼斯：你误会我了，我没有这么想过。

霍拉修：可是为什么人性不可能是善良的呢？你没有像你说的那样忽略缺点，反而毫无理由毫不客气地增加了缺点。当事物的外在表现非常完美时，你根据什么怀疑它仍有缺陷？你是怎么知道的呢？你又是怎么发现他所隐藏起来的不完美之处的呢？为什么你就能假定一个人是贪婪的，并且爱财如命呢？你自己已经承认，他从未表现出其缺点，而且他所有的行为都闪耀着慷慨的光芒。你说的话真是荒谬至极！

克列奥门尼斯：我没有对任何人作过这种假定，我要向你分辩几句：在我说的话中，我别无他意，只是说出了我的所见所思。无论一个人是否意识到了内心的脆弱和天生的缺陷，良好的常识和风度都是必不可少的，即使没有其他的援助，他也可以将它们隐藏得很好。不过你的问题也非常及时。既然你已经提出了这个问题，我也会完全开诚布公，并且让你先了解我准备作出的"形象速写"，以及我打算如何使用它。简单来说就是，我要向你展示，一座最完美的超级建筑完全可以在腐烂而令人厌恶的地基上被建立起来。你很快就会明白我的这种想法了。

霍拉修：但是你如何知道支撑建筑物的地基是腐烂的呢？它被隐藏起来了，你根本看不到啊。

克列奥门尼斯：请耐心听我说，我向你保证，我并不认为这是理所当然的事情。你自己也根本不会觉得这是理所当然的。

霍拉修：就是这样，我已经别无所求了。现在把你想说的都说出来吧！

克列奥门尼斯：骄傲和虚荣真正关注的是别人的意见。一个人最大的愿望，完全占满内心的愿望，就是他可能被整个世界所铭记、赞赏和称颂，不但是现在，还有其他所有的时间。这份热情通常会破灭，但令人难以置信的是，不管人们处于何种环境和境遇，这种感觉所激发的力量创造并可能继续创造出许许多多奇特和迥异的奇迹。首先，在骄傲的激励下，人们可能会低估危险的严重程度，而更加无畏地面对它，甚至会无惧死亡的威胁。同样在骄傲的推动下，他会追求危险和死亡；如果他足够坚强，他还会欣然地面对危险和死亡。其次，无论是对他人还是对我们自己，世界上都没有西塞罗提及的好的职务与义务，也没有沙夫茨伯里勋爵暗示过的任何慈善、天性或者其他社会美德的事例。但是一个拥有理智和知识的人，如果他的骄傲强大到足以压制其他情感，那么仅仅因为骄傲，他也会学着让自己将理智和知识付诸实践——激情总会阻碍和干扰计划的执行。

霍拉修：你觉得我会赞同这所有的一切吗？

克列奥门尼斯：当然了。

霍拉修：什么时候？

克列奥门尼斯：在我告辞之前。

霍拉修：好极了。

克列奥门尼斯：值得我们接纳的那部分人，如果生活宽裕，受过良好的教育，性情又不是那么异乎常人，他们就会无一例外地成为文质彬彬的君子。他们越骄傲，他人的尊重越能在他们那儿体现出价值，他们也就越发去钻研这种价值，以便让他们自己得到所有与他们交往的人的接纳。而且他们会为了掩饰和隐藏心里的每件事而承受异乎寻常的痛苦，只因为理智告诉他们，这些事情不应该被看到或者被理解。

霍拉修：我一定要打断一下，因为我没法忍受你再这样说下去了。你说的这一切，不就是重复那个老话题吗？世上处处充满骄傲，我们看到的无不是毫无根据和逻辑的伪善。你说的话简直是这个世界上最离谱的谬论。因为根据这个标准，最高尚、最勇敢和出身最高贵的人，通常也是最骄傲的人。这和我们的日常感受矛盾，也和实际情况相反。暴发户并不比其他人有更多的骄傲和傲慢，白手起家的人和缺乏教育的平庸之辈，一旦提升到平均水平之上，拥有了荣誉职位，也照样会为财富而骄傲。一般来说，出身高贵者比地球上的其他任何人都更加谦恭、仁慈和有礼。他们享有大量钱财和祖先留下的人人皆知的不动产，因为出身显赫，一出生就习惯了华丽高贵的环境和头顶各种荣誉头衔，接受的是与其身份匹配的教育。我相信任何一个国家，只要不是被野蛮人统治的国度，一定都会教育自己的青年男女不要骄傲，也不要目中无人。而且，"有教养"这个词语本身就会经常被提及。

克列奥门尼斯：我求求你，我们还是冷静下来，用正确的语言说话吧。在良好修养的指导下，我们被灌输了一千条戒律，来防止我们做出各种各样的骄傲的事情，但是其中却没有一条戒律是针对傲慢的。

霍拉修：为什么会这样？

克列奥门尼斯：是的，确实没有这种戒律。在培养绅士的教育中，人们从来没有尝试过抵制骄傲，甚至都没有讨论过这件事。与此相反，他们却不断地鼓励荣誉感，要求大家时刻保持荣誉感，在危急关头，内心更要重视荣誉感的价值。

霍拉修：这件事值得深思，也需要时间来仔细审视。但是你的那些优秀的绅士现在何处？你答应过我会速写出来的？

克列奥门尼斯：我已经准备好了。我将从他的住处说起。尽管他在不同的国家有好几处华贵的房产，但是我只想关注他最主要的一处豪宅，豪宅上镌刻着家族名号，那是家族荣誉的象征。它高大宏伟，宽敞得令人羡慕。他的花园也十分宽广，里面有各式各样美好的事物。这些事物按照功能，分布在许多不同的区域。每个区域都摆满改良自自然的艺术品，各自体现出一种明显的整洁和幸福的美。尽管每个区域都显得富丽堂皇和令人愉悦，但是整体布局却能发挥更加明显的优势。室内的物品，无不显示着主人的气度和品位。所有的花费都是为了营造美丽和方便，因此你也看不到毫无必要的奢侈。他所有的餐具和家具都精致得无与伦比，而且都非常时髦。室内所有的绘画都出自名家之手，陈列出来的珍品也都名副其实。他不收藏琐碎的物品，也没有让人满眼厌恶的摆设。他的几套藏品虽然不大，但是相当有价值，看起来既让人赏心悦目，又超凡脱俗。他的古董和财富并非只局限于橱柜，室内里里外外的大理石和雕塑本身就是一种财富。屋子里的很多地方，你都能看到大量的镀金装饰和雕工精美的雕刻作品。大厅和走廊里的陈列品也价值惊人，客厅和楼梯上也毫不逊色。这些地方都非常宽敞和高大，建筑风格显示了最好的品位，装饰华丽得令人叹为观止。整个建筑从里到外都浑然一体，却又姿态各异、鲜活生动，其中的辉煌和完美，谁也无法忽略，即使是最粗心和最不善于发现的眼睛，也都会见识许多非常有趣的地方。同时，最一般的器物的每个部分做工都很精致，给人一种实实在在的完美感，就连最挑剔的人都会为之着迷。但是这个完美样板最大的优点却是，即使是在最普通的房间，也无不体现着设计者的匠心，连最小的过道都装修得漂亮而雅致；在那些最辉煌的厅堂里，也同样没有多余的装饰和过于铺张的部分。

霍拉修：这真是一个精心打造的杰作。糟糕的是我并不喜欢它。请你继续说吧！

克列奥门尼斯：我承认，我以前也是这么想的。他马车上的装饰很多，而且经过了精挑细选。对于这一切，他都以理性为原则，所以在艺术性和费用的平衡上已经达到无懈可击的地步。他在处理自己的事务时，脸上总是洋溢着快乐，好像他的心胸也和他的表情一样开朗。他最乐于照顾别人，但是自己从不麻烦别人。而且似乎他所有的快乐就是让朋友感到快乐。他最伟大的地方就在于，他从不缺少对他人的尊重，也从不会用简称去称呼别人，即使对待最低贱的客人，也不会用不讲礼节的冒昧态度。对每个和他说话的人，他都有礼貌地注视着对方，他从来不打断别人的讲话，除非那个人是在赞美他。即使最公平恰当的赞美，一旦是针对他的物品，他也很少接受。身处国外的时候，他从不窥探别人的隐私与缺点；不管遇到什么问题，他一概沉默不语。对于别人的抱怨和担心，他总是以尽量的顺势引导作为回应，让事情向最好的方向发展。但是在离开别人的住所前，他总要找到一些实实在在的优点给予赞美。他的谈话总是一贯的轻松和幽默，但也不缺乏严谨和趣味。对于淫秽的话或暗示，他一个音节都不会说出口，对于冒犯别人的笑话也是如此。

霍拉修：太好了！

克列奥门尼斯：他似乎完全没有偏执和迷信，从不参与任何的宗教争端。但他会经常去教堂，也很少缺席家庭的宗教仪式。

霍拉修：一个非常虔诚的绅士。

克列奥门尼斯：我原以为我们对此会有分歧。

霍拉修：我没发现哪里有错，请继续吧！

克列奥门尼斯：因为他自己是一个学识渊博的人，所以他也是艺术与科学的推广者。他亲近有功者，奖掖勤勉者，他称败德者和压迫者是自己的敌人。虽然他桌子上的食物比其他人的都好，酒窖里的佳酿更是无人能比，但他的饮食很有节制，饮酒也从不过量。虽然他的味觉敏锐，但他还是更喜欢健康的食物，而不仅仅是满足舌尖的愉悦。他从不允许自己迷失在任何有损健康的食物上。

霍拉修：好极了！

克列奥门尼斯：就像在其他事情上的表现一样，他对穿着也很讲究，经常添加新衣。在自己的衣着上，他更重视整洁，而不是华丽。但是他的随从却衣服华贵。他几乎不佩戴金银饰品，不过在庄严场合则另当别论。这是为了表达对别人的尊重，并向别人表明，那些讲究的行为没有别的目的。所以他也不会让人看到，他把同一件衣服穿了两次；第一天穿过的衣服，第二天就不会再穿。尽管他拥有的每一样东西都是最好的，装束也称得上新异，但是他把衣服交给其他人保管。从来没有一个人像他那样拥有如此多高档服饰，但是却对它们如此随意。

霍拉修：真是一个堪称完美的人！穿着得体是一个绅士的必要条件。但是过分强调这一点，就会有失品格。

克列奥门尼斯：因此他有一位既有品位又有理性的仆人，从而让他避开了麻烦。同样地，管理他的蕾丝和亚麻衣物的则是一位对这个领域很专业的女人。他说话谦和而又威严，但是轻松而又易于理解。既不轻描淡写，也不过于夸夸其谈，并且从来没有卖弄学识或者粗俗土气的表达。他所有的建议都显得很有修养，但是一点也不虚假。他的语调稳重沉静而不轻浮，尽管他显得客气和随和，一点儿也不自大，举止中却依然流露出贵族气息。在他所有的马车里，都有一些既优雅又庄严的东西，正如他的谦恭里没有卑微的意味，他的高贵里也没有傲慢一样。

影响人类文明进程的文化与科学巨著

霍拉修：好得令人难以置信。

克列奥门尼斯：他对穷人很仁慈，他的房子从来不对外地人关闭，而且他把所有的邻居都当作朋友。他是佃户的慈父，认为他们的福利和他的利益是一体的。面对小小的冒犯，没有人比他更宽容，更能原谅那些因过失犯下的错误。他会把其他领主的伤害化作益处，无论损害是大是小，他都归结在他身上，无论是因为疏忽还是其他原因，他都会加倍补偿。他总是尽早知道这些损失，力争在引起抱怨之前予以修补。

霍拉修：这种人太稀少了！把剩余的都说出来吧！

克列奥门尼斯：他从不责备他的任何一个仆人，但是却能得到他们最好的侍奉。尽管他的任何开支都不少，家族也非常庞大，但是他们的生活仍然井井有条，并且很富足。他的命令要严格执行，但是他的指令却都很合乎情理，且从来不对脚夫颐指气使。对于仆人格外努力以及所有值得称赞的行动，他全看在眼里，而且会经常当面给予赞扬。不过对于那些需要指责和开除的人，他都交给管家去处理。

霍拉修：非常明智。

克列奥门尼斯：和他一起生活的人，无论是谁都会关注身体健康。他给的报酬是其他领主数量的两倍以上，他还经常送礼物给提供服务特别周到和勤奋的人。但是不管任何原因，他都会惩罚从他来访的朋友或者其他人那里拿到哪怕一便士小钱的人。第一次犯错，他会选择视而不见或者原谅，但是如果突破了这个范围，在任何时候一旦被揭发，随之而来的就是失去职位，而且对揭发者还有额外的奖励。

霍拉修：在我已经听到的内容中，这是我唯一觉得有争议的。

克列奥门尼斯：我想知道这是为什么，请告诉我。

霍拉修：首先，强制别人执行这样一条命令是很难的。其次，即便可以执行，它却没有什么用，除非它能被广泛地执行，但是这也是不可能的。因此依我看，贯彻这条家规是荒谬的，也是不可行的，最终也只会让守财奴和其他人高兴，因为这些人绝对不会在家族中树立榜样。相反，它还会剥夺慷慨之人展示慷慨和仁慈品质的机会；另外，它还可能让你的家庭隐私向各色人等泄露得太多。

克列奥门尼斯：也许能找到办法防止这种弊病。但是这样做能给有才德和受过教育的人带来福音，让他们受益匪浅。这些人几乎没有闲钱，他们中的多数人付给仆人的费用就是一个沉重的负担。

霍拉修：我承认，这才是你唯一值得讨论的提议，而且非常重要。但我还是希望你能原谅我打断你的话。

克列奥门尼斯：在所有的交易中，他都守时而公正。他拥有一大批不动产，所以雇用了许多精明的经理人来管理。不过，虽然他所有的账目都处理得清楚明白，但他仍然把审查账目作为自己工作的内容之一。他从来不会未经查实就兑付商人们送来的账单，虽然不会亲自干预现金的支付，但是付起款来总是又快又精确，从来不会出错。他唯一例外的是，在新年这一天到来时从来不拖欠任何东西。

霍拉修：我非常欣赏这一点。

克列奥门尼斯：他为人体贴友善，平易近人，而且从来不会被情绪控制。总体而言，在同等境况的人当中，似乎没有人比他高尚。尽管拥有如此多的个人成就和其他财产，他仍然保持与他的地位相匹配的谦虚。他不是出入盛宴，就是处于杰出人物的包围之中，但是他似乎从未以显示自己的杰出为乐，倒像是对自己涉足的领域很不熟悉一样。

霍拉修：这是一种非常值得称赞的品质，我也非常欣赏。但是我也坦率地告诉你，如果我不了解你的意图，不知道你打算让它作何用途，我会更加欣赏你的描述。我觉得，你的做法很不厚道。你塑造了一个这么健康、优雅和完美的形象，目的却只是为了把它打碎。你这么煞费苦心，就是为了给别人展示自己恶作剧的才能。我已经注意到你在描述中留有余地的几个地方，它们的作用就是为了让你为后面削弱你建立的这个形象埋下伏笔。"好像他的心胸也和他的表情一样开朗"，以及"但是他似乎从未以显示自己的杰出为乐"，我确信，你无论把"好像""似乎"之类的字眼儿放在哪里，你都是有意而为之的，而且这么做的目的是留下许多"后门"，以便日后为自己的说辞开脱。如果你没有提前告诉我你的意图，我根本就不可能注意到这些事情。

克列奥门尼斯：我确实利用了你提到的这些细节。但是我这么做，只是为了事后证明这位绅士是按照一种错误的原则行事时，能避开你对我的错误的非难，或者过于匆忙地下结论。我承认，我想说服你的事情就是如此。但是看到你对此很不高兴，我乐于把它看作是我在描述中增加的轻松的调剂品。至于其他的，我允许你把它看作我的错误。

霍拉修：何必要这么做？我认为，你塑造这个人物就是为了诱导我接受你的观点。

克列奥门尼斯：我不敢自诩能诱导你。我只想举出一些实例供你判断。但是我错了，而且也完全看出了自己的错误。昨天和今天这两次谈话，我们开始的时候，我都以为你会用另一种思维方式去思考问题。你提到过人们对你的一个印象，还提到你对自己的审视，以及其他的一些暗示。我轻率地把它们误解为对我有利的东西。但我也因此发现，你仍然像以前那样极力反对我宣称要独自坚持的观点，因此我消除了误解。我并不期望从胜利中获得快乐，也不知道还有什么能比得罪你更让我痛苦的了。求求你，让我们还是用对待另一件大事的方式对待这件事，永远不要触碰它——精明的朋友应该避开所有明知有根本分歧的话题。相信我，霍拉修，如果我有能力让你快乐，或者给你带来快乐，我会不遗余力地为之努力。但是让你感到不安的事情，我永远不会有意为之。而且我一千次地请求你原谅我昨天和今天说的这些话。你听到来自直布罗陀[1]的消息了吗？

霍拉修：想到我的缺点和你的谦恭，我深感惭愧。在你提到的暗示上，你并没有犯任何错误。你说的话确实给我留下了一个深刻的印象，而且我也努力

---

[1] 直布罗陀，位于欧洲伊比利亚南端的港口和城市，位于直布罗陀海峡东段的北岸，是连接大西洋和地中海的咽喉要道。

对自己作了反思。但是，就像你说的那样，真心实意的自我反思是一件非常艰难的苦差事。我请你和我一起吃饭，目的就是能好好探讨这些问题。冒昧的人是我，应该为自己的失礼请求原谅的人也是我。但是你知道，我一直坚持的就是这个原则，要立即放弃它也是不可能的。我明白这异常困难，但是一瞥真理的诱惑已经让我开始改变。我有时会感到内心的挣扎，但我已经习惯于让值得称赞的动机推动自己去做出所有恰当的行动；而且一旦我恢复了原来的思维方式，它就会把一切带到原来的结论上去。请原谅我的软弱。我对你描述的绅士心动不已，而且我承认，我不明白一个人怎么会处处优秀，怎么能如此远离所有的自私行为。一个人能在各个方面都以这种异乎寻常的方式行动，一定是因为美德和虔诚的指引。世界上会有这样的绅士吗？如果我错了，我将很高兴你告诉我真相。请告诉我，把你心中所想都说出来。我答应你，我会控制自己的情绪。还有，我也请求你，对你所有的想法畅所欲言。

克列奥门尼斯：你以前也曾吩咐我说出自己的想法，可是我说了之后，你似乎显得很不高兴。但是你既然让我这么做，我就再试一次。世界上是否存在我所描述的这样一个人，并不是非常重要。但是我也欣然同意，大多数人认为构思出这样一个人比想象出下面两件事容易得多：一条干净而美丽的溪流竟然是从肮脏、泥泞的泉眼中流出来的；溢美之词和过分的渲染竟然来自同一个最老练的评判者。但确定无疑的是，非凡的才能和巨大的财富可能会将这一切美德集中在一个人的身上，这个人要身体无恙，受过正规的教育；还有许多人，生来就不如社会上那些少数的优秀者，但可以借助上述的帮助获得良好的品质和帮助——他们还要有足够的决心和毅力，使所有的激情都服务于那个主要的渴望，并不断地满足它，它就能控制一切；如果有必要，即使是在最艰难的情况下，它也会毫无例外地征服一切。

霍拉修：讨论你说的这种情况存在的可能性，也许会引发一场持续很久的争论。但是我认为这种可能性很明显是微乎其微的。而且，如果世上真的有这么一个人，那么说他的行为源自自然的本性会比源自邪恶的动机要更加可信得多，因为自然的天性中包含着很多美德和罕见的天赋。如果骄傲是这一切的根源，那么它的效果偶尔也可能显现在其他人身上。根据你的理论，因为世上并不缺乏骄傲，所以才能卓越和财富惊人的人就应该遍布欧洲。可是为什么就看不到几个你向我们描述过的那种人呢？为什么我们会很难看到将很多美德和优良品质集于一身的人呢？

克列奥门尼斯：尽管拥有巨额财富的人如此之多，但是很少有人在任何事情上都能如此完美，有几个显而易见的原因：首先，人们的性情各有不同，一些人天性活泼，行动敏捷；一些人懒散，更喜欢安静；有些人大胆无畏；有些人温柔顺从。其次，我们还要考虑到，这些性格发育的程度有深有浅，而这取决于各种性格是被教育制度鼓励还是被抑制。再次，这两种态度建立在人类对幸福的不同感知上，且根据这一观念，对荣誉的热爱程度会让他们走上不同的道路。一些人认为，支配和统治其他人是最大的幸福；一些人赞美危急关头的勇敢和无畏；还有的人非常博学，希望做一位著名作家。所以尽管他们都非常热爱荣誉，但为了获得它，却会做出各不相同的举动。不过，如果一个人痛恨喧闹，天生就喜欢安静，且他身上的这种气质受到教育者的鼓励，那么他就能很容易控制自己的脾气，他也就很有可能认为，良好的绅士风度是最值得追求的品质。假如他有这种想法，我敢说，他很可能会让自己竭力接近我给你描述的那个形象。我说"竭力接近"，是因为我可能会在某些事情上犯错，而且我并不是所有的事情都懂。有些人会说，我还没有提到几种必不可少的品质。但是最主要的是，我相信在我们所生活的这个国家和时代，之前所列举的这些品质，一定会让他获得我认为他所渴望的好名声。

霍拉修：我完全同意。对于你最后说的那句话，我也一点不怀疑，而且之前我就告诉过你，那是一种值得赞许的品格，我听了之后也心有戚戚。我注意到你在穷尽可能地把心目中的绅士塑造得虔诚无比，是因为他必须超凡脱俗。但是我认为它并不是现实的反映。事实上，我曾经对一件事的看法与你有所不同，不过这只是我们的思路不同。而且，我正在考虑你的回答，所以还没有办法下一个确切的结论。也许我真的错了。如果真的有这样一个人，能证明你截然不同的观点，我就会确认这一观点完全正确。对于这么完美的天才，我一定会献上我不同寻常的尊重，并准备随时接纳他的超常能力。但是我认为你对于骄傲为什么会引发这些效果的理由并不充足，要知道骄傲总是普遍存在的，只是这些结果却并不常见。人们总是被教导，要按照自己的天性追求不同的理想，这种说法我非常认同。但是大量的富人也具有安静和懒散的天性，并且总是热切地渴望成为所谓的绅士。在基督世界里，有那么多出身高贵、财富惊人且受过良好教育的人一直在学习、旅行，并不辞辛劳地完善自己。毫不夸张地说，他们全都品格良好，拥有你提到的任何一个美德，可是为什么你总会认为没有那样的人呢？

克列奥门尼斯：成千上万的人都认准这个目标，但是却没有一个人实现，这也是有可能的。对一些人来说，可能是因为占主导地位的激情不够强大，没法完全压制其他的激情；爱欲或者贪婪可能使其他激情发生转变；酗酒和玩乐会虚耗大量的精力，并且消磨人们的志气。他们也可能是因为没有力量坚持既定的计划，从而没有坚定地向着同一个目标前进，或者可能是因为对那些被有识之士推崇的东西缺乏正确的志趣和了解，还有的是因为缺乏在所有紧急关头支撑自己行为的良好教养。因为在这种掩饰中，实践操作总是比空谈理论困难得多，而且任何一个阻碍都足以毁掉所有的一切，最终阻止一个任务的达成。

霍拉修：我不想再和你争论了。但是到目前为止，你既没有证明任何事实，也没有给出哪怕最少的理由，来说明你为什么会想象出这样的一个人，他所有的外在表现都是那么耀眼和完美，内心的动机却是邪恶的。如果你不能说出支撑你的疑问的理由，你就不能谴责他。

克列奥门尼斯：当然不会。我也不会说出任何心怀恶意或者有失宽容的话。因为我并不认为，一位绅士如果拥有我提及的所有品质，那么他一定就拥有无与伦比的天赋，并且他所有的完美都来自对于荣誉的非凡热爱。我所主张并加以坚持的是，很可能一个人表现出来的所有的行为，都无一例外地来自我所提及的那些原因。而且我还相信，一位如此有才华的绅士，尽管有丰富的知识和优秀的才能，但是他仍然有可能对自己的动机一无所知，或者至少是知之甚少的。

霍拉修：这是你说过的最让我费解的话。你为什么把所有的问题都堆积在一起，却不解决其中的任何一个呢？我希望你在继续讨论下一个问题之前，解释一下最后一个自相矛盾的地方。

克列奥门尼斯：为了满足你的要求，我就必须唤醒你对早期教育中所发生的事的回忆，想想婴儿初次受到的教育、在引导之下的选择和对他们的爱好的指引。简单来说，就是需要他们别无选择地服从。为了达到这个目的，惩罚和奖励得到了格外的重视。除此之外，各种方法也轮番上阵。但确定无疑的是，为了这个目的，被证实经常使用并且行之有效、对孩子具有更大影响力的方法，则是制造羞辱。虽然羞耻心出自天性，但是如果我们没有使用技巧，在婴儿能够说话和行走之前把它激发出来，他们就不会那么快地感知它。一旦我们察觉到他们被任何形式的激情影响，我们就通过制造羞辱，趁着他们判断力已有但尚未坚定的时机，教会他们对使他们变得高兴的事感到羞耻。但是因为他们对羞耻的恐惧感非常弱小，心里也没有骄傲可言，所以如果不增长骄傲，羞耻感就不可能相应增长。

霍拉修：我本来还以为，骄傲之心的增强会让孩子更加任性，更不愿意顺从。

克列奥门尼斯：你的判断很正确，事情就是这样的。这必然会给礼貌的养成制造巨大的障碍，直到经验教导人们，虽然骄傲不会被暴力摧毁，但是它却可能被计谋利用，而管理它最好的办法莫过于让激情制服激情本身。所以教育的益处在于，我们在保持尽可能多的骄傲的同时，又要尽可能多地掩饰骄傲。我认为，尽管我们对这种掩饰感到自豪，但是我们进行自我掩饰时不会感觉不到这种明显的困难，而且起初时大概会产生非常严重的挫折感。但是随着我们的成长，这种感觉会日益减少。当一个人变得像我描述的那样谨慎时，多年以来形成的严格地遵守良好教养规则的生活方式会让他获得所有人的尊重。当他高尚而礼貌的方式成为他的习惯以后（这是很有可能的），他完全忘记了这件事，或者至少忘记那个隐藏的源头——尽管正是这个源头给了他所有行为以生命和动力。

霍拉修：我相信骄傲确实有巨大的作用，如果你非要这么说的话。但是我仍然不明白，一个人有如此高的理性、知识和洞察力，能把自己了解得如此清楚透彻，为什么却对自己的心灵和驱动这些行为的动机一无所知呢？除了可能的健忘症之外，到底是什么东西诱使你相信这一点的呢？

克列奥门尼斯：对此有两个理由，我认为需要认真地予以考虑。第一个是，在与我们有联系的事情当中（尤其是我们的才能和美德），骄傲可以误导人们对理智和伟大才能的理解，也可以误导人们对他人的理解。骄傲使我们不能客观地看待自己的价值，尽管我们在其他事情上很有知识和能力，它还是让我们更容易地接受那些显而易见的奉承。亚历山大就是个例子，虽然他天分卓绝，但他仍然深陷自我怀疑而无法自拔，不知道自己是否可以与神并驾齐驱。我的第二个理由将使我们相信，即使我们正谈论的这个人有能力反省自己，他也极不可能这么做。因为我们必须牢记这一点：如果我们要反省自己，我们就必须有这种意识和能力。但是有无数个理由让我们确信，对于一个如此完美又异常骄傲的人来说，没有什么事情比这样的自我审视更让他想刻意逃避。因为其他所有的自我否定行为，都可以从他所珍爱的激情里得到补偿，唯独这种反省是实实在在的苦修，是对他平静心灵的唯一牺牲，而且这种牺牲还无法获得补偿。如果连最善良、最真挚的人的心里都充满了虚伪和欺诈，那该是可怕的——他们的整整一生，都要在一个接一个的虚伪场景中度过！因此自我反省，大胆地探索自己的内心，一定是一个人能给自己的最具挑战性的任务。在这个过程中，他最大的快乐就是默默地赞美自己。在此提到自我反省，可能显得有失礼貌，但这个任务的重要性……

霍拉修：别再说了，在这一点上我愿意让步，尽管我承认，我不知道你用意何在。因为，与其说它解决了你要论证的难题，不如说它反倒极大地增加了难度，让你更加无法证明，你所描述的那个完美的人的行为是出自恶意。但要说那不是你的本意，我就不知道你想说什么了。

克列奥门尼斯：我告诉过你，我的本意正是这个。

霍拉修：你在探究深奥难解的问题上，一定有着超越其他人的惊人能力。

克列奥门尼斯：我知道，你想知道的是，我凭什么能自称是最具有洞察力的人，凭什么能比一个精明的人更了解他自己；我又凭什么敢自称能够进入并探究人心，而且我已经承认，那颗心已经被完美地隐藏起来，世人全都无法进入。严格地说，我根本不可能有此般手段，所以只有浪荡公子才会如此吹牛。

霍拉修：只要你高兴，随便你怎么看待自己，我可没有说过这样的话。不过我也承认，我很希望你能证明自己具有这样的能力。对那个形象，我仍然记忆犹新。尽管你埋下了许多伏笔，但是它仍然很完美。之前我就告诉过你，如果一个事物的外在表现无懈可击，你就没有任何正当的理由去质疑它的内在。我会坚持这个观点的。你描述的绅士是一个整体，你不能改变任何东西——无论是撤回你已经给予他的任何一个优秀品质还是将它大打折扣，这些东西或是与你已经给予他的品质互相冲突，或是与之不相适应。

克列奥门尼斯：这两种事我都不会做，我也不会做那种关键性的试验。这种试验会清晰地显示，一个人的行为是来自内心的美德和虔诚的原则，还是仅仅因为虚荣心的推动。而且，假如是后一种情况，那便有一种百试不爽的方法，把潜在的恶魔从它最黑暗的洞穴里拽到聚光灯下，让全世界的人都可以看得到它。

霍拉修：我想，我在辩论上不是你的对手。但是我非常渴望能为你的那位绅士辩护，反驳你所有的错误。在这一生中，我还从来没有遇到过比这更好的工作了。来吧，无论你作出何种假设，我都会坚持为他辩护，只要你的假设是合乎情理的，并且与你此前的说法是一致的。

克列奥门尼斯：好极了。让我们来看看这位最善良、最稳健、最有教养的人身上会发生什么事吧。让我们来看看，我们这位完美的绅士在公众面前与另一个人相比会有什么不同——另一个人具有同等的出身和优点，但是对自己的外在行为却没有那么多的掌控力，做事也不太谨慎。我们假设这个对手心怀恶意，言辞不断变得激烈，并且不再顾及给予对方必要的尊重，甚至故意用模棱两可的语气贬损对方的荣誉。这时候你那位绅士会怎么做呢？

霍拉修：马上要求对方对所说的话作出明确的澄清。

克列奥门尼斯：假如这个情绪激动的对手不屑一顾，或者干脆一口回绝，那么绅士一定会要求对方满足自己的诉求，此时双方的争吵就会一触即发。

霍拉修：你的设想太草率了。这件事是在公众场合发生的，在这种情况下，朋友或者任何在场的绅士都会干预，并且密切关注事态发展。威胁性的话语一旦出现，他们立即就会被斯文的权威人士阻止。而且，如果有可能的话，不等爆出粗鲁的话语，他们就会被友好地分开。在此之后，人们可能会在对荣誉的赞美声中作出和解的提议。

克列奥门尼斯：我不需要这种关于如何制止吵架的指导。你说的情况也许会发生，也许根本不会发生；好朋友的劝解也许有效，也许没有。我只想在尽可能的范围内，作出我认为合适的推测，这些推测和已经描述出来的特征相符，听起来也要合乎情理。难道我们不可以这样设想这两个人的处境吗？比如你可以建议你那位绅士向他的对手发起挑战？

霍拉修：毫无疑问，这种情况是有可能发生的。

克列奥门尼斯：那就够了。接下来必须让他们发生决斗。在决斗中，无论出现了任何情况，这位完美的绅士都可以表现得非常勇敢。

霍拉修：如果我们有任何除此之外的期望和设想，都是非常不合理的。

克列奥门尼斯：所以你现在应该很清楚我是多么公正了。但是，请你想一想，一个如此谦恭有礼的好脾气的人，为什么会为了这么一点冒犯，突然就要用一种极端暴力的方式来寻求补偿呢？而且更重要的是，是什么激起了他的勇气，并支持他战胜对死亡的恐惧？你知道，战胜对死亡的恐惧是最困难的。

霍拉修：当然是他天性中的勇敢和无畏精神，这都源自他纯正的贵族血统和正直的做派。

克列奥门尼斯：可是，究竟是什么让一个如此公正和谨慎且心存如此多的社会美德的人，故意违反国家的法律呢？

霍拉修：他严格遵循关于荣誉的规则——这是比其他法律都更重要的信条。

克列奥门尼斯：如果有荣誉感的人都要始终如一，那么他们应该都是罗马天主教徒。

霍拉修：为什么？请你告诉我。

克列奥门尼斯：因为他们认为口耳相传的内容比所有的成文法都重要。这是因为没有人能告诉我们，这些关于荣誉的规则是在什么时候、在哪个国王或者皇帝在位时、由哪个国家或者哪位专家首次颁布的。非常奇怪的是，这些规则竟然有这么大的影响力。

霍拉修：它们是被书写或者雕刻在每位有荣誉感的人的心上的内容。我敢肯定，你自己也能意识到它们的存在，实际上，甚至每个人都能意识到它们就被烙印在自己的心里。

克列奥门尼斯：只要你高兴，你无论把它们书写或者铭刻在哪里都行。不过它们都和上帝制定的律法截然对立，或者直接冲突。如果我描述的那位绅士的宗教信仰与他的外在行为一样真诚，他一定有着和你相反的意见，因为所有的基督信徒都一致同意，上帝的律条要远远高于其他所有的律法，其他的一切观点都应该为其让路。一个基督徒，一个很理性的人，又是如何，以及用什么借口来赞同那些允许复仇和谋杀的律法的呢？难道这两种做法都是被他的宗教信仰完全禁止的？

霍拉修：我不是诡辩家。但是你知道，我说的是真话。在看重荣誉的人中，一个人如果有这样的顾虑，就一定会被嘲笑。我认为，如果本可以避免时却杀了人，这是一种重罪；所有谨慎的人都应该在自己力所能及的情况下，全力避免出现这种情况。首先发起挑衅并且侮辱别人的人最应该受到谴责。无论是谁，因为轻浮而挑衅别人，或者因为无礼而挑起争吵，都应该被绞死。除非是一个傻子，否则谁也不会去做这种事。可是，一旦这种事真的落在一个人的头上，全世界所有的聪明人都不可能告诉他怎么避开。你知道的，我也曾经遇到过这种事。我永远无法忘记我不得不去决斗时心里的嫌恶。但是对于必定要发生的事情，法律也没有任何作用。

克列奥门尼斯：那天早上我恰好看见了你，你看起来很平静，一点儿也不激动，你一点儿也不像有什么可担心的样子。

霍拉修：在那个时间，向别人显露出任何情绪，都是很愚蠢的事。不过我最了解我的感受，我心里的矛盾真的是无以言表。那是一件非常可怕的事情。我本可以把很大一部分地产送给别人，那样一来，让我卷入其中的那件事就不会发生；但是如果能让加诸我身上的侮辱少一些，明天我还是会做同样的事。

克列奥门尼斯：你还记得你当时最担心的事情是什么吗？

霍拉修：这还用问？它是迄今为止发生在我身上的最重要的事情，何况那时我已经不是孩子了。那时我们刚从意大利回来，我正好二十九岁，结识了很多好朋友，他们对我还算可以。一个处在这个年龄的人，身体健康，活泼好动，每年有7000镑的收入，有着成为英格兰贵族的前景，根本没有理由和这个世界过不去，也不想自己就这么离开。何况去决斗本身就是一件非常危险的事。此外，如果我有幸杀死了自己的对手，我整整一生都会生活在悔恨和不安之中。但是我不可能在思考这所有的事情时——尽管还有其他更重要的事情要考虑，同时还不被分心地想着去冒险。

克列奥门尼斯：你对那桩罪恶还只字未提。

霍拉修：对于这件事，我确实想了很多。但是其他事情本来也很重要，所以在这种时候，一个人如果不做慎重的思考，就会陷入惶恐之中。

克列奥门尼斯：霍拉修，现在你有一个非常好的时机，可以一探你的内心，你可以在我的帮助下，对自己进行一点儿反省。如果你能屈尊去这样做，我敢保证，你会有重大发现，而且会相信你现在不愿意相信的真理。像你这样一位热爱正义和真诚的人，不应该一直偏执于那种思路，因为它让你看起来鬼鬼祟祟，从来不敢见光，也缺乏理性。你愿意让我问你一些问题吗？你能直言不讳、心平气和地回答吗？

霍拉修：我愿意，并且毫无保留。

克列奥门尼斯：你还记得热那亚[1]海岸的那场风暴吗？

---

[1] 热那亚，位于意大利西北部的利古里亚，罗马帝国时期是一个自治市，后来曾被几个王国统治，1100年成为独立的共和国，拿破仑战争时被并入法国，1860年成为意大利王国的一部分。

330 | 蜜蜂的寓言　The Fable of the Bees

□ 《马尔斯竞技广场的军旗授予式》　大卫　1804年

拿破仑的一生是不断追逐胜利和荣耀的一生。他领导法国士兵数次击退反法联盟，使得法国成为当时欧洲疆域最大的国家。1804年，拿破仑在法国称帝，此画描绘了军队向称帝的拿破仑宣誓效忠，拿破仑授予他们军旗的场面，军人们群情激奋，反衬出拿破仑的无上尊贵。

霍拉修：吹向那不勒斯[1]的那场吗？我到现在还记忆犹新，一想到它我就心里发凉。

克列奥门尼斯：你害怕吗？

霍拉修：我从未那么害怕过。我讨厌变化无常的气候，也无法忍受海上的风浪。

克列奥门尼斯：你害怕的是什么？

霍拉修：这是个非常好的问题。你想过吗，假如有一个二十六岁的年轻

---

[1] 那不勒斯，公元前600年由希腊人建城，后被罗马帝国征服，12世纪成为西西里王国的一部分，意大利南部与西西里分离后改称那不勒斯王国，1860年并入意大利。

人，和我那时候的年龄与境况一模一样，他很想被淹死吗？船长亲自告诉我们，说情况非常危险。

克列奥门尼斯：但是他和其他任何一个人都没有你那么焦虑和不安。

霍拉修：确实如你所说的，其他人没有我那么大的恐惧，他们早就习惯了大海，风暴对他们来说非常熟悉。但是之前我从来没有在海上旅行过，直到那个晴天，我们穿过加莱前往多佛。

克列奥门尼斯：知识和经验的缺乏，可能让人们在面对未知的情况下感到恐惧。但是真正的困难在人们感受到之前，就已经在考验人类天性中的勇敢了。无论他们是否已经习惯了这种危险，水手们都不愿意失去他们的生命，其他人也一样。

霍拉修：我承认，在海上我就是个大懦夫。我一直想，如果我是在陆地上，那么……

克列奥门尼斯：那场决斗之后的六七个月，我记得你得了天花，那时候你害怕得要死。

霍拉修：那并非毫无缘由……

克列奥门尼斯：我听到你的医生说，你感到非常恐惧，以至于长时间无法入睡，体温快速升高。恐惧对你的伤害丝毫不亚于疾病本身。

霍拉修：那是一段非常糟糕的时光。我很高兴一切都结束了。我的一个姐姐就因这种病而死，我在染上它之前，就一直很害怕被传染，甚至有好多次只是听到它的名字，我就感到非常不安。

克列奥门尼斯：天生的勇气是战胜死亡恐惧的常见武器。无论疾病以何种形式出现，在它面前都不堪一击。只要一个人保持清醒，它不但会在暴风雨的海上支持你，也会在高烧中支持你，还会在一场城镇围攻战和一场持续几秒的决斗中支持你。

霍拉修：什么？你这是想告诉我，我没有勇气？

克列奥门尼斯：绝对不是。怀疑某人的勇敢是一件非常愚蠢的事情。你已经不止一次用不同寻常的方式展示过你的勇敢了。我想知道的是，你的勇敢是否可以冠以"天生"二字,因为它和后天人为的勇敢之间有着本质的区别。

霍拉修:这是一个陷阱,我才不会上当呢!但是对于你之前说过的话,我并不赞成:除了维护自己的荣誉,绅士并不需要展示他的勇敢。如果他敢为他的国王而战,或者为朋友、情人以及与他的名声攸关的任何一件事而战,那么无论你怎么想他,都悉听尊便。除此之外,在疾病和其他危险中,以及在灾难面前,上帝的援助之手都清晰可见,勇敢与无畏都是不虔诚和莽撞的表现。在上帝的惩罚中,无畏是人类的一种反叛。这是在与上天较量,这种罪过除了无神论者和自由主义者,没有任何人会犯。只有他们才会因为不知悔改而出了名,而且谈起死亡毫不忏悔。其他所有的人,但凡有任何一点儿宗教观念,离开这个世界之前都会渴望忏悔。我们中最好的人也不能像我们都希望的那样永生不死。

克列奥门尼斯:听到你如此虔诚,我感到非常高兴。但是你竟然没有察觉到,你的言行并不一致。一个人怎么可能一边虔诚地希望忏悔,一边又明知故犯地让自己参与到必有一死的犯罪活动中去呢?而且在这个既无外力逼迫也无必要的犯罪行为中,他的生命还受到了此生中几乎再也没有过的最大最直接的威胁。

霍拉修:我已经一遍又一遍地向你承认,决斗是在犯罪。而且我相信,除非一个人因为必要而被迫这样做,否则就是犯下重罪。但是我的事情并非如此,所以我希望上帝能够原谅我。就让其他人把决斗当作娱乐吧。但是当一个人极不情愿地采取行动时,他所做的事情就是不可避免的。我想,他可以被公正地视为受到胁迫,而且也是很有必要的。你可能会指责荣誉规则的严苛和习俗的残暴,但是一个人若想在这个世界上生存,就必须遵守它们。难道你自己不会这么做吗?

克列奥门尼斯:别问我准备怎么做。问题是,每个人应该怎么做。一个人能一边信奉《圣经》,一边对一个比魔鬼更狡猾、更凶狠、更无情、更残忍的暴君表示忠诚吗?那么对一个比地狱还糟糕的祸根呢?或者是对一个痛苦不堪和接连不断的折磨更加剧烈、持久的痛苦呢?你还没有回答这些问题。它有什么罪呢？想一想，然后告诉我，你信奉的到底是什么令人沮丧的东西？如果你忽略了那些规则，鄙视那个暴君，有什么灾难会降临到你的头上吗？告诉我你更害怕的东西吧！

霍拉修：你想被看作懦夫吗？

克列奥门尼斯：为什么？就因为我不敢违反那些人道的神圣的法律吗？

霍拉修：严格地说，你是对的。那些问题确实让人难以回答。可是谁会在聚光灯下仔细地端详那些事情呢？

克列奥门尼斯：所有虔诚的基督徒。

霍拉修：那他们又在哪里呢？一般来说，所有的人都会嘲笑敢提出这些顾虑的人。我已经听到并且看到有神职人员当众表达他们对胆小鬼的蔑视，完全忽视了这与他们在讲坛上谈论和提倡的内容背道而驰。彻底与这个世界隔绝，并且立即停止与所有有价值的人对话，是一种非常可怕的解决之道。你愿意成为所有人街谈巷议的主角吗？你会任由小酒馆、公共马车和菜市场等公开场合充满关于你的笑话和蔑视吗？这不就是一个拒绝战斗、毫无怨言地忍受屈辱的人注定的结局吗？克列奥门尼斯，为了公正，就必须避免回击挑衅吗？他非要被当作笑柄吗？他非要在街道上被指指点点吗？他非要被孩子们调侃，或者成为持照明火炬手和马车出租人的笑料吗？这真是一种考验容忍度的想法。

克列奥门尼斯：你现在为什么会如此在意这些庸俗之人的看法呢？在平日里你不是总在极力地鄙视他们吗？

霍拉修：我们说的所有这一切都是在论证我们各自的观点，而且你知道这种事没法容忍。为什么你会变得如此冷酷？

克列奥门尼斯：为什么你会如此迟钝，以至于没有察觉，甚至不想承认自己的激情呢？非常明显，它就是引起这一切问题的根源，是我们一想到自己被蔑视与感觉到不安时明显的且唯一的原因。

霍拉修：我可丝毫没有这种感觉，而且我要正式向你表明，我的心里只有理性和荣誉的原则，别无其他。

克列奥门尼斯：你认为最底层的民众和人类中的渣滓也拥有哪怕一点儿这

种原则吗？

霍拉修：不，当然不是。

克列奥门尼斯：那出身最高贵的婴儿在两岁之前就会被这种原则影响吗？

霍拉修：这种说法太荒谬了。

克列奥门尼斯：如果这两种人都没有受到这种原则的影响，就说明荣誉既是后天的，也是文化的产物；或者说，它是包含在出身高贵的人的血液里的，但是不到自行决定事务的年龄就无法察觉。不过，这两种猜想都不能被当作我提到的那种荣誉准则，这是很明显的事情。因为我们明显看到，一方面，即使是最贫穷的倒霉鬼，也无法容忍别人的蔑视和嘲弄——没有任何一个乞丐会卑贱到能忍受被蔑视；另一方面，人类如此容易被羞辱的感觉支配，以至于孩子在被嘲笑或戏弄时，即使不能极力反驳或者离开，也会放声大哭。因此，无论如何，这个强大的准则是与生俱来的，属于我们的天性。难道你不熟悉它准确、真实、朴实的名字吗？

霍拉修：我知道你叫它"骄傲"。我不准备和你争论万物的运行规律和起源问题，但是具有荣誉感的人认为，自己本身就具有那种崇高的价值。这种价值来自我们先天的尊严，当它经过潜移默化的培育以后，就会成为我们品性的基础，并支持我们战胜各种艰难，从而有益于社会。同样地，对被赞美的渴望、对被表扬的热衷，甚至是对荣誉的追求，都是值得称赞的品性，都能给公众带来益处。这个理论的正确性，在截然相反的例子中也能得到证明：所有无耻的人无不是声名狼藉，所以根本不会在乎别人怎么评价他们或对他们有什么看法。我们都知道，没有人相信他们，且他们也肆无忌惮，只要一直能够从死亡、痛苦和刑罚中侥幸逃脱，他们就会一直作恶下去。他们的自私和残暴的欲望会一直鼓动着他们，所以他们也根本不会在意别人的评价。这样的人是真正的无原则者，因为在他们的内心中，没有任何力量可以激励他们做出勇敢和有道德的举动，或者抑制他们犯下邪恶卑鄙的罪行。

克列奥门尼斯：只有崇高价值——欲和爱——被控制在理性的范围内，你的第一部分判断才是非常正确的。但是你所说的第二部分有一个错误，我们称之为无耻者的那些人，并不比其他人缺乏骄傲。还记得我谈到教育和教育的力量时说的话吗？你可以再加上爱好、知识和经济状况。由于人们在这些方面的不同遭遇，他们受到激情的影响和熏陶也很不同。人能被教会对每一种事物产生羞耻感。同样的激情，既能让有修养的人和谨言慎行的大臣为自己所获得的赞誉和忠诚而暗自赞美，也能让浪子和恶棍吹嘘自己的恶行与夸耀自己的无礼。

霍拉修：我没法理解，为什么一个有荣誉感的人和一个毫无荣誉感的人会遵循着同样的原则。

克列奥门尼斯：这并不奇怪。正如过分自恋可能会毁掉一个人，这是再真实不过的事实。同样真实的是，有些人也会放纵他们的骄傲，去做无耻的事情。想要弄明白人的天性，就需要分析问题和实践理论的能力，以及洞察力和判断力。所有动物都被赋予了激情和本能，这些激情和本能各自服务于某种明智的目的，往往是为了保护他们自己和种群的生存和福利。我们的责任就是要防止那些对社会任何部分有害或者具有攻击性的行为。但是为什么我们要为拥有这些激情和本能感到羞耻呢？每个人都认为自己具有崇高的价值，这种本能是一种非常有意义的激情。尽管它是激情的一种，尽管我也能证明，没有它，我们会成为一种不幸的生物，但是当它泛滥的时候，它通常会带来无穷无尽的害处。

霍拉修：但是对于修养良好的人来说，它永远不会泛滥。

克列奥门尼斯：你的意思是，在那些人身上，它从不显露出来吧？但是我们永远不能从激情本身出发来判断它的程度和力量，而应该从它产生的影响来判断。激情被隐藏得最多的地方，也就是它最强烈的地方。要想增加和控制激情，最好的做法莫过于参加所谓的"精英教育"和持续地与上流社会进行交流。唯一能够征服或者用来遏制它的方法，就是严格遵循基督的教导。

霍拉修：你为什么要如此坚持这个原则，认为坚信自身价值的人对自己的评价是一种激情呢？另外，你为什么要用"骄傲"而不是"荣誉"来称呼它？

克列奥门尼斯：因为我有充足的理由。首先，把人类的天性中存在这个原则的说法固定下来，就排除了所有的歧义。谁是有荣誉感的人，谁是没有荣誉感的人，一般来说并没有统一的判断标准。而且那些被判定为有荣誉感的人，执行规则的认真程度也各有区别，这就让这一原则产生了分歧。但是我们与生俱来的激情却不会改变，作为我们灵魂的一部分——无论它是否发展，自己都是如此。我们可以通过教育引导它向不同的方向发展，但是它的本质都是相同的。荣誉是骄傲的无可置疑的产物，但是相同的原因并不一定会产生相同的效果。大多数的粗俗之人、未接受过教育的儿童、野蛮人以及其他没有荣誉感者，他们都有自己的骄傲，这仅从外表就能看得出来。其次，它能够帮助我们理解发生在争吵和对抗中的一些现象，以及在这种情况下具有荣誉感的人的行为，这些行为以其他任何方式都无法解释。但是在这所有的事情中，打动我的是，自尊一旦得到了长期的满足和鼓励，就会带来巨大的压力和动力。你应该还记得你决定参加决斗之后内心所产生的顾虑，你对自己正在做的事感到极度不情愿。你知道它是一种罪过，同时对这种事也很厌恶。究竟是什么力量征服了你的意志，取得了与你的对手的战斗的胜利？你叫它"荣誉"，你认为自己是在严格且不可避免地按照荣誉的规则行事。但是人类从来不会对自身施暴，而是与他们先天的、与生俱来的激情做斗争。荣誉则是后天获得的，它的规则也是接受教育所产生的。没有任何外来的东西（有的人具备这些东西，而有的人不具备）能够在我们内心搅起如此巨大的波澜，造成可怕的喧哗。因此，不管那个原因是什么，让我们与自己产生矛盾，甚至将我们的人性一分为二的，必定是人类精神的一部分。而且我们还可以毫不避讳地说，你心里的矛盾发生在羞耻和死亡带来的两种恐惧之间。当时，后者的存在若并没有那么强烈，你的心理斗争就会少一些；而前者仍然控制着你，因为它的力量最为强大。但是，如果你对羞耻的恐惧小于对死亡的恐惧，你就会找到其他的理由和方法，让自己避免这场战斗了。

霍拉修：这真是一种奇怪的人性分析。

克列奥门尼斯：不错。因为缺乏这种分析，很多人都不是很能理解我们讨论的这个主题。而且，人们对于决斗的看法也非常不一致。一位神学家写过一篇对话来反对这种习俗，他说，那些因为参与决斗而犯罪的人误解了荣誉的概念，遵循的是错误的规则。对于他的说法，我的一位朋友嘲讽得非常正确："提议决斗和同意决斗是违背真正的荣誉规则的。这等于说，你可以否认人人都穿着的衣服是时尚。"此人如果理解人性，就不会犯下这么愚蠢的错误。可是一旦他认为荣誉理所当然是公正和良好的原则，又不去探究它来自何种激情，他将不可能解释一个基督徒为何会自称以它为原则去参加决斗。因此在另一个地方，他依据同样的正义规则说，一个接受了决斗的人没有资格立下遗嘱，因为他处在精神不稳定的状态，他很可能找到更好的理由说，他是被骗了才立下遗嘱的。

霍拉修：为什么会发生这样的事？

克列奥门尼斯：因为人们失去理智的时候会胡思乱想，做事和说话都没有什么逻辑性。但是当一个人意识清楚，没有表现出失态行为，在每一件事情上，在说话和做事都与往常一样，即使再加上最精妙、严苛的推理，我们也不可能把他当作傻瓜或疯子。可就是这样一个人，如果在一件非常重大的事上违背了自己的利益，就连孩子也能看出来，他有意追求自我毁灭。看到这里，那些相信世界上有邪灵力量的人宁愿胡思乱想，认为他是被魔法迷惑了，或者是被人类的敌人征服了，也不愿意承认这是一个很明显的荒谬行为。如果没有这个奇怪的分析的协助，单凭猜想也不足以解决这个难题。究竟是什么咒语和巫术，才能使一个有智慧、有理智的人，将一种虚构的职责视为不可推卸的义务，即使违背真正的职责也在所不辞？不过，如果让我们抛开所有宗教和法律，把我们提到的那个人当作一位完全不考虑未来的伊壁鸠鲁主义者，我们就会看到黑暗的力量是多么强大呀！它竟然能使一个平和而宁静的，既不能在困难中坚强，也没有天生勇气的人，放弃了他所珍爱的舒适和安全，似乎是为了自己的生命，投身冷血的战斗。他还云淡风轻地想着，只有彻底打败了自己的对手，才真正没有什么可以威胁自己的生命。

霍拉修：谈到法律和惩罚，有地位的人几乎不会感到恐惧。

克列奥门尼斯：法国的情况与此有所不同，在联盟七省也是如此。但是在具有荣誉感的人中，那些高层次的人并不比最低层次的人更反对决斗。即使在我们国家，也有非常多的大胆的人因为参与决斗被判流亡或者绞刑的案例。一个有荣誉感的人确实应该无所畏惧。但与此同时，我希望你也考虑一下自尊的原则所要克服的每一个障碍，然后你再告诉我，这条原则是否比魔法更有魅力，以至于可以让一个品位高雅、理智精明、身体健康、活力充沛、正处在人生盛年的人被怂恿，甘愿抛弃妻子爱的怀抱、具有美好前途的儿子的爱戴、上流社会的社交、有魅力的友人以及备受羡慕的财富、俗世的各种美好享受，去参加一场非法的决斗，而这场决斗给胜利者提供的可供选择的奖品，不是不光彩的死亡，就是永久的驱逐。

霍拉修：我承认，如果用这种角度看待决斗，参与者的动机确实显得无法理解。但是如果用你的观点来解释这件事，你能解释清楚吗？

克列奥门尼斯：没问题，这件事就跟太阳当空那么明显。你只要注意两个随后必定要出现的情况就可以了，我在列举过的事例中也提到过这两个情况：第一，对羞耻的恐惧通常是一个很无常的问题，往往会因为思维方式和风俗习惯的不同而不同，并被固化在各不相同的对象上，这取决于我们受到的不同教育，或者被灌输的不同戒律。正因为如此，对羞耻的恐惧有时会产生非常好的效果，有时却适得其反，更有可能成为重罪的起因。第二，尽管羞耻是一种真正的激情，然而对羞耻的恐惧却完全是想象的产物，它只存在于我们自己对别人评价的顾虑之中。

霍拉修：但它给那些在荣誉方面有不当行为的人带来的伤害却是真实而严重的，很可能让他们好运尽失，升迁无望。对一个军官来说，更是会因为对冒犯无动于衷而前途尽毁。没人愿意和懦夫一起共事，谁会雇用懦夫呢？

克列奥门尼斯：你所强调的事情全都不值得讨论，至少在你举的例子里就是这样。你在当时没有什么可害怕的，只是担心人们对你的评价而已。另外，就像早就被充分证明的那样，当对羞辱的恐惧超过了对死亡的恐惧，前者便能超过并压倒一切其他恐惧。但是当对羞辱的恐惧没有强烈到足以超过对死亡的恐惧，那么前者也不能超过其他恐惧。而且无论在何时，对死亡的恐惧总是要比对羞辱的恐惧更加强烈，所以当生命危在旦夕时，没有人会愿意与他人殊死搏斗，自然也不会遵循任何荣誉的规则了。因此，无论是谁，出于对羞辱的恐惧采取行动的时候（发起决斗或者接受决斗），他都应该意识到：一方面，如果他不屈服于那个暴君，那么他担心的灾祸只能是他自己思想的产物；而另一方面，如果他能用任何方式降低他的自尊，那么他对羞辱的恐惧也会发生很明显的减弱。从这一切看来，造成这种纠结的主要原因在于：那位我们正在寻找的法力高强的魔法师，正是骄傲，是过分的骄傲，是最高的自尊（某些人正是因为接受了富有技巧性的教育，才变得过于自尊的），以及对我们人类和人性优点的无限制吹捧。就是这个魔法师，他能把其他所有的激情从他们的自然目标中转移出来，并使一个理性的生物对他最合适的爱好和职责感到羞愧。决斗的参与者们都承认，他们都是故意采取行动来反对这两者的。

霍拉修：人类是一种多么神奇的机器呀！人类是一种多么复杂的混合物呀！你差一点儿就说服我了。

克列奥门尼斯：我的目标不是说服你！我所有的希望就是，在让你幡然悔悟的过程中为你服务。

霍拉修：同样的一个人，为什么对死亡的恐惧在疾病和暴风雨中表现得非常明显，在决斗和军事战斗中却被隐藏得非常严密？请你也给我解释一下吧！

克列奥门尼斯：我就尽力而为吧。在所有的危急时刻，名誉都被认为是最值得关注的东西，唤起看重荣誉的人对羞耻的恐惧就显得极为有效。它会使骄傲之心顿生，并以它为援，聚集所有的力量帮助他们隐藏对死亡的恐惧。凭着这种非凡的努力，后者——也就是对死亡的恐惧——会被完全遏制，至少也要让它远离人们的视线，或者被驱赶到让人无法发现的地方。但是对于其他所有的危险，人们都认为，这和他们的荣誉无关，他们的骄傲也处于休眠状态。因此，对死亡的恐惧无法抑制，便毫无掩饰地显露出来。这些不同的根本原因还在于，看重荣誉的人总会表现出不同的行事方式，而他们采取的行事方式都要取决于，他们是基督的拥护者，还是漠视宗教的被玷污者。其实，这两种人都是存在的。而且你也会看到，在通常情况下，至少你所谓的无神论者以及那些被认为不相信来世的人（也就是我说的看重荣誉的人），在同样的危险中会表现得最为冷静和大胆，而其中谎称笃信基督教的人却会表现得最为惊慌和怯弱。

霍拉修：你为何称其为"谎称笃信基督教的人"？这样一来，在看重荣誉的人中，就没有真基督徒了。

克列奥门尼斯：我不明白那些人为什么会被看作是真正的基督徒。

霍拉修：为什么这么说？

克列奥门尼斯：出于同样的原因，一个罗马天主教徒不可能成为永远值得信赖的好臣民，无论是在新教国家，还是在其他任何国家，只要不是罗马天主教国家都是如此。如果一个人承认自己敬拜地球上的另一种至高无上的力量，就没有任何君主会放心地相信他对自己的忠诚。我相信，你明白这一点。

霍拉修：非常明白。

克列奥门尼斯：你可以强迫一位骑士和一位牧师结伴而行，然后把他们放进同一座小屋。但是荣誉和基督信仰根本就是"水火不容"的，就像尊严和爱情互不相容一样。回顾一下你自己的行为，你就会发现，你所说的关于"上帝之手"的那番话也只是一个托词，是一种借口，你当时只是为了实现自己的意图。昨天在另一个场合你自己也说过，上帝监督和管理着所有的一切，并且毫无例外。因此，你一定已经知道，"上帝之手"在日常意外或者重大灾祸中，就像它在另外一些本来就没有什么非凡之处的事中一样，也会经常被看到。一场重病远没有两个带有敌意的政党之间轻微摩擦的破坏大；在看重荣誉的人当中，一些无关紧要的小争吵也一样隐含着巨大的危险。在这些小事情当中，往往孕育着最狂暴的风雨。一个按照实实在在的原则办事的有理智的人，不可能在一种危险中认为不表现出恐惧便是不敬的，而在另一种危险中却为这种想法而感到羞愧。请你想想你自己前后矛盾之处吧！在某种情况下，你为了证明在骄傲缺席时，你对死亡的恐惧是正确的，你突然变得非常虔诚，你的良心也变得非常谨慎正直；对你来说，全能的上帝降下惩罚，就如同要和上帝对抗一样危险。但是在另一种情况下，当事关荣誉之时，你不但故意破坏了上帝最明确的命令，而且还公开宣扬，在你看来，降临在你身上的最大灾难是，世人相信

（或者至少是怀疑）你对上帝的那条命令心存顾忌。我蔑视耍小聪明的人类对上帝的冒犯。其实，否认他的存在与承认他的存在之后再否定他，前者的胆量甚至不到后者的一半。没有无神论……

霍拉修：打住，克列奥门尼斯。我再也无法拒绝真理的力量了，我已经决定了，以后要再加认真地了解我自己。请你收下我这个门徒吧。

克列奥门尼斯：不要取笑我，霍拉修。我不敢自诩能够教导像你这样有知识的人，但是如果你接受我的建议，你可以反省一下你的胆小和冒失，再在有空的时候仔细读读我推荐给你的书。

霍拉修：我向你保证，我会读的，而且我还会高兴地接受那份漂亮的被我拒绝过的礼物。请你在明天早上派一位仆人给我送来。

克列奥门尼斯：这只是小事一桩。你最好现在就让你的一位仆人和我一起去。我现在就直接回家去。

霍拉修：我明白你的顾虑，只要你愿意就行。

霍拉修与克列奥门尼斯的第三篇对话

霍拉修：谢谢你送给我的书。

克列奥门尼斯：你能接受它，我感到非常荣幸。

霍拉修：我承认，我曾经认为没有人可以说服我去读一读它。但是你却很巧妙地做到了这一点。而且再也没有比那次决斗更好的例子了，它能够让我信服你的观点。无需你的提醒，你那"大多数人都有缺陷"的论证已经打动了我。能够克服对死亡恐惧的激情不但能够蒙蔽人们的认知，还能造成其他众多的后果。

克列奥门尼斯：令人难以置信的是，利用这种激情，我们可以被塑造成多么古怪、多样、无法解释又互相矛盾的存在。这种激情如果不被隐藏起来，就会变得永不餍足。我们永远无法享受到更大的狂喜，除非我们能完全说服自己相信，激情已经被完美地隐藏起来了。世界上没有任何仁慈、好品性、令人愉悦的人格和社会美德不能被它伪装出来。简而言之，人类的心灵和肉体所能创造的一切成就，无不能被它创造出来，更无论好坏了。至于激情可以蒙蔽和迷惑它所控制的人，已经是一个确定无疑的事情。如果一个人承认自己害怕毫无理由的忧虑、害怕被他从未伤害过的无能之辈罗织的罪名，但却很少害怕他已经极大地冒犯了的全能的、智慧的上帝带给他的真正的惩罚，然后还自诩信仰宗教，并以此为荣，那么请你告诉我，这样的天才究竟还有什么理性力量、判断力和洞察力可言呢？

霍拉修：但是你的那位朋友[1]并没有作这种宗教反思，实际上，他说的

---

[1] 实际上指的是《蜜蜂的寓言》作者本人。

话都是在支持决斗的。

克列奥门尼斯：为什么这么说呢？就因为他希望制定尽可能严格的法律来反对决斗，并且毫无例外地惩处所有触犯了那条法律的人吗？

霍拉修：他的说法看起来确实像是在阻止人们参与决斗，但是他也表示了对那种习俗支持的必要性，认为它可以完善和弘扬社会美德。

克列奥门尼斯：你看不出那里面的嘲讽吗？

霍拉修：确实没看出来。他清楚地表达了决斗的作用，尽可能地给出了完美理由，以说明一旦决斗被禁止，将会引发多少讨论。

克列奥门尼斯：你能想象吗？当一个人以自己的方式避开了某个话题，他还会认真地考虑这个问题吗？

霍拉修：我不记得有这样的事情了。

克列奥门尼斯：这里有一本书，我来找找看。请你来读读这一段。

霍拉修："奇怪的是，一个国家竟不愿意看到一年之内仅牺牲大约六个人以获取更有价值的赐福，如礼貌的举止、交谈的乐趣以及伙伴带来的幸福等。人们往往更愿意为这些赐福去搏命，有时候几小时内就会牺牲数千人，却不知道这样做有益还是有害。"这段话似乎确实语带讽刺，但是在此之前，他确实是很认真的。

克列奥门尼斯：说到决斗的习俗时，他确实是这么说的：保持决斗的风尚，有助于养成文雅的举止和交往的愉悦。可是这种文雅和愉悦，正是他在自己整本书里嘲笑和揭露的对象。

霍拉修：一个人在书的前一页极力推崇某种东西，在下一页却对它大加嘲讽，谁又知道这种人到底为什么这么做呢？

克列奥门尼斯：他认为除了对基督的信仰，没有什么固定不变的原则是值得遵守的；而且虔诚地信仰基督的人几乎没有。如果你始终都以这种视角看待他，你就永远也不会发现，他自身是前后矛盾的。无论何时，你一眼看去发现他似乎是矛盾的，你就需要再仔细地看看，若进一步地去探究他，你就会发现，他唯一所做的只是根据别人自诩的原则，来揭露别人的前后矛盾而已。

霍拉修：他的心里似乎只有宗教信仰。

克列奥门尼斯：确实如此。他若不呈现别人的观点，他的书就永远没有现代自然神论者和上流社会的人去读。而他的书就是为这些人写的。对于第一种读者，他阐述了美德的起源和不足，以及他们在实践这些美德中的伪善。对于其余的读者，他向他们展示了罪恶、快乐、尘世的浮华和牧师们的伪善（牧师们自称是在宣扬福音书，但是付出和收获的内容都与福音书的原则不一致，甚至与福音书的原则完全相反）都是愚蠢的。

霍拉修：但是这并不是世人对这本书的看法，人们普遍认为，他写这本书的目的，就是为了鼓励罪恶，让国民堕落的。

克列奥门尼斯：你在书中发现了这些内容吗？

霍拉修：凭良心说，我必须承认，我没有发现。书中揭露并嘲笑了恶德，但是也嘲笑了战争和军人的勇气，讽刺了荣誉和其他东西。

克列奥门尼斯：请原谅，书中完全没有嘲讽宗教。

霍拉修：但是，假如它是一本好书，为什么会有如此多的神职人员在用尽全力地反对它呢？

克列奥门尼斯：原因我已经告诉你了。那本书的作者已经揭露了他们的生活，但没有人会说他冤枉了他们，或者抱怨对他们太严苛了。人们感觉已经被冒犯了，但是却无法对等地表达自己的不满，这让他们更加有苦难言。他们给这本书冠以恶名，因为他们很生气，但他们生气的真正原因，他们并不会告诉你。如果你有耐心听我讲讲，我便可以找一个相似案例来解释这件事。不过，鉴于你是一个伟大的歌剧崇拜者，所以我几乎不敢有这种奢望。

霍拉修：请你畅所欲言。

克列奥门尼斯：我一直对阉伶没有好感，无论是他们的美妙歌喉，还是其他各种行为，都无法让我消除这种厌恶。我一听到那种阴柔的嗓音，就忍不住想到衬裙，而且我非常不喜欢看到那些失去性征的动物。假如有一个同样不喜欢他们的人，而且他才思敏捷，想要鞭挞那种令人厌恶的享受，因为它教会人们为了消遣，而残忍地踩躏男人，并且为了娱乐而将自己的同类变为废物。我们可以这么说，为了抨击这种享乐，他找到了这个行为本身的一个把柄。他用最无害的方式描述和探讨它，指出人类的知识界限是多么狭窄，我们能得到的帮助又是多么有限；无论是从解剖学、哲学的角度，还是从数学原理里的任何一种应用出发，我们都应该进入一种先验性的溯源和探索，探索为什么破坏一个人的男子汉气概，就会让他的嗓音产生这种惊人的效果。后来他又证明，我们人类的确是一种后验性动物，那种摧残的方法会对男人产生极大的影响，这种影响不但包括喉部的腺体和肌肉，还包括气管和肺本身。简单地说，它影响了全身血液的质量，进而影响到了身体内部各种体液的分泌和每一根纤维。他也可能会这么说，在世界上，没有任何一种蜂蜜、糖制品、葡萄干、甜菜和鲸蜡，没有任何一种无乳剂、含片和其他清凉芳香药物，没有任何禁酒、节制饮食措施，也没有任何对女人、酒类和其他任何辛辣的、刺激的或含酒精的食物的禁忌，对嗓音有那种保持、润色和增强的效用。他可能会反复强调，对此没有什么能像阉割一样有效。为了掩盖主旨，并取悦读者，他提到这种习俗时，很可能会说它另有目的：阉割是对同性恋罪行的严厉惩罚，还说某些人是主动要求阉割，以达到保持健康和延年益寿的目的。古罗马人凯撒说过，阉割比死刑残酷，它的惩罚更重。他会说阉割有时候也被当作一种复仇的方式，然后再给阿伯拉[1]一点儿可怜的同情。他又说，在有时候，阉割是一种预防措施，然后叙述一下康巴布斯和斯特拉托尼斯[2]的故事，并趁机把马提亚尔[3]、朱文纳尔[4]和其他的诗人的片段拿出来混合在一起。他已经讲过与该主题有关的上千个有趣的事例，现在把最有趣的内容挑选出来，以美化全书。他的目的

---

[1] 阿伯拉（Peter Abélard，1079—1142年），法国的学者、神学家和哲学家，12世纪初期，因为被发现秘密与学生爱洛依丝相恋生子而遭到阉割。

[2] 康巴布斯（Combabus）和斯特拉托尼斯（Stratonice）：两人的故事来自一部作者假托古代叙利亚神学家路济安（安提阿的长老）的作品《叙利亚女神》中引述的爱情传奇。

[3] 马提亚尔，即指马库斯·瓦列里乌斯·马提亚尔（Marcus Valerius Martial），罗马帝国时期的一位讽刺诗人。

[4] 朱文纳尔（Juvenal，64—140年），罗马帝国时期的一位讽刺诗人。

很明确，所以必然要谴责我们迷恋阉伶的行为。他还嘲笑那个时代，因为在那个时代里，一个英勇的英国贵族将军冒着生命危险为国家服务，但是他每年的薪俸还没有小混混出身的意大利表演者偶尔唱一首歌收到的报酬多，而且后者只在冬季唱歌，还没有任何风险。他会嘲笑上流社会给阉伶们的宠溺与青睐，因为他们对这些最下贱的可怜虫滥施亲昵，借用平等的名义，把荣誉和礼节错误地用在了那些生灵身上——他们根本不是全由自然创造的，其一部分应该归功于外科手术。这些动物是如此卑贱，他们可以诅咒自己的创造者，却不必被归为忘恩负义者。如果他写一本名为《阉伶也是人》的书，我不用看书，只要听听这个书名，我就能明白一件事，阉伶们现在广受尊敬（他们成了时尚人士，并且成为大众的焦点）。考虑到阉伶并非一个真正的男人，我认为这本书就是一个笑话，或者是对他们追捧者的嘲讽。对追捧者来说，阉伶们的价值远远超出他们实际的价值。如果皇家歌剧院的绅士们觉得自由受到了干涉，会认为一个傲慢的小作者不该谴责他们的消遣方式，并尽可能地将其斥之为大逆不道。假如他们因此变得怒不可遏，想设法给作者一个教训，并且相应地不再为阉伶作更多的辩护，他们便不会提及作者说过的反对他们该娱乐的任何内容；而是在世人面前把此人塑造成一个阉割制度的鼓吹者，并且引用此人的言辞来竭力增加公众对他的反感，进而激起公众对那个作家的大声抗议，或者向一个大陪审团提交他的书，这都是很容易做到的事情。

霍拉修：这个模拟案例非常适用于那些不公正的裁决和莫须有的谴责。但这不都是真实存在的吗？奢侈可以让国家繁荣，恶习也可以间接对公众有益，而阉割也保护和增强了嗓子的功能。

克列奥门尼斯：在作者所要求的限定下，我相信确实如此，而且具体情况也正是如此——没有什么比阉割更能保护、修复和增强青春期的好声音了。但问题并不在于这种情况是否真实存在，而在于这种情况是否合理，一个好声音是否需要用那种损失去换取，以及一个男人是否值得为满足唱歌的需要和由此带来的好处，放弃婚姻的温馨甜蜜和天伦之乐——这两种享受都不利于唱歌。同样，那位作者也证明：首先，大众所祈求和向往的国家之福，有财富、国力、国家声誉和全球影响，与国内的生活安逸、国库充足、欣欣向荣，以及外国的畏惧、羡慕和尊重。其次，没有贪婪、挥霍、骄傲、嫉妒、野心和其他恶德，这些幸福都是不可能实现的。后者是显而易见的。问题不是它是否是真的，而是为了获得这种福祉，是否值得付出这些代价，以及一个国家在大多数国民都不堕落的情况下，是否还能指望享受到什么福祉。他把这个问题交给基督徒和那些自诩已经弃绝了所有繁华和自负的人去思考。

霍拉修：你是怎么知道作者正在向这些人说话的？

克列奥门尼斯：那部著作是用英文写的，它已经在伦敦出版了。你已经拜读过了吗？

霍拉修：读过两次。我非常喜欢里面的很多内容片段，但是从整本书来看，我并不喜欢。

克列奥门尼斯：你反对的是里面的什么内容？

霍拉修：它抵消了我阅读另一本更好的书的快乐。沙夫茨伯里勋爵是一位我特别喜欢的作家，因此我对那本书满怀热情，但是你一告诉我所欣赏的究竟是什么，我对那本书的热情就消失了。既然我们都如此古怪，那为何不尽量使用它呢？

克列奥门尼斯：我还以为你已经决定要更好地了解自己，并且带着细心和勇气进入自己的内心了呢。

霍拉修：那是一件非常艰难的事情。自从上次与你见面以后，我已经试了三次，直到它让我大汗淋漓，然后我就不得不放弃了。

克列奥门尼斯：你应该再试试，并且要逐渐习惯用抽象思维去思考，如此一来，那本书就会对你产生巨大的帮助。

霍拉修：它会把我搞糊涂的，它总拿礼貌和良好行为来开玩笑。

克列奥门尼斯：恕我直言，先生，那本书只是在告诉我们，它们究竟是什么。

霍拉修：它告诉我们，所有的良好举止就是对别人骄傲的极力满足，并且要掩盖我们自己的骄傲。这难道不是骇人听闻的事吗？

克列奥门尼斯：但它不就是事实吗？

霍拉修：我一读到那一页，就非常吃惊。我放下书，试着用五十个以上的例子来验证它，看它是否能够回答我的疑问。在这些例子中，有的讲究礼节，有的不讲究礼节。结果我不得不承认，在每一个例子里，它都是对的。

克列奥门尼斯：而且即使你试到世界末日，它也是如此。

霍拉修：可这不让人生气吗？我宁愿心甘情愿地献出几百个金币，也不想知道这个。看着自己被揭露得如此彻底，我真的是无法忍受这一切。

克列奥门尼斯：一个有荣誉感的人会如此公开地表达对真理的敌意，我此前还从未遇到过。

霍拉修：你想怎么说，就怎么说吧！我说的是事实。但是我既然已经走了这么远，我就要走到底了。我有五十个事例想请教你。

克列奥门尼斯：请一个一个地说出来吧，假如我能给你提供任何帮助，我就认为这是极大的荣誉。我已经非常熟悉作者的观点了。

霍拉修：我要问的二十个问题都是关于骄傲的，而且我不知道应该从哪里开始。我还有一个不明白的问题，就是为什么会说没有约束，就没有美德。

克列奥门尼斯：这是所有古人的见解，沙夫茨伯里勋爵是第一个与之唱反调的人。

霍拉修：这个世界上就挑不出好人了吗？

克列奥门尼斯：当然不是。不过他们是以理性和经验为依据来挑选的，而不是以天性（我说的是未经教育污染的天性）为依据。但是我想避开"好"字含义的模糊之处，所以我们还是把它定义为"具有美德"吧！如此一来我敢断言，没有一个美德行为不是以征服天性为目的的，或者为了取得在与未经教育的天性的对抗中或大或小的胜利。否则"美德"这个词语就不存在了。

霍拉修：但如果我们年轻时候的这种"胜利"，是在精心教育的帮助下获得的，那么我们后来能自发地、心甘情愿地成为有美德的人吗？

克列奥门尼斯：是的，如果我们过去真的获得过那种胜利，现在也没有问题。但是我们怎么确定这个事实呢？有什么证据能证明我们当初做到了这一点？有一件事非常清楚，从婴儿时期开始，我们并没有尽力克服我们的欲望，而是一直在学习如何尽力掩藏它。我们心里非常清楚，无论我们的举止和境况如何变化，激情本身都被保存了下来。那套规则（正如我这位作者朋友所观察到的，美德不需要过度约束自己）已经为虚伪敞开了一扇门。总之，与曾经的截然不同的信条相比，它给人们提供了更明显的口实和更多的机会，用以伪装对社会的爱和对公众的尊重（曾经人们相信，不征服激情，优点就无从谈起；没有严格的自我克制，美德就毫无意义）。让我们问问那些精通世故、深谙人心的专家：他们是否已经发现，大多数人都对自己有着不偏不倚的评价，所以从来都不认为自身有着比实际更高的价值？他们能够如此坦诚地对待自己隐藏的缺点和失误，所以他们从来都不抑制和否认自己因它们而产生的恐惧？一个人从不掩饰自己的过失，也从不用假象隐藏自己，他心里一旦明白自己最关心的是自己，就绝不会说自己的行为是以遵循社会美德和尊重他人为原则的。究竟在哪里有这样的人呢？我们中最好的人会不时地赢得被他们蒙骗的人的掌声，尽管我们同时也非常清楚，那些我们自以为被非常看好的行为，是由我们的天性中最大的缺点造成的。这种缺点一直对我们有害，我们曾经上千次地希望能够克服它，却总是落空。因为人类在性情和境况上各有不同，同样的动机有可能导致非常不同的行为。手头阔绰的人可能会展现自己的美德；但同样是这些人，如果身陷贫困，就会暴露出自身的脆弱性。如果我们想认识这个世界，我们就必须研究它。你不喜欢了解下层社会的生活，但是如果我们总是待在上流社会的人群之中，不把我们的研究扩展得更远，那么在我们的观察所涉及的范围内发生的事情，就不足以让我们获得关于人类天性的所有的知识。中等阶层之中的某些潦倒者也接受过还说得过去的教育，他们最初也具有和上流社会同样的美德和恶意，尽管如此，二者取得的成就却大相径庭。很明显，这是因为他们有着完全不同的品性。让我们看看相同职业的两个人，他们面对整个世界，除了自身之外一无所有，开始时受到的帮助和遭遇的不利条件也一模一样。他们之间只有品性的不同，一个人非常勤快，另一个人则自由懒散。后者永远不会依靠勤勉获得财富，尽管他的行业是能赚钱的，而且他在本行业内也算是行家里手。机遇，或者是某些不寻常的事件，可能是他获得巨变的契机，如果没有这些条件，他几乎不可能将自己提升到中等阶层。除非他的骄傲以非同寻常的方式刺激了他，否则他肯定会一直与贫困为伍，而且除了一点儿虚荣心，没有任何事情能够阻止他继续沉沦于这种状态中。如果他有头脑，他就会成为一个非常诚实的人，即便他心有贪念，他也不会因此而改变。而那个积极进取的人，则会很容易适应这个世界的喧闹，我们将在相同的景况下，看到他不同的表现；哪怕是很小的一点儿贪婪，也会促使他热切而勤勉地追求自己的目标。良心上的小小的不安对他根本没有什么影响，在诚实无法奏效的地方，他就使用诡计；为了达成目的，当利益迫使他偏离自己的原则时，他就会让自己的常识尽可能地发挥作用，从而让他看起来尽可能地真诚。为了让艺术和科学给他带来财富，或者只是为了谋生，仅仅理解它们还是不够的。对于那些想在这个世界上生存和扬名天下的人来说，那只是一种义不容辞的责任。他们在既不自吹自擂，也不伤害他人的情况下，尽可能地达到体面的原则所规定的极限。在这一点上，那个懒散的人做得非常不够，而且显得力不从心，但他却很少承认自己的错误，并且经常责怪大家没有充分利用和鼓励他的优点（从来没有人知道他还有优点，他大概也以自己将它隐藏得很好为乐）。尽管你说服他承认了自己的错误，他也放弃了甚至是最正当的自主就业方式，他仍然竭力用美德的外表来掩饰自己的懒散错误。说到他随意的品性所带来的一切，以及他对内心平静的过分热衷，他都归结于他的谦逊、对厚颜无耻与挥霍的极大厌恶。而那个品性截然相反的人，不只相信自己的优点或者把它放在合适的位置以取得最大的优势，他还采用别人的意见，竭尽全力来强化优点，从而使他的智慧看起来比本该有的程度更大。因为一个总是炫耀自己优点或夸奖自己成就的人，难免被当作蠢货，所以他最重要的事就是去寻求友谊，带着宣扬自己的目的去结交朋友。为了自己的理想，他放弃了其他的所有激情。他嘲笑失意，习惯了被拒绝，从不因拒绝而气馁：这让他在达成目标的过程中总是能屈能伸。他能无视身体本能的需求，也不让大脑得到片刻的休息。即使他毫无美德和宗教信仰，为了达到目的，他也能假装节制、贞洁、怜悯和虔诚。他竭尽全力地增加财富，无论手段是否合法，他都永不满足，永无休止（除非是他被迫公开采取行动，或者是公众能找到谴责他的理由）。看上去非常有趣的是，在我提到的那两个不同的人身上，天生的秉性都会通过歪曲和引导激情，将它塑造成自己偏爱的样式。比如说骄傲，在那两个人身上并不相同，但是其对一个人的影响却与另一个人截然相反。对于那个活泼积极的人，它让他爱上奢侈品、衣服、家具、装饰品、豪宅以及其他地位更高的人喜欢享受的一切事物。对于另外那个人，骄傲则给他提供了乖戾和大概可以称为忧郁的东西。尽管他生性敦厚，但是如果有能言善辩的天赋，就免不了逞口舌之快。每个人的自恋总在不停地躁动，迎合和强化着自己的偏好，让我们走上我们不喜欢的岔路。在这种情况下，那个懒散的人找不到任何使自己感到愉悦的东西，只好把视线转向自己的内心。他在心里随意地品评任何一件事，赞扬和欣赏自己的优点，无论是来自先天的或后天被培养出来的。因此，他总会轻易地对不具有同样优点的人产生鄙夷之情，尤其是对有权势的人和非常富有的人，尽管他从来不会非常痛恨或者羡慕他们，因为他觉得那样会扰乱他的心性。他认为执行起来有困难的事都不可能完成，因此对改善自己的状况觉得绝望。而且因为他没有什么财产，以他的能力来看，他的收入仅能让他维持一种很低等的生活状态。如果他真的像他表面看起来那么幸福，那么他一定会做这两件事：或者非常节俭，或者自称视钱财如粪土。因为一旦不这样做，他势必要一败涂地，他的弱点也会不可避免地暴露在公众面前。

□《放贷者和他的妻子》 油画
昆丁·马西斯 1529年
这幅绘画十分生动地表现了中世纪末期，虔诚信仰的世界开始向世俗化过渡时复杂的人性。丈夫仔细看着称上的斤两生怕看错，而妻子停下翻看的圣经，若有所思地看着丈夫的举动。同时，桌边的立镜反射着求贷者饥苦和急切的脸。在这份世俗的买卖里，实在没有任何虔诚、敬神可言。

霍拉修：听了你的高论和你对人的理解，我感到非常高兴。可是节俭难道不是你提到的一种美德吗？

克列奥门尼斯：我并不这样认为。

霍拉修：如果一个人的收入不高，节俭就显得很明智。在这种情况下，他就必须严格地进行自我克制，否则的话，一个懒散的、视金钱如粪土的人就不可能做到节俭。一个懒散得不关心钱财的人沦为乞丐时（就像我们经常看到的那样），最普遍的原因就是缺乏节俭的美德。

克列奥门尼斯：我刚才告诉过你，那个懒散的人刚开始就很穷，除了仅有的一点儿虚荣，没有什么能够阻止他继续过着卑贱的生活。对羞耻的强烈恐惧会极大地刺激一个天性懒散但有头脑的人，让他能产生足够的动力去摆脱这种遭人鄙视的境地。但也仅此而已。因此他会拥抱节俭，并将其作为获得最高美德的手段，最终获得他所珍视的心灵平静。然而那个生性积极的人一旦具有同样的虚荣心，他哪怕会做其他任何事情，也不会选择节俭，除非他的贪婪为了更重要的事强迫他这样做。当节俭被任何一种激情强加给我们的时候，它就不是美德，而蔑视财富也几乎不可能是真心的。我认识一些拥有大量不动产的人，为了后代或者为了其他需要用钱的计划，越富的人就会越吝啬。但是我从来没有见过一个不贪婪或不拮据的节俭者。另外，世上有无数花钱无度的人、过于浪费的人和穷奢极欲的人，只要还有可挥霍的东西，他们似乎就从来不把钱放在眼里。但是这些可怜虫是最没有可能忍受贫困的。钱财一旦耗尽，他们立刻就会发现，这是多么难过、无法忍受和悲惨的事。无论是在哪个朝代，自称蔑视财富的人实际上比喜欢它的人要少得多。一个财产非常丰厚的人，身体健康，体格健壮，意志坚定，完全没有理由抱怨世界或者财富，实际上却对两者充满抱怨。这种人为了一个值得赞美的目标，情愿过贫困的生活，其在现实中实在是凤毛麟角。我只发现了一个古代人，他所做的这一切，都符合严格的真理的原则。

霍拉修：他是谁？请告诉我。

克列奥门尼斯：是爱奥尼亚的阿拉克萨哥拉[1]，他非常富有，而且有贵族血统，才能也令人赞叹。他把自己的财产分给了亲戚，还拒绝了授予他的公共管理部门的职务。他这么做不是为了别的，而是为了有更多的空闲时间去研究物理问题和哲学问题。

霍拉修：对我来说，如果没有钱，美德就更加难以实现。一个本可以不受穷却自甘受穷的人，无疑是很愚蠢的。任何一个可以依靠合法途径致富的人却选择贫穷，在我看来，他的精神是不正常的。

克列奥门尼斯：如果你亲眼看到他卖掉自己的财产，把钱分给穷人，你就不会这么想了。你知道这样做需要什么勇气。

霍拉修：对我们来说，这都是不可能的。

克列奥门尼斯：也许确实如此。不过，对于放弃这个世界和我们所作的庄严承诺，你怎么看？

霍拉修：从字面意义上来讲，这是不可能的，除非我们离开这个世界。因此我认为，放弃这个世界就仅仅是不遵从这个世界上邪恶的、危险的规则。

克列奥门尼斯：毫无疑问的是，财富和权力是对所有的基督美德一个巨大的陷阱和强大阻碍，但我并没有期望你会如此严格地解释这句话。不过对普通人而言，只要还有可以失去的东西，就会支持你的观点。如果把圣人和疯子排除在外，我们就会发现，无论在哪里，那些自诩视钱财如粪土和大声反对拥有财富的人，一般都很贫穷和懒散。但是谁又能指责他们呢？他们总会这样为自己辩解：如果有办法摆脱贫穷，谁还会忍受耻笑呢？因为我们必须承认的是，在所有贫困所造成的困难中，这是最难让人忍受的。"任何不幸的贫困，都不及别人的当面耻笑更难堪。"在擅长某些技能或者拥有某些贵重物品所带来的极度享受中，总是交织着一种蔑视他人的意味，因为相对来说，其他人不可能

---

[1] 阿拉克萨哥拉（Anaxagoras，约公元前500—约公元前428年），古希腊哲学家，是第一个将哲学从爱奥尼亚带到雅典的人，并试图科学地解释一些异常的天象。

有这种享受。只有一种由仁慈和礼节组成的言行混合物，才不会让公众发现这种轻蔑。谁反对这一点，谁就应该扪心自问，看看它是否和塞内加的幸福观相反，因为他说过"没有对比便没有痛苦"。我所说的蔑视和嘲笑的东西，无疑指的是，所有有头脑和有教养的人都在竭力逃避或者坚决反对的东西。现在来看看我们前面提到的那两种性情截然相反的人，并记住他们对这个任务的处理有多么不同——每个人都会选择最适合自己的做事方式。请注意，那个积极行动的人会搬走路上所有让他转向的阻碍，不达目的誓不罢休。但是这对懒散的人来说却是不可能的事情，他是不会这么有激情的，他的道德偶像会束缚他的手脚。因此，他剩下的最容易最实际的唯一的事情，就是埋怨这个世界，以及找到论据来贬低别人的价值，抬高自己。

霍拉修：我现在已经非常明白，骄傲和理智是如何让一个懒散的人变成节俭者的，那是因为贫穷。而且它们能让他假装安贫乐道的原因，也同样是这样。因为他如果不节俭，贫困和痛苦就会破门而入；如果他显示出了任何对财富的喜爱，或者显示出对一种更优裕的生活方式的羡慕，他就会失去为他所迷恋的弱点辩解的唯一借口，而且他立即就会被别人问道——为什么他不能用一种更好的方式好好努力呢！他还会被别人不断地提醒，他错过了哪些机会。

克列奥门尼斯：这很明显呀，人们是不会把反对一件事情的真正原因，清楚地写在自己的额头上的。

霍拉修：但是别忘了，这种安静悠闲的品性（也就是你说的那种懒散），不就是我们在日常口语中所说的"懒惰"吗？

克列奥门尼斯：根本不是一回事。懒散不包括懒惰，也没有好逸恶劳的意味。尽管一个懒散的人可能不勤劳，但也会非常勤快。假如有东西挡住了他的路，他也会俯身拾起它；他会在阁楼里，或者其他任何地方，远离公众的视线，满怀毅力和勤勉地工作，但是却不知道如何找到雇主，并说服他们聘用自己，或者向拖拉、狡诈的雇主索取自己应得的报酬。而雇主们不是很难接近，就是对钱斤斤计较。如果他是一个以文字谋生的人，他会为了谋生而刻苦学习；但是却经常处于交易的不利地位，最终甘愿把作品以低价卖给一个不知名的买主。只因他不愿意忍受目中无人的书商侮辱性的谈判方式，以及遭到他们肮脏的交易语言的困扰。一个懒散的人可能偶尔会碰到一个有品位的人，并且对他甚为满意，但是他永远也没法凭借自己的三寸不烂之舌获得一个赞助人。他即使有了一个赞助人，也永远不会因此而变得更好，除了对方主动给予他的赏金和慷慨的资助，他不会作出任何请求。他总是不愿意向别人谈起自己，害怕向别人寻求帮助，所以对于自己得到的好处，他除了发自内心的自然的情感暗示，就再也做不出任何感激的举动了。那个积极的行动主义者则会研究所有的取胜之道来鼓舞自己，按照自己的意图和判断寻找赞助人；他们对他有恩，他便让他们知道自己会终身感谢他们。但是他把自己过去得到的赞助，都转化为恳求新赞助的借口。他的殷勤可能很吸引人，奉承也恰到好处，但他的心灵却从未被触动过。他没有空闲与能力去爱他的赞助人。他为了新的赞助人，往往要牺牲过去的赞助人，只有在对提升和维持自己的财富、地位和声誉有帮助的情况下，他才会尊重他们的财富、地位和声誉。有了以上这一切，我们如果再对人情世故稍加关注，就会很容易地意识到：首先，一个行动积极、性子急的人，如果按照自己的天性行事，与懒散的人相比，一定会遇到更多的坎坷和无穷的障碍，大量的诱惑带着强大的吸引力，引诱他背离美德的严格准则；而生性懒散的人则几乎不会遇到这样的事。在很多情况下，他都要被迫采取背离美德的行动，尽管他处世圆滑、深谋远虑，但仍然免不了被一些人理所当然地认为是一个坏人。经过了漫长的一生，他必须具有非常好的运气和十二分的精明，才能保持说得过去的名声。其次，那个懒散的人可能会沉溺于自己的偏好，尽情地享受自身境况所能允许的感官快乐，但几乎不会冒犯或者打扰自己的邻居。他过于追求心灵的宁静，极不情愿放弃它，这势必会遏制其他重要的激情。因此，没有任何一种激情可以强烈地影响到他，结果，他的内心就会腐化。他可以在没有工于心计、没有经历大麻烦的情况下，养成非常多的令人欣赏的品格，这些品格都是社会美德在他身上的具体呈现，与此同时，也没有什么特别的事情降临在他的身上。谈到他对世界的蔑视，懒散的人也许会蔑视自己对傲慢自大的赞助人的追求和祈求。这种事情起初会让他退缩，但他最终还是会欣然投奔一个有钱的贵族，他确信，自己会受到友好而仁慈的接纳。他将毫无嫌恶地享受赞助人所提供的优雅舒适的生活，即便是最昂贵的享受，也毫不例外。你如果想再试他一次，就给他大量的财富和荣誉吧。如果他的这次命运变化没有唤醒他身上隐藏的恶意，让他变得贪婪或者奢侈，他很快就会让自己适应上流社会的生活。或许他会成为一个善良的主人，一个宽容的父亲，一个乐善好施很受欢迎的邻居，一个美德的守护者，一个对自己国家满怀憧憬的人。但是除此之外，他会享受所有他能够享受的快乐，穷奢极欲地满足自己的激情。他沉溺于无比奢华的温柔乡里，尽情地嘲笑节俭和对财富与伟大的蔑视。他自称自己生活贫困，而且还愉快地承认，那些假装出来的东西都没有任何用处。

霍拉修：你已经让我确信，与截然相反的那个社会理论相比，"美德需要自我否定"这个理论更加合理，伪善在其中的比例更少一些。

克列奥门尼斯：凡是追随自己天性偏好的人，无论是否如此仁慈、慷慨或高尚，都不会与任何恶德发生争执，除非它们与他的性情和天性相冲突。但是那些以美德为行动准则的人，总是在理性的指引下，与阻挡他履行职责的所有激情战斗。那个懒散的人绝不会拒绝履行正当的债务。不过一旦债务的数量过大，他也不会让自己陷入因为贫穷而可能或应当偿还债务的麻烦之中，至少不会为此讨好债主，除非他经常被催促，或者被威胁要遭到起诉。他不是一个争强好胜的邻居，也不是一个喜欢捉弄熟人的人。但是，如果让他为了朋友或者国家放弃安逸的生活，他也是绝对不会干的。他不会贪婪地压榨穷人，更不会为了钱财故意犯罪。但是另一方面，他也不会勉强自己辛苦劳作（就让那个生性积极的人拿走所有的机会吧，去供养一个大家庭，照料孩子，和亲友们融洽相处），他那个可爱的弱点，让他无法为了社会的利益做上千件事情。如果他是具有另一种性情的那个人，他很可能就有这种能力和机会，甚至早已经有了或者做了这种事。

霍拉修：你的观点非常独特，而且就我所看到的情况来判断，也是非常正确的和自然的。

克列奥门尼斯：众所周知，最常被伪装的美德是慈善，但是一般人却很少关注这件事的真相。无论这种性质的欺骗是多么地显而易见、厚颜无耻，世人却总是对那些勘破或揭露这些欺骗的人感到愤怒和憎恨。在幸运之神盲目的护佑下，一个卑贱的小店主一边做着对国家有害的生意，一边利用一切机会压榨穷人，就有可能积聚起巨额的财富。随着时间的推移，通过不断搜刮受利欲驱使的节俭者，他的财富可以巨大到骇人听闻的程度。像这样的一个人，一旦年老力衰，就会把他的巨额财富的大部分用在修建豪宅庭院上，或者把一大部分捐给医院。尽管我完全了解他的性情和行为，知道他在活着的时候，已经舍弃了他的钱财，但是我也不会认为他是一个很有美德的人，尤其是一旦我确认他在最后的遗嘱里极不公正，并且不但未曾回报对他有重恩的几个人，而且他心里也清楚，他还欺骗了那些自己至死也在亏欠的人。我希望你能告诉我，一旦你知道我说的都是真的，你怎么称呼这笔非比寻常的礼物，也就是这笔捐赠呢？

霍拉修：我认为，如果我们对邻居的某个行为可能会产生不同的理解，我们的责任就是支持并相信其中最有积极意义的那种解释。

克列奥门尼斯：真能找到最有积极意义的解释，我也愿意尽力支持。但是如果全世界的人都不认为它有意义，这么做还有什么意义呢？我指的不是行动本身，而是促使邻居这么做的理由，也就是他的内在动机，只有自主地按照本人意愿行事，我才称之为行动。因此，不管你乐意叫它什么，如果让你采用尽量宽容的方式评判它，你会怎么说？

霍拉修：他可能有好几个动机，我不敢自诩能够作出准确的判断。不过它确实是一种值得赞赏的方法，对生活在这个国家的子孙后代都非常有益；是一种高尚的储备，永远会减缓穷人的病痛，给他们带来难以言喻的安慰；它不但数额巨大，而且正好弥补了社会欠缺。正因如此，在以后的无数年代里，成千上万的贫困的不幸者将一直铭记着他——如果不是他，他们仍然会被所有人忽略。

克列奥门尼斯：你说的这一切，我都不反对。而且，如果你还有什么要补充的，我也不会有所质疑，只要你把颂扬的话限制在捐赠本身和公众能从中得到的好处之内即可。但是如果你想把这一切归因于那个人具有公众精神，归因于他对自己同类具有的怜悯和仁慈的原则，或者其他美德和优良品质——很明显，捐赠者与这些品质风马牛不相及——那就是聪明人犯了糊涂了。出现这种情况没有其他原因，只能是你故意曲解了整件事，或者是你又蠢又笨。

霍拉修：你已经让我相信，很多行为看起来都是美德的体现，实际上却并非如此；而且因为每个人先天性情和思维方式的不同，相同的激情在不同的人身上也会产生各不相同的效果。我也同样相信，这些激情与我们同生共死，是我们天性的一部分，在我们察觉之前，其中有一些早就储存在我们心里，至少是在我们心里埋下了种子。不过，既然激情存在于每个人的心里，那为什么有些人会比其他人显得更加骄傲呢？因为你已经证明的观点必然会带来这样一个事实——有的人比其他人更容易受到激情的影响。也就是说，无论是在善于掩饰自己骄傲的有心机者之中，还是在习惯公然展示骄傲的无心机者之中，一个人实际上总是比另一些人显得更加骄傲。

克列奥门尼斯：实事求是地说，那些属于我们天性的东西，从我们一出生就一直或有形或无形地存在着。而那些并非随着我们出生而产生的东西，无论是这些东西本身，还是它后来的生成物，都不能被说成是我们的天性。但是就如同我们的面貌和身材总是有所不同一样，在私下里，我们做出的其他事情更是千差万别。而这一切都只是因为人们的体格构成不同，而体格则取决于人体内的液体和固体。面容上的那些奇怪的缺陷，有的是因为苍白色的黏液质，其他的则是因为血红色的胆汁质。与一般人相比，一些人更加贪得无厌，其他人则天生胆小。但是一般来说，就像我的朋友对其他动物的评价一样，我坚信最好的人（即那些自身具有最佳构造者，比如具有完美天赋的那部分人），生来都极具骄傲精神。不过我也相信，人们在骄傲程度上的不同，更多的是因为他们所处境况和受到教育的不同，而不是因为他们自身的构造。如果激情无一不被满足，而且从不加控制，那么这种纵容就会让骄傲变得更加强大；相反，有些人克制了激情，他们的思想从来不会失控，不会在生存所必需的条件之外胡思乱想。因此，他们要么是不用满足激情，要么是没有机会满足激情，他们的骄傲程度一般都很低。无论一个人的心里有多少骄傲，他的思维越敏捷，理解力越好，具有的经验越多，他就会越明显地觉察到，所有的人都非常厌恶那些炫耀自身骄傲的人。一个人越早被灌输好的修养，就能越完美地隐藏那种激情。出身卑微、未受教育的人，总会表现出更多的服从，所以他们很少有机会去放纵自己的骄傲。如果他们领导过其他人，就会产生一种混杂着报复心的激情，从而让骄傲变得非常有害——尤其是没有同等优秀或更优秀的人在身边，因为当着他们的面，他不得不隐藏那些可恶的激情。

霍拉修：你认为女人是否天生就比男人更加骄傲？

克列奥门尼斯：我不这样认为。不过她们从教育中获得的骄傲确实比男人要多得多。

霍拉修：我不明白这是什么原因。在家境好一些的人家中，做儿子的，特别是长子，也会像女孩子们一样，从婴孩时代起，就能得到很多能激发他骄傲的用品和其他精美的东西。

克列奥门尼斯：可是在同样受过良好教育的人当中，女士们受到了比男士们更多的表扬，而且在时间上也开始得更早。

霍拉修：可是为什么人们更鼓励女性骄傲，而不是男性呢？

克列奥门尼斯：这和下面这件事是同样的道理：与其他人相比，我们更鼓励士兵的骄傲，以便增长他们对恐惧的羞耻感，这能让他们时刻牢记他们的荣誉。

霍拉修：但是在促使两者都履行各自的职责时，为什么女士一定要有比男士更多的骄傲呢？

克列奥门尼斯：因为女士们最容易迷失在骄傲之中。她们的内心有一种激情，可能会在十二三岁时开始影响她（也有可能更早），而且她还要额外承受来自男人们的所有的诱惑。她对我们男性所有的进攻抱有恐惧——舌绽莲花、魅力非凡的引诱者很可能会怂恿和诱导她听从天性行事。此外，他可能会立下更大的承诺，甚至用看得见的利益引诱她。这些事情很可能在暗中已经完成，所以没有人可以阻止她。与此相反,男士们几乎没有机会在十六七岁前展示自己的勇气,而且也不需要这么快就展示。他们不会受到忠诚的考验,直到他们开始与看重荣誉的人交往,那时骄傲也会被人们肯定。如果遇到拿不定的事情,他们还有朋友可以请教。他们会成为彼此很多行为的见证人,这会让他们敬畏职责,并以一种强制性的方式迫使自己遵守荣誉的规则。所有这些事情共同作用,会提升他们对恐惧的羞耻感;一旦对恐惧的羞耻感战胜了对死亡的恐惧,他们才算得上是真正的男人;他们不会期望从破坏荣誉的规则中获得乐趣,也不会被任何诱惑唆使成为懦夫。我们所说的骄傲,原本是人类崇尚荣誉感的根源,此时只尊重人们的勇气。男子只要表现得很勇敢,只要按照时兴的荣誉准则行事,他们就可以放纵其他欲望且不受谴责,并以自己的毫无廉耻自夸。同理,在女子身上可以引发荣誉感的骄傲除了贞洁外,别无他物;只要她们保持了贞洁这种最珍贵的东西,就无须在乎其他的羞愧。温柔和姣美是对她们的褒扬,只要她们不故意炫耀她们的温柔与姣美,就无须害怕会发生荒唐可笑的事情。尽管女子体质柔弱,也经常被教育要温柔,但她们也难免越过界限,私自犯下失贞的罪孽。她们一直被教育,说这种罪孽是最羞耻的。为了向世人隐瞒它,有什么危险是她们不敢冒的,又有什么折磨是她们不能忍受的,或有什么罪行是她们不敢犯的呢!

霍拉修:我们确实很少听到已经失去羞耻感的妓女会杀死自己的婴儿,尽管在其他方面,她们都是最放纵的坏女人。我注意到《蜜蜂的寓言》里提到过这一点[1],那一段写得非常好。

克列奥门尼斯:它清楚地表明,同样的激情作用在同一个人身上,因为自恋程度和个人境况的不同,既可能催生一个非常好的行为,也可能导致一个巨大的恶行;同样是对羞耻的恐惧,有时它会使人表现得非常善良,但在其他时候,它也会让人犯下极其可耻的罪行。因此,对于在意自己是哪种人的人来说

---

[1] 见《嗡嗡作响的蜂巢,或无赖变为君子》评论C。

（他们都是荣誉最忠实的崇拜者），这一点都非常清楚：荣誉并不建立在任何真正的美德或宗教的原则之上，它对男女两性规定了不同的义务。首先，荣誉的崇拜者都追求虚荣和享乐，他们紧跟潮流和时尚，喜欢豪华和奢侈，竭尽所能地享受这个世界。其次，"荣誉"这个词本身，就我自己来看，总有一种不可捉摸的感觉；而且根据应用属性的不同，它的含义也有着天壤之别。无论是男人还是女人，没有人愿意放弃自己的荣誉，尽管两性都有罪，并且都吹嘘自己清楚对方最感到耻辱的是什么。

□ 路易十六时代的时尚

路易十六在位期间，无心过问朝政，唯一的兴趣就是玩弄各式各样的锁。画中是他美丽的王后玛丽·安托瓦内特，她热衷于珠宝、服饰，在欧洲各国的王公贵族当中不断引发时尚潮流，最终在法国大革命中被狂怒的民众送上了断头台。但她在死后的200多年里仍是欧洲绅士淑女心目中的时尚化身。而如今法国引以为荣的时尚传统，也是在她的影响下形成的。

霍拉修：遗憾的是，我虽然不能指责你的说法有失公正，但是总觉得有些奇怪。你竟然会认为，通过精英教育，激发和培育人们更多的骄傲之心，是使人们尽力隐藏骄傲外在表现的最合适方法。

克列奥门尼斯：可最真实的事情就是这样。在骄傲最盛行的地方，却也是它最被小心翼翼地隐藏起来，以防人们看见的地方。正如看重荣誉的男女所做的那样，如果人类不能学会让激情对抗它自己，不允许用虚假的外在行为去替代与生俱来的不断滋长的激情，无论什么力量都不可能忍受那种束缚。

霍拉修：我知道，你说"让激情对抗它自己"，就是用一种隐秘的骄傲去掩盖骄傲看得见的外在的表现。但我还是不明白你说的"替代外在行为"是什么意思。

克列奥门尼斯：当一个人沉溺于骄傲之中，并让这种激情尽情泛滥之时，他的面容、风度、步态和举止等无不显露着骄傲的印记，如同一匹奔马，或者

□ 伊壁鸠鲁的"花园"

伊壁鸠鲁有很多激进的想法，其中之一就是应该让女性理解哲学，这对长期由男性主导的雅典文化来说是可耻的。他在雅典城外建立了自己的公社，名为"花园"。在一个妇女几乎不被允许离开家门的社会里，伊壁鸠鲁为她们打开了"花园"的大门，而同时被欢迎的还有奴隶。伊壁鸠鲁故意无视控制雅典社会关系的严格等级制度，这遭到了有公德心的雅典人的诟病，他们之间流传着关于这个公社的谣言：一个允许妇女学习的公社一定没有什么好处，更何况那些家伙终日耽于享乐主义。

一只昂首阔步的火鸡。这些情形都非常让人生厌。每个人的所有行为都依照着内心同样的原则，对于能说会道的人而言，同样的激情所给予他的公开的表达方式，一定会因为同样的原因而令人不快。所以，所有礼仪规范的社会都认为，要严格禁止任何没有礼貌的骄傲行为；而且人们在自己的家里就要学会用其他外在行为来代替赤裸裸的骄傲，以便少冒犯他人，对他人也有益。

霍拉修：你说的外在行为都有哪些？

克列奥门尼斯：精美的衣物，随身佩戴的装饰品，整洁的外表，谦恭的仆人，昂贵的马车和家具，华美的房屋，尊贵的头衔，也包括其他一切可以让自己获得他人尊重的东西，挑不出任何缺点的彬彬举止。在享受以上行为带来的满足感的同时，他们还被允许说变就变、异想天开，尽管在很多时候，他们都是以健康和理智为人所知的。

霍拉修：可是他人的骄傲无论以何种面目出现，都会让我们不快。而且你也说过，后面这种替代骄傲的外在行为和骄傲行为同样明显。如此一来，这种变换能给我们带来什么呢？

克列奥门尼斯：这就很多了。无论是未经教育的白丁，还是深受教养的绅士，如果故意用神情和姿态表现自己的骄傲，所有目睹了他的行为的人都会知道他在骄傲；同样地，如果用语言来表达自己的骄傲，那么懂得这种语言的所有人也都会知道。这些神情、姿态和语言是全世界通用的符号和象征。人们做出这些举动，并不只是让他人看到它及理解它，因为总有少数人即便无意冒犯，也会得罪他人，而且每每如此。然而人们可能会否认其他外在行为所表达的含义，而且会用很多来自其他动机的借口为它们辩护。而相同的礼貌规则教导我们，要对这种行为既不否认，也不怀疑。在这个被设计出来的恰到好处的借口中，包含着一种屈尊降贵的意味，它会使我们感到舒适和快乐。在那些完全没有机会表达骄傲的人身上，即便是一丁点的骄傲，也会给他们带来很大的麻烦，尽管他们往往并不自知。因为在他们身上，骄傲很容易转变为嫉妒和恶意，只要稍微受到刺激，就会脱掉伪装，从而导致发生过激的言行。从来没有一件由贱民和乌合之众制造的灾祸缺少这种激情的参与。相反，人们宣泄和满足激情的可靠方式越多，就越容易抑制令人厌恶的那一部分骄傲，似乎也就越能完全地不受骄傲的支配。

霍拉修：我完全明白，真正的美德需要战胜原始的天性；基督教则要求信徒有坚定严格的自我克制。与此同时，为了让我们自己被上帝的力量所接受，诚信显得最为重要，而且我们还应该心灵纯洁。不过，就算是抛开神圣的信仰和未来不谈，难道你不认为人与人之间谦恭有礼、亲切自然的行为会给世人带来极大的好处吗？难道你不相信礼节周到和文雅谦让，比任何没有这些礼貌的行为，更能让人们生活得快乐和舒适吗？

克列奥门尼斯：如果我们避而不谈最应该关心和担忧的问题，那么对人民来说，所谓的福分和心灵宁静就会毫无价值，而这两种意识只能是仁慈之心的产物。可以肯定的是，在一个伟大的国度，那些富裕的人们最大的愿望就是安逸与享乐；如果没有那些社交技巧，上流社会的人就没法尽情享受尽他们所能得到的现世生活。而最需要那些技巧的，莫过于喜欢感官享受的人们，他们总是把世俗的谨慎和声色之欲结合起来，而且还将如何更加快乐作为研究的重点。

霍拉修：那天在我家，我有幸听你谈到荣誉时，你说：没有人知道荣誉的规则是何时何地由哪个国王或者皇帝制定的。请你告诉我，所谓的谦恭有礼或者文雅大方，究竟又是何时以何种方式出现在世人中间的呢？究竟是什么道德家或政治家才能教会人们以隐藏自身的骄傲为荣呢？

克列奥门尼斯：人类为了满足欲望、改善生存环境，付出了持续不断的努力，创造了艺术和科学，并且带来了很多有用的东西。我们无法确定它们起于何时，但却可以肯定，它们之所以能有今天的成就，无非是人类智慧和世代辛劳的结果。在这个过程中，人们一直苦苦探究，精心设计，希望找到更好的方法和工具来满足自己形形色色的欲望，并让缺陷变作长处。最早的建筑从何而来？雕塑和绘画几百年来是如何成为今天这个样子的？又是谁教会各个国家使用现在仍尚存的语言？如果我想搞清楚社会上常见的某句格言或某个政治发明的起源时，我是不会花费心思去调查它最早被听到的时间和地点的，也不会在意其他人对此写过或者说过什么。与此相反，我会直奔问题的源头（也就是人的天性本身），去寻找弱点和缺陷，因为这些发明就是为了补救这些不足的。偶尔遇到事情扑朔迷离的时候，我就利用推测找到解决问题的方向。

霍拉修：你曾通过推测证明了什么吗？

克列奥门尼斯：没有，我只根据那些人人都能在人类身上看到的普遍东西，以及出现在这个小小世界的现象来作推理。

霍拉修：毫无疑问，你之前早就想过这个问题了，那么你能给我分享一些你的推测吗？

克列奥门尼斯：乐意之至。

霍拉修：为了让我更清楚地了解你的本意，你得允许我在不明白某些内容时插上一两句话。

克列奥门尼斯：如果你需要，当然没问题，何况这对我也大有裨益。有一个无可争辩的事实就是，所有的动物，至少是那些非常完美的动物，为了保护其自身，都被赋予了自恋的特性。但是，由于没有动物会爱它们厌恶的东西，因此每只动物对自己的真心喜爱远胜过其他。我认为，如果这种喜爱不是一直都存在着，那么所有动物对自己的爱就不会像我们看到的那样恒久不变。很抱歉，也许我的观点太新奇了一些。

霍拉修：那你认为动物对自身的喜爱和自恋有什么不同呢？听起来这两个词语的意思并无二致。

克列奥门尼斯：我会尽量给你解释得清楚一点儿。我是这么想的，为了增加动物对自我保护的关注，大自然已经给了它一种本能。在这种本能的作用下，个体总会高估自身的价值。在我们身上，我是说，在人类身上，伴随着本能的还有一种不自信。它来自一种意识，或者至少来自一种忧虑，总觉得我们高估了自身的价值。正是这种不自信，使得我们尤其希望得到别人的认可、喜欢和赞同，因为它们可以巩固和加强我们对自身的好评。这种"自赏"行为（self-liking，姑且允许我这样称呼它）并不能在所有同等完美的动物身上都表现得明显，其原因有很多。有些动物想要美化自己，所以把"自赏"作为一种表达方式；另一些动物则太蠢，太倦怠。同时我们也要考虑到，那些动物总是生活在同一环境中，生活方式几乎没有什么变化，所以它们没有机会，也没有动力来自赏。动物越有勇气和活力，这种自赏就会表现得越明显。同样的，越有勇气的动物，就越擅长展现自己物种的完美，并且越发乐于作这种展示。在大多数鸟类中，尤其是在那些拥有华丽羽毛的鸟类身上，这一点很明显。马的自赏表现，就比其他无理性的动物更加明显，尤其是跑得最快、身体最强壮、健康、有活力的马。额外的装饰品也能够让马的自赏增加，还有与马相熟并经常给它清洗、精心照料它的人，也有同样的作用。这种猜想并非不可能：动物这种极度不寻常的自赏，是以对自己物种认同为基础的。母牛和绵羊反应太慢，也缺乏活力，所以没法表现出这种自赏来，即使把它们放在一起喂养，也是各自独立的物种。只是因为它们相比其他动物，显得更像对方，所以它们就像知道彼此有着共同的利益和敌人。我们经常看到母牛组成集体防御阵型，来对抗狼的偷袭，长着羽毛的鸟群也会聚集在一起。而且我敢说，叫声阴森的猫头鹰喜欢自己的音调，觉得它比夜莺的叫声悦耳。

霍拉修：蒙田的部分论调似乎和你相似，他说过，野兽如果要绘制他们的神，便会画得和它们的同类完全一样。但是你说的"自赏"，很明显就是骄傲。

克列奥门尼斯：我确信它就是骄傲，至少它是骄傲的起源。而且我还确信，很多动物都对这种自赏有所流露，只是因为我们不理解它们，所以才没有察觉。当一只猫给自己洗脸时，或者一条狗给自己舔净皮毛时，它们已经是在尽自己的能力来装扮自己了。在蛮荒时代，人类以坚果和橡子为食，几乎没有任何外在的修饰，与文明时代相比，他们几乎没有什么诱惑和机会展示这种对自己的喜爱。可是在文明时代，一旦上百个平等自由的男人聚集在一起，尽管他们已经填满了肚子，但是用不了半个小时，我们所谓的自赏就会出现，那是一种希望自己有着超群才能的欲望。而且最有活力的人（无论是在力量上，还是在用脑上，或者是两者兼备）会最先表现出来。如果就像我们设想的那样，他们全都未经教化，除非他们中间的一个人有超越其他人的显著优点，否则就难免生出竞争，而且在他们达成妥协之前，他们之间很可能会爆发一场争斗。我特别提到男性，和他们都吃饱了，是因为，如果他们之中有女性存在，或者食物非常匮乏，那么他们的争斗就可能是缘于另一个原因了。

霍拉修：这确实是一种抽象的思维角度。不过，你认为两三百个未婚的野蛮人，也就是一群从未被任何力量所征服过的超过二十岁的男女，此前互相并不熟悉，只是碰巧走到了一起，他们可以建立一个社会吗？或者能成为一个团结的集体吗？

克列奥门尼斯：我觉得，那种情形比一群马聚集在一起好不了多少。但社会并非是以那种方式组成的。我觉得更有可能的是，几个野蛮人的家族可能联合起来，他们的首领也会为了他们的共同利益，同意组建政府或者其他机构。不过同样可以肯定的是，虽然在他们中间的等级区分已经非常清楚，而且每个男性都拥有了足够的女性，但是在这种蒙昧状态下，力气和权势仍然比智慧有着无限多的价值。我强调男人，是因为女人总是因为自身有着男人仰慕的东西而自我赞赏。因此随之而来的就是，女人会更加重视自己，而且会互相嫉妒对方的美丽；那些难看的女人和畸形的女人，以及那些造物者给予了最少优点的女人，都会首先冲向艺术和可以增加优点的饰品。一旦明白这种方式能让她们更好地取悦男人，这一点很快就会被其他人仿效。用不了多久，她们就会竭尽所能地打败其他人。一个鼻子非常漂亮的女人很可能会嫉妒鼻子要难看得多的邻女，因为邻女的鼻子上有一个鼻环。

霍拉修：你非常喜欢关注野蛮人的生活，这和文雅有礼到底有什么关系？

克列奥门尼斯：文雅有礼就是从我提到过的自恋和自赏中发芽的。只要我们想到它们在自我保护中的重要性，想到它们对一种被赋予了理性、语言和幽默感的生物的影响，我们马上就会明白这一点。自恋会让它把所有有营养的物质搜集在一起，以防止空气对它的伤害，并且尽一切可能创造条件保证自己和后代的安全。自赏会让它寻找机会，用手势、表情和声音来展现它的自我尊重。一个未经教化的人会渴望他周围的人都认同：他具有高于其他人的价值。只要他的胆量足够大，他也会对所有拒绝承认这一点的人大发雷霆。他会非常乐于亲近、喜爱对他有好评的每一个人，尤其是对那些当面用语言或姿势对他表示赞同的人。无论何时，当看到别人身上有不如自己的地方，他都会笑起来。只要他的仁慈之心允许，他也会嘲笑那些不幸之人，侮辱那些敢于挑战他的人。

霍拉修：你说过，这种自赏是为了给动物提供自我保护的。可是我觉得，还不如说它对人类有害，因为它一定会使人们互相厌恶。我不明白，无论是野蛮人还是文明人，究竟能从它那里得到什么好处？有什么例子能说明它可以给人类带来好处吗？

克列奥门尼斯：听到你这么问，我感到非常诧异。你已经把我给你讲过的很多关于美德的观点忘掉了吗？我不是说过吗？美德可能是为了获得掌声而伪装出来的，一个好运的有志之士，可能会单凭骄傲的辅助和激励，养成良好的品行。

霍拉修：我确实忘记了这些话。不过你说的只是处于社会中的人，而且这些人还接受过良好的教育。那么对于独来独往的动物，自赏又有什么用呢？对于自恋，我已经很清楚了，它可以促使其自身为了族群和自己的安全而劳作，并让它喜欢上它认为有利于它生存的一切。但是自赏能给它带来什么好处呢？

克列奥门尼斯：假如我告诉你，一个人从自赏的满足中得到的内心愉悦和满足，是对他的健康非常有好处的促进剂，你可能会嘲笑我，认为它们是风马牛不相及的。

霍拉修：我也许不会嘲笑你。但是我会列举许多人们因为这种激情而遭受的坐立难安的烦恼和令人心碎的悲伤，其中有耻辱，有失望，也有其他的不幸。我相信，就是因为骄傲对他们影响太多，成百万的人已经被大大地提前送进了坟墓。

克列奥门尼斯：我不反对你说的话。但是这并不能证明，激情对人类自我保护毫无作用。而且它只是告诉我们，稳定的幸福多么虚无，凡人的状况多么凄惨。永恒的福气永远不可能被创造出来。雨和阳光，给尘世万物带来了一切舒适，但也一直是无数灾祸的源头。所有被捕猎的动物和成千种其他动物，冒着生命危险去捕猎，而且它们大多都会在捕猎中丧生。对一些动物来说，食物充足甚至比食物不足更加凶险。就我们人类而言，繁荣昌盛的国家一般都人口众多，因此能够享有不受其他国威胁的安全；但结果却是，这一切往往毁于过度的口腹之欲。尽管如此，饥饿和干渴会让动物们更加渴望得到生活的必需品。这一点是千真万确的。

霍拉修：我仍然无法明白这种自赏会给作为个体的人带来什么好处。那种好处应当让我相信，造物主把它赐给我们，就是为了让我们能够自我保护。你能说出人类从他内心坚持的原则上得到的一个好处吗？它看起来要很明显，理解起来也要很容易。

克列奥门尼斯：因为这种激情常常被看作耻辱的化身，而且大家都否认拥有它，所以我们难见其本色；因为它经常把自己隐身在形形色色的伪装里，我们不经意间就会受到它的影响。但它似乎总在持久不断地为我们提供生活的调剂品，即便它得不偿失。尽管人们并不自知，但当心情愉悦时，为了获得享受的满足，自赏时时刻刻都充满着整个心胸。对于那些一直沉溺在这种状态中的人们来说，要获得幸福快乐的生活，自赏必不可少。这也是人们对这种激情的顺从，以及为了致敬它所必须付出的代价。因此，人们不但闭目塞听，对自然最大声的召唤也置若罔闻，而且一旦听说要满足最强烈的欲望，就必须以牺牲那种激情为代价，就会谴责那种欲望。在顺境之中，它能使我们的幸福感倍增；在逆境之中，它能使我们振奋起精神。它是希望之母，也是我们最高理想的起点与终点。它是对抗绝望的最强大的利器，只要我们还能以不同的方式在我们的处境中自洽，那么无论是面对现在，还是展望将来，我们都能把自己照料得很好。而且，一个自赏的人绝对不会自杀；一旦自赏不存在了，我们所有的希望也会随之破灭，除了让自己消失，我们将不会想到任何其他的事情；直到最后，我们的存在对我们来说已经如此无法忍受，以至于自恋不得不站出来，催促我们结束生命，去接受死亡的庇护。

霍拉修：你说的这是"自厌（self-hatred）"，因为你已经说过，动物都不可能爱上自己讨厌的东西。

克列奥门尼斯：如果把那句话的前半句翻转过来，你就说对了。不过这只是向我们证明，我经常暗示的那个观点（人是矛盾的混合体）是对的；同时也毫无例外地确定，凡是选择自杀的人，一定都是为了逃避什么，因为他对这种东西的恐惧胜过了对死亡的恐惧。因此，无论一个自杀者的理由是多么荒谬，他的这种选择都是在善待自己。

霍拉修：我必须承认，你的言论非常有趣。我非常高兴能和你有这次讨论，我始终能看到令人愉悦的现实可能性的光芒在闪烁。但是如果你认真地思考一下，对于你的推测，你仍然没有给出任何一点证据。

克列奥门尼斯：之前我已经告诉过你，我既不会靠推测强调什么，也不会根据推测得到任何结论。但是，无论造物主是出于什么目的把自赏赐予动物，以及他是否也赐予了人类之外的动物，有一点是毋庸置疑的，那就是人类中的每个个体对自己的爱都胜过了他对任何其他人的爱。

霍拉修：一般来说，可能如此。不过我可以肯定地告诉你，根据我自己的经历，这并非绝对的正确。我总是希望能够成为你在罗马时认识的希奥达迪伯爵（Count Theoati）。

克列奥门尼斯：他的确是个非常好的人，而且极为能干。因此，你希望自己成为另外一个他，你是这个意思吧？赛利亚（Celia）有一张非常迷人的脸，眼睛和牙齿都很完美，可是她的头发是红色的，而且看起来很不健康。因此她想要克罗娅（Chloe）的头发和贝琳达（Bellinda）的身材，但是她仍然是赛利亚。

霍拉修：可是我仍然希望，我就是那个人，就是那个希奥达迪伯爵。

克列奥门尼斯：那是不可能的。

霍拉修：什么？连这个希望也不能有吗？

克列奥门尼斯：是的，连希望也不可能有，除非你同时希望自己不再是你。我们的美好愿望都是针对自己的，所以我们不可能希望自我有任何改变，除非有一个附加条件，即这个自我本身（也是我们身体的一部分），希望仍然保留自我的存在。当你那么希望的时候，属于你自己的意识就已经被拿走，那么请你告诉我，对于你想要的改变，你的哪部分才更符合你的希望？

霍拉修：我相信你是对的。没有人会希望得到他不喜欢的东西，假如一个人彻底成了另外一个人，他希望的任何一部分都成了不可能的事情。

克列奥门尼斯：他自己，就是那个充满希望的人，在变化完成之前，肯定就已经被毁灭了。

霍拉修：那什么时候我们才能谈到礼仪的起源呢？

克列奥门尼斯：我们现在就来谈谈它。我们不必到自赏之外寻找它的起源，我已经证明每个人都拥有自赏。我们只需要考虑两件事：首先，我们必然会从那种激情的性质中得出一个结论——在既不考虑利益也不考虑尊卑的情况下，所有未受过教育的人在交谈中都会彼此心生厌恶。因为在完全相同的两个人中，假如其中一个人认为自己的价值比对方稍微高半点，即便另一个人能够平等地看待第一个人的价值，一旦这两个人都知晓了对方的观点，彼此也会互不满意；假如两个人都认为自己的价值比对方稍微高半点，那么这两者之间的分歧就会更大，而且一旦两个人都明白地表述了自己的看法，接下来就会更加难以忍受对方。在文明未开化的人群中，这种事情时有发生，因为没有一种技巧和繁文缛节的综合运用，那种激情就会不受抑制地表现出来。其次，这种缘于自赏且已经给所有人类造成不便的东西，对那些拥有很高智商的动物们来说有何影响。这些动物总是追求安逸，并且甘愿为此付出辛勤的努力。对于这两件事，你稍加斟酌就会发现，那种由自赏所引发的麻烦和不安，无论用什么徒劳的努力补救，从长远来看，最终都一定会产生我们称之为礼貌和文雅的东西。

霍拉修：我想，我已经明白了你的意思。在这种毫无约束的状态下，每个人都会被过高的自我评价所影响，并将你所描述的种种自然状态表露无遗，因此所有人都可能被邻居毫无掩饰的骄傲所激怒。在具有理智的动物之间，这种状态不会持续太久，但是从中体验到的不安感一再重复，必然会让他们中的一些人开始思考其原因。用不了多久，他们就会发现，如果他们自己毫不掩饰骄傲，也会冒犯其他人。

克列奥门尼斯：你所说的，确实是人们改变自身行为的哲学理由，人们通过制定规范，让自己的行动变得文明起来。但是人们做这一切并不需要深思熟虑，而是通过长时间一点一滴的积累，自然而然地完成这些变化的。

霍拉修：这怎么可能呢？这种改变会给人们带来麻烦，而且在他们的自我约束中，自我否定也是必然存在的。

克列奥门尼斯：在自我保护的过程中，人类发现"充满忧患意识的努力"可以让生活变得轻松起来。这种无形中教会了人们如何在种种危急关头趋利避害。当人类一旦变得顺从政府的统治，习惯了在法律的约束下生活，依靠经验和模仿，他们从实践和交流中学会的琐屑而实用的禁忌、规则和方法多得简直难以置信。在这个过程中，他们根本不会意识到，他们是被一种自然因素强迫着做的。也就是说，人们体内的激情，虽然不为人知，但却在实际上控制着人们的意志，支配着人们的行为。

霍拉修：就像笛卡尔把野兽看作机器一样，你也要把人看作机器。

克列奥门尼斯：我没有这种想法。不过我也支持这种看法：人们依靠本能发现了四肢的功用，这和野兽发现其四肢的功用一样；而且，就连不懂任何几何或数学的孩子也能学会熟练机械工的超高技巧操作，也能进行具有一定深度

□ 笛卡尔

笛卡尔在早年认为，野兽是没有理性的机器，它们的活动不是依靠认识，而是依靠身体的部件结构；人则不同，人具有理性。而到了晚年，笛卡尔逐渐对医学产生了兴趣。在1664年发表的遗作《论人》《论胎儿的形成》中，他把人体也看成了一架机器，认为人的五脏六腑就如同钟表齿轮一样，只要有发条启动，肢体便会随之而运转。这个用来启动人体的发条就是一种被称为"动物精气"的东西，在外界刺激引发神经冲动之后，信号先是传给大脑，然后大脑再传给"动物精气"，由它来对身体发号施令。这样，人体内的"动物精气"便取代了人体外的"神造理性"，使人能够自由行动。

的思考和极具智慧的发明。

霍拉修：据你判断，这些行为是从何而来的呢？

克列奥门尼斯：来自有利的姿势，他们利用这些姿势可以承受压力，可以在拉、推或者用其他方式移动物体时克服重力的作用；来自投掷石头和其他物体时所掌握的轻盈和灵巧；来自他们跳跃时的惊人的姿势。

霍拉修：请问，什么是惊人的技巧？

克列奥门尼斯：你应该知道，当人们要向前跳跃很长一段距离时，总是要先助跑，然后才让自己起跳。可以肯定的是，当他们这么做的时候，他们能跳得更远，使用的力量也比不助跑更大。这么做的原理也很简单，因为在整个过程中，身体参与了两个运动，并被两个运动所移动；而在起跳过程中必然加上了在助跑中预先得到的速度，这样才能保证起跳以后，身体仍然保持着起跳前的速度。而跳跃者的身体站立不动时，除了跳跃需要用力而展现出来的肌肉的力量，你看不到其他任何动作。你可以观察上千名的男孩和成年男子，他们都会无一例外地使用这种策略；但是他们中间没有任何一个人是因为知道这个原理，才这么去做的。我非常希望你能把我对于跳跃策略的论述，运用到尚礼行为的探索之中。数百万人都受到了礼节训练，并在实践中运用它们，但是从来没有人思考过这些行为的源头，或者说很少有人知道这种行为会对社会产生这么多的好处。最精明、最有心机的人，不管在哪里，为了利益，都必须学习控制这种骄傲的激情。不久后，无论是面对求助者，还是求助别人，所有人都不会表露出半点骄傲行为。

霍拉修：有理性的动物无须思考也无须知道行为背后的理由，也可以做到这一切，这真的是件不可思议的事情。身体运动是一回事，运用理智却是另一回事。因此，令人愉悦的姿态，优雅得体的表情，泰然自若的风度，文质彬彬的举止，只要通过学习和约束就可以做到，而且不假思索。但是，良好的规矩却需要人们处处留心，无论是说话、书写，还是命令别人作出某些行为，都要遵守。

□ 纺织厂的童工

劳动创造的价值并不是劳动强度越大就越高的，越是技术含量低的生产所创造的价值就越低，因而支付给工人的工资就越低。图中是19世纪纺织厂里的一个童工，蒸汽机的应用缩短了生产的社会必要劳动时间，降低了劳动创造的价值，使她沦为廉价劳动力。

克列奥门尼斯：对那些从来没有从这种角度思考过这个问题的人来说，这确实是一件相当惊人的事情：人们几乎是从零开始，依靠自己的勤劳和实践，持续不断地劳作，许多代人的经验的不断积累，才有可能形成一些规范的礼貌举动或仪式，并且达到了如此高的程度（尽管只有心智平庸的人才会运用这些技巧）。世界一流的战舰，是一艘多么壮观、多么美丽、多么辉煌的机器呀！它航行在大海上，更显得装备精良、战士威武。从体积和重量上看，它都大大超出了人类发明出来的其他运动物体，没有任何发明可以与它相提并论了。在这个国家有很多制造团队，如果所需要的材料供应充足，不用半年时间，他们就能制造出一艘一流战舰，并且安装好全套装备设施，驶向大海。可以肯定的是，如果这项工作不是被分割成若干单元，然后再细分给各种领域的优秀技工，那么肯定是不可能完成的。同样地，这些技工里没有任何一个人需要有超出普通工人的能力。

霍拉修：你说这些话，是想告诉我什么呢？

克列奥门尼斯：有些成就常被我们归功于人类的卓越才能和敏锐而深刻的洞察力，实际上应该归功于时间的流逝和经验的长期积累。所有这一切，从其属性和蕴涵的谋略来说，已经相差无几。制造不同用途的船只的技艺，发展到现在已经近乎完美，而要想知道这其中花费了多少心血，我们只需要知道两点：其一，许多相当可观的改进都是发生在最近五十年，或者更短的时间内的；其二，这个岛上的居民在一千八百年前就已经开始制造和使用船只了，而且从那时开始，他们从未放弃过这种做法。

霍拉修：所有这一切都有力地证明了，造船的技艺是通过一个漫长的发展过程，才达到今天这个水平的。

克列奥门尼斯：雷诺爵士写了一本书[1]，他在书中写到了航海的原理，并用数学方法解释了所有关于轮船运作和驾驶的具体事务。这本书让我深信不疑的是，最早的轮船发明家和航海家，后来那些为轮船某个部分做改进的人们，都没有能想过自己那么做的原因。他们就像如今那些最粗鲁最无知的下层人一样，尽管成为水手是迫于现实，时间和实践依然成就了他们的技巧。成千上万的人最初就是被硬拖上船，然后很不情愿地留下来的。但是在接下来不到三年的时间里，每个人都熟悉了轮船上的每一根绳子和每一个滑轮，即使不懂数学原理的人也学会了管理和运用数学，他的知识比一个从未出过海的伟大的数学家毕生所学完备得多。我提到的那本书中还谈论了许多奇怪的事情，其中就演示了方向舵和龙骨保持着怎样的角度，才能最大程度地控制船只。这说得当然不错，不过对一个十五岁的小伙子来说，他只要在一艘平底船上干上一年，也会通过实际操练来熟悉船上的所有事务。他看到船尾总是回应着舵柄的运动时，只需要记住舵柄的操作方法，根本就不需要思考船舵的原理。一两年过后，他的航海知识和驾驶船舶的能力就会成为习惯，即使是在半梦半醒之

---

[1] 雷诺爵士（Bernar Renau'Elicagaray, 1652—1719年），船队司令，法国造船设计师。这本书为《舰船制造理论》，1689年出版于巴黎。

中，或者想着另一件事情时，他也能依靠本能驾驶船只，就像指挥自己身体的某一个部分那样容易。

霍拉修：我相信你说得对。假如就像你说的那样，最初的发明者和后来的改进者与航海家等人，从未想过要按照雷诺爵士提出的那些原理去行事，那么他们就不可能是从那些原理出发，在它们的指引下，有计划、有目的地将自己的发明和改进付诸实施。我想，这就是你想证明的内容。

克列奥门尼斯：是的，而且我确信，最早在礼貌和航海等方面做出业绩的开创者，并不知道那些技巧在自然中的真正原因和基础是什么。同样，到了今天，即使这两种技巧已经变得非常完美，在那些最精通它们且日常都在改进它们的专家眼中，绝大多数人也像他们的先辈那样，对它们的原理知之甚少。不过我也同样相信，雷诺爵士的见解非常正确，你说的话也和他的一样。也就是说，我相信你对礼貌行为起源的说法非常正确和可靠，就像雷诺爵士对船只管理的论述一样。发明和改进技巧的人与探究技巧原理的人，极不可能是同一种人。在一般情况下，后者都是些无事可干的人和懒散的人，他们向往退隐居家的生活，讨厌为营生奔忙，并且以思考为乐。与此相反的是，能取得最多成功的总是那些积极、狂热和勤奋的人，比如那些亲手耕种的人、献身实验的人和全神贯注于自己所做之事的人。

霍拉修：人们总是认为，勤于思考的人是最好的发明家。

克列奥门尼斯：不过这是一个误解。肥皂制造、织物染色以及其他行业的奇妙技艺，无不是从粗糙低劣发端，逐渐发展得非常完善的。不过这其中的许多改进，凡是能够被人记起来的，一般都归功于一些人。这些人要么自小就被本行业培养，要么就是长期从事本行业的工作，因此对他们所在的行业都非常熟悉，而且他们并不像人们通常期望的那样，是对化学原理非常娴熟的杰出化学家，或者精通其他学科原理的专家。在这些技巧当中，织物染色的操作流程尤其令人惊讶。通过对千差万别的原料进行混合、加热和发酵，几项操作就已经完成了，即使最睿智的自然学家也无法用已知的任何知识来解释其中的原理。这就毫无疑义地表明，那些技艺并不是通过先验的推理而发明出来的。一且大多数人开始遮掩他们对自己的过高评价，人们就变得更能互相容忍了。现在，新的改进每天都在发生，直到他们中的一些人变得足够无耻，不但拒绝承认他们对自己评价过高，而且与此同时还宣称自己对他人的评价高于自己。这会让那些人显得谦虚有礼，还会让阿谀奉承的风气像洪流般淹没一切。他们一到达虚伪的赛场，就会发现它的好处，并把它教给自己的孩子。羞耻这种激情在人类身上是如此普遍，而且产生的时间也是如此地早，因此没有国家会愚蠢到对其长期熟视无睹，并且不加以利用。婴幼儿的轻信也适用于同样的理论，即使是出于善良的目的。父母会把自己的知识、人生经验以及年轻时学到的东西，都传授给自己的后代；此后的每一代人都一定会接受比自己的父母更好的教育。通过这种方式，只需要两三个世纪，礼貌行为一定会变得非常完美。

霍拉修：当他们以后变得远比今天优秀时，剩下的事情就很容易想象了。我认为，这是因为礼貌规范也在不断改进，就像其他的艺术和科学也在进步一样。但是如果从野蛮人算起，在最初的三百年，人类在礼貌礼仪上取得的进展非常微小。罗马人拥有着好得多的开端，但是在他们被称誉为"文雅有礼的民族"时，他们的国家已经建立了六百年，也几乎统治了环地中海沿岸的整个区域。现在让我最惊讶并且确信的事情是，这一切竟然是建立在骄傲的基础之上的。还有一件让我感到诧异的事情是，你竟然会说一个国家在具有宗教和美德的意识之前，就会产生礼貌行为。我坚信，世界上根本不存在这样的国家。

克列奥门尼斯：抱歉，霍拉修。我没有在任何地方暗示过有哪个国家会没有美德和宗教意识，我只是觉得没有必要提到它们而已。首先，你问我对在这个世界上推行礼貌礼仪的看法，却抽掉了对未来状态的关注。其次，礼貌的技巧与美德、宗教实际上并没有任何关系，尽管它和后两者很少发生冲突。礼貌礼仪是一门学问，它应该以天性为基础，建立在一个永远同样稳固的原则之上。无论在什么年代什么地方，它都会如此。

霍拉修：你怎么能说一件事和美德、宗教没有冲突，但是也没有任何关系呢？难道这两种说法不会互相矛盾吗？

克列奥门尼斯：我承认，这种说法听起来似乎有些自相矛盾，不过它确实是对的。礼貌的原则教导人们，要真心称赞所有的美德，但是在任何时代和任何国家，对美德的要求也只是等同于正流行美德的表象而已。至于神圣的宗教事务，无论在哪里，人们都只满足于对外在规矩的遵守；因为世间所有的宗教都一致赞同文明有礼的行为，并要求所有的人都遵守它。请你告诉我，如果所有人对某一个老师的评价都基本一致，我们究竟该如何去评价他呢？通行世界的礼貌规则都有着相同的趋向，即采用形形色色的方法让自己能够被别人接受，并将别人对我们的偏见尽可能地减少。依靠这些手段，我们享受生活、互相帮助，并进而让我们更优雅地享受。在尽可能地享受一切时，每个人都能借此获得更多的快乐。我所说的快乐，含义是对感官感受的满足。我们回头看看古希腊、罗马帝国，或者是比它们更早繁荣起来的伟大的东方国家，就会发现：第一，奢华和礼仪曾经是共同成长的，而且从未单独存在；第二，上流社会总是在追逐舒适和快乐；第三，因为他们研究的首要主题和最关心的，都是外在的表现，目标总是直指当前的幸福，因此用肉眼看去，下一个世纪他们会成为什么，仿佛永远是他们最不关心的话题。

霍拉修：非常感谢你的教诲，你已经圆满回答了我本打算提出来的几个问题。不过对于你谈到的其他一些问题，我还必须花时间好好考虑一下，然后我才能下决心等待你的再次来访。因为我现在已经开始相信，很多书上讲的关于人类自身的知识，不是充满缺陷，就是谎话连篇。

克列奥门尼斯：对于那些勤于研读的人来说，再也没有哪本书的内容比人性更加丰富、更加充实了。我也真诚地相信，假如你之前已经认真思考过，那么我向你揭示的任何东西，你自己早就应该发现了。但是，如果能为你增加一点任何你感兴趣的消遣，我也会感到无比的荣幸。

霍拉修与克列奥门尼斯的第四篇对话

克列奥门尼斯：您终于到了，您的仆人已经恭候多时了。

霍拉修：你今天是怎么了？怎么这么客套？

克列奥门尼斯：这也是因为你太客气了！

霍拉修：当他们告诉我你在哪里时，我真的想亲自告诉你，是谁正在找你，或者邀请你立即来我的寒舍一叙。

克列奥门尼斯：您真是太客气了。

霍拉修：你看，我多么好学。只需要一小会儿时间，你就能教会我如何把所有的礼仪放在一旁。

克列奥门尼斯：你才是我的好导师。

霍拉修：我就知道你会原谅我的。你的书房真的非常漂亮。

克列奥门尼斯：我非常喜欢这里，因为阳光从来不会直直地射进来。

霍拉修：这个房间是多么漂亮呀！

克列奥门尼斯：我们就坐在这里面吧，它是这栋房子里最凉快的房间了。

霍拉修：乐意之至。

克列奥门尼斯：我一直希望能早点见到你，你思考得太久了。

霍拉修：不多不少，正好八天。

克列奥门尼斯：对于我的那些新见解，你考虑得如何了？

霍拉修：我考虑过了，并且认为它并非是不可能的。因为我相信，人降生到这个世界上时，根本就没有先天的意识，也一无所知。因此我非常清楚，所有的艺术和科学一定都是在某个人的脑子里萌芽的，无论现在是否被人遗忘，都是如此。关于礼貌礼仪的起源，自从上次我与你见面之后，我已经想了二十次了。对于一个精熟于俗务的人来说，能在一个文明未开化的国度中，看到那些人初次企图对彼此掩饰自己的骄傲，那该是多么令人愉悦的场景呀！

克列奥门尼斯：由此你已经明白，引起我们注意的，正是事物的新奇性。它可能会使我们心生厌恶，也可能让我们深深赞许。但是面对熟悉的事物，我们会漠然置之，尽管当初它们以新奇的面目出现时，也曾使我们惊奇。现在你正变得相信一个真理，可是在八天前，你宁愿付出100几尼，也不愿意了解它。

霍拉修：我现在已经开始相信，如果我们在非常年轻的时候就熟识某种事物，那么它对我们来说，也就没有什么是荒谬的。

克列奥门尼斯：我们从最年幼的时代开始，就接受着一种差强人意的教育，我们被一遍又一遍甚至是不厌其烦地教导该如何鞠躬、脱帽以及完成其他的礼仪规则，因此我们在成年之前，以至于很少把优雅的举止看作可以习得的东西，以及把说话看作一门学问。在姿势和动作上，在谈吐和写作上，有上千件事情被认为是容易和天然的，而这让我们自己和他人都陷入了无尽的痛苦之中。我们也知道，这些东西都是技巧的产物。我知道，舞蹈大师的四肢被练出了多么令人尴尬的肿块啊！

霍拉修：昨天早上，当我正在冥想的时候，你的一个说法突然浮现在我的脑海，并让我不由得笑了起来。而我当初听到它的时候，并没有做过多的思考。在谈到一个尚处于幼年时期的国度，一旦开始掩饰其骄傲，就具备了礼仪的基础时，你曾经说过：改进每天都会进行，直到他们中的一些人变得足够无耻，不但拒绝承认他们对自己评价过高，而且与此同时还宣称自己对他人的评价高于自己。

克列奥门尼斯：可以肯定的是，这些人就是各个地方阿谀奉承之辈的"先驱"。

霍拉修：当你谈到阿谀奉承和厚颜无耻时，你怎么看待那个"先驱"？他面对与自己身份相当的人，却要称自己是对方"卑微的仆人"。

克列奥门尼斯：如果那是个新鲜的奉承，那么我更感兴趣的并不是那个奉承者的无耻，而是那个轻信了奉承的骄傲之人的单纯。

霍拉修：它肯定曾经是新鲜的。请问你认为哪一种礼节更传统，是脱帽致意，还是说"我是您谦卑的仆人"？

克列奥门尼斯：它们两者都传统又摩登。

霍拉修：我相信脱帽致意更传统，因为它是自由的象征。

克列奥门尼斯：我觉得并非如此。因为，假如说"我是您谦卑的仆人"的礼节尚未实行，那么首次脱帽致意就不可能被人理解。而且，如果"我是您谦卑的仆人"并不是一个众所周知的恭维，那么为了表示尊敬，脱掉一只鞋子和脱帽也能达到同样的效果。

霍拉修：你说得对，脱掉鞋子确实能达到同样的效果。而且与脱帽相比，它会显得更加郑重。

克列奥门尼斯：而且直到今天，脱帽致意乃是一种举世周知的礼仪的无声呈现。请记住习俗和传统观念的力量。你我二人都嘲笑这种古老相传的荒诞之举，并且坚定地认为，它一定源自最卑鄙的奉承。然而当我们戴着帽子走路，遇到了并不是特别亲近的熟人时，我都不可能不行这种礼仪；而且如果不这样做，我们甚至会感到痛苦。但是我们仍然没有理由相信，这种说"我是您谦卑的仆人"的恭维是从平等的人们之中兴起的。更有可能的是，被恭维的对象最早是王公贵族，后来才在普通人中流行起来。因为施行这种礼节时，躯体和四肢所展现的所有姿势和曲伸动作，十有八九都来自对征服者和统治者的恭维举动；那些让每个人都感到恐惧的暴君，哪怕一丁点儿的对抗都使他们感到惊恐，所以没有什么比唯命是从、毫无反抗的姿势更让他感到愉悦。而且你看，所有的这些姿势和动作都带着这种趋向，它们预示着安全，也显示着无声的努力，意在放松和消除暴君的戒备——这种戒备不仅来自接受礼节者的恐惧，还同样来自对接近他们的人的各种怀疑。比如抬头仰望、磕头、下跪、弯腰鞠躬、手贴在胸口，或者手放在背后、双手交叠，以及其他所有能够显得既不放肆，也不充满警惕的卑躬屈膝的举动。这些意义明确的举动和令人信服的证据都在告知尊贵者，与对他的尊敬相比，我们觉得自己微不足道；我们感激他的仁慈，而且绝对忠诚，更不用说会攻击他了。因此最有可能的是，说"我是您谦卑的仆人"和脱帽致敬，都是显示自己对那些要求人们服从的高高在上者的服从。

霍拉修：随着漫长的变迁，它被越来越多的人所使用，最后就变成了一种相互表达客气的礼仪。

克列奥门尼斯：我觉得事情就是如此。因为我们已经看到了，随着礼貌行为的发展，当原本的最高礼节变得普遍平常时，新的礼节就会被发明出来，代替它们来表达对尊贵者的敬意。

霍拉修：因此"阁下（Grace）"这个词，不久之前还是只对国王和王后才用的尊称，现在却被用来尊称大主教和公爵们。

克列奥门尼斯："殿下（Lord）"这个词也是如此，现在被用于国王的孩子，甚至也用于国王的孙子。

霍拉修："大人（Sire）"这个词里所附带的尊贵，在我们国家比在大多数国家都传承得更好，而在西班牙、意大利、高地荷兰和低地荷兰，几乎都被滥用在每个人身上。

克列奥门尼斯：它在法国的运气要好一些。在那里，"大人"这个词同样没有失去任何庄重的意味，它只被用作对君主的尊称。然而对我们来说，它只是一种恭维，你可以用在鞋匠身上，也可以用在国王身上。

霍拉修：语言意义的任何改变，都是因为时间的推动。然而随着世界变得日益完美，奉承也变得不那么直截了当了，它利用人类骄傲的意图也被掩饰得比先前更好。在古代，当面称赞一个人是非常普遍的行为。谦卑是基督徒特别需要的一种美德，考虑这一点时，我一直很困惑，教会的神父们怎么能够忍受讲道时人们送给他们的欢呼和掌声。尽管有些神父反对这些行为，但是更多的神父看上去倒是非常喜欢。

克列奥门尼斯：人性总是相同的。当人们已经竭尽所能、受尽痛苦或者心力交瘁之时，那些赞誉往往具有强大的起死回生之效。那些反对它们的神父，只是反对滥用它们而已。

霍拉修：非常古怪的是，我们经常能够听到大部分听讲者大喊"智慧非凡""非常正确""奇迹""一针见血""天才之论"；他们还同样告诉讲道者，自己是东正教徒，偶尔也称他们为最佳的传道者。

克列奥门尼斯：在一段讲话结束的时候，说一些赞誉的话本也无可厚非。但是他们往往会不断地大声重复这些词语，再加上鼓掌跺脚弄出的噪声，夹在断断续续的布道声中，让人觉得分外不安，所以他们听到的布道内容，其实还不到四分之一。但是，仍然有几个神父承认，这些事情让他们非常愉快，并且抚慰了人性的缺点。

霍拉修：说到现在，人们在教堂里的行为就得体多了。

克列奥门尼斯：因为异教徒在旧的西方世界已经绝迹，基督徒的热情也随之大大地减少了，这与有着很多异教信仰的时代不同。宗教热情的缺乏，在废除这种时尚方面起到了极大的推动作用。

霍拉修：可是不论它是不是一种时尚，它都一定令人厌烦。

克列奥门尼斯：你想过这样的情形吗？现在我们在剧场里不断地重复着欢呼、鼓掌、跺脚以及其他极度夸张的喝彩形式，是否也让受人喜欢的演员感到厌烦？市民们围着呼喊"万岁"，或者士兵们发出的可怕呐喊声，是否也让为他们创造了荣誉的精英人士感到厌烦？

霍拉修：我认识的一些王公贵族，他们就对这些事情非常厌烦。

克列奥门尼斯：这是因为他们得到的太多了，他们并非一开始就对此感到讨厌。操纵一台机器的时候，我们应该考虑它结构的承受力。有限的生物不能领略无限的快乐。由此我们可以知道，快乐若超过应有的极限就会转为痛苦。但是，只要不破坏一个国家的风俗习惯，我们因为赞扬发出的、持续时间也没有超出合理长度的喧哗，便不会让人觉得讨厌。但是任何热情都是有限度的，如果过分地滥用，就会变成一种冒犯。

霍拉修：而且越甜越美味的酒，就会越早让人感到腻味，因此越不宜经常饮用。

克列奥门尼斯：你的比喻不错。而且同样的喝彩，一开始可能会让人欣喜若狂，并且在接下来的八九分钟内可以持续带来无以言表的愉悦。但是如果再不加停顿地喝彩下去，用不了三个小时，就可能会使人渐次感到比较快乐、无动于衷、令人厌烦、极度厌烦，以至于因为受到冒犯而感到痛苦。

霍拉修：这些声音里一定藏着什么了不起的魔法，才能对我们产生如此不同的效果（这种情形我们经常看到）。

克列奥门尼斯：我们从喝彩中得到的愉悦，并非来自我们的听觉，而是来自产生这些声音的原因——其他人的认可。在意大利所有的歌剧院里，当所有的观众都要求安静和集中注意时（这其实是在用一种既定的方式表达善意和赞许），你都可以听到他们发出那种噪声。这种噪声非常接近我们发出的嘘声，甚至可以说几乎和嘘声毫无差别。而这类嘘声，我们最常用来表达我们的厌恶和蔑视。而且毫无疑问，对柯佐妮来说，向福斯蒂娜喝倒彩的声音，要远比她的对手因胜利而洋洋自得的声音更加让她愉悦。[1]

霍拉修：那实在是令人讨厌。

克列奥门尼斯：土耳其人用一种极端的肃静来表达他们对君主的尊敬，这种安静盛行于整个后宫。而且你越接近苏丹的寝宫，就会发现这种安静被执行得越严格。

霍拉修：这种安静确实是一种满足人们骄傲的最文雅的方式。

克列奥门尼斯：这一切都取决于人们的思维模式和风俗习惯。

霍拉修：为了满足一个人的骄傲而带来的安静，就算没有失去听力的人也能享受其中，但是喝彩则不可能有这种效果。

克列奥门尼斯：对于满足骄傲这种激情而言，那只是小事一桩。我们从放纵欲望中得到的快乐永远不会比我们无欲无求时的快乐更高级。

---

[1] 弗朗西斯卡·柯佐妮（Francesca Cuzzoni）与福斯蒂娜·柏多妮（Faustina Bordoni）是音乐家亨德尔（Handel）于英国皇家歌剧院先后聘用的两位女歌唱家，但二人互不服气。二人同台演出歌剧《阿莱桑德罗》（Alessandro）时，观众分成了两派，分别为自己支持的歌唱家喝彩，并向另一个喝倒彩；二人因此在台上大打出手，彼此撕扯头发，引起骚乱。（见特罗曼·罗兰著《亨德尔传》，1910年版）

霍拉修：但是安静比吵闹表达出了更大的忠诚和更深沉的敬意。

克列奥门尼斯：它对安抚怠惰者的骄傲确实有用。但是一个积极进取的人却喜欢唤醒那种激情，当那种激情保持活跃的时候，它同时也得到了满足。而且来自喧哗的赞扬比其他任何形式的赞扬都显得更加确定。但是对于这两种方式，我并不打算作出评判，我宁愿说它们都很好。希腊人和罗马人用喧哗激励人们采取高尚的行动，最终取得了极大的成功；奥斯曼人则用安静让他们很好地保持了他们君主所要求的奴隶般的屈服。也可能是这样的，在权力集中于一人之手的地方，沉默也许会更有效果；而在有自由存在的地方，喧哗也许会更有效果。如果这两种方式都能被充分理解并合理利用，那么它们都会成为逢迎人类骄傲的有用工具。我认识一个非常勇敢的人，他习惯了战争中的呐喊，也喜欢用大声的喝彩来表达自己的愉悦，可是他曾经对他的管家非常生气，就因为他把盘子弄出了声响。

霍拉修：前几天，我的老姑妈解雇了一个非常聪明的仆人，就因为他不肯踮起脚走路。我也必须承认，男仆重重的脚步声以及所有仆人粗鲁的大呼小叫，都会非常令我不适，即使此前我从未想过其中的原因。在我们上次的谈话中，你在描述自赏的表现和各种不文明的行为时，提到了笑。我知道笑是人类的特征之一，那么请你告诉我，你认为笑同样是骄傲所致吗？

克列奥门尼斯：霍布斯就赞成这个观点〔1〕，而且笑大多可能是骄傲的产物。但是这个假设仍然无法解释一些现象。因此我宁愿这么说：笑是一种无意识的动作，当我们下意识地感到愉悦时，就会自然地流露出笑容。当我们的骄傲接收到了被满足的信息，当我们看到或者听到某些我们羡慕或者赞成的事物，或者当我们沉溺于某种其他的激情或欲望，而且我们愉悦的原因是正当而有价值的，那么此时，我们就远不是发笑而已。但是当事物和行动显得古怪而

---

〔1〕霍布斯认为，笑的激情是突然产生的优越感，通过与他人的弱点或与以前的自己相比较，人类心中突然意识到了自己的长处，优越感就此被激发。他关于"笑的激情"显然指的是审美范畴的喜剧感，与作者后面说的呵痒而笑无关。

新异，而且恰好让我们感到好笑，我们又无法解释它们为何要这样时，那么接下来，它们通常也会让我们发笑。

霍拉修：我倒是更愿意支持你所说的霍布斯的观点。因为通常使我们发笑的事情都有这样的特点，那就是在某种形式上，都是对他人有羞辱性的、令人难堪或者有伤害性的。

克列奥门尼斯：那你怎么看待搔痒呢？它甚至能让一个又盲又聋的婴儿发出笑声。

霍拉修：你能用你的理论来解释这件事吗？

□ 霍布斯

霍布斯（1588—1679年），英国政治家、思想家、哲学家，著有《关于政府和社会的哲学基础》《利维坦》等作品。他的思想对本书作者曼德维尔产生了很深的影响。

克列奥门尼斯：我的解释并不完美，但是我会尽量解释得清楚一些。我们根据经验可以知道，皮肤越光滑、柔软、敏感的人，一般来说都更加怕搔痒。我们同样也知道，用粗糙、尖锐和坚硬的物品触碰皮肤时，我们会感到不快，这种感觉甚至会在痛疼产生之前就已经产生。与此相反，用柔软、光滑以及没有其他不适感觉的任何一件物品触碰皮肤，我们会感到愉悦。所以有这么一种可能，温柔的触摸会立即触动几根神经束，每根神经束都会产生一种愉悦感，这可能造成了一种让人发笑的混合愉悦。

霍拉修：可是你是怎么在这种自发的愉悦中想到无意识的动作的呢？

克列奥门尼斯：在形成思想的过程中，无论我们宣称自己有多么自由，思想对身体的影响都不以我们的意志为转移。与笑截然相反的，莫过于不悦。不高兴时，皱纹会堆满前额，两道眉毛向一起移动，嘴唇也抿得很紧。笑的作用则正好相反，exporrigere frontem（舒展的额头），你知道的，这个拉丁短语的意思就是快乐。人在叹气的时候，腹部和胸部的肌肉向内拉，膈膜也被拉高到了比平时更高的位置；然而当我们用力地吸入气体时，尽管没有什么用，我们仍然在非常用力地往里挤压，以便让心脏收缩。当我们在这种压缩状态下，已经在承受的范围内吸入尽可能多的空气时，我们就会同样用力地把它们吐出去。此时，我们之前因为吸气而用力的肌肉就突然得到了放松。大自然作出的这些设计，当然是为了让我们在它强加给我们的劳动中有自我保护的能力。所有的生物在面临巨大的危险、痛苦和迫在眉睫的危险时，他们发出的呐喊和抱怨是何等的下意识。在巨大的痛苦中，大自然作出的努力是如此暴烈，以至于为了挫败天性，为了通过声音掩盖我们需要掩盖的感受；我们被迫噘起嘴巴，或者使劲地吸气，咬紧嘴唇，或者抿紧嘴巴，并最大可能地屏住呼吸。我们因悲伤而叹息，因快乐而欢笑。在后一种情况下，对呼吸施加的压力很小，而且这时呼吸的规律性比任何时候都要小。外部的肌肉和内部的任何一部分都感到非常放松，除了笑所产生的震动，似乎没有任何运动。

霍拉修：我看到过人们笑得脱力的样子。

克列奥门尼斯：这和我们在叹息中看到的情况是多么截然相反呀！当痛苦或深深的悲伤让我们放声痛哭之时，我们的嘴巴就会咧成圆形，或者至少会变成一个椭圆，双唇前伸，却不互相接触，而且舌头也缩了回去。因此当人们惊呼的时候，所有国家的人都会发出"啊"的声音。

霍拉修：为什么呢？请你解释一下吧！

克列奥门尼斯：因为当嘴巴、嘴唇和舌头保持这个姿势的时候，他们就发不出其他的元音，也发不出任何的辅音。人笑的时候，嘴唇就会回拉，嘴巴也会咧到最宽。

霍拉修：我希望你不要过分地强调这一点，因为人哭泣的时候也是如此，而哭泣毫无疑问是悲伤的征兆。

克列奥门尼斯：人身处极度痛苦之中时，心脏会受到压迫，面对我们不得不极力抵抗的焦虑，少数人会痛哭出声。但是哭泣会使压力得到减轻，并能够得到有效的缓解。因为人们在哭泣中会卸下抵抗。而且在痛苦中哭泣，与其说标志着悲伤，不如说是标志着我们再也无法抑制悲伤了。因此，悲伤被认为是缺乏男子气概的行为，因为它看起来就像是我们已经失去了力量，是对我们的悲伤的屈服。但是对于成年人来说，哭泣并不是悲伤所独有的，快乐时也同样会哭泣。有人会在苦难中表现得极其坚强，瞪着毫无泪水的眼睛忍受着巨大的不幸，不过这双眼睛却会为戏剧中动人的情节泪流成河。一些人很容易为一件事情激动不已，其他人则更容易受到另一件事情的感动。但是任何能够深深地触动、打动我们心灵的东西，都会让我们流泪，这就是我们下意识流泪的原因。因此，除了快乐、悲伤和怜悯，与我们自身无关的其他事情，也可能触动我们。比如突如其来的惊喜、天意对美德突然的眷顾、英雄事迹、慷慨之举；在恋爱中、在友谊中、在敌人中，或者听到、读到的高尚情操和情感，尤其是这些事情被突然传达给我们，而传达的方式令人悦纳，既在意料之外，又讲述得形象生动，就更容易打动我们了。我们看到：那些心思缜密而敏感的人，其中的一部分是世上最仁慈、慷慨和坦率的人，最容易为陌生的事件流下脆弱的眼泪。那些沉闷和愚蠢的人，及残酷、自私或者工于心计者，则很难被它所打动。因此，真诚的哭泣一向都是真切而无意识的标志，说明某种事物已经击中并征服了其心灵——无论那是什么。我们同样也会看到，外界的力量，如大风、烟雾、洋葱的恶臭及其他易挥发的盐类等，都同样会影响到泪腺导管的外部纤维和暴露在外的腺体，突然的肿胀和精神的压力能够作用于内部。在创造纷繁的物种时，神的智慧显得尤其醒目。构成这些生物的每一部分都是独具匠心的惊人设计，而且为了达到它特有的目的，它们之间的组合也显得异常精确。其中，人体更是一具最令人惊讶的大师级艺术品。解剖学家可能通晓关于骨头及其韧带、肌肉及其肌腱的知识，也能够精确地解剖每一根神经和每一层膈膜。博物学家同样可以深入地研究人体内部的运行规律，并揭示疾病和健康的不同表征。他们都会赞叹并且欣赏人体这架奇妙的机器。但是，如果不精通几何和力学，任何人都不可能真正地认识到发明、艺术以及工艺本身的美，即使他能看到这些构造的所有细节也无济于事。

霍拉修：数学被用在医学领域已经多久了？我听说正是因为数学，医学这门技艺才获得了巨大的进步。

克列奥门尼斯：你想讨论的完全是另外一回事了。假如你指的是治愈病人的技术，那么我认为数学与医学从未有过、也从来不可能有任何牵连。人体的结构和运行，也许大致可用机械运行的理论来解释，而且体内所有的液体也遵循流体静力学的规律（Laws of Hydrostaticks）。但是我们要想弄清楚那些远离视线的、完全无法知道其形状和体积的事物，机械的任何一部分构成都对我们毫无帮助。医生和其他人一样，对医药治病的首要原理和构成要素完全一无所知，这其中也包括对药物的作用和性状的了解。除此之外，他们对用作药物的物体的汁液和其他体液，以及用它所做成的药物，也一样缺乏了解。没有什么技术比医学更缺乏确定性了。正因为如此，在这种技艺中，最有价值的知识都来自观察。对于一个有天分和实践能力的医生来说，最适合他的学习方式也只能是长期审慎的摸索。但是非要说数学与医学有关，或者要论及数学的医疗作用，那无疑是一个骗局，和舞台上的小丑扮演的庸医一样出格。

霍拉修：可是，既然我们的骨骼、肌肉和身体各个显眼部位都具有了极高的技能，那么我们不是应该合理地认为，在认识感觉无法触达的部位上，技能同样高超吗？

克列奥门尼斯：对你说的这一点我毫不怀疑。显微镜已经给我们打开了一个全新的世界，但是我从来没有想过，大自然会在我们无处追踪它的地方停止运作。我相信，我们的思想和情感，对身体某些部位的影响，比人类迄今所发现的更加实在，更加下意识。它们对于眼睛和脸部肌肉的可见影响几乎无法引起注意，这就是我论断的依据。在与男性的聚会中，我们总是保持警惕，同时又保持着我们的尊严，双唇紧闭，上下颌合拢，嘴部肌肉微微紧绷，脸部的其余部分则纹丝不动。当你离开那些人，进入另一个房间，你在那里遇到了一位漂亮和善的女士。甚至不假思索，你的面部表情就会立即发生变化。你还没有意识到你脸部的变化，你就已经换上另外一副表情了。凡是观察到你的人都会发现，你变得比之前更加随和了，并且少了很多严肃。当我们让下颌向下移动时，嘴巴就会张开一些，此时，如果我们神情窘迫地看着前方，双目却不聚焦在任何东西上，我们就能模仿出表情的自然状态。也就是说，通过去掉面部表情，不给脸部肌肉施加任何压力，面容就会恢复它的自然状态。婴儿在学会吞咽口水之前，总是张着嘴巴，让口水不住地往外流。在他们记事之前，在他们的脑海处于混乱状态时，他们的脸部肌肉事实上是放松的，下颌向下垂落，嘴巴也是松弛的。在这个时期，我们在他们身上观察到的这些现象，至少要比后来多得多。人到高龄时，身体开始衰老，这些症状会重新出现。而在痴呆症患者的身上，我们会在他有生之年一直看到这种状态。因此，当一个人的行为非常愚蠢，或者说话像一个天生的傻子，我们就会说这个人缺乏"水龙头"[1]。当我们一方面反思这一切的时候，我们另一方面也要考虑到这两种情况：任何人都比白痴更容易生气，而且所有的生物都会受到骄傲的影响。那么我想问的是，在我们面部那得体的表情中，是否存在某种程度的自赏，能够影响我们，并且似乎能够帮助我们？

霍拉修：我没法回答你的问题。但我清楚，通过对人类机体的这些推测，我才发现自己对这个世界的理解微乎其微。其实，我也真想知道，我们何以会谈论这个话题。

克列奥门尼斯：你问到了笑的起源，而没有人可以给出任何确切的解释。在这种情况下，每个人都可以自由地作出猜想，所以他们没有从中得出结论，只能获得一些早就建立的偏见。但是我为你提供这些杂乱的思想的主要意图，就是想提醒你，自然界的作品是多么神秘呀！大自然的作品随处可见，并且都带着人类无法参透的耀眼的力量。事实证明，从孜孜不倦的观察、审慎的体验和事实的归纳中得到的有用的知识，要远比直接谈论终极原因及从先验推理中得到的多。我相信，没有哪个人会有如此的睿智，在对时钟构成一无所知、对其内部从未一探究竟的情况下，仅通过洞察力就发现其运动的原因。但是每个能力中等的人，却能只依靠观察它的外部特征就可以确定：它之所以能够准点报时，并与时间保持同步，是因为隐藏在其后某种奇妙工艺的准确性。它的指

---

[1] 原文为"wants a Slabbering-Bibb"，直译为"缺少水龙头"，是一句形容傻子流口水的俚语。

针无论运行到哪个数字，最初都是由于其内部的某种事物的运动导致的。当然，我们同样可以确定，当思想对身体的影响显而易见时，思想便能牵动机体产生一系列运动，这些运动也是下意识的。但是，那些身体部位（也就是执行这些操作的工具）我们无法感知，其运动的速度更是异常敏捷，以至于我们根本无法察觉它们的存在。

霍拉修：可是灵魂不就是用来思考问题的吗？它与下意识的运动有什么关系？

克列奥门尼斯：身体里存在灵魂，并不能说是为了思考，就如同不能说建筑师的作用就是建造房子。建造房子时，木匠和砖瓦匠负责施工，建筑师只做设计和监工。

霍拉修：你认为灵魂更有可能寄居在大脑的哪个位置？或者说，你是否觉得它会扩展到整个大脑？

克列奥门尼斯：除了我告诉你的信息之外，我对此也是一无所知。

霍拉修：我非常清楚，这种思维活动是一种劳动；至少可以说，是在我大脑里的一种劳动，而不是在我的大腿和胳膊里。有什么我们能够从解剖学里找到的，关于这个问题的真知灼见吗？

克列奥门尼斯：对于这个问题，没有任何先验的知识。即使最渊博的解剖学家也并不比屠夫学徒知道得更多。我们可能会赞叹大脑硬膜和脑脊软膜奇妙的一致性，以及包裹大脑的静脉和动脉的密闭网络。但是如果切开大脑，我们只会看到几对神经和其根部，注意到一些大小和形状各不相同的腺体；当然，我们也能一眼看到，它们的物质构成和大脑的完全不同。依我说，当最好的博物学家看到这些东西，并且赋予它们不同的名字之后（尽管有些名字并不十分恰当，也缺乏准确性），他便会知道，除了神经和血管之外，即使是那些大而可见的部分，能用来推测大脑运行原理的内容也非常少。不过关于大脑本身的神秘结构，以及它更加抽象的运动规律，他却一无所知。但是从整体看上去，似乎就是一些髓质物，是由数以百万计的无法被看见的细胞组成的。这些细胞以无法想象的顺序排列着，通过各种令人困惑的折叠和缠绕聚集在一起。这位博物学家可能还会补充说，把大脑看作人类知识的宝库是合情合理的，人类忠实的感官不断地把庞大的图像宝藏注入其中，就如同它们被持续不断地采集起来一样。正是在这个器官里，精神被从血液里分离出来，然后升华和挥发成几乎没有实体的颗粒。其中最微小的粒子，不是在搜索，就是在用各种方式处理保存图像，穿透那些奇妙物质的无穷褶皱，维持着永不停息的令人费解的运转，即使最伟大的天才也会为之惊叹。

霍拉修：虽然奇妙，但这都是一些非常轻率的猜想，什么也无法证明。你也许会说，这都是因为这些构成物太微小的缘故。可是，如果对光学镜片进行更大的改良，发明出比现在精度高三四百万倍的显微镜。如果运作大脑的真有物质实体，那么那些你提到的无法感知的微粒就有可能被观察到。

克列奥门尼斯：这种改进是不可能的。不过即便真能有这样的改进，我们能从解剖学那里得到的帮助也微乎其微。一只动物活着的时候，它的大脑无法被观察和探索。如果你把钟表里的主发条拿出来，让它成为一个空壳，那么它就无法清楚地告诉你，当它报时的时候，它的内部是如何运行的。我们可以检查所有的齿轮，以及其他任何一个属于运动或者动作的部分，或许还可以弄清楚它们在指针运动中的作用，但是关于运动的主要原因仍然会是一个永远的谜。

霍拉修：我们身体的主发条就是灵魂，它是无形和不朽的东西。但是对于那些像我们一样具有大脑却没有这种不朽灵魂的其他动物而言，主发条又是什么呢？你不会相信狗和马也能思考吧？

克列奥门尼斯：我相信它们会思考，尽管它们要比我们人类低级很多。

霍拉修：它们身上主管思考的是什么呢？我们能到哪里去寻找它？哪根才是最主要的发条？

克列奥门尼斯：我只能回答你：是生命。

霍拉修：生命是什么？

克列奥门尼斯：尽管没有人知道生命的本质，但是每个人都知道这个词语的意思，正是它给了其他部分运动的能力。

□ 《物性论》 1483年版插图

在伊壁鸠鲁派看来，人类的不幸和堕落主要源于对神的力量和愤怒的恐惧，这种愤怒是由今世遭受的不幸和在未来状态中永远受到折磨所表现出来的，因此伊壁鸠鲁派把消解这些恐惧作为自己的使命，使人内心平静。《物性论》是伊壁鸠鲁派诗人卢克莱修的哲学长诗，以大量事例阐明伊壁鸠鲁的学说，批判了灵魂不死和灵魂轮回说，将朴素唯物主义的观点贯彻于对自然、社会和人类灵魂的本性及规律的认识。图为《物性论》1483年版插图。

霍拉修：对那些已经确信无法探明真相的领域，人们总是莫衷一是，并且意图将自己的观点强加于人。

克列奥门尼斯：傻子和恶棍确实会这么干，但我不会把任何东西强加于你。我告诉过你，我说的关于大脑活动的观点只是一种猜想，我向你介绍了它，你能够相信多少，全在于你的自愿。一个事物的本质如果没有任何外在表现，那么你就别指望能够证明它。一旦呼吸消失，血液循环停止，动物的体内就与肺部功能正常运转、血液和体液正常运动时有着极大的不同。你已经见过那些蒸汽发动机了，你也知道，正是水蒸气驱动它运转的。动物死亡之后，我们不可能看到促使大脑劳作的挥发性粒子；而当火熄灭、水变冷之后，在发动机里，我们仍然能够看到水蒸气，它们仍然在承担所有的工作。尽管如此，如果一个人看到了未工作的蒸汽发动机，而你要给他解释蒸汽机的工作原理，或许他也能理解通过加热可以把液体转化为水蒸气的原理，但是仍然不相信这种解释。这要么是由于他本身就非常奇怪，要么是因为他反应迟钝。

霍拉修：可是，难道你不觉得灵魂是不同的吗？它们并不是同样好或者同样坏的吧？

克列奥门尼斯：我们对物质和运动有着一些还算说得过去的观点，或者说，至少我们在提到它们时，用到的词语是这样的。因此，尽管那些有形的事物超过了感觉所能达到的界限，我们仍然可以形成一些看法。我们可以想象任何物体的结构，哪怕它只有我们肉眼可见物体大小的千分之一，甚至是借助最好的显微镜才能看见。但灵魂却是完全无法理解的，而对于它未向我们揭示的内容，我们知之甚少。我相信，人与人之间能力的差异完全取决于，也完全归因于人们的个体差异，即要么是自身构成的差异（它们自身构成中或多或少的精确度的差异），要么就是应用这种构成的差异。初生婴儿的大脑一片空白，而且，正如你提到的那样，我们的意识无不来自我们的感觉。对此，我完全赞成。但是在灵魂的控制之下，思维活动就包括这种大脑中的查找，包括追踪、联合、分离、转变，以及思想极速的融合。因此在婴儿出生一个月后，除了喂养和保护他之外，我们能做的最好的事情，就是从视觉和听觉这两种最有用的感觉开始，让他们接受种种意识，并让他们的大脑开始运转；通过我们的示例，鼓励他们模仿我们进行思考活动。刚开始的时候，他们做得很差。因此，对于一个健康的婴儿而言，你和他交谈得越多，谈论的内容越广泛，对他就更有益处，至少在两岁以前是这样的。而且为了他能接受这种早期教育，与选择世界上最聪明的护理人员相比，我更愿意找一个年轻的乡下姑娘；因为她们的舌头永远不会静止不动，当孩子醒着的时候，她们会到处跑，永远会不停地逗弄他，和他玩耍。如果承担得起，雇用两三个比一个要好得多，因为这样一来，她们累了的时候就可以互相轮流着休息。

霍拉修：那么，你认为孩子能从保姆们毫无章法的闲聊中得到更大的好处吗？

克列奥门尼斯：这对他来说有着无法估量的好处，并且能教他思考，教他说话，相比之下，无疑收效更多。她们的工作就是发挥她们的这种能力，让孩子乐于和她们做这类事情。因为这段时间一旦失去，就再也没有机会弥补了。

霍拉修：但是我们很少能够记得我们在两岁之前看到或者听到的事情。如果孩子不曾听过这种种粗鲁的闲聊，他们又能失去什么呢？

克列奥门尼斯：就像铁要在烧红并有延展性的时候锻打一样，孩子也应该在年纪小的时候接受教育。因为那时候他们所有的肌肉、血管和皮肤都是柔软的，能够比以后的日子更快地留下哪怕是轻微影响的印痕。他们的很多骨头都很柔软，大脑本身也会柔软得多，并且呈现出流质状态。这也是它不能很好地保留它所接收的图像的原因。而随着它的物质基础逐渐变得更坚硬，保留的图像才能更加牢固。但是与其说最初的图像丢失了，还不如说它是被新的图像成功地替代了。大脑最初是一个不断被归零的记录板，或者是一个工作采样器。婴儿最应该学习的，是自我表达的技能，即思考和说话的训练、习惯的养成，以及迅速有效地管理图像以达到预期的目的。要达到这些目的，最好的教育时期莫过于大脑的物质正容易改变、各器官也很柔软和易于弯曲的时候。所以他们要锻炼的只是思考和说话的能力，至于他们想的是什么，说的又是什么，这都无关紧要。在活泼的婴儿学会模仿我们之前，我们很快就能通过他们的眼睛看到他们为此所做出的努力。从他们不连贯的行为和毫无逻辑的语句中，我们可以知道，他们尝试训练自己的大脑，尝试着思考，尝试着说出一些词语；但是因为思考的程度明显要比说话更好，所以前者就是最重要的事情。

霍拉修：我没有想到你居然谈到了幼儿教育，并且还会如此强调这种对我们来说非常自然的事情，也就是思考。对每个人来说，没有比思考更快捷的行为了。"心思电转"，就是一个熟语。片刻之内，一个愚蠢的农夫也可以将他的心思从伦敦转到日本，而且能够做得像最有智慧的人一样轻而易举。

克列奥门尼斯：但是，没有任何事情能比教育孩子更让人与人之间产生如此巨大的分歧。与我提到的这种差别相比，他们在身高、体型、力量和外貌上的差别都不值一提。对一个人来说，世上没有什么比快乐敏捷的思考能力更具有价值、更清晰可感了。两个人可能会有同样的知识，但是其中一个的即兴演讲，另一个人可能需要两个小时才能达到同样的效果。

霍拉修：我认为，如果一个人知道如何在最短的时间内搞定一篇演讲，根本就没必要用两个小时去研究它。因此我不明白，你为什么会设想这两个人具有同样的知识水平。

克列奥门尼斯："知识"这个词有两个你没有注意到的意义。当你看着一把小提琴时，你认得它与你知道如何演奏它之间是有着很大的区别的。我所说的知识，指的是第一种类型。如果你能从这个意义上考虑这个问题，你一定会同意我的观点。因为没有任何研究能够从大脑里提取到本不存在的东西。假设你能够在三分钟内构思好一封短信，但是另外一个人，他虽然也能像你一样快地书写字母，并把它们组合成一封信，你们写的也是同样的内容，但是他却需要花费一个小时构思。我敢肯定，这个速度慢的人与你有同样多的知识，至少从这件事上看，他知道的并不比你少。他接收到了同样的图像，但是他不能像你一样迅速地找到它们，至少他没有迅速按照短信需要的顺序处理它们。当我们看到两篇非常优秀的习作时，无论它是散文还是诗歌，如果其中一篇是即兴创作，另一篇则花费了两天的辛劳，那么我们能够确定的是，第一篇文章的作者比另一篇文章的作者拥有更高的天分；尽管我们已经知道，他们的大脑里储存着一样的知识。现在你应该明白这两种知识之间的区别：一种知识指的是对图像资源的储存；另一种知识指的更像是技能，也就是在我们需要的时候找出这些图像，并且让它们按照我们的目的去工作。

霍拉修：我曾经认为，我们知道了一件事情之后，却不能随时想起或记住它，是因为记忆出了错。

克列奥门尼斯：那只是一部分原因。不过有些人阅读量惊人，也同样具有非凡的记忆力，可是判断力很差，几乎很少对任何事情提出个人的独特见解，或者事到临头时，才提出自己的看法。在那些嗜书如命的人当中，有些人对书非常"贪婪"，他们实际上只是可怜的书虫，食而不化。在大型图书馆里，我们遇到了多少学识渊博的傻瓜呀！从他们的著作里就可以很清楚地看到，他们将知识储存在大脑里，就像把家具放在架子上一样。对他们来说，大脑里的宝藏不是对他们能力的提升，而是一种负担。所有这些都源自思维能力的一种缺陷，一种笨拙的运转方式，也源自对所接收的信息缺乏有效的管理，因此无法发挥出自己最大的优势。与此相反，我们看到其他人有着很好的判断力，但是却根本没有读过书。在同等的教育条件下，女性普遍能比男性更快地接受创新，并更早地获得应答的智慧。她们中的一些人在交谈方面很有天分。但是令我们吃惊的是，她们获得这些知识的机会却非常小。

霍拉修：但是，有明智判断力的人在她们中间堪称凤毛麟角。

克列奥门尼斯：这只是因为她们缺少训练、勤奋和观照。思考抽象的问题，并不属于她们日常感兴趣的事务。那些通常安置女性的位置，需要的并不是她们有判断力。不过也并没有什么脑力劳动是女性不可以胜任的，至少在同等的条件下，只要她们开始并且坚持下去，就可以和男性有同样的执行力。明智的判断力不过是那种脑力劳动的结果。一个人竭尽全力地分析事物，再放在一起比较，做抽象的、不偏不倚的研究，也就是说，在他研究问题的时候，他似乎并不在乎哪个问题是真的；他能把精力合理地放在事物的每一个部分上，也把同一个事物放在不同的视角之下。我们可以这样说，若其余条件相当，此人就有可能养成我们所谓的"正确的判断力"。与塑造男性的流程比起来，塑造女性的流程似乎更讲究，更完美。女性的容貌更娇柔，声音更甜美，整个外形也更加优雅。男女皮肤的区别，就如同粗布与细布的区别。我们没有理由认为，大自然造就女性时，在我们看得见的地方精雕细刻，却对我们看不见的地方敷衍了事；我们也不能认为，在大脑的形成中，大自然在赋予结构的精确性上没有给予女性同样的关注；至于说到她们形体的妙曼和身体构成的准确，这已经在她们的其他外在形象上有了非常明显的表现。

霍拉修：美丽是女人的特性，力量则是我们男人的特性。

克列奥门尼斯：无论储存图像和协助思考的大脑微粒有多小，它们都在合理性、对称性和精确性上各不相同。这种不同也存在于人与人之间，正如较大的身体部位之间也存在差别。因此，女性在身体器官的精致上是优于男性的。对于器官来说，不论是协调性，还是柔韧性，都是思考这门艺术需要的基础条件，也是唯一称得上天赋的东西。因为我说的这种基于训练的天赋，是需要和恶名一起获得的。

霍拉修：女性大脑的运转方式要比男性大脑的运转方式更加精妙，至于羊牛马狗的大脑运行，想来是粗糙得多了。

克列奥门尼斯：我们没有理由不这么想。

霍拉修：但是无论如何，那个自我，就是我们的发出意志和愿望、作出选择的那部分，肯定是非物质的。因为，如果它是物质的，它要么就是单一的微粒（我几乎可以肯定它不是），要么就是无数微粒的聚合体。这几乎不可想象。

克列奥门尼斯：我不否认你的说法。而且我已经提示过，在所有的动物身上，思想和行动的本源都令人费解。但是在破解大脑的原理和构成上，它的非物质性照样于事无补。无论这一本源是什么，它与身体之间，一定有着某种联系，这是我们能够确定的一种后天经验。物质与非物质之间的相互作用，就如同思想可能是物质和运动的结果一样，对人类来说，都是无法理解的事情。

霍拉修：尽管其他许多动物似乎都被赋予了思想，但是除了人类，还没有任何我们熟知的动物显示出，或者似乎能让人觉得它清醒地意识到自己有思想。

克列奥门尼斯：要测定其他动物是否具备某些本能、属性和能力，是一件不容易的事，因为这些特性并不为我们所了解。但是非常有可能的是，在动物身上，最主要和最必需的器官构成并没有人类那么精细，一般在三五年，最多六年，发育就已经很成熟了；而对于人类来说，这么短的时间几乎不可能发育成熟；要达到成熟和力量的圆满，一般需要二十五年。一个五十岁的人能够想起自己的二十岁，想起他曾是那样一个男孩，有过那样的老师们，这种意识完全依靠的是记忆，而且永远不可能追溯到尽头。我是说，如果你只是个思考这门艺术的门外汉，也没有形成一个长期稳定的模式来保留所接收到的图像，那么你根本不会记得两岁之前的自己，以及发生过的任何事情。但是这种记忆，无论它溯及多么遥远的过去，它使我们产生的自我了解都没有一个和我们一起长大、从不会消失一周或者一个月的人多。一个母亲面对她三十岁的儿子，她比儿子更有理由确信，他就是自己带到世上的。对一个经常关注儿子、牢记儿子变化的母亲来说，她更能确定儿子是否发生了改变，而不是她自己是否改变。所以我们只知道，这种意识包括，或者说导致的结果是，它让精神在大脑的迷宫里不住地奔跑和搜寻，查找与我们有关的事实。他一旦失去了记忆，尽管他的肉体完全健康，但他也比一个傻瓜好不了多少；他也无法意识到自己和一年前一样，却会认为自己只是一个认识了两周的人。失去记忆有几种不同的程度，而那些完全失去记忆的人，事实上就成了一个白痴。

□ 《愚人船》 博斯

《理想国》第六卷中提到了一则关于"愚人船"的寓言：一群精神错乱的人以武力的方式控制了一艘船，而船长被药物麻醉，这些人在漫无目的的航行中因各种理由而自相残杀。从此，"愚人船"多用来讽刺人类的盲目、愚蠢的恶德。图为文艺复兴时期的画家博斯的作品《愚人船》，画面描绘了一群修士和修女在小船上大吃大喝，打情骂俏，尔虞我诈的荒诞场面，每一个人都愚不可及，成为画家嘲弄的对象。

霍拉修：我知道，我们已经离题很远了，但是我并不后悔。你对大脑运行的看法，以及思想对较大器官的下意识影响，是一个值得深思的严肃话题。依靠那种无穷尽的、难以言喻的智慧，显然动物们身上根植着各种本能，它们就是被赋予来满足各自的欲望，每一种欲望都与它们身体的构造非常完美地交织在一起。你给我阐明了礼貌的起源，没有比这更合理的解释了！你告诉我人类在控制自赏方面相较于其他动物的优越性，这在最高的顺从和不眠不休的勤劳中尤其明显。凭借这种优越性，许多人都可以从一种原始的、不可征服的激情中获得无数的利益、安逸和舒适，以及集体的福利和安全。而这种激情，在本质上似乎是对群体性和社会性的破坏，而且基本上没有例外。特别是在未受到良好教育的人中，更是会彼此伤害。

克列奥门尼斯：用同样的方法，即从我们眼前的事实出发，我们可以推测，自赏的实质和用途，以及其他所有的激情就可能得到解释，并变得容易理解了。显而易见的是，维持生存的必需品，并不会让动物们唾手可得。因此，它们才有了各种本能，这些本能促使它们去寻找那些必需品，并教会它们如何得到它们。满足它们欲望的热情和意愿，总是与本能对每一种动物施加的驱动力成正比。但是考虑到地球上可分配的资源分散在各地，而需要供养的动物又那么多，因此，一个显然的事实就是，这些动物从自然界寻找资源的努力，往往会充满障碍，徒劳无功。而且对于很多动物来说，它们无不是被赋予了某种激情，这种激情被用来召唤它们所有的力量，激发它们用迫切的心情，去排除阻挡在那伟大的自我保护之路上的障碍。这种激情就是愤怒。当一个怀着愤怒和自赏意识的动物，看到别的动物在享用自己想要的东西时就会心生嫉妒，这一点也是很容易理解的。在辛劳过后，就连最强壮最勤劳的动物也想休息。我们知道，所有的动物都或多或少地渴望安逸，因为消耗力量劳作会让它们疲劳，而经验告诉我们，损失的精力，需要食物和睡眠来恢复。我们看到，那些随时会遇到强大对手的动物，一定有着强大的愤怒和与生俱来的强大的前肢。如果一个动物一直被这种愤怒控制着，而不再顾及暴露自己的危险，那它很快就会面临毁灭的命运。正因为如此，动物们全都被赋予了恐惧。如果猎人全副武装，而且数量众多，就连狮子也会转身逃走。从我们观察到的野兽的行为来看，我们有理由这样想，在那些更加完美的动物当中，在很多场合，相同物种的动物都有能力让彼此明白自己的需求。我们还可以肯定，它们不但能够彼此理解，而且可能同样地能够理解人类。如果比较人类和其他动物，考虑一下人的构造，以及他身上可见的资质，他在思考和反思方面卓越的能力，他超越其他动物的、学习说话的能力，还有他对手和手指的运用，我们可以肯定地说，他比任何我们已知的动物都更加适合社会。

霍拉修：既然你已经完全否定了我所欣赏的沙夫茨伯里勋爵的社会理论，我希望你能够谈谈你关于社会和人的社交性的全部意见。我会洗耳恭听的。

克列奥门尼斯：人的社交性的根源，也就是人对社会的适应性，不像上面的问题那样抽象难懂。一个能力中等的人，只要有一定的阅历，只要对人性有基本的了解，并真诚地渴求真相，毫无偏见地去寻找它，那么他很快就能弄明白这个问题。但是大多数研究这个问题的人都有其他的目的，或一个决心要维护的事业。一个哲学家如果就像霍布斯那样，说人生来就不适应社会；并且还宣称，造成这种情况的原因无非是婴儿降生时对一切都无能为力。那么，这样的说法就显得没有任何意义。但是他的一些对手声称，人类能够做到的每一件事情，都应该被认为是他适应社会的一个理由，这也并未切中问题的要害。

霍拉修：但是在人类的属性中，难道没有一种天生就存在的爱，可以促使他爱上自己的同类，这种爱远超其他动物对同类的爱？还是说我们天生就带有仇恨和厌恶，使我们就像狼和熊一样彼此仇杀？

克列奥门尼斯：我不相信这两种说法。从我们所见的人类事务和大自然的作品来看，我们更有理由认为，人们对社交的欲望和倾向，并非来自他对别人的爱。就像我们不得不相信，行星们之间的吸引力大于恒星对它们的吸引力，并不是它们一直在同一个太阳系里一起移动的真实原因。

霍拉修：我认为，你不会相信行星之间还有相爱这回事吧？那么，请给出更多你这么说的理由吧。

克列奥门尼斯：因为没有什么现象会与"行星们之间的爱"有明显的矛盾。而且每天都会有上千件事让我们相信，人类做任何事都是以自我为中心的，他做事的目的既不是为了爱，也不是为了恨，而是为了他自己的利益。每个人自己都是一个小世界；而且每个动物都会用尽全力，让自己生活得更美好。在所有动物的身上，这都意味着持久不断的劳作，这似乎也是他们生活的全部目的。那么接踵而来的情况必然是：对事物的选择取决于自己对幸福的感知；如果就目前所见，一个行动看起来对他的未来无益，那他就不会愿意开始这个行动。

霍拉修：那么你对"我知道并渴望更好的办法，但却采用了更坏的办法"[1]这句话，有什么看法？

克列奥门尼斯：这只能说明我们倾向于堕落。不过，人们尽可以畅所欲言：人表示反对的自发动作，要么是痉挛，要么就是不由自主。我说的那些动作，都是受到意志支配的。有一个例证，当两件事交给一个人选择的时候，他会认为他的选择是最合适的，无论他选择的理由可能有多么矛盾，多么不着边

---

[1] 原文为"video meliora proboque, deteriora sequor"（拉丁语），出自古罗马诗人奥维德《变形记》第7卷第20行。

际，多么有害！没有这种情况，就不可能有人心甘情愿自杀，以及惩罚犯错的人也会显得非常不公平了。

霍拉修：我相信每个人都竭力想过得更好。但是不可思议的是，同一物种彼此之间也会有如此巨大的不同，比如，人们对快乐的理解就大不一样，甚至有一些动物把对别的动物的厌恶当作快乐。其实，这些行为的目的都是快乐，但问题是，在哪里可以找到快乐。

克列奥门尼斯：它就存在于现世的完满幸福中，就如同它存在于哲人石[1]当中。哲人也好，傻瓜也罢，很多人都用许多不同的方法探索快乐和点石成金的方法，不过从来没有人如愿以偿。但是在孜孜以求的探索过程中，探索者经常会碰巧发现一些有用的东西，他们原本未打算寻找这些东西，而人类有意识的智慧劳作也是绝对不可能发现它们的。在地球上任何宜居的地方，众人为了建立防御体系而互相帮助，进而建立起国家实体。他们在这种国家实体中能安逸地一起生活数百年，而不用熟悉上千种事情。如果人们知道这些事情中的每一件都能有助于公众利益的完善，那么，根据一般的观念，他们都会为自己做出的贡献感到幸福。我们已经发现，在世界的一些地方，有些伟大而繁盛的国家对船舶一无所知；而在另外一些国家，海上航运已经有超过两千年的历史，而且他们在利用罗盘辅助航行以前，就已经对航海术作出了无数次的改进。把这种知识宣称为人类选择出海的理由，或者宣称为自己天生具有处理海航事务能力的证据，都是非常荒谬的。为了修建一个菜园，我们应当拥有泥土和适合建菜园的气候条件。当这两样东西齐备之时，我们仅需要耐心、蔬菜种子和相应的培育知识。精致的步道、溪流、雕塑、凉亭、喷泉和瀑布等都有助于改进自然意趣，但是它们对建一座菜园却并非必不可少。所有国家都必定有一个简陋浅薄的开端，而此时先民们身上的社会性和后世一样引人注目。人类被称为

---

〔1〕哲人石（Philosopher's Stone），在西方传说中是一块可以点石成金，又可以令人起死回生的奇石。

社会性动物，有两个主要的原因：首先是人们普遍认为，人类天生就比其他动物更加热衷且渴望社会；其次是因为人类联合起来的好处明显要比其他动物联合起来多（假如其他动物也愿意联合起来的话）。

霍拉修：可是你为什么说第一个原因的时候要用"认为"？难道这不是实际情况吗？

克列奥门尼斯：我这么谨慎措辞，是有着非常重要的原因的。所有出生在社会里的人，比其他任何动物都更需要社会。但人类是否天生如此，仍然存疑。如果答案是肯定的，那么人的社会性就不是优点，也就没有什么好吹嘘的。人类对安逸和安全的热爱和对改进自身条件的无限追求，已经为人类热衷社会提供了充足的动机。毕竟人在自然面前，总会觉得一无所有、孤立无援。

霍拉修：你谈到人类贫困和孤立无援的处境时，不害怕陷入与霍布斯同样的错误吗？

克列奥门尼斯：一点儿也不。我谈到的是成年的男性和女性。他们的知识越广博，素质越高，财富越多，他们在自然环境中，就会越显得贫困而无措。一个年收入25000到30000镑的贵族，有三四辆马车和六名车夫，还有五十多个仆人为他服务，如果单看其个人，而不计他的财产，那么他就会比一个年收入只有50镑、习惯步行的无名之辈还"贫困"。因此，一个从未亲手给自己别过胸针、从头到脚的穿戴都由两三个侍女完成的，活像个婴儿一般的女士，比挤奶工（朵儿）更加无助。后者整个冬天都能摸黑穿好衣服，而且用的时间比做其他任何事情都短。

霍拉修：但是你所说的改进我们生存环境的欲望，难道不是非常普遍、无人例外的吗？

克列奥门尼斯：任何一个可以被称为社会性动物的人莫不如此。而且我相信，这是我们这个物种的特征，只要他可以称之为人，都有这种特征。因为在这个世界上，还没有任何一个受过社会教育并能够支配自己人生的人，不想在自己的个性、财产、环境以及任何属于他的社会角色上增加、减少或者改变一些什么。这是在人类之外的任何动物身上都看不到的情况。如果不是他的欲望如此过分、如此花样繁多，我们永远不会知道他在满足他所谓的需求方面是这么地努力。所有的这一切都说明，最文明的人也最需要社会的帮助。我说人是社会性动物的第二个理由是，"人的联合所能获得的好处，比任何其他试图联合起来的物种都要多"。要弄清楚这么说的原因，我们就必须从人性中去寻找人类超越其他动物的品质，无论是否受过教育，这种品质在人性中都较为常见。但这么做的时候，我们不应该忽略他们身上能够被看到的任何东西，从他们最早的幼年时期直到年事已高的老年时期。

霍拉修：我不明白，你为什么非要提醒我观察的是整个一生？只要观察他最成熟或者最完美的时候，不就已经足够了吗？

克列奥门尼斯：动物身上所谓的易驯性，相当大的一部分取决于肢体的柔韧性，以及它们对于灵活移动的适应性。当它们发育成熟的时候，这些性质要么会完全失去，要么会受到严重的削弱。到目前为止，我们人类只在思考和说话的能力上超过了其他一切物种。确定无疑的是，这是我们天性的特有财富。而且非常明显的是，如果这种能力一直被忽略，那么到了成年以后，它通常就不复存在了。同样地，人类享有的寿命，比其他大多数动物都要长，我们在时间上有着它们所没有的特权。即便是与生命只有人类一半、能力与人类相当的动物相比，人类也有更多的机会去开发智慧（尽管这种智慧只能依靠人类的经历来积累）。在其他条件相当的情况下，一个六十岁的人比一个三十岁的人更清楚，在生活中该拥抱什么和该拒绝什么。在《兄弟俩》[1]里，米迪奥在为年轻人的错误辩解的时候，对他的兄弟德美亚说过，"在合适的年龄上，我们能慎重地处理一切事情"。这句话既适合野蛮人，也适合哲学家。正是这些能力的合力和其他的特性，一起构成了人对社会的适应性。

霍拉修：可是为什么我们种群的爱不能成为其中的一种属性呢？

---

[1]《兄弟俩》（*Adelphi*），古罗马剧作家泰伦斯（Phblius Teretius Afer，公元前190？—公元前159年）创作的喜剧。在这部剧中，米迪奥（Mitio）和他的兄弟德美亚（Demea）在子女教育上意见相左。

克列奥门尼斯：首先是因为，我已经说过了，我们并没比其他动物更具有种群之爱。其次是因为，它不属于我们正在讨论的问题。因为，我们如果研究一下所有政治实体的本质，就会发现，无论是为了建立还是维护政治实体，种群之爱这一类的情感就从来没有被依赖过或者重视过。

霍拉修：但是"社会性"和"自赏"这两个说法，本身已经把"爱"引入了彼此的内涵，这就像是它们各自从相反的方向互相印证一样。一个喜欢孤独的人不会喜欢群居；或者也可以说，一个孤独、自闭、抑郁的人，和一个喜欢社交的人完全相反。

克列奥门尼斯：当我们把一些人和其他人作比较的时候，我承认，有句话经常被用来表达这种意义，即当我们谈起人类所独有的品质时所说的"那个人是一个社会性的动物"。这句话不过是说，在我们的天性中确实有一种适应性，我们绝大多数人都在依靠它进行合作。它会让我们联合起来，结成一个团体，并让团体可以拥有和使用我们每个人的力量、技能和智慧，从而控制团体自身，处理紧急事务，如同它是被同一个灵魂激活、被同一个意志驱使的一样。我很乐意承认，在那些驱使人们进入社会的动机当中，存在着一种天然的渴望群居的欲望。但是人类的这种欲望，完全是为了自己，他只想获得优越、希望自己变得更好。若非他想从中得到某种好处，他从不渴望结交朋友，也不希望得到别的什么。我要否认的是，人类天然地具有这种欲望，是出于对种群的爱，这是人类相较于其他动物的优势所在。这是我们经常给自己的恭维，但是它没有任何的真实性可言，就像我们对别人说"我是您的仆人"一样。而且我坚持认为，这种自诩对同类的爱，以及我们提到过的人所拥有、超过动物的那种彼此之间的自然情感，既不能协助我们建立社会，也没有让我们在谨慎的商业贸易中增加互信；即使它不存在，人们也照样交往。所有社会毋庸置疑的基础是政府。这个已经被完美检验的真理，将为我们提供关于人类适应社交的一切理由。从中我们可以清晰地看到，那些能够建立组织的动物，首先必须具有可支配性。这就需要动物们心怀敬畏，并对彼此有一定程度的理解。因为，如果动物们不受恐惧的影响，那就永远无法管理；如果没有这种有用的激情的影响，动物的理智和勇气越多，就越桀骜不驯和不可治理。而无法理解与预期的恐惧则会让动物一味地逃避可怕的危险，却从不去考虑逃避会给自己带来什么后果。因此，野鸟为了飞出鸟笼觅食，会不惜用脑袋去撞击鸟笼。顺从者和可管理者之间有着巨大的不同。因为对于一个不服从别人的人，他只会从事他不喜欢的事务，以避免不得不从事他更不喜欢的事务；我们可以表现得非常顺从，但是这对于我们所顺从的人，却一点儿好处也没有。不过对于一个可管理者而言，这意味着他必须取悦别人，同时也乐于为管理者的意愿而努力。但是，那种种群之爱无不始于家庭，如果完全不考虑自我，那就没有什么动物可以为其他动物奔忙，并且长久地和睦相处了。因此，一个动物只有在学会理解什么是对自己有利的境况，重新变得驯服，并不只为满足自己而劳作、多为别人服务，他才是真正的"可管理的动物"。一些动物本来就是，或者能毫无困难地变成可管理的动物。但是除了人类之外，没有哪怕一种动物会驯良到可以为自己的族群服务。如果没有这一点，人就永远不可能成为社会化的动物。

□ "郁金香泡沫"

17世纪30年代中期，荷兰引进了时髦的郁金香，荷兰人争先恐后的消费引发了一场投机狂热——购买郁金香已经不再是为了观赏，人们都期望它能无限涨价并因此获利。到1634年，投机者开始进入市场，稀有鳞茎的价格持续上涨。当年11月，连普通鳞茎的价格都上涨了很多，以至于可以卖到几千荷兰盾（5000荷兰盾相当于当时一套设备齐全的房子的价格）。由于许多郁金香在短时间内多次转手且尚未妥善交接，郁金香合约的第一个卖方开始向买方讨债，这个人又向后面的买家索债。1637年，这种恶性循环使郁金香市场终于崩溃。"郁金香泡沫"被认为是人类历史上有记载的最早的投机活动，是一场重大的经济危机，现在通常用来比喻当资产价格偏离其内在价值时出现的经济泡沫。

霍拉修：但是，难道人类不是大自然为了社会而设计出来的吗？

克列奥门尼斯：《启示录》告诉我们，人是为社会而被创造出来的。

| 蜜蜂的寓言 The Fable of the Bees

□ 现代办公室

经济发展日新月异的现代社会，人类劳动的方式不断改变。图为一家互联网公司的上班族工作的场面，格子间内秩序井然，酷似蜂巢。

霍拉修：但是，如果没有《启示录》，或者如果你是个墨西哥人，你会如何回答我的这个问题？

克列奥门尼斯：是大自然为了社会创造了人类，就如同葡萄被种植出来就是为了酿酒一样。

霍拉修：酿酒是人类的一个发明，就如同从橄榄和其他蔬菜中把油压榨出来，就像用麻制造绳子一样。

克列奥门尼斯：大量的个人组成一个社会也是如此，世界上再也没有比这更需要技巧的事情了。

霍拉修：人的社会性难道不是自然的作品吗？或者更确切地说，是自然的成就，是神圣天意的成就？

克列奥门尼斯：这毫无疑问。不过，每种事物的内在独特的优点和功能也是如此。葡萄适合酿造葡萄酒，大麦和水适合酿造其他酒，这都是上帝的杰作。但正是人类的智慧发现了它们的这些作用。同样地，人类的社交能力，显然也是来自创造了人的上帝的手笔。因此，我们的产业所能生产和涵盖的任何一件物品，其源头都应该归功于我们的创造者。但是当我们谈到大自然的作品时，为了把它们与技艺的作品区别开来，我们指的就是未经人类驯化就存在的东西。也就是说，大自然到了合适的季节就生长出豌豆；可是实际上在英格兰，不经过技艺和非凡的劳动，你便休想在一月份得到嫩绿的豌豆。大自然自有规律。从许多动物身上都可以看到，大自然就是为了社会而创造了它们。这一点在蜜蜂身上表现得尤其明显，从实际效果来看，为了达成这个目的，蜜蜂们被赋予了各种本能。我们的存在和其他存在，都要归功于伟大的造物主。没

文化伟人代表作图释书系

有他的保护，社会便不会存在；没有人类智慧的存在，社会也无法延续。所有的社会都必须有一个基础，要么是全体一致认同的契约，要么就是施加在弱者忍耐范围内的强大力量。技艺作品和自然作品的区别是如此巨大，以至于我们必须先去了解它们。先验的已知只能归属于上帝，他的智慧本身就具有原始的确定性，我们所谓的证明，只能是一个不完美的、从中借来的副本。因此，在大自然的作品中，我们看不到匠心和练习。它们总是完美的，如同大自然一出手，就创造出了她想要的东西。它们因为没有受到干扰，所以非常完美，简直超出了我们的理解和感知。与此相反的是，可怜的人类除了从事后的推断中总结出一些规律，什么都无法确定，甚至包括人类自身的存在。如此一来，技艺的作品和人类的发明都显得非常蹩脚，缺陷比比皆是，大部分作品起初更是粗糙不堪。我们的知识是缓慢积攒起来的，一些技艺和科学更是需要经过许多代的实践，才达到说得过去的水平。我们是否有理由这么想：第一次派出蜜蜂的蜜蜂社会，酿造出的蜂蜜和蜂蜡远没有其后代的质量好？另外，大自然的法则是恒定的，无论在什么地方，她所有的秩序和规则都不可改变，人类的认可和才能根本影响不了这一点。"爱永不变，或恨永不变，可有这样的人？"[1]在蜜蜂当中，有没有可能存在过某种"政治组织"？（这种组织不同于现在每只蜜蜂都服从的"政府"。）关于政府这个主题，人们提出了多少种各不相同的猜测，又推崇过多少种荒谬的计划呀！人们的分歧是何其巨大，致命的纷争又是何其层出不穷！而且，哪种形式的政府最好，现在仍然是一个悬而未决的问题。人类那些或好或坏的项目简直数不胜数，都说可有益于社会和使社会变得更好。但是我们的战略是多么短视，而判断又是多么容易失误！在一个时代似乎对人类非常有益的东西，在后世通常会被发现显然有害。甚至是在同一个时代，在一个国家所尊重的东西，在另一个国家却被讨厌之至。蜜蜂曾经在蜂巢的样式和功用上做过哪些改变呢？它们是否制造过并非六角形的蜂巢，或者在

---

[1] 原文为"Quid placet aut odio est, quod non mutabile credas"（拉丁语），出自古罗马作家贺拉斯的著作《书简》（*Epistles*）。

□ 酿制葡萄酒

在中世纪的历法中，每个月都有一种或几种与之相关的农业劳动。九月的工作是酿酒，人们从葡萄园里采摘葡萄，把它们倒进大桶里，用脚踩出葡萄汁后，连同葡萄皮一起发酵。图中的刺绣表现了中世纪人们酿制葡萄酒的场面。

大自然最初赋予它们的工具上进行补足么？世界上各个伟大国家建造了多么宏大的建筑，完成了多么伟大的作品！对于这所有的一切，大自然只是提供了原料。采石场出产大理石，但是把雕像从其中雕刻出来的却是雕刻家。人类发明了种类无限的铁制农具，但是大自然什么都没做，只是给了我们一些藏在地底的岩浆而已。

霍拉修：工匠、工艺的发明者以及改进者，他们的才能大部分都来自不断完善劳动的过程，以及他们得自自然的天分。

克列奥门尼斯：就智力而论，其才能取决于他们身体的构造，也就是他们的身体机器的准确性。他们确实如你所说，不过也仅此而已了。这一点我已经说过了，如果你还记得我关于大脑的那些话，你就会发现，在人完成工作所需的技艺和耐心方面，大自然的贡献是非常无足轻重的。

霍拉修：如果我没有记错的话，你说过两种事情：其一，那些超越了其他动物、适应社会的人真实存在，但是在大量的人聚集在一起并被有效管理之前，这一点是很难察觉的；其二，这种真实存在的社会适应性，是一种复合产物，它融合了几种不同事物，但不是某种人类独有而其他动物没有的明确特征。

克列奥门尼斯：你的话完全正确。每颗葡萄都包含着少量的汁液，但当大量葡萄被放在一起压榨的时候，它们就能通过纯熟的工艺被酿成葡萄酒。但是我们仔细考虑一下，发酵对酒精的产生有多么必需啊。我的意思是在酿酒的过程中，它是多么必不可少，我们就会清楚地知道，如果不是用词不当，我们不会说"每一颗葡萄里都藏着葡萄酒"。

霍拉修：酒性，就发酵产生的结果而论，它确实是后天的产物。只要每颗葡萄单独存在着，它就不可能得到这种东西。因此，如果你要把人对社会的适应性比作酒性，那么你就必须让我看到，在社会上有一个同样的发酵物。换而言之，当某种东西保持独立的时候，单独的人实际上不能拥有它，但是当它们聚集在一起的时候，它们就会产生大量的可以感知的后天产物。正如发酵的葡萄汁才能酿成酒，在社会的构成过程中，发酵也是必需且最基本的。

克列奥门尼斯：这种相当于发酵物的东西，在人类交往中是可以找到例证的。因为，假如考察一下用来宣布和判断"人是超越其他动物的社会性的动物"的每一种机能和素质，我们就会发现，人们的很大一部分素质（即便不是最大部分）都是来自他们之间的交往——"工作造就了鞋匠"[1]。人们通过在一起生活，变得善于交际。自然的情感促使所有的母亲都去照顾她们的后代，在他们无能为力的时候，喂养他们，并让他们不受任何伤害。但是对于穷人来说，女性没有闲暇让自己尽情地为婴儿提供他们喜爱的各种体验，不能用爱抚表达自己的疼爱，也没有时间好好照料他们、陪他们玩耍。在这种情况下，孩子越健康、越安静，就越会被忽略。在年幼时缺乏与成人的交流，没有被经常激发的经历，在他们长大的时候，他们往往会变得极其

□ 洛克

英国哲学家、启蒙思想家、经验主义的开创者。洛克认为，没有感官经验之前，我们的心灵是一片空白。而当我们闻到、尝到、摸到、听到各种东西之时，心灵除了被动地接受外界的印象之外，同时也在进行积极的思考。

---

〔1〕原文为"Fabricando fabri fimus"（拉丁语），意为"工作造就了鞋匠"。

愚蠢和无知。我们常常把这种情况归因于天生能力的欠缺，实际上这完全是因为早期教育的缺失造成的。我们很少见到从不与同类交往的人类，所以很难猜测完全没有受过教育的人的情况。但是我们非常有理由相信，这样的一个人，他的思维器官应该非常不完善；如果他没有任何东西可以模仿，也没有任何人去教他，即便再具有驯服性，对他来说也是一无用处。

霍拉修：因此，哲学家在谈论自然法则时自称，知道在自然状态下的人会想些什么，以及他在未经指导的情况下，会以何种方式看待他自己和上帝的关系。这实在是非常有哲理的。

克列奥门尼斯：就像洛克先生的正确论断那样，思考并进行合理的推理，是需要时间和实践的[1]。那些没有思考习惯、只顾眼前需要的人，是很难超越现有水平、把工作做好的。在人烟稀少的偏远地区，比起住在大城大镇及其附近，人类更接近自然状态；即便在最文明的国家里，也是如此。在这些人中的最无知者身上，你大概能看见我所宣称的真理。当你和他们谈论任何需要抽象思维的事情时，在五十个人当中，能理解你的人一个也没有；但是他们中的很多人都是有用的劳工，而且狡猾到足以会骗到你。人是理性动物，但是当他来到这个世界的时候，并非满怀理性；即便后来他有了理性，他也不可能像穿一件衣服那样，立刻就会如愿。说话同样是我们种族的一个特征，但是没有人生来就会说话。对于两个野蛮人来说，即便是经过十几代人的积累，也进化不出像样的语言。我们也没有理由相信，一个人在二十五岁以前如果从未听过其他人说话，这之后还能学会说话。

霍拉修：你之前说过，当大脑组成物质柔软、容易留下印记的时候，教育是很有必要的。我认为教育对思考和说话都非常重要。但是一只狗或者一只猴子，也可以被教会说话吗？

---

[1] 出自哲学家约翰·洛克（John Locke，1632—1704年）的著作《理解能力指导论》（*Of the Conduct of the Understanding*）："头脑亦如身体，是实践才使他成了现在的样子的……"

克列奥门尼斯：我认为不能。但是我想，其他物种也不会像人类的小孩那样，在学会说一个字之前得吃那么多苦。另一件需要考虑的事情是，尽管有些动物比我们要长寿，但是没有任何物种会像我们人类一样保持如此长的年轻阶段。另外，除了要感谢身体构造和内部运行的精确性（它带来优良学习天赋等素质），我们几乎没有从我们的驯良性上得到任何好处。我们的成长期非常长，在我们的器官只达到半成熟状态时，其他一些动物的器官就已经成熟甚至硬化了。

霍拉修：因此，在我们赞美人类具有语言和社会能力时，唯一真实的就是，假如人在非常幼小的时候就被耐心而勤奋地加以训练，他就能学会说话，并具有社会适应性。

克列奥门尼斯：所有人都不例外。一千个二十五岁以上的成年人，如果都是在未加管教的状态下长大的，并且互不相识，那么他们永远不可能具有社会性。

霍拉修：我认为，如果对他们的教育来得太迟，他们就不可能变成文明人。

克列奥门尼斯：但是我所说的只是社会性，因为这是人的独有属性。也就是说，他们就像一千匹野马，除非你有两三倍数量的人去监督他们，并让他们保持敬畏，否则你是不可能对他们进行有技巧的管理的。因此大多数社会和各个国家的初期，都是按照威廉·坦普尔爵士的设想构建的，但过程却没有他设想的那么快速。而且我很想知道，一个具有良好判断力的人是如何在一个未经教化的人身上看到公正、谨慎和智慧的观念的；或者是如何在文明社会之前，甚至是在人们具有社交行为之前去设想一个文明人的。

霍拉修：我敢肯定，我读过你提到的这个观点，但是我不记得出处了。

克列奥门尼斯：那本书就在你的身后，就在从底部数起的第三个架子上，请你把它递给我。你应该听听他的观点，这是他论述政府的一篇文章，就是这里：因为，假如我们考虑到人通过生育来繁殖自己的同类，并为他们提供必需的食物来照料他们，直到他们自己能完成这一切（这导致人类的所有代际更替比我们能够观察到的其他动物都晚了很多，也导致了孩子对父母更长时间的依赖）；假如我们考虑到，人不只是照料孩子，还必须付出辛劳来供养他无助的孩子，为此要么是在自然界采集野果，要么是通过付出劳动来换取食物。要储备这种补给，他就不得不去捕捉温顺的动物，甚至偶尔会鼓起勇气，为保护自己的小家庭去捕猎更凶猛一些的动物，并和那些强壮而凶残的野兽搏斗（那些野兽会捕猎他，就像他捕猎温顺的动物一样）。假如我们假设他能够谨慎而有条理地处理问题，无论他得到了什么食物，都会按照每个人的饥饿程度和每日所需来进行分配；有时供应超过了当日所需，他就会为了第二天预留一部分，但有时供应不足，他便宁愿自己饿着，也不会让任何一个子女挨饿……

霍拉修：这绝不是野蛮人或未受教化者的处事方式，他倒适合做个治安官。

克列奥门尼斯：请让我继续读下去，我只读一段：等每个后代都长大了，能够分担这种共同的责任时，他就会通过教训和实例来教导他们——作为人子，以及以后作为人父，他们应该做什么。他教导所有的子女，要想健康生活，什么品质是好的，什么品质是坏的；或许他还要告诉他们，一般的社会（它肯定包括人们普遍尊重的美德与厌恶的恶德）珍视并鼓励向善之心，反对和惩罚作恶的人。最后，他还会教导他们，在各种人生变故中，若尘世无法提供慰藉，他们还能抬头远望天国；无论什么时候，每当他发现自己的脆弱，就有权向更高更伟大的大自然求助。我们一定会得出这样的结论：他的孩子完全被培养成了像他一样的具有伟大智慧、善良、勇敢、虔诚的人。而且假如人们经常在他的家里看到大量的东西，他们就会深信他富可敌国。

霍拉修：我很想知道，这个人是从石头缝里蹦出来的，还是从天上掉下来的？

克列奥门尼斯：我们做假设的时候，怎么做都是合理的……

霍拉修：我敢肯定，我们的这些讨论已经太深了，我的无礼也一定让你不胜其烦。

克列奥门尼斯：实际上你让我乐此不疲。你提出的问题都很中肯，任何一个像你这样有头脑但未思考过这些事的人，都会提出这些问题。我特意给你读了那段文字，是希望它能够有用处。但是如果你已经厌倦了这个话题，我也不会再挑战你的耐心。

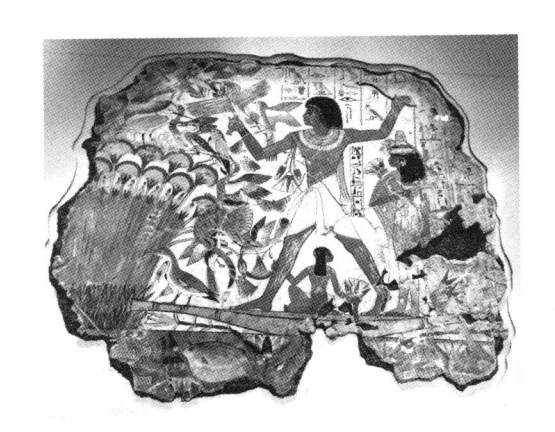

霍拉修：你误会我了。其实我已经开始喜欢上了这个话题，但是在我们继续深入讨论它之前，我想再读一下那篇文章，我上次读它已经是很久之前了。等我读过之后，我会非常高兴继续与你讨论，而且越早越好。我知道你喜欢新鲜的水果，假如明天你能和我一起用餐，我会给你准备一个菠萝。

克列奥门尼斯：我是如此喜欢和你交流，所以绝不会放弃享用那个水果的机会。

霍拉修：回头再聊。

克列奥门尼斯：随时为你效劳。

□ 捕猎

人类进入农耕文明后，捕猎不再是唯一获取食物的方式，开始具有了娱乐、彰显英勇等功能。这幅壁画展示了古埃及新王国时期，贵族内巴门带着女儿和妻子在尼罗河的沼泽地狩猎的场面。

霍拉修与克列奥门尼斯的第五篇对话

克列奥门尼斯：它简直胜过一切水果；它的味道甜而不腻，我也不知道该如何形容。我感觉它似乎包含着各种美妙的味道，让我想起了多种美味的水果，却又胜过那些水果。

霍拉修：我很高兴你会如此满意。

克列奥门尼斯：它的气味也同样令人陶醉。我想，你削皮的时候，屋子里定是弥漫着一股芬芳馥郁的香气。

霍拉修：它的果肉细腻，气味芳香；只要你拿过它，手上便会长留余香，虽说我已洗净并擦干了双手，但到明天早晨那香气也不会完全散尽。

克列奥门尼斯：这是我第三次品尝我国自产的菠萝，在北方的气候条件下成功种植菠萝，极好地证明了人类的勤劳和栽培技术的改进。享受温带地区的健康空气，同时又能种植出天生需要热带阳光的、最成熟的水果，这实在太奇妙了！

霍拉修：获得热量很容易，但技艺的伟大在于找到并适时调节适宜菠萝生长的温度，否则，就不可能在英国培育出菠萝；用温度计精确地调节温度，的确是一项了不起的发明。

克列奥门尼斯：我还想再多喝点菠萝汁。

霍拉修：您自便！不过，我想我们理应为一个人的健康干杯。

克列奥门尼斯：请问这人是谁呢？

霍拉修：英国能培育和种植出菠萝这种异域水果，我说的那个人功不可没，他就是马修·德克尔爵士。英国第一只菠萝，也叫凤梨，就是他在里士满公园[1]里成功种植出来的。

克列奥门尼斯：那让我们用菠萝汁衷心为他的健康干杯！他是个仁慈的人，而且，我相信，他也是个非常真诚的人。

霍拉修：他见多识广，会赚钱，又公正无私、从不伤害他人，世上很难找出第二个像他这样的人——

克列奥门尼斯：你考虑过我们昨天谈的那些事了吗？

霍拉修：从你那告辞后，我一直在思考；今天早上，我比以前更专心地读了一遍那篇文章，我很喜欢。只是你昨天读的那一段，以及其他几处主旨相似的段落中，对人类起源的叙述与《圣经》中的相关叙述不一致。根据《圣经》记载，人类都是亚当的后代，因而也都是诺亚及其后代的后代。若是这样，世界上怎么还会有野蛮人呢？

克列奥门尼斯：关于世界历史，尤其是远古历史的记载很不完备。战争、瘟疫和饥荒造成了多大的破坏；人类曾遭遇过何种灾难；大洪水之后，人类究竟是如何分散到世界各个角落的……所有这些，我们都不得而知。

霍拉修：但那些受过良好教育的人，也一定会教育好自己的孩子；我们没有理由认为，作为诺亚后代的文明人会忽视自己子孙的教育。不过，尽管所有人都是诺亚的后代，可每一代人的经验和智慧不仅没有增长，而且还在倒退；人们对子女的教育越来越懈怠，以至于最终退化到你所说的那种自然状态。这实在是不可思议！

克列奥门尼斯：我不知道你这样说是不是反讽，但你这番话并不足以使《圣经》中历史的真实性受到质疑。《圣经》已经向我们描述了人类的神奇起源，以及大洪水之后一小部分人类的幸存，但它并未告诉我们此后人类发生的所有巨变。《旧约》里几乎没有涉及任何与犹太人无关的细节。摩西也没有自称能详细说明所有发生在我们始祖身上，或始祖所做的事：他既没有提到亚当

---

[1] 英国伦敦的一个公园，也是伦敦最大的皇家园林。

的任何一个女儿，也没有提到创世之初必定发生的一些事情；从该隐建造一座城市[1]的记载和其他一些情况中，我们可以明显看出这一点。由此可见，摩西从世上第一个人追溯到先祖们的后裔时，只提到了那些于他有利的事情。但当时世上确实也有野蛮人；欧洲大多数人都曾在世界的某些地方见到过野蛮的男女，他们对文字一无所知，也不受任何规则或政府的约束。

霍拉修：我并不怀疑野蛮人的存在；从英国每年捕自非洲的大批奴隶来看，世界某些地方确实存在大量不具备社会性的人。但我承认，我无力证明他们都是诺亚的后裔。

克列奥门尼斯：你还会发现，很难解释为何古代真实存在过的许多精湛技艺和有用发明会消失。不过，我认为威廉·坦普尔爵士那篇文章的缺陷在于对野蛮人特征的描述。他让一个野蛮人作出正确的推理并依此行事，显然是不现实的。在野蛮人身上，激情一定是汹涌澎湃的，它们相互冲撞，此起彼伏；未开化的人不可能有科学的思维方式，也不可能孜孜不倦地追求某个目标。

霍拉修：你对我们人类的看法确实独特。但一个人思想成熟后，不会自然而然地形成某些是非观念吗？

克列奥门尼斯：回答你这一问题之前，我想先请你注意一点：野蛮人各自存在很大区别，有的野性，有的温顺。一切动物生来都关爱自己的后代，即使它们孤立无援，也是如此。但在养育后代方面，野蛮社会中的人比文明社会中的人更容易遭受意外和不幸的打击，因此，野蛮人的孩子必定会常常被转交他人抚养，以至于长大后，他们几乎不记得自己有过父母。倘若孩子在四五岁之前就被父母抛下或遗弃，除非有别的动物照料，他们要么因饥寒交迫而死，要么被野兽吞食；而那些幸存下来的孤儿，很小便开始独立谋生，因此，他们长大后肯定比那些由父母照料多年的人更野蛮。

---

[1]《旧约》中说，亚当和夏娃的长子该隐因杀了弟弟亚伯，被耶和华驱逐到挪得之地，生子以诺，并造了一座城，命名以诺，而以诺又有了自己的后代（见《创世记》第4章第9—24节）。故作者认为这与"亚当是人类唯一始祖"的说法不一致。

霍拉修：可你能想象，即使最野蛮之人，天生也具备某些是非观念吗？

克列奥门尼斯：我相信，这样一个人会毫不犹豫地将一切能弄到手的东西都据为己有。

霍拉修：若有两三个这样的人碰到一起，他们很快就会醒悟，并不是一切都属于自己了。

克列奥门尼斯：他们极有可能很快就意见不合，并发生争执，但我不相信他们会醒悟。

霍拉修：这样说来，人便永远不可能形成一个整体了，那社会又是如何产生的呢？

克列奥门尼斯：我对你说过，社会产生自私人家庭；但这个过程并非一帆风顺，也需要很多良机，而且要经过若干代人的努力，才有可能形成一个社会。

霍拉修：我们知道，社会是由人组成的；但倘若人人生来就怀有那种错误观念，认为一切都属于自己，而且永远也不会醒悟，那你又该如何解释社会的产生呢？

克列奥门尼斯：对此，我的看法是：自我保护的本能要求所有动物都去满足自己的欲望，而人为了自己的健康考虑，繁衍后代的欲望必须在完全成熟后才可以满足。即便如此，倘若一对野蛮人男女很年轻时便相识，并且在一个气候温和、食物充足、环境宜人的地方，安安稳稳地生活了五十年，他们便可能繁衍出大量的后代。因为，在自然的野蛮状态下，人类的繁衍速度比任何正常社会所允许的要快得多。只要能找到一个女性，任何十四岁的男性都不会独自生活太久；只要有男性追求，任何十二岁的女性都不会拒绝；或者说，只要还有男性，便没有一个十二岁的女性会长久无人追求。

霍拉修：在这些人中间，血缘想必不会是什么障碍，因此，一对野蛮人男女的后代也许很快就能达到数百个。我可以肯定必会如此。然而，这对不合格的父母对孩子的教育也非常有限，因此，当孩子长大后，父母也不可能管得住他们。若他们都没有是非观念，社会便永远无法形成。你所说的人人生来就怀

□ 父与子

在古罗马，父亲是无可争议的一家之主，由罗马法和祖先之法（即不成文的习俗和传统的集合）授予他完全的权威。当婴儿降生时，助产士将孩子放在父亲的脚边，只有当父亲将其抱起，婴儿才会成为家庭的正式成员。日后，如果孩子惹怒了父亲，他有权和他们断绝关系甚至杀死他们，或把他们卖为奴隶。图中的古罗马雕塑刻画了父亲抱起新生儿的一幕。

有的那种错误观念，是一个永远无法克服的障碍。

克列奥门尼斯：根据你所说的那个错误观念，即人们自然会认为他们所能得到的一切都属于自己；父母因此也自然会把子女看作自己的财产，并且以最符合其利益的方式来驱使他们。

霍拉修：既然野蛮人不会孜孜不倦地追求某些目标，其利益又何在呢？

克列奥门尼斯：在于某种激情占据上风时，就去满足它。

霍拉修：占据上风的激情时刻都可能改变，这样的孩子怕是不好管教。

克列奥门尼斯：确实如此，但还是有办法的；我的意思是，他们尚未足够有力量抵抗之前，是可以被控制的，只能照吩咐去做。天然的爱会促使一个野蛮人男子去珍爱自己的孩子，会使他为孩子提供食物和其他必需品，直到孩子长到十岁或十二岁，或者更大些。但这种关爱并非他必须满足的唯一激情，倘若儿子不听话，或犯了禁，父亲便会生气，这种爱也就会暂停了；倘若父亲火冒三丈，十之八九会把儿子暴打一顿；倘若打得太重，儿子可怜的样子让他心生怜悯，他的愤怒就会停息，而那种天然的关爱便会恢复，他也会再次爱护儿子，并为自己的行为感到愧疚。若考虑到一切动物都憎恶并竭力避免痛苦，而所有获得利益的动物都会产生爱，我们便会发现，这种管理的结果将是：野蛮人的孩子既学会了爱他的父亲，又学会了怕他的父亲。这两种激情，再加上我们天生对一切超越我们的事物的敬重，必然会是一种复合的激情，我们称之为"敬畏"。

霍拉修：现在我明白了，你擦亮了我的双眼，我已经清楚地看到了社会的起源。

克列奥门尼斯：恐怕情况还不像您想象的那么清楚。

霍拉修：何出此言？巨大的障碍已经被排除了：未开化之人长大后的确无法管理；统治者若没有明显的优越，我们便不可能真心臣服。但这两种障碍都已经被排除了，我们年轻时对一个人产生的敬畏，很容易在有生之年持续下去；而权威一旦建立，且建立得很稳固，治理民众便不会是一件困难的事。这样的人若能对自己的孩子们保持权威，那么他对孙辈们行使权威就会更容易；因为，一个很不尊重父母的孩子，却很少会拒绝尊重自己父亲所尊重的人。更何况一个人一旦获得了权威，骄傲之心就足以成为他维持权威的动力。倘若在后辈中有不听话的，他就会想方设法，借助其他后辈的帮助，来消除这种忤逆。老人死后，其权威便会传给长子，如此一代一代往下传。

克列奥门尼斯：我看，你下这样的结论为时过早。那野蛮人若懂得事物的本质，具备一切常识，并能像亚当那样借助奇迹，天生使用一种现成的语言，那么，你所说的事情也许就容易了。不过，一个无知的人，若除了自身经验而不了解其他任何事物，那他就不适合治理他人，正如他不适合教数学一样。

霍拉修：他一开始要治理的顶多是两个孩子，他的经验会随着家族的壮大而增加，这并不需要如此完善的知识。

克列奥门尼斯：我不是说那需要完善的知识，因为一个受过良好教育的人，只要具备一般能力就足够进行治理了。但是，一个从未被教导过要克制自己激情的人，是难以胜任的。只要孩子有了能力，他便会让孩子们帮助他获取食物，并教他们如何寻找食物、到哪里寻找。野蛮人的孩子一旦有了能力，就会竭力模仿父母的一举一动、一言一行；但他们接受的教育，却仅限于如何获取直接满足其生存需要的东西。孩子长大后，野蛮人父母往往会对他们无端发火，这种情绪逐年增多，那种天然的关爱便逐年减少。其结果便是，孩子们经常会无缘无故遭受责罚。野蛮人常会发现过去行为中的错误，却无法为将来的行为制定一种能长期遵守的规则；缺乏远见，使得他们频繁改变自己的决定。野蛮人的妻子也像丈夫一样，希望看到自己的女儿们怀孕、生子。孙辈会给他们带来无尽的快乐。

霍拉修：我想，在一切动物中，父母的天然之爱都仅限于自己的孩子。

克列奥门尼斯：除了人类之外，确实如此，也唯有人类如此自高自大，以为一切都属于自己。只要骄傲之心存在，人类的占有欲就不会消失；无论是野蛮人的孩子，还是帝王之子，都生性怀有这种欲望。我们的自视良好，使我们认为自己不仅享有管理子女的权力，而且享有管理孙辈的权力。其他动物的幼崽，一旦能够自立，就会获得自由，而人类父母对孩子自称的权威却从未终止。从法律中我们可以看到，人类内心自然产生的这种永恒权威是多么普遍、多么专横；为了防止父母滥用权威，将孩子从他们的压制中解放出来，每个文明社会都必须制定相关法律，把父母权威限制在一定年限内。野蛮人的父母对其孙辈拥有双重所有权，因为他们既拥有孙辈的父母，又拥有孙辈，所有后代都出自他们自己的儿女，若没有外来血统混入，他们便会把整个家族的人都看作自己的奴仆。而且，我相信，这第一对父母的知识越多，能力越强，他们便越是以为自己对子孙后代的统治权是天经地义、不容置疑的，即使在他们的有生之年，最多也只能见到第五代或第六代后人。

霍拉修：大自然将我们送到这个世界上时，我们显然都怀有追求政府的渴望，而我们却不具备任何治理政府的能力，这不是很奇怪吗？

克列奥门尼斯：你认为的这种奇怪之处，恰好证明了上帝神圣的智慧。倘若不是人人生来都怀有这种欲望，每个人也必定终生都不会具备它；若没有一些人对统治怀有渴望，众人就不可能形成社会。动物可能会对自己施压，学会扭曲自己的天然欲望，把它们从正当的对象上移开。然而，属于整个物种的那种特殊本能，是永远不可能通过技巧或训练而获得的；天生就不具备那些本能的动物，注定终身也不具备。鸭子刚孵出来就会奔向水中，可你却永远不能使小鸡游泳，就像你不能教它吮吸一样。

霍拉修：我明白你的意思——倘若每个人不是生来具有骄傲之心，就不会有人具有野心。至于统治能力，经验告诉我们，那是需要努力奋斗来获取的。但对于社会究竟如何产生，我知之甚少，或许还没有那个野蛮人知道的多。你刚才说，那野蛮人没有任何治理经验和能力，这几乎完全推翻了我的设想，我本以为那野蛮人的家庭会逐渐形成社会。但宗教对他们没有任何影响吗？请问，宗教又是如何产生的呢？

克列奥门尼斯：宗教来自上帝，是借助奇迹降临人间的。

霍拉修：Obscurum per obscurius[1]。我无法理解打破了自然规律和秩序的奇迹，也不知道什么糟糕的事情将要或已经发生。根据充分的理由和已知的经验来判断，所有聪明人都确信，这种奇迹永远不会发生。

克列奥门尼斯："奇迹"一词，无疑是指上帝力量的介入使事物偏离了自然的一般规律。

霍拉修：那些易燃之物在熊熊烈焰中完好无损，而正值壮年的狮子竭力忍受饥饿，克制自己不去吃它们最渴望的猎物。这些奇迹实在匪夷所思。

克列奥门尼斯：不然它们就称不上奇迹了。"奇迹[2]"这个词的词源便含有这层意思。 然而，自称信仰宗教的人却不相信奇迹，也实在不可思议，因为宗教完全建立在奇迹之上。

霍拉修：不过，当我向你提出那个具有普遍性的问题时，你为何说自己的看法仅针对受到天启的宗教呢？

克列奥门尼斯：因为在我看来，凡是没有受到天启的宗教，都不配冠以宗教之名。最早的国教是犹太人的宗教，然后才是基督教。

霍拉修：但亚伯拉罕、诺亚和亚当都不是犹太人，却都有宗教信仰。

克列奥门尼斯：因为他们正是受到了天启。上帝甫一创造出我们人类的第一对父母，就立刻显现在他们面前，并赐给他们诫命。上帝和犹太人的先祖之间，也继续着同样的活动。但亚伯拉罕的父亲却是一个神的崇拜者。

霍拉修：可是，像犹太人一样，埃及人、希腊人和罗马人也都有宗教。

---

[1] Obscurum per obscurius（拉丁语），意为"以晦涩解释晦涩"。
[2] 英语词 "奇迹"（miracle）源于拉丁语动词miraculum，意为"惊异于……"。

克列奥门尼斯：他们的原始崇拜和信仰，不能被称为宗教。

霍拉修：你可以随意偏袒，但他们也像我们一样，将自己的崇拜都称为宗教。你说，人生来除了激情别无其他，而我问你宗教是如何产生的，其实是问，人的天性中有什么不是后天习得且会使人倾向宗教的？究竟是什么使人产生了宗教信仰呢？

克列奥门尼斯：恐惧。

霍拉修：噢！Primus in orbe Deos fecit Timor [1]。你赞成这一观点吗？

克列奥门尼斯：世上最赞成这一观点的非我莫属。不过，那些不信教的人所喜爱的这条伊壁鸠鲁主义格言却经不起推敲。若说"恐惧创造了上帝"，既愚蠢又亵渎神明。你也完全可以这样说，"恐惧创造了青草"，或"恐惧创造了日月"。但当我说到野蛮人——说他们不知道真正的神性，而且思考、推理能力也极差，因而恐惧这种激情首先给了他们一个机会，使其得以隐约看到一种无形的力量——这一说法既不失理智，也不与基督教相冲突。后来，随着实践和经验的积累，野蛮人的思考及推理变得更加熟练，脑力劳动也更为完善，而这种最高官能的运用，无疑会使他们获得某些准确知识，这些知识有关一种无限而永恒的存在。野蛮人的知识和洞察力水平越提高，那个永恒存在的力量与智慧对他们而言便显得越伟大，越不可思议，尽管其知识和洞察能力本应比人类有限的天性达到的高度更高。

霍拉修：请原谅我对你的质疑，不过我愿意给你一个解释的机会。若没有任何修饰，"恐惧"这个词听起来非常刺耳。即便现在，我也无法想象，一种无形的原因竟会成为一个人恐惧的对象，而那人又像你所说的，是完全未开化的、最初的野蛮人。无形之物既然不能作用于感官，那它是怎么对一个野蛮人产生影响的呢？

---

[1] Primus in orbe Deos fecit Timor（拉丁语），意为"世上最易产生的是恐惧"，出自于罗马帝国时期的诗人斯塔修斯（Statius，45—96年）的《忒拜叙事诗》。

克列奥门尼斯：一切起因不明的不幸和灾难、酷热严寒、令人不适的潮湿和干旱、电闪雷鸣（即使没有造成明显伤害）、黑暗中的声音、黑暗本身，以及一切可怕而未知的事物，所有这些都能形成恐惧。即使是最野蛮的人，成年后具备的智力也足以使其明白，水果及其他食物并非时时处处都可获得。因此，当食物充足时，他自然就会储存起一部分；他的食物可能会被雨水淋坏；他看到树木时常枯萎，不能一直为他提供大量食物；他可能不会一直健康无恙，其子女也可能因某些看不到的伤口或外力而生病、死亡。这些事故可能最初并未引起他的注意，或者只是惊吓到他理解力较差的头脑，并不足以引起他的思考；但后来这类事故频繁发生，他肯定会开始怀疑有某种无形的原因，而且随着经验的积累，他的怀疑更多地得到证实。同样极有可能的是，种种苦难会使他悟出一些这样的原因，并最终使他相信：确实存在大量让人不得不惧怕的因素。使人产生这种轻信的倾向，并使其自然地形成一种信念的，是一种儿时便被灌输的错误观念。只要婴儿开始通过表情、手势和各种动作引起我们的关注，我们就能从他们身上看出这一点。

霍拉修：请问，那种错误观念是什么呢？

克列奥门尼斯：所有小孩子似乎都认为，一切事物都以他们那种方式思维和感受，而且，他们对无生命之物往往也持有这种错误观点。遭遇不幸时，他们惯常的反应会明显表现出这一点，而那些不幸是由他们的懵懂和粗心引起的。在所有这类情况中，你都会看到他们对一张桌子、一把椅子、地板或任何其他东西发火、鞭打，就像是那些东西使他们伤到了自己，或是让他们犯了其他错误。我们看到，保姆迁就他们的弱点，似乎也怀有同样可笑的情绪，并通过扮演孩子的角色来安抚愤怒的小屁孩。因此，你常会看到保姆们非常严肃地训斥和敲打着一件东西，要么是使那孩子生气的真正对象，要么是其他可以归罪的东西。这些东西甚至还会被扔掉。对于一个没有受过教育，又没有接触过任何同伴的孩子，很难想象他这种天生的愚蠢会轻易治愈；即使那些在集体环境中长大，且常与比自己聪慧的伙伴交往的孩子，也不容易摆脱这种愚蠢。我相信，野蛮人终身都消除不了那种错误观念。

霍拉修：我想，人类的理解力不至于如此低劣吧。

克列奥门尼斯：那德律阿得斯和哈玛·德律阿得斯[1]又从何而来呢？砍倒，甚至仅仅是弄伤高大而庄严的橡树或其他高贵树木，又为何被视为亵渎神明呢？古代异教徒中的俗众，都认为江河、泉流具有神性，那神性又来自何处？

霍拉修：来自别有企图的牧师和其他骗子的欺诈，他们为了自己的利益，编造出那些故事。

克列奥门尼斯：不过，那一定也是由于理解力欠缺。在小孩子身上残存的愚蠢的影子，可能诱使或必然会使人相信那些寓言。若不是傻瓜确有弱点，骗子亦无从利用。

霍拉修：也许有这方面的原因，但即便如此，你也曾承认，人天生就对施惠于己者心存感恩。因此，人在发现一切可以享受的美好事物，又说不清原因时，其感激之情应该比其恐惧更容易使其皈依宗教；而事实为何恰恰相反呢？

克列奥门尼斯：这有几个重要原因。人类把从自然界得到的一切东西都看作自己的，他认为，播种和收割都应当有所收获，不管收获有多少，也都属于他。任何技艺与发明，只要我们了解了它们，就成了我们的权利和财产；我们借助那些技艺和发明（人类对自己的恩赐）获得的一切，也都属于我们自己。我们利用着发酵和自然界的所有化学物质，却不认为自己受着自然的馈赠，而认为那都归功于我们的知识。一个人搅拌牛奶，做出了黄油，却不去探究是什么力量迫使液体微粒自我分离，并从更黏稠的微粒中滑落。在酿造、烘焙、烹饪，以及几乎所有我们参与的事情上，大自然就是一个"苦力"，想方设法地完成了最主要的工作；然而，成就却属于人类。由此可见，那种天生就把一切事物视为己有的人，在其野蛮状态下，必定有一种强烈倾向：极易把他享用

---

[1] 德律阿得斯（Dryades）和哈玛·德律阿得斯（Hama Dryades），古希腊神话中的女神，掌管森林和树木。

的一切都看作是自己应得的，也极易把他参与的每件事情都看作自己的行为。这需要知识和反思——一个人必须在公正思考和理性推理方面达到相当高的水平，才能无须他人教导而从内心深处真正意识到，自己应当感激上帝。一个人的知识越少，理解力便越浅薄，就越无法拓展对事物的认识、无法根据其有限的知识得出结论。野蛮、无知、未受过教育的人，总是盯着眼前的事物，通俗地说，很少看到鼻尖以外的东西。野蛮人若是心生感激之情，就会立刻对他采到果子的那棵树表示敬意，而不会想到感谢种植那棵果树的人。一个文明人对失去财产所有权的恐惧，更甚于一个野蛮人对失去呼吸自主权的恐惧。说恐惧是产生宗教的最初动机，而非感激，还有一个原因就是：未开化的人永远不会怀疑，给其带来好处的事物也会给其带来伤害，因为他们最先想到于己有害的，无疑总是那些坏事。

霍拉修：的确，比起十件好事，人们似乎对遇到过的某件坏事记忆更牢；对一个月的患病记忆，似乎也胜过对十年健康的记忆。

克列奥门尼斯：在一切自我保护的努力中，人时刻都在避免对自己有害的东西；但在享受快乐时，人的思想就会放松，完全处于无忧无虑的状态。他可以一口接一口地吞下无数快乐，而不去追问任何缘由。但哪怕碰到极小的坏事，他也会刨根究底，以完全避免，因此，追究坏事的起因，是出于实际需要。而探求好事（总是受人欢迎）的来由，却没有什么用处，也就是说，好事的缘由似乎并不能增加他的快乐。一个人一旦意识到有这样一个无形"敌人"的存在，我们就有理由认为：若能找出这个"敌人"，他也愿意对其让步，与其做"朋友"。为了达到这个目的，他同样有可能去研究、调查，并到处寻找那个"敌人"；而他若发现在世间的一切寻访都是徒劳的，他便会将目光投向天空。

霍拉修：于是，经过长期上下求索，一个野蛮人可能也会聪明起来。很容易想象，当一只动物真正惧怕某种东西，却又不知道它是何物、在何处时，它一定会陷入极大的困惑之中。我也能想象，一个人虽确信那可怕之物是看不见的，他对那无形之物的惧怕还是更甚于可见之物。

克列奥门尼斯：这种人的思考能力或许并不完善，一心只想以最简单的方式实现更好的自我保护；为此，他会设法排除遇到的直接障碍，而这可能对他影响甚微。不过，若这个人的推理能力尚可，且有时间思考，那种恐惧便会造就形形色色的魔鬼和臆想。一对野蛮人夫妇若不竭力向对方说明自己对某种恐惧的看法，他们的交谈便不可能长久；关于他们的恐惧，他们会发明几种独特的声音来指代不同的事物，并达成一致意见，"理念"就此产生了。所以我才认为，这种无形的原因很可能让他们最早为之命名。即使野蛮人男女对他们幼小子女的关爱并不逊于其他动物，我们也难以想象，由他们抚养长大的孩子，尽管没受过指导或训练，十岁之前竟未对无形原因产生任何恐惧。每个人的特征、容貌和脾性都如此不同，若说人人都对这种原因持有相同的看法，同样令人难以置信。我们由此可以推断，只要有相当数量的人能够互相交流，对于那种无形原因，他们肯定会给出各种不同的见解。对那种原因的恐惧和认同普遍存在，人又总是把自己的激情归于他所能想象到的任何事物，因此，每个人都极力避免仇恨和恶意。如若可能，人还会求取这样一种力量的友谊。若考虑到这些事情，以及我们对人性的了解，那么我们就不可能认为：不论多少人谈论这种力量，只要没有人故意说谎，没有人伪称看到或听到过它，无论是以和平方式还是其他方式，这些人都不可能长久交往。对无形力量的不同看法，何以会通过骗子们的阴谋和欺骗，在众人间制造出致命的敌意，这很容易解释。倘若我们非常需要雨水，而又有人使我相信，正是你的错误导致我们这里不下雨，仅这一点便足以引起纷争。世间发生的一切事情，只要是宗教原因造成的，无论是神职人员的阴谋，还是残忍的暴行；也无论是愚蠢的行为，还是可憎的行为，都可以用这些理由和这条恐惧原则顺利得以解决或作出解释。

霍拉修：看来我必须承认，在野蛮人中，"恐惧"的确是宗教的首要起因。但你也该同意我所说的，那就是各国国民取得巨大利益和成功后，总是向他们的神明表示感激，比如，在战争胜利之后举行的献祭活动，还有各种比赛与节日习俗。那么很显然，人变得更聪明、更文明时，他们的宗教信仰便主要建立在"感恩"的基础上。

克列奥门尼斯：我明白，你在努力维护我们人类的荣誉，但我们找不到任何理由来如此自夸。我要向你证明，只要充分剖析并透彻理解人的本性，我们便更没有理由为人类的骄傲而欢欣鼓舞，反倒更应为人类的谦卑而感到欣慰。首先，野蛮人与文明人的本性毫无区别，他们生来都有恐惧之情。倘若他们能感觉到这种恐惧，寿命便都不会太长，除非有一种无形的力量在某个时候成为他们恐惧的对象。这种情况会发生在每个人身上，无论

□ 汉尼拔进攻罗马

公元前218年，汉尼拔率领迦太基军队开始对意大利进行大规模的军事远征。汉尼拔越过险峻的阿尔卑斯山，突然出现在北意大利。尔后，汉尼拔率军直捣意大利中南部，多次大败罗马军队。尤其是坎尼战役后，罗马可谓已陷入绝境，汉尼拔几乎全面征服罗马。然而，不久后罗马人就扭转了战局，逐渐夺回意大利南部的要塞。公元前204年，罗马人在大西庇阿的率领下入侵迦太基本土，迫使汉尼拔回防非洲。公元前202年，大西庇阿于扎马战役击败汉尼拔，汉尼拔最终未能完成其征服罗马的夙愿。

是不受约束的野蛮人，还是最有教养的文明人。纵观历史，众多帝国、国家和王国可能会在艺术、科学、礼仪以及所有现世学问方面成就卓越，但同时又深陷最荒唐的偶像崇拜，屈从于非正式宗教的种种矛盾信条。即使最文明的民族，对神灵的崇拜也会像任何野蛮民族一样愚蠢可笑。野蛮人绝不会想到文明人常犯的阴险罪行。迦太基人曾是个相当繁荣的民族，国家富足而强大，汉尼拔[1]曾征服过半个罗马帝国，但迦太基人却还是用贵族的子女来祭祀他们的偶像。至于个人，有无数例子告诉我们，在一些最文明的时代，那些富于理性和美德的人却对上帝抱有最卑鄙、最不肖和最放肆的观念。究竟是何种困惑

---

[1] 汉尼拔（Hannibal，公元前246—公元前182年），迦太基大将，曾打败罗马人（公元前216年）。

和难以言明的恐惧使他们做出那些行为啊？赫利奥加巴卢斯的继任者亚历山大·西弗勒斯[1]，是一位革除旧习的伟大改革家，被公认为一位好君主，而其前任则被公认为一个坏君主。研究西弗勒斯的历史学家说，他的宫殿中专门设有一个供奉神灵的祈祷室，里面供有阿波罗尼奥斯[2]、俄耳甫斯[3]、亚伯拉罕、耶稣基督等圣人的神像。对此，你为何发笑呢？

霍拉修：因为我想起，那些神职人员为了让你相信一个人是好人，是多么谨小慎微地掩饰其缺点啊！你说的西弗勒斯的事，我以前也读到过。有一天，我在摩里埃利编的《历史大辞典》中查找资料，碰巧看到有关那位皇帝的记载，而其中并未提到俄耳甫斯或阿波罗尼奥斯。我还记得拉普里迪乌斯写的那段话[4]，便感到很奇怪，以为是自己弄错了，于是又找来那位作者的书读，发现果然有那些记载，和你说的一样。但摩里埃利却故意对那些记载只字不提，显然是以此报答这位皇帝对基督徒的礼遇，他告诉我们，西弗勒斯对基督徒善待有加。

克列奥门尼斯：在一个罗马天主教国家，这不是不可能的。但另外，我要说的是你刚提到的那些节日和胜利后的献祭活动，以及各民族对其神明的普遍感激。希望你注意一点：像在人类一切事务中一样，许多神圣活动中的仪式和祭拜，从表面上看都由感激而来；但如果你仔细审视后会发现，它们实际上都是恐惧的结果。我们并不清楚花神竞技节[5]始于何时，但可以确定的是，最初并非每年举行一次，只是在后来某个时令极差的春天，由罗马元老院颁布法令，规定每年举行一次。若要获得真正的敬畏或崇敬，爱和尊重也像恐

---

[1] 亚历山大·西弗勒斯（Alexander Severus），罗马皇帝，赫利奥加巴卢斯皇帝的养子；222年即位，235年死于宫廷卫队哗变。
[2] 阿波罗尼奥斯（Apollonius），古希腊伟大的革命家、哲学家。据说他用神奇的方法逃脱了罗马皇帝尼禄和多米提安的迫害。
[3] 俄耳甫斯，希腊神话里的诗人、音乐家。
[4] 指拉普里迪乌斯写的《历代帝王记》里的《西弗勒斯传》。
[5] 相传始于公元前238年，源自对古希腊"神谕"的信仰，为向花神献祭而设。古罗马人在每年的4月28日到5月3日举行花神竞技，其活动内容极具纵欲色彩。

惧一样不可或缺。但仅是恐惧这一种激情，就能使人装出爱和尊重了。这就像对君王表面上俯首帖耳，内心却充满诅咒和憎恨一样。偶像崇拜者对待其崇拜的一切无形事物，就像人们对待一种不受任何约束的专制权力一样，既认为它们霸道、傲慢和不可理喻，又承认它们崇高、无限和不可抗拒。每当人们怀疑有什么琐碎的圣事被忽略时，就会一再重复那些庄重的仪式，这样做出于何种目的呢？你知道，同样的闹剧会经常重演，因为每次表演之后，人们总担心有什么疏漏。请你一定检查下自己读过的东西，把它记在心上；请注意人类对自身持有的无数种观点，以及他们对那种无形原因（每个人都认为它影响着人类事务）的众多看法；请你纵览古今历史，审视每一个重要的民族，了解它们的苦痛和灾难，以及胜利和成功；请留意伟大将领和其他名人的生活，了解他们的命途多舛和飞黄腾达，了解他们的心何时最虔诚，他们通常在什么情况下祈求神谕；请你冷静地思考你所知道的与迷信有关的每一件事，无论是严肃的、可笑的，还是令人憎恶的。你会发现，首先，异教徒以及所有那些对真正的神明一无所知者，尽管他们中的许多人在其他方面学识渊博、智慧超群，且诚实正直，但他们却不认为自己的神明是智慧、仁慈、公正和宽容的；相反，他们认为众神易怒、睚眦必报、反复无常、冷漠无情，甚至也犯过令人憎恶的罪行、做过许多卑鄙之事。其次，人们只要出于感激将任何事情都归于一种无形的原因，每一种虚假宗教都会有千千万万的理由使你相信，人们对神明的崇拜和顺从，无不出于他们的恐惧。"宗教"这个词本身与对上帝的敬畏意义相同。若人类对上帝的承认最初是建立在爱的基础上，就像建立在恐惧的基础上一样，那么骗子们便无法利用这种激情实施阴谋了；而人类若真是出于感激而去崇拜他们所谓的偶像（不朽的力量），那么骗子们所吹嘘的对诸神的了解便也一无是处了。

  霍拉修：所有立法者和民众领袖，都从这些借口中获得了他们所期望的敬畏。而如你所言，要产生敬畏，爱与尊重同恐惧一样，是必不可少的。

  克列奥门尼斯：不过，从立法者和领袖们强加给民众的法律，以及他们对违背和忽视法律者所作出的惩罚中，我们很容易看出他们最依赖哪种要素。

| 蜜蜂的寓言 The Fable of the Bees

□ 活人献祭

大量宗教中都存在献祭仪式，无论是自我献祭还是由更高的宗教人物进行。一些学者认为，活人献祭在早期人类社会中确实发挥了作用，是社会精英用来恐吓下层阶级、惩罚不服从和展示权威的手段；这反过来又起到了在社会中建立和维持阶级制度的作用。

霍拉修：很难说出，在远古时代有哪位国王或伟大的人物，试图统治一个处于幼稚期的民族时，不曾自称能与某种无形力量交流，自称他本人或其祖先拥有那种力量。他们与摩西并无区别，只不过摩西是真正的先知，且确曾受到神的感召，而其他人大多都是骗子。

克列奥门尼斯：你想从中推断出什么呢？

霍拉修：我们不能再为自己多说什么了，正如古往今来，各种派别、各种信仰的人都为自己的事业所做的那样；换而言之，他们都认为自己的观点是对的，一切与其相异者都是错的。

克列奥门尼斯：经过最严格的检验，确定没有其他原因能经得起考验，或在经历最微小的质疑后，我们才开诚布公地说自己也是如此，这还不够吗？一个人可以讲述从未被见证过的奇迹，也可以讲述从未发生过的事情；但一千年后，一切有识之士都会认为，除非是一位伟大的数学家，否则谁也写不出类似艾萨克·牛顿爵士《自然哲学的数学原理》那样的经典著作。摩西告诉以色列人他从上帝那得到的启示时，他给他们讲了一个真理，当时除了他自己，没人事先知道那个真理。

霍拉修：你说的那个真理就是：上帝是世间万物的创造者？

克列奥门尼斯：没错。

霍拉修：但是，难道每个理性者不能自发推断出这个真理吗？

克列奥门尼斯：能啊，但前提是推理的艺术达到数百年之后的完善程度，他本人也掌握了正确的思维方法。发掘了天然磁石的用途,并发明了航海罗盘后,每个普通水手都能在海上驾船航行。但在此之前,一想到海上的凶险,最富经验的水手也会胆战心惊。摩西向雅各的后代们讲授那个崇高而重要的真理时,他们已堕落为奴隶,被其掳掠者的迷信所束缚。埃及人是他们的主人,虽然当时埃及人在许多技艺和科学方面都出类拔萃,并且比其他任何民族都更精通自然的奥秘,但对于神明,他们所持的观念却最卑鄙可憎。对于至高无上的存在,即主宰世界的无形力量,当时的埃及人的认识比任何野蛮人都匮乏和愚蠢。而摩西根据先验教导当时的以色列人,以色列人的子女不到九岁或十岁,就懂得了最伟大的哲学家们历经数代后才凭天性所领悟的东西。

霍拉修:对古人推崇备至者,绝不会承认任何现代哲学家的思维或理性强于古人。

克列奥门尼斯:让他们去相信自己的眼睛吧。你说每个理性者都能自发推断出来的那个真理,在基督教诞生之初,曾遭到罗马最伟大人物的激烈反对。塞尔苏斯、叙马库斯、波菲利、希罗克勒斯[1],还有其他著名的雄辩家,以及一些显然具有良好判断力的人,都争相撰文为盲目崇拜偶像辩护,并竭力维护他们的多神崇拜。摩西生活在奥古斯都统治时期之前一千五百多年。在一个我确信没有人懂得涂色和绘画的地方,若有人告诉我,他通过灵感而获得了绘画技艺,我很可能会嘲笑他,而不是相信他。但他若在我面前画出了几幅精美的肖像画,我立马就不再怀疑,还会认为,继续怀疑他的诚实是可笑的。其他立法者和开国者对其神明(他们本人或其先辈与神明交流)的描述,都包含着与那个至高无上的存在不相称的观念;只凭天性,我便极易判断那些观念一定都

---

[1] 塞尔苏斯(Celsus),公元2世纪希腊哲学家,曾发表论文《真言》(今已不存),以三种方式批评了基督教。叙马库斯(Quintus Aurelius Symmachus,345?—402年),古罗马政治家、演说家、文学家,因为异教信仰辩护而被格拉提安皇帝放逐。波菲利(Porphyrius,233?—304?年),公元3世纪至4世纪初的希腊唯心主义哲学家、历史学家,据说曾写过15本批评基督教的书,今存残篇。希罗克勒斯,据说他曾在公元303年煽动对基督教徒的迫害运动,并出版过抨击基督教的书,今已失传。

是错误的。但摩西向犹太人描述的那个至高无上的存在，那个创造了万物的唯一神明，则能经得起所有考验，并且是一个将比世界还要长久的真理。我想，我由此已充分阐明：一方面，所有真正的宗教都必定是上帝揭示的，没有奇迹，就不会出现在这个世界上；另一方面，在未受到任何教化之前，所有人倾向于宗教的激情，就是恐惧。

霍拉修：你的这些话让我相信，我们生来就是可怜的动物。但我一听到那些令人羞愧的真理，就忍不住要反驳。我很想听你谈谈社会的起源，可我不断提出新问题，使你迟迟没机会谈到。

克列奥门尼斯：我们刚才谈到哪里了呢？

霍拉修：我们似乎也没深入讨论什么。因为我们一直在谈一对野蛮人男女，还有他们的子女和孙辈，谈这对野蛮人既不会教育，也不会管理他们的子孙后代。

克列奥门尼斯：我认为，最粗野的儿子若一直与其最粗野的父亲生活在一起，定然多多少少会对父亲产生敬畏，这是相当重要的一步。

霍拉修：我也这样想过，可后来你又说野蛮人的父母没有能力利用那种敬畏，我对它的设想便中断了。我看，我们和之前一样，离社会起源问题仍很遥远；所以在谈这个主要问题之前，希望你先回答一下我早已提出的，有关是非观念的问题；听不到你对这个问题的看法，我恐怕会一直叨扰你。

克列奥门尼斯：你的要求不过分，我会尽力满足你。一个受过良好教育、有理智、有学识、有经验的人，总能在完全相反的事情中找出是非区别；他总会谴责一些事情、赞同另一些事情。杀害或抢劫一个从未冒犯过我们的社会成员，永远都是恶劣行径；而治病救人、造福公众，则总是会被看作善良的美好行为。你希望别人怎样待你，就该怎样待他，这是一条永恒的处世原则；任何国家、任何时代，不仅能力非凡者（如具备抽象思维者），而且所有在社会中成长起来的能力中等的人，也全都赞同这一点。同样，所有能稍微运用自己思维能力的社会人，即使是通过契约作出了劳动分工，似乎都比社会之外的人更确信：世上所有人都享有平等的权利。但是，我们所说的那个野蛮人男子，若除

文化伟人代作图释书系

了他的野蛮人配偶和子孙之外，从未见过别的人类，你认为他也会有同样的是非观念吗？

霍拉修：几乎不会，他那有限的判断力会妨碍他作出正确判断；而他发现自己对子女具有支配力量后，他会变得非常专横。

克列奥门尼斯：但是，他的能力若没有那么差，假定他在六十岁时借助奇迹获得了可与最聪慧者相媲美的判断力和思考能力，你认为他会改变那个观念（他对自己能控制的一切拥有所有权）吗？或者说，当他的行为几乎完全出于本能时，除了既有观念，你认为他对自己和后代还会抱有其他观念吗？

□ 社会分工

在手工业的分工协作中，每个工人只需要完成自己负责的那一部分局部产品，最终的成品则是他们劳动的结合。在图中的这间陶瓷工坊，绘画、上釉等工序由不同的工匠完成，形成了生产的分工。随着经济的发展，生产的分工越来越精细化，必然对工人所需的专业技能和受教育程度的要求不断提高。

霍拉修：显然会。因为他若具备了判断力和理性，还有什么能妨碍他像别人那样去运用那些能力呢？

克列奥门尼斯：你似乎没有考虑到一点：若无已知的事实为依据，任何人都无法进行推理；只有那些记得自己所受的教育，且生活在社会中的人，才会判断是非曲直；或者说，至少是那些人的同类（可能与前者毫无关系，也可能是前者的同辈或长辈）才明白我所说的是非观念。

霍拉修：我现在认为你说的没错。但我又想，一个有着崇高正义感的人，若知道他所处的地方除了自己的妻子和他们的后代外，没有其他人，他为何不可能认为自己就是那个地方的首脑呢？

克列奥门尼斯：我由衷地相信。不过，世界上难道没有上百个拥有那种大家族的野蛮人，而且他们可能从未谋面，也从未听说过彼此吗？

霍拉修：你若愿意，也尽可说有上千个这样的野蛮人家族，因此，世上便会有那么多天然的家族首脑了。

克列奥门尼斯：说得好！我想让你注意的是，通常被奉为永恒真理的一些事情，成百上千个有良好判断力的人可能都完全无法理解。倘若每个人当真生来都具有这种占有一切的权力，而除了依靠人际交往和事实经验（使我们相信自己并无这种权力），人人都无法消除这种观念，情况会怎么样呢？我们不妨考察一个人的一生，从他的婴儿时期到他踏入坟墓，看看哪种观念或表现对他来说是最自然的——究竟是将一切都占为己有的强烈欲望，还是根据合理的是非观念行事的倾向。我们将会发现，在他幼年时期，前者表现得非常明显，在他接受某些教育之前，后者也毫无迹象；而且，他的未开化状态持续得越久，后者对他行为的影响就越小。我由此推断出，是非观念是后天习得的。因为它若是与生俱来的，或者它若像那个观念（认为一切都属于自己）一样，在我们幼年时期便能影响我们，那么，就没有一个孩子会为得不到哥哥的玩具而哭闹了。

霍拉修：我认为，世上最自然、最合理的权利要数人们对自己子女的权利。我们永远还不清父母的恩情。

克列奥门尼斯：对贤良父母给我们的关爱和教育，我们自然感激万分。

霍拉修：这是最基本的。我们因他们而存在。我们可能受过上百个人的教导，但没有父母，我们却压根不可能降临到这个世界。

克列奥门尼斯：同样，没有种植大麦的土地，我们便喝不到麦芽酒。世间从来没有人想要用义务换取利益。一个人若看见一袋上好的樱桃，就会忍不住要吃，并因此而获得满足。他有可能咽下了几粒果核，而经验告诉我们，这些果核是消化不了的。谁也不曾想到，在十二个月或十四个月之后，这人会在田野里发现一棵嫩小的樱桃树；他若能回忆起自己上次来此地的时间，很可能就会猜到出现那棵小树的真正原因。同样，出于好奇，这个人可能也会移走那棵小树，并精心培育。我敢肯定，无论那棵樱桃树后来如何，这人因自己的行为而拥有的对它的所有权，与一个野蛮人对其子女的所有权是一样的。

霍拉修：我认为，这两者之间区别很大，樱桃核绝不是他的一部分，也绝不会与他的血脉相连。

克列奥门尼斯：抱歉，打断一下。无论你认为区别有多大，却都在于一点，即樱桃核并非吞下它的那个人的一部分，且被吞下很长时间后，其外形也像被野蛮人吞下的其他一些东西一样，未发生巨大变化。

霍拉修：但吞进樱桃核的那人什么都没做，即使它未曾被吞下去，也可能长成一棵有用的植物。

克列奥门尼斯：有道理。我也认为，那棵小樱桃树存在的原因在于樱桃核，你说的没错。不过，我也清楚地谈到，无论是那吞樱桃的人还是野蛮人，他们行为的价值，都只能从行为人下意识的目的来判断。那野蛮人做出行动时，很可能并未打算要个孩子，就像那人吃樱桃时没打算种一棵樱桃树一样。人们常说，我们的孩子是我们自己的骨肉，这种说法其实是一种奇特的比喻。然而，即使这种说法合理，即使修辞学家未曾为之命名，它又能证明什么呢？能证明我们的意图有多么善良，我们对他人有多么仁慈吗？

霍拉修：你爱怎么说就怎么说吧，但我认为，最能激发父母对孩子关爱的，莫过于"孩子是自己的骨肉"这一想法。

克列奥门尼斯：这点我同意。这显然证明了我们自己所拥有的最高价值，以及一切来自我们自身事物的最高价值。而另一些东西，尽管也是我们自己的，却令人不快，因此为取悦自己，我们会竭力将其隐藏起来。一旦某些事物被公认为有失体面，甚至是一种耻辱，提及它们便都是不礼貌的行为。我们的身体对胃里的东西有各种各样的处理方式，但我们无法参与其中；无论它们进入血液，还是其他什么地方，我们依靠知识、自愿对其所做的唯一处理就是把它们吞下去。此后，身体机能如何消化吸收它们，人便无法控制了，就像人无法控制自己手表的运行一样。这一事例也表明，我们把一切良好结果都归功于自己，这是不公正的；其实，我们参与得极少，大自然才是最大的贡献者。但是，任何赞美自己那些强大机能者，一旦得了结石症或者发烧，同样也应当责怪自己身体的某些机能。若没有这种与生俱来、愚蠢至极的观念，任何有理性的动物都不会既根据自身意志评价自己，同时又接受对显然不是出于其意志的行为的赞美。所有动物的生命其实都是一种复合的行动，但动物能参与的却完

□ 获取食物和火

原始时期的生产劳动带有很强的实践性和目的性，主要包括采集和狩猎，以获取食物，发明和制作生产工具，为了争夺财富而进行的部落战争，等等。图为野蛮人正在钻木取火、准备食物。

全是被动的。我们意识到呼吸之前，已不得不呼吸；我们持续的感知力，则取决于大自然对我们永久的指示和监护。而大自然的每一件作品，包括我们人类，都是无法探究、不能参透的秘密。大自然为我们提供了一切食物，但对于我们的智慧能使我们对食物产生渴求欲和咀嚼欲这一点，她似乎不相信，因此她给了我们本能，并用快感刺激我们的食欲。这似乎是一种选择行为，我们自己也能意识到这种行为，也可以说我们参与其中；但在那之后，大自然又恢复了对我们的关怀，再次超越我们的知识，以一种神秘的方式维持我们的生存，而无需我们任何有意识的帮助或合作。自那时起，人类对食物的处理便一直依靠大自然的指导，那么我们应该从其处理的结果中得到什么样的荣辱观呢？它是能服务于繁衍的一种不确定手段，还是能向植物提供的一种不那么可靠的帮助呢？大自然促使我们吃喝，也促使我们繁衍。和其他动物一样，野蛮人是本能地繁殖后代，并没有更多想法或计划，就像新生儿吸吮乳汁时不会想到那是为了维持生命。

霍拉修：然而，出于那些原因，大自然赋予了野蛮人和新生儿不同的本能。

克列奥门尼斯：的确如此，但我的意思是指，各种行为的动机都符合同样的万物之理。我深信，一个野蛮人女子即使从未见过或想过任何幼年动物的繁殖，在她猜出孩子产生的真正原因之前，一定也能生下几个孩子；若出现腹痛，她会以为是吃了某种美味水果所致，尤其是她一连数月都在享受这种美味，且在完全不知道自己已怀孕的情况下。世上所有孩子的出生都伴随着母体或多或少的疼痛，因而生育似乎与快乐无缘。而且，未开化的动物无论多么善学和专心，只有亲身经历几次，才会相信，一个动物能够生育出另一个动物。

霍拉修：大多数人结婚都是为了要孩子。

克列奥门尼斯：并不尽然。我相信，即使结了婚，很多人也不想要孩子，或至少不希望孩子来得那么快，而且不想要孩子的人同想要孩子的人一样多。对成千上万沉迷于婚外情的人来说，孩子是最大的灾难。从罪恶的情爱中意外生下孩子，还常在罪恶骄傲的驱使下被残忍地毁灭。但这一切都是社会人的所作所为，他们对事物的自然结果非常了解。别忘了，我们这里说的是野蛮人。

□ 婴儿的到来

人类对于生育自己的后代有着天然的渴望。画面中描绘了一个中产阶级家庭在晨光中迎接新生儿的温馨场面，夫妇二人轻轻地相拥着，注视着床上的小生命，孩子们则好奇地观察着父母，整个画面因新生儿的到来而充满希望。

霍拉修：不过，所有动物的两性之爱都是为了其物种的繁衍。

克列奥门尼斯：我早这样认为。但我再次强调，野蛮人并非为了繁衍才产生情爱，他们往往不知道后果就去交媾；而且我不确定，最文明的夫妇在最单纯的拥抱中，是否也谨记繁衍后代的责任。一个富人会急不可耐地希望有个儿子，以继承他的姓氏和财产；除此之外，他结婚也许没有其他的动机和目的。他的满足感，似乎都来自对子孙后代的美好憧憬，因为一想到后代们都出自他本人，他就无比自豪。无论他后代的降生令他欠了多少情债，可以肯定的是，他的动机都是为了满足自己。但这里仍然有一种对后代的渴望，有生育孩子的想法和计划，而这在任何一对野蛮人夫妇身上都不存在。虽然如此，野蛮人夫妇想到子子孙孙都出自他们，那种虚荣之心也会使其感到满足，尽管他们在世时至多能看到第五或第六代后人。

438 | 蜜蜂的寓言 The Fable of the Bees

□ 中世纪的集市

随着欧洲商业在中世纪的日益发展，富起来的商人日益成为显贵。城镇成为商业的中心，产生了大批工匠。在城镇中，工匠们会成立各种各样的行会。图为中世纪末期的城镇集市，人们在集市上进行各种商业活动。

霍拉修：我不觉得这其中有什么虚荣心，我自己也没有这种虚荣心。

克列奥门尼斯：确实，因为你还没意识到它。但作为自由行动者，他们显然对其后代的生存没有任何贡献。

霍拉修：你确定没有言过其实？

克列奥门尼斯：非常确定，甚至对他们的子女而言也是如此。你若不介意，我也可以说，人的欲望来自大自然。在宇宙中，只有一个真正的原因能产生千变万化的惊人结果，能驱动自然界的一切巨大运作；有些能被我们的感官所触及，有些则不能。父母是其后代的"引擎"，这个说法既真实又恰当，就像说工匠自己设计和制造的工具是其最精致的作品。将水无意识地抽入水桶的机器，将水与麦芽放入其中搅拌的搅浆桶，在酿酒工艺中都是极为重要的工具；而在动物的繁衍中，生命力最旺盛的雄性动物和雌性动物所起的作用也同样重要。

霍拉修：你把我们视为木块和石头。难道不能由我们自己选择如何行动吗？

克列奥门尼斯：能。是否要一头撞到墙上，就是我现在要作出的选择。不过，我希望你不费吹灰之力就能猜出我的选择。

霍拉修：但我们身体的行动难道不是出于自己的意愿吗？每一个动作不都是由意志决定的吗？

克列奥门尼斯：若有一种激情明显起着支配作用，且严格控制着意志，又意味着什么呢？

文化伟人代表作图释书系

霍拉修：我们的行动依然是有意识的，人毕竟是有思想的动物。

克列奥门尼斯：在我说的那件事上，并非如此。在那种情况下，不论我们愿意与否，我们都会在内心的强烈驱使下，不得不去协助一种行为；甚至即使我们主观上想要反对它，本能仍会使我们渴望并乐于参与这种行为，它专横地压制了我们的理性。我所做的那个比喻完全正确，因为就算你能想象出的最相爱、最睿智的夫妇对生殖的奥秘也同样懵懂无知。不仅如此，即便有了二十个子女，他们对大自然的运行以及在他们中间所起的作用，仍旧几乎一无所知，他们根本就是在最神秘、最巧妙的运行中被使用的"没有生命"的工具。

霍拉修：我不知道还有谁比你更善于探究人类的骄傲，比你更严厉地贬斥它；你一谈起这个话题便停不下来。我希望你马上就开始谈社会的起源问题，因为我实在不明白，社会是如何从我们刚说的那个野蛮人家庭产生的。那些孩子长大后，不可能不经常发生争执；人类若只有三种欲望需要满足，没有政府，显然他们永远无法和平共处。因为，尽管他们都对父亲怀有敬意，但那父亲若毫无远见，不能为他们制定任何可遵循的良好规矩，我相信他们将永远生活在敌对状态中。后代越多，那年老的野蛮人便会越困惑，因为他想管理后代，却又无能为力。随着后代人数的增加，他们必须不断扩大自己的活动范围，而其出生之地便不能长久生活了；没有人会愿意离开自己的故土，尤其是那里若丰美富饶。对这一点思考得越多，我便越发深入地考察这个群体，就越想不出他们怎样才能形成一个社会。

克列奥门尼斯：使人类紧密联系在一起的，最先便是其面临的共同危险，它能将最敌对的人们联合在一起。他们肯定都会面临来自野兽的危险，因为人类所居之处都有野兽出没，而且人类生来就处于毫无防备的状态。这必定是阻碍我们物种繁衍的一个残酷因素。

霍拉修：看来，这个野蛮男人不太可能和他的后代平安无事地一起生活上五十年；这个野蛮人家族必定会因为后代过多而困难重重。

克列奥门尼斯：没错。一个手无寸铁的男人及其子孙，不可能长久地从那些饥饿的食肉动物口中逃脱，食肉动物就是靠捕猎为生的；即使冒着生命危险，它们也要千方百计地四处觅食。我之所以做这样的假设，是想向你表明：首先，一个完全没有受过教育的野蛮人不可能具备威廉·坦普尔爵士赋予他的那种知识与理性；其次，孩子们虽由野蛮人抚养长大，但只要与自己的同类交往，还是可以变得驯服的；因此，无论他们的父母多么无知，多么不善管理，这些孩子成年后都能适应社会。

霍拉修：谢谢你这番话，因为它使我明白：最粗野的第一代野蛮人，足以养育出适于社会生活的后代；但要培养出适合从事治理的人，则需要付出更多努力。

克列奥门尼斯：我要再谈谈我刚才那个推测，就是使野蛮人具备社会性的首要动机。由于人类最初没有文字，因此我们不可能准确了解那时的任何情况；但我认为，根据当时的环境，那个动机很可能是他们共同面对野兽的危险。同这些时刻在为自己的幼崽捕食的狡猾野兽一样，人类也会去猎捕那些弱小的动物；而一些更大胆的野兽甚至公然袭击成年男女。使我深信这一观点的是，自最古老的年代起，各个国家都普遍存在的一种看法：一切民族诞生之初，都经历了长期的人兽冲突。那是远古英雄们的主要战绩，他们最伟大的英勇表现便是杀死巨龙、降伏怪物。

霍拉修：你认为世上存在过狮身人面怪、蛇怪、飞龙和喷火的公牛吗？

克列奥门尼斯：依我看，跟现代的女巫一样不可信。但我相信，那些虚构的怪物都来自凶猛的野兽，来自它们造成的祸事，以及其他使人感到恐惧的现实存在。而且，我相信，若是从未有人看到过骑马，我们就永远不会听说半人马[1]。我也断定，其他动物身上一定也隐藏着某些野蛮动物的怪力和狂暴，以及某些有毒动物毒液中表现出来的惊人力量。各种毒蛇的突然袭击、鳄鱼强壮的躯体、某些异形鱼类罕见的翅膀，都能让人类感到恐惧。我们很难

---

[1] 半人马，又称肯陶洛斯（Centaurs），古希腊神话中的半人半马的怪物。

相信，仅恐惧这一激情便能使受惊者想象出了喀迈拉[1]的形象。白天的危险经历，常常使人在夜晚感到恐惧，而对梦境的记忆又往往与现实相混淆。你也可以这样想，人类天生的无知和对知识的渴求会使其更容易轻信，轻信是希望和恐惧造成的首要后果；人们普遍渴望获得他人的赞赏和尊敬，都特别看重奇迹，看重奇迹的见证者和描述者。我的意思是，你若仔细想想这一切，就很容易发现：人们谈论、叙述甚至清晰地描画出的很多怪物，其实都不曾真实存在过。

霍拉修：对任何怪物和神话传说的起源，我都不惊奇。但是，在你为那个首要动机——人类为了共同利益而联合——所提出的理由中，我发现了一件非常令人费解的事，而我以前从未想过。在谈到人的生存处境时，你描述过，人类赤身露体、没有任何防御能力，而又时刻会遭遇饥饿、贪婪且嗜血的猛兽——它们比人类强壮，且具备天然的进攻武器；人类的处境是如此的险恶，简直无法相信，我们人类竟生存了下来。

克列奥门尼斯：你这一看法值得我们关注。

霍拉修：太令人震惊了！狮子和老虎是多么残暴、可憎的野兽啊！

克列奥门尼斯：我倒认为它们是非常完美的动物；我最欣赏的莫过于狮子。

霍拉修：有人说狮子慷慨大度、懂得感恩，这真是奇谈。你相信这话吗？

克列奥门尼斯：我才不费神去想这些。我所钦佩的是狮子的体魄、身体构造以及它的狂暴，因为这三者结合得相当完美。自然界的一切杰作都存在秩序性、对称性和极高的智慧，却没有一种能像狮子那样，为达目的，其各个部分在整体中都能发挥着巨大的作用。

霍拉修：那个目的就是毁灭其他动物。

克列奥门尼斯：确实如此。但这个目的多么明显，没有任何神秘性和不确

---

[1] 喀迈拉（Chimera），古希腊神话中的喷火怪物，前半身像狮子，后半身像蛇，身体中部像羊。

定性。葡萄可以用来酿酒，人能够组成社会，这些目标仅凭单个个体并不能实现；而每头狮子身上却都有一种真正的威严，最强壮的动物看到它也会屈服和颤抖。若仔细观察狮子那宽大、厚重而又结实的爪子，可怕的牙齿，有力的颌骨，还有那同样可怕的血盆大口，我们马上就会明白它们的作用。再仔细想想它四肢的构造，肌肉和筋腱的强韧，比其他任何动物都坚固的骨骼，以及永不停息的愤怒，速度与敏捷，还有沙漠中"百兽之王"的称号，等等，所有这一切，若你还参不透大自然的意图，不明白大自然为美丽的狮子设计如此惊人的技能，就是让其进攻和征服其他动物，那实在愚蠢。

霍拉修：你真是位优秀的画家。不过，你判断一种动物的本性时，为何要依据其被歪曲的特性，而不是依据它最初的原始状态呢？天堂里的狮子可是一种温顺、可爱的动物。我们来听听弥尔顿是怎样描述狮子在亚当和夏娃面前的行为的：

他们斜躺在铺满鲜花、锦缎般柔软的河岸上，
周围有各种野兽在欢歌跳舞，
有的来自林间或荒野，有的来自密林或洞穴；
狮子跑来跑去，用爪子逗着幼崽玩耍；
熊，老虎，山猫，还有豹子
都在他们面前奔跑跳跃……[1]

在乐园里，狮子以什么为食？这些食肉猛兽又以什么为食呢？

克列奥门尼斯：我也不清楚。凡是相信《圣经》的人，都不会怀疑天堂的景象，及上帝与第一个人之间的交流都是超自然的，就像太初创世一样不可思议。因此，我们不能设想能用人的理性来解释它，否则，摩西就无法回答那些

---

[1] 见英国诗人弥尔顿（John Milton，1608—1674年）的长诗《失乐园》第四节。

超出他能力的问题了。他给我们讲述的那个时代的历史非常简要,毋庸置疑,它包含在其他人对那些讲述的阐释和注解中。

霍拉修:除了能从摩西的话中得到印证的内容,弥尔顿没有提到乐园里的其他任何情况。

克列奥门尼斯:根据摩西的描述,我们根本无法证明那种纯真的状态持续了如此之久,直到山羊或任何胎生动物能繁殖并抚育幼崽。

霍拉修:你是说,乐园里不可能有动物幼崽。我绝不会无端指责那么好的一首诗。我举这些诗句,是想向你表明,在乐园里狮子肯定是可有可无的;那些自称发现大自然造物缺陷的人,也许会公正地谴责她,因为她毫无目的地将那么多优点浪费在一只庞大的野兽身上。他们会说,大自然赋予一种动物多么精巧的毁灭性武器啊,它的四肢是多么有力啊!而这些有何用处呢?只是为了抚弄幼崽罢了。我承认,在我看来,将这种事情交给狮子去做,似乎不是十分恰当和明智的选择,就像你让亚历山大大帝去做保姆一样。

克列奥门尼斯:你若看到狮子睡着了,尽可以在它身边来回穿梭。若仅见过一头公牛在一群母牛中间静静地吃草,谁也不会认为它有机会使用自己的角;但是,当看到它被狗群、狼或任何天敌攻击时,你很快就会发现,它的角对它十分有用。同样,狮子并非生来就一直生活在乐园里。

霍拉修:这一点我同意。倘若创造狮子的其他目的是在乐园以外,那么,人类的堕落显然从创世之日便注定了。

克列奥门尼斯:这是命中注定的,没有什么可以瞒过上帝。但我绝不认为,它损害或以任何方式影响了亚当的自由意志也是命中注定(predestinated)的。"命中注定的"一词已让世人对很多事情争论不休,而且它本身就是众多致命争端的起因;由于它如此令人费解,我曾决心永远不参与任何有关它的争论。

霍拉修:我不该勉强你的。可你如此赞美的那些事情,一定让成千上万的人类付出了生命的代价。人数稀少,且无火器,或至少没有弓箭之前,人类居然能够保护好自己,简直就是奇迹。多少手无寸铁的男女才能对付得了一头狮

444 | 蜜蜂的寓言 The Fable of the Bees

□ 但以理在狮坑

波斯人大利乌统治了巴比伦王国，他对但以理委以重任。但以理超凡的品质和美德引起了同僚的嫉妒，他们找不到把柄，于是试图破坏但以理与上帝的联系。他们请求大利乌王颁布一条禁令，在一个月内不准人祷告，只准人向王祈求，否则就把那人丢在狮子坑里。而但以理照旧祷告。于是大利乌王下令将但以理投入狮子坑，但以理因得天神相助而毫无伤损。他说，"我的上帝差遣使者，封住狮子的口，叫狮子不伤我。"

子呢？

克列奥门尼斯：但我们人类还是生存下来了。在任何文明国家，那些动物都不再野蛮恐怖，因为人类更为优越的智慧已能震慑那些动物。

霍拉修：理智告诉我，确实如此。但我不能不注意到，当人类的智慧按照你的意图为你解决任何问题时，它总是有准备，并已发展成熟；而在其他时候，知识与推理则是时间的工作，需要经过若干代人的努力，人才能学会进行正确的思考。请问，人类在拥有武器之前，对付狮子时，其智慧能发挥什么作用？是什么让人类没有刚出生就被野兽吞食的呢？

克列奥门尼斯：上帝。

霍拉修：没错，但以理就是靠神助获救的；可其他人呢？我们知道，不论哪个时代，都有许多人被野兽撕成碎片。我想知道的是，在人类既没有武器抵抗，也没有坚固的堡垒来防御野兽的时候，人类是如何逃脱又如何幸存下来的呢？

克列奥门尼斯：我已经说过了，是上帝的帮助。

霍拉修：但你怎样证明是靠了奇迹的帮助呢？

克列奥门尼斯：你说的还是奇迹，而我说的是上帝，或者说是上帝支配一切的智慧。

霍拉修：你若能向我证明，创世之初，在没有奇迹的情况下，那种智慧也像现在这样介入了我们人类与狮子之间,那么 Eris mihi magnus Apollo[1]。现在,我可以肯定,一头野蛮的狮子至少会像捕食牛马那样,迅猛地扑向一个手无寸铁的人。

克列奥门尼斯:所有的特性、本能,以及我们所说的事物(有生命的或无生命的)的本质,都来自那种智慧,难道你不同意这种观点吗?

霍拉修:我没有不同意。

克列奥门尼斯:那就不难向你证明了。除非在异常炎热的国家,狮子绝不会在野外生活,就像熊适于生活在寒冷气候中。但我们人类大都喜欢适度的温暖,因而最希望生活在中部温带地区。人可能会违背自己的意愿,去适应极度的寒冷,或以超常的耐性去适应极度的炎热;但对人体更适宜的,还是介于两个极端之间的温暖气候,因此,大部分人自然会居住在温带气候区;别的动物出于同样的考虑,也不会选择其他气候区。这会大大减少最凶猛、最难抵御的野兽给人类带来的危险。

霍拉修:不过,热带地区的狮子和老虎,还有寒冷地区的熊,就会老老实实地待在各自的边界里,而从未越界或在边界游荡吗?

克列奥门尼斯:我想它们也会越界。在远离生活地带处,常会有人和牲畜被狮子叼走。人类彼此之间的致命威胁,往往比野兽对我们的威胁更甚;被敌人追捕的人会逃到他们本不愿选择的气候区和国家。同样,在不受强力驱使或非必然的情况下,贪婪与好奇常常也会使人甘愿陷于危险之中。而人们若仅满足于天性需求,像其他动物那样没有虚荣心和幻想,以一种简单的方式,仅为维持生存而劳作,是完全可以避免那些危险的。我相信,在所有这些情况下,大多数人都曾遭受过凶猛的野兽和其他有害动物的伤害;我也深信,在弓箭或更好的武器发明之前,任何数量的人群都不可能在极热或极寒的地区生

---

[1] Eris mihi magnus Apollo(拉丁语),意为"你将是我的阿波罗神",出自于古罗马诗人维吉尔《牧歌》。此处的意思是"你将被我看作一个奇迹"。

存。但这一切并不会推翻我的断言，我想证明的是：第一，所有动物出于本能地选择了对它们来说最适宜的气候，因此，这个世界上便有足够的空间让人类世世代代地繁衍后嗣，且几乎不会有被狮子或熊吃掉的危险；第二，最无知的野蛮人，即使没有理性的帮助，也会发现这一点。这便是我所说的"上帝的杰作"，即在对宇宙的和谐安排中，那个至高无上的存在表现出来的永恒智慧，即那条难以理解的因果链条之源。毫无疑问，在那个链条上，一切事件都相互依存着。

霍拉修：对于这个问题，你阐释得很清楚；可你说的那个催生社会的首要动机，与它怕是毫无关系的。

克列奥门尼斯：不必多虑。还有其他一些野兽，也是手无寸铁的人类无法独自抵御的。在温带气候条件下，大多数未开化的国家必然都面临狼群的威胁。

霍拉修：我在德国见过狼，它们的个头和獒犬一样大，但我当时以为它们的主要猎物是羊。

克列奥门尼斯：任何能被狼捕到的东西都是其猎物；狼非常疯狂，饥肠辘辘时，不但会捕食羊，还会袭击人类和牛、马等动物。它们的牙齿像獒犬的一样锋利，而且还有犬类所没有的利爪。最强壮的人也很难抵挡住狼的攻击，最糟糕的是，狼经常成群出动，整个村庄都会被它们袭击。狼一次会产下五六只，甚至更多的幼崽，因此，人们若不联合起来抵御，并将消灭狼群作为头等大事，它们很快就会遍及全国。同样，野猪也是一种可怕的动物，常在温带的大森林和无人居住的地方出没。

霍拉修：野猪的獠牙是它们的致命武器。

克列奥门尼斯：而且野猪的块头和力量都比狼大。根据历史记载，狼和野猪在古代的危害相当普遍，也有很多英勇之士因战胜它们而赢得美誉。

霍拉修：确实如此。但从前那些与怪物搏斗的英雄们，都是全副武装的，至少大多数都有武器；可一群赤身露体、手无寸铁之人，又靠什么去对付狼群的尖牙利爪呢？一个人朝野猪那厚实而刚硬的毛皮上猛地一击，能让它感到丝毫疼痛吗？

克列奥门尼斯：虽然我列举了人类害怕野兽的种种理由，但我们也不应该忘记对人类有利的因素。首先，一个习惯了艰苦生活的野蛮人，在一切需要力量、敏捷和精力的事情方面，都远超一个文明人；其次，在野蛮状态下，人的怒气更容易被激起，对其迅速投入战斗更有帮助，而在社会环境下则不尽然。社会中的人，从孩提时代起便不得不学习大量保护自己的方法，不得不用恐惧去限制和扼杀大自然对他的崇高恩赐。我们注意到，在自己或幼崽的生命受到威胁时，大多数野生动物都会顽强地战斗到只剩最后一口气，而不顾对手是否比自己强大，也不顾自己所处的不利条件。同样，我们也注意到，动物越是未受教化，顾虑就越少，就越会受那种最高激情的支配。父母对孩子天然的爱，会使野蛮人男女为了自己的孩子而牺牲生命——他们会搏斗至死。一对时刻保持警惕的父母，尽管手无寸铁，但只要他们下定决心，一只狼便休想叼走他们的孩子。人生来就不具备防御能力的说法简直是不可思议的；一个人在不了解手指关节，或至少不知道有手指关节才能抓握东西的情况下，早已知道自己手臂的力量；即使未受教化的野蛮人，成年以前也已经会使用棍棒了。人所面临的最大危险来自野兽，因此，他们必须相当小心、相当努力地予以防范；他们会通过挖陷阱，或其他计谋来攻击野兽，并消灭其幼崽。发现火以后，他们立马就用它来保护自己，惊扰敌人；在火的帮助下，人很快就学会了削尖木头，以制造出长矛和其他用于砍杀的武器。人若被攻击他的动物激怒，在这些敌人逃跑或飞走时，他们会随手抓起什么东西朝其投去；有了长矛后，他们便自然而然地发明飞镖和投枪。至此，人也许会放慢发明的脚步，但随着时间的推移，出于同样的思维，人也制造出了弓箭。很多枝条具有良好的弹性，而我敢说，早在用亚麻做绳子之前，人们已经用兽皮制绳。经验告诉我们，任何形式的管理（父母对子女的管理除外）出现之前，人类就已拥有并熟练使用以上这些武器，甚至更多武器。我们同样清楚，野蛮人即使没有更好的武器，但只要人数够多、力量够强大，就会冒险去攻击甚至追捕最凶猛的野兽，包括狮子和老虎。此外，我们还应考虑到，在温带气候条件下，有些动物从本性而言对人类是无害的，但人类有理由对其产生恐惧。

霍拉修：你指的是狼和野猪？

克列奥门尼斯：没错。毫无疑问，狼曾有过无数次攻击人类的记载；但猎食羊和家禽才是其最自然的本性，而且，只要能找到腐肉或者任何东西来填饱肚子，狼便很少去追捕人或其他大型动物。正因如此，夏天时独自在野外的人才不会特别害怕遇到狼。同样，野猪也会追捕人类，但它们天生是以橡子、板栗、槲果和其他蔬菜为食的；只有在天气严寒、大地荒芜，一切都被冰雪覆盖，找不到任何食物时，野猪才不得不吃肉。很明显，除了隆冬时节，人类的生命不会受到这两种动物的直接威胁，况且严寒的冬季在温带也不常见。但狼和野猪们会毁坏和吞食人类的庄稼，因而它们依然是人类永远的敌人。为此，我们不仅要时刻警惕它们，而且要一直互相协作，以追踪和消灭它们。

霍拉修：现在我清楚了，人类唯有互相帮助，共同对抗野兽，才能生存下去、繁衍后代，最终战胜一切威胁。人类走向社会的第一步，可能就是不得不联合起来、结成群体。到此为止，我愿意承认你已经证明了你的主要观点；但若把这一切都归因于上帝，并认为，没有上帝的许可便什么也做不成，这似乎不符合我们对这位完美而仁慈的最高存在的认识。所有危险的动物身上可能都有对人类有益的东西。我不想跟你争辩，卢坎[1]提到过的那些最毒的巨蛇体内，有没有尚未被发现的解毒剂或其他良药。很多贪婪、嗜血的动物，不仅力量比我们强大，而且天生都携带武器，仿佛是专门用来毁灭人类的。看到这一切，我实在想不出这些动物有什么用处；若非是要惩罚我们人类，我想不出上帝为何创造它们。但我更无法想象的是，上帝的智慧竟会使它们成为人类文明得以发展的工具。在与它们的斗争中，有多少人已经付出生命的代价！

克列奥门尼斯：在漫长的冬季，一个由五百只狼组成的狼群，会给上百万

---

[1] 卢坎，即指马库斯·安纳乌斯·卢坎（Marcus Annaeus Lucanus，39—65年），一译为卢卡努斯，罗马共和国末期罗马帝国初期的一位诗人、哲学家赛内加（公元前54—公元39年）的孙子，曾著有史诗《内战记》（未完成），后因参加反对暴君尼禄的密谋败露，被迫自杀。

无力抵抗的人带来浩劫；但其中半数人都知道，一场瘟疫带走的人比这个狼群在同一时间咬死的还多，尽管技艺精湛的医生用有效的药物顽强地抗击瘟疫。正是由于我们生性就有骄傲感，或由于我们对自己过分看重，人类才以为世间万物都是为了为己所用才被创造出来的。这种错误的想法，使人类犯下无数的罪过，并对上帝及其创造产生了可鄙而荒谬的看法。狼吃人肉，并不比人吃羊肉或鸡肉更残忍，更反常。野兽为了何种或为了多少种神奇的目的被创造出来，都不是我们人类所能决定的，但我们知道，它们是被上帝创造出来的。几乎可以肯定的是，一些野兽会给每一个新生民族带来极大的灾难。这一点你也赞同；此外，你还认为，它们是我们人类生存的巨大障碍，难以逾越。为回答你的这个难题，我已向你表明，从动物的不同本能和特有性来看，大自然创造了不计其数的人类。因此，尽管最凶猛的野兽性情残暴、力大无穷，而人手无寸铁、无力防御，但人类最终还是战胜了不利因素，逃脱了野兽的魔掌而生存了下来，并繁衍后代。凭着我们的数量，凭着我们辛苦制造出来的武器，不论我们想到地球上哪个地方开垦定居，我们都可以赶跑或征服所有野兽。连幼儿都明白，太阳赐予了我们必不可少的恩惠；没有阳光，地球上的任何生物无疑都无法生存。但除此之外，太阳若没有别的用处，那么，凭它比地球至少大八十万倍的体积，只要它离我们更近一些，其千分之一便能很好地照亮地球了。仅从这一点考虑，我相信，太阳的诞生还为了照亮和呵护我们这颗行星以外的其他天体。火和水被创造出来，出于不同的目的，其用途也截然不同。然而，当我们享受着这些恩泽，且只想着自己时，在浩瀚的宇宙中，可能还有成千上万种事物，或许也包括我们人类自己，正服务于某些非常智慧的目的，我们只是毫不知情而已。根据对地球的设计（与地球上所有生物都相关的社会的设计），动物的毁灭和繁衍同样不可或缺。

霍拉修：在《蜜蜂的寓言》中我已读到了这个观点。对读到的那些话，我深信不疑，那就是：若有哪个物种能免于灭亡，那么它迟早会将其他所有物种都碾成碎片，尽管最先被毁灭的是羊，其后才是狮子。但是我不相信，上帝竟会以众多人类的生命为代价来建立社会，而社会本来可以通过更温和、更合理的方式来建立。

克列奥门尼斯：我们说的是可能做过的事，而不是本来能做但没做的事。创造鲸的那种力量，也可以把我们创造成七十英尺高，并且具备鲸的伟力。但是，你也认为这很有必要，对地球的设计却要求每个物种的死亡率与出生率基本一致，你为何又要取消造成死亡的工具呢？

霍拉修：难道疾病、医生、药剂师还不够吗？海上和陆地上的战争还不够吗？它们夺去的人口数量，已远远超过幸存下来的人口。

克列奥门尼斯：确实有这种可能，但事实上，疾病和战争并不总会造成如此后果。我们看到，在人口众多的国家，战争、野兽、绞刑、溺水，还有上百种意外、疾病及其导致的一切后果，都很难与我们的一种无形能力相匹敌，那就是人类延续自己物种的本能。对上帝而言，万事都轻而易举；但从人类的角度来说，上帝在创造这个地球及万物的过程中，为发明毁灭动物的工具而费尽的心思，显然并不亚于为保证动物繁衍而付出的。同样明显的是，我们的寿命被设计成有限的，就像有些房子被设计不能超过某个期限一样。但是，我们天生所厌恶的是死亡本身。关于死亡的方式，人们看法不一，我还没有听说过哪种方式是人人都能接受的。

霍拉修：但没有人会选择残忍的方式。被凶猛的野兽撕成碎片、生吞活剥，是何等痛苦啊，根本无法形容。

克列奥门尼斯：我敢向你保证，那种痛苦并不比每日饱受胃病或膀胱结石的折磨更甚。

霍拉修：你怎样给我这个保证？你又如何证明呢？

克列奥门尼斯：从人体的结构来看，人体是无法忍受任何剧烈痛苦的。人所能承受的痛苦与快乐的程度都是有限的，并且与每个人的体力相适应，只要超出那个限度，人就会失去知觉。凡是曾经被极端酷刑折磨得昏厥过去的人，只要他记得当时的感受，就会清楚自己能承受多大痛苦。野兽给我们人类造成的真正不幸，给人类所带来的灾难，远不及人类彼此间的残忍对待与伤害。若你眼前有个强壮的勇士，他在战斗中失去了一条腿，后来又被二十匹马践踏；

他的肋骨、头骨都断了，一动不动地躺在那里，在痛苦中苦苦挣扎，请你告诉我，你是否认为，他这时比被一只狮子啃食还痛苦？

霍拉修：都痛苦不堪了。

克列奥门尼斯：我们在作选择时，往往受风尚、趋势和时代习俗的支配，而不遵从坚实的理性和自身的判断力。水肿而死、被蛆虫吃掉，并不比在海中溺亡、被鱼吞食更痛苦。但在我们狭隘的思维方式中，的确存在某些颠覆和影响我们判断力的东西；否则，品味高雅的人怎会宁愿躺在可憎的坟墓里腐烂发臭，也不愿被露天焚毁为无害的灰烬呢？

霍拉修：坦率地说，我厌恶一切骇人听闻和违背常理的事情。

克列奥门尼斯：我不知道你所谓的骇人听闻是指什么，但对大自然来说，所有生物彼此为食是最普遍且最符合自然规律的事情。地球上的整个生命系统似乎就建立在这个基础之上；在我们知道的物种中，没有不以其他物种（无论是活着的还是死去的）为食的，大多数鱼类就不得不以同类为食。但这种情况并不是大自然的疏忽，因为大自然为鱼类所做的大量准备，远远超过了她为其他动物所做的一切。

霍拉修：你是指鱼类惊人的产卵量？

克列奥门尼斯：是的。鱼卵被鱼类排出体外才会有繁殖能力；这样，雌鱼的肚子里便可以装下大量鱼卵，而鱼卵本身也会比受精后更紧密地挤在一起。否则，一条鱼每年也不可能产下如此庞大的鱼群。

霍拉修：不过，雄鱼精液进入整个卵丛，使每个鱼卵受精后，不可能像鸟类和其他卵生动物那样不占任何空间。

克列奥门尼斯：首先，鸵鸟就是一个例外；其次，其他卵生动物的卵都不像鱼卵挤得那么紧密。但假设每个鱼卵都有繁殖能力，所有鱼卵若都在雌鱼体内受精（当然这不可能），那么即使雄鱼精液本身并不占据多少空间，进入鱼卵内的精液还是会扩张，像其他生物那样，并使每个卵子或多或少地膨胀；就算每个卵子都只膨胀一点点，这么多也会使整个鱼卵群膨胀成一大块，就需要比现在的鱼腹大得多的空间来容纳。这难道不是一种超乎想象的绝妙发明吗？它能使一个物种得以延续,尽管那物种的每个个体生来就有毁灭该物种的本能!

霍拉修:你说的这种情况只适用于海域,至少在欧洲的大部分海域是这样的。因为在淡水中,大多数鱼类并不以自己的同类为食,但它们的产卵方式是一样的,且数量和其他鱼类一样庞大,其中,梭子鱼给我们造成的危害最大。

克列奥门尼斯:梭子鱼非常贪婪,在池塘中凡是有梭子鱼的地方,别的鱼类就不会多。但在河流,以及所有陆地附近的水域,都有各种以鱼类为主食的两栖水禽;在许多其他地方,这类水禽的数量也多得惊人。此外,水獭、海狸等动物也以鱼类为食;在溪流和浅滩处,候鸟和麻鸦也会吃鱼,不过吃得也许很少;但一对天鹅一年吃掉的鱼苗和鱼卵,若都存活下来,将足以充满一条大河。因此,鱼类不是被同类吃掉,就是被其他物种吃掉。我要证明的是:大自然并未创造出任何数量特别惊人的物种,但她却想出了毁灭它们的种种办法。在一些地区,昆虫种类繁多,若没有认真想过这一点,任何人都会对其种类之多感到难以置信;它们呈现出来的美也令人难以置信。然而,它们的美和多样,都不如大自然精心设计的无数毁灭它们的工具更令人震惊。倘若所有其他动物不再想方设法毁灭昆虫,那么两年后,地球上现在人居的领域就会被昆虫占领,在许多国家,昆虫将会成为唯一的居民。

霍拉修:听说鲸鱼只以鱼类为食,被鲸鱼吃掉的鱼肯定数量惊人。

克列奥门尼斯:我想这是一般的看法。因为人们从来没有在鲸鱼腹中发现鱼类,而且在那些海域,有大量昆虫悬浮于水面。鲸鱼这种动物也有助于证实我的推论,即消减每个物种繁衍的数量是最重要的。鲸鱼这种奇异的动物,躯体过于庞大,无法被吞食,大自然便完全改变了其机能,使之区别于鱼类。因为鲸鱼是胎生的,像其他胎生动物那样生育,每胎不会超过三条幼鲸。地球上有数不尽的生物,为了使所有物种都得以延续,每一物种被毁灭的数量便不应超过其繁衍的数量,这是非常必要的。因此,大自然对动物死亡和减少的关心,显然要多于对动物繁育和延续的关心。

霍拉修:如何证明呢?

克列奥门尼斯:每年都会有数以百万计的动物找不到食物,最终死于饥饿；但只要有动物死去，便总是有若干张嘴将其吞掉。然后，大自然又创造出相应数量的动物。大自然在为动物提供食物方面最巧妙、最细致，也最慷慨、最公正。她不会为最低劣的动物提供太好的食物，而所有动物对其找到的食物都同样满意。一只普通苍蝇的身体构造是多么奇特啊！它的翅膀何其敏捷，它在热天里的动作何其迅速！简直难以比拟。若一位毕达哥拉斯派哲学家，同时也是一位精通力学的大师，他借助显微镜，仔细观察苍蝇这种动作敏捷的生物的每一个微小部分，并考虑到它表现出来的力学美，那么，当他想到无数只做工如此精美的鲜活苍蝇，竟然每天都被对人类无用的那些小鸟和蜘蛛蚕食，难道他不会觉得惋惜吗？而且，你难道不认为，即使苍蝇少一点，即使没有蜘蛛，世界依旧照常运转吗？

霍拉修：我还清楚地记得那个关于橡子与南瓜的寓言[1]，所以回答不了你；我不打算为这个问题伤脑筋。

克列奥门尼斯：可你却对那些工具吹毛求疵，我说过它是上帝为使人类联合起来所借助的工具，也就是野兽带给人类的共同威胁。尽管你也承认，它可能是人类联合的最初动机。

霍拉修：我实在难以相信，上帝对我们人类的关心，竟比不上对苍蝇和鱼卵的关心；大自然竟会像对待昆虫一样，毫不顾及人类的命运。我不知道你怎么能把这与宗教联系起来，你可是一直非常注重基督教的细节。

克列奥门尼斯：这与宗教无关。但我们如此看重自身及我们这个物种的优越性，因而没有空闲来认真思考地球的运作原理，也就是地球上的生物所遵循的生存法则。

霍拉修：我说的不是我们人类，而是神。你将上帝视为种种恶毒和残忍的

---

[1] 这是法国作家让·德·拉·封丹（Jean de La Fontaine，1621—1695年）的寓言《橡实与南瓜》。其内容是：一个蠢人嘲笑宇宙的安排，因为它让南瓜长在柔软的瓜秧上，却让橡实结在高大的橡树上。后来他坐在一棵橡树下，一颗橡实从树上掉下来，砸在了他头上。他方始相信天意不让南瓜结在树上并非愚蠢之举。

制造者，这难道与宗教无关吗？

克列奥门尼斯：你既然用这种说法，指的只能是人类，不可能是别的，因为这些说法表明的就是人类在某些事情上的看法或意图。人做的事本身不能说残忍或恶毒，除非他根本就是怀着这种恶意做事的。从理论上来说，自然界的一切活动都没有善恶之分；无论死亡对个体生物而言意味着什么，它对这个地球或整个宇宙而言，并不比降生更邪恶。

霍拉修：这就让万物的那个首要原因将不再是智慧的存在。

克列奥门尼斯：何出此言？难道你就不能想象一位最具智慧的存在，不仅没有任何歹毒之心，而且根本不知其为何物吗？

霍拉修：这样的一位存在不可能做残忍恶毒之事，更不可能命令他人去做。

克列奥门尼斯：上帝也不会这样做。但这个话题将让我们展开一场关于罪恶起源的讨论，而且不可避免地要落到自由意志与宿命论的问题上。而我之前已经说过，这是一个难以解释的奥秘，我根本不想费神。不过，我从未说过或想过任何亵渎神明的话。相反，我一直认为那位最高存在卓越不凡，是我的能力所无法企及的；倘若他真是任何罪恶的制造者，我就会相信他不复存在。但我很乐意听听你认为更合理地产生社会的方式，请你说说那种比较温和的方式吧。

霍拉修：你已经使我完全相信，我们自称对人类所怀的天然之爱，并不比别的动物对其同类的爱更伟大。但倘若大自然真的赋予了我们彼此一种爱，这种爱如同父母对无助的孩子一样真挚，那么人类就会自愿联合在一起，并且没有什么能阻止他们的联合，不管他们的数量多寡，也不管他们有无知识。

克列奥门尼斯：Omentes hominum cæcas! Opectora cæca! [1]

---

[1] Omentes hominum cæcas! Opectora cæca!（拉丁语），意为"受骗的盲人们啊！盲目的理性啊"。［见罗马共和国末期的哲学家卢克莱修（Lucretius，公元前97—公元前55年）著《物性论》］

霍拉修：你尽情感叹吧。但我相信，这种由真挚之爱使人们结成的友谊纽带，比任何来自野兽的威胁使其结成的联合更牢固。你能找出它有什么缺陷，或者我们彼此间的爱又会给我们带来什么不幸呢？

克列奥门尼斯：这与上帝的计划不是一回事，上帝显然是按照那个计划创造、处置宇宙万物的。

□《盲人的寓言》 勃鲁盖尔 1568年

这幅画体现了基督的一句名言："若是一个瞎子给另一个瞎子引路，两人将一起跌进沟里。"（见《马太福音》第十五章）画面上六名瞎子或拉手，或拉棍子为另一人带路。这些人跌跌撞撞走在陡坡上，正朝沟里走去，其中带队的瞎子已经跌入沟中。由于瞎子们弄不清究竟是哪里出了问题，也只好自认倒霉、互相埋怨了事。这是画家对人类命运发出的一个警告：一个国家、一个民族决不能由盲人来引路，否则必遭大难。

这种爱若成为人的本能，那么人们便永远不会发生剧烈的争执，也不会产生不共戴天的仇恨，更是永远不会残忍地对待彼此；换而言之，世间便绝不会存在长久的战争，也不会有太多人因彼此间的怨恨而死了。

霍拉修：你为文明社会的福祉和存续开出的药方，竟然是战争、残忍和怨恨，你可真是位稀世国医。

克列奥门尼斯：请别误会，我可从未做过这种事。但倘若你还相信上帝主宰世界，你必须同样相信，上帝会利用各种手段来实现其意愿和乐趣。比如，要想掀起战争，不同国家的臣民首先必须产生误解和争端，继而是各方君主、统治者或执政者之间要存在分歧；只要用到这类手段之处，人心无疑是首要突破点。由此我便可以推断，上帝若按你认为最合理的那种温和方式安排万物，人类几乎无须流血。

霍拉修：这又有什么坏处呢？

克列奥门尼斯：这样地球上就不会有现在这么多种生物了，而且，人类及其维持生命的必需品都会无处存身。假如没有战争，假如上帝的计划没有被如

该隐杀死亚伯

这是人类第一宗"因嫉妒而起"的凶案。亚当和夏娃最早的儿子该隐和亚伯分别向上帝献上供物。牧羊人亚伯献上了羊,而种植者该隐献上了蔬菜。结果上帝只看中了亚伯和他的供物。该隐大怒之下杀了亚伯,随后被上帝逐出了人类家庭聚居的地方。

此频繁地干扰,那么,仅我们人类一个物种就足以占据地球上的每一寸土地。这完全与上帝的那个计划相悖,而地球显然是建立在那个计划之上的。难道我说得不合理吗?你根本就没有对这一点给予应有的重视。我曾经对你提起过,而且你也认为动物的毁灭和繁衍同样必要。设法减少和毁灭一些生物,以便给那些不断接续它们的生物腾出空间,这一过程处处展现着的上帝的智慧,丝毫不亚于使各种生物保存自己物种的计划中的智慧。你认为我们人类只能通过一种方式来到这个世界的原因是什么?

霍拉修:原因就是,一种方式就已足够。

克列奥门尼斯:那么,我们同样也有理由认为,离开这个世界有好几种方式,因为一种方式是不够的。因此,"为了维持地球上各种生物的存续,生物应当死亡"这一假设,与"生物应当出生"这一假设同样必要。如果你切断或阻碍了死亡,实际上就是堵住了生死两扇大门中的死亡大门,你认为这合理吗?你对死亡的阻碍难道不会影响生物的繁衍吗?如果永远没有战争,除了正常的死亡之外,也没有其他死亡方式,那么地球连现在十分之一的人口也不会产生了,或至少不可能维持这么多人的生存。我所说的战争,不仅指一个国家对另一个国家的战争,还指国内外的争端、集体屠杀、个人谋杀、毒药、刀剑和一切敌对势力;尽管人们自称关爱同类,但从该隐杀死亚伯那一刻起,整个世界都一直充满着杀戮。

霍拉修:我想,在这些战争中,有记载的可能还不到四分之一,但从我们了解的历史来看,丧生于这些战争的人不计其数。我敢说,死者的数目比幸存者的数目还要多。但你能从中推断出什么呢？那些人不会长生不死，即使他们没有在战争中送命，战争过后也很快因疾病而亡。一位年届六十的老人死于战场上，但即使他留在家里，或许也只能多活四年，那就是他的命运。

克列奥门尼斯：也许所有军队中都有六十岁的老兵，但男人们通常都是年轻时去参战的；四五千在战场上阵亡的士兵，其中三十五岁以下的最多。你可以设想，很多男人过了能生养十个或十二个孩子的年龄才结婚。

霍拉修：倘若那些战死者在此之前已经生养了十二个孩子呢？

克列奥门尼斯：绝不可能。我从不假设那些不切实际或不太可能发生的事。而且，就算这些人没有被其同类消灭，并同其他人一样生活，处境也一样，其后代也同样如此，他们仍会遭遇伤亡、疾病、庸医，以及会夺走或缩短其生命的其他意外；战争和暴力，只是其中的一种情况而已。

霍拉修：但是，若地球上人口过多，上帝难道就不会给我们送来更多瘟疫和疾病吗？这样的话，可能会有更多幼儿夭折，或有更多女人不孕。

克列奥门尼斯：我不知道你那种温和的方式能否获得更多人的赞同，但你对上帝的看法并不公正。人们当然可能生来就有你所说的那种本能，但如果这是造物主乐于看到的，那必定还存在另一种计划——地球上最初的一切就会以一种与现在完全不同的方式呈现。不过，先制订一个计划，等发现其缺陷时再加以改进，这是有限智慧所为。只有人类才会不断修正错误、纠正和弥补以前的过失、改进那些事实证明并不可行的措施，而上帝的认识则来自永恒的智慧。上帝拥有无限的智慧，是不会犯错的，因此，祂的一切作品都天衣无缝，每一件事都符合祂的意愿。上帝的法则和律令永远坚不可摧，因此，祂的决定也是永恒不变的。不到一刻钟之前，你还说战争是消除过剩人口的必要手段，可你现在怎么又觉得它们没用了呢？我可以向你证明，在我们人类的繁衍过程中，大自然已经用显著的方式，充分提供了相应数量的男性，以弥补战争所损失的男性，就像她提供了大量鱼类，以弥补鱼类互相吞食造成的大毁灭一样。

霍拉修：请问，究竟是何种方式呢？

克列奥门尼斯：使世界上的男性永远多于女性。在海陆一切苦难与危险中，男性总是首当其冲，也就意味着死亡的男性远远多于女性，这一点你应该不会否认。倘若看到（肯定会看到）每年出生的男婴总是大大多于女婴，难道我们不会想到这是大自然在储备大量人口，而他们若没有被消灭，不仅会造成人口过剩，而且会给各国带来极大危害吗？

霍拉修：男性新生儿的数量确实惊人。我记得有人曾从《伦敦城市和郊区出生及死亡报表》上摘录过相关数据。

克列奥门尼斯：那是对八十年间数量的统计[1]，其间，女性新生儿的数量始终比男性少很多，有时甚至少几百名。大自然的这种安排，弥补了因大量男性死于战争和航海而造成的不足。而且，若考虑到两种情况，我们很容易发现：实际两性的数量差，比那个统计表所显示的还要大。首先，女性比男性更容易患各种疾病；其次，由于性别原因，女性身心会受到更多刺激和打击，许多女性因此死亡，而男性却全然不受这些影响。

霍拉修：这很可能不是偶然的结果。但如果没有战争，它也就推翻了你从我那个温和计划中得出的结论；因为你不愿承认，我们人类数量的持续增长，完全建立在这样一种假设上，即那些在战争中死去的男人，即使还活着，也不会需要女人。而从男性数量的优势来看，很明显，他们应该且必须需要女人。

克列奥门尼斯：你的看法没错，但我主要是想告诉你，你所要求的解决方法与那个计划的其他部分有太多抵触，而万物现在明显是由那个计划支配的。因为，男性与女性的数量若恰恰相反，而大自然若不断设法补充在某些灾难（对男性毫无影响）中损失的女性，那么，倘若死于同类相残的男性都活着，当然都会有自己的女人。正如我说过的，若没有战争，地球将会挤满人类。倘若大自然一直坚持其计划，即男性的出生率一直高于女性，女性的病死率也一直

---

[1] 此指威廉·配第和约翰·格朗特合著的《对死亡报表的自然及政治评论》。其第八章说，尽管男性死亡率高于女性，但男婴出生率比女婴高1/13，因此维持了两性人数的大致平衡。威廉·配第（William Petty，1623—1687年），英国古典政治经济学之父、哲学家、科学家，著有《赋税论》；约翰·格朗特（John Graunt，1620—1674年），英国人口统计学家、流行病学家。

高于男性，那么，如果没有战争，世界上的男人将会一直过剩。两性数量的比例失调将会造成无数灾难，而这种灾难现在只能由人们相互的轻视和敌意来抵消。

霍拉修：这只会使还没结婚就死去的男性的数量比现在更多，应该没有比这更大的危害了。这是不是真正的罪恶，仍存在很大的争议。

克列奥门尼斯：这种女性永远不足、男性始终过剩的现象，不论人们多么彼此关爱，都会给社会造成巨大的动荡；女性的价值和身价将因此大大提高，以至于只有家境优渥的男性才能得到她们。你难道不认为，仅这一点就会让我们的世界改头换面吗？人类永远也无法探明那个最必需且如今仍取之不尽的源泉。我们也可以从许多其他事情中清楚地看到，人类之间这种真爱是彻底违背目前这个计划的：没有了嫉妒和竞争，世人便不再勤勉；若不牺牲邻国的利益，不被视为可怕的、难以战胜的民族，便没有哪个社会能走向繁荣；若人人平等，政府将毫无用处，世界上也就不会有大的纷争。细想古代那些最著名的人物、最伟大的成就，以及有史以来上流人士所推崇和赞美的一切，倘若历史重来，你认为什么条件、大自然的什么帮助造就了这一切呢？是你要求的那种不掺杂野心或虚荣心的爱的本能，还是伪装成那种真爱的一种骄傲与自私的顽固信念呢？请你想想，受这种本能支配的人若不愿为他人服务，也就不会要求任何他人的服务；你立马就会明白，这种现象若普遍存在，社会的面貌就会与现在截然不同。这种本能可能适合另一个世界里的计划，而不同于我们的计划。那个世界没有浮躁，没有持久追求变化与新奇的欲望，只有一种普遍的稳定，而这种稳定由动物们平静而知足的心态维持着。那些动物的欲望与我们完全不同，它们节俭而不贪婪，慷慨而不骄傲；它们对未来幸福的向往，就像我们对当下幸福的追求一样，在生活中表现得强烈而鲜明。但对于我们生活的这个世界，只要你考察一下成就人类伟业的各种方式，以及所有用来为凡人创造幸福的手段，你就会发现，你说的那种本能肯定已经破坏了一切原则，使人类失去了以现世智慧获得的那些荣华富贵。

霍拉修：我不再坚持我那个温和的计划了；你已经使我相信，若所有人都天生谦恭、善良和高尚，那么世上就不会有现在这样的骚动和变化，或许也不会有如今这样的美了。我相信，各种战争和疾病是阻碍人类过快增长的天然工具，可我无法想象，野兽也是为此而设计的；因为只有当人类数量稀少，应增加而不是减少其数量时，野兽只能为减少人口而服务；此后，当人类已足够强大时，野兽若还是为了减少人口而设计的，它们就没有多大用处了。

克列奥门尼斯：我从没说过野兽是为减少人类而设计的。我说过很多东西都是为了各种不同目的而创造的；在对地球的计划中，也必须考虑到许多与人类无关的事物。因此，认为宇宙是单纯为人类而创造的想法是可笑的。我也曾说过，我们所有的知识都来自对事实的总结，因此，不从事实出发进行推理是轻率的。世界上有野兽，也有野蛮人，这是肯定的；若野蛮人数量很少，野兽必定是最大的麻烦，有时甚至是致命的威胁，这一点也是可以肯定的。考虑到人类生来就有的激情，以及他们未开化时的弱小，若非须要共同抵御野兽，我找不到任何能使他们团结在一起、以维护共同的利益的理由或动机。他们生活在自食其力的小家庭里，既无政府，也不相互依赖。我相信，在这种情况下，走向社会的第一步是一种结果，即我们经常提到的共同面临的危险，那种危险必定会对这种处境下的人类造成的结果。至于创造野兽还有什么其他目的，又有多少种目的，我也无法断定。

霍拉修：可无论创造野兽的其他目的是什么，都与你说的目的相一致，那就是使野蛮人联合起来。我认为，这似乎与我们对上帝仁慈的看法相悖。

克列奥门尼斯：倘若你把人类的激情归因于上帝，并用我们人类最浅薄的能力去衡量无限的智慧，那么，我们称为"自然之恶"的一切事物似乎也都与我们对上帝仁慈的看法相悖。你已经提起过两次，我想我已经回答了。跟你一样，我也不会把上帝视为罪恶的创造者；但我也同样相信，在那位至高无上的存在那里，没有什么是偶然的。因此，除非你认为世界不受上帝支配，否则你就必须相信，战争、来自同类或野兽的一切灾难，以及瘟疫和其他疾病，都处在一种深不可测的、英明的指导之下。凡事皆有因果，因此，没有什么事情是偶然发生的，只不过人们不清楚原因罢了。我可以用一个浅显而熟悉的例子来向你证明。在一个对网球一无所知的人看来，网球的跳跃和反弹似乎都是偶然的，因为他猜不到网球落地之前会飞往哪个方向；所以，网球一落到早已计划好的那个位置，他便会认为这是偶然的。而经验丰富的球员则完全了解网球的运动轨迹，因此会直接跑到预判的落点处，即使他还没到达那里，球也一定会落在他能接触到的范围内。好像没有什么比掷骰子更显得偶然了，然而，骰子和其他任何东西一样，也遵守重力和运动定律；从我们对其观察来看，它们不可能以别的方式下落。但在整个投掷过程中，人们完全不知道骰子会哪面朝上，而其点数变化的速度之快，又使我们缓慢的理解力无法跟上它们。因此，在公平的游戏中，骰子落下后呈现的点数对人类而言便显得特别神秘。不过，若用投掷一对骰子时使用的骰钟、桌子，来投掷两个立方体，且投掷者的手法相同，两个立方体的整个运动轨迹也相同，那么出现的结果也肯定相同。若运动量（摇晃骰钟和骰子的力）是已知的，而运动过程被慢放，原本三四秒钟的运动延长到一个小时，人们便极易发现每次投掷的动因，因而可以准确预测立方体的哪一面会朝上。可见，"巧合"与"偶然"这两个词除了表明我们缺乏知识、远见和洞察力，别无他意。若考虑到这一点，我们就会明白：人类的能力是多么有限，我们根本不可能拥有上帝那种普遍的直觉；而不论是我们看得见的还是看不见的事物，不论是过去与现在还是将来的事物，上帝都能凭那种直觉一眼洞察。

霍拉修：我心服口服，你已经解答了我提出的所有难题。我必须承认，你对使野蛮人联合起来的首个动机的假设，既不违背常识，也不违背我们对神性应有的认识；恰恰相反，在回答我的质疑时，你已经充分证明了你的推测，而且你还描述了上帝执行那个对地球的计划时倾注的力量和智慧，这比我以前听过或读过的任何相似见解都更合理、更清晰。

克列奥门尼斯：你能满意，我很高兴，但并不会因你出于礼貌对我的嘉许而自傲。

霍拉修：现在我明白了，既然所有人都注定要死去，就必须有通向这一结局的手段。从那些手段或死因的数量来看，我们不可能排除人类的恶意、野兽的残暴，以及所有具危害性的动物。倘若那些手段的确是大自然为此结局设计出来的，那么我们就没有多少理由去抱怨它们，正如我们没有理由去抱怨死亡本身、抱怨时时刻刻都可能引起死亡的疾病。

克列奥门尼斯：所有这些都在那个诅咒中，人类堕落之后，上帝理应将那个诅咒降给整个地球。倘若它们都是真正的罪恶，便应当被看作那桩罪孽的后果，是我们第一对父母的罪过给子孙后代招致的惩罚，是人类应受的。我深信，世界上所有的民族，以及每一个人类个体，不论是文明的还是野蛮的，其祖先都可以追溯至闪、含和雅弗。经验告诉我们，最伟大的帝国也不可能永远存在，治理得最好的国家和王国也有灭亡的时候。因此，我们可以肯定，最文明的民族一旦被分裂和破坏，很快就会衰落，有些民族还因遭受灾难和不幸，从智慧文明的祖先沦落为最初的、最低等的野蛮人。

霍拉修：你所深信的这些事情若是真的，那么，关于野蛮人的另一件事情便不言而喻了。

克列奥门尼斯：你好像暗示过，野蛮人一旦文明化，并生活在庞大而有序的社会中，野兽所带来的危险便会彻底消失。但你也看到了，我们人类永远也不可能完全摆脱那种危险，因为人类也很容易沦为野蛮人；而且，这种灾难确实曾降临在许多人身上，而他们无疑都是诺亚的后裔。因此，即便地球上最伟大的君主及其后代，也不可能免于同样的灾难。在某些文明国家，野兽可能会彻底灭绝，但在其他未开化的国家，它们会成倍地增加。现在，很多地方的

□ 诺亚和他的儿子

闪（Sham），诺亚的长子；含（Ham），诺亚的次子；雅弗（Japhet），诺亚的第三子。在上帝用大洪水灭世之前，只有诺亚在上帝面前蒙恩。上帝让诺亚和他的儿子们建造方舟，使他们得以在洪水中存活。图为诺亚指挥儿子们建造方舟。

野兽大量繁衍,俨然成了当地的主人,而那些地方曾多次驱除它们。我始终相信,地球上的每一种生物,都将无一例外地继续受到其创造者的眷顾,跟最初被创造出来时一样。你已经拿出足够的耐心与我讨论,可我还意犹未尽;我们已经说清了人类走向社会的第一步,应该休息一下了。所以,今天就到此为止吧。

霍拉修:我完全同意。我已经让你说得够多了,不过等你有空,我还想听你继续讲讲。

克列奥门尼斯:我明天要去温莎[1]吃饭,你若没有其他安排,可以与我一起去,你的光临肯定大受欢迎。明早九点,我会备好马车,你知道我会路过你家。

霍拉修:那的确是个好机会,我们可以聊上三四个小时。

克列奥门尼斯:你若不在,我会很无聊的。

霍拉修:我会和你一起的。明天等你来接我。

克列奥门尼斯:告辞。

---

[1] 英国王城,位于伦敦以西23英里的伯克郡东部泰晤士河右岸。

霍拉修与克列奥门尼斯的第六篇对话

霍拉修：我们已经离开石子路了；请不要浪费时间，你的进一步阐述将给我带来极大快乐。

克列奥门尼斯：走向社会的第二步，就是人们彼此造成的危险，而这归因于人类生来就怀有的、难以消除的骄傲和野心。不同家族可能会努力生活在一起，并时刻准备应对共同的危险。然而，若没有要共同对付的敌人，他们对于彼此是毫无用处的。在这种状况下，力量、智慧和勇气将是最宝贵的品质，而众多家族又不可能长久在一起生活。可以想见，有些人便会在我所说的骄傲和野心的驱使下，力争成为地位最高者，因此，这必然会引起争端。而在争端中，最弱小、最胆怯者为了自己的安全，总是会站到他们最认同的人一边。

霍拉修：这就自然而然地将众人分成若干群体，每个群体都有各自的领袖，其中最强大、最勇敢的群体势必会吞并那些最弱小、最胆怯的群体。

克列奥门尼斯：你说的情况，完全符合我们对世界上仍存在的那些未开化民族的描述。因此，人类可能还要经历好几个世纪的苦难。

霍拉修：在父母的管教下成长起来的第一代人是可被治理的，其后的每一代人难道不会比前一代人更聪明吗？

克列奥门尼斯：毫无疑问，他们所掌握的知识和技能将会不断增多，时间和经验也会像影响其他人那样影响他们；在他们擅长的特定事物上，他们会变得和最文明的民族一样熟练和精通。但是，他们不加约束的激情和由此引起的混乱，却永远不会使他们幸福；他们之间的争端会不断阻碍他们的进步，破坏他们的发明，让他们的计划落空。

霍拉修：可他们经受的痛苦，到了一定的时候，难道不会让他们明白那些争端的原因吗？他们拥有的知识难道不足以让他们订立契约，结束对彼此的伤害吗？

克列奥门尼斯：很有这种可能。但对缺乏教养、未开化的人来说，若没有利益驱使，谁都不会遵守契约。

霍拉修：难道利用宗教（即对一种无形原因的恐惧）来维护契约也没有作用？

克列奥门尼斯：也许有作用，而且在遥远的古代就曾有过尝试。但宗教在他们中间所起的作用，并不比在文明国家所起的作用大。在文明国家，人们很少相信神的报复；而且认为，若没有人力来强制履行契约，并惩罚违背契约的行为，誓言本身便毫无用处。

霍拉修：但是，难道你不认为，使一个人渴望成为首领的野心，也会使他同样渴望自己领导的民众在国内事务方面都服从他吗？

克列奥门尼斯：我就是这样认为的。而且，各个生活在这种动荡、危险环境中的群体，经过三四代人之后，就会开始探究、理解人性。首领们会发现，他们领导的民众之间的冲突和纷争越多，他们就越无法利用那些民众。于是他们便会采取各种办法来管束民众，如制定相关刑法，禁止互相残杀和斗殴，禁止强抢同一群体中他人的妻儿，等等。他们很早就发现，任何人都应该在牵涉自己的事件中回避；一般来说，老年人比年轻人懂得更多。

霍拉修：一旦有了禁令和刑法，我想一切困难就都能克服了。但我不明白你为什么说，他们"可能还要经历好几个世纪的苦难"。

克列奥门尼斯：有一件极为重要的事情我还没提到，且少了那个前提，没有多少人会得到幸福。若我们无法证明契约的重要性，再强有力的契约又有何作用呢？在要求精确性的事情上，口头规定又有多少可靠性呢（尤其是口头语言还很不完善时）？口头规定极易受到指责、引起争端，而众所周知，书面记录则是万无一失的证据。许多人企图歪曲法律条文，由此我们可以判断，在那些全无法律的社会中，公正地处理事务是多么的不切实际。因此，走向社会的第三步，也是最后一步，便是文字的发明。没有政府，民众便无法获得安定的生

□ 《社会契约论》

《社会契约论》是法国思想家让-雅克·卢梭的著作。其中第三卷阐述了政府及其运作形式，卢梭认为：虽然主权体有立法权，但是它不能赋予自身执法权；它需要一个介于主权体和国民之间的中介者，在公意的指示下实施法律；而政府就是这样一个中介者和主权国家法的执行人，而非主权者本身。

活；没有法律，政府便无法存在；而法律若不书写下来，便不可能长久施行。仅考虑这一点，我们便足以对人性有一个深刻的认识。

霍拉修：我不这样认为。没有法律，任何政府都无法存在，原因是所有群体中都有坏人。但我们判断人性时，若只以坏人为参照，而不考虑那些遵循理性行事的好人，是多么的不公正啊。即使是对待牲畜，也不能如此以偏概全。倘若我们只看到几匹劣马，便对所有马儿大加谴责，而未注意大多数马儿都天性温顺、品质优良，那就太离谱了。

克列奥门尼斯：你要是这样说，我就必须把我昨天和前天说过的话都重复一遍。我以为你已经明确认识到：思想和语言方面的情况是一样的；虽然人类生来就具有超越其他动物的思想和语言能力，但当人类尚未开化，也从未与其同类交谈过时，这些特性对人类就没有什么用处。所有未受过教育的人，只要不对其加以约束，就会遵从自己的天性冲动行事，而不顾及他人，因此，他们都是没有被教导好的坏人。而没有被驯服的马也都是难以驾驭的，因为我们所说的"劣性"，是指它们又踢又咬、拼命挣脱缰绳、甩掉骑手，使出浑身气力摆脱束缚，以恢复天性中渴望的自由。你说的"天性"，显然是人为的，都源于调教；同理，没有管束，任何良马都不会被驯服。尽管一些马可能直到四岁才上鞍训练，但在很久之前，人们便已开始调教它们，对它们说话，为它们梳洗。它们由饲养员喂养、管束，有时受到爱抚，有时受到训练——在年幼时，饲养员让它们对人类产生敬畏的训练方法应有尽有；不仅使其服从人类，而且以服从人类的卓越才能为荣。不过，你若想判断马的天性，看它是否适合管束，那就选一百头由最好的母马和最好的种马所生的小马驹，让小马驹自由生活在大森林里，等它们长到七岁，再去看看它们会有多温顺吧。

霍拉修：它们肯定不会温顺。

克列奥门尼斯：那是谁的错呢？小马驹自己并未要求离开母马，而且完全是由于人类的管理，它们才变得温顺、驯服的。像"劣马"一样，人的恶德也有同样的起源。其实，不论在人身上，还是在马身上，渴望无拘无束的自由，不能忍受束缚，这些特点表现得都非常明显。因此，一个人若打破了戒律和禁忌，肆意追随其未受教导或管束不善的天性中那强烈欲望，他就会被视为"品性恶劣"。人人都会抱怨这种天性。这种人喜欢什么就要拥有什么，从不考虑自己是否有权得到它；凡是他想做的事，他都要去做，而不顾对别人会有什么后果；可同时，他又厌恶每一个行事原则跟他一样、完全不顾及他的人。

霍拉修：简而言之，即人对别人的要求，从不会加诸己身。

克列奥门尼斯：确实是这样的。因此，人的天性中还有另一面，即拿自己和他人比较时，作出的任何判断都是片面的。两个对等的人，对对方的评价永远不及对自己的评价。若人人都享有同等的评判权，只要给某个人献上一件刻有"detur digniori[1]"字样的礼物，便一定会让他们争论不休。人在发怒时的行为，和其他动物是一样的，比如，在生存、繁衍的过程中，他们会不断干扰那些惹怒自己的人；根据愤怒程度的不同，他们要么竭力摧毁对手，要么竭力给其对手制造痛苦和不快。这些社会障碍都是人的缺陷，或者说都是人的自然特性。由此可见，为人类的现世幸福而制定的一切规章和禁令，完全都是为迎合人类心意，以及消除对人类恶劣本性的普遍约束。各国的基本法令都有相同的倾向，都是针对人类天生就有的弱点、缺陷或对社会不利的方面。但是，所有法令显然都是为治疗和抑制人的主权本能而制定的，而正是这种本能教导人类将一切事物都看成为自己准备的，并促使他们对所能得到的一切事物提出要

---

[1] detur digniori（拉丁语），意为"送给最配得上它的人"。

求。这种为现世社会的利益而改善人性的倾向和意图，在上帝制定的简明而完整的法律中最为明显。以色列人沦为埃及人的奴隶后，受其主人法令的约束；现在，他们虽然已不是最低等的野蛮人，但还远不能成为一个文明的民族。我们有理由认为：以色列人在接受上帝的律法之前，已经制定了一些法令和契约，而"十诫"（译者注：《摩西十诫》也称为"十诫"，后同）也并未废除它们；另外，以色列人一定具备是非观念，他们之间一定有反对暴力和侵犯财产的契约，这是可以证明的。

霍拉修：如何证明呢？

克列奥门尼斯：证据就是"十诫"。所有明智的法律都适用于遵守法律的人。例如，从第九条诫命[1]就可以明显地看出，一个人自己出具的证词，在牵涉他的事情上是不被采信的，而且任何人都不被允许担任涉己案件的法官。

霍拉修：那只是禁止我们作不利于邻人的伪证。

克列奥门尼斯：是的。因此这条诫命的整个宗旨和意图，都暗示了我所说的那种情况是前提。但禁止偷窃、通奸和贪图任何属于邻人的东西，却更明显地暗示了这一点，似乎还作为补充和修订，以弥补以前已达成一致的一些条例和契约的不足。若从这个角度看待前面提到的那三条诫命，我们将发现，它们都是强有力的证据，不仅可以证明人类内心的主权本能（其他时候我称之为专横的精神和自私的原则），而且可以证明，人类很难将其毁灭、清除，或从心中连根拔起。因为从第八条诫命[2]来看，虽然我们禁止用武力夺取邻人的东西，但还存在另一种危险，那就是这种本能会驱使我们以一种隐秘的方式偷取邻人的东西，并以一种"oportel habere[3]"的暗示来欺骗我们。同样，从第七条诫命也可以看出，尽管我们禁止强抢属于某个男人的女人，可令人担心的是，若我们喜欢这个女人，那让我们满足自己所有欲望的内在原则，就会劝我们把她

---

[1] 第九条是"不可作假证以陷害人"（见《旧约·出埃及记》第20章第16节）。

[2] 第八条是"不可偷盗"（见《旧约·出埃及记》第20章第15节）。

[3] oportel habere（拉丁语），意为"他该当如此"。

当作自己的女人来享用；尽管养活她和她的孩子的都是我们的邻人，那原则还是这样劝诫我们的。"十诫"的最后一条[1]更充分地证实了我的论断。它直指罪恶的根源，并且揭示了第七条和第八条诫命提到的那些罪恶的真正源头。因为，若没有人首先违背最后这条诫命，谁都不会冒险去破坏以上这两条诫命。何况第十条诫命的寓意也很明显：首先，我们这种本能是强大的，是一种难以治愈的弱点；其次，我们不能占有邻人的任何东西；但若不考虑正义和所有权，我们可以对其怀有渴望。而这条诫命绝对禁止我们"贪恋"任何邻人的东西。上帝的智慧深知自私之念的强大，这种自私之念不断迫使我们将一切都视为己有。一旦一个人打心底垂涎一件东西，这种本能或原则就会控制他，并说服他想方设法满足自己的欲望。

霍拉修：照你这样阐释"十诫"——使之与人性的弱点相契合的方式，也帮助我们这样理解第九条诫命，那就是：人人生来都怀有一种作伪证的强烈欲望。我以前可是闻所未闻。

克列奥门尼斯：我也没有听说过。我承认，你这次巧妙的指责很有道理；但这种指责无论看上去多么有道理，都是不公正的。倘若你愿意将天然欲望本身和它们使我们犯下的种种罪行加以区分，而不是使其相契合，你就不会看到你所暗示的结果。这是因为，虽然我们生来没有作伪证的欲望，却有各种其他欲望；若不予以抑制，它迟早会迫使我们作伪证。可能的话，它还会迫使我们做更坏的事，因为不这么做的话，欲望就无法获得满足。你提到的那条诫命清楚地表明：第一，在任何紧急的情况下，我们的天性都会使我们不由分说地关注私利；第二，一个为私利所控制的人，不仅可能损害他人的利益（像第七条和第八条诫命表明的那样），而且甚至会践踏自己的良心。因为，没有人会故意作伪证去陷害邻人，除非他是为了某种目的。而且，不管这个目的是什么，我

---

[1]第十条是"不可贪恋他人房屋，不可贪恋邻人的妻子、奴仆、牛马，以及他一切所有的"（见《旧约·出埃及记》第20章第17节）。

都视为其私利。禁止谋杀的法律已经向我们表明，一切事物与我们自己相比，其价值都会被我们大大低估。这是因为，虽然我们极度害怕毁灭（我们知道没有别的灾难比我们自己的毁灭更严重），但是，这种主权的本能使我们作出的不公正评判，仍能使我们背离自己追求幸福的初衷，把这种灾难强加给别人，彻底毁灭我们自认为阻碍了我们满足欲望的人。人们这样做，不单单由于现在的障碍，或许由于他认为将会出现障碍，再或者是由于过去所受的冒犯，以及那些无法弥补的事情。

霍拉修：你最后这句话指的是复仇吧？

克列奥门尼斯：是的。我说的人性中所具有的主权本能，在这种激情中最引人注目。人人生来都具有这种激情，即使最文明、最博学的人也很难战胜它，因为，任何声称要为自己复仇的人，都必须要有一种执法权，必须要有权惩罚他人才行。复仇破坏了所有群体的和平稳定，因此，在每个文明社会，首先要将复仇权这一危险工具从每个人手中夺走，交给统治者，即至高无上的权威。

霍拉修：关于复仇的这番话，比你说过的任何话都更使我相信：在我们本性中确实有一种叫做主权本能的东西。可我还是无法理解，个别人的恶德为何会被视为全人类的恶德。

克列奥门尼斯：因为每个人都容易做出他那一类人所特有的恶行。它们与人类同在，就像不同的疾病分别与不同种类的动物同在一样。马所患的很多疾病，牛不会染上。犯下某种恶行的人，在犯罪之前，心中就已存在那种罪恶倾向，而那种倾向就是使他犯下恶行的内在动机。因此，所有立法者在制定法律时都必须注意两点：第一，怎么才能给他们所治理的社会带来福祉；第二，人的本性中有哪些激情或本性会促进这种福祉，又是哪些会妨碍这种福祉。防备梭子鱼和麻鸦袭击你鱼塘里的鱼，是应有的谨慎，但是，若对火鸡、孔雀，或其他既不喜欢鱼、也不能抓鱼的动物采取同样的预防措施，那就太可笑了。

霍拉修："十诫"的前两条诫命是针对人性的什么弱点或缺陷呢？或者如你所言，它们与什么弱点或缺陷相契合呢？

克列奥门尼斯：人类天生对真正的神明一无所知。因为，尽管我们都是带着趋向宗教的本能来到这个世界上的，且这种本能在我们成熟之前就已显现出来，但是，人生来会对不可见的原因产生恐惧，却并不像未开化的野蛮人对各种事物的性质与特性的困惑那样普遍。而最为有力的证据就是——

霍拉修：无须列举了，历史便是一个充分的见证。

克列奥门尼斯：少安毋躁，我要说的是，最为有力的证据就是第二条诫命[1]，它针对的可能是人类一切荒谬和可憎的行为。对一种无形原因的莫名恐惧导致了这些行为，并将继续使人类做出这些行为。在这点上，除了上帝的智慧，我想不出还有什么能像这条诫命那样，三言两语就道明了人类所有恣意妄为的冲动。有些人崇拜苍穹中一切高远的东西，崇拜地面上一切低贱的东西，或以这样那样的方式把它当作迷信的对象。

霍拉修：

——Crocodilon adorat

Pars hæc: illa pavet saturam serpentibus Ibin.

Effigies sacri nitet aurea Cercopitheci.

（一些人崇拜鳄鱼，

一些人恐惧吃蛇的朱鹭，

门农庄严的半截残雕上，

长尾猴的金像神光闪耀。[2]）

一只多么神圣的猴子啊！我承认，这句诗是对我们人类的嘲讽，因为竟然有人类把这样一种动物当作上帝来崇拜。但那是迷信造成的最愚蠢的行为。

---

[1] 第二条是"不可雕刻和跪拜偶像"（见《旧约·出埃及记》第20章第4节）。

[2] 见罗马帝国时期的作家朱文纳尔的《讽刺诗集》第15首第2—4行。句中"门农"原指古希腊神话中的埃塞俄比亚王门农，被阿喀琉斯所杀。此处指埃及卡纳克神庙的阿蒙诺菲司三世的巨型雕像。

克列奥门尼斯：我不这样认为。猴子毕竟是一种有生命的动物，因此在某种程度上比无生命之物更优越。

霍拉修：我原以为，比起人们崇拜如此卑鄙可笑的动物，人们对太阳或月亮的崇拜显得并不那么荒谬。

克列奥门尼斯：那些崇拜太阳和月亮的人从不发出质疑，但他们却都是聪慧卓越者。但是，提到"无生命"这个词，我想到了你引用的那位诗人说过的话，即人们把在自家花园里种植的韭菜和洋葱当作神灵来崇拜。

Porrum & cepe nefas violare , & frangere morsu :
O sanctas Genteis , quibus hæc nascuntur in hortis
Numina!

（人们如此亵渎神明，
竟将韭菜与洋葱嚼碎，
这些圣灵，皆诞生于你的花园！[1]）

但这与朱文纳尔去世1400年后的美洲的情形相比，简直微不足道。要是朱文纳尔生前就知道墨西哥人那种可怕的崇拜，他就不会如此关注埃及人的信仰了。我常会感叹，那些生活在墨西哥的一些原始部落，为了表达对维兹立普兹利[2]神那恶毒和残酷的恐惧、震惊与困惑，一定付出过不寻常的代价——为祭拜那个神，他们拿活人的心脏作祭品。那个可憎的偶像体形庞大，相貌丑陋……从这就能看出，那些最初生活在墨西哥的原始人为何将其塑造成一种无形的支配力量。这也清楚地告诉我们，墨西哥人既认为它异常可怕和可憎，又对它怀有至高的崇拜。他们怀着恐惧不安的心情，不惜以人的生命向它献祭，即使不能平息它的暴怒，至少也要在一定程度上避免它所带来的种种灾难。

---

〔1〕见朱文纳尔的《讽刺诗集》第15首第9—11行。
〔2〕维兹立普兹利，墨西哥阿兹特克人（Aztecs）信仰的战神。

霍拉修：我必须承认，最能激起人们对偶像崇拜谴责的，就是对第二条诫命的反思。不过，正如你刚才说的，这无须特别注意，所以我一直在想别的事情。第三条诫命的主旨使我产生了一个想法，这个想法能强有力地反驳你对所有法律，特别是"十诫"所持的观点。我强调过，将个别坏人的缺点视为整个人类的缺点是错误的。

克列奥门尼斯：没错，对此我已经作过回答了。

霍拉修：我想再问一次。你认为，虚伪的誓言是源于我们天性中的弱点，还是源于因结交坏朋友而养成的恶习？

□ 可怕的崇拜

对无形原因的莫名恐惧滋生了可怕的崇拜。图为古迦南地区的亚扪人（Ammonites）向火神摩洛献祭。摩洛牛首人身，生性残忍，通常被视为邪神。据说在祭祀摩洛的宗教仪式上，人们需要把婴儿投入火中当作献给神的祭品，才能取得其欢心。也有一些文献称最初摩洛并非指神，而是指一种特定的祭祀形式。

克列奥门尼斯：当然是后者。

霍拉修：那就很清楚了，这条法律只针对触犯本法的人，并非针对一般的人类弱点。

克列奥门尼斯：看来你误解了这条法律的目的。我认为，它的目的比你所想的要深奥得多。我对你说过，要使人类易于管理，必须要使之对权威有敬畏之心。

霍拉修：我记得这话。你还说，敬畏是恐惧、爱和尊重这三种激情的混合。

克列奥门尼斯：我们还是来看看"十诫"里怎么说的。在它简短的序文中，有这样一句话："以色列人应当知道是谁在对他们说话，上帝在他所选的子民面前现身，向他们表明了自己的伟大力量，也表明了所有子民该对他怀有的深切感激。"这句话言简意赅、朴素严谨,没有比它更令人崇敬的表达了。我敢说,任何学者都不可能写出如此全面、有力和严谨的一句话,也都不可能用如此简洁的话语充分表达意图,并最终实现目的。第二条诫命以最有力的方式阐述了人类为何应当遵守上帝的法律,即动机和诱因:首先,上帝将愤怒施加给他的仇恨者及其后裔;其次,上帝厚待那些爱他、遵守其戒律的人。倘若认真思考这些段落,我们就会发现,其中的话语明确地教导以色列人要畏惧上帝、热爱上帝,要对上帝怀有最高的敬意。这些段落采用最有效的方法,以使人们充分认识到构成敬畏的三种激情。这么做的原因很简单:要使人们受制于那些法律体系,使人们遵守法律,就必须使人们极其敬畏上帝;他们既要服从上帝的命令,也要对违反命令的后果负责。

霍拉修:这番话怎么回答我的反驳呢?

克列奥门尼斯:别急,我马上就回答你。人天性善变,很少能长期保持对任何事物最初的印象;当事物不再新颖时,人类即便不蔑视它们,通常也会不够重视它们。我认为,第三条诫命[1]就是针对人类这一弱点的,即缺乏坚定性。我们履行对造物主的义务时,为切实避免这一弱点造成的不良后果,最好的办法就是严格遵守这条诫命;若非在必要的场合和非常重要的事情上(且必须以最庄严的方式),就永远不要以上帝的名义。出于最强烈的动机,"十诫"前面的诫命已悉心唤起了人们的敬畏之情,而要加强并使人类长久保持这种敬畏之情,最适用的便是这条法律的内容。过分熟悉会滋生轻视,因此,我们对最神圣之物的崇高敬意,也只能通过一种完全相反的方式来保持。

霍拉修:我明白了。

克列奥门尼斯:我们同样可以在另一条诫命中学到:要使人顺从,敬畏是何等重要。孩子除了从父母,以及那些代父母行使权威者那里,没有机会去了

---

[1] 第三条是"不可妄称耶和华你神的名;因为妄称耶和华名的,耶和华必不以他为无罪"(见《旧约·出埃及记》第20章第7节)。

解自己的责任，因此，人们不仅应当畏惧上帝的法律，还应当万分敬畏那些最先向其传授上帝的法律，并让其懂得这就是上帝的法律的人。

霍拉修：可你说过，子女对父母的敬畏，是孩子对父母行为耳濡目染的自然结果。

克列奥门尼斯：你认为，倘若人们自愿按照这第三条诫命行事，那么该条诫命就不存在了。但我希望你能考虑到，尽管子女对父母的敬畏是一种自然结果，部分源于他们从父母那里得到的恩威，部分源于他们对父母卓越能力的钦佩。但经验告诉我们，这种敬畏可能会被更强烈的激情所左右。因此，既然上帝对政府和社会本身至关重要，上帝就认为应当用一道特别命令来巩固和加强我们的社会适应性；而且为了鼓励我们的社会适应性，他还许诺赏赐那些保持敬畏者。正是我们的父母最先改造了我们天生的野性，打破了我们与生俱来的独立精神；正是从他们身上，我们初步学会了顺从。在所有社会中，人的服从心理都来自孩子对父母的尊敬和顺从。我们天性中的主权本能，以及婴儿由此产生的任性，在人的理性建立之初，甚至之前，已早有表现。最被忽视、最少受教育的孩子，往往是最任性、最固执的孩子；而最缺乏自控能力的孩子，最难管教、最喜欢肆意妄为。

霍拉修：所以你认为，人一旦成年，这条诫命就不是必需的了。

克列奥门尼斯：远非如此；因为，虽然这条诫命的主要益处，是在我们尚未成年、仍需父母养育时获得的，但正因为如此，这条诫命所要求的义务才应永不终止。我们从呱呱坠地起便喜欢模仿长辈，而孩子们长大成人后，将继续尊重和敬畏父母；这个例子对所有未成年人都格外有用，它能使他们懂得自己的义务，并教会他们不拒绝那些比其聪明的成年人，自愿承担义务。因为，通过这种方式，随着他们理解力的增长，这种义务会逐渐成为一种风尚。而最终，其骄傲之心也不会容许他们忽视这种风尚。

霍拉修：你最后这句话足以解释一个问题：在上流社会，为何即使品质最恶劣、最邪恶的人，在表面上也会尊敬父母，至少在人前是如此；而其实他们反对、憎恨父母。

克列奥门尼斯：另一个例子也会清楚地告诉我们：礼貌与邪恶并非互不相容。人们可以严格遵守礼仪，竭力使自己看起来有教养；但同时却无视上帝的律法，且蔑视宗教。因此，看到一个身强力壮、精力充沛，又衣冠楚楚、彬彬有礼的人，在与年迈父亲的争论中退让、顺从，最能促使上流社会人士表面上遵守第五条诫命[1]，最能有力训诫、教化青年人。

霍拉修：你认为上帝的所有法律都顾及社会利益，及其子民的现世幸福了吗？包括那些似乎只与上帝本身、上帝的权力与荣耀有关，以及要我们服从他的意志而不考虑邻人的法律。

克列奥门尼斯：这毫无疑问。安息日[2]的传统便是见证。

霍拉修：《旁观者》杂志[3]曾刊登过一篇论证安息日作用的文章。

克列奥门尼斯：不过，安息日在人类事务中的用处，远比那篇文章所强调的重要得多。人类在构建社会的过程中遇到了种种困难，而其中最令人困惑、最难克服的，便是时间的划分问题。地球每年绕太阳一周，但这个周期无法与确切的天数或小时数完全吻合，这需要进行大量研究、付出大量劳动。没有比调整一年的时间以防止季节混乱更伤脑筋的工作了。然而，即使根据月亮的月相周期把一年分成若干月份，普通人也很难学会计算时间；要记住某个月份是二十九天还是三十天（其中的节日和其他日期又毫无规律），这一定是巨大的记忆负担，而且会在不擅长记忆的人中间不断地造成混乱。但是，短暂的周期是很容易记住的，在七天中固定一个与其他几天截然不同的日子，就算记性最差的人也不会产生混乱。

霍拉修：我相信，安息日对人们计算时间非常有帮助，它在人类事务方面

---

〔1〕第五条是出"当孝敬父母，使你的日子在耶和华你神所赐你的地上得以长久"（见《旧约·出埃及记》第20章第12节）。

〔2〕即主日，休息日。犹太教的安息日为星期六，基督教为星期日。

〔3〕指英国作家约瑟夫·艾迪生（Joseph Addison，1672—1719年）主编的《旁观者》（Spectators）杂志第112期，出版于1711年7月9日星期一。

的作用，比那些不过安息日的人所能想象的要大得多。

克列奥门尼斯：但是，第四条诫命[1]中最值得注意的是，上帝在他的子民面前现身，使一个新生民族懂得了一个真理，而那是其他世人若干世纪以后才能明白的。人们很快就意识到太阳的威力，观察到天空中的颗颗流星，并开始怀疑月亮和其他星星对人产生的影响。不过，在自然之光的照耀下，人类思维提高到能思考无限存在（宇宙万物的创造者）这个问题之前，人类经历了相当漫长的一段时间，才对最高存在有了一定认识。

霍拉修：此前你提到摩西时，已充分阐述过这一点，我们继续谈谈社会的建立吧。我确信，走向社会的第三步是文字的发明；因为若没有文字，任何法律都不可能长期有效，而且，所有国家的基本法律都是针对人类弱点的补救。也就是说，那些法律的目的，是通过一系列措施防止人天生的某些弱点造成恶果，而那些弱点不受约束，就容易给社会造成不便和危害。我也相信，在"十诫"中明确地指出了那些弱点；"十诫"充满了大智慧，这些诫命无不考虑现世社会的利益，以及一些更重要的事情。

克列奥门尼斯：这些都是我竭力想要证明的。现在，妨碍民众形成一个政

□《摩西十诫》（也称为"十诫"）

摩西受到了神的感召，带领居住在埃及的犹太人返回故乡。路经西奈山时，摩西得到了神所颁布的"十诫"。《摩西十诫》被称为人类历史上第二部成文法律，体现了"人神契约"的精神：谁要毁约，谁就会受到上帝的惩罚。以"十诫"为代表的摩西律法是犹太人的信仰准则，在基督教中有重要的地位。

---

[1] 第四条是"当记安息日为圣日"（见《旧约·出埃及记》第20章第8节）。

体的一切重大困难和主要障碍都已消除了；一旦有成文的法律管束民众，其他一切便都迎刃而解了；人类的财产、生命及后代的安全便都可以得到保障，这自然会促使民众热爱和平、倡导和平。一旦人们过上和平安定的生活，便没有多少人须要害怕其邻人；也无需教导，人人也都会渴望自己的劳动成果被不断分享。

霍拉修：我不太明白。

克列奥门尼斯：我前面提到过，人生性喜欢模仿他人，这就是野蛮人都做同样的事情的原因；而这阻碍了他们改善自己的生存状况，尽管他们一直希望有所改善。但是，如果一个人专门制作弓箭，另一个人专门供应食物，第三个人专门建造房舍，第四个人专门缝制衣服，第五个人专门制作器皿，那么，他们不仅会对彼此有助益；而且，在同样漫长的一段时期，那五种行业和手艺本身所取得的进步，要比无人专精所取得的进步大得多。

霍拉修：你说得完全正确。这在钟表制造行业体现得最为明显，倘若所有环节都由一个人来完成，这一行业就不会达到如此完善的程度。我深信，我们现在所拥有的大量钟表，以及它们的精确和美观，主要也归功于这一工艺的多种分工。

克列奥门尼斯：文字的使用同样也一定极大地改善了口头语言，而在此之前，口头语言非常贫瘠，也没有成型的表达方式。

霍拉修：真高兴你又提到口头语言，要是你刚才就提到，我便不会打断你了。请问，你说的那对野蛮人夫妇初次见面时说的什么语言？

克列奥门尼斯：从我说过的情况来看，很显然，他们初次见面时压根没有使用语言；至少我这样认为。

霍拉修：那样的话，野蛮人肯定具有一种相互理解的本能，而他们成为文明人后就失去了这种本能。

克列奥门尼斯：我相信，大自然在创造万物时，赋予了同类动物互相沟通、互相理解的能力，沟通的内容主要是动物自身的生存及其物种的繁衍。至于我说的那对野蛮人夫妇，我相信，在他们通过声音交流之前，早已能很好地互相理解了。一个生于社会中的人，要理解这些野蛮人及其处境，还是有困难的。除非他习惯抽象思考，否则很难想象出那种简单的生存状态；在那种状态中，除了原始天性的直接欲求外，他们几乎没有任何其他的欲望。在我看来，这样一对野蛮人夫妇不但没有语言，而且也绝不会想到自己需要任何语言，更不会想到缺少它对他们有什么不便。

霍拉修：你为何这样想？

克列奥门尼斯：因为任何动物都不可能想到自己缺少它所不知道的东西。此外，我相信，野蛮人在成年之后若听到别人说话，了解了说话的用处，并因此意识到自己不会说话，那么，随着自身能力的增强，他们学习说话的愿望也会增强。如果他们去尝试，就会发现这是一项巨大的劳动，是一件无法做到的事情；因为人成年后，语言器官就丧失了儿时所具有的那种柔韧性和灵活性，而儿童在熟练地说话之前，可能已经学会娴熟地演奏小提琴或任何一种高难度的乐器。

□ 语言的混乱

据《圣经》记载，很久以前天下所有人的口音、言语，都是相通的。大洪水劫后余生的诺亚子孙往东边迁移，在示拿地的一片平原定居下来，人们担心再遭水灾，便联合建造一座通天的塔，以传扬人类的美名，以免人类分散在各地。上帝知道后，愤怒于人类竟如此怀疑自己的誓言，于是变乱他们的口音，使他们的言语彼此不通。至此，人类还是分散了，也停工不造那塔了。这座塔被称为"巴别塔"，"巴别"即"变乱"的意思。

霍拉修：野兽也能发出几种清晰的声音来表达不同的情感。例如，在万分痛苦或遭遇危险时，所有种类的狗都会发出一种不同于愤怒的叫声，而所有狗都通过嚎叫来表达悲伤。

克列奥门尼斯：这无法说明大自然赋予了人类语言能力。野兽还具备无数其他特性和本能，而人类却并不具备：小鸡一孵出来就能跑来跑去，大部分四足动物一出生就能独立行走。如果说语言是由本能产生的，那么使用语言的人必定生来就懂得其中的每一个字；而生活在原始状态下的野蛮人，要使用一种能叫得出名字的最粗浅的语言，却连千分之一的机会也没有。当一个人的知识局限于一个狭窄的范围内时，他就只能遵从本能的简单指令，口头语言的缺乏就很容易由无声的符号来弥补。未开化的人常用手势来表达自己，这比用声音表达更自然。但我们生来就具备一种能力，即不用语言就能让别人理解自己，人类的这种能力也远在其他动物之上。表达悲伤、快乐、爱慕、惊讶和恐惧的某些特定符号，是整个人类所共有的。孩子们的哭声是大自然赐予的，是为了寻求帮助、唤起怜悯，而唤起怜悯是哭声最不可思议的效果——没有人会怀疑这一点。

霍拉修：你是指唤起母亲和保姆的怜悯？

克列奥门尼斯：不，是指所有常人的怜悯。鼓舞士气的音乐通常会唤起并增强士兵的斗志，防止其衰颓。你赞同这点吗？

霍拉修：我必须赞同。

克列奥门尼斯：那我敢断定，婴儿无助的哭声会唤起大多数人的同情，而哭声在这方面的效果，肯定比用鼓声和号角声赶走恐惧的效果更好。至于哭泣、大笑、微笑、皱眉、叹息和惊叫，我们之前已经说过了。在与人类相关的一些重要事情上，即使相距最遥远的民族，不论是否受过教育，都可以借助眼睛的语言很快相互了解。眼睛的语言是多么普遍而丰富！我们说的那对野蛮人夫妇，初次见面就会借助眼睛的语言，彼此坦露真情，而任何一对文明人夫妇都不可能如此自然地表达心意。

霍拉修：毫无疑问，一个男人用眼睛表达感情，可能会像用舌头表达一样无礼。

克列奥门尼斯：因此，在上流社会人士间，要小心避免所有这类表情和自然的动作，原因无非是它们看起来太别有深意了。同样，在别人面前打哈欠、伸懒腰也是相当失礼的，尤其是在男女共同出席的场合。任何这类举止都是不得体的，因此，关注或表现出懂得这些行为语言，也是不合时宜的。不论它们是出于无知，还是故意做出的粗鲁行为，大都不会引起上流社会人士的注意或领会，因为他们从未做出、也从不知道这类行为语言。对没有语言的野蛮人来说，这类表情和动作的意思却非常清楚，因为除此之外，他们没有别的交流方式。

霍拉修：但是，那对野蛮人夫妇倘若永远学不会或不愿说话，他们就不可能教自己的孩子说话，那么，语言是怎样由两个野蛮人创造出来的呢？

克列奥门尼斯：像农业、物理学、天文学、建筑学、绘画等艺术和科学的产生一样，语言的产生也要经过漫长时间的积累和缓慢的发展。根据语言水平发展落后的儿童的表现，我们有理由认为，一对野蛮人夫妇在尝试说话之前，会先用表情和手势让对方明白自己的意思。一起生活了若干年之后，在彼此交流最频繁的事情上，他们很可能会发出一些声音，以便让对方明白所指的事情。他们会把这些声音教给孩子们；他们在一起生活的时间越长，发明的声音种类便越多，能以声音表示的事情也就越多。他们会发现，孩子们的口头表达能力和声音的灵活性，比他们自己儿时要强得多。无论是偶然的，还是有意的，这些孩子总有一天会利用发音器官的这种优越性。每一代人的发音器官都不断改善，这必定就是所有语言的起源，因此，说话本身显然不是上帝赋予的能力。此外，我也相信，在语言（我是指人类发明的语言）臻于完美后，甚至在人们的一切言行举止和事务都能用语言清晰地表达时，表情和手势仍然会长期与语言相伴，因为两者的目的是相同的。

霍拉修：说话的目的是让别人理解我们。

克列奥门尼斯：我看并非如此。

霍拉修：什么！难道说话不是为了让别人理解吗？

克列奥门尼斯：在某种意义上确实如此。但这句话却有双重含义，我想你并未注意到。如果你所说的"说话是为让别人理解"是指，人们说话时希望别人明白他们所发出的声音的意思，那么我的回答便是肯定的；不过，假如你的意思是指，人们说话是为了让别人了解自己的思想和情绪，我的回答便是否定的。人类所创造的第一个符号或声音，是由一个女人所生的，完全是为了人类的自身利益、为了供创造它的人使用。我认为：说话的首要目的就是说服别人，让对方相信自己，或按自己的话尽力去做、去忍受某些事情。

霍拉修：说话还用于教导他人，为他人提建议，告知他人有益的信息，以及为我们自己的利益说服他人。

克列奥门尼斯：因此，在语言的帮助下，人们可以控诉自己，承认自己的罪行，但没有人会为了这些目的专门去发明语言。我说的目的，是促使人们说话的首要动机和意图。在儿童身上，我们可以看到，他们努力用话语表达的首要内容就是自己的需求和愿望；他们的话语只不过是对他们先前所要求、所否认或所肯定的东西的一种确认。

霍拉修：不过，你何以认为人们已经能用语言充分表达自己之后，仍会继续使用表情和手势呢？

克列奥门尼斯：因为手势能表示话语的意思，就像话语能表达手势的意思一样；我们看到，即使有教养的人，在情况紧急时也会不自觉地声情并茂，以手势与表情配合话语。一个幼儿用蹩脚的、支离破碎的咿呀之语要一块蛋糕或一个玩具时，还用手指着它们，或伸手去抓，他同时做出的这两种努力令我们印象深刻；倘若他只是用简单的话语说出自己想要的东西，没有任何手势，或只是盯着并伸手去拿他想要的东西，一声不吭，我们的印象便不会如此深刻。言语和动作相互协助、相互印证，而经验也告诉我们，这种方式更能打动并说服我们，vis unita fortior[1]。当一个幼儿两者并用时，他的行为原则与演说家的完全相同，因为演说家往往会将精彩的演说和恰当的手势结合起来。

霍拉修：这样看来，动作不仅比话语本身更自然，而且更古老；在此之前，我一直认为这是一个悖论。

克列奥门尼斯：但确实如此。你总是会发现，那些最外向、最易变、最暴躁的人说话时，比那些相对有耐性、相对稳重的人更喜欢使用手势。

霍拉修：看法国人，尤其是葡萄牙人滥用手势，实在是一个非常有趣的场

---

[1] vis unita fortior（拉丁语），意为"合力更强"。

景。他们中有些人在平常交谈时，面部表情和肢体动作都会显得很夸张，手脚也会摆出非常奇怪的姿势，令人不可思议。但我在国外碰到的最令人恼火的事却是，大多数外国人，甚至是有身份的人，都喜欢高声争辩。在我还没有习惯以前，我总是担心自己的安危，因为他们明显在发怒。我常常回想对他们说过的话，想弄清楚究竟有没有激怒他们的地方。

克列奥门尼斯：一切行为都起因于人天生的野心、好胜和说服他人的强烈欲望。在适当的时候提高或压低声音，是一种绝妙的策略，能征服头脑简单的人。声音响亮，也能像动作夸张那样为讲话添彩。观点的错误、语法的错误，甚至毫无意义的废话，常常会被噪声和喧嚣所淹没；许多论点的说服力，都来自演说者的激情和气势。语言本身的苍白也可以暂时由雄辩的口才来弥补。

霍拉修：很庆幸英国有教养者的时尚是轻声细语，因为我实在不能忍受咆哮和躁动。

克列奥门尼斯：但高声说话更符合天性。你喜欢的那种时尚，若没有通过训诫或榜样予以激动，便没有人会那样去做。倘若人在年轻时就不习惯某种说话方式，日后也很难去适应。但在恭维之术中，高声说话却是最受人欢迎、最合规矩的"礼貌"，是人类为之骄傲的重大发明。因为，一个人若是心平气和地对我说话，不做手势或任何动作，而且始终保持一种镇定从容、平稳有度的语调，没有忽高忽低、忽喜忽怒，我就会觉得：肯先，他以一种令人愉快的方式表现出自己的谦虚和恭敬；其次，他似乎对我、对我的见解表示了极大的恭维。这样，他可以让我愉快地想象，他认为我不受激情的影响，而是完全受理智的支配。他似乎更重视我的判断力，因此希望我在不被激怒或受到影响的情况下，权衡和考虑他所说的话。除非完全信任我的头脑、我有良好的判断力，否则没有人会这样做。

霍拉修：虽然我一直很欣赏这种不做作的说话方式，但从未深入思考过它的意义。

克列奥门尼斯：我不由得想到，除了贯穿英国人语言的简明和雄健之气，我们还能在日常交谈中发现它平和的力与美。多年以来，这种平和的语言已成为英国上流社会所特有的一种风俗,在任何国家,上流社会无疑都是优雅语言的提炼者。

霍拉修:我本以为是牧师、剧作家、演说家和优秀的作家在打磨语言。

克列奥门尼斯:他们只是善于运用现成的语言,而词汇和短语的真正出产地非宫廷莫属。Jus & norma loquendi[1]只掌握在各国的上流社会手中。所有技术词汇和艺术术语虽然都来自相应的劳动者和艺术家,他们在其工作中也确实大量使用着这些词汇的字面意义;但是,无论从这些词汇或其他语言中(现在的或过去的)引申出什么比喻义,都必须先得到宫廷和上流社会的认可,才可以作为通用语言。凡是他们未使用,或未经他们许可便流传开来的用语,要么是粗俗的,要么是陈腐的。因此,演说家、历史学家和所有文字工作者,使用的都是已被批准的词语,他们可以从中挑选出自己最合用的,但他们不得自己创造新词,就像银行家不得自己铸造钱币一样。

霍拉修:虽说如此,我还是无法理解,高声说话或低声说话对语言本身有什么好处或坏处?如果我现在说的话被记录下来,那么,半年之后,若有人仅从文字上就能看出这是高声喊出来的还是低声私语的,那他一定是位真正的巫师。

克列奥门尼斯:我认为,有技巧和口才的人若习惯于前面提到的那种说话方式,这势必会对语言产生影响,使语言变得强大而富有表现力。

霍拉修:为何这样说呢?

克列奥门尼斯:若只有通过演说才能使别人相信自己的话,人们定然不仅会去研究如何使观点犀利、思路清晰,而且会去研究如何使语言有力、措辞准确、文风简洁,如何使表达充分而不失优雅。

霍拉修:这似乎很难说得通,我还是摸不着头脑。

---

[1] Jus & norma loquendi(拉丁语),意为"语言的真理与规范"(出自罗马共和国末期罗马帝国初期的诗人贺拉斯的《诗艺》)。

克列奥门尼斯：所有讲话者，不管他们说话声音的高低，打不打手势，都同样渴望并会努力说服听众，以达到自己的目的。你若想到这点，就会明白了。

霍拉修：你说，说话是为了说服别人而产生的，恐怕你对这一点强调得太多了，说话显然也有许多其他目的。

克列奥门尼斯：我不否认这一点。

□ 早期的银行

早在中世纪就已经有了复杂的银行系统，它包括汇票和存款银行，主要从事存取、贷款等业务。但贷款的利息通常都很高。这其中的部分业务仍在我们今天的银行系统中开展。

霍拉修：当人们互相肆意斥责、辱骂和攻击时，说话的意图何在呢？倘若是为使别人对自身产生一种更差的看法，我相信这很难成功。

克列奥门尼斯：辱骂就是在向人表明，而且是以一种消遣和夸张的方式向其表明我们对他们的鄙视和憎恶；使用侮辱性语言的人，往往是在竭力使被骂者相信，他们对其看法比实际情况更差。

霍拉修：比实际情况更差？这如何解释呢？

克列奥门尼斯：从那些斥责者和辱骂者的行为和习惯就可以看出来。他们不仅揭露和夸大对手的错误和缺点，而且还揭露和夸大其亲友可笑或可鄙的地方；只要某些事情有可责备之处，即使与他们毫不相干，他们也会立马予以关注，比如对手的职业、对手支持的政党或对手的国家。他们乐此不疲地提起对手或其家人遭受过的灾难和不幸，认为这恰恰体现了天意的公正；他们确信，这些都是对手应得的惩罚。不管他们怀疑对手犯了什么罪，都会对他进行控诉，好像罪行已经被证实一样。他们将各种猜测、模棱两可的报道和人尽皆知的诽谤搜集起来充当证据，他们甚至常常用自己在其他场合也不相信的话来斥责对手。

霍拉修：但是，为何世界各地的粗人大都喜欢骂人呢？这里面一定有某种我无法想象的乐趣。人们期望能从骂人中得到什么满足或好处呢？其中到底有何意图呢？

克列奥门尼斯：人们突然对他人恶语相向，或肆意辱骂，其真正原因和内在动机，首先是为了发泄难以抑制的怒气；其次是在骚扰和折磨对手的同时，自己也不会受到惩罚，因为他们若给对手造成更多的实际伤害，就会受到法律的制裁。但是，在语言臻于完善、社会达到某种礼貌程度之前，骂人绝不会成为一种习俗，也绝不会被视为习俗。

霍拉修：说脏话是礼貌造成的结果，这一说法太有趣了。

克列奥门尼斯：你怎么说都行。但骂人最初只是为了避免斗殴及其不良后果。因为，若是有动手打人的权力，又无顾忌，谁都会大打出手，而不是只骂别人是流氓无赖。所以，在某些地方，倘若人们只是骂人而不会对别人造成其他伤害，就表明那里不仅有禁止斗殴和暴力的健全法律，人们也都遵守并敬畏那些法律。一个人在情绪激动时，若只通过骂人这种方式来发泄，并因此而感到满足，那么，他就称得上一个合格的臣民，而且差不多是半个文明人了。一开始如果没有强烈的自我克制，他绝不会有这样的进步。因为，若非如此，人们便会遵从与其他动物一样的本能，用更明显、更迅速、更直接的方式去表达和发泄怒火，那就是斗殴。在两三个月大、从未见过有人发怒的婴儿身上，我们也能看到这种征象。即使在这么小的年龄，只要有什么事情惹怒他们，他们就会手脚并用、又抓又扔、又踢又打，而且往往很容易生气，甚至莫名其妙；但这通常是由饥饿、疼痛和疾病引起的。我完全相信，婴儿这样做是出于本能，在还未表现出任何智慧或理性之前，他们就已具备这种本能。我也完全相信，大自然教会了他们特有的战斗方式；孩子用他们的手臂攻击，就像马踢人、狗咬人、公牛用角抵人一样自然。请原谅我把人与牲畜相提并论。

霍拉修：这是很自然的事，但倘若不是如此自然，你是不会错过这个抨击人性的机会的，你一向珍惜这样的机会。

克列奥门尼斯：我们天生的骄傲之心是我们最危险的敌人；只要我有能

力，我就要攻击它，努力揭露它。因为，我们越是相信，优秀者所引以为傲的卓越得自教育，我们就越会重视教育，越会真正渴望受到教育。要想清楚地认识到，良好的早期教育具有绝对必要性，最好的办法就是揭露人类原始天性的缺陷和弱点。

霍拉修：我们还是继续谈谈说话吧。如果说话的首要目的是说服，那么，法国人已经领先我们一步了；他们的语言确实极富魅力。

克列奥门尼斯：毫无疑问，法国人很有魅力。

霍拉修：我想，凡是懂法语、欣赏法语的人也富有魅力。你不觉得法语很迷人吗？

克列奥门尼斯：是的，对追求口腹之欲者来说确实如此，因为法语中有丰富的烹饪术语和与吃喝有关的用语。

霍拉修：但除了戏谑，你不认为法语比英语更适合说服人吗？

克列奥门尼斯：我觉得法语也许更适合劝诱和用甜言蜜语欺骗他人。

霍拉修：我真不明白，你为何会认为存在这种区别。

克列奥门尼斯：你提到的那个区别没有任何指责或贬损的意思。具有最伟大才能的人，也会像最无能者一样被说服——我没有贬低前者的意思。但那些能被甜言蜜语哄骗的人，通常都被认为是心胸狭窄、见识浅薄的人。

霍拉修：不过，还是请你言归正传吧。你认为这两种语言到底哪个最美？

克列奥门尼斯：不好确定。最难的事莫过于比较两种语言的美，因为一种语言所推崇的东西，在另一种语言中往往索然无味。在这一点上，"美丽"（pulchrum）与"道德美"（honestum）是多种多样的，人们的才具不同，对其理解也不同。我不想充当法官，但我从这两种语言中观察的情况是，法语中最受欢迎的表达都适于奉承或逗笑，而英语中最令人赞叹的用语都适于揭露和抨击。

霍拉修：你认为自己这番话完全公正吗？

克列奥门尼斯：是的。但若有不公正之处，我也不知该如何表达歉意。在某些事情上，人们怀有偏见是符合社会利益的；人们像热爱自己的祖国那样热爱自己的语言,并没有什么不对。法国人叫我们野蛮人,而我们说法国人是谄媚之徒;我不会相信法国人的说法,随便他们怎么认为吧。你还记得《熙德》里的那六行诗吗?据说,高乃伊[1]为此得到了6000个银币。

霍拉修:我记得非常清楚:

Mon Pere est mort, Elvire, & la premiere Espée,

Dont s'est armé Rodrigue a sa trame coupée.

Pleurès, pleurès mes yeux, & fondes vous en eau,

La moitié de ma vie a mis l'autre au tombeau;

Et m'oblige à venger, apres ce coup funeste,

Celle b que je n'ay plus sur celle qui me reste.

(埃利维尔,我父亲和那最大的期望全已死去,

死于他的朋友罗德里克的突然一击;

哭吧,哭吧,我的双眼,让泪水融化你们,

我生命的一半已把另一半送入了坟墓,

迫使我复仇;经过这不幸的打击,

我已经不再是从前的那个自己。)[2]

克列奥门尼斯:表达这样的思想,用法语很有优势。若是换作英语,怕只会听到英国观众不断发出嘘声。

霍拉修:这可算不上是对英国观众品味的赞美。

克列奥门尼斯:我也不知道算不算。人们的品味也许都不差,却不容易猜出"一个人生命的一半如何把另一半送入坟墓"。我承认,我不理解这句话,

---

[1]高乃伊(Pierre Corneille,1606—1684年),法国古典主义戏剧家。其最著名的戏剧《熙德》写于1636年,剧情为:西班牙一位伯爵之女施曼娜与贵族青年罗德里克相爱。罗德里克在与施曼娜父亲的决斗中杀死了对方。施曼娜出于维护荣誉,要求国王处死罗德里克,以为父报仇。罗德里克在抗击摩尔人侵略凯旋后,施曼娜仍要求处死他。后经国王说服,施曼娜与罗德里克成婚。

[2]见高乃伊的《熙德》第3幕第3场。

因为它有太多在英雄颂诗中看不到的隐喻的气息。

霍拉修：难道你就看不出那个思想中的精妙之处？

克列奥门尼斯：看出来了，但它编织得太精妙了，就像蜘蛛网一样，毫无力量可言。

霍拉修：我一直很欣赏这些诗句，但现在你使我不再喜欢它们了。我想，我发现了另一个更大的缺陷。

克列奥门尼斯：什么缺陷？

霍拉修：作者让他的女主人公说了一件实际上不对的事情，那就是：施曼娜说"我生命的一半已把另一半送入了坟墓，迫使我复仇"。"迫使"这个词的主语是什么呢？

克列奥门尼斯："我生命的一半"。

霍拉修：缺陷就在这里，所以我说那件事不对。这里提到的"她生命的一半"显然是指她剩下的一半，也就是她的情人罗德里克；她的情人怎么会迫使她去复仇呢？

克列奥门尼斯：因为罗德里克杀死了她的父亲。

霍拉修：不对，克列奥门尼斯，这个理由不充分。施曼娜必须在爱情和责任之间作出选择，她的灾难完全来自这种两难境地。责任迫使她冷酷无情地要求制裁凶手，迫使她竭尽所能地凭自己的雄辩之才，请求国王处死罗德里克，而爱情早已使她把情人看得比自己的生命还宝贵；因此，迫使她恳求国王作出正义裁决的是失去的那一半，即她坟墓中的父亲，而不是罗德里克。倘若是后者迫使施曼娜如此，她也许很快就会放弃控诉，也就可以解脱了，不会再失声痛哭。

克列奥门尼斯：我和你的意见不同，请见谅，但我相信诗人是对的。

霍拉修：你想想，迫使施曼娜控诉罗德里克的，到底是爱情还是责任？

克列奥门尼斯：我想过了，但我还是认为，施曼娜的情人杀死了她的父亲，从而迫使她控告情人，就像一个人不偿还债务，就会迫使债主去抓捕他一样；或者，就像一个纨绔子弟对我们出言不逊，我们就会对他说，"先生，要是你再这样，我就只能对你不客气了。"尽管如此，那个债务人可能根本不愿被逮捕，那个纨绔子弟也不愿挨揍，就像罗德里克不愿被控告一样。

霍拉修：我想你说的没错，我请求高乃伊原谅。但是现在，我希望你能告诉我你还有什么关于社会的观点；除了改进法律和语言之外，文字的发明还给人们带来什么好处？

克列奥门尼斯：文字的发明对其他发明也是一种推动，因为它使一切有助于发展的知识得以保存下来。当法律开始为民众所熟知，并得到普遍认可而易于执行时，民众之间就可以保持一定的和谐。直到那时，而不是在此之前，人类优于其他动物的理解力才会有助于社会性的形成，而处于野蛮状态时，人类的社会性受到了极大的阻碍。

霍拉修：为何是这样呢？我不太明白。

克列奥门尼斯：首先，理解力的优越性使人能更快感受到悲伤和喜悦，并能比其他动物感受得更深更广；其次，它能使人更勤于取悦自己，也就是说，它为人的自恋提供了多种多样的手段，这些手段在关键时刻都能发挥其作用，而能力不足的动物却没有多少这类手段。理解力的优越性还赋予了我们远见，激发我们的希望，这是其他动物所没有的——它们只能看到眼前的事物。所有这些都是自恋用以满足我们的工具和理由，使我们能忍耐许多痛苦，以满足我们最迫切的需求。这对一个生在政治实体中的人作用巨大，也必定会使他更热爱社会。而在此之前，在自然状态下，同样的天赋和理解力的优越性，却只能使人类对社会产生极度的反感，使人类比其他任何动物都更执着于那种野蛮的自由。

霍拉修：我不知道该怎么反驳你。我不得不承认，你说的话有道理，但似乎还是有点不对劲。你是如何洞悉人心的？你那揭示人性的技巧又从何而来？

克列奥门尼斯：通过仔细观察有成就者的哪些品质真正是后天习得的。在公正地作出这种判断之后，我们就可以确信其他东西是天性了。正是由于未对这两类品质适当予以区分，因此人们才在这个问题上提出种种荒谬的看法。这些品质被视为人类适应社会的原因，而且若未在社会中受过教育，任何人都不会具备这些品质。然而，人类的逢迎者却一直对我们隐瞒这一点：他们不是把后天习得的品质与自然品质区分开来，而是煞费苦心地将两者混为一谈。

霍拉修：他们为何这样做呢？我没有看到这其中对人类的逢迎，因为这两种品质都属于同一个人，是密不可分的。

克列奥门尼斯：来自天性的品质与人的关系最为紧密，完全属于个人。出于自身利益，人们会珍视或轻视一些东西，也会热爱或憎恨一些事物。若所有这些身外之物都被剥夺，人性的成分便变得非常可怜。它露出赤裸裸的原貌，或至少是去掉一切伪饰后的原貌，而这是任何人都不愿暴露的。凡是我们值得拥有的品质，我们都会竭力占有，并用其为自己掩饰，甚至对财富、权力和一切来自命运的馈赠，我们也是如此；而这些显然是外在的，并不属于我们自身。我们一旦拥有某些权力和财产，便希望人们将其看作我们的一部分。我们知道，人是从一个卑微的起点一步步走向伟大的，因此，人们并不喜欢听到与自己起源有关的话题。

霍拉修：并非人人如此。

克列奥门尼斯：我认为大多数是这样，不过也有例外。我说这些话不是没有理由的。当一个人对自己地位感到骄傲，并渴望别人尊重他的勤勉、智慧、敏锐和刻苦，他也许会坦率待人，甚至说些自己父母的情况。为了突出自己的优点，他甚至会说到自己卑贱的出身。但他往往只在地位低于他的人面前这样说，因为这能减轻他们的嫉妒心，对方还会称赞他的坦率和谦逊。不过，在地位比他高的人面前，他却绝口不提，因为他们都非常看重自己的出身。和那些出身比自己优越，而地位与自己相当的人在一起时，他也绝不希望对方知道自己父母的情况；因为他担心那些人会憎恨他地位的提升，会轻视他低微的出身。我还有一种更简单的方法可以证明我的观点。请问，若告诉一个人他出身低微，或明知这一点却还向他做出这方面的暗示，这是有礼貌的行为吗？

霍拉修：不是，这显然有失礼貌。

克列奥门尼斯：所以说，我的观点只是绝大多数人的看法罢了。高贵的祖先，以及一切值得重视、受人尊敬的东西，只要与我们有任何联系，全都是我

□ 《朱庇特与忒提斯》 安格尔 1811年

这幅画描绘了《伊利亚特》中的一个情节：单纯的仙女忒提斯以极尽妩媚的姿态恳求万能的神朱庇特干预特洛伊战争，以挽救她的儿子阿喀琉斯的生命。

们自身的优点。我们都希望别人将其视为我们与生俱来的。

霍拉修：奥维德并不这样认为，因为他说过：Nam genus & proavos & qua non fecimus ipsi，vix ea nostra voco。[1]

克列奥门尼斯：这真是描写人类谦逊的绝妙文章，其中一个人物[2]煞费苦心地证明朱庇特[3]是他的曾祖父。一个被人的实际行为所推翻的理论，有何意义呢？你见过哪位品质高贵者甘愿被称为私生子，让他的存在和伟大主要归功于他母亲的不耻行为？

霍拉修：你说的后天习得的东西，我以为是指学问和美德，你怎么谈起出身和血统来了？

克列奥门尼斯：因为我想告诉你，人们不愿意放弃任何能带给自己体面的东西，尽管那些东西和他们相距甚远，甚至毫无关联。我想让你相信：我们不可能愿意让人把我们与真正属于我们的东西分开看待；不可能愿意让人认为，自己不具备能赢得别人尊重的品质（这是最优秀、最聪慧者看重的品质）。功成名就后，人们便会对被自己抛在身后的最初一级台阶感到羞耻，而他们正是从那里爬上人生巅峰的；他们越有教养，就越将被人看破他们未加雕琢的本性视

---

[1] Nam genus & proavos & que non fecimus ipsi,vix ea nostra voco（拉丁语），意为"至于血统和祖先，以及我们未获得的一切，我很少将那些东西称作我们的"。这是希腊英雄尤利西斯的话（见奥维德的《变形记》第13卷）。

[2] 此处的"一个人物"指尤利西斯。尤利西斯说自己的父亲拉厄尔忒斯是朱庇特的孙子，故自己就是朱庇特的曾孙（见奥维德的《变形记》第13卷）。

[3] 朱庇特（Jupiter），古罗马神话中的主神，即古希腊神话中的宙斯（Zeus）。

为伤害。编撰自传时，最完美的作家也会对那些删减后的内容公之于世而感到害羞，而那也是他们自己"创作"的。因此，完全可以把作家比作建筑师，建筑师都是先拆除脚手架，然后再展示自己的建筑。所有的装饰都体现着我们赋予被装饰物的价值。人们第一次在脸上涂脂抹粉，第一次戴上假发，都是偷偷进行的，完全是为欺骗别人；你不这样认为吗？

霍拉修：在法国，化妆现在被看作女士服装的一部分。他们不认为这有什么神秘的。

克列奥门尼斯：当这类性质的欺骗方式明显得再也无法隐藏时，人们便都习以为常了，就像风靡欧洲的男人的假发。若是这些东西能被隐藏好，不被人识破，那么，卖弄风情的女子便会由衷

□ 发饰夸张的贵妇

欧洲素有戴假发的社会风尚。假发的材质一般是羊毛、马鬃、牛毛，通常有专人为贵族们量身定做，造价不菲，只有贵族才能负担得起。久而久之，长发象征着荣耀和优越的皇家血统，是欧洲贵族权力的标志。图为洛可可风格时期一位发饰夸张的贵妇。那时人们的服装趋新趋异，喜爱时髦装束的妇女追求标新立异的发型和头饰，甚至用船只模型、羽毛、蝴蝶、蔬菜等物来装饰高耸的头发。

希望，她涂抹的那层可笑的脂粉，会被看作她真正的肤色；而秃头公子那套假发若被人看作他天生的头发，他也会高兴不已。戴假牙的人，都是为了掩饰自己牙齿脱落。

霍拉修：难道一个人的知识不是他自己真实的一部分吗？

克列奥门尼斯：是的，一个人的礼貌也是，但这两者都不属于他的天性，就像他的金表和钻戒不属于他的天性一样。但他竭力想借此获得人们对他的尊重和敬仰。上流社会中那些最受尊敬的人，享受着外在的虚荣，懂得怎样穿着得体，若他们的服饰和穿戴技巧没能被人们看作他们的一部分，他们一定会大为不悦。而且，在他们默默无闻时，只有这个部分才能使他们接近地位最高

者，接近王公贵族。在那个阶层，男男女女能否被接纳，仅仅取决于他们的衣着所塑造出来的形象，而根本不考虑他们的品行或头脑。

霍拉修：我想我明白你的意思了。正是出于对自我（虽然我们几乎不知道它包含什么）的珍爱，我们才会首先想到美化自己的天性。当我们煞费苦心地纠正、打磨和美化天性时，同样的自爱使我们不愿让人把装饰与被装饰物分开。

克列奥门尼斯：原因很明显。指出我们最初的天性，斥责我们的天然欲望（我是说斥责我们天性的卑劣与缺陷）的，正是我们珍爱的那个自我，无论它是否被装饰美化。不可否认，在战争中，没有什么勇敢比后天培育的勇敢更有用。一个士兵若在两三场战斗中表现出大无畏的精神，显然是受了谋略和纪律的哄骗而变得勇敢了；虽然如此，他也绝不容忍别人说他不是天生的英勇，尽管所有认识他的人，包括他自己，都记得他曾是个十足的懦夫。

霍拉修：但是，既然我们人类对自己族类与生俱来的爱、关怀与仁慈，并不比其他动物的更伟大，为何人类在无数场合都比其他动物更充分地表现出这种爱呢？

克列奥门尼斯：因为其他动物没有那样的能力或机会。你也许还会问人的恨为何也是如此。一个人的知识越丰富、财富越多、权力越大，他就越有能力让别人感受到影响他的那种激情，无论是他的爱还是恨。一个人越不开化，越接近自然状态，他的爱就越不可靠。

霍拉修：淳朴且未受过教育的人，比狡猾的人更诚实、更少欺诈。因此，我应该在那些生活自然简朴的人当中寻找真正的爱和真挚的情感，而不是在其他任何地方。

克列奥门尼斯：你提到了真挚；我说过，未受教育者的爱比有教养者的爱更不可靠，但我认为两者的爱都是真挚的。即使心中没有爱与情谊，狡诈者也可以伪装出来。但他们也像野蛮人一样，受自己的激情和自然欲望所支配，只不过他们是用其他方式来满足这些激情和欲望。在饮食的选择和饮食方式上，文明人与野蛮人之间有天壤之别。当然，他们的性爱方式也大为不同。然而，两者的食欲和性欲却是一样的。一个狡诈之人，更确切地说，一个虚伪之人，无论其行为举止如何，都可能全心全意地爱着自己的妻子和孩子，而最真诚的人也不一定比他们做得更好。我的目的是向你表明，人们所赞美的人性的及全人类的良好品质，都是后天教育的结果。未开化者所怀的爱之所以不可信赖，是因为他们的激情更短暂、更易变。在野蛮人身上，各种激情常常互相冲突、互相压制，而文明人身上很少出现这种情况；因为他们都受过良好的教育，懂得如何获得安逸和舒适的生活，如何为了自身利益而遵守戒律和规矩，

□ 《汉谟拉比法典》

《汉谟拉比法典》是人类历史上的第一部成文法典。法典上雕刻着的太阳神沙马什与汉谟拉比王正在交谈，象征着法典并不是汉谟拉比王所制定的，而是神的授意。

如何为了避免更大的不便而屈从于较小的不便。在社会底层的粗人和受教育程度最低的人中间，你很难看到持久的和谐。一对彼此相爱的夫妻，一时情意绵绵，一时因为琐事争执不休。许多夫妻的生活之所以出现不幸，并非因为其他过错，而是因为他们之间缺乏礼貌和谨慎。他们常常无所顾忌地信口开河，最终激怒对方；双方都抑制不住怒火，女人便骂男人，男人则打女人；女人痛哭流涕，男人为之动容，心生歉疚；两人都后悔不已，于是又和好如初，并且都发自肺腑地表示，有生之年绝不再争吵。而这一切不到半天就又会在彼此之间发生，而且可能每个月重复一次，或者更多次，这要看是否出现了争吵的事由，或者有一方是否更容易发怒。没有相处的艺术，两人之间的感情是不会长久的；再好的朋友，若总在一起，也会闹翻，除非双方都十分谨慎地相处。

霍拉修：我对你的一个观点深表赞同，那就是：人越文明，就越幸福。但是，既然所有民族只有经过漫长时间才能走向文明，而有成文法律之前，人的

处境又必然十分悲惨，那么，诗人和作家为何会对黄金时代[1]倾尽赞美之词呢？为何他们会赞叹那个时代充满了和平、爱和真诚呢？

克列奥门尼斯：代表高贵身份的纹章都是为了掩盖地位显赫者的微贱出身，你"越文明、越幸福"也出于同样的原因。每一个出身高贵者都极为看重自己的家族，都极力颂扬祖先的美德与幸福，而这必定会使民众都万分愉悦。可你为何强调诗人们的虚构呢？

霍拉修：在反驳一切异教迷信时，你的论证都很清晰，而且游刃有余，从未受到迷信的蛊惑。但一提到与犹太教或基督教信仰有关的事情，你却像俗众一样容易轻信。

克列奥门尼斯：很遗憾你会这样想。

霍拉修：我说的是事实。一个人若笃信诺亚方舟的故事，就不应该嘲笑丢卡利翁和皮拉的故事[2]。

克列奥门尼斯：一个老人和他的妻子向身后扔石头，男人和女人便从石头中迸出；一个男人和他的家人，以及大量鸟兽躲在一艘为拯救它们而造的大船上，得以存活下来。这两个故事哪个更可信呢？

霍拉修：你还是怀有偏见。将石头变成人和将泥土变成人，有什么区别呢？我很容易想象出一块石头怎样变成一个男人或女人，一个男人或女人又如何变成一块石头；一个女人像达芙妮[3]那样变成一棵树，或者像尼俄柏[4]那

---

[1] 古希腊诗人赫希俄德（Hesiod）将人类历史划分为五个时代，即黄金时代、白银时代、青铜时代、英雄时代和生铁时代，其中，黄金时代又被称为酋长时代，由土星主宰。古罗马诗人奥维德把人类历史划分为四个时代，为黄金、白银、青铜和生铁时代（见奥维德的《变形记》第1卷）。这种说法后为西方神话学、地质学、人类学和历史学所沿用。

[2] 据古希腊神话，宙斯制造的大洪水过后，唯有普罗米修斯之子丢卡利翁（Deucalion）及其妻子皮拉（Pyrrha）幸存。二人按照神谕分别向身后扔石头，石头遂变为男人和女人，他们重新创造了人类（见奥维德的《变形记》第1卷）。

[3] 达芙妮（Daphne），古希腊神话中的女神，因逃避阿波罗的追求而变为月桂树（见奥维德的《变形记》第1卷）。

[4] 尼俄柏（Niobe），古希腊神话中的底比斯王后，因子女全被阿波罗射杀而整日哭泣，后被宙斯变作大理石雕像（见奥维德的《变形记》第6卷）。

样变成大理石，我认为这并不比罗得之妻[1]变成一根盐柱更奇怪。现在，请允许我问你几个问题。

克列奥门尼斯：在此以后希望你再听听我的看法。

霍拉修：可以，可以。你相信赫希俄德[2]吗？

克列奥门尼斯：不相信。

霍拉修：奥维德的《变形记》[3]呢？

克列奥门尼斯：不相信。

霍拉修：可你却相信关于亚当、夏娃和天堂乐园的传说。

克列奥门尼斯：是的。

霍拉修：你相信他们是顷刻间被创造出来，或者说一下就完全成年了吗？你相信亚当是用一捧泥土造的，夏娃是用亚当的一根肋骨造的吗？

克列奥门尼斯：相信。

霍拉修：你相信他们一被创造出来就会说话、会思考，并具备知识吗？

克列奥门尼斯：相信。

霍拉修：总之，你相信仅由一个人描述的[4]天堂乐园的纯真、快乐和所有奇迹，却不相信由许多人叙述的黄金时代的正直、和谐与幸福。

克列奥门尼斯：的确如此。

霍拉修：现在，请允许我向你证明，在这件事上，你是多么不可理喻，多么心存偏见。首先，你相信的那些大自然中不可能发生的事，与你自己的信

---

〔1〕《圣经》中说，亚伯拉罕的侄子罗得（Lot）之妻逃离即将被上帝毁灭的所多玛城时，不听上帝的话而回头看了一眼，结果变成了一根盐柱（见《旧约·创世记》第19章第26节）。

〔2〕赫希俄德（Hesiod），公元前8世纪时的古希腊诗人，其作品《神谱》中记载了许多古希腊神话和传说。

〔3〕奥维德的长诗《变形记》共15卷，包括252个神话故事，其中有关于人变为动物、植物和石头的描写。

〔4〕此指有关亚当、夏娃及天堂乐园的故事为《旧约·创世记》所载，而该卷经文相传为摩西所写。

条、你提出的那个观点相悖，而我认为那是正确的。因为你已经证明：第一，不经过学习，便没有人会说话；第二，人的推理和思考能力要经过漫长的时间才能形成；第三，我们所知道的一切，都是通过感官传到大脑，再传达给我们的。其次，你认为难以置信并排斥的传说，也不见得是不可能的现象。历史和日常经验都告诉我们，扰乱人类生活的战争和私人纷争，几乎都是由争强好胜和对"meum & tuum[1]"的不同理解引起的。因此，在狡诈、贪婪和欺骗横行之前，在荣誉头衔、主仆之别尚未为人所知以前，一定数量的人群为何就不可能和睦相处、共享一切，满足于肥沃土壤和宜人气候所带来的丰富物产呢？你为什么不相信这些呢？

克列奥门尼斯：因为，不论土壤多么肥沃、气候多么宜人、物产多么丰富，在没有法律和政府的情况下，任何数量的人群都能和睦相处，这不符合人类的天性。但亚当完全是由上帝创造的，是一件超越自然的产物；他的言谈和知识，他的善良和天真，就像他身体的其他部分一样都是奇迹。

霍拉修：克列奥门尼斯，你的话简直让我无法忍受。我们谈论哲学时，你强加入"奇迹"，为什么我就不能说"黄金时代的人类是凭奇迹获得幸福的"呢？

克列奥门尼斯：在一个特定的时间，一个奇迹创造出了一个男人和一个女人，而其余人类自然都是他们的后代。这种情况的可能性显然大于另一种情况，即一连串奇迹创造出若干代违背自身天性的人。因为，后者完全是我们从关于黄金时代和白银时代的叙述[2]中得出的。《摩西五经》[3]中记载，第一个自然人，由女人所生的第一个人，出于嫉妒杀害了自己的弟弟[4]，这充分

---

[1] meum & tuum（拉丁语），意为"我的（东西）和你的（东西）"。
[2] 参见奥维德的《变形记》第1卷第89—124行有关黄金时代和白银时代的叙述。
[3]《摩西五经》，指《圣经·旧约》中的《创世记》《出埃及记》《利未记》《民数记》《申命记》五卷书，相传为摩西所写。
[4] 此处指亚当和夏娃的长子该隐因嫉妒杀死弟弟亚伯。

证明了我曾断言的人性中的统治精神和主权本能。

霍拉修：你从来不会轻信别人，可你却相信那些传说，就连我们的一些牧师都认为，若从字面上理解，那些传说无比荒谬。如果你放弃对天堂乐园的看法，我也不再坚持对黄金时代的看法。一位理性者，一位哲学家，对这两者都不应轻信。

克列奥门尼斯：可你对我说过，你相信《旧约》和《新约》。

□ "大酋长"哥伦布

1503年，西班牙人与印第安人冲突升级，哥伦布在"饥饿与叛乱"中困守牙买加一年。哥伦布对天文学有较深入的研究，他准确计算出1504年2月29日晚上将会发生月食，所以他召集素有日月星辰崇拜的印第安人首领到他那里并向他们宣告：我是天上帝派来的白人大酋长，为了惩罚你们，今天就把月亮摘下来。月食按时发生了，从此以后，印第安人很顺从地执行了给"大酋长"哥伦布送粮的任务，并且开始信奉"上帝"。

霍拉修：我从来没说过我相信书中每一处字面意思。但你为何会相信奇迹呢？

克列奥门尼斯：因为我无法不相信。只要你能证明，没有奇迹人类也可能出现在这个世界上，我保证再也不对你提"奇迹"这个词。你相信有人自己创造出自己吗？

霍拉修：不相信，这明显是个矛盾。

克列奥门尼斯：那么，世上第一个人必定是由什么事物创造出来的；可以说，一切物质和运动都是如此。伊壁鸠鲁认为，一切事物都是由原子的汇聚和偶然混合而产生的，这种学说比其他任何愚蠢观念都更荒谬、更离奇。

霍拉修：然而，没有一个数学论证能反对它。

克列奥门尼斯：也没有任何方法能证明太阳对月亮没有引力。但我认为，相信这两种说法，比相信关于仙女和妖怪的童话故事还要侮辱人类的理性。

霍拉修：但有一条并不比数学论证差多少的公理，它与无中生有的创造论直接对立，那就是ex nihilo nihil fit[1]。你能解释无中如何生有吗？

克列奥门尼斯：我承认，我不能，就像我无法解释永恒或上帝本身一样。但是，当我的理性向我保证必然存在某种事物，而我却不能理解时，对我来说，最清楚的公理或证明就是：错误在于我能力不足、理解力太肤浅。根据我们关于太阳和星星的大小、距离和运动的有限认识，根据我们对动物的外部身体结构及其内部机理的深入了解，可以证明一点：它们都是一种智能原因的结果，都是由一个具有无限智慧和力量的存在所创造的。

霍拉修：但是，尽管那智慧和力量可能达到了最高境界，我还是很难想象，若没有作用对象它们如何产生效力？

克列奥门尼斯：我们难以想象的事实远不止这些。我们就生活在这个世界上，可第一个人类是怎么出现的呢？温热和潮湿虽然形式多样，但明显是某些特定原因造成的；矿物界、动物界和植物界也同样如此；若没有种子，就不会长出小草。

霍拉修：我们自己，以及我们看到的一切事物，显然都是某个整体的组成部分；而有人认为这个整体，也就是这个宇宙，完全来自永恒。

克列奥门尼斯：这并不比伊壁鸠鲁的那个学说更令人满意，或更容易理解；伊壁鸠鲁认为，万物都源于原子的汇聚和偶然混合产生的相互作用。当我们看到某些事物，理性告诉我们，若没有一种超越人类理解力的智慧和力量，这些事物便不可能产生。那么，有什么比这些事物更有悖于人的理性呢？这些事物处处体现着创造它们的高深智慧和伟大力量。然而，那个被简称为斯宾诺莎[2]主义的学说，在遭受多年冷落之后，现在又开始流行起来，而原子学说则失去了阵地；因为无神论和迷信也有众多分支，而且被推翻之后，

---

[1] ex nihilo nihil fit（拉丁语），意为"无中不能生有"。
[2] 斯宾诺莎（Spinoza, 1632—1677年），荷兰哲学家，他否认超自然上帝的存在，肯定"实体"即自然界，但亦把"实体"称为"上帝"；著有《伦理学》《知性改进论》等作品。

都有各自的循环周期。

霍拉修：是什么让你把这两种截然不同的东西相提并论的？

克列奥门尼斯：它们之间的关系比你想象的还要密切；它们是同源的。

霍拉修：什么？无神论和迷信吗？

克列奥门尼斯：是的。它们的起因是相同的，都产生于人类思维的共同缺陷，即我们缺乏辨别真理的能力，我们对上帝本质天生的无知。人类最初并未被灌输真正的宗教信念，后来也没有继续接受真正宗教信念的严格教育，因此，每个人都会因性情、肤色、所处环境和所交往人群的不同，而陷入无神论或迷信，这是人类面临的一种巨大危险。意志薄弱者，和地位低下、在蒙昧环境中长大的人，都很容易迷信命运；而那些盲从者、贪婪者和心胸狭窄者，也极易不知不觉地陷入迷信。还有一种现象比这更荒谬、更自相矛盾，那就是：人类中的渣滓、大多数赌徒、二十个女人中的十九个，都不可能学会相信那些无形的原因；因此，大多数人永远不会产生反宗教的念头；民族的文明程度越低，就越容易轻信。相反，那些有才能者、有野心者、有思想者、善于反思者、崇尚自由者（诸如钻研数学和自然哲学的人），以及生活安逸、最具好奇心且淡泊名利者，倘若这些人年轻时完全没有受过宗教教育，对真正的宗教信念毫无认识，则容易反宗教；尤其是他们当中那些比常人更骄傲、更自负者，这类人若是落入不信神者手中，便极有可能成为无神论者或怀疑论者。

霍拉修：你所介绍的那种使人坚守一种观念的教育方法，很可能会培养出

□ 荷兰教师

欧洲早期的教育大多以宗教为依托，中世纪的很多学校都是由教会创建，神职人员任教的。神学也是宗教学校中的重要课程。到了17世纪，基森大学的两位教授最早提出了"教师专业化"的概念，即教师作为一个独立职业的意义。欧洲的教育观念由此开始发生转变，班级授课制在欧洲日益流行，初等教育的入学率得到迅速提高。图为这一时期的一名荷兰教师。

□ 拜自然神

人类宗教的发展大概经历了生殖崇拜、自然神崇拜、天空之神崇拜和闪米特一神崇拜。当人类进入自然神崇拜阶段时，人类认为某些自然事物掌管着世界的某种规律，于是赋予这种事物以人格，并虔诚地拜其为神，如风雨雷电、土神、天神、树神。自然神崇拜是一种较原始的宗教信仰。

盲目的信徒和大批牧师；而要造就优秀的臣民和有道德者，最好的办法就是激励年轻人热爱美德，并强有力地向他们灌输公平和正义的观念、真正的荣誉观和礼仪观。这些才是治愈人性缺陷的特效药，而且还能摧毁人类心中那极为有害的自私和主权本能。至于使年轻人预先接受宗教教育，并强迫他们建立一种信仰，要比他们保持无信仰状态，成年后再作出判断和选择，更加偏颇、更不公正。

克列奥门尼斯：正是你倡导的这种公平、公正的方式，最易促进和扩大无信仰现象。在英国，对自然神论（Deism）的发展最具推动作用的，就是宗教教育上的疏忽，有时这甚至会成为上流社会的一种风气。

霍拉修：公众福祉才是我们最应该关心的问题。我确信，社会最需要的不是对某一教派或教义的盲从，而是人们在一切行为中的诚实和正直，以及彼此之间的仁爱。

克列奥门尼斯：我并非支持盲目的信仰。在真正施行彻底的基督教信仰教育的地方，人人都奉行诚实、正直和仁爱的处事原则；这些美德若非出于那个宗教动机，其任何表现都是不可信的。因为，倘若一个人不相信来世，他便很难在现世中保持真诚，甚至他自己的誓言都无法约束他。

霍拉修：一个敢于立下伪誓的伪君子，该受到什么惩罚呢？

克列奥门尼斯：他这种行径若为人所知，便没有人再相信他的誓言。一个人若告诉我他就是个伪君子，我便绝不会再受他的蒙骗；除非一个人亲口承认，否则我永远不会相信他是无神论者。

霍拉修：我不相信世界上有真正的无神论者。

克列奥门尼斯：我不想和你就这句话而争论。但现代自然神论也并不比无神论更可信，这是因为：倘若一个人否认上帝和来世，那么，即使他承认神灵的存在，甚至是一种有智慧的首要原因的存在，对他自己或别人也都毫无意义了。

霍拉修：不过，我仍认为美德与轻信之间并无多大联系，就像它与无信仰之间没有什么关系一样。

克列奥门尼斯：但我们的观点若要前后统一，美德就应该与轻信有一定联系。在做任何事时，人们若固执己见，那么一切无神论者都将是魔鬼，而一切迷信者则都是圣人。但事实并非如此，世界上既有道德高尚的无神论者，也有罪大恶极的迷信者；而且我也相信，最坏的无神论者所做的一切恶事，迷信者和无神论者也会去做。在放荡不羁者和赌徒身上，最常见的行为莫过于亵渎神明的行为，而他们却相信鬼魂、惧怕魔鬼。我对迷信者和无神论者这二者的评价没有任何偏袒，目的就是要警惕和防范这两者；要消除这两种毒瘤的危害，最有效、最可靠的解药就是我刚才提到的那种办法。就事实来说，我不相信人类是亚当的后裔，也不是一个有理性的动物。对此，我只能这样说：我们确信，人类的理解力是有限的。只要稍加思考，我们便可断定：人类理解范围的狭窄和理解力的有限，正是阻碍我们深入探索人类起源的唯一原因。因此，要找出这个起源的真相（对我们至关重要），我们就必须相信一些东西；但问题是，该相信什么或相信谁。如果我不能向你证明摩西曾受到神谕，你就必须得承认，世上最离奇的事莫过于：在一个极其迷信的时代，一个在不计其数的偶像崇拜者（怀着最卑鄙、最可恶的神性观念）中长大的人，不依靠我们所知道的那种帮助，而只凭自己的天赋才能，便发现了最隐秘、最重要的真理。因为，除了对人性的深刻了解外（像"十诫"中对人性的洞察那样），他显然还懂得无中生有的创造论，懂得创造宇宙的那种无形力量的唯一和伟大。他把这些知识传授给了以色列人，而其他民族直到1500年后才了解。此外，我们也不能否认，《摩西五经》中关于世界和人类最初历史的记载，是现存历史记载中最古老、最具可能性的。在他之后，也有人写过相同的主题，但大多数内容显然都是对他拙劣的抄袭；而那些似乎并非引自摩西的叙述，像我们读过的索摩纳科多姆[1]等人的叙述，则比《摩西五经》的内容更不合理、更夸张（夸张五十倍）、更不可思议。至于信仰和宗教所揭示的事情，即上帝的计划，我们若仔细考量过之前的各种理论，就会发现：既然我们必须有一个开端，那么，把人类的起源归于一种难以理解的创造力量，归于宇宙万物的第一动力和创造者，才是更理性、更合乎常理的做法。

霍拉修：我曾多次听到你的这些见解，无人能够超越你对上帝所怀的崇高认识和高尚情感。请问，你读《摩西五经》时，在其对天堂乐园整体风貌的描述以及记载的上帝与亚当的对话中，难道没有发现某些内容是低俗的、毫无价值的，完全不符合你对那位最高存在所怀的崇高认识吗？

克列奥门尼斯：坦率地说，我确实思考过你所说的这个问题，而且一直感到困惑。但是，当我考虑到，一方面，在我们能够洞察的一切事物上，人类拥有的知识越多，上帝的智慧就显得越完美无缺；另一方面，我们迄今为止偶然或不断探索所发现的事物，与我们尚未发现的、更重要的事物相比，其数量和价值根本不值一提。于是，我就不禁想到：我们发现的《摩西五经》的那些错误，也许有其非常高明的理由，而只要世界存在，我们就永远不会知道。

霍拉修：既然如此，我们为何还要苦苦钻研那些难题，而不是像伯内特博士和其他一些人[2]那样，将那些话看作寓言，从象征的意义上来理解？

---

[1] 索摩纳科多姆（Sommonacoom），据法国哲学家贝勒（Pierre Bayle，1647—1706年）编的《历史批判词典》一书，他是古代闪米特人的半人半神的英雄，曾向族人讲述创世故事。

[2] 英国神学家、宇宙论作家托玛斯·伯内特（Thomas Burnet，1635—1715年）的《地球理论：包含对地球起源的叙述》一书，为1684年拉丁文的《地球理论》译本。此书试图对地球起源作出地质学的科学解释，又不与《圣经》冲突。后来，他为自己的理论辩护时，曾用理解隐喻的方式去解释《创世记》第1章。这里所说的其他几个人包括英国哲学家、自然神论者柯林斯、斯宾诺莎、布伦特和英国神学家伍尔斯顿等人，因为他们都如此解释过《圣经》，有的甚至因此被监禁。

克列奥门尼斯：我并不反对。人类努力将宗教奥秘与人的理性及现实性统一起来，我一向赞赏人类这种聪明才智和善举。但我要强调的是，《摩西五经》中所有话的字面意思，谁也不能反驳。众所周知，反对宗教者总是在毫无根据的情况下歪曲《圣经》，否定其真实性。倘若我也有那样的自由，我就会藐视人们构思和编造故事的智慧；因为没有人能创造出一个最完美的寓言，以说明人类是如何来到这个世界的，并能使我不会像宗教的敌人那样对其吹毛求疵，进而对《摩西五经》的相关叙述提出同样强烈的反对意见。

霍拉修：也许吧。不过，是我首先提到了黄金时代，引出了这一系列的题外话，所以，我希望我们回到此前的话题。从你说的那对野蛮人夫妇到建立一个文明的社会，你认为需要多长时间，要经过多少个世代？

克列奥门尼斯：很难确定。我相信，我们不可能对此作出任何明确的判断。从我们此前所说的情况来看，由这样一对夫妇繁衍出来的家族，显然要经过若干次解体、联合、解体的循环，最后，整个家族或其中一部分才会达到一定的文明程度。最好的政府形式是由革命造就的，而且要维持人类的联合，并成为一个文明的民族，需要众多因素同时发挥作用。

霍拉修：在塑造一个民族的过程中，人的精神与天赋的差异难道不是一个重要因素吗？

克列奥门尼斯：除了气候导致的差异，没有其他的了，而精明的政府很快就会控制这种差异的影响。民众是勇敢还是怯懦，都取决于统治者制定的规则和制度。艺术与科学很少在民众生活富足之前出现，而且两者的发展速度，取决于统治者的能力、民众的状况，以及他们是否有发展艺术与科学的机会；但其中统治者的能力最为关键。要让众多不同见解者保持和谐与安宁，并使他们都为同一利益而努力，是一项伟大的任务；在人类事务中，没有什么比统治的艺术更需要丰富的知识了。

霍拉修：按照你的说法，英明执政比防范人类本性所需要的知识更多。

克列奥门尼斯：但要正确认识人性，还需要很长时间；而意识到各种激情的真正作用，培养出一位政治家（他能将社会成员的所有弱点都转化为助推社会发展的力量，能通过巧妙的管理将私人恶德转变为公众利益），也需要经过若干世代的努力。

霍拉修：一个时代若出现众多非凡人物，必定是那个时代最大的优势。

克列奥门尼斯：帮助人们制定出完善法律的不是天赋，而是经验。梭伦[1]、莱克尔古斯[2]、苏格拉底和柏拉图，都在旅行中获得了大量并向他人传播了大量知识。正是由于坏人总是试图逃脱法律的制裁，且通过狡猾的手段，才不断推动法律臻于完备。

霍拉修：我想，铁的发明以及金属的冶炼，一定对社会的完善贡献巨大，因为没有铁，人们就没有工具，也就没有农业。

克列奥门尼斯：铁确实起到了很大的作用，但贝壳、燧石和用火烧硬的木头，也可以充当人类的工具，只要他们能安居乐业。你会相信一个没有手的人也能刮胡子、写一手好字、用脚穿针引线吗？但我们确实亲眼见过。据一些有名望的人说，墨西哥和秘鲁的美洲人具有新生世界的一切特征，因为欧洲人首次到那里时，发现他们连很多看似极易发明的成果都没有。他们既没有任何经验可以借鉴，也没有铁器，却能达到我们所看到的那种完善程度，实在是了不起。首先，我们无法知道，在他们发明文字、成文法律之前，他们经历的纷争不断的岁月有多么漫长。其次，经验告诉我们，之所以历史存在大量空白，是因为缺失了有关某些历史事件和时代的文字记载。战争和种族冲突所造成的分裂，足以毁灭那些最文明的民族。像摧毁城池和宫殿一样，战争的浩劫也会彻底毁灭艺术与科学。人人生而具有强烈的欲望，却毫无治理能力，这就造成了善恶之间无尽的冲突。侵略与迫害造成了人类的聚散离合，使世界发生了前所未有的变化。有时候，庞大的帝国分崩离析，产生许多新的王国和公国；有时候，伟大的征服者在短短几年内就统一了多个不同的国家。仅从罗马帝国的衰

---

[1] 梭伦（Solon，公元前638？—公元前558？年），古希腊雅典政治家、立法者。
[2] 莱克尔古斯（Lycurgus），公元前9世纪斯巴达立法者。

亡中，我们就可以看出，艺术与科学比建筑物或碑文更容易腐坏、毁灭。尽管在许多国家，无知可能泛滥成灾，但这些国家依然存在。

霍拉修：究竟是什么，使国家从最弱小走向富强的呢？

克列奥门尼斯：上帝。

霍拉修：可上帝却使用了有形的工具，我想知道这是如何实现的。

克列奥门尼斯：在《蜜蜂的寓言》里，你已经读到了使国家发展壮大的一切基本条件。健全的政治以及所有治理之术，完全都建立在对人性的认识上。总的来说，政治家的任务，一方面是尽可能倡导和奖励一切良好、有益的行为；另一方面是惩罚或至少是阻止一切破坏或危害社会的行为。这个问题一时半会难以说得清楚。愤怒、淫欲和骄傲可能造成无数灾难，对它们都要小心防范。但暂且不谈这些，只谈为消除和阻止损害他人利益的一切阴谋诡计，就几乎需要制定无数规章制度，因为贪婪与嫉妒总是驱使人作恶。倘若你要验证这些真理，只需花上一两个月的时间，细致考察每门艺术和科学，研究伦敦这样的城市所崇尚和发展的每种贸易、工艺和职业，以及所有为防范个人或团体危害社会、伤害他人而施行的法律、禁令、条例和法规。倘若你不嫌麻烦，你便会发现，要想把一座庞大而繁荣的城市治理好，所需要的条件和前提之多，简直超乎想象。但每一种都有相同的目的，即抑制、约束和削弱人类放纵的激情和有害的缺点。而且，你还会发现，更令人钦佩的是：在这众多的规则中（如果理解透彻），大部分都是最高智慧的结晶。

霍拉修：若没有智慧超群、才能卓越之人，这些东西怎么会存在呢？

克列奥门尼斯：在我提到的那些成果中，很少是由一个人或一代人完成的，大多都是几代人共同努力的结果。请想想，在我们第三次谈话时，我对你说的关于造船和礼貌的那些话。我所说的智慧，不是来自良好的理解力或缜密思考，而是来自全面而准确的判断，它来自长期的身体力行和大量观察。有了这种智慧和长久的磨炼，治理一座大城市便不会比织长袜更难。请原谅这个比喻的拙劣。

霍拉修：这个比喻确实非常拙劣。

克列奥门尼斯：虽说如此，除了比作编织机，我实在想不出更恰当的比喻，来形容一座秩序井然的城市的法律及其运行情况。这台机器虽然看上去错综复杂，令人迷惑，但其效用却是精确而完美的，它运行起来也会是惊人的严谨有序。不过，其产品的完美与精确，却完全或部分来自机器发明者的智慧。这是因为，一位最伟大的艺术家用这部机器为我们制造出的产品，几乎并不比任何一个只经过半年练习的无赖制造出来的更好。

霍拉修：不得不承认，你这个比喻尽管很拙劣，却清楚地表达了你的意思。

克列奥门尼斯：我刚刚想到了一个更恰当的比喻——制造能精确演奏几首乐曲的钟表——现在已经很常见。这样一种精巧的发明，肯定耗费了大量劳动和精力，经过了无数次拆装，其中的艰苦与辛劳是常人难以想象的。这与大城市有些许类似之处，因为它是历经几个世纪的治理才达到了如今的繁华程度的。在这座城市健全的法规中，即使是最微不足道的条令，也是若干代人付出巨大的努力和代价才得以形成的。如果仔细研究任何一座此类城市的历史及古迹，你就会发现，治理城市所需的法规和条例，都经历过无数次变更、废除、增补和修正。然而，一旦它们达到了人类技艺和智慧所能达到的完美境界，整部机器就可以自行运转，而不再需要什么技术，就像给钟表上发条一样简单。一座大城市一旦建立起良好的秩序，只要上帝仍会像以前一样照管着它，那么官员们只需尽责维持即可，它便能长时间精确运转，即使里面没有一个聪明人。

霍拉修：不过，尽管一座城市可以这样转运，一个国家或王国却并未如此。在一个国家，人人都诚实正直、道德高尚，人人都怀有荣誉感和责任心，难道不是一件天大的幸事吗？

克列奥门尼斯：是的。还要让人人有学识、懂节制、勤俭、坦率、仁慈；他们还有更多你可以想到的好品质。但与此同时，这样的地方却运转不灵，行政官员也只能由你说的那类人担任。

霍拉修：你的言外之意似乎是，英国的好人寥寥无几。

克列奥门尼斯：我并非特指我们国家，而是指所有国家和王国。我想说的是，使每一个能力中等和声誉尚佳者，都适于担任地方政府以及各行政机构（它们都是合理设置的）中的最高职务，这完全符合各个国家的利益。

霍拉修：这绝不可能，至少在我们这样的国家里是不可能的。因为若真如此，你又让什么人去担任法官和大臣呢？

克列奥门尼斯：研究法律虽然很艰难、很枯燥，但做这一行却收入丰厚，而且还能获得许多荣誉。所以，除了那些勤奋刻苦、能力非凡者，很少有人能在这个行业中出类拔萃。任何一个能力强的律师，只要他为人诚实、资格够老、处事够认真，就可以担任法官。而要成为一名上议院大法官，则需要更高的才能；他不仅应该是一个好律师、一个诚实的人，而且还应当是一个知识丰富、洞察力深刻的人。但大法官毕竟只能有一个。考虑到我对法律所做的那些论述，考虑到野心和贪婪对人类的巨大影响，一般情况下，法庭中的律师，其实不可能总是只有一个人适合担任大法官。

霍拉修：每个国家不都应该有适合公开谈判的人，以及有能力担任使节、大使和全权大使的人才吗？难道各国国内就没有同样能与外交部长们打交道的人才？

克列奥门尼斯：肯定每个国家都有这样的人才。但我不明白，你结交的国内外的朋友们，怎么还没有使你相信，你所说的事情并不需要那么非凡的资质。王公府邸中培养出的贵族中，有谈判之才的人都必须有风度和胆识，这是

□ 大法官

大法官产生于古罗马，后来成为某些国家的最高法官。英国的大法官包括内阁成员的大法官和高等法院的大法官。长期以来，大法官享有很大的自由裁量权，既不受普通法诉讼程式的约束，也不遵循普通法的成例，只依个人良心所认为的"公平""正义"原则独自处理案件。

一切会议和谈判中最有用的两种才能。

霍拉修：在一个像我们这样负债累累、赋税沉重的国家，要完全了解所有资金及其分配使用，必须要有良好的天赋、付出大量努力。因此，首席财政大臣这一职位必须由最值得信任且不惧一切困难的人去担任。

克列奥门尼斯：我不这么认为。事实上，在行政管理机构内部看来，大多数行政部门的事务都没有局外人所想的那样困难。一个聪明人若从未见过烤肉架，更不知道如何烤肉，那么，让他解释两三个穿满肉串的烤叉同时连续转动几个小时的原因，他一定会感到很困惑；而十个人里有九个都会因此高看厨师或帮厨的能力。凡属财政部的事务，九成都是由宪法本身完成的，并且宪法有效监督着一切事务的进行。受国王恩宠担任财政大臣的人则很幸运，因为他永远不会对自己的职责感到疲倦或困惑；而对他寄予的信任也像他将遇到的困难一样，不多不少。把一项重要职务所负责的事务先划分为几个部分，再细分为若干更小的部分，每个人的任务就变得十分清楚而明确了，只要稍加熟悉，就不可能犯错。此外，严格限制每个人的权力，谨慎考察每个人是否值得信任，便能清楚了解每个官员是否忠诚，一旦谁丧失忠诚，就一定会被发现。正是因为有了这些技巧，最重要的事务和大量其他事务才会被放心地交由能力一般的人（这类人最看重的只有财富和快乐）去完成，他们要做的就是严格遵守相关规章。但同时，行政管理部门的整体运行却又似乎极其复杂，不只是局外人，就连内部工作人员也如此认为。

霍拉修：我承认，我们财政部门的结构是一种预防各种欺诈和侵占行为的绝妙手段。但在财政机构内部，这类行为却更容易出现。

克列奥门尼斯：为何这样说？皇家司库或财政大臣（若他的职能由专员执行），与他们手下的最低级职员一样，并没有挪用钱财而不受惩罚的特权。

霍拉修：他们调拨资金不是经过国王批准的吗？

克列奥门尼斯：是的，但只限于国王有权处置的款项，或为国会指示的用途而支付的款项。即使一贯正确的国王，受人蒙骗而批准开支，不管这样做是否恰当，是否违反立法机关的法律规定，司库也必须服从国王，但后果自负。

霍拉修：不过，还有其他职位，或至少还有一种更重要的职位，担任者需要具备的能力比目前所提到的任何一种才能都更高、更全面。

克列奥门尼斯：抱歉，财政大臣已经是最高、最具尊严的职位了，担任这一职务的人的确要具备比所有担任其他职务者更高、更非凡的能力。

霍拉修：你怎么看待首相？他统管一切，直接听命于国王。

克列奥门尼斯：我们的宪法并未规定这一职位，因此，整个行政机构才被非常明智地划分为几个部门。

霍拉修：那到底该由谁向元帅、军官、总督以及驻外使节下达命令和指示呢？该由谁来维护国王在整个王国的利益和安全呢？

克列奥门尼斯：应当由国王和他的议会监管一切事务，没有议会，王权便无法行使；凡是君主无暇立即处理的事情，都应由相关的行政部门处理，工作人员都有法可依。国王的利益与国家利益是一致的；国王的人身安全由其卫队负责，而一切国家事务，无论何种性质，无论哪个领域，均由国王任命的某个高级官员监督；这些官员都因各自的头衔而闻名，受人尊敬，无比显要。我可以向你保证，其中绝无首相这个头衔。

霍拉修：你为何要这样搪塞我？你自己和所有世人都知道有首相这一职务。我也很容易证明，一直都有这样的大臣。在我们英国这种国情下，我不相信国王能没有首相。若国内有许多心怀不满的民众，要选举国会议员时，便必须小心谨慎地举行好每轮选举，要采取一切必要措施，以挫败不满者的邪恶意图，提防篡夺王位者。处理这些事务往往需要极强的洞察力、非凡的才能，以及严密的口风和果决。

克列奥门尼斯：霍拉修，无论你多么真诚地为此辩护，从你提出的那些原则来看，我都肯定你考虑得并不周全。我无法判断我们讨论的那类事务的紧迫性；不过，因为我不愿窥探君主及其大臣们的举止和行为，所以说我不能为智慧辩护，而只能为宪法本身辩护。

霍拉修：这并非我所希望的。你只要回答我一个问题：你是否认为，一个能肩负如此重担、心系整个欧洲事务的人，必须具有惊人的天赋、广博的知识和其他非凡的才能？

克列奥门尼斯：一个人若被赋予如此多的实权和权威（大臣们一般都有），那他一定会成为一个大人物，地位也必定在其他臣民之上。但我认为，在英国，只要得到任用就能胜任这一职位的人，起码会有五十个；而只要稍加历练，其中就会有一个人获得担任大不列颠王国皇家司库的资格。一位首相具有不可言明的巨大优势，这仅仅是由于他担任首相，因此人人都知道他是首相，并尊重他这位首相。对行政机构所有部门拥有辖制权的人，同样有权见他想见的任何人，有权了解他想了解的任何事物；他由此掌握了更多的知识，能更准确地谈论一切事情，比其他任何擅长本职事务、能力也比他强十倍的人还要出色。一个受过良好教育、积极上进、有魄力和野心的人，几乎不可能不睿智、机警和老练，他会抓住一切时机，充分利用每位行政官员的智慧、经验、勤奋与劳动；他若足够有钱，愿意雇人去为他留意王国的各个角落，他便能对一切了如指掌；无论民事军事、内政外交，几乎任何事务，只要他想插手，想推动或阻碍，就能施加极大影响。

霍拉修：我必须承认，你这番话似乎很有道理。但我开始怀疑，我之所以常常倾向于赞同你的观点，是因为你善于引导别人按你希望的方式去看待事物，还善于贬低、否定有价值的事物。

克列奥门尼斯：我无法苟同你的感受，因为我说的可都是心里话。

霍拉修：想到我以前和现在都亲眼目睹的政治家与政客们的日常事务，我便确信你错了。考虑到为取代或罢免首相而使用的一切计谋、力量和手段，为歪曲首相的行为而动用的点子和狡辩伎俩；考虑到为诽谤首相而散布的谣言、发表的歌谣和讽刺诗文，为反对首相而发起的演讲和精心炮制的谩骂之词；考虑到这一切以及其他嘲讽或侮辱首相的言行，我便更确信：要挫败如此多的诡计和势力，要消除如此多的恶意和嫉妒，维护自己首相的名誉，必定需要非凡的才能。只具备一般的审慎和刚毅的人，即使他洞察世事，并拥有世间一切美德，也不可能在这个职位上待满十二个月，更别说许多年了。所以说，你的断言中一定有某种谬误。

克列奥门尼斯：或许是我解释得不够充分，或许是你误解了我。我说没有非凡才能的人也能胜任首相，只是指这个职务本身的作用，没有这个职务，国王和议会就很难治理国家。

霍拉修：要驾驭整部政府机器，首相首先必须是一个卓越的政治家。

克列奥门尼斯：你过于抬高那个职位了。成为一个卓越的政治家，是人类天性所能获得的最高资格。要想名副其实，一个人就必须精通古往今来的历史，并对欧洲的所有王室了如指掌；他不仅要了解各国公众的利益所在，还要了解各国君主及臣民的个人观点、好恶、美德和恶德；他应当熟悉每个基督教国家及其周边地区的情况，知道这些地方的物产、地理位置、主要城市和要塞，了解这些地方的贸易和产品，还要了解其国情、自然优势以及居民的实力和数量；他必须善于洞察人心，深刻地认识人性以及种种激情的作用；此外，他还必须善于隐藏自己内心的情感，能够完全控制自己的表情举止，并善于运用各种阴谋诡计从别人那里探知秘密。一个人即使具备所有这些能力，或具备其中大多数能力（这很难做到），而且有丰富的经验去处理公共事务，也不能被称为卓越的政治家；但即使他连上述资质的百分之一都不具备，他也许都能胜任首相。正是国王的恩宠创造了首相这个职位，并赋予它最大的权力和利益，因此，担任首相者唯一的基石也就是恩宠。于是，所有君主制国家最有野心的人都觊觎这个职位，把它视为最高奖赏，想方设法地获得和保住这个职位。我们由此看到，他们漠视造就政治家的那些良好素质，却争相钻营其他更有用、更容易获得实惠的能力。你所观察到的首相们的能力，都属于后者，它可以助那些有野心者掌握阿谀奉承和哄骗君主之术，成为合格的侍臣。君王一旦流露出什么喜好，他们便立即设法逢迎，殷勤地为君王献上他喜欢的一切去取悦他，这些就是首相们的日常事务。请示并不比抱怨更好，因此，哪怕是不得不提出请示，也等于是在抱怨；看到君王为抱怨所扰，只能表明其朝臣无比粗野。一位彬彬有礼的臣子能领会主人的心意，无须主人耳提面命，便能满足主人的需求。庸俗的谄媚者都能随口赞美任何言行，都能在最无关紧要的行为中看到智慧和谨慎；而老练的朝臣却能巧妙地掩饰或弥补君王明显的缺陷，使君王的每处过失、每个弱点都显出与美德最接近的样子，或者更恰当地说，使它们尽量不有悖于美德。只要履行这些必要的职责，他们就能获得和留住君王的恩宠。任何在宫廷中备受欢迎者，无不被看作不可或缺的人物；一个幸运儿一旦被君王倚重，就能轻易使自己的家族获得君王的关照，并使君王接触不到其家族外的任何人。长此以往，他也很容易排除行政机构中的异己，很容易使那些试图凭借真才实学提升地位者的希望彻底破灭。就其职位而言，首相比他的所有反对者都更具优势；其中之一就是，只要不过多树敌，几乎谁都能担任这个职务，无论他是强盗还是爱国者。这些内情一旦公之于众，许多由首相负责的事情，即使是真实的，那些一向公正和谨慎的人都不会相信。至于挫败和消除来自所有对手的嫉妒和敌意，如你所说，那位宠儿当然需要卓越的天赋、非凡的才能和敏锐的洞察力，需要付出巨大的努力。不过事实上，这却是其属下的职责，是一项被划分成许多部分的任务；凡是跟他有一丝关联的人，或对他抱有期待的人，都将这当作自己的任务和研究对象。因为，一方面，为自己的保护人摇唇鼓舌，夸大他的美德与才干，为他的行为辩护，完全符合他们的利益；另一方面，强烈谴责保护人的对手，诋毁其名誉，用自己排挤这位首相所使的手段和诡计去对付这些人，也完全符合他们的利益。

霍拉修：那么，每个老练的朝臣，即使没有学问或知识，也不具备其他任何相关资质，也都适合担任首相了。

克列奥门尼斯：只需要具备我们较常见的那些素质；但他至少应当具备简单的常识，并且没有任何明显的弱点或缺陷，而任何国家都有大量这样的人。他还应当有健康的体魄，应当爱慕虚荣，因而能享受和悦纳名誉给他带来的那些庸俗的应酬，比如总有人献殷勤、鞠躬致敬、曲意逢迎，以及人们永远向他表示敬意。他最需要的素质就是大胆与果敢，这样才不会轻易受到惊吓或手足无措；若是具备了果敢，加之良好的记忆力，以及参与各种事务的机会，即使不能始终保持镇定，至少看上去不慌张或懵然无知，那么他的才能迟早会被捧上天的。

霍拉修：你完全忽略了他的美德和诚实。人们对首相抱有极大的信任；他若贪得无厌,且没有廉耻和爱国之心,他可能会把公众财富盗取殆尽。

克列奥门尼斯:没有人不具有骄傲之心,这自然会使他顾及自己的名声;倘若偷窃极易被发现,而且他也无法保证不会因此受到惩罚,那么,一般的谨慎便足以阻止品德恶劣者偷窃。

霍拉修:但是,在一些无法追查的事情上,首相却被寄予了极大的信任。比如,情报机构所需的经费由首相调拨,而出于国家利益,那笔资金连提都不宜提,细枝末节更是不宜过问。在与其他国家的谈判中,首相若只要受了私心、私利的支配,而不顾及美德或国家利益,他就不会背叛自己的朝廷、出卖国家,并尽施恶行吗?

克列奥门尼斯:我们国家不会出现这种情况,因为议会每年都要举行听证会。外交方面的一切重大事务,世界各国必然都知道。任何对王国造成明显破坏、被国内外视为严重侵害国家利益的行为或企图,都会引起普遍的强烈抗议,置首相于舆论的旋涡中;哪怕是最不谨慎的人,只要还想留在朝廷,都绝不会这样做。至于首相们可以支配情报机构的经费(也许还有其他资金),我确信他们很有可能会挪用国库的钱;但这种行径要想不被发现,只能每次挪用很少的钱,还必须万分谨慎。那些心怀敌意的人,觊觎着首相的职位,会监视着首相的一举一动,因此他们也是首相最畏惧的人;敌手之间的仇恨和党派之间的争斗,一定程度上维护了国家的内部安全。

霍拉修:但是,让有荣誉感、有理智和学识、有经验且勤朴的人担任公

□ 奥利弗·克伦威尔

奥利弗·克伦威尔(Oliver Cromwell,1599—1658年),英国的政治家和将领,内战时期作为"护国公",他推崇君主立宪制,帮助推翻了斯图亚特王朝,建立了资产阶级性质的英吉利共和国,成为英国事实上的国家元首。他将英国从伊丽莎白女王一世去世后的衰落中重新提升到欧洲强国的地位,一时间在英国备受拥戴。

职，岂不是更安全吗？

克列奥门尼斯：确实。

霍拉修：我们该如何相信人们的公正和诚实呢？因为，人们不仅在一切场合都表现得唯利是图、贪恋财富，而且任何财富或财产都不能满足他们的开销和欲望（从他们的生活方式可以明显看出）。此外，对于能带来荣誉和利益的职位，在挑选胜任者时，若将那些毫无能力和责任感、野心勃勃且又自私、虚荣和好色的人排除在外，难道不是对美德与才干的极大褒奖吗？

克列奥门尼斯：没有人会质疑你这种看法。倘若人人都以追求感官快乐、优雅礼貌和世俗荣耀的热忱，去追求美德、宗教和未来的幸福，自然再好不过了；那么，品行良好、才具闻名的人就能在所有政府机构中占有一席之地。但是，在一个庞大、富庶而繁荣的王国里，期望发生这种事，或完全将生活寄希望于此，就是对世事的极大无知。在我看来，凡是将节制、勤俭和无私看作国家福祉，同时又向上天祈求丰衣足食和贸易增长的人，都令人难以理解。当因找不到最好的办法而只能暂且屈就时，我们会发现，要确保国家取得的成就及珍视的事物永存，最好的办法莫过于，用充满智慧的法律捍卫和巩固国体，并制定一些行政管理制度，以防止哪位大臣德不配位而对公共利益造成巨大的损失。公共行政部门是一条永远不能抛锚的船，必须不断前进。博学多才、品德高尚、毫不自私者，当然是首相一职的最好人选；但若没有这种人才，也不可一日没有大臣。咒骂和酗酒是水手们的一大罪恶，我认为，若能革除水手们的这两种恶习，将会给国民带来极大的福祉；可即使无法清除，我们还是不能缺少水手。在为国王陛下的舰队招募水兵时，若完全不考虑那些一生中咒骂过上千次，或至少喝醉过十次的人，我相信，这一良好的初衷必定会给海事带来很大的损失。

霍拉修：你为何不更坦率地说世上根本没有美德和正直呢？因为你所有的话都在试图证明这一点。

克列奥门尼斯：关于这个问题，我在以前的谈话中已经充分说明过了。我不明白，你为何仍认为我会坚持那个我已否定的观点呢？我从来没有想过世人根本不具有道德或宗教信仰；我与人类的谄媚者的分歧在于，我认为世上这类人数量并没有他们想象的那么多。我想，其实你自己也不相信世间这类人真有你想象的那么多。

霍拉修：你怎么比我自己还了解我的想法？

克列奥门尼斯：别忘了，我已经试探过你对这个问题的看法了；之前我荒唐地赞美过几类行业和职业（最低层和最高层的都有），对它们的优点大谈特谈；当时我就发现，虽然你对整个人类有极高的评价，但一谈到具体的人，你却和我一样严厉，一样挑剔。我必须提醒你注意一个重要的问题。不说所有人，大多数人都希望自己被认为是公正的，但我们受到爱、恨等情感的影响时，判断事物很难不带偏见。无论人们多么公正、公平，我们也会看到，他们的朋友很少像他们满意时所说的那样好，他们的敌人也很少像他们生气时说的那样坏。就我个人而言，我不认为首相们比他的那些对手更坏，那些人为了自己的私利而诋毁首相，企图取而代之。让我们从欧洲任何一个宫廷中任找两个品德与能力相当，美德与恶德相近，但分属不同党派的显赫人物。若无论我们何时遇到这样两个人，其中一个很受欢迎，另一个备受冷落，那么我们便总能发现：不管谁攀升最快、最受重用，都会得到自己党派的赞颂。若一切进展顺利，他的朋友们便会将其成就归功于他的动机，认为他一切行为的动机都值得赞赏。而对立党派则看不到他的任何美德，并认为他行事毫无原则，完全为激情所左右；倘若出现什么过失，对立党派一定会说，他们的保护人若处在同样的位置上，这一切就不会发生。这就是世事之道。即

□ 铁路建设

19世纪下半叶，美国通过"私人投资，政府援助"的方式，使铁路建设取得了很大的成功，极大地推动了西部开发和国民经济增长。铁路建设的成功为美国经济的高速发展奠定了坚实的基础，是美国经济在20世纪初迅速赶上和超越欧洲传统强国、领先世界的重要原因。

□ 神殿遗迹

英雄崇拜是公元前8世纪以来古希腊的一种社会风尚，人们通常在死去英雄的墓地附近祭拜他们，并为纪念他们而建立一座神殿，作为与神的中介。图为一座古代斯巴达人建造的神殿遗迹。

使一个国家的首脑和统帅确实取得了伟大的成就，民众的评价往往也并不相同。我们都曾见到，部分民众把胜利完全归功于一位将军渊博的军事知识和高超的作战能力，他们甚至认为，若不具备真正的英雄魄力和爱国之心，一个人就不可能忍受他所受的一切艰难困苦，也不可能甘愿置身他所冒的那些危险中。这只是部分民众的看法；另一部分民众却将其全部功绩都归于他统率下的军人们的英勇，以及举国上下对他军队的大力支援。而从这位将军的整个人生历程来看，给予他鼓舞与激励的，其实只有他无尽的野心和对财富的贪恋。

霍拉修：我不知道我会不会也这样说。但马尔伯勒[1]公爵确实是一个非常伟大的人，是一个卓越的天才。

克列奥门尼斯：的确如此。很高兴你终于承认了这一点。

Virtutem incolumem odimus,

Sublatam ex oculis quærimus invidi.

（活着依然值得我们羡慕，故当它被从视野中攫去时，

我们便瞪大双眼，将它寻觅。[2]）

霍拉修：你可以让车夫把马车停两三分钟吗？有几匹马正好可以方便

---

[1] 马尔伯勒（John Churchill Marlborough, 1650—1722年），英国贵族，在西班牙王位继承战争中任联军统帅，作战获胜。

[2] 出自于贺拉斯的《颂歌》第三卷第24首第31—32行。

一下。

克列奥门尼斯：请随意，在这里你说了算；我们还有足够的时间。你想下车吗？

霍拉修：不，但我现在想把你说过好多次的一段话记下来。我一直想问你那段话，可老是忘记，就是你的朋友为那位公爵写的墓志铭。

克列奥门尼斯：为马尔伯勒公爵写的？我当然乐于效劳。你有纸吗？

霍拉修：我把它写在这封信的背面。碰巧今天早上我削好了铅笔。它是怎么开头的？

克列奥门尼斯：Qui Belli, aut Pacis virtutibus astra petebant.

霍拉修：嗯。

克列奥门尼斯：Finxerunt homines Sæcula prisca Deos.

霍拉修：我记下来了。请你念完完整的一节再停顿，这样，意思会更清晰。

克列奥门尼斯：Quæ Martem sine patre tulit, Illustres Mendax Græcia jactet Avos.

霍拉修：这话毫不为过，勇气和品行，正是公爵最出色的两种素质。后一节是什么？

克列奥门尼斯：Anglia quem genuit jacet hâc, Homo, conditus Urnâ,

Antiqui qualem non habuere Deum.

霍拉修：……非常感谢！我们可以继续前进了。自从第一次听你提到这段墓志铭，我又看到过一些明显出自此处的文字。这段墓志铭发表过吗？

克列奥门尼斯：应该没有。我第一次看到是在公爵下葬那天，此后传抄开来，但我从未在出版物上看到过。

霍拉修：我认为，这段墓志铭与他那部《蜜蜂的寓言》不相上下。

克列奥门尼斯：既然你如此喜欢，我可以把它的一种译文给你看看，是牛津的一位绅士最近翻译的，但愿我没弄丢。第一节和最后一节译得不错，准确表达了铭文的主要思想；但第二节译得不好，准确来说，离题甚远。

霍拉修：但第二节以一种极具说服力的方式证明了第一节的真实性。一个人若想证明我们对马尔斯[1]和密涅瓦[2]的叙述让人难以相信，那么，马尔斯没有父亲、密涅瓦没有母亲，便是他最希冀的事了。

克列奥门尼斯：噢，找到了。不知道你能不能看懂，因为我抄得太匆忙了。

霍拉修：完全能看懂。

以往的年代充满感激，若韬略英明，
或作战英勇，便被人们宣布为神明，
因此，希腊才把她的马尔斯和帕拉斯奉为战神
使他成为英雄们的向导，使爱国者将他紧跟
古人啊，此墓中安卧着一位凡人；
请让我看到他跻身你们的众神吧！

写得太好了！

克列奥门尼斯：十分生动。拉丁文要表达的意思，在英语中表达得更清楚。

霍拉修：你知道，英文诗作中，我只喜欢弥尔顿的作品。希望这不会妨碍我们的交谈。

克列奥门尼斯：刚才我说人类普遍心怀偏见，是想让你不要忘记：倘若人人都根据自己对他人的好恶去判断其行为，往往会得出截然不同的结论。

霍拉修：但此前我说管理公共事务者必须具备卓越的才能和非凡的资质，你还提出过反对意见。你后来还有什么补充的吗？

克列奥门尼斯：没有，至少我不记得了。

---

[1] 马尔斯（Mars），古罗马神话中的战神，即古希腊神话里的阿瑞斯（Ares）。
[2] 密涅瓦（Minerva），古罗马神话中的智慧女神和女战神，即古希腊神话里的雅典娜（Athena），又称帕拉斯（Pallas）。

霍拉修：我相信，你提出这些看法并非出于恶意。可我不明白，即便这些都正确，揭穿它们除了助长懒惰和无知，还有什么作用？因为，若连毫无学问或能力、毫无天赋或知识的人也能担任最高的行政职务，那么，人类就完全不需要脑力劳动，也不需要刻苦学习了。

克列奥门尼斯：我的断言并没有这样笼统。但可以肯定的是，一个狡诈的人即使没有非凡的才能，也能在最高行政职位和其他重要职位上出人头地。至于最卓越的政治家，我想，世上配得上这个称号的人不会超过三个。人们所谈论和互相恭维的智慧、渊博知识或内在价值，世上连四分之一也没有；而真正具有美德者或美德信仰者，即使连装出来的也算上仍达不到百分之一。

霍拉修：我承认，有些人受贪婪和野心的支配，除了追求财富与荣誉，别无其他目的；倘若他们能让自己满意，他们会不择手段。但也有一些人遵循美德原则和公德心行事，乐于努力完善自身，以使自己有能力为国家服务。美德若是如此缺乏，又怎么会有专精的人呢？毫无疑问，一定存在有学识和有才能的人。

克列奥门尼斯：只有在青年时期为一切品质打下了基础，日后我们才能自己选择或判断最顺应我们时代优势的途径。正是在父母和导师的严格管束及悉心照料下，我们才会取得巨大的进步；很少有父母愚昧到不希望自己的后代品质完善。人们不辞辛劳地为子女创造财富，同样的天然关爱，也使他们极为关心孩子的教育；而且，忽视教育是不顺应时代潮流的，因而也是一种耻辱。父母培养孩子从事某一行业或职业，主要是为保证他们日后的生计。促进和鼓励艺术与科学的，是财富或荣誉的奖赏；人类若不那么骄傲，或不那么贪婪，就不会取得难以计数的完美成就。野心、贪婪以及日常需求，是人们勤勉工作、努力奋斗的巨大动力，还会使一些青年时期未受到父母或导师严格管束、惩戒的人，成年后完全摆脱怠惰懒散的恶习。某些职业若有利可图，且能赢得他人的尊重，便总会有人在其中做得很出色。因此，在一个文明的大国中，各种学问将层出不穷，而国民也兴旺发达。有钱的父母，以及能负担得起的父母，很少有不把孩子培养成文学人才的。从文学这个取之不尽、用之不竭的源泉中，我们所获得的知识总是远远超过自身的需要，能满足所有与语言知识相关行业的要求。有些人一旦读了书，有了自己的独立意识，便漠视知识、丢弃书本；另一些人则年纪越大，越热爱学习；但大多数人都将永远珍视自己辛辛苦苦获得的知识。富人中总会有热爱知识者，也总会有无所事事者。每门学问都有它的崇拜者，因为人们的爱好和趣味各不相同；每一种学问都会有人去研究，这无需什么高尚的理由，就像有人喜欢猎狐，有人喜欢钓鱼一样。想想古物学家、植物学家，以及蝴蝶、贝壳和其他奇特自然产物的收藏家所付出的无数心血，想想他们在各自领域中所使用的精妙术语，想想他们经常给那些研究对象（不感兴趣者从不会留意这些）所取的浮夸名字。富人陶醉于珍玩，正如穷人沉迷于钱财。兴趣能对一些人起作用，虚荣能对另一些人起作用，而伟大的奇迹则往往来自这两者的完美结合。为了赢得一个名声，即拥有大量稀世珍品和文玩，一个有节制的人居然每年要花费四五千镑，或甘愿损失至少100000镑的利益，而同时他又非常爱钱，晚年仍继续为之操劳。这难道不令人惊讶吗？正是对利益、名望、丰厚收入和崇高地位的渴求，促进了学问的发展。当我们说某一职业、艺术或科学不被鼓励时，其实是在说，那一个领域的专家或学者的辛劳没有得到足够回报，无论是荣誉上的还是经济上的。最神圣的职业也不例外。神职人员中很少有人真正大公无私，完全不在乎应得的荣誉和报酬，而一心为他人服务、为他人造福的。对于那些刻苦学习，付出大量心血的神职人员，我们很难判断其中大多数人的这种非凡努力是出于一种造福公众的精神，还是出于关切俗众灵魂的安乐；而实际上，那完全是由于他们对荣誉和升迁的渴望。还有一种常见的现象是：当人们相信，凭学问中最微不足道的东西就能展示自己的才能，他们自然就会漠视学问中最有用的东西。炫耀和嫉妒造就的作家，比美德与仁爱所造就的还要多。博学多才的名家，常常竭力彼此掩盖和诋毁对方的荣誉。两个彼此充满敌意的人，同样见多识广、知识渊博，而他们精通的所有技巧、具备的一切审慎，却无法使他们优雅地抑制和掩盖各自内心的仇恨，以及彼此文章中的怨气与敌意。我们该说这两个对手的行为依据的是什么原则呢？

霍拉修：显然不是出于美德原则。

克列奥门尼斯：不过，你要明白，那是两位严肃的神学家[1]，很有名望、德高望重；倘若他们的美德遭到质疑，他们都会认为自己受到了极大的伤害。

霍拉修：人们若有机会以宗教信仰或公众福祉为借口，发泄自己的情绪，他们便会像脱缰的野马一样自由。两人到底为了什么而发生争执呢？

克列奥门尼斯：De lanâ caprinâ。[2]

霍拉修：一点小事而已。真是令人难以置信。

克列奥门尼斯：是关于古代喜剧诗人的诗歌韵律。

霍拉修：我明白你的意思了；你是指诵读和吟唱这些诗句的方式。

克列奥门尼斯：在文学领域，还有比这更微不足道，或更没有意义的事吗？

霍拉修：实在想不出来。

克列奥门尼斯：然而，你看，他们还是掀起了一场激烈的论战，争辩谁最了解那些韵律、谁研究的时间最长。这个例子告诉我们，在跟我们一样富庶的大国中，即使人们只是出于嫉妒、贪婪和野心，一旦有了学问，那么学问的任何部分，哪怕是最没有价值的部分，也绝不会被学者们忽视；而那些国家已经给学者们提供了许多荣誉以及丰厚的报偿。

霍拉修：但是，就像你所说的那样，即使人们能力有限，也适于担任大多

---

[1] 此指理查德·本特莱（Richard Bentley）和约翰·勒克莱克（John Le Clerc）。勒克莱克在1709年编辑出版了古罗马戏剧家米南德（Menander）和腓力门（Philemon）的作品中的片段，但他并不精通希腊语和希腊诗韵学。本特莱写书批评此书，并寄给勒克莱克在荷兰的宿敌彼得·波曼（Peter Burman）。本特莱的书于1710年以他的化名出版，引起了轰动，为了反击，勒克莱克也搜集材料，写书谩骂本特莱。

[2] De lanâ caprinâ（拉丁语），意为"山羊毛"。此处指微不足道的小事；出自于贺拉斯的《书简》卷一。

数职位，那么，人们为何还要自找麻烦，去努力学习一些不必要的知识呢？

克列奥门尼斯：我想，我已经回答过了。很多人以学习和钻研知识为乐。

霍拉修：可有些人却因努力学习而损害了健康，简直就是以疲劳战术戕害自己的生命。

克列奥门尼斯：比起那些因酗酒而损害健康、自戕生命的人，这类人并不多；酗酒是一种很不理智的娱乐，比学习还要令人疲劳。但我不否认，有些人努力学习完全是为了获得为国效力的资格；我坚信的是，只为自己而不为国家努力学习者更多。《探究美与美德观念之起源》的作者哈奇森[1]先生，似乎极为擅长测量关爱、仁慈之类情感的数量。我希望那位古怪的形而上学家能在闲暇时不辞辛劳地对两类东西分别测量一下：一是人们脱离了自私之心、对自己国家纯粹的爱；二是人们想要被看作具有那种爱（尽管他们自己并未感受到）的愿望。也就是说，我希望这位聪明的先生能对这两者分别测量一下，然后公正地给出它们在英国或其他任何国家的数量，并用他那种特有的展示方式，告诉我们两者之间的比例。就像塞内加说的：Quisque sibi commissus est[2]。当然，大自然信任并赋予动物的不是对他人的关怀，而是对自己的关怀。人们付出惊人的努力，往往都是为完善自己，成为同类人中的佼佼者，赢得他人的赞美与欢迎，从而获取私利。

霍拉修：你认为学识渊博的人比能力低下的人更有可能受到青睐吗？

克列奥门尼斯：我认为，若其他条件都相同，确实如此。

霍拉修：那你就必须承认，至少那些获得升迁者都具备美德。

---

[1] 弗兰西斯·哈奇森（Francis Hutcheson）是曼德维尔的宿敌，最先在《伦敦日报》上批评《蜜蜂的寓言》（1724年11月14日和24日）。他的《探究美与美德观念之起源》出版于1725年。他赞成沙夫茨伯里伯爵的社会学说，也是英国功利主义运动的先驱。他认为人天生的"道德感"能使人作出正确的道德判断，并提出一个公式去计算这种道德感的多少。

[2] Quisque sibi commissus est（拉丁语），意为"在任何人身上各占多少"，语出于古罗马作家塞内加的《书信集》。

克列奥门尼斯：我并未否认这一点。同样，提拔他们的人也具备美德，也能获得真正的荣誉。一个享有幸福生活的人，若使一个很有才干的人过上同样的生活，人人都会赞美他，所有教民都会对他感激不尽。像正直者一样，虚荣者也不希望自己举荐的人遭到反对、受人谴责。人类与生俱来的对赞扬的渴望，足以使大多数人，甚至是最恶毒者中的大多数人，从众多候选人中选出最有才干者；只要他们了解候选者，而且其出于血缘、友谊、利益或其他因素的动机，不违背我所说的那个渴望获得赞扬的原则。

霍拉修：不过，按照你的理论，我想，那些最善于投其所好和奉承的人，应该最容易受到青睐。

克列奥门尼斯：有学问的人中，也有富于心机、善于言辞者，他们既专注于学问，又洞察世事。这类人懂得如何讨好位高权重者，他们会倾其所能与勤勉去达到这个目的。只要想想那些卓越人物的日常生活与行为，你很快就会发现，他们勤奋学习、刻苦钻研的真正目的是什么。那些受到冷遇的神职人员，在君王的宫廷里徘徊，想方设法与受宠者攀谈、套近乎。他们强烈谴责当今时代的奢侈，抱怨自己随波逐流的无奈。但同时，他们又羡慕，更准确地说，又渴望并极力追求上流社会的生活，模仿上流社会人士的生活方式。刚获得一个职位，他们就准备，而且实际上已经在寻求另一个更有价值、更有名望的职位；在一切紧要关头，他们都会紧紧抓住财富、权力、荣誉和地位，并从中获得快乐。当你看到这些现象，看到这些相互印证的证据时，还猜不出他们的行为原则和奋斗目标吗？或者更确切地说，还要对此表示怀疑吗？

霍拉修：我对神职人员没有什么可说的，也不指望在他们身上找到美德。

克列奥门尼斯：不过，你还是能在他们身上找到一点的，跟你在其他任何阶层的人身上找到的一样多，但不论在哪类人身上，美德的表象都多于其真实成分。没有人愿意被贴上不真诚或谎话连篇的标签，但也有少数人的确很诚实，如实表达自己想要的东西，使我们了解他的真正需求。因此，当我们从人们的言行中看出其对事物真正价值的看法时，便可以确信人们是多么言行不一。毋庸置疑，美德是人类所能拥有的最宝贵财富，每个人都称赞美德；但是，美德真正的præmia si tollas[1]，真正的理想国在何处呢？金钱是当之无愧的万恶之源，没有哪个著名的道德家和讽刺家，不曾嘲讽金钱的。但为了获得金钱，人们打着行善的幌子，吃过多少苦、冒过多大的风险！我确信，作为一种附属因素，金钱给世界造成的危害比其他任何因素造成的都要大。然而，对文明社会的秩序、运转乃至存在而言，它又是不可或缺的。因为，这一因素完全建立在人的种种需求之上，所以，整个上层建筑都是由人们相互提供的服务构成的。有需要时，如何获得别人的服务？这几乎是每个人生活中最重要、最常见的问题。期望别人无偿为我们服务是不合理的，因此，人们之间所有的交易活动，必然是不断以物易物。卖方和买方都有自己的利益诉求。倘若你需要或喜欢一件东西，无论其所有者储存了多少件这种东西，无论你有多需要它，其所有者首先考虑的是能令他满意的回报，而不是你的需要，然后才决定是否转让给你。他若不需要或不喜欢我给予的回报，我该用什么方法说服他呢？与世无争、不会与任何人发生冲突的人，对律师毫无用处；若一个人的全家都健康，医生便无法拿自己的服务与其作任何交换。金钱可以避免或消除这些困难，因为人们在相互提供服务时，都能接受以金钱为回报。

霍拉修：但是，人人都过于看重自己的价值，人人都高估自己的劳动，这难道不是你的理论中所隐含的观点吗？

克列奥门尼斯：没错，确实可以得出这种观点。但令人难以置信的是：在一个社会中，人口越多，人们的需求越是多样，人们用金钱满足需求越是习以为常，使用金钱这种罪恶所造成的危害就越少。相反，若没有金钱，一个社会的人口越少，人们满足自身需求的方式越有限（仅能维持自身生计），人们就越容易达成我所说的那种互惠服务。然而，在一个文明大国，若没有语言、没有金钱或能替代它的东西，人们便无法享受舒适的生活，无法获得所谓的现世幸

---

[1] præmia si tollas（拉丁语），意为"备受推崇的优点"，语出于朱文纳尔的《讽刺诗集》第10首第142行。

福。倘若不缺乏金钱，立法机构又能妥善加以管理，金钱便将永远是衡量一切事物价值的标准。人们的需求带来了大量益处，人人都有吃喝需求，这正是文明社会的黏合剂。任由人们抬高自己的价值吧，大多数人都能从事的劳动永远最廉价。无论对人类多么有益，只要这种东西数量丰富，就没有什么珍贵的。所谓物以稀为贵，不难看出艺术与科学为何总能带来最大的利益，因为：不经过长期的刻苦努力和认真钻研，这两者都难以掌握；否则，就需要具备一种罕见的特殊天赋。同样显而易见的是，在一切社会中，那些能从事谁都不愿干的、又苦又脏的工作的人，注定都会取得成功。不过，关于这一点，你在《蜜蜂的寓言》里已经读到过了吧。

霍拉修：关于这个问题，我在书中读到过不同寻常的一句话，我永远也不会忘记它。那就是：能驱使他们去为他人服务的，唯有他们自身的需求，缓解其需求是明智的，而完全满足其需求则近乎愚蠢。

克列奥门尼斯：我相信这条箴言是公正的，金钱不仅是为了穷人的真正利益，似乎也是为了富人的真正利益。这是因为，那些出身低微的贫苦劳动者，能欣然接受自己的命运，仅满足于让他们的后代继承同样的生存条件，让他们自幼便习惯于劳动和顺从，以及最廉价的饮食和物品，而这样的劳动者将永远是最能自我满足、最有助于公众的人。而恰恰相反，有些劳动者对自己的工作感到不满，老是抱怨自己处境恶劣，并以关心子女的幸福为借口，把教育的责任推给慈善事业，这种人最不愿意为别人服务，也是最不幸的人。你不难发现，后一种穷人大多是懒惰、酗酒之徒，他们自己过着放荡的生活，对家庭毫不关心，绞尽脑汁想要摆脱抚育子女的责任。

霍拉修：我不是慈善学校的倡导者。然而，我认为，穷苦的劳动者把自己和他们的后代永远束缚在那种奴隶般的境地，太过残忍；出身低贱者，可能无论有什么长处或天赋，要想改善自己的处境，都要受到阻碍和束缚。

克列奥门尼斯：你说的这种情况若随处可见，或者是有人提议那么做，我也会认为那过于残忍。但是，在基督教国家里，没有哪个阶层的人及其后代，会永远处于奴隶般的境地。在最底层劳动者中，各国都有幸运的人。我们每天都可以看到，一些人既未受过教育，也没有朋友，却通过自己的勤奋和努力，从无产者变成了中产者；若他们能适当理财，社会地位甚至可能继续上升。这种情况更常发生在那些能力一般或低下的人身上，而在能力更强的人身上则很少见。但是，在阻碍穷人子女改善自身处境，在大量穷人子女需要从事更有价值的劳动时，盲目地将教育强加于他们，这两者之间却有天壤之别。有些富人必然会变穷，有些穷人也自然会变富，这是事物的发展规律。普世的仁慈处处都在激励勤勉的劳动者摆脱其恶劣处境，但这种善举给整个王国所造成的危害，绝不亚于一个独裁者专横地剥夺富人们的安逸富足而造成的危害。我们可以这样设想一下：全国各地艰苦肮脏的劳动需三百万双手去承担，而每一种劳动都是由穷人的子女去完成的，他们都是文盲或没有受过多少教育的人；很明显，倘若通过权威或计划，使这些孩子中十分之一的人免除最低级的苦差，那么，就需要三十万人去填补劳动力的缺口，或者，这些工作就必须由那些更有教养者的子女去完成。

霍拉修：所以，出于仁慈对某些人所施的善行，最终可能会对另一些人造成巨大伤害。

克列奥门尼斯：这毫无疑问。在任何国家，各个阶层的人口都应保持一定比例，这样社会才能维持一个稳定的均衡。这种适当的比例，是人的资质和境遇之间差异的自然结果，因此，要达到或维持这一比例，最好的办法就是不干预。由此来看，人们智慧的不足，也许是善意的，却可能会剥夺我们的某种福分；只要没有人改变或阻断它，它就会给每个大型社会带来福利的损失。

霍拉修：我不想谈这些深奥的问题。你还要继续赞美金钱吗？

克列奥门尼斯：我不打算赞美金钱，也不想贬低金钱。但无论是好是坏，金钱的力量之强和统治范围之广都毋庸置疑。在所有帝国、国家或王国中，其对人类的影响从未像在最具智慧、最文雅的时代那样强烈和普遍；那时，国家最辉煌繁荣，艺术与科学也处于鼎盛时期。因此，在我看来，与人类的任何其他发明相比，金钱是一种最能巧妙地适应人之本性的东西。要治愈懒惰或固执，金钱是最有效的药物。我曾看到，为了钱，即使是最高傲的人，也甘愿向地位低微者致敬。金钱能买到一切服务，能偿清所有债务。当一个人受雇从事某项工作时，只要雇主能付给他丰厚的酬劳，无论那项工作多么辛苦、多么困难，或多么令人讨厌，他都会将其视为自己应尽的职责。

霍拉修：你不认为，在需要渊博学识的专业中取得非凡成就的人，会反对你这一见解吗？

克列奥门尼斯：我确信，他们若是想做生意或找工作，就不应该这样做。

霍拉修：对唯利是图者来说，你说的这一切都是事实，但对鄙视金钱的高尚者来说，荣誉比金钱更重要。

克列奥门尼斯：最高的头衔和最显赫的出身，也无法杜绝人心生贪念。最有教养者，即便真能做到慷慨大方，但只要值得，往往也会贪图利益，就像最低劣的技工贪图蝇头小利一样。二十年代的景象已经告诉我们：一旦出现能获得巨大财富的机会，便很难找到蔑视金钱的高尚者。此外，金钱的巨大魅力能吸引各个阶层的人，无论是上等人、下等人，还是富人、穷人；而荣誉对卑贱的、被奴役的人影响极小，对庸俗之人更是几乎没有影响。不过，就算荣誉能对他们产生影响，也完全可以用金钱买到。而且，对懂得如何用金钱顺应潮流的人来说，拥有钱财本身就是一种荣誉。荣誉反过来也需要财富的支撑，没有了财富，荣誉便成了压迫其主人的沉重负担，这种负担比同等程度的贫困还要令人难以承受；因为人的地位越高，生活中的需求就越多，而金钱越多，他就越能满足那些需求。金钱是世界上最好的补药，它能自动作用于人的精神。因为，金钱不仅能激励人们劳动并爱上劳动，还能使人在疲劳时得到安慰，并能真正帮助人们消除一切疲劳和困难。任何行业的劳动者，只要能得到与其付出相应的报酬，便会比按日或按周领取固定薪水的工人做更多的工作。

霍拉修：但是，在艰苦的职位上，有些人虽然领取固定报酬，但仍认真、勤勉地工作。

克列奥门尼斯：确实有很多这样的人。但绝没有哪种职位或行业，要求或期望人们一直专注于一种劳动，不会为了新的报酬而接受每一次改进（有些人会以此故意折磨和惩罚自己）。在任何年收入固定的岗位上，你都看不到认真、高效和坚定、一心一意投身工作的人；而在依据劳动成果支付报酬的行业，这种现象却极为常见；酬金有的是立即支付或预付，比如律师行业，有的是提供服务后支付，比如医疗行业。我想，第一次对话时我们已经提到过这点了。

霍拉修：前面就是城堡了。

克列奥门尼斯：我想你不会为此感到遗憾吧。

霍拉修：的确。我很高兴听到你如此坦率地谈论君王和其他统治者，在谈论首相及其对手时你就是这样心怀坦诚。只要见到一个放下偏见的人，我总是会公正地看待，并认为，即使他的话不正确，至少他寻求的是真理。越是用我目睹的世间万象去印证你的见解，我就越对其深信不疑。整个上午我都没有反驳过你，只想让你阐述得更清楚些，让你有机会更充分地解释你的看法。你改变了我的观点；今后，我会对《蜜蜂的寓言》作出与以前大为不同的理解。因为，虽然《性格论》的语言和措辞比《蜜蜂的寓言》更胜一筹，其中关于人的社会性的理论更动人、看似更可信，其论述也更深入、更严谨，但《蜜蜂的寓言》肯定更真实，文中处处都是对人性更为忠实的描述。

克列奥门尼斯：这两本书，希望你都再读一遍。读完之后，我相信你会说，你从未见过有哪两位作者的观点如此不同。我的那位朋友，《蜜蜂的寓言》的作者，为了使他的读者保持愉快的心情，笔调似乎很诙谐，而当他探究人类天性的堕落时，又显得非常严肃。他从各个角度展示了人性，然后委婉地指出：人类生活中，显然不仅需要启示和信仰，而且更需要实践基督教的教义。

霍拉修：我没有注意到这一点；他是如何委婉地指出的呢？

克列奥门尼斯：一方面，他揭露了世俗的虚荣以及人类对这种虚荣最文雅的享受；另一方面，他指出了人类理性和异教美德并不足以使人获得真正的幸福。因为，我看不出，在一个基督教国家里，若是人人都假装追求幸福，那么一个人获得真正的幸福还有什么意义。

霍拉修：你怎么看沙夫茨伯里大人呢？

克列奥门尼斯：首先，我同意你对他的评价，他确实是一位博学而儒雅的作家；他以优雅的语言和独特的表述方式，展现出了他丰富的想象力和巧妙的构思。同时，我也必须承认，他对自由和人性的理解是高尚的——《性格论》里也没有任何陈腐或庸俗的东西。因此，另一方面，我也不能否认，他提出的关于人类天性善良而卓越的观念，虽美好而仁慈，却浪漫又虚幻，完全是他煞费苦心想将两种永远无法调和的矛盾——行为的高尚与现世的显赫——结合在一起。为了达到这一目的，他支持自然神论，并假意抨击神职者的阴谋和迷信，以暗指《圣经》。最后，他还讽刺了《圣经》中的许多章节，似乎企图破坏一切神启宗教的根基，在基督教的废墟上确立起一种异教美德来。

* 本书中涉及的英制长度及面积单位换算公式如下：
1英寸≈2.54厘米　1英尺≈0.3048米　1英里≈1.6093千米　1英亩≈4046.8564平方米

特别说明

因客观原因，书中部分图文作品无法联系到权利人，烦请权利人知悉后与我单位联系以获取稿酬。

文化伟人代表作图释书系全系列

第一辑

《自然史》
〔法〕乔治·布封 / 著

《草原帝国》
〔法〕勒内·格鲁塞 / 著

《几何原本》
〔古希腊〕欧几里得 / 著

《物种起源》
〔英〕查尔斯·达尔文 / 著

《相对论》
〔美〕阿尔伯特·爱因斯坦 / 著

《资本论》
〔德〕卡尔·马克思 / 著

第二辑

《源氏物语》
〔日〕紫式部 / 著

《国富论》
〔英〕亚当·斯密 / 著

《自然哲学的数学原理》
〔英〕艾萨克·牛顿 / 著

《九章算术》
〔汉〕张苍 等 / 辑撰

《美学》
〔德〕弗里德里希·黑格尔 / 著

《西方哲学史》
〔英〕伯特兰·罗素 / 著

第三辑

《金枝》
〔英〕J. G. 弗雷泽 / 著

《名人传》
〔法〕罗曼·罗兰 / 著

《天演论》
〔英〕托马斯·赫胥黎 / 著

《艺术哲学》
〔法〕丹纳 / 著

《性心理学》
〔英〕哈夫洛克·霭理士 / 著

《战争论》
〔德〕卡尔·冯·克劳塞维茨 / 著

第四辑

《天体运行论》
〔波兰〕尼古拉·哥白尼 / 著

《远大前程》
〔英〕查尔斯·狄更斯 / 著

《形而上学》
〔古希腊〕亚里士多德 / 著

《工具论》
〔古希腊〕亚里士多德 / 著

《柏拉图对话录》
〔古希腊〕柏拉图 / 著

《算术研究》
〔德〕卡尔·弗里德里希·高斯 / 著

第五辑

《菊与刀》
〔美〕鲁思·本尼迪克特 / 著

《沙乡年鉴》
〔美〕奥尔多·利奥波德 / 著

《东方的文明》
〔法〕勒内·格鲁塞 / 著

《悲剧的诞生》
〔德〕弗里德里希·尼采 / 著

《政府论》
〔英〕约翰·洛克 / 著

《货币论》
〔英〕凯恩斯 / 著

第六辑

《数书九章》
〔宋〕秦九韶 / 著

《利维坦》
〔英〕霍布斯 / 著

《动物志》
〔古希腊〕亚里士多德 / 著

《柳如是别传》
陈寅恪 / 著

《基因论》
〔美〕托马斯·亨特·摩尔根 / 著

《笛卡尔几何》
〔法〕勒内·笛卡尔 / 著

续

第七辑

《蜜蜂的寓言》
〔荷〕伯纳德·曼德维尔/著

《宇宙体系》
〔英〕艾萨克·牛顿/著

《化学基础论》
〔法〕拉瓦锡/著

《控制论》
〔美〕诺伯特·维纳/著

《福利经济学》
〔英〕A.C.庇古/著

《纯数学教程》
〔英〕戈弗雷·哈代/著

中国古代物质文化丛书

《长物志》
〔明〕文震亨/撰

《园冶》
〔明〕计 成/撰

《香典》
〔明〕周嘉胄/撰
〔宋〕洪 刍 陈 敬/撰

《雪宧绣谱》
〔清〕沈 寿/口述
〔清〕张 謇/整理

《营造法式》
〔宋〕李 诫/撰

《海错图》
〔清〕聂 璜/著

《天工开物》
〔明〕宋应星/著

《髹饰录》
〔明〕黄 成/著 扬 明/注

《工程做法则例》
〔清〕工 部/颁布

《鲁班经》
〔明〕午 荣/编

"锦瑟"书系

《浮生六记》
刘太亨/译注

《老残游记》
李海洲/注

《影梅庵忆语》
龚静染/译注

《生命是什么?》
何 滟/译

《对称》
曾 怡/译

《智慧树》
乌 蒙/译

《蒙田随笔》
霍文智/译

《叔本华随笔》
衣巫虞/译

《尼采随笔》
梵 君/译